Herausgeber
Prof. Dr. Peter Wicke

Autoren
Prof. Dr. Max Peter Baumann, Prof. Dr. Hanns-Werner Heister,
Prof. Christoph Hempel, Prof. Dr. Birgit Jank, Prof. Dr. Peter Wicke

Die Autoren der Inhalte der beigefügten DVD-ROM sind im elektronischen Impressum auf der DVD-ROM aufgeführt.

Bibliografische Information der Deutschen Nationalbibliothek
Die Deutsche Nationalbibliothek verzeichnet diese Publikation in der Deutschen Nationalbibliografie; detaillierte bibliografische Daten sind im Internet über http://dnb.ddb.de abrufbar.

Der Reihentitel **Basiswissen Schule** ist für die Verlage Bibliographisches Institut GmbH und Duden Paetec GmbH geschützt. Das Wort **Duden** ist für den Verlag Bibliographisches Institut GmbH als Marke geschützt.

Bibliographisches Institut GmbH, Dudenstraße 6, 68167 Mannheim, und
Duden Paetec GmbH, Bouchéstraße 12, 12435 Berlin

Redaktion Dr. Lutz Engelmann, Dr. Carola Wuttke
Gestaltungskonzept Britta Scharffenberg
Umschlaggestaltung WohlgemuthPartners, Bremen
Umschlagabbildung Corbis, Glowimages/WohlgemuthPartners Imagelibrary, Frank Wohlgemuth
Layout DZA Satz und Bild GmbH, Nina Geist, Dieter Ruhmke
Notensatz Dr. Lutz Engelmann, Prof. Christoph Hempel, Reinhard Raake
Grafik Gerlinde Keller, Dieter Ruhmke, Walther-Maria Scheid

Druck und Bindung Těšínská tiskárna, Česky Těšín
Printed in Czech Republic

ISBN 978-3-89818-736-7 (Duden Schulbuchverlag)
ISBN 978-3-411-71982-2 (Dudenverlag)

- auf www.schuelerlexikon.de alle Inhalte auch online nutzbar
- übergreifende Suchmöglichkeiten in allen Fächern

- mobiles Basiswissen für Handy und Smartphone
- mit deinem mobilen Internetzugang online nutzbar

W0417760

- **Wissenstests – mit interaktiven Aufgaben für deinen Selbstcheck**
Zu allen Kapiteln kannst du dein Wissen testen – als Abschluss der Beschäftigung mit dem Basiswissen oder als Einstiegscheck.

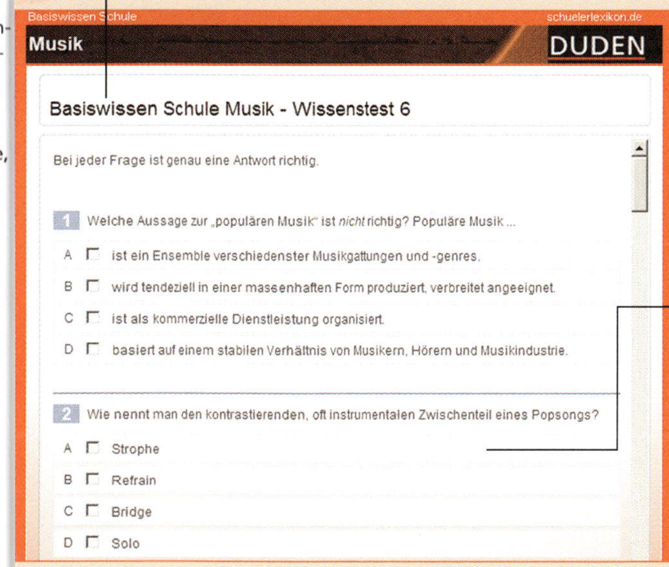

- Die richtigen **Antworten** wählst du mit einem Klick aus.

Die übersichtliche **Auswertung** gibt dir eine schnelle Rückmeldung über deine Ergebnisse.

In der Reihe „Basiswissen Schule“ sind erschienen:

5. bis 10. Klasse	7. Klasse bis Abitur	11. Klasse bis Abitur
Biologie (400 Seiten) ISBN 978-3-411-71484-1	**Astronomie** (272 Seiten) ISBN 978-3-411-71491-9	**Biologie Abitur** (464 Seiten) ISBN 978-3-411-04612-6
Chemie (368 Seiten) ISBN 978-3-411-71474-2	**Geografie** (416 Seiten) ISBN 978-3-411-71612-8	**Chemie Abitur** (464 Seiten) ISBN 978-3-411-04592-1
Deutsch (416 Seiten) ISBN 978-3-411-71593-0	**Geschichte** (464 Seiten) ISBN 978-3-411-71582-4	**Englisch Abitur** (360 Seiten) ISBN 978-3-411-71951-8
Englisch (336 Seiten) ISBN 978-3-411-71962-4	**Kunst** (400 Seiten) ISBN 978-3-411-71971-6	**Mathematik Abitur** (464 Seiten) ISBN 978-3-411-71742-2
Mathematik (400 Seiten) ISBN 978-3-411-71504-6	**Literatur** (464 Seiten) ISBN 978-3-411-71602-9	**Physik Abitur** (464 Seiten) ISBN 978-3-411-71752-1
Physik (384 Seiten) ISBN 978-3-411-71464-3	**Musik** (352 Seiten) ISBN 978-3-411-71981-5	
	Politik (464 Seiten) ISBN 978-3-411-04702-4	
	Wirtschaft (288 Seiten) ISBN 978-3-411-71533-6	

Detaillierte Informationen zu den einzelnen Bänden unter **www.schuelerlexikon.de**

Duden

Basiswis

Musik

7. Klasse bis Abit

2., neu bearb

Duden Schul

Berlin · Mannheim ·

Inhaltsverzeichnis

1 Musikbegriff und Methoden im Unterricht 7

1.1 Was ist Musik? 8

1.1.1 Musikbegriff . . . 9
1.1.2 Musik als Kunst, Kommunikation und Kultur . . . 10
1.1.3 Musik als Bildungs- und Erziehungsinstanz . . . 12
1.1.4 Musik als Wissenschaft . . . 13

1.2 Betrachtungsweisen und Arbeitstechniken im Musikunterricht 15

1.2.1 Fachspezifische Betrachtungsweisen . . . 15
1.2.2 Arbeitstechniken im Umgang mit Musik . . . 19

1.3 Musikalische Analysen 27

1.3.1 Modellanalyse Fuge . . . 27
1.3.2 Modellanalyse Sinfonie . . . 30
1.3.3 Modellanalyse Jazz . . . 33
1.3.4 Modellanalyse Popmusik . . . 37
1.3.5 Modellanalyse Neue Musik . . . 39

1.4 Interkulturelle Musikbetrachtung 42

1.4.1 Musik verstehen im interkulturellen Kontext . . . 42
1.4.2 Kulturvergleich . . . 43

2 Musik in Theorie und Praxis 45

2.1 Akustische und physiologische Grundlagen des Musikhörens 46

2.1.1 Schall und menschliches Ohr . . . 46
2.1.2 Raumakustik . . . 48
2.1.3 Physik und musikalische Praxis . . . 49
2.1.4 Musikpsychologie: Musikhören, Musikmachen . . . 50
2.1.5 Musikaufnahme und Klangbearbeitung . . . 52

2.2 Instrumente, Instrumentation und Ensembles 55

2.2.1 Entwicklung der Musikinstrumente . . . 55
2.2.2 Tasteninstrumente . . . 57
2.2.3 Orchester . . . 59
2.2.4 Big Band, Blas- und Streichorchester . . . 62
2.2.5 Jazzcombo und Rockband . . . 64
2.2.6 Ensembles mit unterschiedlichen Besetzungen . . . 65
2.2.7 Chor . . . 67
2.2.8 „Virtuelles Orchester" . . . 68

2.3 Musiktheorie 71

2.3.1 Hören, Lesen, Verstehen von Musik . . . 71
2.3.2 Notenschrift . . . 74
2.3.3 Zeit und Rhythmus . . . 77
2.3.4 Intervalle . . . 80
2.3.5 Harmonik (1): Harmonie, Akkord, Dreiklang . . . 81
2.3.6 Tonleitern und Tonarten . . . 82
2.3.7 Melodik . . . 87
2.3.8 Harmonik (2): Akkorde im harmonischen Zusammenhang . . . 88
2.3.9 Harmonik (3): Harmonischer Verlauf . . . 90
2.3.10 Harmonik und Satz . . . 94
2.3.11 Komponieren – Arrangieren – Improvisieren . . . 97

2.4 Formenlehre 99

2.4.1 Formenlehre und Grundprinzipien musikalischer Gestaltung . . 99

2.4.2 Motiv und Thema . . . 101
Überblick 106
2.4.3 Formschemata und Formungsprinzipien . . . 103

3 Musik in der Gesellschaft 107
3.1 Musikkultur in Geschichte und Gegenwart 108
3.1.1 Gesellschaftliche Institutionen der Musik . . . 108
3.1.2 Gesellschaftliche Funktionen der Musik . . . 115
3.1.3 Musizierformen . . . 120
3.2 Musik als Beruf 123
3.2.1 Vom Schamanen zum Berufsmusiker . . . 123
3.2.2 Vom Unterhaltungsmusiker zum DJ . . . 133
3.2.3 Musik vermittelnde Berufe . . . 137
3.3 Musikproduktion 139
3.3.1 Musikproduzent . . . 140
3.3.2 Toningenieur . . . 141
3.4 Musik als Wirtschaftsfaktor 142
3.4.1 Musikindustrie: Vom Verlag zum Multimediakonzern . . . 143
3.4.2 Musikverwertung: Urheberrecht und Verwertungsgesellschaften . . . 147
3.4.3 Musik-Marketing . . . 151
Überblick 156
3.4.4 Musik und Internet . . . 153

4 Musikgeschichte 157
4.1 Musikentstehung, frühe Hochkulturen, Antike 158
4.1.1 Frühe Hochkulturen . . . 159
4.1.2 Griechische und römische Antike . . . 161
4.2 Musik in der Spätantike und im europäischen Feudalismus (330–1580) 163
4.2.1 Spätantike, Byzanz, gregorianischer Choral . . . 163
4.2.2 Melodische Mehrstimmigkeit . . . 166
4.2.3 Weltliche Musik des Mittelalters . . . 169
4.2.4 Musikalische Renaissance . . . 172
4.2.5 Musik als Staatskunst . . . 175
4.3 Musik im Zeitalter des Absolutismus und Barock (1580–1760) 181
4.3.1 Generalbass und konzertierender Stil . . . 181
4.3.2 Wohltemperiertes Klavier und regulierte Kirchenmusik . . . 184
4.3.3 Rokoko-Tendenzen und bürgerliche „Natürlichkeit“ . . . 186
4.4 Musik im Zeitalter der bürgerlichen Aufstiegsbewegung (1760–1871) 188
4.4.1 Sturm und Drang . . . 188
4.4.2 Wiener Klassik . . . 191
4.4.3 Französische Revolution, Restauration, Romantik . . . 195
4.4.4 Romantik, Vormärz, Realismus . . . 198
4.4.5 Virtuosität, Realismus und Klassizismus . . . 201
4.5 Musik zwischen Nationalismus und Moderne (1871–1918) 205
4.5.1 Nationale Schulen . . . 205
4.5.2 Realismus und Naturalismus . . . 209
4.5.3 Die Zweite Wiener Schule . . . 213
4.5.4 Montage und Verfremdung . . . 215
4.6 Musik im Übergang zu einer globalisierten Welt (1918 bis heute) 218

4.6.1 Revolution, relative Stabilisierung, Krise 219
4.6.2 Serialismus und elektronische Musik.... 223
4.6.3 Aleatorik, Klang- und Sprachkomposition 225
4.6.4 Zwischen lokaler Szene und Internet 232
Überblick 235

5 Gattungen der Musik 237
5.1 Vokalmusik 238
5.1.1 Lied 239
5.1.2 Madrigal 244
5.1.3 Motette 246
5.1.4 Messe und Requiem 247
5.1.5 Passion, Oratorium, Kantate 250
5.2 Instrumentalmusik 253
5.2.1 Kammermusik.... 253
5.2.2 Orchestermusik.... 258
5.3 Musikalisches Theater 262
5.3.1 Oper.... 262
5.3.2 Unterhaltendes Musiktheater 265
5.3.3 Musizieren als Theater 267
5.4 Angewandte Musik 268
5.4.1 Tanzmusik 268
5.4.2 Filmmusik 274
5.5 Gattungsentwicklung im 20./21. Jahrhundert 275
Überblick 276

6 Populäre Musik 277
6.1 Das „Populäre" in der Musik 278
6.1.1 Begriff der populären Musik 278
6.1.2 Kennzeichen und Grundlagen populärer Musik 280
6.1.3 Formen des Populären in Geschichte und Gegenwart.... 289
6.2 Rockmusik 293
6.2.1 Wurzeln der Rockmusik 292
6.2.2 Stile und Spielweisen der Rockmusik 298
6.3 Hip-Hop 302
6.3.1 Wurzeln des Hip-Hop 303
6.3.2 Hip-Hop als Musik einer globalen Jugendkultur 307
6.4 Techno 310
6.4.1 Wurzeln des Techno 311
6.4.2 Cut, Mix & Dance 314
6.5 Popmusik „made in Germany" 317
Überblick 318

7 Weltmusik – Musiken der Welt 319
7.1 Musik in den Kulturen der Welt – ein Überblick 320
7.1.1 Religiöse Gesänge und Weltethos im interkulturellen Dialog.... 322
7.1.2 Stimmen der Welt.... 325
7.1.3 Lieder der Welt 328
7.1.4 Musiker und Musikinstrumente der Welt.... 331
7.1.5 Musikensembles und Orchester der Welt 335
7.2 Musikalische Globalisierung – Migration und Integration 347
7.2.1 Das Eigene und das Fremde.... 348
7.2.2 Musical Communities und Fanklubs im „Global Village" 350

7.2.3 Musikverstehen im Dialog der Zeiten und Kulturen 351
7.3 World Music und regionale Stile 352
7.3.1 World Music zwischen den Kulturen 352
7.3.2 Zur Entwicklung von Regionalstilen 353
7.4 Migrationsmusiken 360
7.4.1 Sinti und Roma – Musik „zum Zuhören" und „zum Tanzen 360
7.4.2 Klezmermusik – der Mensch, ein beseeltes Musikinstrument 364
7.4.3 Rembétika in der griechischen Diaspora 365
7.4.4 Salsa – eine pan-lateinamerikanische Tanzbewegung 366
7.4.5 Chicha aus den Stadtvierteln von Lima 367
7.4.6 Indisch-britischer Bhangra – Punjabi-Pop 368
7.4.7 Afro Beat trifft Celtic Music – Das Afro Celt Sound System . . . 368

Überblick 370

A Anhang 371
Register 372
Bildquellenverzeichnis 384

Musikbegriff und
Methoden im Unterricht

M

M

1.1 Was ist Musik?

Angesichts der Vielgestaltigkeit von Musik wäre es im Grunde richtiger, von Musiken zu sprechen.

Musik hatte in allen Gesellschaften und zu allen Zeiten einen hohen Stellenwert. Heute ist sie allgegenwärtig und tritt in einer großen Vielfalt von Stilen, Spielweisen, Genres und Gattungen auf. Jede geografische Region und jede geschichtliche Epoche hat eigene Musikpraktiken, Musikanschauungen und Formen des Musiklebens hervorgebracht.

Musik gibt es in einer unüberschaubaren und unüberhörbaren **Vielgestaltigkeit:** als Kammermusik, Volksmusik, populäre Musik, Unterhaltungsmusik, funktionelle Musik, Rockmusik, Kirchenmusik, Marschmusik, Filmmusik, Weltmusik u. a.

Daten zusammengestellt nach Angaben des Deutschen Musikinformationszentrums (Oktober 2009)

Bevorzugte Musikrichtungen nach Altersgruppen 2008

höre ich sehr gern/ auch noch gern	Altersgruppen						
	14–19	20–29	30–39	40–49	50–59	60–69	70+
	in %						
Oldies, Evergreens	25,9	48,2	64,9	76,9	87,6	87,9	80,5
Deutsche Schlager	15,8	26,7	40,8	48,9	67,1	79,9	82,8
Volks- u. Blasmusik	3,7	4,5	8,8	15,0	33,1	56,5	75,7
Tanzmusik	25,8	30,2	35,7	43,5	53,9	64,7	59,6
Jazz	16,6	24,0	26,5	29,5	31,6	30,4	18,8
Dt. Rock- u. Popmusik	75,5	76,0	81,0	77,5	64,6	37,8	16,6
Engl. Rock- u. Popmusik	86,2	89,3	88,1	82,3	61,7	27,9	7,2
Dance, Hip-Hop, Rap	69,7	57,5	33,7	22,1	10,7	3,2	0,8
Techno, House	57,4	47,3	22,6	12,5	5,0	1,9	0,6
Hardrock, Heavy Metal	45,3	41,1	33,9	24,8	12,2	4,0	0,7
Blues, Spirituals, Gospels	18,3	26,0	34,9	38,9	42,8	39,5	26,7
Chansons	6,8	11,9	21,4	24,2	40,6	44,6	34,9
Musicals	25,6	32,7	43,0	46,0	54,5	59,4	50,5
Oper, Operette, Gesang	4,8	9,0	15,7	19,6	35,7	50,6	56,2
Klassik, Konzerte, Sinfonien	10,5	18,0	26,0	29,3	39,0	48,6	48,3

Was Musik ist, kann auf sehr verschiedene Weise beantwortet werden. Die Antworten sind so vielgestaltig wie Musik selbst. Musik ist Kunst und Wissenschaft, Bildung und Unterhaltung, Religion und Religionsersatz, Gegenstand des Denkens und der Erfahrung, Mittel zur Anregung körperlicher Bewegung (Tanzen, Marschieren), ein Medium der Selbsterfahrung und des Selbstausdrucks.

Der deutsche Philosoph FRIEDRICH NIETZSCHE schrieb 1889: „Ohne Musik wäre das Leben ein Irrtum."

1.1.1 Musikbegriff

Musik ist ein **Sammelbegriff** für die historisch, geografisch und kulturell sehr verschiedenartigen Formen der Hervorbringung von Klang mit der menschlichen Stimme, durch Körperschlag oder Klang erzeugende Instrumente.

Das Wort Musik geht auf das griechische „mousiké" zurück, allerdings haben die Wörter verschiedene Bedeutungen. Der griechische Begriff „mousiké" meint die Einheit von Tanz, Dichtung und Tonkunst, umfasst also mehrere Künste. Der gemeinsame Nenner ist „Rhythmus", also die geordnete Bewegung.

Auch wenn nach heutigem Verständnis des Musikbegriffs die Vorstellung von Musik als einer **Klangkunst** zentral geworden ist, sind die früheren Bedeutungen des Begriffs keineswegs völlig verschwunden. Popmusiker etwa singen, spielen und bewegen sich auf der Bühne. Sie realisieren damit jene Einheit „geordneter Bewegung".
Obwohl alle menschlichen Kulturen und Gesellschaften Klang für kommunikative Zwecke jenseits der Sprache benutzen, haben nicht alle einen allgemeinen Begriff dafür und nicht alle grenzen diesen Gebrauch von Klang – wie dies für die abendländische Musiktradition charakteristisch ist – scharf von der natürlichen akustischen Umwelt ab.

So ist für die Kaluli, ein Volk aus Papua-Neuguinea, Musik ein interaktives Zusammenspiel mit den Geräuschen des sie umgebenden tropischen Regenwaldes. Sie reagieren in besonderen Zeremonien mit den von ihnen nachgeahmten Lauten der Vögel und Insekten, den imitierten Geräuschen von Wind und Regen auf die Klangwelt, die ihnen aus dem Regenwald entgegenschallt. Ein solches auf die Umwelt bezogenes Musikverständnis steht im Gegensatz zu der abendländischen Musikauffassung, nach der das Musizieren eine von der Klangumwelt isolierte Betätigung ist.

M

Musikalische Zeremonien sind z. B. Opernaufführungen oder Pop-Shows.

Musik ist ein komplexes sinnliches Ereignis.

Musikalische Zeremonie

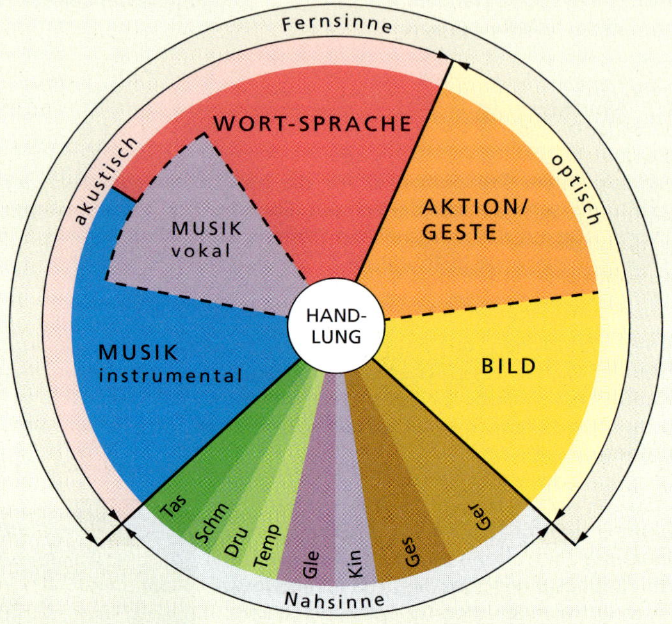

Tas	=	Tastsinn	Kin	=	kinästhetischer Sinn als Selbstwahrnehmung des Körpers
Schm	=	Schmerzsinn			
Dru	=	Drucksinn			
Temp	=	Temperatursinn	Ger	=	Geruch (Olfaktorik)
Gle	=	Gleichgewichtssinn	Ges	=	Geschmack

1.1.2 Musik als Kunst, Kommunikation und Kultur

Musik ist eine Einheit von Verschiedenem, von Gegensätzlichem und Widersprüchlichem.

FRIEDRICH NIETZSCHE entwickelte das Begriffspaar „dionysisch-apollinisch" in seiner Schrift „Die Geburt der Tragödie aus dem Geiste der Musik" (1872).

Maß und Maßlosigkeit, Spontaneität und Kalkül, Ordnung und Ekstase finden in der Musik einen gemeinsamen Nenner. Versinnbildlicht ist das im Mythos von den griechischen Gottheiten Dionysos (der Gott des Weins, des Rausches, der Ekstase) und Apollon (der Gott des Maßes und der Ordnung).
Das In- und Miteinander von Körper und Seele, von Natur und Geist, von Geschichte und Gesellschaft findet in der Musik einen „Klang gewordenen" Ausdruck.

Musik ist Tonkunst, Zeitkunst und ausübende Kunst.	Gestaltung bzw. Gestaltbildung in klingendem Material prägt Musik als Tonkunst; Zeitkunst ist Musik als Klang gewordene Zeit; Musik ist eine gemeinsame bzw. gemeinschaftliche Tätigkeit, also eine ausübende Kunst, die sich von den Sprachkünsten, der bildenden Kunst und der darstellenden Kunst unterscheidet.
Musik ist Einheit von Individualität und Kollektivität.	Als ausübende Kunst ist Musik an Gemeinschaft und Kollektivität gebunden. Musiziert wird stets in Gemeinschaft, im Kreis einer Gruppe von Hörenden, auch wenn diese weit verstreut und nur durch audio-visuelle Medien existent ist. Jeder Musizierende ist immer auch Hörender. Die Individualität seines Musizierens basiert auf vorangegangenen Hörerfahrungen, ist also gruppengebunden.
Musik ist Kommunikation.	Musik ist eine Form der Kommunikation, die in Klängen von hohem Eigenwert als zeitlicher Prozess vollzogen wird und dabei sinnliche Reize, Gefühle und Gedanken vermittelt. Mit ihr verständigen sich die Menschen über sich selbst, über die Natur, über ihre Tätigkeiten und Beziehungen. Als Kommunikation ist Musik Sprache, denn Sprache ist nicht nur Wortsprache. Das Kommunikations- und Zeichensystem der Menschen ist mehrdimensional: akustisch und optisch. Musik als Klangsprache ist mit der Körpersprache (Geste,Tanz) und der Wortsprache verbunden.
Musik ist Produktion.	Musiker „produzieren“ Musik und nehmen als Musikproduzenten am Wirtschaftsleben teil. Musikinstrumente werden produziert, Medien produzieren Musikprogramme und Konzerthäuser produzieren Konzertveranstaltungen. Musik „produziert“ ihr Publikum, denn Hörer und Musikrezipienten werden zu solchen nur im Umgang mit einer bestimmten Musik oder einem Musikstück. Musik ist somit ein komplexes Netz von Produktionsbeziehungen.
Musik ist Prozess.	Musik ist eingebettet in ein Netz von Aktivitäten und Verhältnissen und wird so Bestandteil eines vielschichtigen, gesellschaftlichen Prozesses. Dieser reicht vom Sinnlichen der akustischen Wahrnehmung über das Körperliche der Klangerzeugung (Musizieren) und Klangerfahrung (Hören) bis zum Gedanklichen von Konzeption, Komposition und Rezeption. Musik als Prozess hat eine wirtschaftliche Grundlage (Musikindustrie, Aufführungsstätten, Agenturen usw.) und ist an Vorstellungen, Begriffe und Anschauungen gebunden. Es werden verschiedene Zwecke realisiert und Musik enthält die unterschiedlichsten Funktionen.
Musik ist Kultur.	Musik ist Teil eines umfassenden Komplexes von Aktivitäten, die die Kultur einer Gesellschaft ausmachen. So ist sie Bestandteil von Zeremonien und Ritualen (Initiationsriten, religiöse Kulthandlungen) oder – in modernen Gesellschaften – von Freizeitbeschäftigungen unterschiedlichster Art (z. B. Besuch von Veranstaltungen, Mediennutzung, Bildung von Fangruppen), die an Institutionen sowohl musikspezifischer (Diskothek, Oper, Konzerthaus) oder musikunspezifischer Natur (Kirche, Freizeitstätten, Massenmedien) gebunden sind.

M

Musik und andere Künste

Musik ist keine reine Ton- oder Klangkunst. Am lebendigen Musizieren und seiner Wahrnehmung ist stets auch der Sinn des Sehens beteiligt, häufig der Tastsinn oder der Geruchssinn (z. B. Weihrauch bei religiösen musikalischen Zeremonien).

Es gibt auch **strukturelle Beziehungen** zwischen Musik und anderen Künsten: vor allem über Ordnungsprinzipien, wie Rhythmus als geregelte Bewegung, oder über Zahlenverhältnisse und Proportionen. Solche Beziehungen können Gestalt und Gestaltung im Zeit- und Klangprozess wie im Raum (Skulptur) oder in der Fläche (Malerei, Grafik) prägen.

> Musik ist Ereignis, Aktion und Schauspiel. Sie speist sich nicht nur aus Tanz, Dichtung, Gestik und Pantomime, sondern hat sich in enger **Wechselwirkung mit anderen Künsten** entwickelt.

Die ältesten und unmittelbarsten Beziehungen unterhält Musik mit Dichtung und Tanz, die zur Differenzierung von Vokal- und Instrumentalmusik geführt haben. Ebenfalls sehr alt sind die Beziehungen zwischen Musik und Architektur, da der umbaute Raum als Aufführungsort von Musik schon die frühen Musikformen etwa in den vorchristlichen Sakralbauten geprägt hat.

Über Körperbemalung oder Tätowierung bis hin zu Verkleidung und Bühnenausstattung verbindet sich Musik mit anderen Künsten zum theatralischen Gesamtkunstwerk. Umgekehrt entwickeln und verselbstständigen sich aus ursprünglichen Formen dieses Gesamtkunstwerks in Gestalt von Festen, Zeremonien, Ritualen einzelne Künste und Kunstgattungen: z. B. das reine Sprechdrama als Theater ohne Musik, Plastik als Formung von körperlich-tänzerischer Bewegung in Holz oder Stein.

Abb.: Mozart-Abend auf dem Rheingau Musik Festival (RMF)

1.1.3 Musik als Bildungs- und Erziehungsinstanz

> Musik ist durch ihre Gemeinschaftlichkeit und durch die von ihr verkörperte Ordnung ein bevorzugtes Medium von Bildung und Erziehung.

Initiation bezeichnet die gewöhnlich rituelle Einführung eines Außenstehenden in den engeren Kreis einer Gruppe oder Gemeinschaft. Eine Initiation ist immer ein Übergang, z. B. vom Kind zum Erwachsenen.

Zu den frühesten Formen der Nutzung von Musik als Bildungs- und Erziehungsinstanz gehören die **Initiationsriten.** Heranwachsende werden durch besondere Zeremonien – oft mit zeremonieller Musik – in die gesellschaftlich geltenden Werte, Mythen, Normen eingeführt und in die Gemeinschaft der Erwachsenen aufgenommen. Erstkommunion, Firmung, Konfirmation, Jugendweihe sind modernere Beispiele dafür.
Zur Initiation gehört auch die Einführung in die Musik und die Unterweisung im Musizieren. In einem langen Prozess hat sich daraus der heutige **Musikunterricht** als Teil des Unterrichtsprogramms an allgemeinbildenden Schulen entwickelt.

Musik vermittelt auch rationale Ordnungen und Abläufe. Sie steigert die Sensibilität, die Wahrnehmungs- und Ausdrucksfähigkeiten im Umgang der Menschen miteinander und fördert so das Sozialverhalten. Sie wirkt damit aber auch auf die Gesamtentwicklung der Persönlichkeit wieder zurück. Diese **Eigenschaften von Musik** und die mit ihnen verbundene gemeinschaftsbildende Funktion des Musizierens wurden in allen Gesellschaften und zu allen Zeiten zum Zusammenhalt der Gruppe genutzt. Darauf basiert auch der Einsatz von Musik als Mittel zur Aufrechterhaltung von Macht und Herrschaft.

Der konfuzianische Philosoph SÜN-TSE (ca. 450 v. Chr.) fasste zentrale Anschauungen des alten China so zusammen: „Ist die Musik ausgeglichen und beruhigend, dann wird das Volk glücklich sein und nicht zerfallen. Ist die Musik ehrerbietig und würdevoll, dann wird das Volk die Ordnung lieben und keinen Umsturz verursachen. ... Ist die Musik bezaubernd schön und wird sie dadurch gefährlich, dann wird das Volk unbeständig, gleichgültig, niedrig und gewöhnlich.“

▶ Die Lehre des **Konfuzianismus,** die auf KUNGFU-TSE (auch KONFUZIUS, 551 – 479 v. Chr.) zurückgeht, wurde seit dem 2. Jh. v. Chr. in China zur staatstragenden Ideologie mit zahlreichen Riten.

In der griechisch-römischen Antike bezog sich **Musikpädagogik** als Erziehung, Bildung und staatsbürgerliche Formung von Kindern und Jugendlichen auf die Gesamtgesellschaft. Im antiken Rom wurde dabei die Freiheit von Alltagszwängen in der mit den Künsten – so auch der Musik – vermittelten „Muße“ betont. Da Musik mit Tanz, Lyrik und sportlich-körperlicher Betätigung (Gymnastik) verbunden war, funktionierte Musikpädagogik ganzheitlich. In modernen, auf die Ganzheit der Persönlichkeit ausgerichteten Konzepten wirken diese Zusammenhänge bis heute weiter.

Abb. links: Abbildung von Musikunterricht auf einer griechischen Vase (frühes 5. Jh. v. Chr.)

Foto rechts: Singen und Bewegungsspiele in einer Kindertagesstätte

1.1.4 Musik als Wissenschaft

Musikwissenschaft beinhaltet die Erforschung von Musik in ihren vielfältigen sozialen, natürlichen (biologisch-physiologischen, physikalisch-akustischen), ideellen (ästhetischen, ideologischen), historischen und geografischen Bezügen.

Es gab bereits in der griechischen Antike ein bestimmtes Verständnis von Musik als Wissenschaft, das über die spätantike und mittelalterliche Überlieferung der heutigen Musikwissenschaft den Weg bahnte.

M

Maßgeblich für die Musikanschauung des europäischen Mittelalters war die Systematisierung von Kunst und Wissenschaft in den „sieben freien Künsten", den **septem artes liberales** (↗ Abb.). Sie bestanden aus drei plus vier Fächern: Grammatik, Dialektik, Rhetorik, Arithmetik, Geometrie, Astronomie und Musik.

In den mittelalterlichen „artes liberales" war Musik formell in den Kreis der Wissenschaften aufgenommen. Vom Ende des 15. Jh.s bis in das 18. Jh. standen dafür die musica theoretica (spekulative Musiklehre) und musica practica bzw. musica poetica (praktische Kompositionslehre).

Musikwissenschaft entstand erst am Ende des 19. Jh.s als moderne Wissenschaft, begründet durch Gelehrte wie FRIEDRICH CHRYSANDER (1826–1901), GUIDO ADLER (1855–1941) oder PHILIPP SPITTA (1841–1894). **Musikgeschichtsschreibung** gibt es jedoch bereits seit dem 18. Jh., den Begriff „Musikwissenschaft" schon seit 1827. Er wurde von JOHANN BERNHARD LOGIER (1777–1846) in seiner Schrift „System der Musikwissenschaft und der praktischen Komposition" geprägt.

Teilgebiete der Musikwissenschaft

Die Musikwissenschaft ist von fünf grundlegenden Fragestellungen geprägt, die sich zu eigenständigen **Teildisziplinen** entfaltet haben.

Musiksoziologie	Als Resultat menschlicher Lebenstätigkeit wird Musik unter den Aspekten ihrer Entstehung und ihrer Wirkung untersucht. Ein zentraler Gegenstand ist dabei die Musikkultur mit ihren vielfältigen Institutionen, dem Opern- und Konzertwesen, den Musik- und Musikerorganisationen, der Musikindustrie und den Medien.
Musikästhetik	Gefragt wird nach Gestalt und Gehalt von Musik, danach, wie Gesellschaft und Wirklichkeit in die Klangwelt der Musik eingehen, und wie Musik mit ihrem Material, mit Kompositionstechnik, Klangarchitektur und Tonsatz auf gesellschaftlich vermittelte Wirklichkeiten eingeht.
Musikanthropologie	Sie geht der Frage nach, was Musik für den Menschen und seine Entwicklung bedeutet und umgekehrt, wie die Menschen auf spezifische Weise Musik und ihre Entwicklung prägten und prägen.
Musikgeschichte	Im Mittelpunkt stehen die Fragen nach dem Wann, Wo, Warum, Wozu und Wie der Entstehung von Musik, der Entstehung und Entwicklung musikalischer Gattungen, Stile und Werke sowie nach dem Wandel des Musikmachens und -hörens der Menschen in der Geschichte.
Musikethnologie (auch Ethnomusikologie)	Sie stellt die Frage nach den kulturspezifischen Grundlagen des Gebrauchs und Verständnisses von Klang als Musik. Im deutschen Sprachraum wird versucht, sie hauptsächlich durch die Untersuchung außereuropäischer Musikkulturen zu beantworten.

1.2 Betrachtungsweisen und Arbeitstechniken im Musikunterricht

Für die Entwicklung der Fähigkeiten, sich umfassendes Wissen über Musik anzueignen, dieses Wissen einzuordnen und anzuwenden, bieten sich verschiedene Betrachtungsweisen an. Sie wurden von der Musikwissenschaft und ihren jeweiligen Teilbereichen entwickelt und finden auch im Musikunterricht Anwendung. Jede Betrachtungsweise eröffnet dabei einen jeweils anderen Zugang zur Musik und folgt in der Regel spezifischen Fragestellungen.

> Der **Musikunterricht** hat zwei grundlegende, sich ergänzende Inhalte: die wissenschaftlich-theoretische Aneignung von Kenntnissen und das künstlerisch-praktische Handeln und Gestalten.

▶ Theoretische Erkenntnisse über Musik bleiben bedeutungsleer, wenn sie nicht mit eigenen, persönlichen Erfahrungen in Bezug auf Musik verbunden werden.

Zu einer vertieften Auseinandersetzung mit Musik gehören zudem das emotionale Nachvollziehen musikalischer Prozesse, das Experimentieren mit musikalischen Strukturen, das Spielen und Präsentieren von Musik. Deshalb hat die **Musikpädagogik** nicht nur das Grundverhältnis von Musik und Musikaneignung untersucht, sondern auch Musiklerntheorien und fachspezifische Arbeitstechniken im Umgang mit Musik entwickelt. Sie sind auf die Verbindung von theoretischen und praktischen Fähigkeiten sowie von Theorie und Praxis gerichtet.

1.2.1 Fachspezifische Betrachtungsweisen

Will man Musik in ihrer Vielschichtigkeit verstehen und erfahren, muss man sie aus möglichst unterschiedlichen Perspektiven betrachten.

> Es gibt eine Vielfalt möglicher Betrachtungsweisen von Musik.

Jeder Betrachtungsweise lassen sich grundlegende Fragestellungen und bestimmte wissenschaftliche Teilgebiete zuordnen.

M

Betrachtungsweisen von Musik

Betrachtungsweise	grundlegende Fragestellung	wissenschaftliches Teilgebiet
naturwissenschaftlich	Wie erzeugt und hört man Klänge?	Akustik/Physiologie
psychologisch	Wie funktioniert musikbezogene Wahrnehmung?	Musikpsychologie
analytisch	Wie ist die Musik strukturiert?	Musiktheorie
soziologisch	In welchem Zusammenhang stehen Musik und Gesellschaft?	Musiksoziologie
historisch	Was ändert sich, was bleibt bestehen?	Musikgeschichte
ethnologisch	Wie ist Musik in das Leben verschiedener Kulturen integriert?	Musikethnologie
ästhetisch	Wie ist Musik geschmacklich zu beurteilen?	Musikästhetik
intermedial	Welche Bezüge gibt es zwischen Musik und anderen Kommunikationsformen?	Kulturwissenschaft Medienwissenschaft

Naturwissenschaftliche Betrachtungsweisen Im Mittelpunkt der naturwissenschaftlichen Betrachtungsweisen stehen die physikalischen und physiologischen Grundlagen der Musik.	Vor allem die Bereiche **musikalische Akustik** sowie Stimm- und Hörphysiologie begründeten die naturwissenschaftlichen Betrachtungsweisen von Musik. Die **musikalische Akustik** erforscht die physikalischen Grundlagen von Tönen, Klängen und Geräuschen. Die Frage, wie der Mensch Schall wahrnimmt und Klänge mit der Stimme produziert, steht im Mittelpunkt der **Stimm- und Hörphysiologie.**	Eine typische Arbeitsmethode aller Teilgebiete ist das **Experiment** mit anschließender statistischer Auswertung. Unterrichtsthemen mit naturwissenschaftlichen Anteilen sind z. B.: die Naturtonreihe, charakteristische Klangeigenschaften von Instrumenten oder Gefahren von Lärm und Reizüberflutung.
Psychologische Betrachtungsweisen Im Zentrum stehen psychologische Aspekte von musikalischen Tätigkeiten, Funktionalitäten und ausgewählten Grundlagen.	Die **Musikpsychologie** beschäftigt sich mit der Frage, welche mentalen Prozesse beim Hören und Spielen von Musik ablaufen.	Unterrichtsthema kann z. B. die psychologische Wirkung von Filmmusik sein. 

Analytische Betrachtungsweisen Analytische (musiktheoretische) Betrachtungsweisen zielen auf die Kompositionstechniken und den Gehalt von Musik.	Die **Musiktheorie** in der Schule versteht Musik als ein geordnetes System und sucht nach vermittelbaren Regelhaftigkeiten dieses Systems. Die grundlegende Fragestellung ist: In welchem Zusammenhang steht die Struktur der Musik mit dem Gesamteindruck bzw. der kompositorischen Idee?	Die wichtigste Arbeitsmethode ist die **Analyse,** in der die Funktion einzelner Elemente der Musik für das Werkganze bestimmt wird. Solche Elemente sind z. B. Töne, Klänge, Motive, Rhythmen, Themen, harmonische Verläufe, Satztypen, musikalische Form. Eine musiktheoretische Perspektive haben z. B. die Themen: kompositorische Gestaltungsprinzipien, Komponieren mit Patterns, Keyboardbegleitung von Popsongs.
Soziologische Betrachtungsweisen Im Blickpunkt soziologischer Betrachtungsweisen stehen die Wechselwirkungen zwischen Mensch, Musik und Gesellschaft.	Die **Soziologie** untersucht die Musik in der Gesellschaft. Grundlegende Fragestellungen sind z. B.: Unter welchen gesellschaftlichen Bedingungen wird Musik produziert und rezipiert? Welche Aufgaben hat Musik in der Gesellschaft? Welche Berufe haben sich für den professionellen Umgang mit Musik herausgebildet? Welche Interessen, Institutionen und Marktmechanismen stehen hinter der Produktion von Musik?	Eine häufig verwendete Arbeitsmethode ist die **Umfrage.** Soziologisch zu erschließende Themen sind z. B.: Berufe im Popbusiness, Musik als Wirtschaftsfaktor, Stellung eines Komponisten in seiner Zeit. 
Historische Betrachtungsweisen Historische Betrachtungsweisen beziehen sich auf die geschichtlichen Entwicklungs- und Veränderungsprozesse von Musik.	**Geschichtsprozesse** können entweder universal (allgemeingeschichtlich) oder innermusikalisch (als Formen- oder Gattungsgeschichte) beschrieben werden. Die Grundfrage ist: Was ändert sich und was bleibt bestehen? Untersuchungsgegenstand ist sikkultur, deren Entwicklung oft mithilfe einer Epocheneinteilung beschrieben wird. Es geht darum, die Eigenart der verschiedenen historischen Musiken erfahrbar zu machen und einzuordnen.	Eine wichtige Arbeitsmethode ist die **historisch-kritische Quellenanalyse.** Beispiele für Unterrichtsthemen mit historischer Betrachtungsweise sind: Geschichte der Rock- und Popmusik, Überblick über die Epochen abendländischer Musik, Entwicklung der Notenschrift.

M

Ethnologische Betrachtungsweisen Ethnologische Betrachtungsweisen richten das Augenmerk auf die Musik in verschiedenen Kulturen.	Klassische **ethnomusikologische Fragestellungen** sind z. B.: Wie ist Musik in das Leben fremder Kulturen integriert? Welche kulturellen Besonderheiten gibt es hinsichtlich der Strukturen der Musik, des Tonmaterials, der Instrumente? Im Zuge der Globalisierung und sich herausbildender multikultureller Gesellschaften hat die Musikpädagogik zudem Fragestellungen zum interkulturellen Musiklernen entwickelt: Inwieweit treten die Musikkulturen in einen Dialog? Kann durch Erfahrungen mit fremden Kulturen das Verständnis der eigenen Kulturen befördert werden?	Die vorrangige Arbeitsmethode ist die **Feldforschung,** bei der Forscher fremde Kulturen selbst miterleben und beobachten. ■ Themen mit ethnologischem Zugang sind z. B.: Wanderwege von Instrumenten zwischen Kulturkreisen, Städte als musikkulturelle Schmelztiegel, regionale Prägungen von bestimmten Musikstilen. 
Ästhetische Betrachtungsweisen Ästhetische Betrachtungsweisen sind auf die Untersuchung von Wesen und Wert der Musik gerichtet.	Die **Musikästhetik** wird vor allem von der Frage geleitet, was das Schöne in der Musik ist. Sie erarbeitet Kriterien für Werturteile über Musik und untersucht die Besonderheiten musikästhetischer Erfahrungen. Musikästhetische Fragestellungen sind z. B: Welche Eigenschaften hat ein gelungenes Musik-Kunstwerk? Welche Sichtweisen hat der Rezipient auf ein Werk?	■ Unterrichtsthemen mit klarer musikästhetischer Ausrichtung sind z. B. die Kriterien der eigenen Werturteile über Musik und der geschichtliche Abriss musikästhetischer Konzepte.
Intermediale Betrachtungsweisen Intermediale Betrachtungsweisen stellen die Verbindungen und Beziehungen zwischen Musik und anderen Ausdrucksformen in den Vordergrund.	Musik steht häufig in Beziehung zu anderen Künsten oder Medien, z. B. zum Tanz, zur Sprache, zum Film, zur bildenden Kunst. **Intermediale Fragestellungen** ergeben sich aus dem Verhältnis dieser unterschiedlichen Ausdrucksformen, z. B.: Welche Rolle hat Musik in multimedialen Kontexten wie der Oper, dem Musikvideo, dem Film oder dem Ballett? Wie wird Musik durch andere Künste oder Medien beeinflusst und strukturiert?	■ Unterrichtsthemen, die sich für intermediale Fragestellungen anbieten, sind z. B.: Funktionen von Filmmusik, Idee und Geschichte des Gesamtkunstwerkes, Analyse von Musikvideos. 

M

1.2.2 Arbeitstechniken im Umgang mit Musik

Der Musikunterricht ist auf eine vielfältige Auseinandersetzung mit Musik gerichtet. Den grundlegenden Umgangsweisen mit Musik entsprechen verschiedene Arbeitstechniken, die ihnen zugeordnet sind.

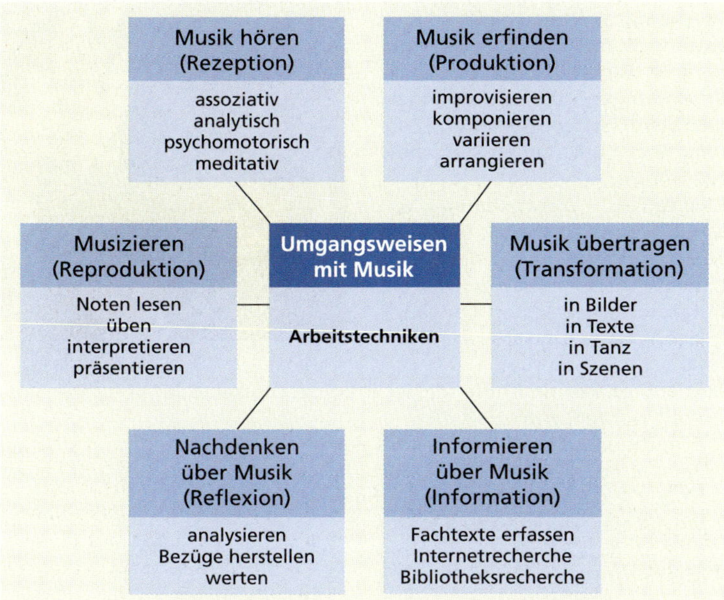

▶ Die Zusammenstellung erfolgte in Anlehnung an DANKMAR VENUS: Unterweisung im Musikhören, Musikpädagogische Bibliothek, 1969

Musik wahrnehmen (Rezeption)

In der Freizeit hört man Musik oft im Hintergrund, ohne sich besonders darauf zu konzentrieren. Im Musikunterricht geht es jedoch darum, verschiedene und weiterführende **Formen des Musikhörens** auszuprobieren und zu üben.

> Man kann Musik assoziativ, analytisch, psychomotorisch oder meditativ hören und wahrnehmen.

Assoziatives Wahrnehmen von Musik bedeutet, Musikstücken während des Hörens Farben, Bilder, Geräusche, Gefühle, Bewegungen oder Charaktereigenschaften – also bestimmte Empfindungen oder Vorstellungen – zuzuordnen. Dabei spielen subjektive Erfahrungen und Erlebnisse, Einstellungen und Stimmungslagen eine große Rolle.

▶ assoziativ: durch Vorstellungsverknüpfung bewirkt

M

Analytisches Wahrnehmen von Musik zielt darauf, musikalische Strukturen (z. B. melodische Motive, harmonische Modelle oder die Abfolge von Formabschnitten) nachzuvollziehen. Die Schulung dieser Hörhaltung wird **Gehörbildung** genannt. Sie ist eng mit der Musiktheorie verknüpft.

Es gibt im Internet Seiten mit Übungen zur **Gehörbildung:** www.musikwissenschaften.de oder www.gehoerbildung.de.

psychomotorisch: willkürlich, durch seelische und geistige Vorgänge beeinflusst

meditativ: sinnend betrachten

Psychomotorisches Wahrnehmen von Musik meint das sinnlich-körperliche Nachvollziehen der Musik in Haltungen und Bewegungen, z. B. beim Tanzen. Besonders Pop- und Rockmusik zielen auf diese Hörhaltung.

Meditatives Wahrnehmen von Musik kann einerseits selbstvergessenes Versinken in die Musik bedeuten oder andererseits das distanzierte Betrachten der Musik in den Vordergrund stellen.

Musikhören kann mithilfe solcher **Arbeitstechniken** oder Verfahren entwickelt werden, wie

- Anfertigung eines **Hörprotokolls** durch Darstellen eines musikalischen Parameters, wie Tonhöhe, Lautstärke oder Klangfarbe, mithilfe einer Linie, die dem jeweiligen Verlauf des Stückes folgt;
- Vornehmen einer **grafischen Notation** während des Hörens eines Musikstücks durch Noten in Form von grafischen Symbolen – z. B. Triller = Kringel, kurze Töne = Punkte, lange Töne = Balken, schnelle Läufe = Zickzacklinie; in einer Zeitachse können dabei verschiedene Stimmen übereinanderstehen;

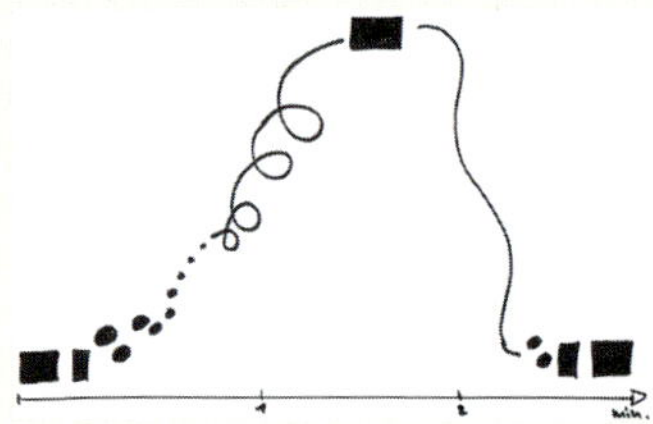

Abb.: Grafische Notation eines Schülers zum „Prélude" für Klarinette Solo (1987) von KRZYSZTOF PENDERECKI (geb. 1933)

- Erstellung eines **Polaritätsprofils** bzw. eines semantischen Differenzials durch Aufnehmen assoziativ festgestellter Eigenschaften nach dem Hören eines bestimmten Musikstücks in einer Tabelle.

Ein Polaritätsprofil eignet sich besonders zum Vergleich unterschiedlicher Musikstücke. Dabei soll die Musik auf einer Skala zwischen Gegensatzpaaren eingeordnet werden:

	1	2	3	4	5	6	
langsam							**schnell**
merkwürdig							**vertraut**
blass							**farbig**
aufregend							**beruhigend**

Musik erfinden (Produktion)

Arbeitstechniken der Musikproduktion sind Improvisieren, Komponieren, Variieren und Arrangieren.

Improvisieren ist ein planvolles Stegreifspiel nach Regeln oder Konzepten. Die Impulse können dabei ganz unterschiedlicher Natur sein. Es können Harmonie- oder Bassmodelle, Skalen, Lead Sheets, Rhythmuspatterns, Form-Schemata, Klangkonzepte oder grafische Notationen sein.

Eine Methode, das Improvisieren zu üben, sind „Call-and-Response-Übungen" (↗S. 282, 325), bei denen ein Spieler ein rhythmisches oder melodisches Motiv vorgibt und ein anderer dieses wiederholt oder mit einem eigenen Motiv beantwortet.

Eine **Bluesimprovisation** lässt sich mit der Bluestonleiter relativ leicht über das Bluesschema improvisieren. Dabei sollten zunächst nur auf ein bis drei Tönen der Skala improvisiert und erst dann allmählich die anderen Töne hinzugenommen, einfache rhythmische Motive benutzt und Pausen gelassen werden.

Der Unterschied zwischen Improvisieren und **Komponieren** besteht grundsätzlich darin, dass Kompositionen fixiert werden, z. B. in Noten aufgeschrieben oder digital gespeichert. Mögliche **Kompositionsanweisungen** sind:
- Komposition einer Melodie über ein Harmoniemodell,
- Vertonung eines Gedichttextes,
- Komponieren mit Patterns,
- Vertonung eines Kurzfilms oder eines Hörspiels,
- Erstellen einer experimentellen Klangkomposition,
- Zusammenstellen einer Musikcollage am PC mithilfe eines Sequenzer-Programms (↗S. 69).

Eine wichtige Voraussetzung für eine gelungene Komposition ist, eine Klangvorstellung von der eigenen Komposition zu haben. Deshalb gehört zum Komponieren auch das Wechselspiel von Ausprobieren, Anhören und Überarbeiten.

Bei der Komposition einer Melodie über ein **Harmonieschema** ist die Einhaltung der Regel wichtig, dass auf den betonten Zählzeiten nur Dreiklangtöne aus dem Schema verwendet werden und diese Töne dann schrittweise zu verbinden sind.

Variieren bedeutet, eine musikalische Vorlage so umzuarbeiten, dass neue Versionen entstehen. Meist ist die Vorlage eine Melodie, ein musikalisches Thema oder ein Lied. **Variationsmöglichkeiten** sind z. B.
- rhythmische Veränderungen,
- melodische Verzierungen,
- Tempowechsel,
- Änderung des Tongeschlechts,
- Veränderung in der Begleitung,
- Reharmonisierungen,
- stilistische Umarbeitungen.

M

Im Zuge der Digitalisierung von Musik sind neue computergestützte Arbeitstechniken des Speicherns und Bearbeitens von Musik entstanden. Dazu gehören Harddisc-Recording, MIDI-Arbeit und Sounddesign.

Arrangieren ist die Einrichtung eines Musikstücks für einen bestimmten Gebrauch. Das können Mitspielsätze, Spielversionen für das Schulorchester oder Musicalaufführungen sein. Die musikalischen Grundstrukturen wie Melodik und Harmonik bleiben dabei weitgehend erhalten. Meist geht es darum, ein Stück für eine vorhandene Besetzung von Musikern spielbar zu machen und ihren oft sehr unterschiedlichen Fähigkeiten anzupassen.

Das Arrangieren einer **Keyboard-Begleitung** für einen Song beginnt damit, zuerst die Akkordsymbole in Dreiklänge im Violinschlüssel umzuwandeln. Sie sind dabei so zu legen, dass die Finger möglichst kleine Bewegungen machen müssen. Dann ist der Grundton jedes Akkords im Bass-Schlüssel zu notieren.

Musizieren (Reproduktion)

Wichtige **Arbeitstechniken des reproduzierenden Musizierens** sind Notenlesen, Üben, Interpretieren und Präsentieren.

Im Internet gibt es eine Reihe von Programmen, mit denen man das Notenlesen üben kann.

Noten lesen zu können ist für das Spielen von Kompositionen und Arrangements unerlässlich.

Ein möglicher Weg zum Erlernen von Noten ist, sich zuerst die Notennamen zu merken, die durch die Notenschlüssel markiert werden, also das g1 im Violinschlüssel und das f im Bassschlüssel. Davon ausgehend kann man die restlichen Töne abzählen.
Der nächste Ton, den man sich merken sollte, ist das c1. Dazu sollten dann immer mehr Töne hinzukommen, die man liest.

g1 c1 f c1

Üben sollte nicht stupides Wiederholen sein.

Üben mit einer richtigen Technik ist entscheidend für den Erfolg. Dabei ist wichtig, ganz langsam mit kleinen Abschnitten zu beginnen und das Übetempo erst dann zu erhöhen, wenn man sich sicher fühlt.

Musizieren beinhaltet nicht nur, die richtigen Töne abzuspielen, sondern sie auch zu **interpretieren,** also der Musik eine persönliche Prägung zu geben und ihren Charakter herauszustellen.

Leitfragen für die Interpretation eines Stückes sind:
- Welche Stimmung soll die Musik vermitteln?
- Welche Spielweise passt zu der Musik?
- Was soll beim Zuhörer ankommen?

Am Anfang und Ende eines Musikvortrags sollten einige Sekunden Stille eingehalten werden, damit die Musik wirken kann.

Auch das **Präsentieren** von Musik muss geübt werden. Die Haltung und die Aufstellung, in der musiziert wird, sind für das Publikum und die Musiker von großer Bedeutung.

Musik übertragen (Transformation)

Musik lässt sich in Bilder, Text, Tanz und Szene übertragen.

Die Transformation von Musik in andere Ausdrucksformen eröffnet neue Wahrnehmungsmöglichkeiten. Als Gestaltungshilfe bieten sich mögliche Schnittstellen zwischen den verschiedenen Medien an.

Transformation von Musik in	Schnittstellen, Beziehungen und Ansatzpunkte zwischen	zu nutzende Methoden im Unterricht
Text	• musikalischem Rhythmus und Sprechrhythmus • Artikulation und Konsonanten • Klangfarbe und Vokalen • musikalischen Motiven/Instrumenten und Charakteren • musikalischen und erzählerischen Klischees	Eine **Hörgeschichte** zu schreiben bietet sich besonders bei Programmmusik an. Während des Hörens wird zu der Musik eine Geschichte entworfen. Dieses ganz persönliche Programm kann nachträglich mit dem Programm des Komponisten verglichen werden.
Bild	• Klangfarben und Farben • musikalischen Motiven und Symbolen • musikalischer Form und Bildkomposition • Kompositionstechnik und Maltechnik (Atonalität – Abstraktion, ↗Abb.: KANDINSKY, „Impression III“)	
Tanz	• Tempo und Charakter • betonten Taktzeiten und schweren Schritten • Rhythmus und Schrittsequenz • Taktschema und Tanzabschnitten • Melodieverlauf und Bewegungsrichtung	Musik, zu der es schon einen bestimmten Tanzstil gibt, eignet sich gut für eine **Tanzchoreografie.** Bei einer Hip-Hop-Choreografie z. B. geht es vor allem darum, verschiedene Tanzschritte so zu verbinden, dass das musikalische Taktschema mit den Choreografieteilen übereinstimmt.
Szene	• Motiven/Instrumenten und Charakteren • Liedtexten und Dialogen • Motiven und Gesten • musikalischem Charakter und Körperhaltungen • Tonumfang und räumlichem Abstand	**Standbilder** sind eine spezifische Methode, um musikalische Konflikte und Entwicklungen zu visualisieren. Das Gesamtbild der Darstellergruppe ergibt eine Momentaufnahme der musikalischen Struktur.

M

Nachdenken über Musik

Zum **Nachdenken über Musik** gehören die **Arbeitstechniken** Analyse, Herstellen von Bezügen und Wertung.

Der erste subjektive Höreindruck von einem Werk ist zumeist ein guter Einstieg in die Analyse, weil dabei die unmittelbare Wirkung eines Stücks deutlich wird. Ausgehend von dieser Wirkung lassen sich erste Fragestellungen und Hypothesen formulieren, die das weitere Vorgehen leiten können. Sogar dann, wenn das erste Hören zu einem völligen Unverständnis des Stücks geführt hat, kann das bereits für eine Analyse fruchtbar sein.

Mögliche **Fragestellungen für das erste Hören** sind:
- Gibt es Stellen im Musikstück, die herausragen, überraschen oder ungewöhnlich sind?
- Gibt es Strukturen, die für das Stück grundlegend sind, z. B. Gegensätze, Analogien, Wiederholungen oder Entwicklungen?

Ein weiterer Schritt ist die detaillierte **Analyse des Notentextes.** Dabei sollten zwei Aspekte berücksichtigt werden: die Bestandsaufnahme der jeweiligen Details und ihre Deutung.
So reicht es z. B. bei der Analyse der Harmonik nicht aus, einfach alle Akkorde eines Stücks zu bestimmen. Es muss auch herausgearbeitet werden, welche Bedeutung die Abfolge von Klängen und Tonarten für das Werkganze hat. Wichtige Ansatzpunkte für die Analyse sind: formaler Aufbau – Satzstruktur – Harmonik – Melodik – Rhythmik.

▶ Satzstruktur, Dichte, Tonhöhenverläufe und Ähnliches kann man oft als „Musikbilder" in den Noten sehen.

Bei der Analyse des Notentextes gibt es mehrere kombinierbare Vorgehensweisen:
- die **Al-fresco-Lektüre** nutzt die grafische Aussagekraft von Noten,
- die **Detailanalyse** konzentriert sich auf besonders wichtige Stellen,
- die **Systemanalyse** untersucht den gesamten Notentext unter jeweils einem Aspekt, z. B. der Melodik.

Die Analyse sollte mit einer Zusammenfassung der wichtigsten Untersuchungsergebnisse enden. Dabei kann auf den ersten Höreindruck und die Wirkung der Musik zurückverwiesen werden.

▶ Notenbeispiel: Takte aus der Sonate für Violine solo g-moll von J. S. BACH (1747/48), Autograf

Analysen sind besonders hilfreich, wenn ihre Ergebnisse in einen größeren Zusammenhang gestellt werden. So lassen sich **Bezüge herstellen** zu
- Werken derselben Epoche,
- Werken derselben Gattung,
- der Biografie des Komponisten,
- der Aufführungspraxis zur Entstehungszeit des Stücks,
- der Funktion der Musik,
- Analogien in anderen Künsten,
- Tendenzen der allgemeinen Geschichte.

Musik zu werten und ein Urteil über ihre Qualität abzugeben fällt häufig besonders schwer. Trotzdem gibt es einige Kriterien, die angewendet werden können.

▶ Das Internet bietet viele Möglichkeiten der Publikation von persönlichen Musik-rezensionen, bei denen die verschiedenen Aspekte des Nachdenkens über Musik gefragt sind.

Mögliche Kriterien für Werturteile	
Fasslichkeit	Ist die Konzeption der Musik sinnlich nachvollziehbar?
Stimmigkeit	Passen die einzelnen Elemente zur Gesamtkonzeption?
Eindrücklichkeit	Hat die Musik eine emotionale Wirkung auf den Zuhörer?
Rätselhaftigkeit	Lässt die Musik Interpretationsfreiräume und Uneindeutigkeiten zu?

Informieren über Musik

Wichtige **Arbeitstechniken, um sich über Musik zu informieren,** sind Texterfassung, Internetrecherche und Bibliotheksrecherche.

Es gibt verschiedene Verfahren der **Texterfassung,** die sich gut kombinieren lassen, um möglichst effektiv Informationen aus Fachtexten herauszuarbeiten. Das sind:
- Unterstreichen von Schlüsselwörtern und Kern-aussagen mit unterschiedlichen Farben;
- Notieren von Anmerkungen am Textrand wie Zustimmung, Zweifel, Unklarheit, Informations- oder Klärungsbedarf;
- Gliederung eines Textes in Sinnabschnitte und Formulierung von Teilüberschriften;
- Erschließen des Textes mithilfe der W-Fragen wer?, was?, wann?, wo?, warum?;
- Auflisten und Ordnen von Kernbegriffen (Wörter oder Fügungen, die für das Textverständnis unerlässlich sind) oder Kernaussagen in einer Tabelle.

▶ mögliche **Unterstreichungen** im Text:
rot = Kernbegriffe,
blau = Kernaussagen

mögliche **Markierungen** am Rand:
! = Zustimmung,
?! = Zweifel,
? = Unklarheit,
D = Definition,
N = Nachlesen und Klären

M

Internetseiten, auf denen man sich über Musik informieren kann, sind u. a.: www.aeiou.at, www.komponisten.at und www.schulmusiker.info.

Bei Internetrecherchen sollte darauf geachtet werden, dass verlässliche Quellen und möglichst keine kommerziellen Angebote genutzt werden.

Bei der **Internetrecherche** kann in folgender Weise vorgegangen werden:

- Anfertigen einer Liste mit möglichen Stichwörtern zum Recherchethema,
- Auswahl eines verlässlichen Suchdienstes im Internet,
- Eingabe mehrerer Stichwörter;
- Nutzung weiterer Stichwörter oder Stichwortkombinationen, falls zu viele oder unspezifische Ergebnisse angeboten werden;
- Bewertung der Suchergebnisse mithilfe von Kurzzusammenfassungen;
- Notieren der Quellenangaben zu allen informationsträchtigen Internetseiten.

Es gibt zwei grundlegende **Arten von Suchdiensten:** Suchmaschinen und Kataloge.

Suchmaschinen gehen mithilfe von „Robots" genannten Programmen selbstständig auf die Suche nach entsprechenden Webseiten. Sie arbeiten also automatisch. Beispiele für Suchmaschinen sind: „FIREBALL", „Altavista", „Google".

Kataloge bestehen aus manuell zusammengestellten Linksammlungen. Der Datenbestand von Katalogen ist zumeist wesentlich geringer als der von Suchmaschinen, dafür ist er jedoch anhand der von der Redaktion festgelegten Qualitätskriterien sortiert und in Kategorien unterteilt. Beispiele für Webkataloge sind: „allesklar", „DINO-ONLINE", „WEB.DE", „Yahoo!".

Ist der Verfasser nicht bekannt, sollte die Bibliotheksrecherche mit dem Schlagwortkatalog beginnen, in dem Bücher, Noten und manchmal auch Zeitschriften nach Stichwörtern geordnet sind.

Das wichtigste Hilfsmittel bei einer **Bibliotheksrecherche** ist der Bibliothekskatalog, in dem alle Medien einer Bibliothek aufgelistet sind. Meist gibt es zwei verschiedene Arten von Katalogen: den Schlagwortkatalog und den Verfasserkatalog. Literaturlisten zu einem bestimmten Thema geben Orientierung und erleichtern die Arbeit bei der Bibliotheksrecherche.

Internet- und Bibliotheksrecherchen bilden die Grundlage, z. B. bei der Erarbeitung eines Referats oder der Entwicklung eines Themenplakats.

Bei einem **Themenplakat** geht es um die Visualisierung der wichtigsten Aspekte zu einem Thema, z. B. zum Thema „Musiktheater". Die Grundinformationen müssen gut recherchiert und dann in kurze, prägnante Sätze bzw. in charakterisierenden Schlagworten ausgedrückt und in geeigneter Weise grafisch dargestellt werden.

M

1.3 Musikalische Analysen

Das Analysieren von Musik ist nicht nur von theoretischer, sondern auch von großer praktischer Bedeutung. Denn ohne Kenntnis des inneren Aufbaus eines Musikstücks ist eine angemessene Interpretation nicht möglich. Auch der Entwicklung eines tieferen Verständnisses von Musik dienen Analysen, sei es im Hinblick auf die historischen Besonderheiten einer Kompositionsweise, der individuellen Handschrift eines Komponisten oder des Gattungs- und Genrezusammenhangs eines Musikstückes.

In der Ausbildung von Musikern, Komponisten und Arrangeuren ist die analytische Auseinandersetzung mit Musik ein fester Bestandteil beim Erwerb der Grundkenntnisse des musikalischen Handwerks.

Analyse ist die **Zergliederung eines Musikstücks** in seine Elemente und das Erkennen ihres Zusammenwirkens, d.h. die Untersuchung von Melodik, Rhythmik, Harmonik, Form, Dynamik, Dramaturgie (Spannung – Entspannung), Wort-Ton-Beziehung, Instrumentation, Klanggestaltung.

Die Analyse kann auf ein Stück als Ganzes, aber auch auf einzelne Aspekte bezogen sein. Sie kann vergleichend erfolgen, auf das jeweils zugrundeliegende Ton- oder Klangsystem gerichtet sein oder auf dessen Besonderheiten. Voraussetzung für die musikalische Analyse ist die Repräsentation des Klanggeschehens in einem nicht flüchtigen (grafischen) Medium, zumeist in Notenschrift. Bei überwiegend schriftloser Musik sind es häufig computererstellte Verlaufsdiagramme (z.B. Wave-Tables).

Schriftlose Musik ist in großen Teilen der Popmusik anzutreffen.

1.3.1 Modellanalyse Fuge

am Beispiel *Präludium und Fuge C-Dur* aus dem „Wohltemperierten Klavier I" von JOHANN SEBASTIAN BACH (1685–1750)

BACH lotete im „Wohltemperierten Klavier" erstmals tiefgründig und umfassend die Möglichkeiten aus, die die damals neue temperierte Stimmung bot. (BACH verwendete aber aller Wahrscheinlichkeit nach noch nicht die „gleichschwebend temperierte" Stimmung, bei der die Oktave in zwölf völlig gleiche Halbtöne geteilt wird.) Eine erste Reinschrift von Teil I des „Wohltemperierten Klaviers" entstand nach mehreren Ansätzen vermutlich 1722.

Jeweils ein Paar „Präludium und Fuge" sind chromatisch aufsteigend und zwischen Dur („tertia major", also große Terz) und Moll („tertia minor", also kleine Terz) wechselnd angeordnet. Das erste Paar – Präludium und Fuge in C-Dur – zeigt einige Merkmale von BACHS Technik. Das bekannte **Präludium** in C-Dur basiert auf einem fünfstimmigen homophon-akkordischen Satz. (Notenbeispiel 1 zeigt die endgültige Fassung.) Er wird in Arpeggien (Akkordbrechungen) aufgelöst. Dabei soll vor allem der Basston nach Art des Lautenspiels noch nachklingen. Aus der obersten Stimme der Akkordbrechungen ergibt sich gleichsam eine Oberstimmenmelodie. In den beiden Takten vor dem Schlusstakt löst BACH das gleichmäßige Muster kadenzierend in eine bewegtere Figuration über dem Orgelpunkt auf C auf.

Notenbeispiel 1

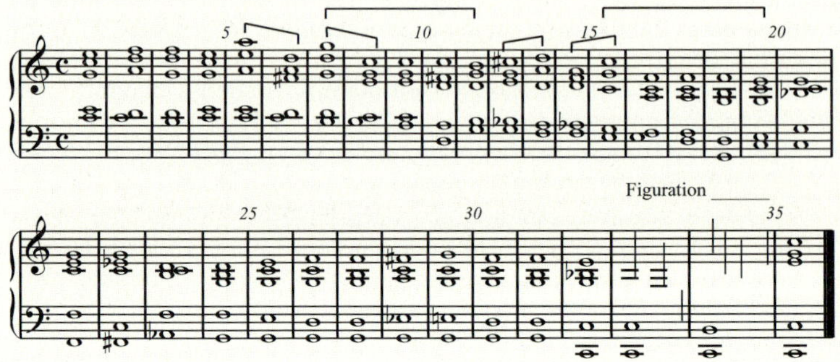

Bemerkenswert ist, dass das Präludium bereits alle 12 Töne enthält. Ergänzend zur siebentönigen C-Dur-Tonleiter sind das: fis (Takt 6), cis und b (Takt 12), as (Takt 14), es (Takt 22).

Die **Fuge** ist vierstimmig. Sie ist extrem verdichtet und enthält keinerlei Zwischenspiele. Das **Fugenthema** ist sehr ausgeglichen: tonleiterförmiger Aufstieg und stufenweise Quart-Sprünge, dann ein ebenfalls leiterförmiger Abstieg (Notenbeispiel 2).

Notenbeispiel 2

Fugen basieren auf den strengen Regeln des kontrapunktischen Satzes. Bei ihrer **Analyse** geht es vor allem um das Verhältnis von Fugenthema („Subjekt") und kontrapunktischer Verarbeitung.
Die Fuge hat keinen feststehenden Bauplan. Verpflichtend ist nur zweierlei:

1. Die Fuge muss mit einer Exposition beginnen. Hier stellen alle beteiligten Stimmen das Thema nacheinander vor. Jede Stimme läuft dabei als Kontrapunkt weiter, wenn die nächste Stimme mit dem Thema einsetzt. Am Ende der Exposition ist also ein vollstimmiger Satz erreicht.
   Die Einsatzfolge ist:
   Dux (Anführer) – **Comes** (Gefährte) – **Dux** – **Comes** usw., je nach Stimmenzahl. Der Comes antwortet in der Regel auf der V. Stufe. Die Antwort kann dabei „real" (intervallgetreu) oder „tonal"(mit Rücksicht auf den Tonika-Akkord umgeformt) sein.
2. Das Thema muss im Verlauf des Stücks immer wieder auftreten, egal in welcher Tonart und mit welchen Gegenstimmen. Diese späteren Auftritte

– möglichst in allen Stimmen – werden als **„Durchführung"** bezeichnet. Sie werden verbunden durch nicht-thematische **„Zwischenspiele"**.

In der **Fuge C-Dur** von BACH ist die Beantwortung „real", also intervallgetreu. Dadurch sind Dux (Alt Takt 1f.) und Comes – das Thema eine Quinte höher „beantwortend" (Sopran Takt 2f.) – intervallisch identisch. In Ansätzen gibt es einen festgehaltenen Kontrapunkt bzw. ein Kontrasubjekt, den BACH sequenzierend aus dem Ende des Fugensubjekts (Fugenthema) ableitet (Takt 2 ab f).

Die **Gesamtanlage der Fuge** im Überblick ergibt folgendes Bild (Schema von ALFRED DÜRR; die waagerechten Striche bezeichnen jeweils das Thema):

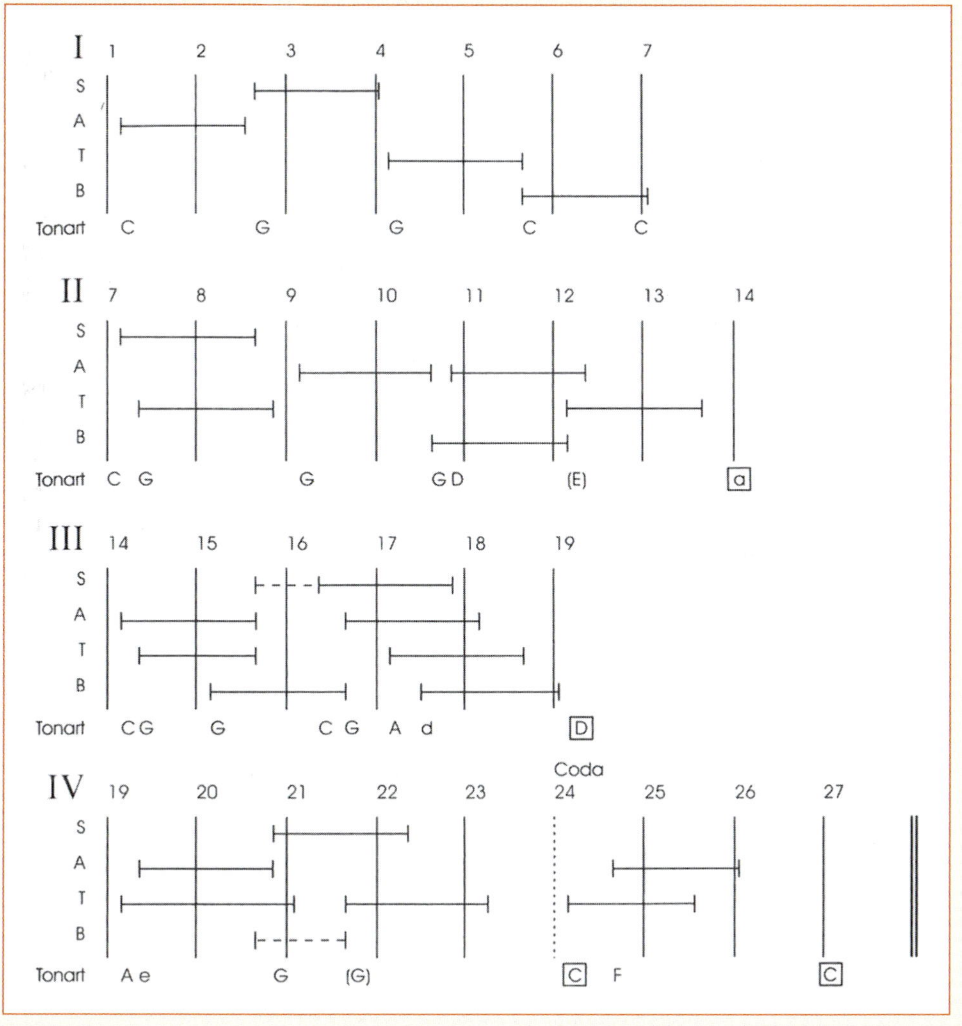

M

1.3.2 Modellanalyse Sinfonie

am Beispiel der *4. Sinfonie e-moll* (1884/85) von JOHANNES BRAHMS (1833–1897)

Die Sinfonie als Gattung wurde nach 1860 neu belebt. BRAHMS näherte sich ihr vorsichtig. In seiner 4. und letzten Sinfonie verbindet er einige der von ihm entwickelten **Merkmale,** so die Einbeziehung kammermusikalischer Verfahren und die extreme thematische Verdichtung. BRAHMS knüpfte dabei an die Wiener Klassiker, besonders an BEETHOVEN, an.
Hinsichtlich der **Besetzung** blieb BRAHMS zurückhaltend. Er orientierte sich eher an älteren Typen: 2 Flöten, 2 Oboen, 2 Klarinetten, 2 Fagotte, Kontrafagott, 4 Hörner, 2 Trompeten, 3 Posaunen, Pauken, Streicher.
In der **Harmonik** verzichtete er auf die Tendenz zur Durchchromatisierung, betonte statt dessen die Stufen und ihre Beziehungen. Dabei griff er häufig auf älteres, vorklassisches Material zurück, vor allem auf modale bzw. „kirchentonale" Wendungen. Das zeigen sowohl die auffälligen phrygischen Wendungen besonders im 2. Satz als auch die Anlage des Finalsatzes als Chaconne (bzw. Passacaglia).

Der **1. Satz** enthält das wesentliche thematische Grundmaterial. Den Rahmen bildet die Sonatenhauptsatzform. Das **erste Thema** basiert auf einer Kette von Terzen. Bereits ab Takt 9 erfolgt dann die melodische und rhythmische Verarbeitung:

Das **zweite Thema,** das einen aufbegehrenden Charakter hat, bewegt sich zwischen h-moll und Fis-Dur:

Die **Durchführung** konfrontiert die Gestalten und Charaktere der Thematik und mündet über eine rhythmische Dehnung des Hauptthemas in die **Reprise** ein, der noch eine breit angelegte **Coda** folgt.
Der **2. Satz** bezieht klangliche und stimmungsmäßige Spannungen aus dem Ineinander von E-Dur (als Grundtonart) und modalem Phrygisch:

BRAHMS erzeugt mit diesem Rückgriff auf historisches Material eine besonders farbenreiche Harmonik mit oft abrupten, unerwarteten Wendungen:

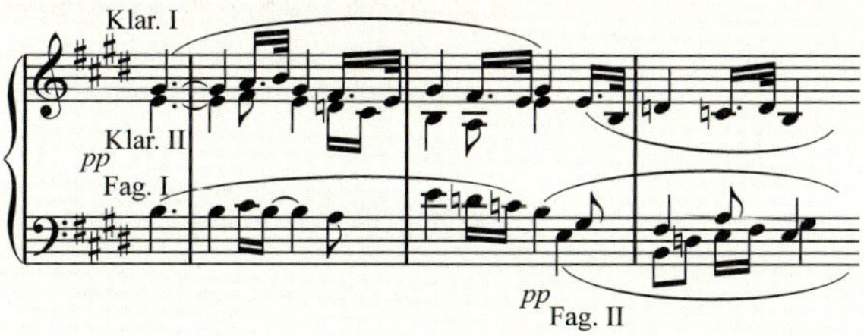

Das **zweite Thema des 2. Satzes** ist eine ausgedehnte Violoncello-Kantilene und bringt gegenüber den marschartigen Punktierungen eine ruhig-gleichmäßige Grundbewegung in den Satz:

Der **3. Satz** – für Brahms ungewöhnlich – ist als Scherzo angelegt. Es steht aber im 2/4-Takt. Sein fast primitiver, roher C-Dur-Charakter steht im Kontrast zu den übrigen Sätzen:

Dem **4. Satz** (Finale) liegt die altertümliche barocke Ostinato-Variationsform „Chaconne" zugrunde.Diese Grundlage ist mit Elementen der Sonatenhauptsatzform überformt, womit sich auch ihre Dynamik etwas durchschlägt. Sie verleiht den 30 Variationen mit ausgedehnter Coda einen zusätzlich vorwärtsdrängenden Zug.

Das vom Bläserchor vorgestellte **Thema des 4. Satzes** ist denkbar einfach:

Das Thema bleibt als bassorientiertes harmonisches Grundschema den ganzen Satz hindurch gegenwärtig. Gemeinsame Grundlage von Archaik und Moderne ist die hochentwickelte **Variationskunst** der thematisch-motivischen Arbeit. So entstehen einerseits lyrische Wendungen wie die folgende:

Andererseits steigerte BRAHMS den **Historismus** manchmal noch, indem er wie in der folgenden E-Dur-Stelle zusätzlich noch den ebenfalls „barocken" Sarabanden-Rhythmus markierte:

Wie schon im 1. Satz verzichtete BRAHMS auf ein versöhnliches Ende.

Wesentliche Themen sind aus einer einfachen **Kette von Terzen** gebildet, einer absteigende Kette. Mit dieser Konzentration auf ein einziges **Kernintervall** wird ein ungewöhnliches Maß an motivischer Ökonomie erreicht – das zeigt folgende **Tabelle mit Terzketten von RUDOLF KLEIN:**

A

B

C

D

E

A Das Thema des 1. Satzes ergibt eine Terzenreihe **(B).**

C Jeder 3. Ton der fallenden Terzenreihe (4. Satz, Takt 232) bildet **D:** das Thema der Chaconne des 4. Satzes.

E Das 2. Thema des 1. Satzes ist eine Paraphrase des Chaconne-Themas.

Dieses Terzmotiv verweist auch auf andere Werke von BRAHMS, besonders auf die *Vier ernsten Gesänge* und die *Intermezzi op. 119*. In der Kombination mit dem Bibelwort in den Gesängen wird der Gehalt der Motivik hier noch deutlicher. Sie verweist auf Tod und Ergebung in die Sterblichkeit:

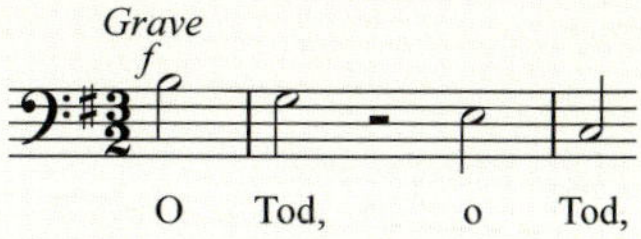

Der Bass dieser Melodie lautet:

Diese Takte gehen auf die gleiche melodische Gestalt zurück. BRAHMS verwendete sie häufig in seiner letzten Schaffensperiode. Sie bedeutet Verlöschen der Aktivität, Versagen der Lebenskraft, Tod.

Die **krasseste Dissonanz,** die das Stück enthält, findet sich am Schluss eines späten Intermezzos – ein unerhörter Zusammenklang aus sieben Tönen. Es ist die absteigende Terzkette, das Todessymbol:

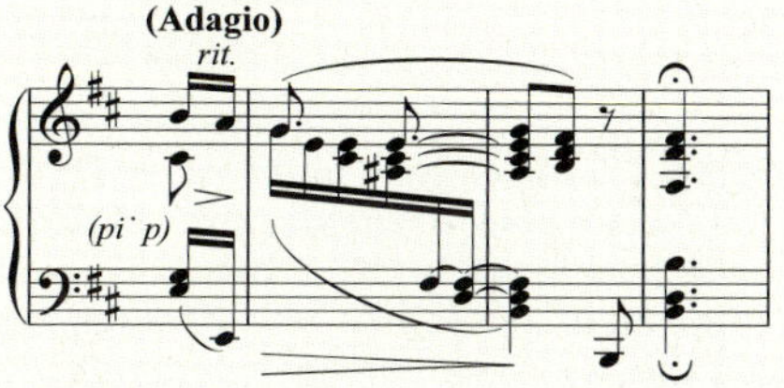

1.3.3 Modellanalyse Jazz

am Beispiel der LP *Free Jazz* (1960/61) von ORNETTE COLEMAN (geb. 1930)

Die LP *Free Jazz,* maßgeblich initiiert von dem Altsaxophonisten ORNETTE COLEMAN (↗Bild) war einer der Meilensteine der Jazzgeschichte. Der Titel ist Programm: Es ging um die Befreiung von traditionellen Fesseln des Jazz. Das waren ehedem vor allem die Chorus-Improvisationen, eine Aneinanderreihung von Soli, die das Thema variativ ausdeuten. Dem wurde nun eine **Improvisation ohne Harmonieschemata** über modale Leitern mit einer Tendenz zum Atonalen gegenübergestellt. Ansätze zur modalen Improvisation hatte bereits der Jazzpianist LENNIE TRISTANO (1919–1978) in den 1950er-Jahren entwickelt und nahezu zeitgleich mit COLEMAN der Trompeter MILES DAVIS (1926–1991).

Ein Modus bildet den **Ausgangspunkt** für die figurierende Improvisation (Notenbeispiel 1: Teil I – hier ist es C-Dorisch).
COLEMAN weicht dann auf **Nebenzentren** aus, wodurch die Tonalität und das tonale Bewusstsein geschwächt werden. Das verbindet er mit **Gruppenimprovisation,** bei der die Einzelnen direkt aufeinander reagieren und miteinander die Motive spielerisch weiterentwickeln (Notenbeispiel 2: Teil II = LP-Seite 2; Transkription: EKKEHARD JOST 1975):

Notenbeispiel 1

Notenbeispiel 2

Tonales Zentrum ist H, und zwar als Zentralton wie als Tonart, dazu Fis als Nebenzentrum. COLEMAN setzt, im Achtelnotenbeat, eine **chromatische Linie** (von fis = V bis h = 1 bzw. VIII) und behält diese Chromatik auch im Folgenden konsequent bei. Trotz der Zäsur (Pause) sind seine drei Phrasen sogar chromatisch aneinander angeschlossen.

Trompeter DON CHERRY (1936–1995) greift die aufsteigende skalenförmige Bewegung auf (von IV bis VIII) und ergänzt sie durch eine kleine „Antwort", auf die sich wiederum COLEMANS dritte Phrase bezieht. Danach bleibt CHERRY strikt chromatisch, führt allerdings das Element der Tonwiederholung auf cis ein. Dieses ist im Part von Saxophonist ERIC DOLPHY (1928–1964) vorgeprägt, der von der Skalenmotivik abweicht. Sein erstes Motiv ist der Quartsprung aufwärts (das Gerüstintervall von COLEMAN), sein zweites der Tritonus abwärts, durch eine Triolenbewegung abgerundet.
Hier werden bemerkenswerte Funktions- und Strukturparallelen zum traditionellen New Orleans-Kontrapunkt und seiner Variantenheterophonie deutlich. Bei den Ruf-Antwort-Strukturen überwiegen in der Regel kurzgliedrige Motive bzw. Phrasen. Ausgedehntere melodische Linien ergeben sich vor allem bei COLEMAN und bei kurzzeitigem solistischem Hervortreten der anderen Spieler. Das komplizierte Gewebe entsteht erst aus dem Zusammenwirken der einzelnen Stimmen, die an sich eher einfach organisiert sind.

Der **klangliche Gesamteindruck** des Stückes ist der einer in sich differenzierten, strukturierten Homogenität und einer in sich heftig bewegten, pulsierenden Statik. An der Oberfläche wirkt das Ganze nahezu frei von Tradition und von allem, was die Einheitlichkeit stören könnte.

Die **rhythmischen Modelle** sind oft vergleichsweise einfach. Einflüsse von früher Rockmusik bzw. Rhythm & Blues und Rock'n'Roll und (ländlichem) Blues machen sich bemerkbar. Innovation entsteht hier durch intensivierte Verbindung zur afroamerikanischen Tradition, zu den un-

harmonisierten Anfängen des Jazz. Ebenfalls aus dieser Tradition rührt, dass COLEMAN und seine Mitspieler mit ihren Instrumenten ausdrucksvoll singen, ja lachen oder weinen. Dafür verwenden sie spezielle Spiel-, Ansatz- und Akzentuierungsweisen, die durch semantische, inhaltliche Intentionen geprägt sind. So sagte COLEMAN:
„Wenn ich ein f in einem Lied spiele, das „peace" (Frieden) heißt, so denke ich, dass dieses f nicht genauso klingen sollte wie die gleiche Note in einem Stück, das „sadness" (Traurigkeit) betitelt ist."

Grobstruktur der einzelnen Formteile

Teil I = Plattenseite I		**Teil II = Plattenseite 2** (Seite 2 beginnt mit 19'31 von Seite 1 = 0'00)	
0–0'06	Ensemble-„Einstimmung"	0'06	Ensemble 2. Thema, Variante I
0'06	Ensemble 1. Thema	0'16	Solo Cherry pocket-tp
0'23	Solo Dolphy bcl	5'48	Ensemble 2. Thema, Variante II (verkürzt und transponiert)
5'10	Ensemble 1. Thema, Variante I	5'53	Zäsur
5'36	Solo Hubbard tp	5'57	Solo Haden b
9'30	Ensemble 2. Thema	10'12	Ensemble „harmonisches Unisono" (fast athematisch)
9'50	Solo Coleman as	10'19	Solo La Faro b
19'31	Ensemble 2. Thema, Variante I	14'06	Ensemble „harmonisches Unisono" (athematisch)
19'55	Solo Cherry pocket-tp, fading	14'16	Solo Blackwell dm
		15'33	Ensemble „harmonisches Unisono" (fast athematisch)
		15'40	Solo Higgins dm
		16'46–17'13	Ensemble 1. Thema, Variante II

Tonmaterial 2. Thema, Variante I

Zentrum A, Nebenzentrum B

Eine nach unserem System übliche Notation wäre zwar mit einigen Einschränkungen möglich. Der erforderliche Transkriptionsaufwand wäre allerdings kaum vertretbar und würde die vorwiegend improvisierte Musik letztlich doch nicht angemessen wiedergeben.

Die folgende **Hörpartitur von** RAINER WEHINGER ist eine Form der analytischen Darstellung, die versucht, akustisch-klangliche (und emotionale) sowie strukturelle Qualitäten der Aufnahme in optische Eindrücke um-

M

zusetzen. Sie legt dabei Gestaltqualitäten frei, die in herkömmlicher Notation nur unzulänglich erfassbar sind.

Die Vertikale bildet entsprechend den geläufigen Klang-Raum-Vorstellungen die Tonhöhenverläufe nach. Die verschiedenen Größen der Zeichen beziehen sich auf ein hervorstechendes Merkmal der Musik: wechselnde Instrumente aus und in dem zwei- und dreistimmigen Gewebe treten jeweils in den Vordergrund. Gleichzeitig wird damit die Form bzw. Struktur der zeitlichen Abfolge transparent gemacht. Im Folgenden ist der **Abschnitt 5'14–5'53 aus Teil II 0'00 bis 6'00** abgebildet.

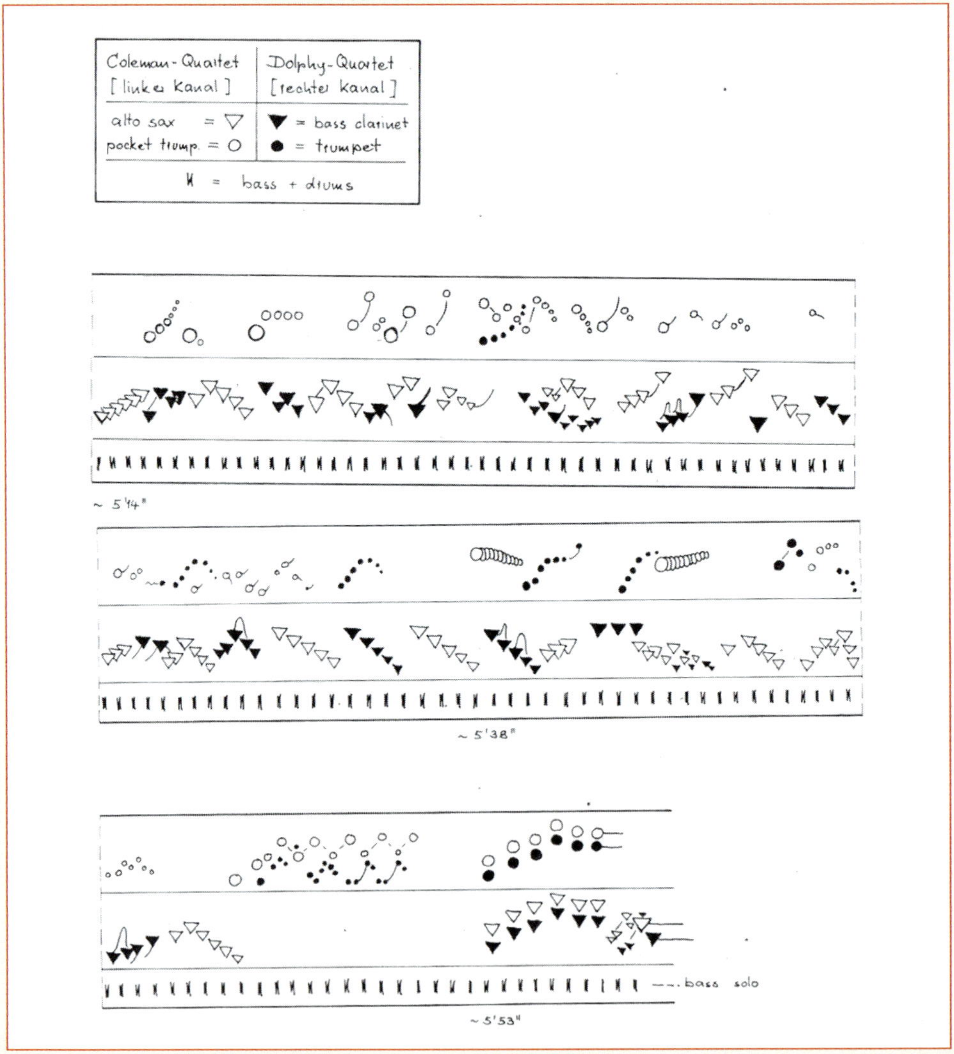

1.3.4 Modellanalyse Popmusik

am Beispiel des Beatles-Songs *Tomorrow Never Knows* von JOHN LENNON und PAUL MCCARTNEY (1966)

Das siebente Album der BEATLES schloss mit dem Song *Tomorrow Never Knows* ab. Dieser war einer der ersten in der Geschichte der populären Musik, der die technischen Möglichkeiten des Aufnahmestudios nicht nur zur Klangaufzeichnung, sondern auch zur Klangerzeugung nutzte. Der wie ein Musikinstrument behandelte Song war damit seiner Zeit weit voraus.

Das dreiteilige Stück in der Form ABA, eingerahmt von Intro und Outro, basiert auf einem Textzitat aus einem Buch „The Psychedelic Experience" von TIMOTHY LEARY und RICHARD ALBERT.

▸ TIMOTHY LEARY und RICHARD ALBERT waren ehedem sehr einflussreiche Ideologen der Hippie-Kultur.

Der Song ist im Wesentlichen aus **drei Grundelementen** zusammengesetzt (die Notation dient nur der Veranschaulichung):

Das **erste Element** ist die durch Flangereffekt (Kammfilter-/Interferenzeffekt) versehene Singstimme von JOHN LENNON, die mit der achttaktigen Strophenmelodie sieben Mal zu hören ist; die letzten vier Mal sind durch Leslie stark verfremdet:

▸ Leslie: rotierender Lautsprecher mit einem vibratoähnlichen Effekt

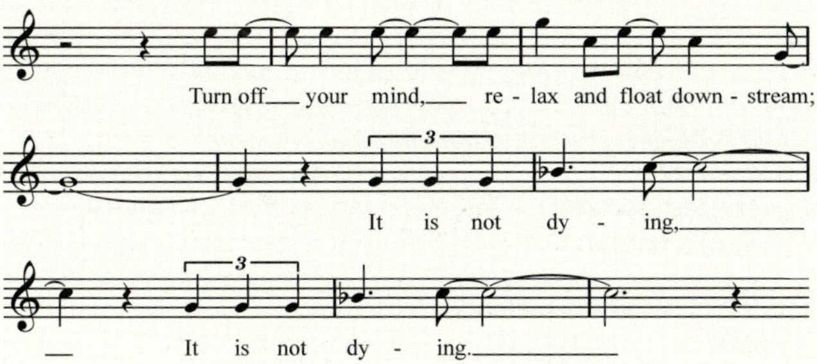

Das **zweite Element** umfasst vier Tape-Loops (Tonband-Schleifen):

– **Loop 1** ist ein mövenschreiartiger Effekt, wobei das Ausgangsmaterial dafür das Lachen PAUL MCCARTNEYs war, das mehrfach aufgenommen, beschleunigt und dann übereinandergemischt wurde. Es ist fünf Mal im Stereoklangbild sowohl von rechts wie von links kommend zu hören.

– **Loop 2** ist ein orchestraler B-Dur-Akkord mit hinzugefügter Sekunde und Quarte, der acht Mal zu hören ist:

– **Loop 3** ist eine auf dem Mellotron gespielte Streicherfigur:

– **Loop 4** (0:56-1:01) ist eine weitere auf dem Mellotron gespielte Streicherfigur, die insgesamt sieben Mal, teils stark beschleunigt, zu hören ist:

Das **dritte Element** ist eine ostinate eintaktige Begleitfigur, die von Schlagzeug und einem orgelpunktartigen Bass geliefert wird und unverändert den gesamten Titel durchläuft. Sie ist mittels Kompressor (Regelverstärker zur Pegelbegrenzung) verfremdet, sodass ein etwas dumpfer, aber markanter Klang entsteht, über den ein flimmerndes Beckengeräusch gelegt ist:

Die **Produktion des Songs** erfolgte in mehreren Phasen, wobei die vier Tape-Loops zunächst auf vier Spuren gelegt und dann teils übereinander, teils ineinander verwoben auf eine Spur heruntergemischt wurden. Diese ist auf ein weiteres Vier-Spur-Band umkopiert worden, auf dessen drei verbleibenden Spuren dann sowohl die Begleitfigur, Orgel und Sitar sowie die Singstimme aufgenommen wurden. Das Gesamtergebnis ist in einem abschließenden Mischvorgang auf die zwei Stereokanäle verteilt worden. Insgesamt ist dabei ein komplex geschichtetes, räumlich gestaffeltes und zwischen den beiden Stereokanälen bewegtes Klangbild entstanden, das in eine dreiteilige Songform gebracht wurde. Die drei Teile sind in sich noch einmal gegliedert, sodass sich **folgender Aufbau** ergibt (die Bezugsebene ist wie im Studio selbst die abgelaufene Zeit in Minuten und Sekunden):

Intro	0:00–0:11	0:00–0:03	anschwellender Sitar-Ton
		0:03–0.07	Begleitfigur in Schlagzeug und Bass
		0:07–0:11	Tape-Loop 1
A	0:10–0:55	0:10–0:25	a (achttaktige Strophe)
		0:25–0:40	a (achttaktige Strophe)
		0.40–0:55	a (achttaktige Strophe)
B	0:55–1:26	0:55–1:10	Tape Loops 1–4
		0:11–1:26	Sitarfigur
A'	1:26–2:26	1:26–1:41	a' (achttaktige Strophe, elektronisch verfremdet)
		1:41–1:56	a' (achttaktige Strophe, elektronisch verfremdet)
		1:56–2:11	a' (achttaktige Strophe, elektronisch verfremdet)
		2:11–2:26	a' (achttaktige Strophe, elektronisch verfremdet)
Outro	2:26–2:55	2:26–2:48	a" (die letzten beiden Takte der achttaktigen Strophe wiederholt)
		2:48–2:55	Klavierfigur, ausgeblendet

Das Stück markiert mit der virtuosen Nutzung der Aufnahmetechnik den endgültigen Umschlag von der Musikaufzeichnung zur Musikproduktion, von der Aufzeichnung einer Musikaufführung zu einer Musik, die erst im Studio entsteht und nur mittels der hier eingesetzten Technik zur Klangerzeugung und -bearbeitung realisierbar ist.

1.3.5 Modellanalyse Neue Musik

am Beispiel der Kantate *Il Canto sospeso* (1956)
von LUIGI NONO (1924–1990)

Werke der Neuen Musik folgen in den grenzenlos gewordenen Möglichkeiten der Klanggestaltung jeweils ihren eigenen, vom Komponisten vorgegebenen Gesetzmäßigkeiten. Das Werk von NONO steht für die Orientierung an einem künstlerisch wie politisch universal verstandenen Konzept der Avantgarde. Ein bis heute gültiges und ergreifendes Schlüsselwerk ist seine *Canto sospeso* („unterbrochener", aber auch „aufgehobener" Gesang). NONO verarbeitete Abschiedsbriefe von zum Tode verurteilten Widerstandskämpfern aus ganz Europa, unter ihnen zahlreiche Jugendliche.

Das Stück ist **reihentechnisch** strukturiert. Ausgangspunkt der Tonhöhenorganisation ist eine zwölftönige, recht schematische **Allintervallreihe.** Die Reihe enthält alle Intervalle von der kleinen Sekunde bis zur großen None:

Es ergibt sich also das Bild einer Zickzack-Bewegung:

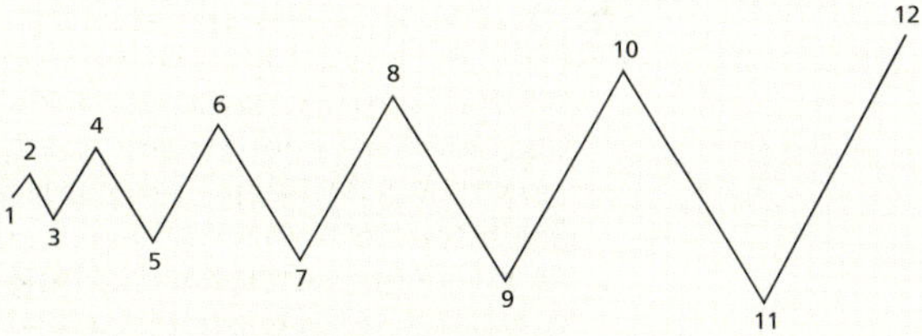

Diese Reihe, die zwei gegenläufige chromatische Tonleiterausschnitte umfasst, verwendete NONO seit den *Incontri* (1955) – oft ohne die vier klassischen Formen Grundgestalt, Umkehrung, Krebs, Krebsumkehrung. Oktavverlagerungen, Änderungen der rhythmischen Struktur und der Lautstärke, Verteilung auf die Vokal- und Instrumentalstimmen und differenzierte Instrumentation geben genügend Vielfalt. NONO ging unschematisch vor. In der konkreten Melodiebildung veränderte er u. a. nach Ausdrucksbedürfnissen die Abfolge und Richtung der intervalle. Bei einer Stelle im Tenor (↗Notenbeispiel *Solo tenore*) ist z. B. die Zickzack-Bewegung ansatzweise gewahrt, die Intervallfolge aber variiert: –4 + –5 +9 +7– 1 +3 –6 –5 +6 (+ bedeutet aufwäts, – abwärts).

Eine Harfenstelle (Notenbeispiel *Arpa*) streckt die Zickzacklinie der Reihe in eine Aufwärtsbewegung (+5 +6 +7). Nach serieller Manier hat hier jeder Ton eine eigene Lautstärke; die Dauernwerte sind allerdings gleich.

Die Parameter bzw. Dimensionen Dauer und Lautstärke sind nur ansatzweise seriell organisiert. Ausdruck und Gehalt des Tonsatzes intensivierte NONO durch **zahlensemantische Operationen.** Er verwendete dafür vor allem

- die Fibonacci-Reihe (1, 1, 2, 3, 5, 8, 13, 21, 34 usw. – die Regel lässt sich aus dieser Abfolge leicht abstrahieren) und
- gematrische Zuordnungen (Buchstaben-Zahlen-Zuordnungen, wie A = 1, B = 2 usw.).

Damit brachte NONO neben Renaissance-Komponisten wie JOHANNES OCKEGHEM (um 1425–1496), dessen Schaffen er im Studium intensiv analysiert hatte, auch seinen eigenen Namen in den Gesamttext ein. NONO verwendete das deutsche Alphabet mit der Trennung von I und J:

A	B	C	D	E	F	G	H	I	J	K	L	M
1	2	3	4	5	6	7	8	9	10	11	12	13

N	O	P	Q	R	S	T	U	V	W	X	Y	Z
14	15	16	17	18	19	20	21	22	23	24	25	26

Im **V. Satz** seiner Kantate laufen drei voneinander unabhängige Reihen der Tonhöhen und ihre Permutationen ab, also Veränderungen der Abfolge. 1–12 ist die Grundgestalt, 12–1 der Krebs. (Der Krebs ist eine strenge Form der Permutation.) 12 9 4 1 usw. sind freiere Permutationen. Die einzelnen Reihenabläufe werden durch ihre Zuordnung zu einem bestimmten Rhythmus definiert. Die drei Stimmen können anhand des Rhythmus verfolgt werden (↗ Analyseprotokoll). In jeder Stimme gibt es zehn Durchläufe der Reihe bzw. von deren Permutationen.

Analyseprotokoll zum V. Satz von CHRISTIANE HERCHER:

2. Nebenstimme (Sechzehntelrhythmus)

1.)	1	2	3	4	5	6	7	8	9	10	11	12
2.)	12	11	10	9	8	7	6	5	4	3	2	1
3.)	12	9	4	1	**11**	**7**	**6**	**2**	10	8	5	3
4.)	**11**	**7**	**6**	**2**	*12*	*10*	*3*	*1*	9	8	5	4
5.)	*12*	*10*	*3*	*1*	8	7	6	5	11	9	4	2
6.)	8	7	6	5	10	9	4	3	12	11	2	1
7.)	1	2	11	12	3	4	9	10	5	6	7	8
8.)	2	4	9	11	5	6	7	8	*1*	*3*	*10*	*12*
9.)	4	5	8	9	1	3	10	12	2	6	7	11
10.)	3	5	8	10	**2**	**6**	**7**	**11**	1	4	9	12

Hauptstimme (Sechzehntelquintolenrhythmus):

1.)	12	9	4	1	11	7	6	2	10	8	5	3
2.)	11	7	6	2	12	10	3	1	9	8	5	4
3.)	12	10	3	1	8	7	6	5	11	9	4	2
4.)	8	7	6	5	10	9	4	3	12	11	2	1
5.)	1	2	11	12	3	4	9	10	5	6	7	8
6.)	2	4	9	11	5	6	7	8	*1*	*3*	*10*	*12*
7.)	4	5	8	9	*1*	*3*	*10*	*12*	**2**	**6**	**7**	**11**
8.)	3	5	8	10	**2**	**6**	**7**	**11**	1	4	9	12
9.)	1	2	3	4	5	6	7	8	9	10	11	12
10.)	12	11	10	9	8	7	6	5	4	3	2	1

NONO teilte die zwölf Töne also jeweils in drei Gruppen zu je vier Tönen auf. Innerhalb dieser Gruppen ergeben die Zahlen in allen Fällen eine Summe von 26. Ordnet man diese Zahlen dem Alphabet zu, erhält man aus der Summe 26 die Zahlen 12 und 14. Das sind die Initialen L N für LUIGI NONO.

Wesentlich für NONOS Zahlensemantik sind in der Nr. V der Kantate die **Zahlen fünf und zwei.** Den Ausgangspunkt dafür bildete ein nicht direkt als vokaler Text vertonter Satz in einem Brief, der von dem 14-jährigen polnischen Bauernsohn CHAIM geschrieben wurde:
„Vorgestern sind zwei Buben ausgebrochen, da hat man uns in eine Reihe gestellt, und jeder Fünfte der Reihe wurde erschossen."
NONO konstruierte damit ein eindrucksvolles Beziehungsnetz. Er legte diesen Brief der Nr. V des *Canto* bewusst zugrunde. Ansonsten folgte die Reihung der Briefe innerhalb des gesamten Textes keiner zwingenden dramaturgischen Logik.

Für die **Lautstärkewerte** liegt kein serielles Prinzip vor. NONO arbeitete lediglich mit fünf verschiedenen Lautstärkewerten (ppp, p, mp, mf, f).
Die **Reihen der Haupt-** und zwei **Nebenstimmen** treten in zehn (zwei mal fünf) Durchläufen in Erscheinung. Hier übernimmt die ebenfalls im Text des Briefes auftretende Zahl 2 eine semantische Funktion. Nummeriert man die Glieder der Fibonaccireihe durch, so ist der erste Fünfte dieser Reihe die Zahl 5 und der nächste Fünfte die Zahl 34. Die Hauptstimme ist an einen Sechzehntelquintolenrhythmus gebunden, und der Satz zählt insgesamt 34 Takte. Nach der gematrischen Zählweise ergibt der Name CHAIM in der Summe die Zahl 34 (C–3 + H–8 + A–1 + I–9 + M–13 = 34).

Der **Tonsatz** ist in allen Sätzen aufgefasert. Das ist eine neue Art „durchbrochener Arbeit", wie sie JOSEPH HAYDN in den 1770er-Jahren für den orchestralen Satz entwickelt hatte. Die unmittelbare Wortverständlichkeit hatte NONO auf diese Weise aufgehoben. Die Schlüsselwörter treten dabei meist deutlich hervor.

Die *Canto sospeso* als frühes avantgardistisches Werk provozierte einige Diskussionen. Viele folgten der Einschätzung KARLHEINZ STOCKHAUSENS, dass der Komponist *„ganz bewusst bestimmten Textstellen die Bedeutung ‚ausgetrieben'"* habe durch die dichte musikalische Form, wodurch kein Textverständnis mehr möglich ist.
HELMUT LACHENMANN, ein Schüler NONOS, erklärte 1960 dessen Absicht genauer:
„Das Prinzip der Textzerlegung ... hat dem Text seine Bedeutung nicht ausgetrieben, sondern hat den Text als phonetisch-semantisches Gebilde zum musikalischen Ausdruck gemacht."

M

1.4 Interkulturelle Musikbetrachtung

So wie Sprechen eine universal-menschliche Erscheinung ist und nicht jede einzelne Sprache von jedem und allen voraussetzungslos verstanden wird, so ist weltweit auch das Musizieren in seiner Vielfalt mit vielen „Musiksprachen" verbreitet.

Musik, Tanz und Gesang sind in allen traditionellen und komplexen Gesellschaften vorhanden. Sie sind eine universale Erscheinung, nicht jedoch hinsichtlich ihrer regionalen Ausdrucksformen, die in verschiedenen Kulturen unterschiedliche **„Musiksprachen"** herausgebildet haben. Das Verstehen ist jeweils von regional gemachten Musik- und Hörerfahrungen abhängig.

1.4.1 Musik verstehen im interkulturellen Kontext

Verstehen von Musik in interkulturellen Zusammenhängen setzt ein bestimmtes Herangehen und bestimmte Grundeinstellungen voraus.
Es geht dabei vor allem um
- **Kommunikations- und Dialogfähigkeit,** wodurch eigene kulturgebundene Anschauungen erweitert werden können,
- **Offenheit** gegenüber neuen sinnlichen Erfahrungen des Symbolisch-Performativen und Fremden,
- **Verständnis der verschiedenen Kulturen** in den Dimensionen von Vergangenheit, Gegenwart und Zukunft.

Wahrnehmen, Hören, Beobachten, Befragen, Anfertigen von Protokollen des Gehörten sind die wichtigsten Tätigkeiten für das Interpretieren von „Musiksprachen".

Musikalisches Verstehen ist ein kreativer Prozess, der im Überschreiten der eigenen Grenzen zwischen dem Verstehen-Wollen und dem Missverstehen sich allmählich in der Erweiterung der musikalischen Horizonte ausdifferenziert. Der Gedanke des kulturüberschreitenden Verstehens setzt das **„dialogische Prinzip"** als Weg des intra- und interkulturellen Begreifens voraus.

Musik verstehen im interkulturellen Kontext beinhaltet also vor allem:

grenzüberschreitend kommunikativ sein	= Erweiterung der Horizonte
dialogisch zwischen dem Eigenen und dem Fremden vermitteln	= vermittelndes Denken
Gemeinsamkeiten trotz Differenz des Speziellen erfahren	= Verständnis des Besonderen im Allgemeinen
wechselseitige Bereicherung mehrdimensional wahrnehmen	= Dynamik und Vielseitigkeit erkennen
Zeitperspektiven (Vergangenheit, Gegenwart, Zukunft) wahrnehmen	= Sichern eines planetarischen Gedächtnisses im Gesamtkontext der friedlichen Koexistenz

1.4.2 Kulturvergleich

Einblicke in die Mannigfaltigkeit unterschiedlicher musikalischer Ausdrucksformen können durch **Basisbeobachtungen im Kulturvergleich** gewonnen werden.

Um vergleichen zu können, sollte ein systematisches Herangehen nach einem bestimmten Fragesatz erfolgen. Zu erfragen sind die Vermittler von Musik (wer?) im Verhältnis zu Ort und Zeit (wo und wann?) und zum Grund des Musizierens (warum?) innerhalb eines spezifischen Kultur- und Kommunikationszusammenhangs (welche musikalische Handlung wird ausgeführt?).

(1) Wer kommt	z. B. Musiker, eine Musikgruppe, ein Orchester,
(2) mit wem zusammen,	z. B. mit Zuhörenden (Tieren, Menschen oder Gottheiten),
(3) um wann	z. B. im Jahreszyklus, am Erntefest, beim Jagen,
(4) und wo	z. B. in einem Tempel, im Konzertsaal, auf der Alm,
(5) mit welchen Mitteln (warum)	z. B. mit Musikinstrumenten, Liedern, Tänzen und Masken,
(6) welche musikalische Handlung zu vollziehen?	z. B., um Tiere herbeizulocken, zum Tanz aufzuspielen, Gott zu lobpreisen, Menschen zu unterhalten usw.

Das **Ziel interkultureller Musikbetrachtung** besteht darin,
- einzelne musikethnische Gruppen im Vergleich zu beschreiben,
- ihre Konzepte (Werte, Normen, Sanktionen) zu erschließen,
- ihre musikalischen Handlungen (als Kreieren, Rezipieren, Überliefern und Evaluieren) zu untersuchen,
- die physischen, psychischen, verbalen, symbolischen und sozialen Musikverhaltensweisen zu analysieren und
- ihre musikalischen Manifestationen (Instrumente, Lieder, Texte, Musikverhalten) zu erklären und zu deuten.

musikethnische Gruppen	Gruppenmitglieder identifizieren sich
Die Musikgruppe kann als ein kleines, sich selbst organisierendes System verstanden werden, bei dem sich die einzelnen Mitglieder über „ihre" besondere Musik nach außen hin von „Fremden" oder „anderen" abgrenzen und nach innen das „Eigene" bewusst betonen (prägt Gruppen- bzw. Ethnozentrismus). Spezifische Musikarten, Stile, Repertoires werden aus der Vielfalt einzelner oder mehrerer Traditionen ausgewählt und modellhaft in bestimmten Aspekten zu gruppenspezifischen Identitäten geformt.	• mit musikalischen Werten (mit Wertvorstellungen über Musik, Werk und Musikinstrumente), • mit musikalischen Normen (mit einem aufführungspraktischen, kulturellen oder „kompositorischen" Regelwerk), • mit musikalischen Sanktionen (mit der Bestrafung durch Kritik bei Nichterfüllung der vertretenen Werte und Regeln).

M

Musikbezogene Handlungen Musiker, Zuhörer und Organisatoren bewerten, schaffen und rezipieren Musik im vielfältigen Kontext von sakralen oder profanen Zeremonien, Aufführungen, Konzerten oder Festivals. Einzelne Gruppen und Kulturen haben ganz verschiedene musikalische und ästhetische Normvorstellungen von „guter“, „schöner“, „authentischer“, „alter“ oder „neuer“ Musik – Normvorstellungen, die sich innerhalb der einzelnen Traditionen laufend mehr oder weniger dynamisch verändern.	**Handlungen,** die im Kulturvergleich untersucht werden: • Produzieren/Kreieren: Wie wird Musik ausgeführt, improvisiert, komponiert, dargestellt, überliefert? • Konsumieren: Wie wird Musik gehört, rezipiert, getanzt? • Distribuieren: Wie erfolgt der Prozess des Vermittelns und Organisierens von Musik, von Musikgruppen, von Instrumenten sowie Bild- und Tonaufzeichnungen? • Kritisieren/Evaluieren: Wie werden Musiken, Spielpraktiken und Ausführung privat oder öffentlich beurteilt und bewertet?
Musikalisches Verhalten Musikalisches Verhalten drückt sich in kulturspezifischen Körperbewegungen, Emotionen und Gefühlen, aber auch in verbalen Äußerungen über Musik und Musikverstehen aus. Zudem ist es geprägt durch die symbolischen Bezüge von Hörerwartungen und Hörgewohnheiten, ästhetischen Auffassungen, Sprache und Gesellschaft. Es ist jeweils eingebettet in die gesellschaftliche Dimension einer sozialen Kommunikation.	Zu unterscheiden sind verschiedene **Arten musikalischen Verhaltens:** • physisches Verhalten (Körperbewegungen), • psychisches Verhalten (psychische Reaktionen auf bestimmte Musik), • verbales Verhalten (begriffliches Kategorisieren), • symbolisches Verhalten (Musik als Sprache, Religion, affektiver Wert), • soziales Verhalten (geselliges/elitäres/autistisches/spirituelles u. a.).
Musikalische Manifestationen Musikalische Werke im engeren Sinn sind **Artefakte,** also künstlerische Formen, die in der Verschriftung und Notierung materiellen Charakter haben. Zu ihnen gehören grafische Notierungen oder Partituren, aber auch Musikinstrumente, Tanzrequisiten (Masken und Kostüme), zeichnerische oder choreografische Darstellungen von Musik (↗ Foto: Pekingoper). Sie sind durch bestimmte Musikauffassungen geprägt. Die Klangrealisationen als hörbare Ereignisse einer Aufführung sind nicht dinghaft bzw. materiell. Wenn z. B. ein Lied aus mündlicher Überlieferung vom Ausführenden aus dem Gedächtnis abgerufen wird und als immaterielle Manifestation erklingt, handelt es sich um **Objektivation.** Der Einzelne kann ein solches Lied auf ganz individuelle Weise umsingen und variieren – das wird als **Subjektivation** bezeichnet.	Das **Artefaktmodell** (Musik als Text, Werk, als Erklingendes) betrachtet musikalische Manifestationen als • Objekte: materielle Werte, Musikinstrumente, Notentext, Tracht, • Objektivationen: (immaterielle) kollektive Werte aus mündlicher Überlieferung, Singstile, Gattungen usw., • Subjektivationen: (immaterielle) individuelle Werte; Singmanieren usw. 

Musik in Theorie und Praxis

2

2

2.1 Akustische und physiologische Grundlagen des Musikhörens

2.1.1 Schall und menschliches Ohr

Schallerzeugung und Schallausbreitung

Wenn Teilchen der Luft oder einer Materie (Stein, Wasser) einen Impuls erhalten, der sie aus ihrer Ruhelage lenkt, gibt dieses Teilchen den Impuls an die benachbarten Teilchen weiter und schwingt zurück. Pflanzt sich dieser Impuls bis an das menschliche Ohr fort, empfindet man **Schall.**
- Ein *einzelner Impuls* wird als **Knall** oder **Knack** wahrgenommen.
- Eine *unregelmäßige Schwingung* hört man als **Geräusch.**
- Bei einer periodischen *Folge von Schwingungsimpulsen* entsteht eine **Schallwelle:** Man hört einen **Klang** (komplexe periodische Schwingung) oder einen **Ton** (sinusförmige Schwingung).

Transversalwelle: Die schwingenden Teilchen bewegen sich quer zur Ausbreitung der Welle (Ringe im Wasser).

Longitudinalwelle: Die schwingenden Teilchen bewegen sich längs der Ausbreitung der Welle (Schall).

Schallwellen sind periodische Luftdruckveränderungen, die sich kugelförmig um die Schallquelle herum ausbreiten.

Die schwingenden Teilchen bewegen sich auf der Stelle, während die Welle sich fortpflanzt, – wie bei der „la ola"-Welle im Fußballstadion.

Schallwelle: eine periodische Folge von Impulsen

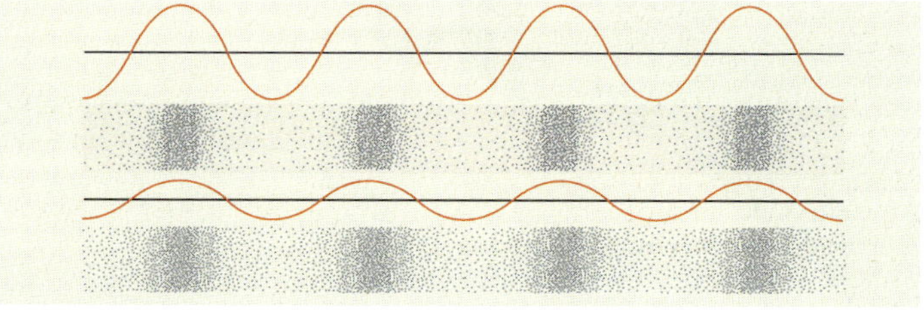

Die Wellenform zeigt den abwechselnden Über- und Unterdruck. Die Luftverdichtung ist als größere Häufung von Punkten dargestellt. Bei der zweiten Schwingung ist die Auslenkung flacher und die Luftverdichtung weniger stark. Der Klang ist leiser.

Der Arzt und Naturforscher **HERMANN VON HELMHOLTZ** (1821–1894) begründete mit seinem Buch „Die Lehre von den Tonempfindungen" (1862) die moderne Akustikforschung.

Für die grafische Darstellung einer Schwingung schlug HELMHOLTZ ein einfaches Experiment vor:
Die Schwingungen einer Stimmgabel können mithilfe einer Bleistiftmine, die am Ende der Stimmgabel befestigt ist, und einem Blatt Papier, das schnell unter der schwingenden Stimmgabel hindurchgezogen wird, auf einer Zeitstrecke sichtbar gemacht werden. Bei neueren Experimenten nutzt man einen Metallstift und eine gerußte Glasplatte (↗ Bild oben).

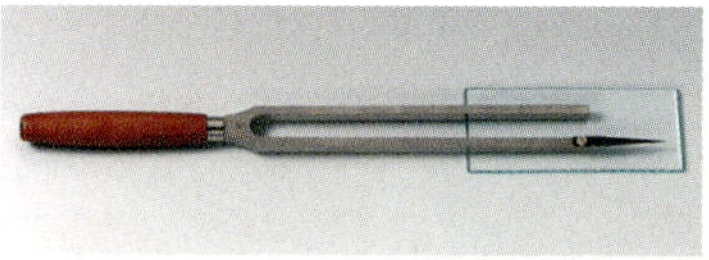

Eigenschaften des Klanges

Eigenschaft	Maßeinheit	Beschreibung
Tonhöhe	Hertz (Hz)	– Schwingungen pro Sekunde (Frequenz)
Lautstärke	Phon Dezibel (db)	– starke oder schwache Auslenkung des schwingenden Körpers (Amplitude) – **Phon** = subjektiver Lautstärkeeindruck – **Dezibel** = physikalisch gemessener Schalldruck
Klangfarbe	–	– Überlagerung von Grundton und Obertönen in ganzzahligem Frequenzverhältnis (1:2:3 usw.) – „scharf“, „dumpf“, „näselnd“ sowie instrumententypische Klangeindrücke

Menschliches Ohr

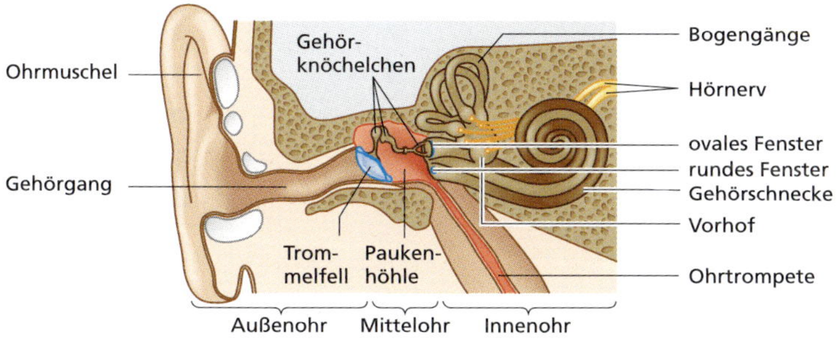

Das **Außenohr** besteht aus der Ohrmuschel und dem Gehörgang, einem Trichter, der am Trommelfell endet, einer dünnen Membran, die im Rhythmus des eintreffenden Schalls schwingt.
Das **Mittelohr** ist eine luftgefüllte abgeschlossene Kammer. Es enthält drei nach ihrer Form benannte, miteinander verbundene Knöchelchen (Hammer, Amboss und Steigbügel), die die Bewegungen des Trommelfells hebelartig verstärken und ans Innenohr weiterleiten. Vom Mittelohr zweigt eine Verbindung zum Rachenraum ab: die eustachische Röhre (Ohrtrompete). Sie sorgt für den Druckausgleich zwischen Außenluft und Mittelohr.
Das flüssigkeitsgefüllte **Innenohr** ist durch das „ovale Fenster“ mit dem Mittelohr verbunden. Das „runde Fenster“ sorgt wiederum für den Druckausgleich. Das wichtigste Organ im Innenohr, die „Schnecke“ (Cochlea), enthält u.a. 20000 winzige Haarzellen, die zum Schwingen angeregt werden und Signale in die angrenzenden Hörzellen und von da ins Gehirn senden. Außerdem befinden sich die Gleichgewichtsorgane im Innenohr.

> Im **Außenohr** wird der Schall eingefangen, gerichtet und abgenommen. Im **Mittelohr** werden die Schwingungen mechanisch verstärkt. Im **Innenohr** wird der Schall ausgewertet und in Information für das Gehirn umgewandelt.

▶ Die untere Hörschwelle liegt bei ca. 20 Hz (**Infraschall** liegt darunter), die obere bei ca. 18000 Hz (**Ultraschall** liegt darüber); sie sinkt im Alter bis auf 5000 Hz ab.

2

2.1.2 Raumakustik

Reflexion und Absorption

Weiche und lockere Materialien absorbieren auftreffenden Schall. Dichte und harte Materialien reflektieren ihn.

Bei Räumen, in denen nur gesprochen wird (Hörsaal), soll die Sprache klar, „trocken" und unverfälscht bei allen Zuhörern ankommen, während bei Musikdarbietungen ein gewisses Maß an Nachhall als angenehm empfunden wird.

Wenn Schall auf einen Gegenstand, z. B. die Wände eines Konzertsaals trifft, wird ein Teil des Schalls aufgefangen **(absorbiert),** ein Teil wird zurückgeworfen **(reflektiert).** Bei dieser Reflexion verändern sich die Schalleigenschaften, weil hohe und tiefe Frequenzen abhängig von der Beschaffenheit der Reflexionsfläche unterschiedlich stark reflektiert werden. Die Reflexionen sind leiser als das Originalsignal, weil immer ein Teil der Schallenergie absorbiert und von der Luft gedämpft wird.
Die Reflexionen gelangen an das Ohr und werden als **Hall** oder **Echo** wahrgenommen. Die Reflexionen gelangen ihrerseits an Decke und Wände des Konzertsaals und werden hin- und hergeworfen, bis sich die Schallenergie erschöpft hat.

Der Schall wird von einer Fläche reflektiert wie das Licht von einem Spiegel (Einfallswinkel = Ausfallswinkel). Die Grafik zeigt, wie wichtig die Position der Schallquelle ist. Bei (b) befindet sich die Schallquelle (roter Punkt) so vor der runden Wand, dass die Reflexionen bei allen Zuhörern (blaue Quadrate) ankommen; bei (a) kommen die Reflexionen nur beim mittleren Zuhörer an.

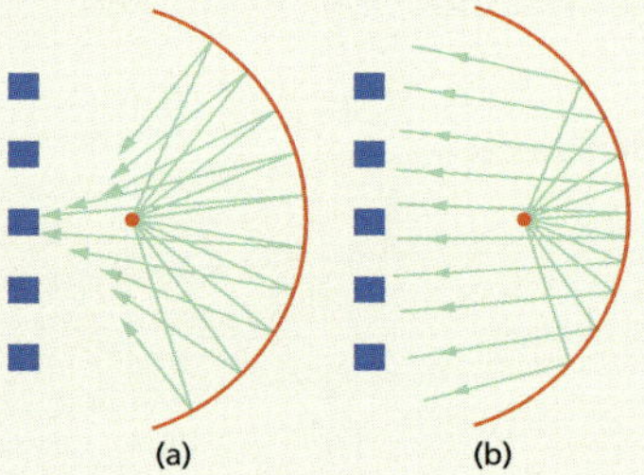

Hall und Raumsimulation

Die lange Nachhallzeit in großen Kirchen regte Komponisten zur Schaffung von Musikwerken an, die nur mit langer Nachhallzeit ihre Wirkung entfalten (Chor- und Orgelmusik).

In der Rock- und Popmusik wird völlig auf die Einbeziehung von natürlichem Raumhall verzichtet. Mit **digitalen Hallgeräten** lassen sich künstliche Räume aller Größe und Beschaffenheit simulieren.

In einem Konzertsaal mit mehreren hundert Plätzen muss die vom Podium kommende Musik auch beim Zuhörer in der hintersten Reihe klar, in ausreichender Lautstärke und mit einem angenehmen Nachhall ankommen. Beim Bau von Konzertsälen werden deshalb die wissenschaftlichen Kenntnisse der Akustik einbezogen.

Konzerträume und ihre idealen Nachhallzeiten:

Raum	Volumen	Hallzeit
kleiner Übungsraum	bis 135 m^3	0,6 s
Kammermusikraum	bis 2 000 m^3	1,5 s
großer Konzertsaal	bis 19 000 m^3	2,5 s
große Kirche		3 s bis 7 s

Wenn die baulichen Maßnahmen nicht ausreichen, wird Elektronik zu Hilfe genommen, z. B. in Form von Lautsprechern, die die Musik mit einer unmerklichen Verzögerung zusätzlich abspielen und so die Illusion eines frühen Halls erzeugen.

2.1.3 Physik und musikalische Praxis

Ton, Klang und Geräusch

Wenn eine Folge gleichmäßiger Luftdruckimpulse in Form einer Schallwelle an das Ohr gelangt, registriert das Gehirn eine bestimmbare Tonhöhe. Wenn nur ein einziger Impuls oder eine Folge ungleichmäßiger Impulse beim Ohr ankommt, entsteht der Eindruck eines Geräuschs mit unbestimmbarer Tonhöhe.
Was die Musiker als **Ton,** die Akustiker als **Klang** bezeichnen, ist in Wirklichkeit eine komplexe Zusammensetzung unterschiedlicher Frequenzen. Die **Klangfarbe** ist die Eigenschaft des Klanges, die dem Hörer eine Unterscheidung zwischen den Musikinstrumenten ermöglicht. Sie ergibt sich aus der Überlagerung der Grundfrequenz mit höheren Frequenzen **(harmonische Obertöne)** in ganzzahligem Verhältnis zur Grundfrequenz.

▶ Man kann eine periodische Impulsfolge erzeugen, indem man mit einem Stift über eine geriffelte Kante fährt. Je schneller die Bewegung ist, desto „höher" klingt der dabei entstehende Ton.

> Jeder Klang hat einige hervortretende Frequenzen in seinem Spektrum, die seine spezifische Farbe ausmachen. Man nennt sie **Formanten.**

Wellenformdarstellung	Welle 1 ist die Grundschwingung, Welle 2 schwingt mit doppelter Frequenz, klingt also eine Oktave höher. Wellenform 3 ergibt sich durch Überlagerung: Die Über- und Unterdruckwerte addieren sich; das Ergebnis ist eine neue Schwingung (3). Da Welle 1 und 2 in der gleichen Phase laufen, haben sie gleiche Nulldurchgänge, wie in der „resultierenden" Welle 3 zu sehen ist. Der Klang von Welle 3 hat den gleichen Grundton wie Welle 1, aber eine andere Klangfarbe.	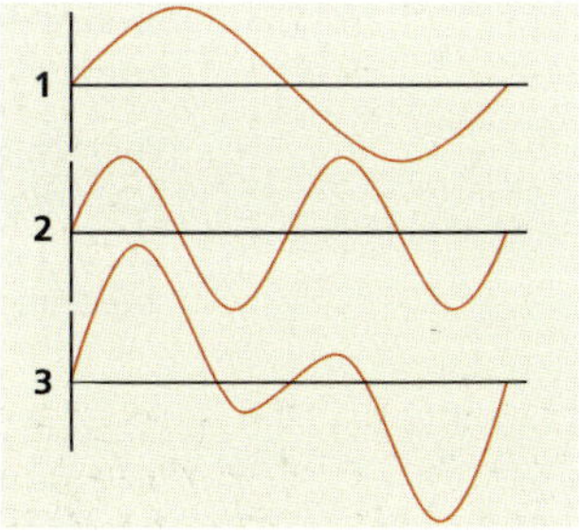
Spektraldarstellung	Eine Spektraldarstellung ist eine „Momentaufnahme" eines Klanges. Hier wird das Klangspektrum, d. h. die Grundfrequenz und die mitschwingenden ganzzahligen Vielfachen, für einen zeitlichen Ausschnitt des gesungenen Vokals „ä" gezeigt. Auf der waagerechten Achse ist abzulesen, dass die Formanten bei 800 und 2500 Hz liegen. Die Länge der senkrechten Linien zeigt ihre Lautstärke.	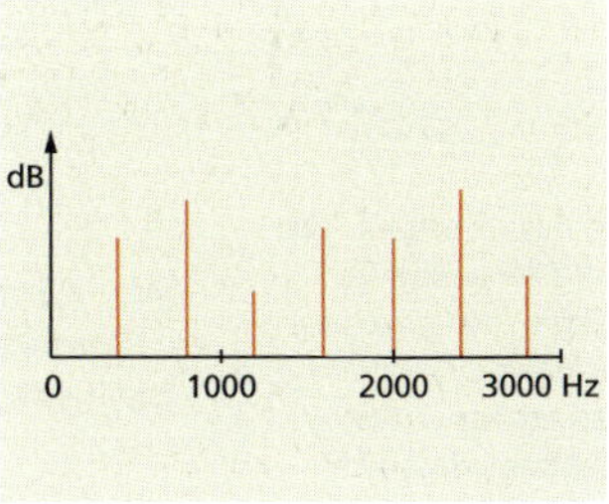

Naturtonreihe und Intervallproportionen

Durch ihr ganzzahliges Frequenzverhältnis zum Grundton bilden die Obertöne eine feststehende Intervallreihe, die **Naturtonreihe.** Sie ist von jedem Grundton aus gleich aufgebaut. Die Abstände werden nach oben enger, die Intervalle also kleiner.

▶ Naturtonreihe und Intervalle ↗ S. 80

2

2.1.4 Musikpsychologie: Musikhören, Musikmachen

Die **Psychoakustik** baut auf der Akustik auf und untersucht, welche Wirkung Schallereignisse – besonders Musik – auf die menschlichen Wahrnehmungen und Empfindungen haben.

Während die mechanischen Vorgänge im Ohr durch anatomische Untersuchungen heute genau bekannt sind, ist man bei der Erforschung der Wirkung von Musik im Gehirn auf Experimente angewiesen, und viele Phänomene sind noch nicht erforscht. Die noch junge Wissenschaft der Psychoakustik beschäftigt sich mit folgenden Fragen:
- Wie nimmt der Mensch Musik wahr, und wie wirkt sie auf ihn?
- Welche Leistungen vollbringt das Gehirn beim Musikmachen?

Musikwahrnehmung im Kontext der menschlichen Sinne und Empfindungen – Fragen und Antworten der Psychoakustik

Frage	Antwort
Wie kann man beim Musikhören aus dem Gewirr von Schallwellen einzelne Instrumente heraushören?	Das Gehirn führt eine Frequenzanalyse durch und die Klangspektren einzelner Instrumente sind im Gehirn als Muster gespeichert. Es erkennt sie auch in komplexen Zusammenhängen wieder.
Wie merkt das Gehirn, woher der Schall kommt?	Die Geräusche treffen mit einem kleinen Zeitunterschied beim rechten und linken Ohr ein.
Warum kann man Melodien unter Hunderten von anderen wiedererkennen?	Melodien sind nicht nur Folgen von Tonhöhen, sondern sind in Harmonik und Betonungsverhältnisse eingebunden. Diese Beziehungen, die sehr komplex sein können, geben vielen Melodien ihre unverwechselbare Eigenart.
Wie kann ein Musiker unsaubere Töne erkennen?	Das Ohr kann 1 300 Tonhöhen unterscheiden. Weil diese nicht individuell bezeichnet werden können, bildet das Gehirn Kategorien von Tonhöhen (in unserer Kultur 12). Alle anderen Tonhöhen werden als Abweichungen („Verstimmungen") gegenüber diesen Kategorien wahrgenommen.
Wie kann ein Komponist etwas erschaffen, das es noch nie gab?	Ein Komponist erschafft nicht ein Werk „aus dem Nichts". Er erlernt im Laufe seiner Entwicklung unzählige Kombinationen des musikalischen Materials und setzt diese nach seinen Vorstellungen und oft in unkonventioneller Weise neu zusammen.
Warum geht ein Musikliebhaber in die Oper, ein anderer in ein Rockkonzert?	Die meisten Menschen entwickeln im Jugendalter Vorlieben für bestimmte Musikrichtungen (Musikpräferenzen). Diese können sich durch eigenes Musizieren oder in einer Gruppe Gleichaltriger entwickeln und bleiben meist lebenslang bestehen.

Forschungen, die den Menschen in seiner „bio-psycho-sozialen Einheit" betrachten, haben ergeben, dass sich Musikpräferenzen sogar pränatal, also vor der Geburt, entwickeln. So hängen spätere Vorlieben durchaus davon ab, welche Art von Musik die Mutter während der Schwangerschaft gehört hat.

Musikmachen: Lernen

Wie können Musiker lange Musikstücke auswendig lernen?

Wenn man versucht, die Punkte in den Gruppen der oberen Reihe zu zählen, wird man bei a) einige Sekunden benötigen, bei b) etwas schneller zurechtkommen und bei c) das Ergebnis mit einem Blick erfassen. Ebenso verhält es sich, wenn man versucht, sich das Punktmuster einzuprägen.

Der Mensch kann sich nur etwa sieben gleichwertige Einheiten merken.

Das Auge versucht unwillkürlich, eine nicht spontan erfassbare Menge von Einheiten sinnvoll anzuordnen. Dieses Phänomen der „Merkhilfe" wird **Gruppierung** genannt. Bei c) übernimmt das Auge automatisch die vorhandene Gruppierung und der Betrachter muss sich nur noch zwei gleiche Einheiten einprägen.
In der unteren Reihe sind die Punktmuster als Noten dargestellt. Dies zeigt, dass **Gruppierung** auch beim Hören von Musik zur Orientierung dienen kann. Geübte Musiker können sich auf diese Weise auch größere musikalische Einheiten merken und lange Musikstücke auswendig lernen.
Beim „Vomblattspiel" (Spielen eines nie zuvor gesehenen Stückes) spielt die spontane Gruppierung der Noten durch das Auge eine wichtige Rolle.

Schachspieler können sich komplette Figurenkombinationen als Einheiten einprägen – aber nur, wenn sie sinnvoll sind.

Musikmachen: Üben

Mit dem Lernen von Fakten **(episodisches Lernen)** haben intelligente Menschen keine Mühe. Anders verhält es sich mit dem Erlernen von Bewegungsvorgängen, dem Üben **(prozedurales Lernen):**
Die Bewegungsvorgänge beim Spielen eines Instruments sind so kompliziert (ähnlich wie bei vielen Sportarten), dass das Gehirn jahrelanges Training für die Koordination der Muskelimpulse benötigt. Dabei verändern sich die beteiligten Regionen des Gehirns. Dieses fasst ständig wiederholte Bewegungen zu Sequenzen zusammen, die automatisch ablaufen.

Wer in jungen Jahren Schwimmen oder Radfahren lernt, kann es für sein ganzes Leben.

In der Musik werden oft Etüden als Vorlage für das Bewegungstraining benutzt. Etüden sind Musikstücke, bei denen der Spieler einen bestimmten Bewegungsablauf häufig wiederholen muss.

Ausschnitt aus einer Etüde für Geige:

Die Verschiebung von „Doppelgriffen" im Oktavabstand ist auf der Geige schwierig zu spielen, weil sich der Abstand der Finger auf dem Griffbrett laufend verändern muss. In dieser Etüde wiederholt der Spieler das Verschieben des Doppelgriffs ständig.

Virtuosen haben bis zu ihrem 20. Lebensjahr etwa 10 000 Stunden geübt.

2

2.1.5 Musikaufnahme und Klangbearbeitung

THOMAS ALVA EDISON (1847–1931) erfand den Phonographen

Vor 100 Jahren musste man in einen Konzertsaal gehen, um eine Sinfonie zu hören, oder in ein Tanzlokal, um sich von Musik unterhalten zu lassen. Heute gibt es Musik auf Tonträgern überall zu kaufen; jeder Musikstil, der auch nur ein Mindestmaß von geschäftlichem Erfolg verspricht, findet sich bald nach seiner Entstehung in den Regalen eines CD-Ladens wieder. Die Entwicklung der Tonträger-Technik hat innerhalb von 100 Jahren zu einer einstmals unvorstellbaren Verbreitung von Musik geführt.

Stationen des Fortschritts bei Audio-Aufnahmen:
1877 Phonograph (mechanische Schallaufzeichnung)
1925 elektrisches Aufnahmeverfahren
1935 magnetische Schallaufzeichnung auf Tonband
1948 Langspielplatte (LP)
1951 Stereoaufnahme
1963 Musikkassette (MC)
1983 Digitalaufnahme und Compact Disc (Audio-CD)
1987 komprimierte Audioformate (MP3, real audio)
2000 digitale Soundsysteme in handelsüblichen PCs

Im „analogen Zeitalter" garantierte die Norm DIN 45500, genannt **HiFi** (**Hi**gh **Fi**delity), hohe Klangtreue.

Mono, Stereo, Mehrkanal-Aufnahme und Surround

Bis in die 1960er-Jahre waren **Mono-Aufnahmen** technischer Standard: Für die Aufnahme genügte ein einziges Mikrofon.
Ab etwa 1960 setzte sich die **Stereo-Aufnahme** durch. Der gesamte Aufnahmeweg war dabei zweikanalig: Man benötigte zwei Mikrofone und zwei Spuren auf dem Tonband für die Aufnahme und zwei Lautsprecher für die Wiedergabe. Die Stereoaufnahme ermöglichte räumliches Hören und war ein großer Fortschritt auf dem Wege zu einem natürlichen Musikerlebnis, vor allem bei klassischer Musik.
In der Popmusik werden zumeist alle Instrumente nacheinander auf getrennten Einzelspuren aufgenommen (Mehrkanal-Aufnahme). Im Studio werden dem Musiker die bereits aufgenommenen Spuren über Kopfhörer zugespielt. Am Schluss werden alle Spuren einzeln bearbeitet und in einem künstlichen **Stereopanorama** verteilt.
Um Kinobesuchern auf allen Plätzen einen ausgewogenen Klang und ein eindrucksvolles Hörerlebnis zu bieten, wurde die Stereo-Technik zur **Surround**-Technik weiterentwickelt. In der technischen Norm „Surround 5.1" werden 6 getrennte Wiedergabekanäle eingesetzt: 3 Frontlautsprecher (links, Mitte und rechts), 2 hintere Lautsprecher (links und rechts) und ein Basslautsprecher **(Subwoofer)** an einer beliebigen Position im Raum.

A/D-Wandlung – von analog nach digital

Die Schallwelle wird in einem sehr dichten zeitlichen Raster abgetastet: Bei einer **Abtastrate** von 44,1 kHz wird 44 100-mal pro Sekunde die Auslenkung der Schallwelle gemessen und in einem Wert **(Sample)** festgehalten. Die Auslenkungen der Schallwelle werden in einer sehr feinen **Auflösung** dargestellt: Insgesamt stehen 65 536 Abstufungen zur Verfügung, die als Binärzahlen ausgedrückt werden (16 Bit = 2^{16}).

Bei der **Digitalisierung** wird ein kontinuierlicher Verlauf in eine Folge von Einzelwerten zerlegt.

- Digitalisierung einer Welle:

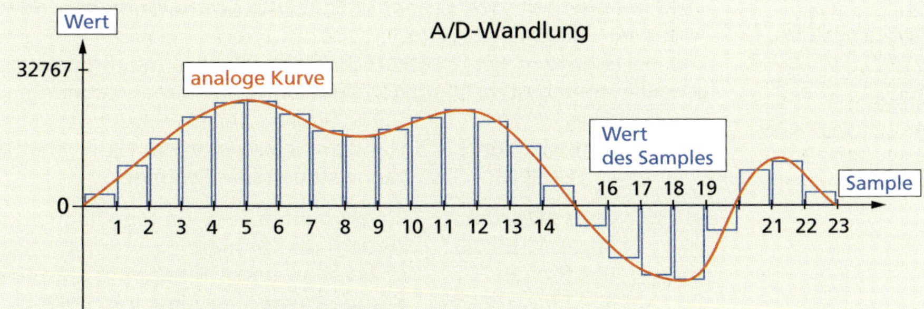

Die analoge Kurve wird in diesem Beispiel durch 23 Samples mit 16 Bit Genauigkeit dargestellt.

In der folgenden Grafik ist der Weg des Signals bei verschiedenen Arten der Schallaufzeichnung und -wiedergabe veranschaulicht.
(Die Energie des Schalls ist sehr gering. Man nimmt sie nicht direkt auf, sondern wandelt sie mehrfach um.)

Tonträger: Wandlung des Schallsignals bei der Musikspeicherung

1	mechanisch	→ elektrisch:	Schall wird in elektrische Spannung umgewandelt.
2	elektrisch	→ magnetisch:	Die Beschichtung des Bandes wird magnetisiert.
3	magnetisch	→ mechanisch:	Die Rillen der Schallplatte werden geschnitten.
4	mechanisch	→ elektrisch:	Der Tonabnehmer gibt elektrische Spannung ab.
5	elektrisch	→ mechanisch:	Die Lautsprechermembran schwingt.
6	analog (elektrisch)	→ digital:	Die elektrische Spannung wird digitalisiert.
7	digital	→ optisch:	Ein Laser brennt Vertiefungen in die CD-Beschichtung.
8	optisch	→ digital:	Ein Laser tastet die Vertiefungen (Pits) auf der CD ab.
9	digital	→ analog (elektrisch):	Die Daten werden in analoge Form gewandelt.

Schallplattenaufnahme in Analogtechnik

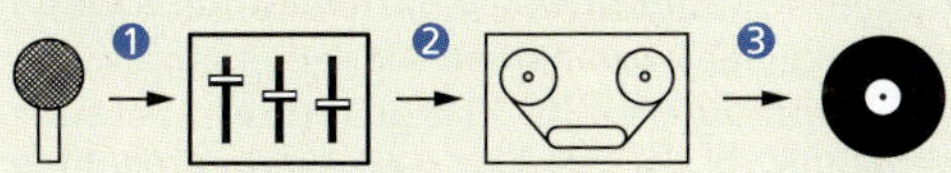

Schallplattenwiedergabe

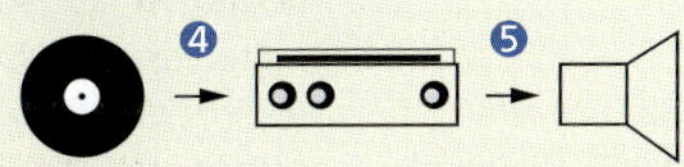

CD-Aufnahme in Digitaltechnik

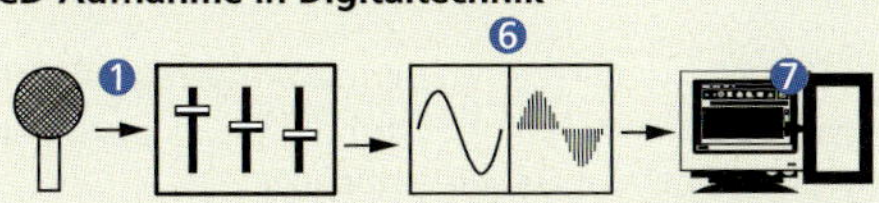

CD-Wiedergabe

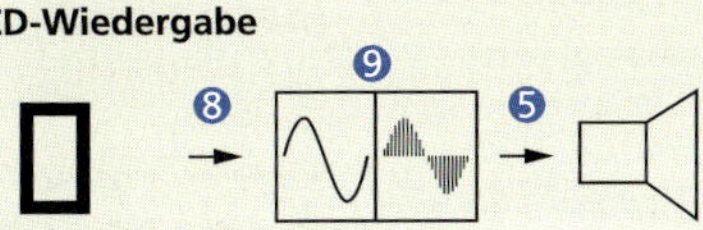

Elektronische Klangerzeugung und Klangbearbeitung

Der Komponist und Musiktheoretiker FERRUCCIO BUSONI (1866–1924) schrieb 1906 „Wohin führt der nächste Schritt? Ich meine, zum abstrakten Klang, zur hindernislosen Technik, zur tonlichen Unabgegrenztheit." (aus „Entwurf einer neuen Ästhetik der Tonkunst")

Am Ende des 19. Jh.s waren die Musikinstrumente fertig entwickelt; danach gab es nur noch kleine Verbesserungen. Viele Komponisten des 20. Jh.s gaben sich nicht mehr mit den Einschränkungen der traditionellen Instrumente zufrieden und suchten nach neuen Mitteln der Klangerzeugung. Der italienische Futurist LUIGI RUSSOLO konstruierte 1913 handbetriebene Geräuschinstrumente **(„Intonarumori")** und schrieb Musik für diese Instrumente.
Der Fortschritt in der Elektrotechnik im 20. Jh. ermöglichte auch eine schnelle Weiterentwicklung der elektronischen Klangerzeugung:

1917	**Aetherophon** (L. TERMEN)	Handbewegungen in der Nähe einer Antenne steuern die Tonhöhe.
1930	**Ondes Martenot** (M. MARTENOT) **Trautonium** (F. A. TRAUTWEIN)	Finger gleiten über ein Metallband und steuern die Tonhöhe. O. MESSIAN und P. HINDEMITH schrieben Kompositionen für diese Instrumente.
1935	**Hammond-Orgel** (L. HAMMOND)	Rotierende Metallscheiben erzeugen elektrische Spannung.
1951	erste **Synthesizer** (RCA)	schrankgroße Instrumente; Steuerung der Klangerzeugung durch Lochkarten
1964	**Moog-Synthesizer** (R. MOOG)	Module der Klangerzeugung und -bearbeitung, die mit Kabeln verbunden werden können; Tonhöhensteuerung durch eine Tastatur
1978	**Synthesizer mit digitaler Klangerzeugung**	Miniaturisierung: Elektronik zur Klangerzeugung und -bearbeitung im gleichen Gehäuse

transportabler Moog-Synthesizer aus dem Jahre 1975

Digitale **Synthesizer** sind spezialisierte Computer: Die Vorgänge der Klangformung werden errechnet; das Ergebnis wird über einen D/A-Wandler in Schallwellen umgewandelt.

Auch die D/A-Wandlung von Klängen wird bei der Klangsynthese eingesetzt: Samples, z. B. Anblasgeräusche von Instrumenten, werden zur Klangerzeugung in Synthesizern benutzt.
Moderne Synthesizer bieten umfangreiche Möglichkeiten zur Klangbearbeitung **(Editierung):** Der Spieler kann eigene Klänge „komponieren", indem er die Eigenschaften voreingestellter Klänge **(Presets)** verändert. Eine wichtige Klangeigenschaft ist z. B. der Lautstärkeverlauf **(Hüllkurve, engl. envelope),** der sich in seinen vier Phasen separat verändern lässt **(ADSR-Modell):**

Das Hinzumischen von Hall oder die Filterung von Frequenzbereichen **(Equalizing)** wird meist im Studio vorgenommen, findet sich aber auch als Funktion in Synthesizern.

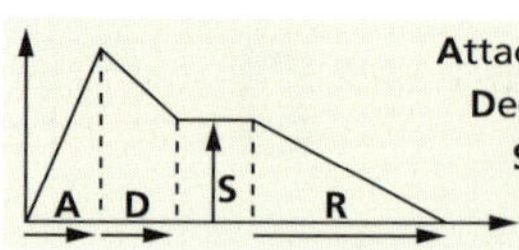

Attack: Zeit bis zum Erreichen der maximalen Lautstärke
Decay: Zeit bis zum Absinken auf die Dauer-Lautstärke
Sustain: Pegel der Dauer-Lautstärke
Release: Zeit bis zum Absinken auf Null-Pegel

2.2 Instrumente, Instrumentation und Ensembles

2.2.1 Entwicklung der Musikinstrumente

Die meisten Musikinstrumente sind in ihrer heutigen Form das Ergebnis einer langen Entwicklung.
Einige Instrumente haben Vorfahren aus vorgeschichtlicher Zeit, die aus tierischem Material hergestellt wurden und sich über Jahrhunderte hinweg zu spezialisierten Musikinstrumenten entwickelten.
Andere, z. B. das Saxophon, wurden „erfunden" und haben sich seitdem kaum noch verändert.
Viele Musikinstrumente, wie das Cembalo, „starben aus", weil der Zeitgeschmack sich änderte. Die Kunst ihrer Herstellung und ihres Spiels wurde für lange Zeit vergessen und erst im Zuge der Wiederbelebung historischer Musizierpraxis neu entdeckt.

Cembalo

Spezialensembles spielen heute Musik des 16. bis 18. Jh.s auf rekonstruierten Originalinstrumenten („historische Aufführungspraxis").

Komposition und Instrumentenbau

In allen Kulturen und Musikepochen beeinflussten sich Komponisten und Instrumentenbauer wechselseitig:

Instrumentenbauer regten mit technischen Verbesserungen oder Erfindungen neuer Instrumente die Fantasie der Komponisten an. ⇄ Komponisten nutzten alle Möglichkeiten der vorhandenen Instrumente und regten Instrumentenbauer zu Verbesserungen an.

Im 16. Jh. gab es eine große Vielfalt an Instrumenten, von denen einige zu Instrumentenfamilien ausgebaut wurden.
MICHAEL PRÄTORIUS (1571–1621) beschrieb in seinem musiktheoretischen Werk „Syntagma musicum" (1619) solche Instrumentenfamilien. Die Zeichnungen in diesem Werk geben Musikwissenschaftlern heute wichtige Informationen für die Rekonstruierung von Instrumenten dieser Zeit.
Auch die gesellschaftliche Entwicklung beeinflusste den Instrumentenbau: Das bürgerliche Musikleben im 19. Jh. führte zum Bau großer Konzertsäle, die Instrumente mit großer Dynamik erforderten.

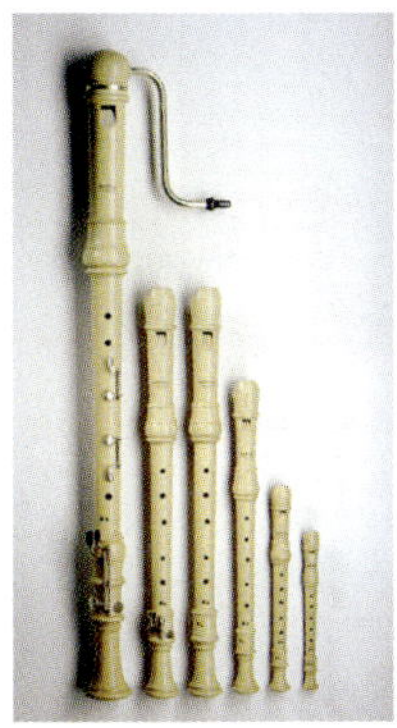

moderne Blockflötenfamilie

Streichinstrumente

Bis in das 17. Jh. hinein gab es eine bunte Vielfalt an Streichinstrumenten, aus denen sich später zwei Familien mit unterschiedlicher Bauweise entwickelten: Geigen (Violinen, *viola da bracchio)* und Gamben (Violen, *viola da gamba).*
Die vielseitigere Geige setzte sich im 18. Jh. durch und ist in ihren drei Formen (Geige, Bratsche, Cello) bis heute das Standardinstrument im Streicherensemble.
Nur der Kontrabass weist die Bauweise der Gamben auf. Die Familie der

Das 17. Jh. war die Blütezeit des Geigenbaus, bekannt durch Familien wie STRADIVARI oder GUARNERI.

gamba, it. = Bein
braccio, it. = Arm
Die meisten Gambeninstrumente wurden beim Spielen zwischen den Knien, die Geigeninstrumente dagegen auf dem Arm gehalten.

Gamben verschwand und wird heute nur in der historischen Aufführungspraxis eingesetzt.

Geige

- niedriger Resonanzkörper
- gewölbter Boden
- f-förmige Schalllöcher
- Griffbrett ohne Bünde
- 4 Saiten

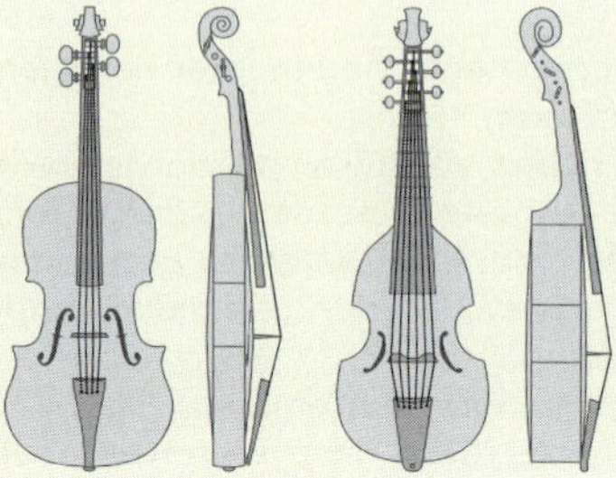

Gambe

- hoher Resonanzkörper
- flacher Boden
- c-förmige Schalllöcher
- Griffbrett mit Bünden
- 6 Saiten

Blasinstrumente

Auf der Posaune kann der Spieler mit dem beweglichen **Zug** alle chromatischen Töne erreichen. Die Posaune benötigt deshalb keine Ventile.

Die Erfindung der **Ventile** bei Trompeten und Hörnern um 1820 stellt einen wichtigen Einschnitt im Instrumentenbau dar. Bis dahin konnten nur die Töne der Naturtonreihe gespielt werden; die Blechbläser wurden meist mit signalartigen Motiven eingesetzt. Mithilfe der Ventile konnten nun alle chromatischen Töne gespielt werden. Die Komponisten setzten die Blechblasinstrumente fast gleichwertig zu den Holzblasinstrumenten ein.

Barockoboe und moderne Oboe

Bei den Holzblasinstrumenten stellte die Einführung der **chromatischen Bohrung** ab 1830 einen entscheidenden Fortschritt dar. Jeder der zwölf chromatischen Töne erhielt ein eigenes Tonloch; einige Tonlöcher wurden nicht mit den Fingern, sondern mit Klappen geschlossen. Ein System aus Hebeln, Achsen und Klappen sorgte dafür, dass mit den acht Fingern auf der Oberseite des Instruments bis zu 20 Tonlöcher geschlossen werden konnten. Das neue Griffsystem etablierte sich mit individuellen Unterschieden auf Flöte, Oboe, Klarinette und Fagott.

Schlaginstrumente

THEOBALD BÖHM (1794–1881) baute ab 1830 die ersten Querflöten aus Metall mit dem heute üblichen Klappensystem **(Böhm-Flöte).**

In der abendländischen Musiktradition hatten die Schlaginstrumente bis 1700 hauptsächlich in der Volks- und Tanzmusik Bedeutung. Die Pauke diente als Bass-Instrument der Trompetengruppe. Andere Instrumente, wie Trommel oder Becken, wurden aus der europäischen oder orientalischen Militärmusik in die Kunstmusik übernommen.

2.2.2 Tasteninstrumente

Vom Cembalo zum modernen Konzertflügel

Das Cembalo gehörte zur festen Besetzung in der Musik der Barockzeit. Es war Bestandteil der **Basso-continuo-Gruppe,** die das Fundament für fast alle Kompositionen dieser Zeit bildet. Es gab aber auch viele Kompositionen für Cembalo solo. Beim Niederdrücken einer Taste wird eine senkrecht stehende Holzleiste (Springer) nach oben gedrückt und ein Dorn (Kiel), der daran befestigt ist, reißt die Saite an. Wird die Taste losgelassen, fällt der Springer zurück und ein kleiner Filz dämpft die Saite ab.

GOTTFRIED SILBERMANN (1683–1753) baute in Deutschland die ersten **Hammerflügel.** JOHANN SEBASTIAN BACH spielte 1747 vor FRIEDRICH DEM GROSSEN auf einem Hammerflügel von SILBERMANN.

Durch die Art der Tonerzeugung hatte das Cembalo einen hellen, perkussiven Klang. Abstufungen der Lautstärke beim Spielen waren nicht möglich. Allerdings verfügten größere Cembali über Register mit einer eigenen Reihe von Saiten, die eine terrassenartige Lautstärkeabstufung ermöglichten (Terrassendynamik).

Um 1700 entwickelte der Instrumentenbauer BARTOLOMEO CRISTOFORI eine neue Anschlagsmechanik: Die Saiten wurden nicht wie beim Cembalo von einem Kiel angerissen, sondern von einem Hämmerchen angeschlagen, das sofort nach dem Anschlag zurückprallte. CRISTOFORI nannte das neue Instrument „Piano-forte“, weil es beim Spielen dynamische Abstufungen erlaubte.

Tonerzeugung beim Hammerflügel

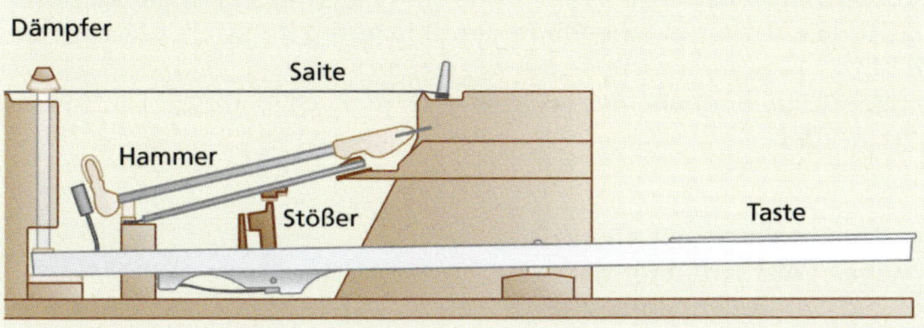

Moderner Nachbau eines Hammerflügels von GOTTFRIED SILBERMANN.

Vom **Hammerflügel** bis zu den beiden modernen Bauformen **Klavier** und **Flügel** gab es zahlreiche Konstruktionsveränderungen. Im Laufe der Entwicklung entstanden viele Zwischenformen, wie **Clavichord, Tafelklavier** und **Pianino.**

Konstruktive Neuerungen beim modernen Konzertflügel waren:
- längere Saiten, höhere Saitenspannung,
- gusseiserner Rahmen,
- größerer Tonumfang (88 Tasten),
- Mehrfachbesaitung pro Taste,
- umsponnene Saiten im Bassbereich,
- Verbesserung der Mechanik (Tonrepetition, Anschlagsnuancen).

2

Intonieren: Anbringen kleiner Korrekturen an den Pfeifen zwecks Anpassung an die Akustik des Kirchenraums.

Disposition: Klangliches Gesamtkonzept der Werke und Register einer Orgel.

Aufbau und Funktionsweise der Orgel

Die Orgel wird wegen ihres prächtigen Äußeren und ihres gewaltigen Klanges oft als „Königin der Instrumente" bezeichnet. Zu dem Klangeindruck trägt zusätzlich der Kirchenraum bei, in dem die Orgel steht. Weil eine Orgel für einen bestimmten Raum gebaut wird, kann der Orgelbauer das Instrument durch die Gesamtdisposition und die Intonation jeder einzelnen Pfeife optimal an den Kirchenraum anpassen.
Alle Pfeifen stehen senkrecht auf den **Windladen** und werden vom Spieltisch aus aktiviert. Die Orgel verfügt – je nach Größe – über eine oder mehrere Klaviaturen für die Hände **(Manuale)** und eine für die Füße **(Pedal)** sowie über **Registerzüge** und **Spielhilfen.**

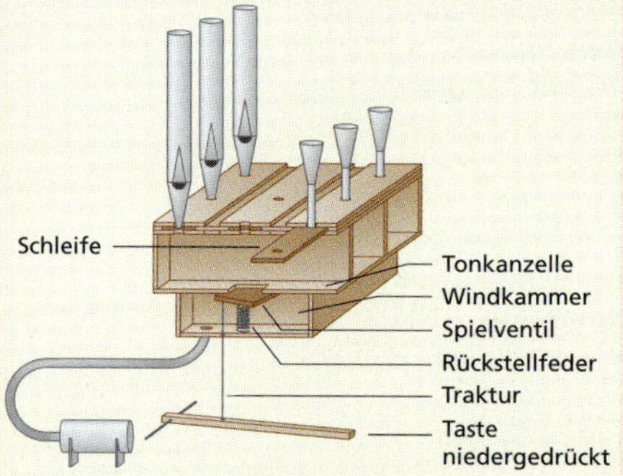

Ein **Register** besteht aus einer Anzahl von Pfeifen von gleicher Bauart und gleichem Klang, die in einer Reihe auf der Windlade stehen. Ein Register kann durch einen Registerzug **(Schleife)** als Ganzes an- oder abgeschaltet werden.

- Der Motor erzeugt über eine Rohrleitung konstanten Luftdruck in der **Windkammer.**
- Beim Niederdrücken einer Taste am Spieltisch öffnet sich das **Spielventil** dieser Taste; der Luftdruck tritt in die schmale **Tonkanzelle** ein.
- Nur wenn die Registerschleife herausgezogen ist, liegen die Bohrungen genau unter den Pfeifen. Der Luftdruck strömt in eine Pfeife des aktivierten Registers, solange die Taste gedrückt bleibt.

Spielventile und Registerzüge können mechanisch, elektrisch oder mittels Luftdruck (pneumatisch) bewegt werden.

Große Orgeln haben bis zu 5 Manuale und Tausende von Pfeifen.

Die Pfeifen der Orgel sind in Baugruppen **(Werken)** untergebracht, die auch im Außenbild des Gehäuses **(Prospekt)** erkennbar sind.
Jedes Werk ist einem Manual am Spieltisch zugeordnet und enthält eine Gruppe von Registern, die klanglich aufeinander abgestimmt sind.

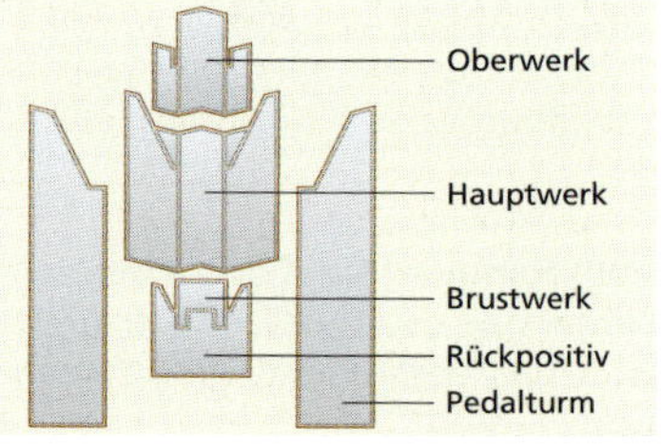

Die Namen vieler **Register** stammen von Musikinstrumenten, denen sie im Klang ähneln (Trompete, Flöte u. a.). Register können auch gemischt eingesetzt werden.

Pfeifentypen der Orgel

Labiale („Lippenpfeifen", blockflötenartige Klangerzeugung

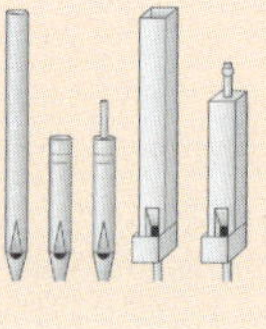

Linguale („Zungenpfeifen", klarinettenartige Klangerzeugung

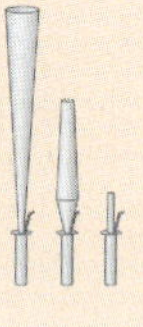

2.2.3 Orchester

Das **Sinfonieorchester,** wie wir es heute kennen, ist im 19. Jh. entstanden. Alle bekannten Komponisten der Klassik und Romantik haben Sinfonien oder sinfonische Werke geschrieben. Auch in der Oper werden die Sänger von einem Sinfonieorchester begleitet.

Sitzplan und Partitur

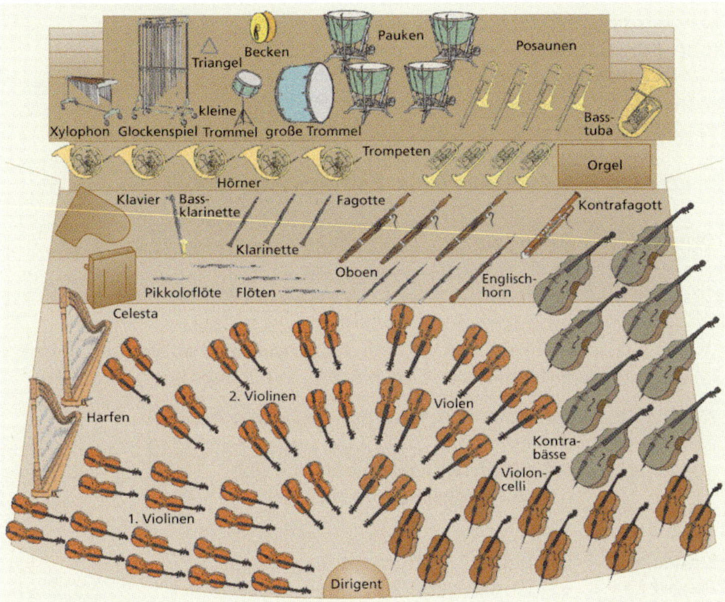

Die Musiker spielen aus **Einzelstimmen,** jeder Musiker sieht also nur den Part, den er selbst zu spielen hat. Wenn ein Instrument über längere Zeit nicht spielen soll, werden in der Stimme Pausen notiert, die der Musiker mitzählen muss, um wieder richtig einzusetzen.

L. VAN BEETHOVEN, 7. Sinfonie, Anfang der Einzelstimme für die 1. Oboe

Der Dirigent dagegen benutzt die **Partitur.** Hier sind die Stimmen aller Instrumente synchron untereinandergedruckt (↗Randspalte). Das ermöglicht dem Dirigenten den Überblick über den gesamten Ablauf des Musikstücks.
Einige Blasinstrumente sind transponiert notiert. Die Art der **Transposition** geht aus der Instrumentenbezeichnung hervor. Wenn z. B. „Horn in F" über einer Stimme steht, klingt sie eine Quinte tiefer als sie geschrieben ist. Eine Hornstimme, die in B-Dur geschrieben ist, erklingt also in Es-Dur.

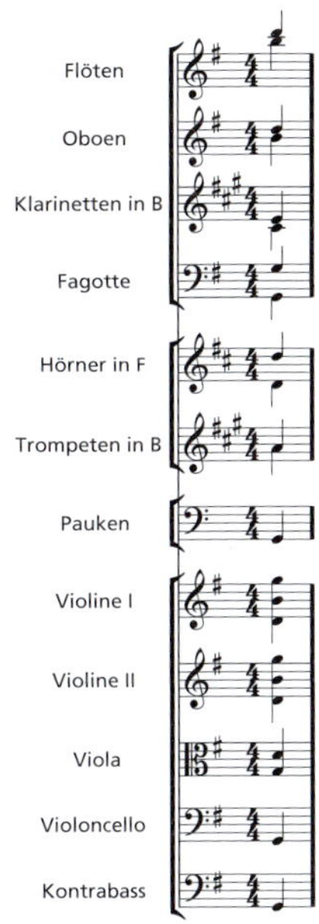

Anfang einer Partitur für Orchester.
Die Namen der Instrumente stehen vor den Notensystemen.

Jedes Holzblasinstrument ist im Orchester zusätzlich mit einer größeren oder kleineren Variante vertreten:
Flöte – Piccolo,
Oboe – Englischhorn,
Klarinette – Bassklarinette,
Fagott – Kontrafagott.

Holzblasinstrumente

Die Gruppe der **Holzblasinstrumente** besteht aus Flöten, Oboen, Klarinetten und Fagotten. Im Orchester sind alle Holzbläserstimmen solistisch besetzt; jeder Musiker spielt seine Stimme allein.

Schwingungen bilden sich nur in einem geschlossenen Rohr: Je kürzer das Rohr ist, desto höher klingt der Ton. Durch das Öffnen eines Grifflochs wird der geschlossene Teil des Rohrs künstlich verkürzt. Durch die exakte Anordnung der Grifflöcher können alle chromatischen Töne gespielt werden.

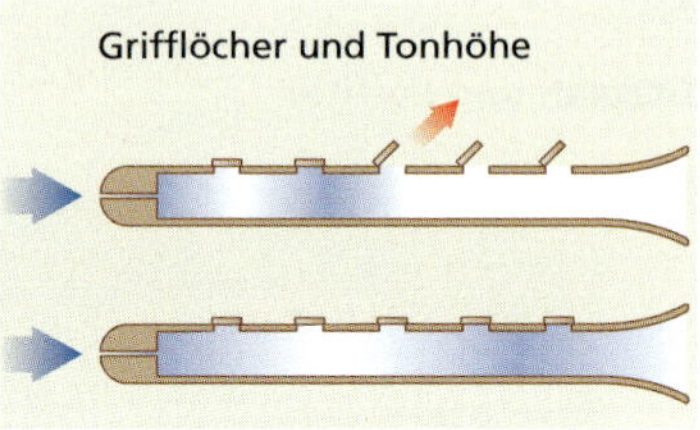

Tonerzeugung bei verschiedenen Holzblasinstrumenten

Querflöte	Beim Spielen trifft der Luftstrom auf eine *Schneidekante* und wird abwechselnd nach außen und in das Rohr gelenkt: Eine periodische Schwingung entsteht. 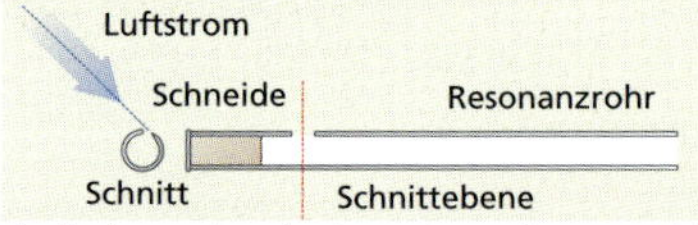
Klarinette	Der Luftstrom trifft auf die Schneide des *einfachen Rohrblatts* und versetzt es in Schwingungen, die sich ins Innere des Instruments fortsetzen. 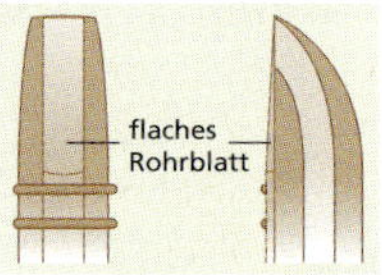
Oboe, Fagott	Die beiden Hälften des *Doppelrohrblatts* schwingen gegeneinander; dabei öffnen und verschließen sie periodisch die Luftzufuhr zum Instrument und erzeugen eine periodische Schwingung. 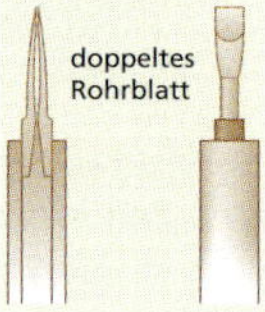

Neben der Art der Tonerzeugung hat auch die Form des Schallrohrs Einfluss auf die Klangfarbe. Flöten und Klarinetten haben ein zylindrisches, Oboen und Fagotte ein konisches Rohr.

Blechblasinstrumente

Die Gruppe der **Blechblasinstrumente** besteht aus Hörnern, Trompeten, Posaunen und Tuba. Auch die Blechbläserstimmen sind im Orchester solistisch besetzt.

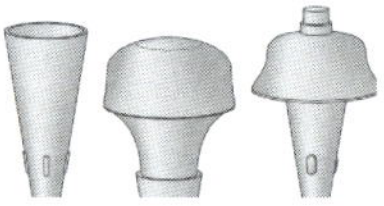

Der **Dämpfer** wird in die **Schallstürze** gesteckt. Er macht den Ton leiser und verändert seine Klangfarbe.

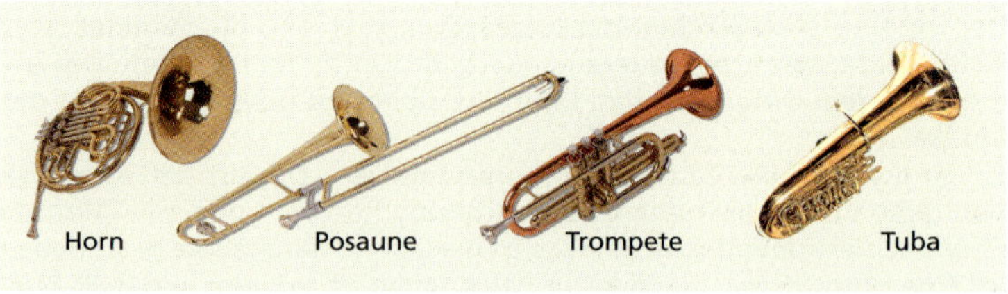

Mit Ventilen und Zügen werden die Lücken zwischen den Naturtönen ausgefüllt:

Trompete, Horn, Tuba	Mit den Ventilen kann das Schallrohr künstlich verlängert werden. Dadurch wird der Ton tiefer. Mehrere Ventile können gleichzeitig aktiviert werden. 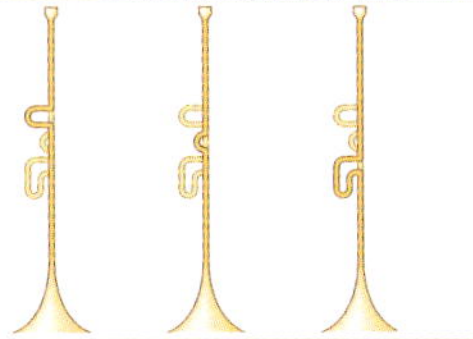
Posaune	Das Schallrohr wird durch Herausziehen des Zuges verlängert. 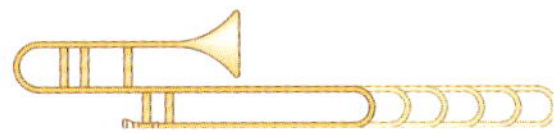

▶ Bezeichnungen und die Saitenstimmung der Streichinstrumente:

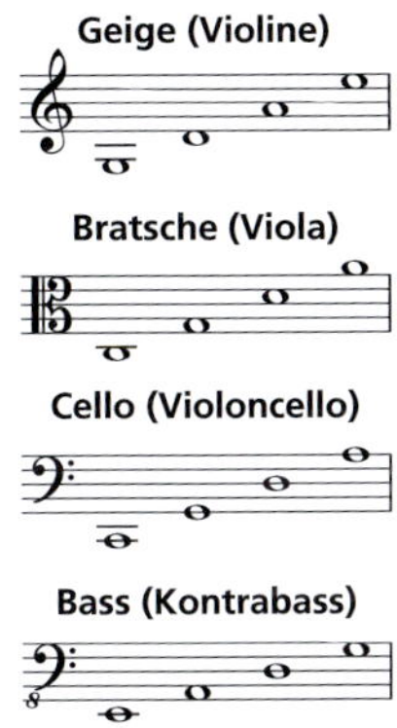

Streichinstrumente

Die Gruppe der **Streichinstrumente** besteht aus Geigen (geteilt in 1. und 2.), Bratschen, Celli und Kontrabässen. Im Orchester sind alle Streicherstimmen chorisch besetzt: Eine Stimme wird von mehreren Musikern gespielt. Daher bilden die Streicher die zahlenmäßig größte Gruppe.

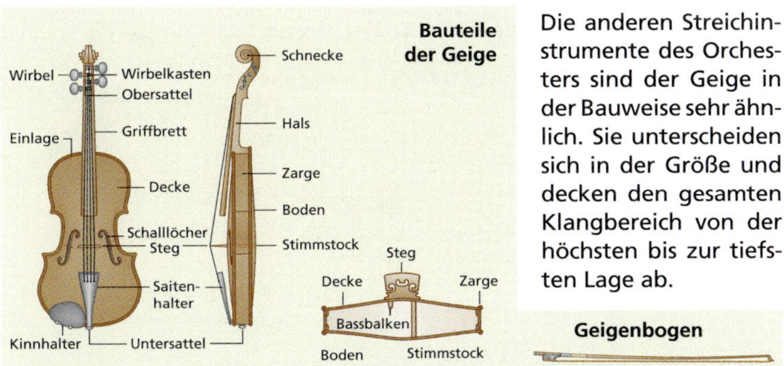

Die anderen Streichinstrumente des Orchesters sind der Geige in der Bauweise sehr ähnlich. Sie unterscheiden sich in der Größe und decken den gesamten Klangbereich von der höchsten bis zur tiefsten Lage ab.

Ein Satz Pauken besteht aus zwei bis vier Instrumenten.

Orchesterschlagzeug

Die Schlagzeugbesetzung in sinfonischen Werken ist unterschiedlich. Fast immer sind **Pauken** besetzt, die auf feste Tonhöhen gestimmt werden. Oft schreiben Komponisten auch **Becken,** kleine und große **Trommel** vor. Meist spielen Orchesterschlagzeuger mehrere Instrumente.
Zum Orchesterschlagzeug gehören auch **Röhrenglocken, Vibraphon, Glockenspiel, Xylophon** und **Marimbaphon,** auf denen Melodien und Akkorde gespielt werden können.

Harfe

Die Harfe

Die Harfe wird oft bei größeren Orchesterbesetzungen eingesetzt. Sie ist in C-Dur gestimmt; jeder Ton kann mit Pedalen einen Halbton herauf- oder heruntergestimmt werden.

2.2.4 Big Band, Blas- und Streichorchester

Im 19. Jh. wurden zahlreiche Blasorchester und andere Laien-Musikvereinigungen gegründet. Viele bewahrten ihre Tradition und feiern heute ihr 125- oder 150-jähriges Jubiläum.

Neben der gemischten Besetzung des Sinfonieorchesters haben sich im 19. und 20. Jh. kleiner besetzte Ensembles herausgebildet, die nur aus bestimmten Instrumentengruppen bestehen. Dies hängt zusammen mit der im 19. Jh. beginnenden Blütezeit der bürgerlichen Musikkultur. So spielen seit dem 19. Jh. Ensembles wie **Blasorchester, Spielmannszüge, Streichorchester** oder **Posaunenchöre** eine wichtige Rolle im Bereich des Laienmusizierens. Die Tradition der Militärkapellen und die Entstehung des Jazz am Beginn des 20. Jh.s führten außerdem zur Entstehung der **Big Band,** die heute im Laienbereich ebenfalls eine wichtige Rolle spielt.

Erfunden im 19. Jahrhundert: das Saxophon

ADOLPHE SAX (1814–1894), belgischer Instrumentenbauer, erfand das Saxophon und wurde 1857 Saxophonlehrer am Pariser Konservatorium.

Die Tonerzeugung beim Saxophon ist die gleiche wie bei der Klarinette (deshalb gehört das Saxophon zu den Holzblasinstrumenten, obwohl es aus Metall ist). Alle Saxophone haben das gleiche Klappensystem.

1846 erhielt ADOLPHE SAX in Frankreich ein Patent auf ein neu entwickeltes Instrument, das er **Saxophon** nannte. Bald darauf wurde es in Militärkapellen eingeführt, da es einen kräftigen Klang hatte, im Freien gespielt werden konnte und für den Einsatz beim Marschieren eine handliche Form hatte. Außerdem konnte es in unterschiedlichen Tonlagen gebaut werden. Seitdem hat das Saxophon einen festen Platz in Militärkapellen, Marschbands, Blasorchestern und Bigbands.

Formen und Größenverhältnisse der Saxophone

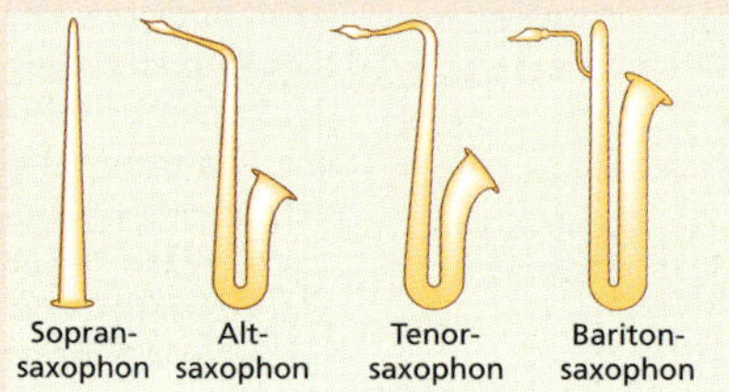

Tenorsaxophon

Komplettes Schlagzeug für einen Spieler: das Drumset

Das Schlagzeug hat seinen Weg von der Militärkapelle in das Blasorchester gefunden. Es besteht aus Becken, großen und kleinen Trommeln und wurde ursprünglich von mehreren Musikern beim Marschieren gespielt. In der Bigband sind die Schlaginstrumente zu einem „Drumset" zusammengefasst und werden von einem einzigen Musiker im Sitzen gespielt.

Heute wird in vielen Big Bands das Schlagzeug durch Perkussionsinstrumente lateinamerikanischer Herkunft **(Latin percussion)** ergänzt.

Drumset

2

Streichorchester

Im Streichorchester haben die Streichinstrumente die gleiche Sitzordnung wie im Sinfonieorchester. Es sind aber keine Bläser besetzt. Obwohl die klanglichen Möglichkeiten dieses Ensembles beschränkt sind, haben viele Komponisten Werke für Streichorchester geschrieben.

Titelblatt einer Partitur für Streichorchester

Posaunenchor

Posaunenchöre sind in der Tradition der evangelischen Kirche entstanden und haben ihr wichtigstes Betätigungsfeld in der Ausgestaltung des Gottesdienstes. Aufteilung und Umfang der Stimmen orientieren sich am vierstimmigen Kirchenchor. Die Besetzung besteht aus Blechblasinstrumenten unterschiedlicher Art.

Blasorchester

Die Besetzung des (sinfonischen) Blasorchesters besteht aus Holz- und Blechbläsern sowie Schlagzeug. Alle Bläserstimmen sind mehrfach besetzt; daher sind Besetzungsstärken von 50 Musikern und mehr keine Seltenheit. Die Besetzung ist nicht so standardisiert wie im Sinfonieorchester. Das Repertoire besteht zum größten Teil aus Arrangements sinfonischer Werke oder populärer Songs.

Sitzordnung eines sinfonischen Blasorchesters (Beispiel):

Big Band

Die Big Band entwickelte sich nach 1920 aus Jazzcombos und Marschbands. In den 1930er-Jahren machten Big Bands den Swing als Tanzstil populär. Alle Stimmen der Big Band sind solistisch besetzt; die Besetzungsstärke beträgt 15 bis 20 Musiker.

EDWARD KENNEDY („DUKE") ELLINGTON (1899–1974) war einer der populärsten Big Band-Leader der Swing-Ära.

Sitzordnung einer Big Band

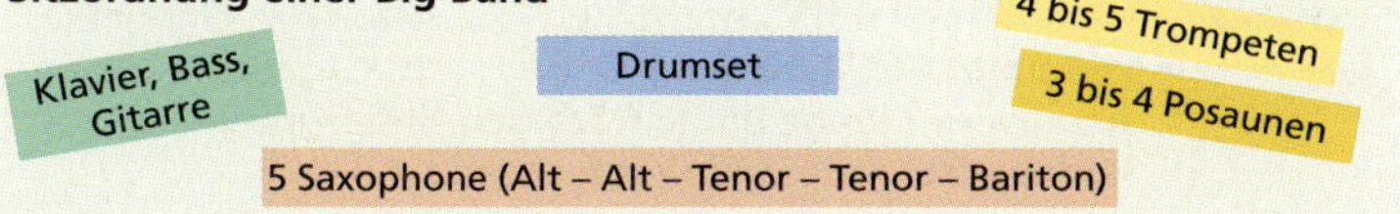

2

2.2.5 Jazzcombo und Rockband

Bestimmte Besetzungen sind durch das Vorbild berühmter Musiker zu Standardbesetzungen geworden, wie das OSCAR PETERSON-TRIO mit Klavier, Bass und Schlagzeug, das MODERN JAZZ QUARTET mit Klavier, Vibraphon, Bass und Schlagzeug oder das Quartett des Altsaxophonisten CHARLIE PARKER (1920–1955) aus den 1940er-Jahren, der Zeit des „Bebop"-Jazz, mit THELONIUS MONK (1920–1982; Klavier), CHARLES MINGUS (1922–1979; Bass) und ROY HAYNES (geb. 1925; Schlagzeug).

Oft finden sich Jazzmusiker spontan zu einer Combo zusammen und improvisieren nach einem Leadsheet oder über eine vereinbarte Harmoniefolge („Jam Session").

Die **Jazzcombo** (**Combo:** Abkürzung für engl. Combination = Zusammenstellung) ist die „Kammermusik-Besetzung" des Jazz. Die Basis bildet die **Rhythmusgruppe** mit einem oder mehreren Harmonie-Instrumenten (Klavier, Gitarre, Vibraphon), Schlagzeug und Bass. Dazu kommen einzelne Blasinstrumente bzw. Sänger oder Sängerin. Insgesamt besteht eine Combo aus 3 bis 8 Musikern.
Die Musiker einer Combo spielen nicht nach gedruckten Partituren. Als Vorlage dient meist ein **„Leadsheet",** das die Melodie und Akkordsymbole eines bekannten Songs – eines sogenannten Standards – oder einer eigenen Komposition enthält. Gelegentlich werden Teile des Stücks in den Bläserstimmen ausgeschrieben, meist wird der Ablauf aber nur mündlich verabredet. Die Improvisation über die Akkordfolge nimmt den größten Raum im musikalischen Gesamtablauf ein.

Jeder Musiker gestaltet das **Leadsheet** individuell aus:
- Der Solist (meist ein Bläser) stellt zunächst die Melodie vor und improvisiert dann über die Harmoniefolge.
- Der Pianist oder Gitarrist bildet Akkorde **(voicings)** auf der Basis der Harmoniesymbole und rhythmisiert diese Akkorde passend zu Stil und Tempo des Stücks **(comping).**
- Der Bassist verbindet die Grundtöne der Akkorde mit Linien oder Figuren.
- Der Schlagzeuger spielt ein permanentes Rhythmusmuster im Tempo des Stücks und variiert es an passenden Stellen.

Auch für die Rockband gibt es Standardbesetzungen mit berühmten Vor-bildern: die BEATLES spielten mit zwei Gitarren, Bassgitarre und Schlagzeug; alle Musiker waren gleichzeitig Sänger. In vielen Rockbands spielen auch ein oder mehrere Keyboarder mit.

Rockmusik wird in großen Sälen, in Stadien oder in Diskotheken mit hoher Lautstärke gespielt. Im Gegensatz zur Jazzcombo sind deshalb die Instrumente der **Rockband** immer elektrisch verstärkt.

Instrumente der Rockband	
E-Gitarre	 Die E-Gitarre hat sechs Saiten und ist wie eine akustische Gitarre gestimmt. Die Saiten sind aber nicht über einen hohlen Resonanzkörper, sondern über ein massives Brett gespannt („solid body"). Deshalb muss der Klang elektrisch verstärkt werden.
E-Bass (Bassgitarre)	Der E-Bass sieht ähnlich wie eine E-Gitarre aus, hat aber nur vier Saiten und ist wie ein Kontrabass gestimmt. Er hat ebenfalls ein massives Korpus, sodass sein Klang elektrisch verstärkt werden muss.
Keyboard (Synthesizer)	Keyboards haben eine Klaviertastatur und verfügen je nach Modell über unterschiedliche Arten der Klangerzeugung. Alle denkbaren Sounds vom Orgelklang über perkussive Klänge bis zu flächigen Hintergrundklängen können frei programmiert werden.

2.2.6 Ensembles mit unterschiedlichen Besetzungen

Perkussionsensembles

Im afrikanischen und lateinamerikanischen Kulturraum gibt es Schlagzeugensembles, die aus Trommeln und anderen Geräuschinstrumenten unterschiedlichster Art zusammengesetzt sind. Mit ihren Schlagtechniken und Rhythmuskombinationen, die zum Teil auf lange Traditionen zurückgehen, brachten es die afrikanischen und lateinamerikanischen Perkussionisten zu hoher Meisterschaft. Mit der Spielweise dieser Musiker fand eine andere Auffassung des musikalischen Zeitverlaufs aus Afrika in die europäische Musikkultur Eingang.

Congas werden mit den Handflächen geschlagen.

Im Zuge der Begegnung der Kulturen entstanden in Europa Perkussionsensembles, die Musik ihrer Vorbilder aus Afrika oder Lateinamerika nachspielen oder als Anregung zu eigenen Improvisationen oder Kompositionen benutzen.
Auch beim Ensemblespiel im Musikunterricht werden Perkussionsinstrumente eingesetzt, weil sie ein spontanes Zusammenspiel auf elementarem Niveau ohne besondere instrumentale Fähigkeiten ermöglichen.

Maracas waren ursprünglich mit Körnern gefüllte Kokosnüsse. Sie werden beim Spielen gleichmäßig geschüttelt.

Kammermusikensembles

Im Gegensatz zum Orchester ist in Kammermusikensembles jede Stimme nur einfach besetzt. Kammermusik-Ensembles umfassen gewöhnlich zwei bis acht Streich- oder Blasinstrumente; oft ist das Klavier beteiligt.
Häufige Kammermusikbesetzungen sind:
- **Streichquartett** (2 Violinen, Viola, Violoncello),
- **Bläserquintett** (Flöte, Oboe, Klarinette, Horn, Fagott),
- **Klaviertrio** (Klavier, Violine oder ein anderes Melodieinstrument, Violoncello).

Die Komponisten der Klassik und Romantik haben im 18. und 19. Jh. ein umfangreiches Repertoire für diese Besetzungen geschaffen, das noch heute fester Bestandteil von Kammermusikkonzerten ist.

▶ JOSEPH HAYDN (1732–1809) schrieb über 70 Streichquartette.

Barockensembles mit „Basso continuo"

In der Barockmusik gab es die unterschiedlichsten Besetzungen; alle enthielten aber als typische Eigenart dieser Epoche eine **„Basso-continuo"-Gruppe.** Diese besteht aus einem Harmonieinstrument (meist Cembalo oder Orgel) und einem oder mehreren Bassinstrumenten, wie Violoncello, Kontrabass oder Fagott. Die festen Aufgaben dieser Gruppe sind das Spielen der Bass-Stimme und die harmonische Auffüllung.
Das Spielen nach einer mit Ziffern bezeichneten Bass-Stimme wird **Generalbass-Spiel** genannt.

Generalbass:
Der Komponist schrieb Ziffern unter die Bass-Stimme, die der Cembalist beim Spielen in passende Akkorde umsetzen musste.

2

Volksmusik- und Amateurensembles

Blockflöten werden heute wieder in „Familien" von der höchsten bis zur tiefsten Lage gebaut: Sopran-, Alt-, Tenor- und Bassflöte. (↗ auch Bild S. 53)

Im Amateurbereich gibt es orchestrale Klangkörper, die nicht die Instrumentenvielfalt des Sinfonieorchesters haben, sondern aus einem einzigen oder wenigen Instrumententypen bestehen, wie Zupforchester, Akkordeon-Orchester, Blockflöten- oder Gitarren-Ensemble.

Blockflöte	Die Blockflöte hat sieben Grifflöcher auf der Oberseite und ein Oktavloch für den Daumen auf der Unterseite. Der Luftstrom wird im Mundstück mechanisch auf eine Schneidekante gelenkt. 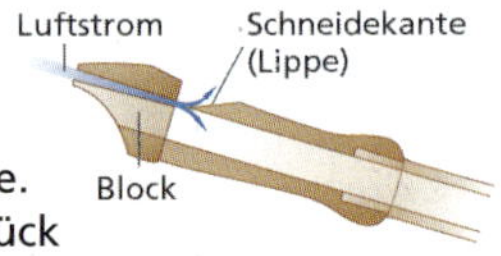
Gitarre	Die sechs Saiten der Gitarre sind über einen Resonanzkörper mit einem Schallloch gespannt. Sie werden vom Spieler mit den Fingernägeln der rechten Hand oder mit einem Plektrum angerissen. Auf der Gitarre kann man Melodien und Akkorde spielen
Akkordeon	Das Akkordeon ist eine Mischung aus Tasteninstrument und Blasinstrument: Der Spieler kann Melodien und Akkorde auf einer Klaviatur oder einer Knopfleiste greifen; die Tonerzeugung geschieht aber durch einen Luftstrom, der durch Drücken und Ziehen des Balgs entsteht und Metallzungen zum Schwingen bringt.

Saitenstimmung der Gitarre

Akkordeon

Spezialensembles für Neue Musik

In der Musik des 20. Jahrhunderts gibt es zwar auch Kompositionen für traditionelle Besetzungen, wie Streichquartett oder Sinfonieorchester. Komponisten schreiben aber auch Musik für ungewöhnliche Besetzungen und fordern neue, ungewohnte Spieltechniken von den Musikern. In der zweiten Hälfte des 20. Jahrhunderts bildeten sich deshalb Spezialensembles für zeitgenössische Musik, die sich auf die Anforderungen der zeitgenössischen Komponisten eingestellt haben.

In seinen „Miniaturen" für Violine und Klavier schrieb der Komponist KRZYSZTOF PENDERECKI (geb. 1933) an einigen Stellen Dauerstriche statt der üblichen Notenwerte. Der Pianist soll die Klaviersaiten mit den Fingern zupfen; dafür sind die Tonhöhen nur angedeutet.

Oft fordern zeitgenössische Komponisten von den Ausführenden neue, ungewohnte Spieltechniken oder notieren ihre Komposition auf unkonventionelle Art, sodass eine Erklärung der Zeichen erforderlich ist.

2.2.7 Chor

Stimmlagen

Der **gemischte Chor** besteht aus Frauenstimmen (Sopran und Alt) und Männerstimmen (Tenor und Bass).
Neben dieser Chorbesetzung gibt es den **Männerchor** (Tenor und Bass), den **Frauenchor** (Sopran und Alt) und den **Kinder-, Knaben-** oder **Mädchenchor** (Sopran und Alt).
Man unterscheidet Chormusik mit Begleitung durch Instrumente und Chormusik ohne Instrumente **(„a capella“).**
Die Besetzungsstärke kann je nach Musikstil sehr unterschiedlich sein: Es gibt Kammerchöre mit 20, aber auch Oratorienchöre mit über 100 Sängerinnen und Sängern.

Der Begriff **Chor** kommt von griech. *choros* = Tanzplatz. In der antiken Tragödie kommentierte der Chor das Geschehen auf der Bühne.

Tonumfang der Chorstimmen

Die Bezeichnung der Chorstimmen und ihre Herkunft:

Sopran, urspr. lat. *superius* = höchste Stimme

Alt, lat. *contratenor altus* = obere Gegenstimme zum Tenor, früher auch von Männerstimmen gesungen

Tenor, lat. *tenor* = Halter = Männerstimme in der Mittellage, die ursprünglich den *cantus firmus* (Hauptmelodie) sang

Bass, lat. *contratenor bassus* = untere Gegenstimme zum Tenor

Einsatzbereiche des Chors

Chormusik gibt es seit vielen Jahrhunderten. Chöre haben vielfältige Einsatzgebiete:
- Ausgestaltung der Kirchenmusik mit Choral- oder Figuralmusik (Begleitung von Chorälen oder konzertante Darbietungen),
- Rolle der „Volksmenge“ in Oper, Oratorium und Musical,
- Hintergrundklang bei Popmusik-Aufnahmen („Chor-Backing“),
- quasi-instrumentaler Einsatz (Satzgesang, **Scat)** im Jazz,
- Gemeindegesang **(„Response“)** beim Gospel.

Besonders in der Chormusik spielt das Laienmusizieren eine wichtige Rolle: Die Stimme ist das „natürliche Musikinstrument“ des Menschen, und Chorsingen erfordert kein jahrelanges Üben eines Instruments. Neben einigen professionellen Chören gibt es zahllose Laienchöre mit unterschiedlichster stilistischer Ausrichtung und künstlerischem Niveau.

Anfang eines Choralsatzes von JOHANN SEBASTIAN BACH für vierstimmigen Chor:

2

2.2.8 „Virtuelles Orchester"

Synthesizer und Software-Instrumente

Mit der Erfindung des **Synthesizers** wurde in der Geschichte der Popmusik ab etwa Mitte der 1960er-Jahre ein neues Kapitel aufgeschlagen: Erstmals war eine Klangsynthese möglich, bei der man frei auf die Klangeigenschaften zugreifen und mithilfe handlicher Geräte Klänge „komponieren" konnte.
Sound wurde zu einem musikalischen Gestaltungsmittel neben Melodie, Harmonie und Rhythmus. Sound-Designer wurde zu einem neuen Beruf in der Musikbranche.

▸ **Synthesizer,** engl. *synthesize* = künstlich zusammensetzen, ist eine andere Bezeichnung für **Keyboard.**

Zwei legendäre Synthesizer sind der Moog-Synthesizer und der DX7:
Der von ROBERT MOOG ab 1964 entwickelte **Moog-Synthesizer** besteht aus Modulen, die mit Kabeln verbunden werden und sich gegenseitig über elektrische Spannungen steuern.
Der **DX7 von Yamaha,** der erste volldigitale Synthesizer, kam 1983 auf den Markt. Er war das erste spieltaugliche Instrument mit **„FM-Synthese"** (Frequenzmodulation) und ist in allen Klangparametern frei programmierbar.

▸ Mit seinen Einspielungen von Werken JOHANN SEBASTIAN BACHS machte WENDY CARLOS (geb. 1939) 1986 den Moog-Synthesizer populär.

Mit der Entwicklung der digitalen Klangerzeugung in den 1980er-Jahren spielte der Computer eine zunehmend wichtige Rolle in der Klanggestaltung: Die Elektronik des Synthesizers ähnelte zunehmend der des Computers. Klänge wurden mithilfe von Computersoftware programmiert und auch zu Markenzeichen von Bands.
Einige Bands setzten sogar ausschließlich Synthesizer ein und schufen damit einen neuen Popmusikstil, der seine Wirkung aus der suggestiven oder meditativen Kraft der synthetischen Klänge bezog **(„New Age").** Mit einem **Audio-Recording-Programm** konnte nun auch ein einzelner Musiker eine komplette CD produzieren.

Cover einer CD mit „New-Age"-Musik

Nach der FM-Synthese wurden weitere Verfahren der Klangsynthese entwickelt. Alle Verfahren arbeiten mit einer digitalen Simulation der Klangerzeugung, also einem Computerprogramm, das auf einem Speicherchip abgelegt werden kann. Statt in ein Keyboardgehäuse kann man diesen auch in einen Computer einbauen oder die Klangsynthese-Programme als Software **(„virtuelle Instrumente")** laden. Das Spektrum reicht dabei von einfachen **Soundkarten** bis zu Software-Versionen populärer Synthesizer.

▸ **Software-Synthesizer** werden wie ein Programm geladen. Sie verfügen über die gleiche Klangerzeugung wie das Originalinstrument; der Benutzer kann am Bildschirm auf die Tasten „drücken".

Mit der Digitalisierung verwischen sich die Grenzen zwischen Synthesizer und Computer:
- Digitale Synthesizer sind spezialisierte Computer.
- Computer werden durch Soundkarten und „virtuelle Instrumente" zu Synthesizern.

MIDI und Sequenzer-Software

1983 wurde von einer Reihe US-amerikanischer Hersteller von elektronischen Musikinstrumenten der **MIDI-Standard** festgelegt, der die Datenübertragung zwischen elektronischen Musikinstrumenten, Zusatzgeräten und Computern vereinheitlichte und sich als internationaler Standard behauptete. Grundlage ist die Umwandlung von Spielaktionen auf einem Keyboard in eine Folge numerischer (binärer) Daten.

MIDI = Musical Instruments Digital Interface

Die **MIDI-Schnittstelle** (Interface) bietet Musikern praktische Vorteile:
- Von einem zentralen Keyboard **(Masterkeyboard)** aus lassen sich tastaturlose Synthesizer **(Soundmodule)** steuern, die wenig Platz einnehmen.
- Spieldaten lassen sich zu einem Computer leiten und mit einem **Sequenzer-Programm** umfassend bearbeiten (z. B. abhören, neu anordnen, transponieren, neu instrumentieren usw.).

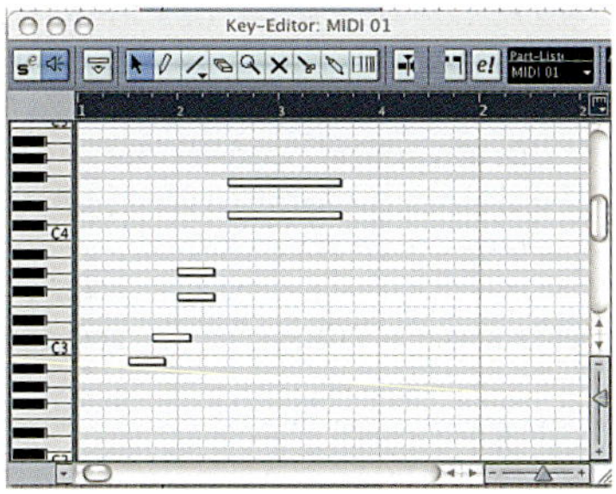

Nicht nur die Tasten, sondern auch das *Haltepedal,* das *Pitchbend-Rad* und das *Volume-Pedal* senden MIDI-Daten.

Das Bild zeigt einen Event-Editor (MIDI-Bearbeitungs-Seite) eines Sequenzerprogramms.

Aufbau einer MIDI-Anlage

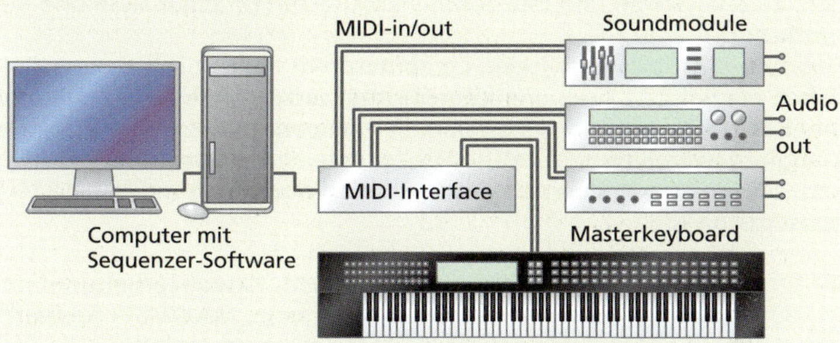

Die Geschwindigkeit des Tastenanschlags wird gemessen, als Velocity-Wert ausgegeben und vom Soundmodul als Lautstärkewert interpretiert.

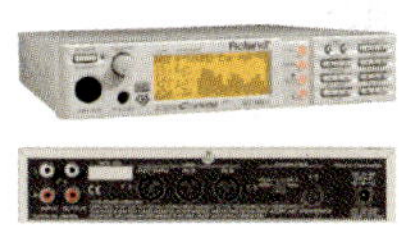

Ein MIDI-Soundmodul: Synthesizer ohne Tastatur. Auf der Rückseite befinden sich die MIDI-Buchsen und die Audio-Ausgänge.

Sampling und Sound-Libraries

Beim **Sampling** werden Klänge, zumeist Instrumentalklänge, digitalisiert und auf einem dafür geeigneten Speichermedium (Harddisk, digitales Audiotape, CD-ROM) gespeichert. Samples sind jedoch keine kompletten Musikstücke, sondern einzelne Töne oder kurze Passagen. Diese können im Computer kopiert, zusammenmontiert, oder MIDI-Nummern, also Keyboardtasten zugeordnet werden. Damit kann ein Keyboarder Instrumentalklänge wie Trompete, Xylophon oder Bass mit den richtigen Tonhöhen auf der Klaviatur spielen, meist sogar mehrstimmig.

Um das Aushalten eines gesampelten Tones zu ermöglichen, wird der Klang im Computer oder im Sampler **„geloopt“:** Das Programm, das ein Sample abspielt, springt vor dem Ende wieder zu einem passenden Punkt zurück und beginnt dort erneut mit dem Abspielen. Der „Trompetenton“, den der Keyboarder auf seiner Tastatur spielt, klingt so lange, wie die Taste gehalten wird.

sample, engl. = eine Probe nehmen; *loop,* engl. = Schleife

Einsatz in der Musikpraxis

▶ *pattern,* engl. = Muster.
In der Musik: kurzer, oft wiederholter Abschnitt mit markanten Rhythmus- oder Melodieelementen

In vielen Bereichen der Popmusikproduktion haben Samples bereits die echten Instrumentalklänge ersetzt. Bei Schlagzeug und Bass kommt der gesampelte Klang dem Original sehr nahe. Bei anderen, z.B. Solostreichern, können die vielfältigen klanglichen Variationsmöglichkeiten des Originalinstruments nicht von einem Sample wiedergegeben werden, weil ein Ton immer nur durch eine einzige Aufnahme dargestellt wird. Nur bei sehr aufwendigen Sample-Produktionen werden für verschiedene Lautstärkegrade und Arten der Tongebung eigene Samples aufgenommen.
In der DJ-Szene ist es üblich, Musiktitel gänzlich aus **Patterns** zusammenzubauen, die aus anderen Titeln gesampelt wurden. Dabei werden oft **„Drum loops"** verwendet: viertaktige Schlagzeugpatterns, die man beliebig oft hintereinander kopieren und als Grundlage eines eigenen Musiktitels benutzen kann.

Elektronische Klänge in der zeitgenössischen Musik

Softwarefirmen bieten Datenträger mit einer Sammlung fertiger Samples **(„Sound-Library")** für alle Anforderungen der Musikproduktion an.

Während in der Popmusik die digitale Klangbearbeitung hauptsächlich zur Erstellung und zum Einsatz von Samples, also zur Nachahmung von Musikinstrumenten benutzt wird, arbeiten experimentelle Komponisten und Akustikforscher gemeinsam an neuen Methoden, Klänge zu zerlegen, zu analysieren und neu zusammenzusetzen (Klanganalyse und **Resynthese).**
Forschungsinstitute entwickeln Computerprogramme, die auf diese Aufgaben spezialisiert sind, und Komponisten setzen diese Programme für ihre Kompositionen ein. Damit sind die Komponisten nicht mehr auf die Klangfarben traditioneller Musikinstrumente angewiesen, sondern können sich in Zusammenarbeit mit der Akustikforschung ihr „Orchester" selbst erschaffen.

Am „Institut de Recherche et Coordination Acoustique/ Musique" **(IRCAM)** in Paris wurden zahlreiche Programme zur Klanganalyse und -synthese entwickelt.

Zu sehen ist hier das Bildschirmfenster eines Klangbearbeitungsmoduls, das mit dem Audiosynthese-Programm MAX/MSP „gebaut" wurde. Mit MAX/MSP, das am IRCAM in Paris entwickelt wurde, lassen sich am Bildschirm Module zur Klangsynthese und -bearbeitung baukastenartig zusammenstellen.

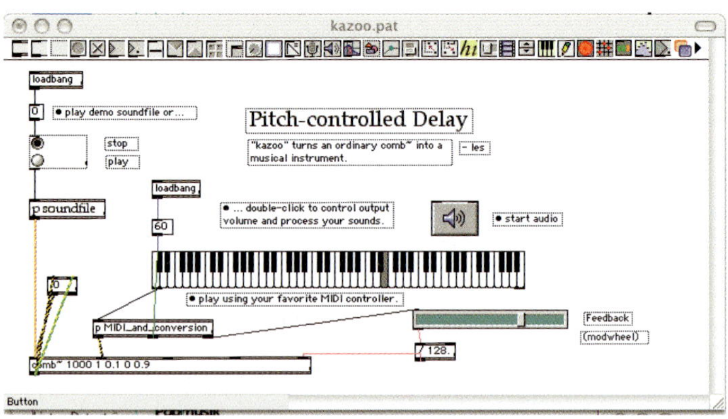

2.3 Musiktheorie

2.3.1 Hören, Lesen, Verstehen von Musik

Ziele und Methoden der Musiktheorie

Die Musiktheorie ist eine Wissenschaft, die eng mit dem Musikmachen und dem Komponieren, also mit der Musikpraxis, zusammenhängt.

Schon in der Antike machten sich Philosophen Gedanken über die physikalischen Grundlagen der Musik. PYTHAGORAS VON SAMOS (um 569–475 v. Chr.) fand die Intervalle durch Saitenteilung.

Die **Musiktheorie**
- führt in die Grundlagen der Musik, wie Notenschrift, Harmonie- und Satzlehre ein,
- arbeitet Kompositionstechniken heraus, die für bestimmte Komponisten, Epochen oder Gattungen typisch sind, und stellt sie systematisch dar,
- erleichtert den hörenden, lesenden oder musizierenden Zugang zu Musikwerken, indem sie Hörern oder Musikern das Besondere oder das Typische an der jeweiligen Komposition erklärt.

(Dies bezieht sich gleichermaßen auf die kompositionstechnischen Mittel wie allgemein auf die künstlerische Absicht des Komponisten.)

Analyse – ein Werkzeug der Musiktheorie

Die Analyse erklärt den Aufbau und den inneren Zusammenhang einer Komposition. Sie benutzt dazu die Sprache, aber auch andere Mittel, wie grafische Darstellungen, Chiffrensysteme aus Zahlen, Buchstaben und Begriffen sowie reduzierte musikalische Darstellungen der Originalkomposition.

analyein, griech. = auflösen
theoria, lat. = Betrachtung, Anschauung

Darstellungsmittel der Analyse am Beispiel eines Volkslieds

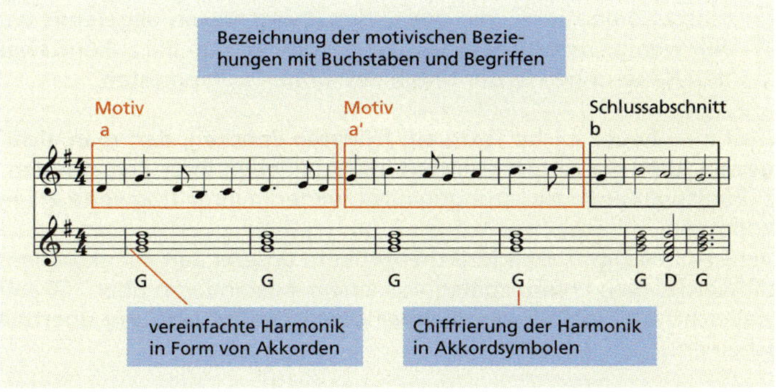

Kompositorische Strukturen und innerer Zusammenhang können auf vielen Schichten eines Musikstücks sichtbar und hörbar werden. Eine Analyse, die alle Aspekte einer Komposition berücksichtigen soll, kann deshalb unter Umständen sehr komplex sein.

Komponisten und Musiktheoretiker

> Musiktheoretische Texte aus früheren Jahrhunderten sind heute für die Musiktheorie eine wichtige Quelle, weil sie Aufschluss darüber geben, wie in früheren Epochen über Musik nachgedacht wurde.

Die meisten Komponisten der Vergangenheit hatten kein Interesse daran, ihre eigenen Werke musiktheoretisch zu erklären. Sie überließen diese Aufgabe den Musiktheoretikern ihrer Zeit oder späterer Epochen. Diese waren meist „Nur-Theoretiker" und keine Komponisten. Es gab aber auch Komponisten, die sich selbst in Schriften zu ihrer Kompositionstechnik und ihren künstlerischen Absichten äußerten.
Besonders in Zeiten stilistischer Umbrüche und in Epochen, in denen unterschiedliche Stile oder gegensätzliche künstlerische Positionen nebeneinander bestanden, gab es oft heftigen Streit zwischen den „Lagern". Bisweilen äußerten sich die Komponisten selbst. Oft waren es aber auch prominente Musiktheoretiker, die die Position ihrer „Partei" in Schriften öffentlich verfochten und ihre Widersacher – nicht selten sehr polemisch – angriffen.

FRANCOIS JOSEPH FÉTIS (1784–1871), belgischer Musiktheoretiker und Musikkritiker

F. J. FÉTIS schreibt in einer Rezension der „Symphonie fantastique" von HECTOR BERLIOZ (in der „Revue musicale" von 1835):
„Ich sah, … daß er keinen Sinn für Melodie, kaum einen Begriff von Rhythmus hatte; daß seine Harmonie aus meistens monströsen Klumpen von Noten zusammengesetzt, nichts destoweniger platt und monoton war; mit einem Worte, ich fand, daß es ihm an melodischen Ideen fehlte, und urtheilte, daß sich sein barbarischer Styl nie cultivieren werde."

HECTOR BERLIOZ (1803–1869), französischer Komponist

HECTOR BERLIOZ entwickelte in seiner „Symphonie fantastique" (Uraufführung 1830) eine neue Art der Orchestrierung und sinfonischen Komposition, die von vielen Zeitgenossen abgelehnt wurde. Nur wenige, wie ROBERT SCHUMANN, erkannten die zukunftsweisenden Neuerungen in der Musik des jungen Komponisten.

Liest man heute solche Texte aus früheren Epochen, darf man nicht vergessen, dass die Autoren mitten im Musikleben ihrer Zeit standen und zukunftsweisende Neuerungen nicht immer in ihrer Tragweite erkennen konnten.
Viele Äußerungen von Musiktheoretikern unserer Zeit zur aktuellen Musik werden den Lesern später, aus einem Abstand von über 150 Jahren, vielleicht ebenso fragwürdig oder durch die Entwicklung überholt erscheinen.

Es waren nicht nur die Komponisten, die mit dem Stil ihrer Werke ihre Epoche prägten. Es gab auch bedeutende **Musiktheoretiker,** die mit der Beschreibung von künstlerischen Tendenzen und Kompositionstechniken ihrer Zeit die Konturen einer musikalischen Epoche oder Gattung zeichneten.

Vor allem im 19. Jh. entstanden in diesem Zusammenhang Fachbegriffe und Chiffrierungssysteme für die musikalische Analyse, die – mit Abwandlungen – heute noch in Gebrauch sind.

- Der Musiktheoretiker HUGO RIEMANN (1849–1919) stellte 1893 in seinem Buch „Lehre von den tonalen Funktionen der Harmonie" das System der harmonischen Funktionen und ihrer Symbole vor, das heute noch in Gebrauch ist.

Musiktheorie – Kompositionslehre oder Handwerksübung?

Bis in das 19. Jh. spielten die Musiker hauptsächlich die Werke ihrer komponierenden Zeitgenossen. Das Musikleben war also weitgehend von **Ur- und Erstaufführungen** geprägt.
Dies änderte sich im Laufe des 20. Jh.s: Mehr und mehr Werke vergangener Musikepochen, vor allem aus dem 18. und 19. Jh., prägen das Musikleben unserer Zeit. Uraufführungen von Werken zeitgenössischer Komponisten sind in Konzertprogrammen heute nicht mehr die Regel.

Diese Tendenz spiegelt sich in den musiktheoretischen Schriften der Musikepochen wider:
Gab es bis zum 18. Jh. noch Lehrbücher für Komposition (↗ Abb.), so beschäftigt sich die musiktheoretische Literatur heute vorwiegend mit der Analyse von Werken und Stilen vergangener Epochen. Lehrbücher mit Anleitungen zum Schreiben von Chorsätzen, Fugen usw. dienen zur handwerklichen Übung, nicht aber als Anleitung zur Komposition.

Versuch
einer
Anleitung
zur
Composition
von
Heinrich Christoph Koch,

Rudolstadt, 1782.

Titelblatt des Lehrbuchs „Anleitung zur Composition" (1782) von J. CHR. KOCH.

- Ein berühmtes Beispiel für ein Übungsbuch zum handwerklichen Erlernen einer Satztechnik früherer Epochen ist JOHANN JOSEPH FUX' „Gradus ad Parnassum" (sinngemäß übersetzt: „Weg zur Vollkommenheit").
Die Methode des „Gradus ad Parnassum" (1725) wurde später von vielen Kontrapunkt-Lehrbüchern übernommen und diente Generationen von Komponisten als handwerkliche Übung.
An kleinen Satzaufgaben werden die Satzregeln des Kontrapunkts in der Vokalmusik von PALESTRINA (1525–1594) erörtert und geübt.

In einem (fiktiven) Unterrichtsgespräch gibt der Meister die Unterstimme vor. Der Schüler schreibt nach strengen Satzregeln die Oberstimme; das Resultat wird dann zwischen Meister und Schüler erörtert.

2.3.2 Notenschrift

Geschichte der Notenschrift

Neumen

Die Geschichte der abendländischen Musik ist zugleich eine Geschichte der Notenschrift. Über Jahrhunderte hinweg, bis ins Mittelalter, war Musik einstimmig. Mönche und Minnesänger konnten ihre Gesänge, Spielleute ihre Tänze auswendig und gaben sie mündlich weiter. Es war nicht nötig, Musik exakt zu notieren.

Die einstimmigen liturgischen Gesänge der frühchristlichen Kirche wurden in **Neumen** notiert, die Tonhöhenverläufe ungefähr nachzeichneten. Sie enthielten keine exakten Informationen über Tonlängen.

Mit der Entstehung der mehrstimmigen Musik um 1200 mussten der Tonhöhenverlauf und das rhythmische Verhältnis der Stimmen zueinander festgelegt werden. Die **„Mensuralnotation"** war bis etwa 1600 in Gebrauch. In vielen Zeichen der Mensuralnotation erkennt man schon die moderne Notation.

Lautentabulatur

Die Lautenisten der Renaissance spielten nicht nach Noten, sondern nach **Tabulaturen,** einer Notationsform, die das Griffbrett der Laute und die Position der Finger der Griffhand abbildete. Die Tabulatur wurde wie die Notenschrift von links nach rechts gelesen.

Noten und Pausen, Notensystem und Schlüssel

▶ Jede Note lässt sich in verschiedenen Schlüsseln darstellen.

Noten werden in einem System aus 5 Notenlinien und 4 Zwischenräumen geschrieben und von links nach rechts gelesen. Notensymbole enthalten Informationen über die relative Dauer eines Tons und über seine Tonhöhe. Die **Dauer** ist an der Gestalt des Notensymbols abzulesen, die **metrische Position** im Takt an der waagerechten Position und die **Tonhöhe** an der senkrechten Position des Notenkopfes im Notensystem. Der Notenschlüssel am Anfang eines Notensystems legt fest, wie die folgenden Noten heißen. Es gibt c'-, f- und g'-Schlüssel.

▶ Wenn eine Note über das Notensystem hinausragt, erhält sie eine oder mehrere Hilfslinien.

Zu jedem Notenwert gibt es einen entsprechenden Pausenwert. Die Notenwerte repräsentieren in der modernen Notation nur das relative Längenverhältnis (eine Halbe Note = zwei Viertelnoten); über die absolute Dauer der Note sagt der Notenwert nichts aus.

Stammtöne, Vorzeichen und Oktavbereich

Es gibt sieben Töne ohne Vorzeichen **(Stammtöne).** Diese Töne entsprechen den weißen Tasten der Klaviatur und lassen sich in Form einer **Tonleiter** (C-Dur) anordnen.
Die sieben Tonnamen der Stammtonreihe wiederholen sich nach einer Oktave. Zur Unterscheidung werden die Tonnamen der verschiedenen **Oktavbereiche** mit Zusätzen versehen: c (kleines c), c' (eingestrichenes c) usw.

Klaviertastatur **(Klaviatur),** Stammtöne und Oktavbereiche

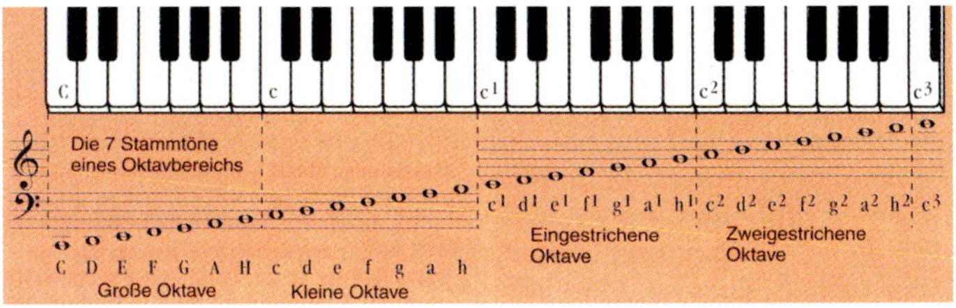

Alle Stammtöne lassen sich durch ein **Versetzungszeichen** auf die Tonhöhe des benachbarten Halbtons erhöhen oder erniedrigen. Dann wird an den Namen des Stammtons die Silbe „-is" oder „-es" angehängt. Ein **Auflösungszeichen** hebt diese Versetzung wieder auf. Versetzungszeichen gelten nur für einen Oktavbereich und nur für einen Takt. Soll die Versetzung für das ganze Stück gelten, schreibt man die Versetzungszeichen als **Vorzeichen** an den Anfang jedes Notensystems.

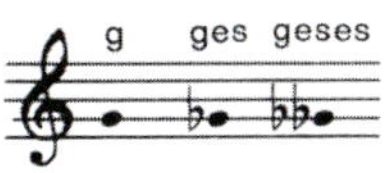

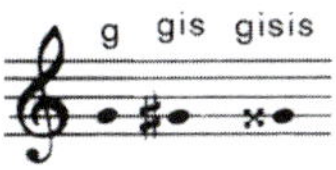

Ausnahmen:
- b statt hes
- es statt e-es
- as statt a-es
- heses statt bes
- asas statt a-eses

Die Erniedrigung oder Erhöhung eines Stammtons nennt man **Alteration.** Ein Stammton kann auch doppelt alteriert werden. Er wird dann mit einem Doppelvorzeichen versehen und der Tonname erhält den Zusatz „-isis" oder „-eses".

Dynamik-, Tempo- und Vortragsbezeichnungen, Angaben zum Ablauf

Dynamikbezeichnungen	**pp (pianissimo):** sehr leise **p (piano):** leise **mp (mezzopiano):** halbleise **mf (mezzoforte):** halblaut **f (forte):** laut **ff (fortissimo):** sehr laut	**dim. (diminuendo):** leiser werdend > **cresc. (crescendo):** lauter werdend <
Artikulation und Spielweisen	**legato:** gebunden **marcato:** markiert, betont **staccato:** deutlich abgesetzt	**arpeggio:** Akkord gebrochen spielen **pizzicato:** mit dem Finger zupfen **con sordino:** mit Dämpfer
Tempobezeichnungen und Tempoverläufe	**largo:** breit **andante:** gehend **allegro:** fröhlich (schnell) **vivace:** lebhaft	**rit. (ritardando):** langsamer werdend **acc. (accelerando):** schneller werdend **a tempo:** im früheren Tempo
Vortragsbezeichnungen	**giocoso:** scherzhaft **energico:** energisch	

da capo, ital. = noch einmal von vorn
dal segno, ital. = noch einmal beim Zeichen beginnen

Angaben zum Ablauf	Wiederholungszeichen, Voltenklammern, da capo und dal segno, Sprung und Kopf
Verzierungen, Abbreviaturen	Triller, Mordent, Arpeggio, Tremolo, „Faulenzer“, Vorschlag

Dynamik-, Artikulations- und Tempobezeichnungen sowie allgemeine Vortragsanweisungen werden erst mit dem Beginn der Klassik zum festen Bestandteil der Musiknotation.

Notation für Ensembles

Für die unterschiedliche Besetzung von Musikstücken gibt es jeweils geeignete Notationsarten:
- In der **Partitur** sind alle beteiligten Instrumente und Stimmen untereinander angeordnet.
- Eine Partitur einer großen Besetzung ist schwer zu überblicken. Daher schreiben Komponisten manchmal ihre Komposition zunächst als Particell auf. In einem **Particell** werden alle Verdopplungen und Oktavierungen weggelassen, und die zahlreichen Notensysteme der Partitur werden in wenigen Systemen zusammengefasst. Diese enthalten alle wichtigen Stimmen.
- Soll eine Komposition für Orchester auf dem Klavier dargestellt werden, fertigt man einen **Klavierauszug** der Partitur an.
- Der einzelne Musiker eines Ensembles singt oder spielt aus einer **Stimme,** die nur seinen Part enthält.
- Jazzmusiker spielen nach einem **Leadsheet,** das nur die Melodie und Akkordsymbole enthält.

In **aleatorischen Kompositionen** bestimmt der Musiker auch den Verlauf des Stückes selbst. Die Noten werden nicht mehr von links nach rechts gelesen.

Spezialnotation in der Musik unserer Zeit

Neue Kompositionsprinzipien und die unkonventionelle Behandlung von Instrumenten erforderten im 20. Jh. neue Notationsformen.

- Mikrointervalle können mit herkömmlichen Vorzeichen nicht bezeichnet werden; daher werden **besondere Vorzeichen** benutzt.

Vierteltonerhöhung
Dreivierteltonerhöhung
Vierteltonerniedrigung
Dreivierteltonerniedrigung

Viele Komponisten stellen heute ihren Partituren Zeichenerklärungen voran, damit die Musiker die ungewohnten Zeichen richtig interpretieren können.

- Eine **grafische Partitur** deutet eine musikalische Aktion nur an. Die genaue Ausführung, z. B. die Wahl der Töne, steht dem Musiker frei.

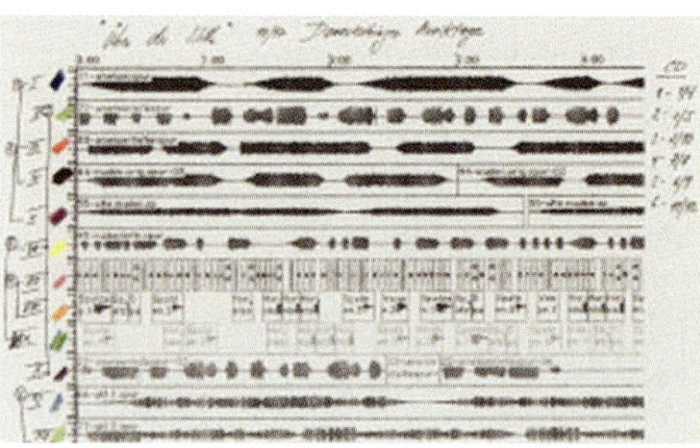

2.3.3 Zeit und Rhythmus

Puls – Takt – Metrum – Rhythmus – Tempo

Puls, Takt, Metrum und Rhythmus sind die **Grundelemente rhythmischer Gestaltung.** Sie bilden eine Verbindung zwischen einem abstrakten, gefühlten Grundmuster und einer konkret hörbaren rhythmisch-musikalischen Gestalt.

Der **Puls** ist eine gleichmäßige Folge von Schlägen, dem Ticken einer Uhr vergleichbar. Er bildet das „Rückgrat" für den rhythmischen Ablauf.
Der **Takt** gliedert die gleichmäßigen Pulsschläge durch regelmäßig wiederkehrende Betonungen.
Der **Rhythmus** baut meist auf der Taktordnung auf. Im Gegensatz zum abstrakten Raster des Taktes ist er eine konkrete musikalische Gestalt aus Noten und Pausen unterschiedlicher Länge.

Die **Taktart** wird durch einen mathematischen Bruch ausgedrückt: Der **Taktnenner** bezeichnet den Notenwert des Grundschlags, der **Taktzähler** die Anzahl der Grundschläge pro Takt.
Metrum hat eine ähnliche Bedeutung wie Takt; auch Metren sind mehrfach wiederholte Muster aus betonten und unbetonten Tönen (in der Musik) oder Silben (in der Dichtung).

Das **Tempo** eines Musikstücks ist eine absolute Maßeinheit. Es wird in der Form „Notenwerte pro Zeiteinheit" ausgedrückt, meist in Viertelnoten pro Minute. Bei der Tempoangabe ♩ = MM120 werden 120 Viertelnoten in einer Minute gespielt; ein 4/4-Takt dauert dann zwei Sekunden.
Mit einem **Metronom** kann ein absolutes Zeitmaß festgelegt werden. Heute verwendet man quarzgesteuerte elektronische Metronome.

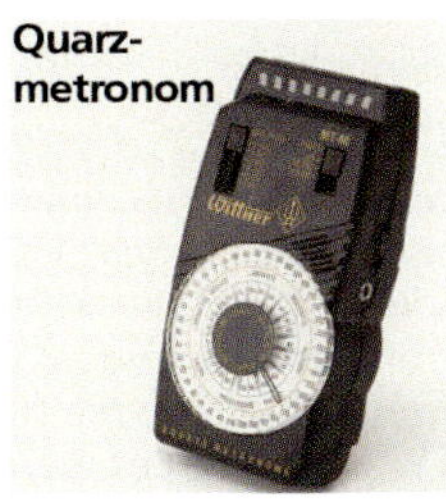

Metrik in Sprache und Musik

Viele Kompositionsstile und -gattungen sind in ihrer Metrik eng an die Sprache angelehnt. Sie folgen entweder einer prosaähnlichen Metrik mit unregelmäßigen Betonungsfolgen oder einer regelmäßigen Metrik wie in einem Gedicht.

■ Notenbeispiele für unregelmäßige und regelmäßige Betonungen:

unregelmäßig

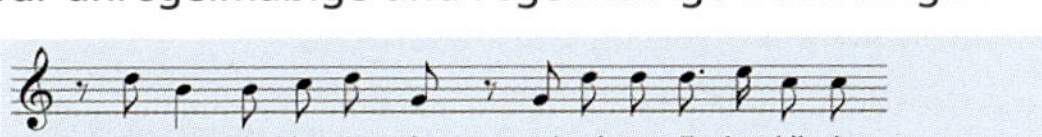

regelmäßig

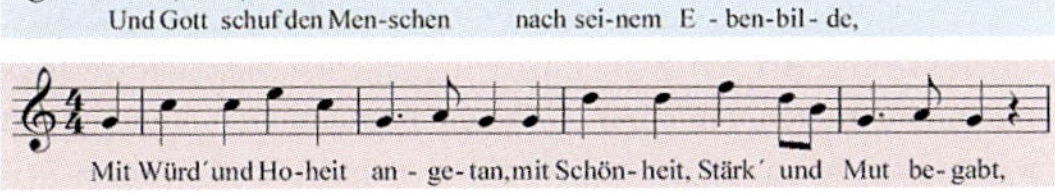

▶ Als musikalische **Metrik** bezeichnet man in der Musik das Gefüge von betonten und unbetonten Noten vor dem Hintergrund eines gleichmäßigen Pulses.

▶ Zu Ehren von J. N. MÄLZEL (1772–1838), der 1816 das erste Metronom baute, enthalten Tempoangaben oft die Buchstaben **MM** („Metronom Mälzel").

▶ **Takt** ist ein abstraktes Muster, das sich bis zum Ende des Stückes wiederholt, während Metren in der Dichtung in einer festgelegten Zahl von Wiederholungen auftreten (z. B. im Hexameter). Ein **Metrum** kann aus Bestandteilen unterschiedlicher Länge bestehen, während die Grundschläge des Taktes immer gleichmäßig sind.

2

▶ Mit den unterschiedlichen Dauern sind differenzierte Längenakzente möglich.

Die Musik verfügt über mehr Mittel zur Akzentuierung als die Sprache, z. B. Harmoniewechsel, Melodiekurve und Disposition von Spitzentönen. Sie verfügt über unterschiedliche Dauern.

Gleichmäßiger Rhythmus; Akzente durch Spitzentöne der Melodie

Akzente durch Tonlängen im Dreiermetrum

Akzente durch Tonlängen im Zweiermetrum

Besonderheiten der rhythmischen Gestaltung

Auftakt	Ein Auftakt ist ein unvollständiger Takt am Anfang des Stückes. Lieder, die mit einer unbetonten Silbe anfangen, haben meist einen Auftakt. Der letzte Takt ergänzt dann den Auftakt zu einem vollen Takt.	
Synkope	Ein Rhythmus kann zu einem Taktraster konform sein (Schwerpunktrhythmik) oder in Konflikt zu ihm treten (Konfliktrhythmik). Bei einer Synkope liegen die Schwerpunkte des Rhythmus zwischen den Pulsschlägen.	
Haltebogen und Punktierung	Ein Notenwert kann durch einen Punkt oder eine Überbindung verlängert werden. Der Punkt verlängert die Note um die Hälfte ihres Wertes. Durch Überbindung mit einem Haltebogen (·untere Notenzeile) kann die Note um jeden beliebigen Wert verlängert werden.	
N-tolen	Alle Notenwerte ohne Punkt enthalten eine Zweiteilung; punktierte Notenwerte werden dreigeteilt (reguläre Unterteilung). Mit N-tolen – z. B. einer **Triole** (↗ obere Notenzeile) oder einer **Duole** (↗ untere Notenzeile) – können Notenwerte auch noch anders aufgeteilt werden (irreguläre Unterteilung).	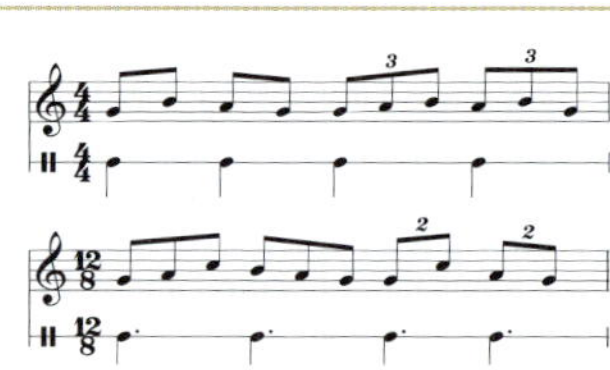

Rhythmische Muster in der Popmusik

Die Rhythmik des Jazz, der Pop- und Rockmusik baut auf einem durchlaufenden Puls (Beat) auf. Um diesen Puls herum gruppiert sich eine Anzahl rhythmischer Schichten. Dabei haben sich spezifische Rhythmusformeln **(Patterns)** herausgebildet, die für den jeweiligen Stil typisch sind.

Man unterscheidet vier rhythmische Grundmuster **(Grooves):**

gerader (binärer) Groove	Die Viertelnoten bilden den Grundschlag (beat) und werden rhythmisch genau („gerade“) in Achtel unterteilt. Die jeweils zweite Achtelnote eines Schlages (Offbeat) wird betont. Stilrichtungen: Rock, Bossa nova, Calypso.
Swing-(ternärer) Groove	Alle Offbeat-Achtel werden um einen kleinen, kaum messbaren Wert verzögert gespielt. Dadurch erhält dieser Groove einen weichen, schwingenden Charakter. Stilrichtungen: Swing, Bebop, viele Arten des Blues.
Sechzehntelgroove	Die Viertelnoten werden in Achtel und zusätzlich in Sechzehntel unterteilt. Sowohl auf Achtel- als auch auf Sechzehntelbasis findet Offbeat-Betonung statt, sodass zwei Rhythmusschichten parallel laufen. Stilrichtungen: Samba, Funk, Hip-Hop.
triolischer Groove	Dieser Groove ist immer langsam. Die Grundschläge werden in Dreiergruppen unterteilt, sodass als Taktart nicht 4/4, sondern oft 12/8 vorgeschrieben wird. Stilrichtung: langsame Blues- oder Rockballade.

Die Pattern-Struktur vieler Stile der Pop- und Rockmusik, aber auch jazzverwandter Bereiche, haben den Einsatz von Computern in der Musikproduktion begünstigt. Patterns lassen sich am Bildschirm leicht kopieren, verschieben und anderweitig bearbeiten.

Grundmuster eines Rock-Groove

Grundmuster eines Calypso

Neue rhythmische Ordnungen in der zeitgenössischen Musik

Viele Komponisten zu Beginn des 20. Jh.s verließen die konventionellen Wege der am Puls orientierten Rhythmik; andere fanden später neue Systeme der musikalischen Zeitordnung.

- In ARNOLD SCHÖNBERGS Werken der expressionistischen Epoche (1900 bis 1915) dient die Takteinteilung nur noch der optischen Übersicht. Der Rhythmus der Musik bewegt sich ohne Ausrichtung an einem Puls.
- IGOR STRAWINSKY und BÉLA BARTÓK orientieren sich in ihren von der Volksmusik beeinflussten Werken an Puls und Metrum, jedoch nicht in der konventionellen Weise: STRAWINSKY schichtet unterschiedliche metrische Ebenen übereinander (Polymetrik), BARTÓK benutzt unregelmäßige Metren, indem er einzelne Zählzeiten dehnt.
- Im Zuge einer konsequenten Lösung von Puls, Takt und Metrum setzen Komponisten anstelle einer Taktangabe eine Zeitleiste mit einem Sekundenraster als Orientierung über ihre Partituren.
- In den 1950er-Jahren unterwarfen die Komponisten der seriellen Schule (MESSIAEN, BOULEZ) auch die Notenwerte dem Reihenprinzip. Sie bildeten Dauernreihen mit gleichmäßig anwachsenden oder abnehmenden Notenwerten.

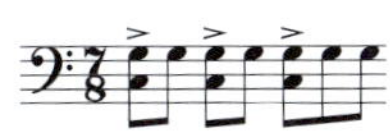
Rhythmisches Grundmuster eines Klavierstücks von BÉLA BARTÓK (1881–1945): „Tänze in Bulgarischen Rhythmen“, Nr. 2.

Dauernreihe von 6 Achteln bis 1 Achtel

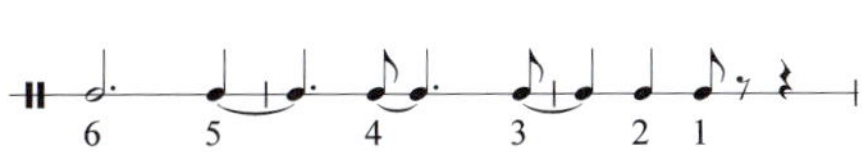

Die Serialisten nannten eine Reihe gleichmäßig zu- oder abnehmender Werte **„chromatische Dauernreihe“.**

2

2.3.4 Intervalle

▸ *intervallum*, lat. = Zwischenraum

> Ein **Intervall** ist der Tonhöhenunterschied zwischen zwei Tönen. Physikalisch wird ein Intervall durch das Verhältnis (Proportion) zweier Frequenzen definiert.

Naturtonreihe und Intervalle

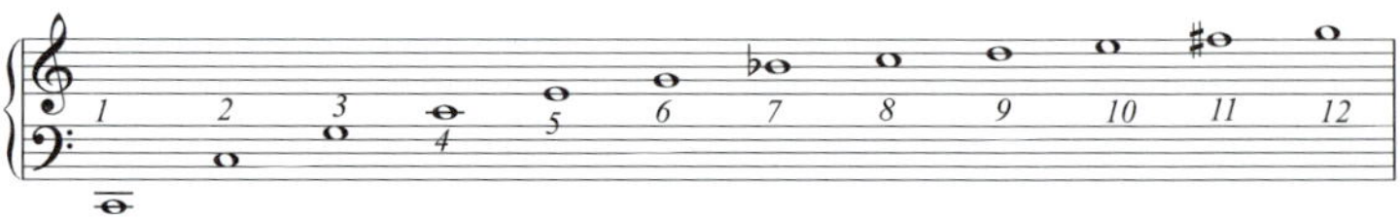

▸ Ein Intervall kann **sukzessiv** (als Schritt oder Sprung) oder **simultan** (als Zusammenklang) erklingen. In der Melodik werden große und kleine Sekunden als **Schritte,** alle anderen Intervalle als **Sprünge** bezeichnet.

In der **Naturtonreihe** kommen alle Intervalle als Proportionen ganzer Zahlen vor. Das Fequenzverhältnis etwa zwischen dem ersten und zweiten Naturton beträgt 1:2; die beiden Töne stehen im Oktavabstand. Im unteren Bereich (Naturtöne 1 bis 6) liegen die Intervalle, aus denen der Dur-Dreiklang gebildet wird. Nach oben werden die Abstände immer kleiner; deshalb entsprechen der 7., 9. und 11. Naturton nicht genau den hier notierten Tonhöhen.

Tabelle der Intervalle

▸ Intervalle mit gleichem Namen klingen in verschiedenen **Temperatur-Systemen** leicht unterschiedlich.

reine Intervalle	 Prime · Quarte · Quinte · Oktave
kleine und große Intervalle	 kleine · grofle Sekunde · kleine · grofle Terz · kleine · grofle Sexte · kleine · grofle Septime
verminderte und übermäßige Intervalle (Beipiele)	 verm. · ¸berm. Ouarte · verm. · ¸berm. Septime

Konsonanz und Dissonanz

Je enger zwei Töne zusammenliegen, desto dissonanter klingt das Intervall zwischen ihnen.
In der traditionellen europäischen Musik gelten große und kleine Sekunden sowie große und kleine Septimen als **dissonante Intervalle.** Große und kleine Terzen, Quinten, große und kleine Sexten sowie Oktaven gelten als **konsonante Intervalle.**
Die Quarte nimmt eine Sonderstellung ein, je nachdem, an welcher Position sie sich innerhalb eines Akkordes befindet.

▸ Zwei Formen des kleinsten Intervalls: c-cis (chromatischer Schritt), c-des (Halbtonschritt)

2.3.5 Harmonik (1): Harmonie, Akkord, Dreiklang

Der **Dur-Dreiklang** ist in den ersten Tönen der Naturtonreihe enthalten. Deshalb wurde er von den Musiktheorikern der Renaissance als Repräsentant naturgegebener Harmonie angesehen. Der Dreiklang wurde zentrales Element einer Harmonik, die sich in der abendländischen Musik zwischen dem 15. und dem 19. Jh. zu einem komplexen Beziehungssystem entwickelt hat.

Ein **Akkord** ist das gleichzeitige Erklingen von mindestens drei Tönen. Verschiedene Akkorde können die gleiche Harmonie repräsentieren: c-e-g und e-g-c repräsentieren die Harmonie „C-Dur".

Aufbau von Dreiklängen

Der **Dreiklang** ist aus großen und kleinen Terzen aufgebaut.

Die vier Dreiklangstypen

vermindert Moll Dur übermäßig

Quintton
Terzton
Grundton

Der Komponist **PAUL HINDEMITH** (1895–1963) schrieb 1937 in seinem Lehrwerk „Unterweisung im Tonsatz" zur Rolle des Dreiklangs in der Musik: „Solange es eine Musik gibt, wird sie immer von diesem reinsten und natürlichsten aller Klänge ausgehen und in ihm sich auflösen müssen, der Musiker ist an ihn gebunden wie der Maler an die primären Farben, der Architekt an die drei Dimensionen."

Harmonie und Umkehrung

Die harmonische Wirkung der Dreiklangstöne ist unabhängig von ihrer konkreten Anordnung: Ein C-Dur-Dreiklang wird immer noch als solcher wahrgenommen, auch wenn ein anderer als der Grundton unten liegt (Umkehrung) oder wenn Töne anders als in Terzenschichtung angeordnet werden. Dabei können andere Intervalle als die Terz hinzukommen (Quinte, Quarte und Sexte).

Die Stellungen des C-Dur-Dreiklangs in verschiedenen Anordnungen:
Die Harmonie ist jedes Mal gleich:
c wird immer als Grundton wahrgenommen,
e und g (relativ dazu) als Terz- und Quintton.

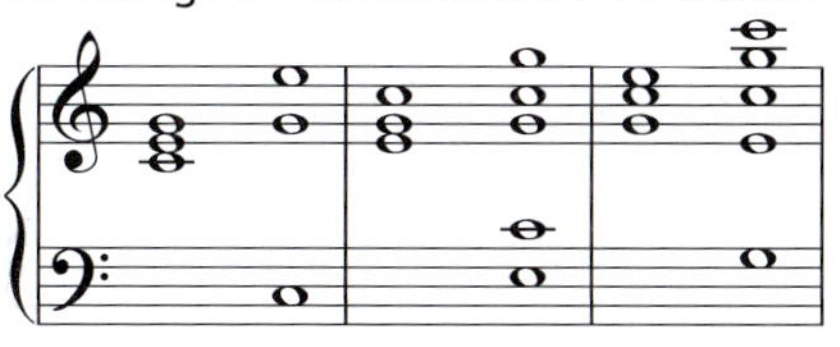

Grundstellung 1. Umkehrung 2. Umkehrung

Akkorde mit anderen Intervallschichtungen

Im 20. Jh. verliert der Dreiklang seine Funktion als wichtigster Grundbaustein der Harmonik: Harmonik wird ohne Bevorzugung eines bestimmten Intervalls frei aus konsonanten und dissonanten Intervallen gebildet (freie Atonalität, Freitonalität).
In der Harmonik des Jazz gibt es zwei Entwicklungstendenzen:
- Der Dreiklang wird durch Fortsetzung der Terzenschichtung zum Vier- bis Siebenklang erweitert.
- Die Terz als konstitutives Intervall wird durch andere Intervalle abgelöst (Quarte, große oder kleine Sekunde).

Notenbild eines typischen Jazzakkordes (C-Dur, mit Quartenschichtung, ↗ auch „Voicing", S. 96)

2.3.6 Tonleitern und Tonarten

Modalität: Kirchentonarten vom Mittelalter bis heute

Der für Versetzungszeichen verwendete Begriff **„Akzidenzien"** (lat. accidere = sich ereignen) verweist auf die ehemals besondere Funktion von Noten mit Versetzungszeichen.

Von der Antike bis zur Renaissance war in der europäischen Musik ein siebenstufiges Tonmaterial **(diatonische Materialskala)** gebräuchlich, das den weißen Tasten der Klaviatur entsprach. Versetzungszeichen wurden bis ins 17. Jh. nur in Ausnahmefällen verwendet.
In der Musikpraxis vom Mittelalter bis heute findet sich dieses Tonmaterial in den unterschiedlichsten Erscheinungsformen. Musiktheoretiker und Komponisten verschiedener Epochen haben Modelle und Schemata entwickelt, um dieses Tonmaterial zu kategorisieren, zu beschreiben oder für die eigenen Kompositionen nutzbar zu machen. Musiktheoretiker des Mittelalters und der Renaissance ordneten das Tonmaterial in Form von *Skalen (Modi)* an. Diese Darstellungsweise ist bis heute gebräuchlich.

Die Bezeichnungen „dorisch", „phrygisch" usw. gehen auf die Namen zurück, die die Musiktheoretiker der Antike diesem Tonmaterial gaben.

Die **Modi** (Dorisch, Phrygisch, Lydisch und Mixolydisch) unterschieden sich darin, welchen Ausschnitt aus dem Tonmaterial sie benutzten und welches jeweils der Hauptton (Tenor, Repercussa) für die Melodiebildung war.

Der italienische Musiktheoretiker GUIDO V. AREZZO (ca. 992 – etwa 1050) führte das Notensystem aus Linien und Zwischenräumen ein, das erstmals die genaue Unterscheidung von Tonhöhen ermöglichte.

Der **dorische Modus** hat einen Tonumfang von d – d. Der Ton a ist der Tenor, auf dem sich die Melodie oft aufhält.

Ein **Introitus** (ein mittelalterlicher liturgischer Gesang in lateinischer Sprache) im dorischen Modus:

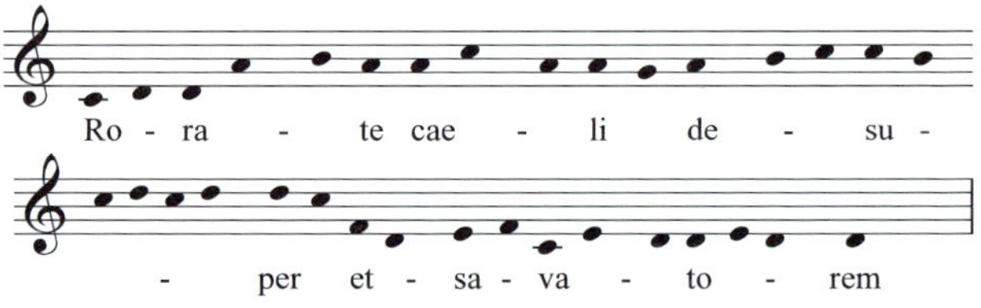

Auch im modernen Jazz werden die Kirchentonarten zur Bildung von Melodie und Harmonie und zur Improvisation benutzt.

Das Thema des Jazz-Titels „So What" von MILES DAVIS steht in D dorisch.

Materialskalen in anderen Musikkulturen: ↗S. 337, 340

In vielen außereuropäischen Musiktraditionen werden andere Tonsysteme benutzt. Ihre Materialskalen haben eine andere Anzahl von Tönen und andere Anordnungen der Tonhöhen als das abendländische Tonsystem.

Dur und Moll

In der mehrstimmigen Musik des 17. Jh.s verschwand die Vorherrschaft der Kirchentonarten und der sieben Stammtöne allmählich. Die Einführung der **wohltemperierten Stimmung** zu Beginn des 18. Jahrhunderts brachte eine Bereicherung der harmonischen Möglichkeiten:

- Alle zwölf Tonhöhen waren gleichberechtigt; es gab keine Haupt- und Nebentöne mehr. Dies bedeutete, dass nicht nur mit den weißen Tasten, sondern nun auf jedem der zwölf Töne eine Dur- oder Molltonleiter gebildet werden konnte. Das siebenstufige (diatonische) Tonmaterial der jeweiligen Tonleiter wird durch Vorzeichen am Anfang jedes Notensystems (Generalvorzeichen) festgelegt und bildet die Dur-Tonart bzw. die parallele Moll-Tonart.
- Melodien und Harmoniefolgen konnten nun beliebig **transponiert** werden, also in einer anderen Tonhöhe gespielt werden, ohne dass sich das Klangbild veränderte. Musikstücke konnten in allen zwölf Dur- und Molltonarten komponiert werden.
- Töne konnten nun beliebig enharmonisch verwechselt werden.

Die Bezeichnungen **Dur** und **Moll** stammen aus der mittelalterlichen Musiktheorie, in der das gleiche Tonmaterial (Hexachord) mit und ohne Be-Vorzeichen verwendet wurde (lat. *durus* = hart, mollis = weich).

Enharmonische Verwechslung: Die beiden folgenden Akkorde klingen auf dem Klavier gleich.

> In der Notenschrift und in der Anordnung der Klaviertasten hat sich die Struktur aus sieben Haupttönen (weiße Tasten, Noten ohne Versetzungszeichen) und fünf Nebentönen (schwarze Tasten, Noten mit Versetzungszeichen) bis heute erhalten, obwohl seit dem 18. Jh. alle Töne gleichberechtigt sind.

Ein Meilenstein dieser Entwicklung war das **„Wohltemperierte Klavier"** (1722/1744), ein Zyklus von zwei Mal vierundzwanzig Präludien und Fugen in allen zwölf Dur- und Molltonarten, das JOHANN SEBASTIAN BACH als Demonstration der neuen harmonischen Vielfalt präsentierte.

Themen der Fugen in Cis-Dur und es-Moll aus dem „Wohltemperierten Klavier":

Aus dem Vorwort zum 1. Teil des „Wohltemperierten Klaviers": „Das Wohltemperierte Clavier, oder Praeludia, und Fugen durch alle Tone und Semitonia [...]. Zum Nutzen und Gebrauch der Lehrbegierigen Musicalischen Jugend, als auch derer in diesem studio schon habil seyenden besonderem Zeit-Vertreib auffgesetzet und verfertiget von Johann Sebastian Bach."

Der neuen Vielfalt der Tonarten steht aber auch eine Vereinfachung gegenüber: Von den vier bzw. acht „Modi" mit ihrem individuellen melodischen Charakter blieben im 18. Jh. die zwei **Tongeschlechter** Dur und Moll übrig, die sich hauptsächlich durch den Terzton unterscheiden. Das Moll-Geschlecht wird zusätzlich nach der 6. und 7. Tonleiterstufe differenziert.

Noten der drei Moll-Varianten:

Nat‚rlich Moll **(ƒolisch)**

Harmonisch Moll

Melodisch Moll

Leitereigene und leiterfremde Töne

Die Verwendung von Tönen der Tonleiter (leitereigene Töne) bewirkt, dass dem Hörer die Tonart des Musikstücks ständig präsent ist. Melodien können auch mit Tönen erweitert werden, die nicht zur Tonart gehören (leiterfremde Töne). Sie können einer Melodie Spannung oder besonderen Ausdruck geben. Leiterfremde Töne können auch zur **Modulation** (↗ 2.3.9) in andere Tonarten benutzt werden.

■ „Tränenregen" aus „Die schöne Müllerin" von FRANZ SCHUBERT:

„Nun will die Sonn" aus „Kindertotenlieder" von GUSTAV MAHLER:

▶ Bezüglich der Anzahl der Vorzeichen und der Quintverwandtschaft gilt für die Tonarten folgende Regel:

Eine Quinte aufwärts: ein Kreuz mehr oder ein Be weniger.

Eine Quinte abwärts: ein Be mehr oder ein Kreuz weniger.

(Quintenzirkel ↗ S. 85)

Quintverwandtschaft, Quintenreihe und Quintenzirkel, Transposition

Jede Tonart hat eine bestimmte Anzahl von Vorzeichen, die in ihrer Tonleiter enthalten sind. Wenn man die Tonarten in einer Reihe nach der Zahl ihrer Vorzeichen anordnet, stehen die Grundtöne benachbarter Tonarten jeweils im Abstand einer Quinte **(Quintenreihe).** Zwei solche Nachbartonarten haben sechs gemeinsame Töne; sie unterscheiden sich nur in einem einzigen Ton; dies wird **Quintverwandtschaft** genannt.

■ G-Dur und D-Dur sind quintverwandte Tonarten. D-Dur enthält cis, G-Dur enthält c. Alle anderen Töne kommen in beiden Tonleitern vor.

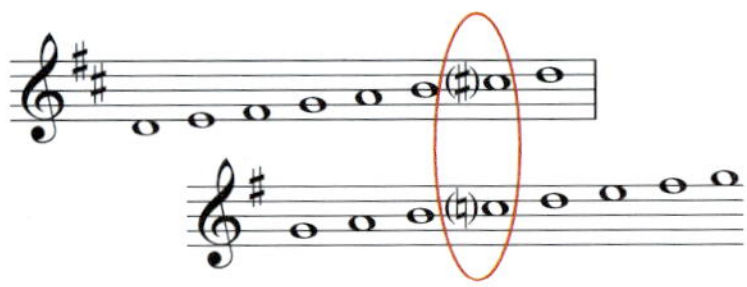

Theoretisch könnte man die Reihe nach links oder rechts unendlich fortsetzen; man „biegt" aber die beiden Enden der Quintenreihe an der Stelle zu einem **Quintenzirkel** zusammen, an der erstmals zwei identische (allerdings enharmonisch verwechselte) Grundtöne zusammentreffen, indem man die beiden Tonarten Fis-Dur (sechs Kreuze) und Ges-Dur (sechs Be) gleichsetzt. Dieser Quintenzirkel hat zwölf Dur-Tonarten und jede Dur-Tonart hat eine entsprechende Moll-Tonart (Moll-Parallele), die die gleichen Vorzeichen hat, aber eine kleine Terz tiefer liegt.
Man kann eine Melodie in allen zwölf Tonarten spielen; jede **Transposition** hat andere Vorzeichen.

▶ Merksatz für die Reihenfolge der Kreuztonarten: „Geh, du alter Esel, hole Fisch" (G D A E H Fis).
Merksatz für die Reihenfolge der Be-Tonarten: „Frische Brötchen essen Assessoren des Gesetzes" (F B Es As Des Ges).

■ Melodie in zwei verschiedenen Tonarten:

Tonarten und Quintenzirkel

Tonart ist die Bestimmung des Tongeschlechts als Dur und Moll auf einer bestimmten Tonstufe. Die verschiedenen Tonarten werden durch die **Tonleiter** dargestellt.
Grundskalen sind C-Dur und a-Moll. Aus der Transposition der beiden Grundskalen auf andere Ausgangstöne ergeben sich mit jeweils 12 Dur-Tonarten und 12 Moll-Tonarten die 24 Tonarten des temperierten Systems.

Im **Quintenzirkel** sind sämtliche Dur- und Moll-Tonarten des temperierten Tonsystems dargestellt. Die Grundtöne der Tonarten liegen jeweils eine **Quinte** voneinander entfernt, wenn man die Tonarten fortschreitend nach zunehmenden Vorzeichen ordnet.

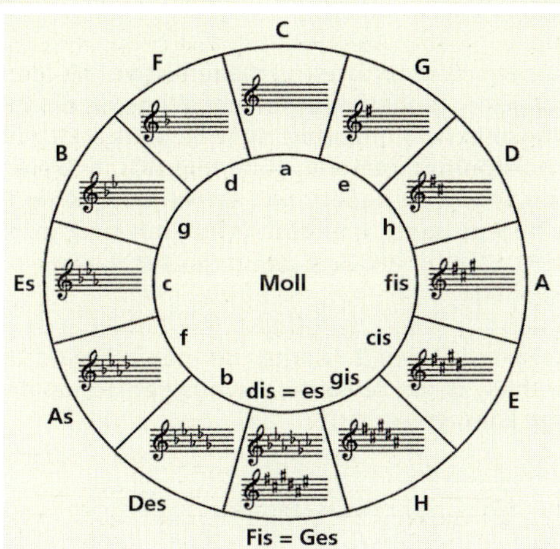

Atonalität, Zwölftonreihe und „Modes"

In der Musik zu Beginn des 20. Jh.s wurde von den Komponisten des „freitonalen (atonalen) Stils" die Ordnung der Tonarten wieder verlassen. Sie komponierten Stücke ohne Bezug zu einer Tonart, in denen die Töne nur aufeinander bezogen sind.

Der Anfang der berühmten „Drei Klavierstücke" op. 11 (1908) von ARNOLD SCHÖNBERG, eines der frühesten Beispiele freitonaler Komposition:

ARNOLD SCHÖNBERG (1874–1951): „Die Reihe muss für jedes Stück neu erfunden werden. Sie hat der erste schöpferische Gedanke zu sein!"

Um 1925 kamen ARNOLD SCHÖNBERG, J. M. HAUER und einige andere Komponisten auf die Idee, die zwölf Töne in Form einer feststehenden Reihe anzuordnen, die die Konstruktionsbasis für eine Komposition bildete. SCHÖNBERG war der Meinung, dass sich diese **„Zwölftontechnik"** als neues ponierte viele Stücke mit dieser Technik und vermittelte sie auch seinen Schülern. Die kompositorische Idee der Zwölftontechnik ist zur Grundlage vieler Kompositionstechniken der modernen Musik geworden.

SCHÖNBERG kämpfte sein Leben lang um die Anerkennung seiner kompositorischen Ideen. Auch in unserer Zeit, in der tonartlich gebundene Musik von vielen Hörern als „natürlich" empfunden wird, erfordert Musik, bei der die Orientierung an Tonarten fehlt, große Aufmerksamkeit und eine offene Hörerwartung, bietet andererseits auch Hörerlebnisse jenseits ausgefahrener Gleise.

Zwölftonreihe aus dem Bläserquintett op. 26 von ARNOLD SCHÖNBERG:

Andere Komponisten verließen ebenfalls den gesicherten Boden der Tonarten, gingen aber andere Wege als die Zwölftonkomponisten. Der französische Komponist OLIVIER MESSIAEN (1908–1992) entnahm dem zwölftönigen Material Töne, die sich in Skalen mit regelmäßigem Aufbau anordnen ließen, und verwendete diese Tonleitern, die er „Modes à transpositions limitées" (Modi mit begrenzter Transpositionsmöglichkeit) nannte, als Grundmaterial für harmonisch ausdruckvolle Kompositionen.

Beispiel für den 2. Modus, der abwechselnd Halb- und Ganztonschritte enthält, sowie Akkorde, die aus den Tönen des 2. Modus gebildet werden können (rechts):

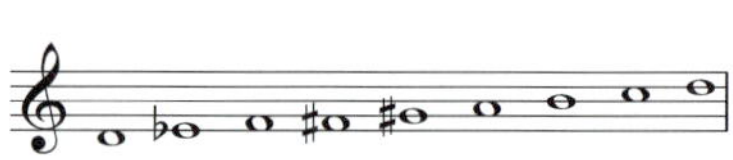

2.3.7 Melodik

Melodie ist in allen Kulturen eines der ältesten Grundelemente der Musik. Sie war Bestandteil der Entwicklung menschlicher Sozialkultur: Auf Tierhörnern erzeugte Signalmotive, Gesänge als Ausdruck sozialer Zusammengehörigkeit oder bei Beschwörungsritualen haben vermutlich schon die Entstehung frühester menschlicher Sozialgefüge begleitet.
Die stilistischen Merkmale von Melodie sind in den Kulturen der Welt sehr vielfältig. In der volkstümlichen europäischen Tradition liegt das Schwergewicht auf formaler Geschlossenheit und leichter Singbarkeit, während in der Melodik anderer Kulturen improvisatorische Elemente, mikrotonale Tonhöhenschwankungen oder formale Offenheit eine wichtige Rolle spielen. Innerhalb der abendländischen Musiktradition gibt es auch zwischen den einzelnen Epochen große Unterschiede in der stilistischen Ausprägung der Melodik.

melos, griech. = Lied, Gesang

Elementare Melodiebildung

Hauptkriterium für die unverwechselbare Gestalt einer Melodie ist ihre Kontur, die reine Abfolge von Tonhöhen, aus denen sich die Intervalle ergeben. Wichtig für die Individualität einer Melodie sind auch ihre Rhythmik und Metrik; hier gibt es große Unterschiede zwischen den Melodien der Weltkulturen.

In der europäischen Musik begann man erst ab dem 9.Jh., Melodiekonturen in Umrissen schriftlich zu fixieren (↗2.3.2, S.74, Neumen).

Melodie einer brasilianischen Samba, daneben die reine melodische Kontur:

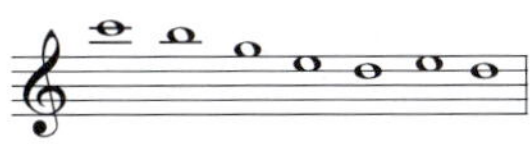

Vielen Musikkulturen und -stilen gemeinsam ist die **Pentatonik,** in ihrer ursprünglichen Form eine Art von Rufmelodik, wie man sie aus der frühen Phase des kindlichen Musiklernens oder aus dem archaischen Bluesgesang kennt. Tonsystem und unterschiedliche Einteilungen des Oktavraums spielen dabei noch keine Rolle.

Pentatonisches Rufmotiv und vollständige pentatonische Skala:

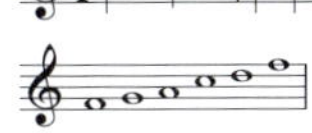

Melodie und Harmonik

Viele Melodien, vor allem solche aus dem Stilbereich des Volkslieds und der Klassik, tragen einen Harmonieverlauf in sich, der durch rhythmisch oder melodisch herausgehobene akkordeigene Töne repräsentiert wird. Akkordfremde Töne finden sich eher als Durchgangsnoten auf unbetonten Zählzeiten. Zahlreiche Melodien enthalten zusätzliche harmonische Elemente in Form von Dreiklangsbrechungen (melodisch zerlegten Akkorden).

Das Thema der „Kleinen Nachtmusik“ von WOLFGANG AMADEUS MOZART besteht aus Dreiklangsbrechungen, die den harmonischen Verlauf deutlich zeigen: G-Dur-Dreiklang aufwärts, Dominantseptakkord auf D abwärts.

2

2.3.8 Harmonik (2): Akkorde im harmonischen Zusammenhang

Leitereigene Drei- und Vierklänge

Wenn man auf den sieben Tönen einer Dur-Tonleiter jeweils einen Dreiklang aufbaut, der aus dem Tonmaterial der Tonleiter besteht, ergeben sich die sieben **leitereigenen Dreiklänge:** drei Dur-, drei Moll- und ein verminderter Dreiklang.

Da man im zwölfstufigen Tonsystem von jedem Ton aus das diatonische Tonmaterial aufbauen kann, lassen sich auch in jeder Tonart die sieben leitereigenen Dreiklänge bilden. Ebenso wie das diatonische Tonmaterial repräsentieren auch die leitereigenen Dreiklänge die Tonart eines Stückes. So wird z. B. die Kadenz aus diesen Dreiklängen gebildet.

Die leitereigenen Dreiklänge in C-Dur und in einer Tonart mit Vorzeichen (Es-Dur):

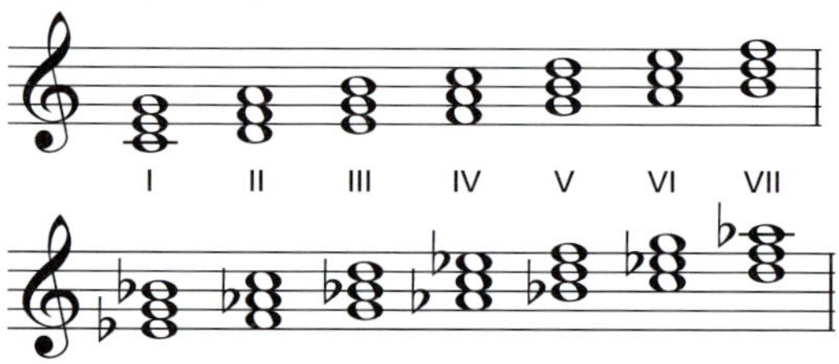

I Dur
II Moll
III Moll
IV Dur
V Dur
VI Moll
VII vermindert

Mit der Weiterentwicklung der Harmonik im 18. und 19. Jh. und durch die harmonischen Neuerungen im Jazz haben Septakkorde neben den Dreiklängen zunehmend an Bedeutung gewonnen. Wie bei den leitereigenen Dreiklängen lassen sich aus dem diatonischen Tonmaterial auch sieben leitereigene Septakkorde bilden, die die Tonart repräsentieren und in der Kadenz verwendet werden können.

Septakkorde werden auch **Septimakkorde** genannt.

Septakkorde entstehen, wenn auf den Dreiklang noch ein weiterer Ton im Abstand einer Terz geschichtet wird. Septakkorde enthalten ein dissonantes Intervall (Septime oder Sekunde).

Beispiel für eine Septim- und Sekunddissonanz in einem Septakkord:

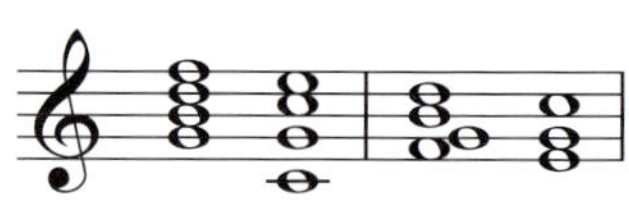

Die leitereigenen Septakkorde von C-Dur und ein leitereigener Septakkord von c-Moll:

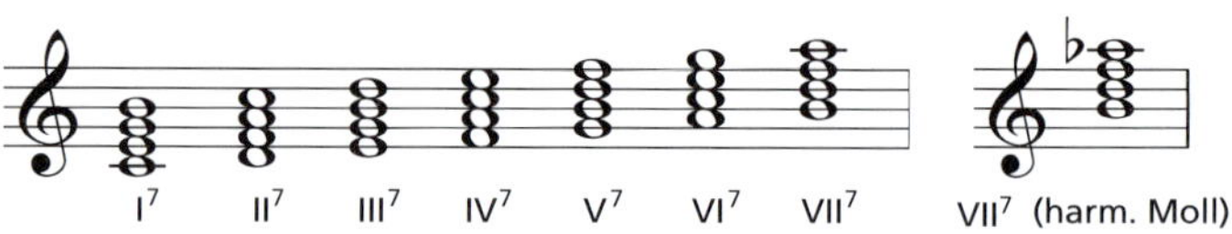

Akkordbildung in Pop, Jazz und Blues

In der **Harmonik der Popmusik** werden die gleichen Akkorde wie in der Musik seit dem 18. Jh. verwendet, allerdings oft auf andere Art; so werden z. B. Akkordfolgen aus parallel verschobenen Dreiklängen oder Septakkorden ständig wiederholt („Patterns"). Die Harmonik wird in Flächenklängen (Synthesizer) oder gebrochenen Akkorden (Gitarre, Keyboard) deutlich dargestellt. Der Bass markiert die Grundtöne; Akkordumkehrungen kommen kaum vor. Oft werden „slash chords" (Dreiklänge über einem dreiklangsfremden Grundton) verwendet.

▶ Die **„slash chords"** haben ihren Namen nach dem Akkordsymbol, bei dem Harmoniesymbol und Basston durch einen Bruchstrich („slash") bezeichnet werden (G/A wird „G über A" gesprochen).

Pop-Harmoniefolge mit parallel verschobenen Septakkorden und einem „slash chord":

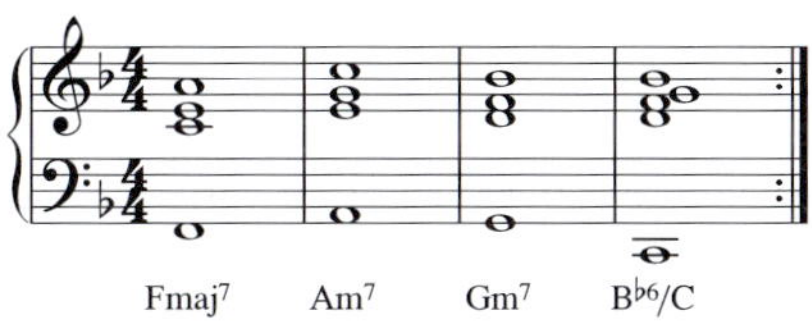

In der **Harmonik des Jazz** wird die Terzschichtung über die Septime erweitert. None (9), Undezime (11) und Tredezime (13) können als **Optionstöne** zu den vier Tönen des Septakkords hinzutreten, sodass ein Akkord maximal siebenstimmig sein kann. In der Praxis werden allerdings selten alle sieben Töne gleichzeitig in einem Akkord benutzt.

▶ Andere Bezeichnungen für die **Optionstöne** sind: Spannungstöne, tension notes, tensions, options.

Terzenschichtung in der Jazzharmonik sowie der Akkord $G^{7\#11}$:

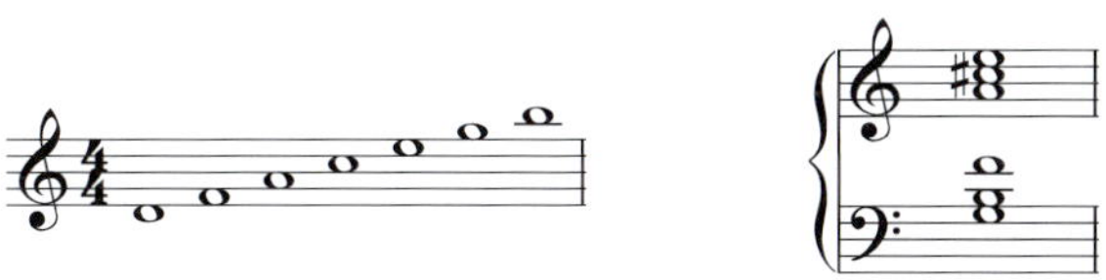

Die **Blues-Harmonik** enthält in ihrer einfachen Form nur drei Harmonien: die Dur-Septakkorde auf den drei Hauptstufen I, IV, V; bisweilen kommt der Blues sogar mit der I. und IV. Stufe aus.
Typisch für den Blues ist die gleichzeitige Moll-Farbe in der Melodik, sodass sich die Dur-Terzen der Harmonik mit den Moll-Terzen der Melodik **(Blue Notes)** reiben. Diese Reibungen sind keine im konventionellen Sinne nach Auflösung strebenden Dissonanzen, sondern Ausdruck des Blues-Gefühls, zumal die Melodietöne verschleift werden und selten auf einer exakten Tonhöhe verharren.

▶ **Blues** in seiner ursprünglichen Form verkörperte Lebensgefühl und Lebenserfahrung der schwarzen Sklaven im 19. Jh. und ist als Stilelement in viele Bereiche der Jazz- und Rockmusik eingeflossen.

Bluesphrase mit Blue Notes in Harmonik und Melodik:

2.3.9 Harmonik (3): Harmonischer Verlauf

Harmoniechiffrierung

Die seit dem 17. Jh. zunehmende Komplexität der Harmonik machte es nötig, Chiffrierungssysteme zu finden, mit denen sich komplette harmonische Verläufe in vereinfachter Form darstellen ließen.
Das früheste dieser Darstellungssysteme ist die **Generalbass-Schreibweise,** die sich um 1600 durchsetzte. Dabei wird der gesamte harmonische Verlauf einer Komposition mithilfe der Bass-Stimme und daruntergesetzten Ziffern (oder Kombinationen aus Ziffern und Versetzungszeichen) so beschrieben, dass der Spieler eines Akkordinstruments, z. B. Orgel, Cembalo oder Laute, aus dieser Stimme eine vollständige Begleitung spielen kann. Die konkrete Ausgestaltung einzelner Akkorde oder Akkordfolgen bleibt dabei der Fantasie und dem Geschick des Spielers überlassen.

▶ Diese Darstellungsweise wurde während der gesamten Barockzeit angewendet, sodass für diese Epoche auch der Begriff **„Generalbasszeitalter“** üblich ist.

Bezifferung des Basses und die zugehörigen Akkorde im oberen Notensystem:

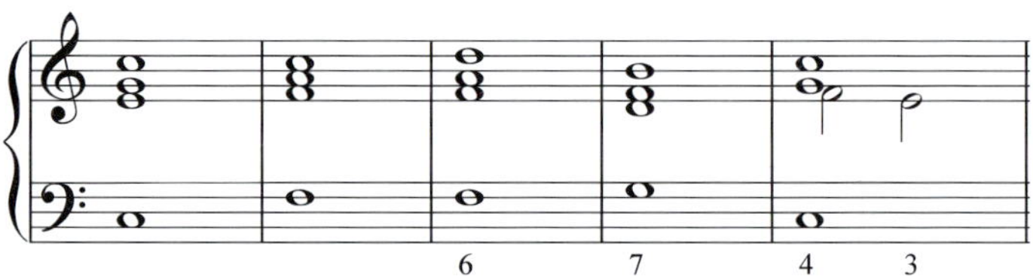

HUGO RIEMANN (1849–1919) begründete um 1890 die Funktionstheorie.

> Orientiert sich die **Generalbass-Schreibweise** an der Spielpraxis, so dienen dagegen **Stufen- und Funktionstheorie** der Erklärung harmonischer Verläufe; ihre Symbole sind immer relativ zum Grundton der Tonart.

Stufentheorie	In der Darstellung der Harmonik mittels **Stufen** werden die Akkorde mit römischen Ziffern nach der Reihenfolge der Tonleiterstufen sowie mit Zusätzen bezeichnet. Die Stufentheorie entstand in der ersten Hälfte des 19. Jh.s.
Funktionstheorie	In der Darstellung der Harmonik mittels **Funktionen** erhält jeder Akkord innerhalb eines harmonischen Verlaufs eine Funktion, die sich auf die Grundtonart eines Musikstücks oder eines Abschnitts bezieht. Akkorde der Grundtonart erhalten die Funktion **„Tonika“;** die Hauptfunktionen, die sich auf diese Tonika beziehen, heißen **„Dominante“** und **„Subdominante“.** Daneben verwendet die Funktionstheorie noch weitere Funktionsbezeichnungen wie „Parallele“, „Gegenklang“, „Variante“ und „Zwischendominante“. Die Funktionstheorie wurde Ende des 19. Jh.s entwickelt. Im stilistischen Bereich von der Barockzeit bis zur Spätromantik (17. bis Ende des 19. Jh.s) lassen sich die meisten Kompositionen mithilfe der Funktionstheorie schlüssig harmonisch analysieren.

▶ Die Funktionstheorie wurde seit ihrer Entstehung ständig erweitert und verändert. Sie ist heute das meistbenutzte „Werkzeug“ zur Erklärung von harmonischen Verläufen in der klassischen und romantischen Musik.

Kadenz

Eine **Kadenz** ist eine standardisierte Harmoniefolge, die die Haupttonart eines Musikstücks bestätigt und sehr oft an dessen Anfang und Schluss steht.
Sie besteht aus den drei Hauptdreiklängen (manchmal Septakkorden) auf der I., IV. und V. Stufe einer Tonart in folgender Anordnung:

(einfache und erweiterte Kadenz in C-Dur)

▶ Die Funktionstheorie weist jedem leitereigenen Dreiklang und den meisten leitereigenen Septakkorden eine Funktion innerhalb der Kadenz zu.

Kadenzerweiterungen

Die Funktion eines Dreiklangs kann durch einen **terzverwandten Dreiklang (Nebendreiklang)** stellvertretend übernommen werden (Tonika/Tonikaparallele, ↗Abb.).

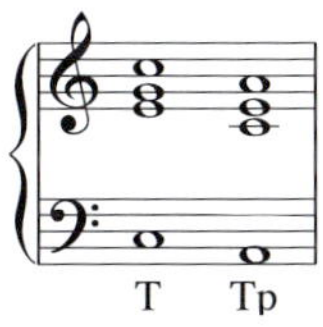

▶ Terzverwandte Tonarten haben zwei Dreiklangstöne gemeinsam: C-Dur und a-Moll sind terzverwandt.

Auch **Septakkorde** können innerhalb der Tonart eine Funktion übernehmen. Das im Akkord enthaltene dissonante Intervall bewirkt dabei eine nach Auflösung strebende Spannung.

▶ Quintverwandtschaft: ↗2.3.6

Dominanten können auch zu anderen Funktionen als der Tonika gebildet werden. Sie heißen dann **Zwischendominante** und beziehen sich nur auf eine direkt folgende Funktion. Das Funktionssymbol D wird in Klammern gesetzt. Der Akkord einer Zwischendominante enthält meist einen leiterfremden Ton.

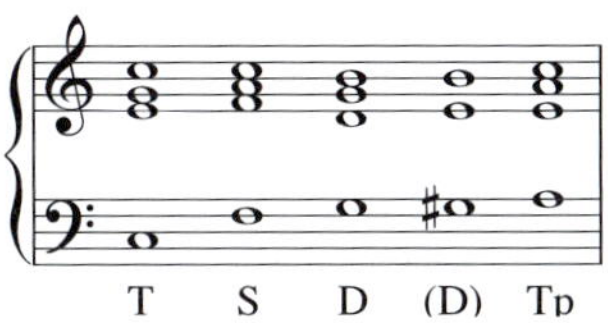

▶ Die Zwischendominante zur Dominante wird auch **Doppeldominante** genannt. (Funktionssymbol: DD)

Sequenz

Neben der Kadenz hat sich seit der Barockzeit die Sequenz als Grundform harmonischer Fortschreitungen herausgebildet. Das meistbenutzte Modell ist die **Quintfallsequenz,** bei der die Basstöne in Quinten absteigen. Dabei werden meist leitereigene Dreiklänge oder Septakkorde verwendet (diatonische Sequenz); es kommen aber auch Dominantseptakkorde vor (dominantische Sequenz).

■ Diatonische Quintfallsequenz mit Stufenbezeichnungen:

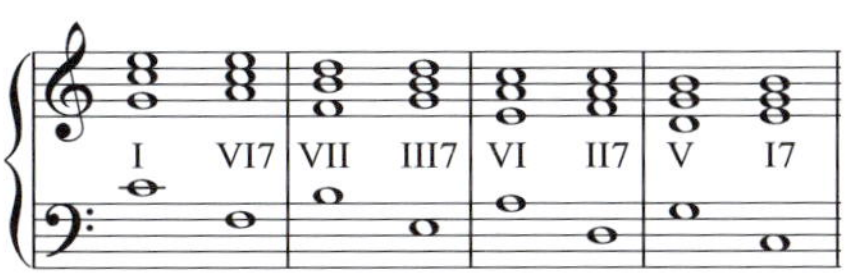

Akkordfremde Töne auf betonter Zählzeit

Vorhalte treten anstelle eines Akkordtons ein und werden in der Regel auf der folgenden unbetonten Zählzeit schrittweise zum nächstliegenden Akkordton weitergeführt.

- Quartvorhalt (Stufen 4–3 über dem Grundton)

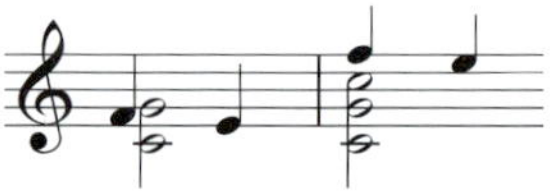

Akkordfremde Töne auf unbetonter Zählzeit

Wechselnote, Durchgang	Die Melodie verlässt einen Akkordton schrittweise und kehrt wieder zu ihm zurück bzw. schreitet zum nächsten Akkordton weiter. 
Antizipation	Die Melodie nimmt einen Ton des folgenden Akkords voraus. Antizipation heißt „Vorausnahme". 
Orgelpunkt	Ein liegender Basston kann akkordeigen oder akkordfremd sein (auf betonter oder unbetonter Zählzeit). 

Schlussformeln

authentischer Ganzschluss	Mit dem authentischen Ganzschluss (Dominante–Tonika) schließen die meisten Musikstücke. Die Grundtonart wird dabei abschließend bestätigt. 
plagaler Ganzschluss	Der plagale Ganzschluss, der über die Subdominante zur Tonika führt, hat eine andere Wirkung als ein authentischer Schluss, weil die Dominante fehlt. 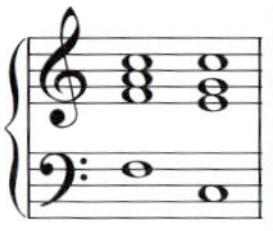
Halbschluss	Der Halbschluss (Dominante ohne abschließende Tonika) wird an formalen Einschnitten eingesetzt; danach fließt das harmonische Geschehen weiter. 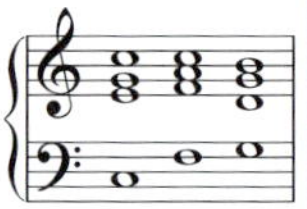
Trugschluss	Der Trugschluss bringt überraschend den Dreiklang der VI. Stufe anstelle des erwarteten Dreiklangs der Grundtonart. Auch nach einem Trugschluss fließt das harmonische Geschehen weiter. 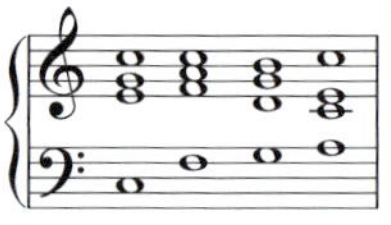

Modulation

Die meisten tonal gebunden Musikstücke wechseln während ihres harmonischen Verlaufs von der Grundtonart in andere Tonarten. Während einer solchen **Modulation** führt der Komponist in das Tonmaterial der Ausgangstonart leiterfremde Töne ein und wechselt damit zum Tonmaterial einer neuen Tonart. Oft liegen Ausgangs- und Zieltonart nur eine Quinte und damit ein Vorzeichen auseinander **(diatonische Modulation),** sodass die beiden Tonarten viele gemeinsame Töne haben. Manchmal moduliert ein Musikstück aber auch in kurzer Zeit über weite Entfernungen **(chromatische** oder **enharmonische Modulation),** sodass der Hörer sich abrupt in einer neuen tonartlichen Umgebung wiederfindet.

▶ In einer schematischen Darstellung besteht eine Modulation nur aus wenigen Akkorden. In der kompositorischen Praxis kann sie sich über einen längeren Abschnitt erstrecken und harmonische „Umwege" nehmen.

■ Diatonische (links) und chromatische Modulation (rechts):

Chorus, Bluesstrophe

Vielen Jazztiteln liegt ein festes Harmonieschema zugrunde, das ständig wiederholt wird, wie bei den Strophen eines Liedes. Ein solcher **Chorus** ist meist 8-, 12- oder 16-taktig oder aus mehreren Abschnitten dieser Länge zusammengesetzt. Auf der Basis dieser Harmoniefolge improvisieren die Jazzmusiker.

▶ Viele Jazz-Titel waren ursprünglich Musical-Songs und haben deren Form mit ihren 8- oder 16-taktigen Strophen übernommen. Aus den Musicalsongs stammen auch „Intro" und Zwischenteile („bridge").

■ Blues-Chorus (3-teilige Melodie,12-taktiges Harmonieschema):

Jazzkadenz, harmonische Patterns

In der Jazzkadenz werden die Kadenzfunktionen von Septakkorden (mit **Optionstönen)** dargestellt. Die Subdominante wird oft von einem Akkord der II. Stufe repräsentiert. Häufig folgt statt der abschließenden Tonika die II-V-Folge einer anderen Tonart (II-V-Kette). In der Popmusik werden oft harmonische **Patterns** verwendet, die aus einer Parallelverschiebung der leitereigenen Dreiklänge oder Septakkorde bestehen.

▶ **„pattern",** engl. = stereotypes Grundmuster, das oft wiederholt wird

■ II–V–Kette im Jazz (links) und typisches Popmusik-Pattern (rechts):

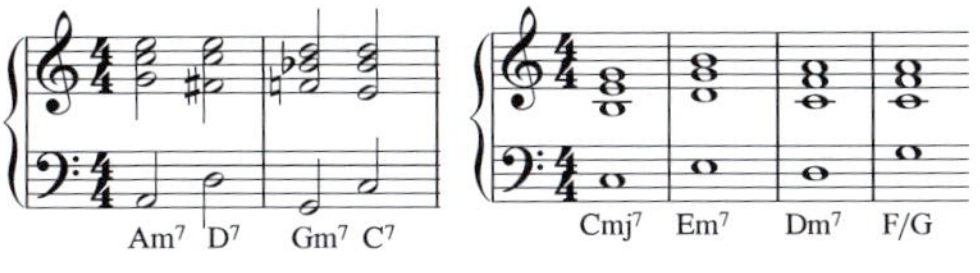

2.3.10 Harmonik und Satz

Die **Tonsatzlehre,** ein Teilgebiet der Musiktheorie, beschäftigt sich mit der Geschichte des musikalischen Satzes und seinen Techniken.

Elementare Satztypen

Harmonie und Zusammenwirken von Melodiestimmen konkretisieren sich im **Satz** (Textur) eines Musikstücks. Dabei orientiert sich der Satz an den Möglichkeiten und Erfordernissen eines Instruments oder eines Ensembles. Im Laufe der Musikgeschichte haben sich einige grundlegende Satztypen herausgebildet; es gibt aber auch zahlreiche Mischformen.

Der **realstimmige Satz** setzt sich aus selbständigen melodischen Linien zusammen, die während des ganzen Stücks in der Notation entweder als Noten oder Pausen verfolgt werden können. Dieser Satztyp findet z. B. in Kompositionen für Bläserensembles oder Chor Verwendung. Die Harmonie entsteht aus den Zusammenklängen der Einzelstimmen. Die Anlage des Satzes kann polyphon oder homophon sein.

poly, griech. = viel
homoios, griech. = gleichartig
phone, griech. = Stimme

Im **polyphonen Satz** sind alle Stimmen rhythmisch und melodisch selbstständig. Oft wird in der Polyphonie die Technik der **Imitation** (Nachahmung eines Motivs) eingesetzt.

Anfang einer Motette aus dem 16. Jh.:

Im **homophonen Satz** verlaufen alle Stimmen im gleichen Rhythmus. Die Oberstimme ist führend, der Bass liefert die harmonische Stütze; die Mittelstimmen sind melodisch wenig ausgeprägt (Füllstimmen).

Bach-Choral „Vom Himmel hoch“:

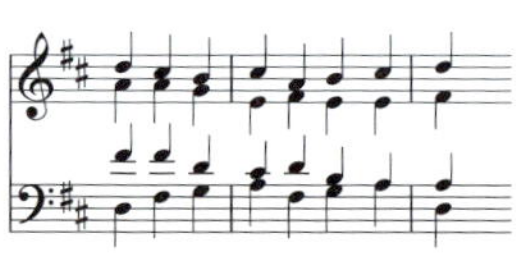

In der Klaviermusik der Romantik wurde der Akkordsatz häufig angewandt. In den Kompositionen von CHOPIN, BRAHMS und SCHUMANN finden sich zahlreiche Beispiele für die figurative Auflösung der Harmonie.

Im **Akkordsatz** sind die Zusammenklänge von vornherein als Akkorde angelegt und notiert; es gibt also keine durchgehenden Einzelstimmen. Aus der Ober- oder Unterstimme der Akkordfolgen können sich melodische Linien bilden; die Akkorde sind oft in Figuren aufgelöst.

JOHANNES BRAHMS (1833–1897): Intermezzo op. 118/2:

Satz für instrumentale und vokale Ensembles

Wie Instrumente und Singstimmen in einer Komposition eingesetzt werden und welche Rolle sie im Zusammenklang des Stückes übernehmen, ist sehr unterschiedlich und hängt vom Stil der jeweiligen Epoche und des einzelnen Komponisten ab. Die Besetzung einiger Kompositionsgattungen hat sich als feststehender Ensembletyp entwickelt, wie beim Sinfonieorchester oder beim Streichquartett. Einige Besetzungen, wie der gemischte Chor, das Blasorchester oder die Bigband, haben im Bereich des Laienmusizierens große Verbreitung gefunden. Für jedes dieser Ensembles gibt es zahlreiche **Satztechniken,** von denen sich einige als typisch herausgebildet haben.

Der **Orchestersatz** kann polyphon oder homophon sein.

Orchestersatz	Bigbandatz	Chorsatz
Die Besetzung eines Sinfonieorchesters kann in der Größe der einzelnen Gruppen und der Gesamtzahl der Musiker variieren. Im Orchester der Klassik übernehmen die Streicher das wesentliche musikalische Geschehen. Holzbläser geben zusätzliche Klangfarben oder treten in kurzen Solopassagen hervor. Blechbläser verstärken laute Abschnitte durch signalartige Einwürfe. Im Laufe des 19. Jh.s (Romantik) wuchs die Stärke der Orchester an.	Die Bläsergruppen („sections" = Saxophone, Trompeten, Posaunen) werden oft in kompakten Sätzen einander gegenübergestellt. Die Rhythmusgruppe ist für die ständige Präsenz von Rhythmus und Harmonie zuständig. Oft werden nur Akkordsymbole notiert; die genaue Ausführung ist frei. Der rhythmische Verlauf wird in der Partitur nur angedeutet.	Im Notenbeispiel ist ein gemischer Chor aus zwei Frauen- und zwei Männerstimmen zu sehen. Jede Stimme deckt anderthalb Oktaven ab; die Bereiche überlappen sich, sodass mit dieser Kombination der mittlere Klangraum (drei Oktaven, von G bis g") gleichmäßig ausgefüllt werden kann und ein ausgewogener Gesamtklang entsteht.

„Voicing" im Jazz

In der **Jazzharmonik** gab es eine ähnliche Entwicklung von der Dreiklangsharmonik zu komplexen Harmoniebildungen wie in der klassisch-romantischen Musiktradition.

Eine besondere Art des Satzes ist das **Jazz-Voicing:** Auf der Basis eines vorgegebenen Harmoniesymbols werden aus den maximal sieben Harmonietönen einzelne Töne ausgewählt und zu Akkorden zusammengefügt. Diese Akkorde können dissonant oder konsonant wirken; sie können das Harmoniesymbol repräsentieren oder eher wie „farbige" Zusätze wirken. Sie können aus Terzen, Sekunden oder Quarten geschichtet sein. Bedingung ist immer, dass ein Bassinstrument den Grundton spielt und für die harmonische Orientierung sorgt.

- Konsonanz – Dissonanz:

vorwiegend konsonanter Akkord

Akkord mit vielen Sekunden und Septimen

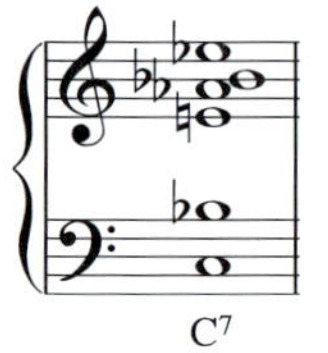

Die Erweiterung der Harmonik durch Optionstöne gibt dem Arrangeur mehr Möglichkeiten für den konkreten musikalischen Satz, z. B. für die Bigband.

- Bevorzugtes Intervall:

vorwiegend Sekunden

vorwiegend Terzen

vorwiegend Quarten

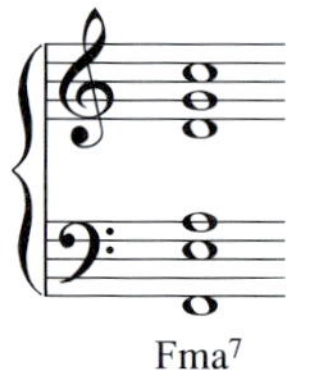

- Nähe zur Harmonie:

Akkordtöne nahe an der Harmonie

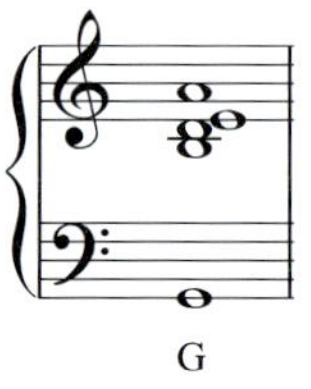

Akkordtöne als Farbzusatz (Optionstöne)

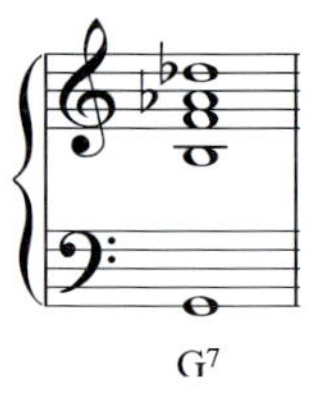

Für die Wahl des Voicings spielt außerdem die Fortschreitung der Stimmen von einem Akkord zum nächsten eine Rolle.

Beim Arrangieren eines Jazztitels ist es üblich, ihn zu **„reharmonisieren"**, d. h. Zwischenharmonien einzufügen oder einzelne Akkorde mit Optionstönen zu erweitern.

- In dieser Akkordfortschreitung sind die Akkorde in enger Lage unter der chromatischen Linie der obersten Stimme **(„Guideline")** angeordnet:

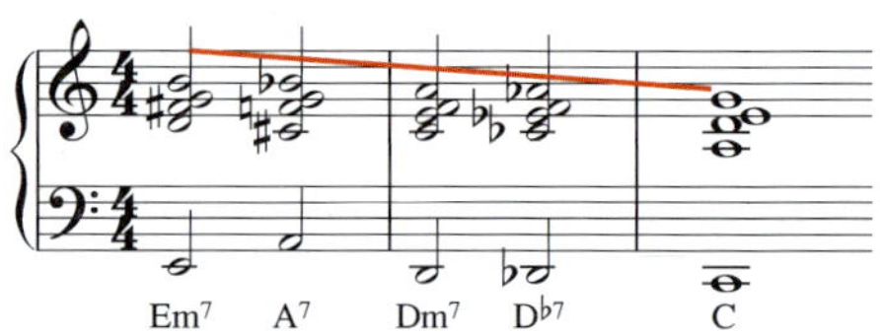

2.3.11 Komponieren – Arrangieren – Improvisieren

Arrangement – Komposition aus zweiter Hand?

Verwandte, synonym gebrauchte Begriffe für „Arrangement" sind: Bearbeitung, Transkription, Adaptation, Medley, Orchestrierung.

Arrangement im traditionellen Sinne ist eine Bearbeitung eines Musikwerks, mit der das Original an einen bestimmten Zweck angepasst wird. Die Art der Bearbeitung kann sehr unterschiedlich sein: Der Ablauf des Originals kann erhalten bleiben (z. B. beim Umschreiben einer Komposition für eine andere Besetzung) oder die Teile des Originals – manchmal sogar verschiedene Originalkompositionen – werden zu einem neuen Ablauf zusammengestellt und ggf. mit hinzukomponierten Überleitungen verbunden, wie bei Suiten (Potpourris, Medleys) über beliebte Melodien aus Musicals. Im Laufe der Musikgeschichte wurden Arrangements oft auch von den Komponisten der Originalwerke selbst vorgenommen.

Manchmal wird eine Neufassunwg populärer als das Original: MAURICE RAVELS Sinfonieorchester-Bearbeitung der Klavierkomposition „Bilder einer Ausstellung" von MODEST MUSSORGSKI gehört heute zum Repertoire jedes Sinfonieorchesters.

Im 19. Jh., der Epoche der sich entfaltenden bürgerlichen Musikkultur und der Amateurensembles, wuchs der Bedarf an leicht auszuführenden Bearbeitungen bekannter Werke. Seit dieser Zeit haftet dem Begriff des Arrangements der Beigeschmack des Minderwertigen, „aus zweiter Hand Stammenden" an. Meisterwerke der Musik wurden oft an unzulängliche Besetzungen, z. B. in der Salon- oder Kaffeehausmusik, und an die Vorlieben anspruchsloser Hörerschichten angepasst, die nur die populären „schönen Melodien", herausgelöst aus sinnvollem musikalischem Zusammenhang, hören wollten.
Der Anspruch der medial geprägten Kultur unserer Tage, dass Musik jederzeit und überall nach Wunsch zur Verfügung stehen muss, hat zu einer Flut von Arrangements populärer Musikstücke geführt. Dazu hat auch die Verfügbarkeit von Produktionssoftware für den PC beigetragen, mit der Ausschnitte eines Stückes am Bildschirm angeordnet und sofort hörbar gemacht werden können.

Bildschirmansicht eines Computerarrangements:

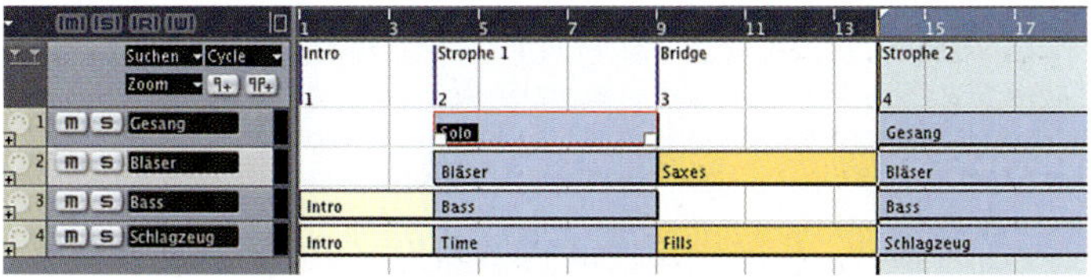

Im Jazz ist das Ausgangsmaterial, also das „Original", nur eine Art musikalischer Kern (meist eine 12-, 16- oder 32-taktige Melodie mit zugehöriger Harmoniefolge); das Arrangement ist die eigentliche musikalische Schöpfung. In kleinen Jazz-Formationen (Combos) besteht das Arrangement oft nur aus der Verabredung eines formalen Ablaufs **(Head-Arrangement).**
Viele Titel aus dem Jazz und der Popmusik sind in der Form eines bestimmten Arrangements populär geworden (z. B. „In the mood" von BENNY GOODMAN oder „Rock around the clock" von BILL HALEY). Hier ist das Arrangement ein Teil des Originals; daher wäre die Bezeichnung „Erstarrangement" passender.

Im Jazz ist der Arrangeur oft der „eigentliche" Komponist.

2

Improvisation – „Komponieren im Kopf"

ex improviso, lat. = unvorhergesehen

Komposition ist die Erfindung und (in der Regel) schriftliche Aufzeichnung von Musik zum Zweck einer späteren Aufführung.
Improvisation ist das gleichzeitige Erfinden und Ausführen von Musik. Die **Improvisation** ist älter als die Komposition. In Europa wurde Musik erstmals im 7./8. Jh. schriftlich dargestellt; in den folgenden Jahrhunderten fand eine starke Hinwendung zur Schriftlichkeit und damit zum fixierten Werk statt. In vielen außereuropäischen Kulturen gibt es dagegen bis heute keine schriftliche Aufzeichnung von Musik. Allerdings ist Musik, die mündlich überliefert wird, nicht notwendigerweise improvisiert. Musiktradition kann auf festen musikalischen Bestandteilen beruhen, die über Generationen weitervermittelt und nur im geringen Maße improvisatorisch abgewandelt werden.

Im Jazz garantiert das ständig wiederholte Harmonieschema (Chorus) die Koordination zwischen mehreren improvisierenden Musikern.

Merkmale der Improvisation sind Unwiederholbarkeit und Vergänglichkeit. Dies gilt allerdings im Zeitalter der Tonaufnahme nur noch eingeschränkt: Soli berühmter Jazzmusiker können heute aufgenommen, transkribiert, analysiert und nachgespielt werden.
In der europäischen Musiktradition ist die Improvisation auf vielfältige Weise verankert und stand in ständigem Austausch mit ihrem Widerpart, der Komposition.

Der **Improvisator** hat das gesamte kompositorische Repertoire als Fundgrube zur Verfügung. Er erfindet Musik nicht „aus dem Nichts", sondern bedient sich verschiedener Stile, Formen und Gattungen und setzt sie auf neue, individuelle Weise zusammen. Die Anteile der erlernten, vorgefertigen Elemente einerseits und die der spontanen Erfindung andererseits können unterschiedlich groß sein.	**Kompositionen** entstanden oft als Folge einer Improvisation, gewissermaßen als deren schriftlich fixierte Überarbeitung. Im 18. Jh. „präludierte" ein Musiker, um sich und den Hörer auf das Konzert, die kirchliche Handlung, das folgende Musikstück einzustimmen oder um das Instrument kennenzulernen. Ohne einen festen Plan spielte er Läufe, Akkordbrechungen oder freie Harmoniefolgen. Solche „Präludien" entwickelten sich später zu einer Kompositionsgattung.

CARL PHILIPP EMANUEL BACH (1714–1788), zweitältester Sohn von JOHANN SEBASTIAN BACH und „Cammer-Musikus" am Hofe FRIEDRICHs DES GROSSEN, beschrieb 1762 in seinem Buch „Versuch über die wahre Art das Clavier zu spielen" die Improvisationspraxis seiner Zeit:

Versuch
über die wahre Art
das Clavier zu spielen
mit Exempeln
und achtzehn Probe-Stücken in sechs Sonaten
Carl Philipp Emanuel Bach,

§. 5. Es giebet Gelegenheiten, wo ein Accompagnist nothwendig vor der Aufführung eines Stückes etwas aus dem Kopfe spielen muß. Bey dieser Art der freyen Fantasie, weil sie als ein **Vorspiel** angesehen wird, welches die Zuhörer zu dem Inhalt des aufzuführenden Stückes vorbereiten soll, ist man schon mehr eingeschränkt, als bey einer Fantasie, wo man, ohne weitere Absicht, blos die Geschicklichkeit eines Clavierspielers zu hören verlanget.

Während die Improvisation in der europäischen Aufführungspraxis bis ins 19. Jh. hinein einen festen Platz hatte, verschwand sie danach völlig aus den Konzertsälen. Eine ungebrochene Tradition der Improvisation vor einer Zuhörerschaft haben heute noch die Orgelmusik und der Jazz.

2.4 Formenlehre

2.4.1 Formenlehre und Grundprinzipien musikalischer Gestaltung

Die Existenz einer **Formen-„Lehre"** für die Musik geht davon aus, dass ihre Elemente mithilfe absichtsvoll eingesetzter Gestaltungsmittel zu einem geformten Ganzen zusammengefügt werden, das für den Hörer nicht eine beliebige Aneinanderreihung der einzelnen Elemente darstellt, sondern eine sinnfällige Ganzheit bildet.

Dies gilt für die meisten Kompositionen der „klassischen" abendländischen Musiktradition ebenso wie für ein improvisiertes Jazz-Solo. Viele andere Musikstile und -gattungen dagegen beziehen ihre Wirkung auf Musiker und Hörer gerade nicht aus dem Erlebnis eines vom Komponisten vorherbestimmten Ablaufs: afrikanische Trommelmusik, indischer Raga, die Minimal Music, ...
Die Formenlehre hat daher zu prüfen, ob die von ihr verwendeten Begriffe und Kategorien dem Gegenstand, den sie beschreiben will, überhaupt angemessen sind. Ohne Begriffe, Schemabildung und Kategorisierung kommt die Formenlehre allerdings nicht aus, denn sie will musikalische Abläufe hauptsächlich mit sprachlichen Mitteln beschreiben, verständlich machen und deuten (wobei Mittel grafischer Darstellung behilflich sind). Musik kann aber nicht restlos in Sprache aufgehen, weil sie eine eigene Art von Sprache ist. Die Beschreibung einer musikalischen Form wird sich dem Musikstück also immer nur nähern können.
Die **Kategorisierung mittels Begriffen** birgt noch andere Probleme:
- Einerseits sind Kategorien mit ihrer notwendigen Abstrahierung und Simplifizierung für das Verständnis eines Werkes vor seinem historischen und stilistischen Hintergrund unabdingbar: Ein analytischer Zugang zu einer bachschen Fuge öffnet sich erst, wenn der musikgeschichtliche Hintergrund der Kompositionsgattung „Fuge" bekannt ist.
- Andererseits lässt sich jede Kategoriebildung anhand von Einzelwerken widerlegen, weil die meisten Kunstwerke gleichzeitig mit der Benutzung musikalischer Konventionen und Muster auch deren individuelle Ausprägung und Abwandlungen zeigen.
- Die Anwendung von kategorisierenden Begriffen in der Formenlehre („die Sonatenform") birgt zudem die Gefahr des Missverständnisses, Komponisten hätten sich nach den Vorgaben einer Formenlehre gerichtet. Die historische Wirklichkeit ist vielmehr die, dass die Formenlehre aus der Menge von Kompositionen, die bestimmte Mittel der formalen Gestaltung benutzt haben, aus einem gewissen zeitlichen Abstand heraus eine Schnittmenge bildet und daraus Form- und Gattungstypen ableitet und formuliert.

Die **Musikästhetik** des 19. Jh.s stellte die Frage, ob in der Musik Inhalt und Form zu trennen seien. EDUARD HANSLICK (1825–1904), Musikwissenschaftler und einflussreicher Musikkritiker seiner Zeit, schrieb dazu 1854 in seiner Schrift „Vom musikalisch Schönen": „In der Musik aber sehen wir Inhalt und Form, Stoff und Gestaltung, Bild und Idee in dunkler, untrennbarer Einheit verschmolzen." Für HANSLICK bestand damit ein grundsätzlicher Unterschied zu Malerei und Dichtung, die den gleichen Inhalt in verschiedener Form darstellen können.

Auch die Formenlehre selbst hat bereits ihre Geschichte: Im 19. Jh. wurden die Formen der klassischen Instrumentalmusik zu Idealtypen. Deren Kategorien wie Entwicklung und Folgerichtigkeit wurden später auch

zur Analyse anderer Musik herangezogen, wie Musik der Renaissance, des 20. Jh.s oder aus nichtabendländischen Traditionen. Die Formbildungen mancher Epochen wurden als unvollkommene „Vorstufen" oder „primitive" Randformen bewertet.
Hatte dies zeitweise zur Verengung des Blicks geführt, bemüht sich die Formenlehre heute in allen Stilbereichen um eine autonome und materialgerechte Beschreibung der Formbildung. Auch zwischen den Positionen der Abstrahierung und allgemeingültigen Kategoriebildung einerseits und einer nur am Einzelfall orientierten Sichtweise andererseits hat sich eine differenzierte Haltung des Ausgleichs entwickelt: Kein Kunstwerk geht deckungsgleich in einer Formkategorie auf, aber kein Kunstwerk kann auch ganz verstanden werden ohne Berücksichtigung der kompositorischen Standards, von denen es sich zur Zeit seiner Entstehung abhob.

Folgende **Grundprinzipien musikalischer Gestaltung** (melodisch, harmonisch und rhythmisch) gibt es – im Großen und im Kleinen: Wiederholung, Reihung, Wiederkehr, Variante und Kontrast.

Wiederholung stiftet Zusammenhang und bringt ein Moment der Ruhe und Voraussehbarkeit in den musikalischen Ablauf. Andererseits kann Wiederholung als bestimmendes Prinzip Zustände der Trance und Ekstase hervorrufen, besonders im Zusammenhang mit Stimulation zur Bewegung, wie in afrikanischer Trommelmusik oder in einigen Stilformen des Jazz.

Reihung nennt man die Aufeinanderfolge mehrerer Gedanken, Formteile oder ganzer Musikstücke. Die Reihungselemente können beziehungslos nebeneinanderstehen, können aber auch untereinander einen inneren Bezug haben oder in eine größere Form eingebunden sein, etwa durch Zugehörigkeit zu einem Zyklus. Die Reihungselemente gehen nicht auseinander hervor, sondern stehen gleichberechtigt nebeneinander. Eine Reihung hat prinzipiell ein offenes Ende, wie z. B. Lieder, bei denen improvisatorisch neue Strophen angefügt werden können.

Das **Prinzip der Wiederkehr** ist so umfassend, dass es als eines der Hauptmerkmale künstlerischer Gestaltung in abendländischer Musik, ja als Grunderfahrung menschlichen Erlebens bezeichnet werden könnte. Man findet diese Struktur in vielen Erzählungen und Märchen, die bekanntlich Archetypen menschlichen Verhaltens und Erlebens widerspiegeln.

Wiederkehr (Reprise): Auf eine erzählte Episode, auf den ersten Gedanken oder Abschnitt eines Musikstücks folgt ein zweiter, kontrastierender Teil der Erzählung oder des Musikstücks; der dritte Teil schließlich führt zur Thematik des Anfangs zurück und lässt diese in neuem Licht erscheinen.

Variante und Kontrast bezeichnen eine direkte Beziehung zweier musikalischer Gedanken und sind grundlegende Elemente der klassischen Motiventwicklung.
Variante ist Veränderung, aber nicht in allen Eigenschaften. Sie ist rückbezogen auf Vorangegangenes.
Beim Kontrast sind musikalische Elemente oder Formteile zueinander gegensätzlich. Kontrast wirkt trennend, kann aber auch ergänzend wirken, wenn ihm auf einer anderen Ebene des Materials Analogie gegenübersteht: Zwei kontrastierende Soli über identisch gestalteten Jazz-Chorussen vereinen trennende und verbindende Elemente.

2.4.2 Motiv und Thema

Das Motiv und seine Verarbeitung

> Ein **Motiv** ist die kleinste musikalisch sinnvolle Einheit; aus ihm kann sich das weitere Geschehen entwickeln.
> Diese motivische Entwicklung kann innerhalb eines vom Komponisten geplanten Formverlaufs oder spontan im Verlauf einer Improvisation geschehen. Besonders in Werken der Klassik finden sich zahlreiche Techniken der **Motivverarbeitung. Variante** ist eine allgemeine Bezeichnung für die veränderte Gestalt eines Motivs.

▶ Die Formenlehre benutzt anschauliche Begriffe, die alle Erscheinungsformen der motivischen Verarbeitung beschreiben sollen. Diese sind allerdings in der kompositorischen Praxis so vielfältig und individuell, dass nicht immer eine eindeutige begriffliche Zuordnung möglich ist.

Im Folgenden sind die wichtigsten Motivverarbeitungstechniken am Beispiel des nebenstehenden **Ausgangsmotivs** aufgeführt:

Umkehrung	Die Intervalle werden an einer horizontalen Achse gespiegelt: Auf- und Abwärtsbewegungen werden vertauscht.	
Transposition	Das Motiv erscheint in einer anderen Tonart.	
Sequenzierung	Das Motiv wird immer von Neuem auf eine benachbarte Tonstufe versetzt.	
Verkleinerung/ Vergrößerung	Bei der Verkleinerung **(Diminution)** und Vergrößerung **(Augmentation)** werden alle Notenwerte verkleinert oder vergrößert (meist halbiert oder verdoppelt).	 
Abspaltung	Bei Abspaltung und **Fortspinnung** wird ein Teil des Motivs herausgelöst und separat weiterverarbeitet.	
Nachahmung	Bei der Nachahmung **(Imitation)** wird ein Motiv von einer zweiten Stimme nachgeahmt, während die erste weiterläuft.	

■ In seiner Klaviersonate op. 2 Nr. 2 entwickelte LUDWIG VAN BEETHOVEN mithilfe verschiedener Verarbeitungstechniken aus einem kurzen zweitönigen Motiv das Thema des ersten Satzes.

Das Thema als Grundidee einer Komposition

thema, griech. = das Hingestellte

Die Definition des Begriffs „Thema" hängt eng mit dem Verständnis von Formbildung und Verarbeitung in der europäischen Musik zwischen 1600 und 1900 zusammen.

> Ein **Thema** ist eine ausgeformte musikalische Gestalt mit meist melodisch-rhythmischer Struktur, die den Grundgedanken einer Komposition darstellt und das Ausgangsmaterial für musikalische Verarbeitungstechniken unterschiedlicher Art bildet.

Die Abgrenzung des Themas vom weiteren Verlauf des Musikstücks lässt sich nicht immer eindeutig vornehmen.

Dazu gehört auch, dass wichtige Stationen der musikalischen Entwicklung eines Musikstücks durch das Wiedererscheinen des Themas (oder der Themen) in originaler oder veränderter Gestalt markiert werden. Eine Komposition ohne „Thema" ist nach diesem Verständnis kaum möglich, ebenso wenig ein Thema, das in einem längeren Stück keine Spuren musikalischer Arbeit hinterlässt. Diese „klassische" Vorstellung einer vom Komponisten planend gestalteten Form findet sich aber nicht in allen Epochen und Stilen der europäischen Musikgeschichte, und vielen außereuropäischen Kulturen ist sie ganz fremd.

Viele Musikstücke haben mehrere Themen, die nacheinander, dann aber auch gemeinsam verarbeitet werden.

Themen können in Musikstücken unterschiedlichster Art verarbeitet werden: in Sonate, Fuge, Arie, Variation, Chaconne, im Jazz-Chorus und in vielen anderen. Entsprechend kann die musikalische Gestalt eines Themas sehr unterschiedlich sein.
Das Thema kann sehr kurz sein und ein „offenes Ende" haben:

LUDWIG VAN BEETHOVEN:
Hauptthema des ersten Satzes der 5. Sinfonie c-Moll op. 67

Längere Themen enthalten oft bereits eine motivische Verarbeitung; Themen, die als Vorlage für Variationen dienen, sind meist sogar vollständige Musikstücke.

WOLFGANG AMADEUS MOZART:
Sinfonie g-Moll KV 550, Hauptthema des ersten Satzes

Ein Thema im Jazz besteht aus einer Melodie und einer dazugehörigen Harmoniefolge, die durch Akkordsymbole festgelegt wird. Die Musiker improvisieren Variationen der Melodie (Paraphrasen) oder erfinden neue Melodien, die zur Harmoniefolge passen.

SIMONS/MARKS:
Jazz-Titel „All of me" (Anfang des Themas)

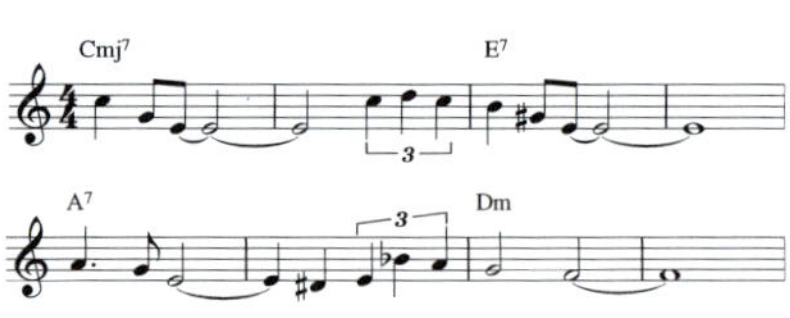

2.4.3 Formschemata und Formungsprinzipien

Form in der Musik verschiedener Stile und Epochen

Die Musikgeschichte hat Werke in großer **Form- und Stilvielfalt** hervorgebracht: Epochenstile, nationale oder persönliche Stile einzelner Komponisten oder großer Jazz-Improvisatoren. Immer wieder bildeten sich innerhalb einer Epoche oder eines Stils einzelne Formen oder Formungsprinzipien als typisch heraus, wie die Fuge in der Barockzeit, die Sonate in der Klassik, das lyrische Klavierstück in der Romantik oder die zwölftaktige Bluesform im Jazz.
Die Formenlehre benennt und beschreibt diese typischen Formen. Dabei hat sie heute den Vorteil, aus historischem Abstand die kulturellen Einflüsse überblicken zu können, die zur Entstehung musikalischer Formen und ihrer Weiterentwicklung oder Ablösung durch andere Formen geführt haben. Damit ist die Formenlehre in der Lage, die **Formprinzipien** und **Formmodelle** jeder Epoche und auch diejenigen außereuropäischer Musikkulturen in ihrem eigenen Wert und ihrer Stellung innerhalb ihres Kulturkreises und als Teil der musikgeschichtlichen Gesamtentwicklung zu erkennen und zu beschreiben.

Die „klassische Periode"

Die **„klassische Periode"** ist ein für die musikalische Klassik typisches metrisch-formales Grundmuster von in sich ruhender Geschlossenheit.
Das Formmodell umfasst acht Takte und ist in zwei viertaktige Halbsätze (Vordersatz und Nachsatz) gegliedert. Die beiden Halbsätze sind gleich lang und haben eine korrespondierende motivische und metrische Struktur. Der Vordersatz hat öffnenden, der Nachsatz beschließenden Charakter.

Die Bedeutung der Begriffe wandelte sich im Laufe der Zeiten. In seinem „Vollkommenen Kapellmeister" (1739) beschreibt JOHANN MATTHESON (1681–1764) mit dem Begriff Periode einen kurzen, aber selbstständigen Satz einer Rede: „Ein Periodus [...] ist ein kurtzgefaßter Spruch, der eine völlige Meinung oder einen gantzen Wort-Verstand in sich begreifft."

Diese Wirkung kann durch unterschiedliche musikalische Gestaltungsmittel erzielt werden. In der typischen harmonischen Anlage endet der Vordersatz halbschlüssig auf der Dominante, der Nachsatz mit entsprechend angepasster Melodik ganzschlüssig auf der Tonika.
Weitere symmetrische Unterteilungen in Zweitaktgruppen oder auch die Erweiterung des Modells auf 16 Takte sind häufig.

Das Volkslied „Ich hab die Nacht geträumet" hat die Form einer klassischen Periode.

2

Liedformen

▶ **Liedformen** dienen nicht nur der Gestaltung von Liedmelodien, sondern auch zur Gestaltung größerer formaler Zusammenhänge, z. B. beim Formablauf Menuett/Trio/Menuett (ABA-Form).

Liedformen haben ihren Namen von Volksliedern mit einer einfachen zwei- oder dreiteiligen Form. Die Schlichtheit und Klarheit dieser Formen diente in der Epoche der Klassik und Romantik als Vorbild zum formalen Bau von Instrumentalkompositionen.

Zweiteilige Liedform: Sie besitzt das Formmodell AA' oder AB.

■ Volkslied „Wenn ich ein Vöglein wär":

Dreiteilige Liedform (ABA): Dieses Formmodell wird auch **„Bogenform"** oder **„Da-capo-Form"** genannt.

■ Volkslied „Alle Vögel sind schon da":

Barform (AAB): Dieses Formmodell findet sich z. B. in Liedern, bei denen der erste Teil mit anderem Text wiederholt wird.

A A B

Reihungsform (ABC …): Dieses offene Modell findet sich in zyklischen Formen, z. B. Suiten oder Medleys, in denen ähnliche oder unterschiedliche Musikstücke oder Abschnitte aneinandergereiht werden.

A B C …

▶ Oft sind Groß- und Kleinformen ineinander verschränkt: Zum Beispiel können innerhalb einer ABA-Großform die einzelnen Abschnitte als Perioden oder wiederum als dreiteilige Liedform gestaltet sein.

Rondo, Chorus und Variation

Diese Formen beruhen auf dem Prinzip der Wiederkehr:

- Ein Modell wird ständig wiederholt und erfährt dabei Veränderungen (Chorus, Variation) oder
- ein Abschnitt kehrt nach einem Zwischenteil unverändert wieder (Rondo).

Der **Chorus** im Jazz ist ein festes Harmonieschema (meist 8-, 12- oder 16-taktig), das ständig wiederholt wird und als Basis für Improvisationen oder Arrangements dient.

Im **Rondo** wechseln sich der immer wiederkehrende Refrain (Kehrvers, A) und variable Couplets (Strophen; B, C …) ab.

A B A C A …

Eine **Variationsreihe** ist eine zusammenhängende Folge von Stücken, in denen ein Thema nacheinander mit verschiedenen Verarbeitungstechniken in seinen musikalischen Eigenschaften variiert wird.

Musikalische Mittel der Formbildung

Ein Musikstück erhält seine Form durch die Aufeinanderfolge von Abschnitten. Drei Arten der Beziehung der Abschnitte untereinander stellen die **Grundprinzipien der Formbildung** dar:
- **Gleichheit** ist musikalisch als Wiederholung, Ostinato, Sequenz oder Wiederkehr erkennbar.
- **Abweichung** wird musikalisch meist als Variation, Variante oder Verarbeitung realisiert.
- **Gegensatz** zeigt sich musikalisch als Kontrast oder Andersartigkeit.

In den **Grundprinzipien der Formbildung** wie Gleichheit, Abweichung und Gegensatz liegen synästhetische Berührungspunkte zwischen den Künsten. Besonders die Künstler des expressionistischen Stils versuchten die traditionellen Grenzen zwischen den Künsten zu überschreiten (↗ S. 23, 210 f.)

Dazu können vielfältige musikalische Mittel eingesetzt werden:
- Rhythmus: Tempo, rhythmische Gestaltung, metrischer Verlauf,
- Melodie: melodische Kontur, motivische Verarbeitung,
- Harmonik: Kadenzen, Sequenzen, Lage und Stellung von Akkorden,
- Klangfarbe: Instrumentation, Besetzung,
- Dynamik, Artikulation: laut/leise, crescendo/diminuendo, staccato/legato, Akzente,
- Textur: Satztyp (homophon/polyphon), Solo/Tutti usw.,
- Sprache (bei Vokalwerken): Textbehandlung und -aufteilung.

Oft werden auf mehreren Ebenen der musikalischen Gestaltung unterschiedliche Mittel eingesetzt, sodass zwei Formabschnitte gleichzeitig Kontrast und Entsprechung enthalten und der Hörer den Eindruck von „Einheit in der Verschiedenheit" gewinnt.

LUDWIG VAN BEETHOVEN: Klaviersonate op. 14 Nr. 2, zweiter Satz:
Takt 1–2: Die Melodie liegt in der Oberstimme, Melodie und Akkorde werden staccato gespielt; die Stelle erweckt den Eindruck von „stockendem Schreiten". **Takt 21–22:** Auf mehreren Ebenen kontrastiert diese Stelle zur ersten.
Satz: Melodie in der Mittelstimme
Artikulation: legato
Rhythmus: durchlaufender Achtelpuls zwischen rechter und linker Hand.
Der Eindruck ist ein „ruhiges Fließen". In beiden Stellen wird die gleiche Melodie verarbeitet: Das melodische Element stiftet Einheit, während andere Gestaltungsmittel wie Textur (Satz), Artikulation und Rhythmus eine Kontrastwirkung erzeugen.

Takt 1–2

Takt 21–22

Die musikalischen **Mittel zur Formbildung** waren nicht in allen Epochen der Musikgeschichte die gleichen. Oft verstanden die Musiktheoretiker einer Epoche die Formprinzipien vergangener Epochen gar nicht mehr und maßen die Werke früherer Epochen an den Stilmitteln ihren eigenen Epoche.

Die Formenlehre darf sich nicht auf die Analyse der musikalischen Mittel beschränken, sondern muss versuchen, dahinter die gestalterische Absicht des Komponisten zu erkennen: Wollte er die Hörerwartung zunächst mit einer konventionellen Form befriedigen, um den Hörer anschließend zu überraschen? Verzichtete er am Beginn einer Variationsreihe auf komplexe musikalische Strukturen, um sie für spätere Variationen aufzusparen?

Musik in Theorie und Praxis

Musiktheorie erklärt, wie Musik strukturiert ist und welche Ideen ihrer Entstehung zugrunde liegen.

Wirkungsbereiche der Musiktheorie			
Musiktheorie erklärt Zusammenhänge zwischen den physikalischen Grundlagen (Akustik, Stimmungssysteme, Intervalle), den kompositionstechnischen Elementen (Harmonik, Melodik, Satzstruktur) und der emotionalen Wirkung von Musik.	Sie verfolgt Kategorien und Methoden des Nachdenkens über Musik durch die Jahrhunderte.	Sie untersucht anhand von Musikwerken und Kompositionsgattungen die kompositorisch-satztechnischen Verfahren, also die kreativen und handwerklichen Anteile einer Komposition. Dabei ergeben sich Überschneidungen mit der „Formenlehre": Beide Fachgebiete nutzen z. T. die gleichen Analyseverfahren und kategorisieren musikalische Phänomene mittels Begriffen, Modellen oder Schemata – z. B. „a–b–a" oder „Variation".	Die Musiktheorie bezieht Bereiche wie Notationskunde, Improvisation, Instrumentenkunde und stilgebundene Instrumentation mit ein.

Das 19. Jh. mit seinen Stilepochen Klassik und Romantik war in der Entwicklung kompositorischer Standards der wichtigste Abschnitt der abendländischen Musikgeschichte. Hier entstand das noch heute vorherrschende Musikverständnis, bezogen auf melodische und harmonische Bewegung, motivische Entwicklung, formale Gestaltung und Instrumentation. Die in dieser Zeit entwickelten kompositorischen Mittel fanden in vereinfachter Form auch Eingang in die populäre Musik. Für die Musiktheorie war das 19. Jh. insofern ein entscheidender Zeitabschnitt, als sie sich von der Kompositionslehre löste. Sie wurde zu einer eigenständigen Disziplin und entwickelte die noch heute gebräuchlichen Denk- und Analysemodelle. Der Schwerpunkt der Theoriebildung lag dabei auf der Harmonielehre. Die Loslösung der Musiktheorie von der Kompositionslehre setzte sich im 20. Jh. fort. Heute steht der analytische Ansatz im Vordergrund. Die Musiktheorie dient im Wesentlichen als Hilfe zum Verstehen von Musikwerken. Lediglich im Bereich Arrangement – im Jazz oder bei der traditionellen Instrumentation – vermittelt Musiktheorie in Form von „Satzlehre" Erkenntnisse für die Ausprägung kompositorisch-satzpraktischer Fähigkeiten.

Mit dem Beginn des 20. Jh. endete die Entwicklung der traditionellen Kompositionstechniken. Neue Gestaltungsprinzipien entstanden, neue Einflüsse veränderten Klangbild und Struktur der Musik und erforderten damit auch **neue Denkmodelle** der Musiktheorie. Zahlreiche neue Einflüsse auf die Musikpraxis – die Weltmusik und importierte nationale Musik- und Tanzmusikstile, der Jazz, die Entwicklung der Neuen Musik, internationale Stilvermischungen, elektronische Klangerzeugung und -bearbeitung, Filmmusik, Musikperformance – haben den Musikbegriff erweitert und damit auch an die erklärende Disziplin Musiktheorie neue Anforderungen gestellt.

Wissenstest 2 auf **http://wissenstests.schuelerlexikon.de** und auf der DVD

Musik in der Gesellschaft

3

3

3.1 Musikkultur in Geschichte und Gegenwart

Musizieren vollzieht sich in der Gesellschaft. Die Formen des gesellschaftlichen Zusammenlebens der Menschen haben die Entwicklung der Musik – ihre Institutionen, die Ausübung von Musik als Beruf und die wirtschaftlichen Dimensionen des Musizierens – zu allen Zeiten tief geprägt.

Bilder von links nach rechts:
„Musizierende Damen" 1530/40

Staatsoper Berlin

Musikaufnahme im Studio

3.1.1 Gesellschaftliche Institutionen der Musik

Zu den **Musik produzierenden Institutionen** gehören z. B. Studios oder Opernhäuser, zu den **Musik vermittelnden Institutionen** z. B. Musikschulen oder Medien.

Das Musizieren wie der Umgang mit Musik (Musikrezeption, Musikhören) ist stets an bestimmte gesellschaftliche Institutionen gebunden. Das sind Produktions-, Aufführungs- und Vermittlungsstätten, also Realisierungsorte von Musik in der Gesellschaft.

Musik produzierende und **Musik vermittelnde Institutionen** bilden in enger Verflechtung das Fundament von Musikkultur und des sich in ihr entfaltenden Musiklebens.

Obwohl zwischen den Musikkulturen der Welt erhebliche Unterschiede bestehen, gibt es aber auch viele Gemeinsamkeiten. So sind in allen Musikkulturen auf einem bestimmten Stand der gesellschaftlichen Arbeitsteilung spezielle Produktions- und Aufführungsstätten sowie Institutionen der Vermittlung und Pflege von Musik entstanden. Die Formen jedoch unterscheiden sich erheblich.

Die wichtigsten **Institutionen in den europäischen und europäisch geprägten Musikkulturen** waren bzw. sind die Kirche, der Hof, das Konzert, das Musiktheater, die Massenmedien.

Kirche geht auf das griech. *kyriaké* zurück und bedeutet „dem Herrn gehörig". Griechisch sprechende Juden verwendeten das Wort als „Gemeinde, versammeltes Gottesvolk". Im Neuen Testament ist es die wichtigste Bezeichnung des „neuen Gottesvolkes". Erst im 4. Jh. bezeichnete man Kirche als Gebäude.

Kirche

Die Kirchen, die mit dem Wandel des Christentums zur Staatsreligion im 4. Jh. zu **Zentren des geistig-kulturellen Lebens** wurden, haben eine bedeutende Rolle in der abendländischen Musikentwicklung gespielt.

Aus dem Wechselverhältnis von Musik und Liturgie (Gottesdienst) gingen mit **Kirchenlied, Choral, Passion, Messe** und **Kantate** eigenständige musikalische Gattungen hervor.

Musikalische Gattungen ↗S. 247 ff.

Die Kirchen machten in den zurückliegenden Jahrhunderten breiten Bevölkerungskreisen eine Form des Musikerlebnisses zugänglich. Sie brachten dabei die ästhetischen Eigenarten von Musik auf besondere Weise zur Geltung, z. B. in der klanglichen Ausdeutung liturgischer Texte, im musikalischen Ausdruck des Erhabenen, in erfahrbar gemachten Harmonievorstellungen oder – gebunden an die Architektur von Kirchengebäuden – als Klang gewordener Raum.

Die christlich geprägten afroamerikanischen Kirchen in den USA wurden zum Ursprungsort von **Spiritual** und **Gospel.** Sie hinterließen damit tiefe Spuren in der Entwicklung der populären Musik des 20. Jh.s.

Spiritual ist eine Ende des 18. Jh.s entstandene Form der afroamerikanischen geistlichen Musik, die auf die protestantischen, vor allem methodistischen Hymnen der anglikanischen Kirche zurückgeht. **Gospel** ist eine Form des afroamerikanischen geistlichen Liedes, die in den 1920er-Jahren in den schwarzen Straßenkirchen entstand.

Seit der von Papst GREGOR I. (um 540–604) zu einem Zentrum der Musikpflege ausgebauten Schola Cantorum (Sängerschule) wirkten die Kirchen auch als **musikalische Bildungsstätten** mit großer Ausstrahlungskraft.
Diese Tradition setzt sich mit dem DRESDNER KREUZCHOR, der in der zweiten Hälfte des 13. Jh.s gegründet wurde, und dem 1212 entstandenen LEIPZIGER THOMANERCHOR (↗ Bild) bis heute fort.

Fürstenhöfe

Die Fürstenhöfe waren weltliche Zentren der Macht, die mit der **Hofmusik** die Musikentwicklung ebenso nachhaltig prägten wie die Kirchenmusik.

Die an den Fürstenhöfen zwischen dem 12. und 18. Jh. hervorgebrachten Genres und Gattungen reichten vom **Minnesang** des Hochmittelalters über die **Tafelmusiken** (Suiten, Divertimentos, Sonaten, Concerti) und **Festmusiken** (Motetten, Madrigale) bis zur höfischen **Tanzmusik** (Menuett, Sarabande).

Musikpflege bei Hof war zunächst Selbstbetätigung (Minnesang), in der Hauptsache aber Dienstleistung von fahrenden Musikern (Spielleute, Barden, adlige Berufssänger). Die Geschichte der Hofmusik begann mit den im 14. Jh. entstandenen **Hofmusikensembles** für die zahlreichen Gottesdienste. Sie umfassten zunächst nur Sänger und waren einem Geistlichen unterstellt. Später kamen Instrumentalisten, Feldtrompeter und Hofpauker für die Militärmusik hinzu.

Rein vokale Besetzungen, also nur Sänger in einem Ensemble, werden als *„a cappella"* (ohne Begleitung) bezeichnet.

3

Bild:
Haydn-Saal im Schloss Esterházy (Österreich); Wirkungsstätte von JOSEPH HAYDN 1761–1790

Im 16. Jh. entwickelten sich weltliche Hoforchester daraus. Ihre Aufführungen – **Hofkonzerte** – wurden im 18. Jh. öffentlich oder halböffentlich und schließlich auch dem Bürgertum zugänglich.
Die Hofgesellschaft fand mit der Französischen Revolution 1789 ihr Ende. Die Belange der musikalischen Kunst übernahm der bürgerliche Staat. Die höfischen Musikinstitutionen wurden durch zumeist kommunale Einrichtungen, wie städtisches Orchester oder Stadttheater, abgelöst.

Collegium musicum war eine Vereinigung bürgerlicher Musikliebhaber, die im 17. Jh. mit halböffentlichen Veranstaltungen zu einem Vorläufer des öffentlichen Konzertes wurde.
Die **Berliner Singakademie** ist die 1791 von CARL FRIEDRICH FASCH (1736–1800) gegründete älteste Berliner Chorvereinigung.
Die **Gesellschaft der Musikfreunde Wiens** war ein 1812 gegründeter Verein zur Pflege der Musik. Er hatte auf das Musikleben des 19. Jh.s großen Einfluss.

Konzert

> Das **Konzert** ist eine im 16. Jh. aufgekommene Form der Komposition und seit der Aufklärung zugleich eine für die bürgerliche Musikkultur charakteristische Veranstaltungsform.

Das Konzert entstand aus der kommerziellen Darbietung von Berufsmusikern oder Unternehmern sowie aus der Öffnung von vereinsartig organisierten Liebhaberkreisen für ein zahlendes Publikum, wie das Collegium musicum, die Berliner Singakademie, die Gesellschaft der Musikfreunde Wiens. Mit regelmäßigen Veranstaltungen auf Subskriptions- bzw. Abonnementbasis wurde das Konzert im 19. Jh. zu einem zentralen **Realisierungsort für Musik.**

Foto:
Konzerthaus der Berliner Philharmonie

Die dem Konzert zugrunde liegende Trennung von Musizierenden und Publikum und ihre räumliche Anordnung frontal zueinander rückte die dargebotene Musik in das Zentrum. Damit unterschied sich das Konzert von allen vorangegangenen Formen der Musikverwirklichung in der Kirche und am Hof.

In den 1940er-Jahren griff das Konzert als Veranstaltungsform auf den Jazz, in den 1960er-Jahren dann auch auf Rock- und Popmusik über. Die Musikzentriertheit stellt dabei einen Unterschied zur Showveranstaltung dar, auch wenn die Grenzen inzwischen fließend sind.

> Die von dem Musikproduzenten JOHN HAMMOND (1910–1987) 1938 und 1939 in der New Yorker Carnegie Hall veranstalteten „From Spiritual to Swing"-Konzerte stellten die Form des Konzerts erstmals in neue Zusammenhänge. Die ehedem wichtigsten Vertreter der afroamerikanischen Musik wurden erstmals auf die Bühne eines bürgerlichen Konzertsaals gebracht.

Im Musikleben der Gegenwart nimmt das Konzert einen breiten Raum ein, zumal diese Veranstaltungsform auch für Popmusik und Jazz inzwischen gängig ist.

Orchesterkonzerte und Besucherzahlen in Deutschland (Quelle: Deutscher Musikrat)

Spielzeit	2003/04	2004/05	2005/06	2006/07	2007/08
Konzerte	7432	8127	8428	8414	8711
Besucher	3990782	3795471	3774301	3941835	4020745

Musiktheater

Das Musiktheater hat seinen Ursprung in der Antike und geht über die in der Oper charakteristische Verbindung von gesprochenem und gesungenem Wort hinaus.

> Das **Musiktheater** ist eine Synthese von Gestik, Wortvortrag, Gesang, Musik und Bild. Es ist seit dem 17. Jh. eine feste Institution des Musiklebens.

Foto: Grand Opera in Paris

Im späten 16. Jh. kam in Italien der Begriff **Oper** als Bezeichnung für gesprochene und gesungene Bühnenwerke auf. Im 17. Jh. entstand und verfestigte sich der Begriff **Musiktheater** für Werke, die mit instrumentalbegleitetem Gesang eine Handlung auf der Bühne darstellen. Speziell dafür wurden dann auch die ersten Bauten errichtet: 1637 in Venedig, 1652 in Wien, 1656 in London und 1671 in Paris.
Im 19. Jh. vollzog sich dann im Rahmen der als Privatunternehmen betriebenen oder städtisch gewordenen Musiktheater eine Ausdifferenzierung in Musical-, Ballett-, Operetten- und Opernbühnen.

▶ Im 19. Jh. gab es z. B. in Paris, St. Petersburg oder München noch Hofopern.

Veranstaltungen und Besucher der öffentlichen Musiktheater in Deutschland – Oper, Ballett, Operette, Musical (Quelle: Deutscher Musikrat)

Spielzeit	2003/04	2004/05	2005/06	2006/07	2007/08
Veranstaltungen	13419	13061	12862	12801	12865
Besucher	8457480	8219598	7908288	7733728	7868547

Massenmedien

Neben dem Tonträger gehören Rundfunk und Fernsehen zu den Medien, die bedeutenden Einfluss auf das Musikleben der Gegenwart haben.

Die Massenmedien **Rundfunk** und **Fernsehen** sind sowohl Produzenten wie Vermittler von Musik. Sie vollzogen seit Ende des 19. Jh.s eine rasante Entwicklung.

Zeittafel Hör- und Fernsehfunk	
1888	HEINRICH HERTZ erzeugt elektromagnetische Wellen durch Funkenentladungen – damit Nachweis, dass sich diese ebenso wie Lichtwellen verbreiten
1897	GUGLIELMO MARCONI demonstriert die drahtlose Telegrafie in einer Reichweite von 16 km
1906	drahtlos-telefonische Überbrückung der Strecke Nauen–Berlin (40 km); Übertragung von Sprache und Musik
1922	erster regelmäßiger Rundfunksender, der „Wirtschaftsrundspruchdienst"
1923	29.10. Eröffnung des deutschen Unterhaltungsrundfunks
1928	Fernsehversuchssendungen auf der 5. Deutschen Funkausstellung in Berlin
1929	erste drahtlose Fernsehsendung (noch ohne Ton) der Deutschen Reichspost
1935	erste aktuelle Fernsehübertragung vom Tempelhofer Feld in Berlin
1949	erster UKW-Sender in Deutschland
1950	Gründung der ARD in München
1954	Gründung der „Eurovision" durch die europäischen Fernsehanstalten zum Austausch von Nachrichten und Programmen
1967	erster Farbfernseher auf der 25. Deutschen Funkausstellung in Berlin
1976	Beginn des Einzugs von Rundfunkgebühren durch die GEZ
1981	in den USA beginnt das Musikfernsehen mit MTV (Music Television)
1984	Einführung des dualen Rundfunksystems in Deutschland
1985	das erste kommerzielle Fernsehprogramm geht mit Sat1 auf Sendung
1987	Sendebeginn von „MTV Europe"
1991	Start des ersten Pay-TV-Programms (Bezahlfernsehen) in Deutschland
1993	Beginn des deutschen Musikfernsehens mit VIVA
1995	Beginn des Zeitalters des Internet-Radios in Deutschland mit dem Streaming-Dienst „Info-Radio on Demand" durch ORB, SFB und TU Berlin
2003	Start des digitalen Antennenfernsehens in der Region Berlin-Brandenburg
2006	Deutsche Telekom startet mit T-Home Entertainment das Internetfernsehen (IPTV) in Deutschland – Anfang 2010 mit 1,3 Mio. Abonnenten

ARD Das Erste

MUSIK TELEVISION ®

Der 1950 gegründeten **ARD** gehören neun Landesrundfunkanstalten und die als Anstalt des Bundesrechts geführte Deutsche Welle an.

Von den 32,2 Mio. Sendeminuten, die die in der „Arbeitsgemeinschaft der öffentlich-rechtlichen Rundfunkanstalten der Bundesrepublik Deutschland" (ARD) zusammengeschlossenen Einrichtungen mit ihren zahlreichen Hörfunkprogrammen 2008 insgesamt ausstrahlten, entfielen 55,6 Prozent auf die Musik – davon 26,9 Prozent auf Rock/Pop, 15,7 Prozent auf die Unterhaltungsmusik und 13,0 Prozent auf die Klassik.

Mit ihren hauseigenen Aufnahmestudios und Orchestern sowie als Veranstalter von Konzerten, Konzertreihen und Musikfestivals gehören die Einrichtungen zu den wichtigsten **Produzenten von Musik.**

Prägend war das 1951 beim Westdeutschen Rundfunk (WDR) in Köln gegründete Studio für elektronische Musik. Es wurde von dem Musikredakteur HERBERT EIMERT (1897–1972) mit Unterstützung des Physikers WERNER MEYER-EPPLER (1913–1960) initiiert. Für solche bedeutende Vertreter der Musik des 20. Jh.s, wie KARLHEINZ STOCKHAUSEN (1928–2007), KAREL GOEYVAERTS (1923–1993), HENRI POUSSEUR (1929–2009) oder FRANCO EVANGELISTI (1926–1980), wurde das Studio zur Plattform.

Als **Veranstalter** hat der Rundfunk in allen Musikbereichen – von Klassik über Jazz bis hin zur Neuen Musik – Geschichte geschrieben.

Foto: Aufführung der Klangraumkomposition „Vier" von HANS PETER KUHN 2006 in Donaueschingen

Der Bayrische Rundfunk (BR) führte schon seit 1947 alljährlich in München die „Musica Viva"-Konzerte durch. Der Südwestrundfunk (SWR) verantwortet seit 1950 die „Donaueschinger Musiktage" als eines der bedeutendsten Uraufführungsfestivals. Der WDR veranstaltet seit 1967 die „Wittener Tage für Neue Kammermusik". Der Hessische Rundfunk (HR) leistet seit 1953 als Mitveranstalter des Deutschen Jazz Festivals in Frankfurt/Main einen wesentlichen Beitrag zur europäischen Jazzentwicklung. „Rockpalast", das 1977 erstmals veranstaltete Rock-Festival des WDR, gehört zu einem der wichtigsten in Europa.

Das vom SWR initiierte Festival trug zunächst den Titel „Donaueschinger Musiktage für zeitgenössische Tonkunst" bzw. für „Neue Musik."

Neben den öffentlich-rechtlichen Anstalten prägen zunehmend **private Rundfunkveranstalter** das Musikleben in Deutschland. Sie haben mit ihren ausschließlich werbefinanzierten Programmen 2009 rund 90 Mio. Sendeminuten Musik ausgestrahlt. Ihr Programm basiert auf einer begrenzten, zumeist im Wochenrhythmus veränderten charakteristischen Auswahl von 200 bis 400 Musiktiteln *(Playlist).* Mit diesen wird jeweils eine ganz bestimmte Zielgruppe angesprochen, die durch Werbung für die das Programm tragende werbetreibende Industrie aufgeschlossen werden soll. In Deutschland werden von der **AG Media Analyse** halbjährlich die Einschaltquoten in Stichproben von bis zu 70 000 Hörern ermittelt. Damit können Reichweite, Hörerprofil, Nutzungsdauer und Zeitverlauf der Nutzung genau bestimmt werden.

Die **ag.ma** (Arbeitsgemeinschaft Media-Analyse e. V.) ist ein Zusammenschluss von mehr als 250 Vertretern aus der werbungstreibenden Industrie, der Werbe- und Media-Agenturen, öffentlich-rechtlichem und privatem Rundfunk (Hörfunk und Fernsehen) sowie aus Tageszeitungen und Zeitschriften, in deren Auftrag die werberelevanten Nutzungsdaten (z. B. Einschaltquoten) ermittelt werden.

Die Werbeeinnahmen der Sender, die wesentlich auf die Attraktivität ihres Musikprogramms zurückgehen, lagen 2009 in Abhängigkeit von Senderreichweite, Hörerzahl und Tageszeit pro 30 Sekunden Sendezeit zwischen 3 Euro (bei kleineren lokalen Radiosendern) und 60 000 Euro in der Hauptnutzungszeit *(Primetime).* Sie erreichten ein Gesamtvolumen von 678,5 Mio. Euro.

3

Wichtige Radioformate in Deutschland

Format	Kernrepertoire	Kernzielgruppe	Beispiel
AC (Adult Contemporary)	Hits der 1980er- und 1990er-Jahre	25 bis 49-Jährige	94,3 rs2 (Berlin,Brandenburg)
CHR (Contemporary Hit Radio)	aktuelle Hits mit hoher Rotation (5–8mal/Tag)	14 bis 24-Jährige	Radio Gong (Würzburg)
Classics	Musik des 18. und 19. Jh.s	35 bis 55-Jährige	Klassik-Radio (über 32 UKW-Frequenzen)
Classic Rock	Rockmusik	25 bis 59-Jährige	Rockland Radio (Rheinland Pfalz)
DOM (Deutschorientierte melodiöse Musik)	Deutsche Schlager	ab 40-Jährige	NDR 1 (Niedersachsen)
EHR (European Hit Radio)	aktuelle Hits und Hits der 1980er- und 1990er-Jahre	20 bis 45-Jährige	R. SH – Radio Schleswig-Holstein (Schleswig-Holstein)
Jazz	Jazz in allen Formen	25 bis 35-Jährige	Jazz Radio Berlin (Großraum Berlin)
MOR (Middel of the Road)	nationale und internationale Hits	40 bis 60-Jährige	Radio Eurohertz (Hof, Nordbayern)
Oldies	Rock- und Popmusik der 1960er-, 1970er- und 1980er-Jahre	35 bis 55-Jährige	Oldie 95 (Großraum Hamburg)
Urban	Hip-Hop und Pop aktuell	14 bis 29-Jährige	planet radio (Hessen)

Zu jedem der in der Tabelle genannten Formate gibt es Subformate, z. B. German Based AC, Soft AC, Dance Oriented CHR, Rock Oriented CHR. Die Formate sind miteinander kombinierbar.

Das **Internet-Radio** erweiterte seit Ende der 1990er-Jahre das Programmspektrum noch einmal erheblich. Per Audio-Stream, also über digitale Audiosignale, wird im Internet-Radio aus allen Teilen der Welt in allen Teilen der Welt zugänglich gemacht.

Im **Fernsehen** spielt Musik als Hintergrund- und Filmmusik eine große Rolle. Darüber hinaus sind die Musiksendungen des Fernsehens neben dem der Popmusik gewidmeten Musikfernsehen MTV und VIVA wichtige Faktoren im Musikleben. Die ausschließlich durch Musik besetzten Programmzeiten sind zwar vergleichsweise gering, aber die Reichweite des Mediums Fernsehen gibt ihnen dennoch starkes Gewicht.

2003 hatten Musiksendungen (Musikshows, Konzerte, Musiktheater) im deutschen Fernsehen einen Gesamtumfang von 76 944 Sendeminuten. 2008 entfielen im öffentlich-rechtlichen Fernsehen Deutschlands von den insgesamt 9 962 Mio. Sendeminuten rund 10 Prozent auf Musiksendungen (Musikshows, Konzerte, Musiktheater).

3.1.2 Gesellschaftliche Funktionen der Musik

Musik erfüllt die unterschiedlichsten Zwecke, die im individuellen Umgang mit Musik realisiert werden und auf das gesellschaftliche Leben zurückwirken. Man spricht in diesem Sinn von gesellschaftlichen Funktionen der Musik.

Die wichtigsten **gesellschaftlichen Funktionen der Musik** sind die ästhetische Funktion, die kulturellen, praktischen, politischen und therapeutischen Funktionen.

Zwischen den gesellschaftlichen Funktionen der Musik und ihrem inneren Aufbau gibt es einen unmittelbaren Zusammenhang: Nicht jede Musik eignet sich für jeden Zweck; für jeden Zweck aber haben sich bestimmte Musikformen herausgebildet.

Die im Umgang mit Musik bestimmbaren gesellschaftlichen Funktionen erscheinen niemals einzeln oder isoliert. Sie bilden stets einen Zusammenhang, nur die Dominanzverhältnisse sind unterschiedlich.

Ästhetische Funktion

Die **ästhetische Funktion** ist das Fundament für alle anderen gesellschaftlichen Funktionen der Musik. Sie ist charakterisiert durch die **Einheit von Sinnlichkeit und Sinn.**

Diese Funktion bezieht sich auf die Dimensionen von Musik, die der **Erfahrung von Klang** einen besonderen, über ihn hinausweisenden Sinn geben. Klang ist weder an die Darstellung einer außerhalb der Musik liegenden Realität gebunden – mit Ausnahme der Tonmalerei – noch als bloße Sinnbildlichkeit zu verstehen – mit Ausnahme der Tonsymbolik. Sinn ist hier vielmehr das Resultat eines in der Klangerfahrung vermittelten komplexen Vorgangs der **Sinngebung,** der auf der Grundlage des jeweiligen besonderen Klangerlebnisses bei jedem Hören immer wieder neu vollzogen wird.

Tonmalerei meint Nachbildung von außermusikalischen akustischen Vorgängen mit musikalischen Mitteln, so bei CLAUDE DEBUSSY in „La Mer" (1903–05) das Meeresrauschen oder bei LUDWIG VAN BEETHOVEN in der 6. Sinfonie F-Dur (1808) den Kuckucksruf.

In allen Kulturen der Welt und zu allen Zeiten gilt die Klangerzeugung durch den Menschen als Musik, wenn die Sinnlichkeit der Klangerfahrung und der Sinn bzw. die Bedeutung der hervorgebrachten Klanggestalt eine Einheit bilden. Das unterscheidet die Klanglichkeit der Musik von der Akustik des Lärms.

Tonsymbolik meint Verschlüsselung von Bedeutungen in Tonfolgen, z. B. b-a-c-h am Beginn des dritten Themas der unvollendeten letzten Fuge in JOHANN SEBASTIAN BACHS „Kunst der Fuge" (1749/50).

Musik wird dann als Lärm empfunden, wenn die Wahrnehmung ihrer ästhetischen Funktion nicht möglich, beabsichtigt oder erwünscht ist. Hat Klang eine Signalfunktion, z. B. Autohupen, gibt es keinen unmittelbaren Zusammenhang zwischen Sinnlichkeit der Klangerfahrung und Sinn des Signals.

In der Vergangenheit wurde versucht, die ästhetische Funktion der Musik auf verschiedene Weise zu ordnen bzw. zu kategorisieren, z. B. als Musikalisch-Schönes, Musikalisch-Erhabenes, Musikalisch-Komisches, Musikalisch-Tragisches.
Die Entwicklung von Musik zur **Tonkunst** hat zu einer weitgehenden Verselbstständigung ihrer ästhetischen Funktion geführt, die im Konzert (↗S. 110) einen eigenen institutionellen Rahmen erhielt.

Kulturelle Funktionen beziehen sich auf die Rolle der Musik in den übergreifenden gesellschaftlichen Wert- und Sinnsystemen, die die Kultur einer Gesellschaft ausmachen und die **Lebensweise** ihrer Angehörigen prägen.

Kulturelle Funktionen

Die **kulturellen Funktionen der Musik** gründen in Zeremonie, Kult und Ritual und gehören zu den ältesten gesellschaftlichen Zweckbestimmungen der Musik.

Die kulturellen Funktionen der Musik sind in ihrer Entwicklung vielgestaltig geworden. Beispiele sind:

Foto: zeremonieller Tanz vor einem Tempel des KONFUZIUS in China

- musikalische Zeremonien der Naturvölker (Initiationsgesänge und -tänze, Opfergesänge und -tänze),
- Musik im Totenkult bis hin zu heutigen Bestattungsriten (Totenlieder, Requiem),
- Musik im Dienst der christlichen Liturgie (Kirchenlied, Choral, Messe, Kantate),
- Musik als Repräsentationssymbol (Nationalhymnen),
- Musik als Ausdrucksmedium jugendlicher Subkulturen (Punk Rock, Gothic, Heavy Metal).

Stets geht es darum, Musik durch Verknüpfung mit übergreifenden Wert- und Sinnsystemen, wie Religion, Ideologie, Gemeinschaftsformen, Lebensstilen und Freizeitmustern, zum Träger und Mittler kultureller Aktivitäten zu machen. Musik erhält damit eine **vermittelnde Rolle.**

Beleg der **politischen Funktion** von Musik ist ihre in nahezu allen Ländern anzutreffende **Zensur.** Das Ausmaß dokumentiert die Organisation „Freemuse" (Freedom of Musical Expression) im Internet. Das Thema ist auch von dem 1998 und 2002 in Kopenhagen abgehaltenen World Congress on Music and Censorship sowie durch Reports aus verschiedenen Ländern öffentlich gemacht worden.

Politische Funktionen

Die **politischen Funktionen der Musik** gehören zu den komplexesten Erscheinungen, die sich mit Musik verbinden. Musik kann als Herrschaftsinstrument oder als Protestinstrument genutzt werden.

Die Nutzung von Musik als **Herrschaftsinstrument** ist so alt wie die Herrschaft des Menschen über den Menschen und damit fast so alt wie die Musik selbst. Dabei wird ein kompliziertes Zusammenspiel von musikalischen und außermusikalischen Faktoren genutzt, das umso wirksamer ist, je undurchschaubarer es bleibt. Gleiches gilt für die Nutzung von Musik als **Protestinstrument.**

Der griechische Philosoph PLATON (428–348 v. Chr.) schrieb bereits: „Denn eine neue Art von Musik einzuführen muss man sich hüten, da hierbei das Ganze auf dem Spiele steht. Werden doch nirgends die Tonweisen verändert ohne Mitleidenschaft der wichtigsten staatlichen Gesetze …"

Musik hat auch dann eine **politische Dimension,** wenn sie ganz unpolitisch scheint. Ihre politische Funktion ist weder auf „politische" Lieder im engeren Sinn noch auf verbale Agitation in Liedtexten beschränkt. Das betrifft auch Musik, deren Wirkung durch Massenmedien ins Unabsehbare gehoben wurde.

Musik kann gesellschaftliche Veränderungen zwar nicht unmittelbar herbeiführen – insofern wurde sie von Herrschern oft überschätzt. Aber sie kann Reaktionen auf gesellschaftliche Zustände bündeln und koordinieren, sie kann soziale Energien freisetzen und damit also hemmend oder beschleunigend wirken. Grundlage dafür sind:
- die gemeinschaftsbildende Wirkung des Musizierens,
- die Fähigkeit von Musik, Gefühls- und Gemütszustände zu synchronisieren,
- die Fähigkeit von Musik, Massenverhalten zu koordinieren,
- die Eigenschaft der Musik, zwischen subjektiver Innenwelt und gesellschaftlicher Außenwelt eine Verbindung herzustellen.

Foto: Die amerikanische Folksängerin JOAN BAEZ (geb. 1941) in Warschau 1989 auf einer Veranstaltung der Gewerkschaft „Solidarnosc".

Musik kann es nicht ohne politische Funktion geben. Das gilt selbst für das private Musizieren, denn es besteht ein Zusammenhang mit der gesellschaftlichen Außenwelt. Es gibt aber auch **Musikformen,** die unmittelbar und gezielt politische Funktionen wahrnehmen. Das sind:
- politische Lieder,
- Musik der Agit-Prop-Gruppen,
- Musik für propagandistische Zwecke, z. B. Fanfarenzüge oder Massenaufmärsche.

Wie komplex das Zusammenspiel von musikalischen und außermusikalischen Faktoren ist, wird an der immer wieder vorgenommenen **Umfunktionierung von politischer Musik** für genau gegenteilige politische Zwecke deutlich.

Gleiche musikalische Mittel werden für gegensätzliche politische Zwecke z. B. auch in der Rockmusik genutzt („linke" und „rechte" Rockmusik).

In der Zeit des deutschen Nationalsozialismus (1933–1945) wurden z. B. Arbeiterlieder in Kampflieder der SA umgewandelt: „Es zog ein Rotgardist hinaus" in „Es zog ein Hitlermann hinaus", „Wir sind die Junge Garde" in „Wir sind die Sturmkolonnen", „Brüder zur Sonne, zur Freiheit" in „Brüder in Zechen und Gruben".

Praktische Funktionen

Die **praktischen Funktionen der Musik** gründen in ihrer Eigenschaft, Zeitabläufe rhythmisch zu strukturieren.

Schon sehr früh in der Geschichte wurde Musik zur Synchronisierung von Bewegungsabläufen in kollektiven Arbeitsvorgängen genutzt. Auch durch

Musikalisierung außermusikalischer akustischer Vorgänge – z. B. Signale oder Hirtenrufe – prägten sich praktische Musikfunktionen aus.

Fanfaren: kurzes signalartiges Musikstück für zeremonielle Zwecke

Jingles: Signalmelodien zur Stationsidentifikation im Rundfunk

Zu **Musik in praktischen Funktionen** gehören:
- Arbeitslieder, wie Shanties (Lieder der Seeleute) oder Worksongs (Lieder afroamerikanischer Sklaven auf Baumwollplantagen),
- Marschmusik,
- musikalisierte Rufe, wie Jodeln (textloses Singen auf Lautsilben) oder Field Hollers (musikalisierter Ruf afroamerikanischer Sklaven),
- musikalische Signale, wie Fanfaren oder Jingles.

Therapeutische Funktionen

Haptik: Lehre vom Tastsinn

> Die **therapeutischen Funktionen der Musik** beruhen auf der Wirkung des Musizierens auf Psyche, Motorik und Haptik des Menschen. Sie gehören mit zu den ältesten gesellschaftlichen Zweckbestimmungen der Musik.

Foto: Musiktherapie für Kinder und Jugendliche

Sie spielen bei der Nutzung von Musik als Heilmittel eine Rolle, werden aber auch mobilisiert, wenn Musik z. B. zur Entspannung, Beruhigung, zum Einschlafen gehört wird. Die moderne **Musiktherapie** ist eine psychotherapeutische Disziplin, die insbesondere den aktiven Vorgang der Klangerzeugung in Gemeinschaft, das Singen und Musizieren, für therapeutische Zwecke nutzt.

Musik und Werbung

> Das komplexe Zusammenspiel der **gesellschaftlichen Funktionen von Musik** wird an der Rundfunk- und Fernsehwerbung besonders deutlich.

Obwohl Musik bei der Werbung nur einem Zweck dient, wird das komplexe Zusammenspiel aller gesellschaftlichen Funktionen der Musik genutzt. So aktiviert die musikalische Untermalung zur Unterstützung der visuellen und verbalen Botschaften eines Werbespots die Funktionen:
- Übertragung musikalischer Bedeutungen auf das beworbene Produkt durch seine Einbettung in eine entsprechende Klangerfahrung **(ästhetische Funktion);**

- Einordnung des beworbenen Produkts in das Umfeld einer bestimmten Lebensweise durch Aktivierung der mit der Klanggestalt verknüpften Wertewelt **(kulturelle Funktion);**
- Nutzung des Appellcharakters und Anknüpfung an die gemeinschaftsbildende Wirkung von Musik zur Propagierung eines dem Produkt entsprechenden Konsumentenleitbildes **(politische Funktion);**
- Anknüpfung an die **praktischen Funktionen** der Musik zur Anregung eines dem Produkt entsprechenden Aktivitätsfeldes, z. B. Tempo, Entspannung, Wellness.

Abb.: Mainzelmännchen – für das Zweite Deutsche Fernsehen entwickelte Zeichentrickfiguren, die zwischen den Werbespots zu sehen sind

Funktionelle Musik – Muzak

> **Funktionelle Musik** – auch Muzak – ist Hintergrundmusik zur Erzeugung einer „Wohlfühl-Atmosphäre".

Die **Muzak Holding LLC** wurde 1922 als Wired Radio Inc. in Seattle (Washington/USA) gegründet und spezialisierte sich auf Herstellung und Vertrieb von Hintergrundmusik. 1934 begann sie mit der Übertragung von Musik über Telefonleitungen, womit der Grundstein für die effiziente Verbreitung von Hintergrundmusik gelegt war. Muzak versorgt heute über Satellit rund 350 000 Abnehmer in 120 Ländern mit Musikprogrammen für Büros, Arbeitshallen, Geschäfte, Supermärkte, Schulen, Hotels und Flughäfen und erreicht damit nach eigenen Angaben täglich annähernd 300 Mio. Menschen.

Funktionelle Musik oder auch **Muzak** geht auf die amerikanische Muzak Corporation zurück, die das Konzept der Herstellung und den Vertrieb von Hintergrundmusik in Kaufhäusern (↗Foto), Supermärkten, in Büros und Fabrikhallen, in Fahrstühlen und Wartehallen entwickelte und umsetzt. Mit dem Ziel, Kundenströme zu regulieren, sollte eine „Wohlfühl-Atmosphäre" erzeugt werden.
Die **Bearbeitung ausgewählter Musikstücke** erfolgt streng nach psychologischen Gesichtspunkten.

Die Länge von Musikstücken wird auf zwei bis drei Minuten gekürzt, um größere Abwechslung zu erzielen. Singstimmen werden durch Instrumente ersetzt, um eine Bindung von Aufmerksamkeit durch den Text zu vermeiden. Der Einsatz der Instrumente erfolgt abgestuft, das Klangbild beherrschen Streich- und Holzblasinstrumente. Die Lautstärke wird an die Grenze der Wahrnehmungsschwelle abgesenkt.

Entscheidend für die angestrebte Wirkung ist, dass funktionelle Musik nicht bewusst wahrgenommen wird, keine Aufmerksamkeit auf sich zieht. Gewöhnungserscheinungen sollen aber auch vermieden werden.

3.1.3 Musizierformen

Musizieren und Hören von Musik unterliegen wie alle Tätigkeiten einer Prägung durch die Gesellschaft, in der sie ausgeübt werden.

So ist die Trennung und Gegenüberstellung von Musizierenden und Hörenden ebenso ein Ausdruck der sozialen Organisation des Musizierens wie die Verwischung dieser Grenze in den Amateurmusikbewegungen (Mersey Beat, Rockmusik) der jüngeren Vergangenheit.

Soziale Grundformen des Musizierens

Charakteristische Formen der sozialen Organisation des Musizierens sind:
- die Darbietungsform,
- die Eventform,
- das interaktive Musizieren,
- das gemeinschaftliche Musizieren und
- das informelle Musizieren.

Darbietungsform des Musizierens	Diese Form des Musizierens – der musikalische Vortrag bzw. die Musikdarbietung – basiert auf einer klaren Trennung zwischen Musizierenden und Hörenden, die auch in ihrer räumlichen Gegenüberstellung zum Ausdruck gebracht ist. Dies war eine Voraussetzung für das Musizieren als Beruf. Die Darbietungsform rückt die Musik als Resultat der Tätigkeit in das Zentrum der Aufmerksamkeit. Das Musizieren in Form einer öffentlichen oder privaten Musikdarbietung bildet die Grundlage der abendländischen Musikentwicklung. Beispiele finden sich in allen Musikbereichen. 
Eventform des Musizierens	Diese Grundform des Musizierens ist noch relativ jung. Sie stellt den Versuch dar, die musikalischen Grenzen der Darbietungsform mit der starren Gegenüberstellung von Musizierenden und Hörenden in inszenierten Klangereignissen aufzuheben. Ausgangspunkt ist die mediale Bereitstellung (Installation) von Klangmaterialien in Städten oder in Landschaften, die sich jeder Hörende auf seine Weise erschließen kann. Ein feststehendes musikalisches Werk gibt es nicht, auch keinen festen zeitlichen Rahmen oder Ablauf. 1967 prägte der Texaner MAX NEUHAUS (geb. 1939–2009) dafür den Begriff **Klanginstallation** und schuf mit seiner Drive-In Music (1967) auch eines der ersten Beispiele dafür.

interaktives Musizieren	Dieses Musizieren ist durch das wechselseitige **Aufeinanderreagieren von Musizierenden und Hörenden** gekennzeichnet. Die Musizierenden versuchen auf die Reaktion der Hörer einzugehen, die ihrerseits durch Zurufe *(shouts)* oder andere Formen des wahrnehmbaren Mitvollzugs die Musizierenden anzuregen suchen. Vorgegebene musikalische Abläufe werden dabei verlassen, der musikalische Ablauf wird erst aus einer solchen Interaktion heraus entwickelt. Dieses Vorgehen ist charakteristisch für viele Formen der Improvisation. Typische Beispiele sind die Chorus-Improvisationen in Jazz und Rockmusik.
gemeinschaftliches Musizieren	 Dieses Musizieren ist hauptsächlich in Form des **gemeinschaftlichen Singens** zu finden. Es spielt in der Musik aller Völker und Regionen der Welt eine große Rolle. Eine Differenzierung lässt sich höchstens in der Funktion des Vorsängers oder Initiators feststellen, dem nicht selten auch die Aufgabe der instrumentalen Begleitung zufällt. Beispiele finden sich in der Volksmusik, aber auch in der religiösen Musikausübung. In den verschiedenen Liedbewegungen, die mit der Anfang des 20. Jh.s ins Leben gerufenen Singebewegung beginnen und über die amerikanischen Hootenannies der 1950er-Jahre bis hin zum lateinamerikanischen Nueva Canción reichen, hat das gemeinschaftliche Musizieren eine bemerkenswerte Renaissance erfahren. Die **Singebewegung** wurde von dem deutschen Musikpädagogen FRITZ JÖDE (1887–1970) geprägt und entstand Anfang des 20. Jh.s im Rahmen der Jugendmusik bzw. auch der Wandervogelbewegung. **Hootenannies** waren eine in den 1940er-Jahren in den USA aufgebrachte Form der Singeveranstaltung, die auch in den 1950er-Jahren in der Folk-Song-Bewegung sehr populär war. **Nueva Canción** war eine in den 1960er-Jahren von Chile ausgegangene politische Liedbewegung in Lateinamerika.
informelles Musizieren	Dieses Musizieren ist durch eine prinzipielle Durchlässigkeit der Grenze zwischen Vortragenden und Hörenden gekennzeichnet. Hier gibt es keine durch Bildung, Spezialisierung oder mittels besonderer Regeln und Normen für das Musizieren vorgegebenen Barrieren zwischen Musizierenden und Hörenden, auch wenn das Musizieren dann selbst Vortragscharakter besitzt. Es zieht sich ebenfalls durch viele Bereiche der Musik hindurch, kennzeichnet sowohl einen großen Teil der Volksmusik wie die Laien- und Amateurmusikbewegungen der Gegenwart (Mersey Beat). **Karaoke** (in Japan aufgekommener Partyspaß, bei dem aktuelle Popsongs von Gästen vorgetragen werden) ist eine seit dem Ende der 1970er-Jahre weltweit verbreitende Sonderform des informellen Musizierens.

Stars und Fans

Star, engl./amerik. = Stern, ist eine kommerzielle Bezeichnung für die höchste Popularität eines Musikers, Sängers, Filmschaupielers.

Der Begriff **Fan** geht zurück auf den ursprünglich amerik. Slangausdruck für einen begeisterten und engagierten Anhänger einer Musikrichtung, eines Musikers, Sängers oder Sportlers.

Eine gesellschaftlich geprägte Form des Musizierens verkörpert sich im Starkult und in den dazugehörigen Fanritualen, auch wenn beides von seinen konkreten Inhalten weitgehend unabhängig ist.

Star und **Fan** sind soziale Rollen.

Die Rollen sind nicht auf das Musizieren begrenzt, worauf Filmstar, Sportstar, Fußballfan verweisen. Sie können auch nicht an einzelne Musikformen, z. B. an die Popmusik, gebunden werden.

Stars jenseits der Popkultur sind z. B. die Tenöre PLÁCIDO DOMINGO (geb. 1941), JOSÉ CARRERAS (geb. 1946), LUCIANO PAVAROTTI (1935–2007), die griechische Sopranistin MARIA CALLAS (1923–1977), der britische Violinist NIGEL KENNEDY (geb. 1956), die Dirigenten LEONARD BERNSTEIN (1918–1990), HERBERT VON KARAJAN (1907–1989) oder CLAUDIO ABBADO (geb. 1933).

Fotos von links nach rechts: SOPRANISTIN MARIA CALLAS, Dirigent HERBERT VON KARAJAN, Tenor LUCIANO PAVAROTTI

Charakteristisch für beide soziale Rollen ist die Einbindung musikbezogener Tätigkeiten in übergreifende Zeichenwelten.

Der **Star** verkörpert die mediale **Inszenierung eines Erfolgsmusters,** das an Bildern (Images), medialen Vorstellungsformen (Interviews oder Fernsehauftritte) und erzählten Elementen (Biografik) festgemacht ist.

Der **Fan** verkörpert die soziale **Inszenierung eines Verehrungsmusters,** das an der Sammlung von Erinnerungsstücken (Fotos, Autogrammpostkarten, Poster), an gemeinschaftsbildenden Aktivitäten (Fanklub, Internet-Chat), an Identifikation durch Nachahmung (Übernahme von Kleidungsstil, Frisuren oder modischen Accessoires) sowie Übertragung eigener Wunschvorstellungen an das Objekt der Verehrung festgemacht ist.

Kennzeichnend ist die wechselnde **Bedingtheit von Star und Fan:** Ohne Stars gibt es keine Fans, ohne Fans gibt es keine Stars. Beide soziale Rollen haben durch das Musikmarketing (↗ S. 151) eine massive kommerzielle Instrumentalisierung erfahren, indem sie wirtschaftlich nutzbar gemacht werden.

3.2 Musik als Beruf

Vom **Musikerberuf** im heutigen Verständnis wird erst seit dem 18. Jh. gesprochen, als sich mit der gesellschaftlichen Arbeitsteilung ausübende Musiker und Komponisten voneinander unterschieden.

Allerdings brachte jede Zeit und Kultur eine eigene Typik des professionellen Musizierens hervor, denn es gibt weder „die" Musik noch „den" Musiker. So belegen Bildzeugnisse aus dem Orient die Tätigkeit von Hofmusikern schon seit dem 3. Jahrtausend v. Chr., während Völker wie die Eskimos bis heute das Musizieren nicht zu einer Spezialisten- bzw. Berufstätigkeit haben werden lassen.
Trotz deutlicher Veränderungen in den letzten Jahrzehnten ist der Musikerberuf eine Männerdomäne geblieben. **Musikerinnen** und **Komponistinnen** wurden – ungeachtet ihres jeweiligen Beitrages zur Musikentwicklung, wie z. B. von HILDEGARD VON BINGEN (1136–1179, ↗Abb. links) oder CLARA SCHUMANN (1819–1896, ↗Abb. Mitte) erbracht – kaum akzeptiert. Sie galten lediglich als besondere Attraktion (Damenkapellen) oder konnten sich nur auf solchen Berufsfeldern entfalten, die wie das Spielen der Harfe und das Singen als „frauengerecht" galten. Noch bis in das 19. Jh. hinein wurden die Frauenrollen der Opera seria nicht mit Sängerinnen, sondern mit Kastraten besetzt. Seit der zweiten Hälfte des 20. Jh.s erschließen sich Frauen zunehmend die Bereiche der beruflichen Musikausübung, sind aber insgesamt noch in deutlicher Minderheit.

▶ Musiker galten in der Antike als Zöglinge der griechischen Schutzgöttinnen der Künste, der Musen, und wurden deshalb **„musici"** genannt.
Der einflussreiche römische Musiktheoretiker ANICIUS MANLIUS TORQUATUS SEVERINUS **BOETHIUS** (480–525) definierte am Ende der Antike in seinem Werk „De Institutione Musicae" (500–507) den „musicus" als „in der Kunst der Musik erfahrener Mensch".

▶ Bedeutende **Komponistinnen** sind z. B. SOFIA GUBAIDULINA (geb. 1931), PAULINE OLIVEROS (geb. 1932), MEREDITH MONK (geb. 1943, ↗Foto rechts), KAIJA SAARIAHO (geb. 1952), ISABEL MUNDRY (geb. 1963).

3.2.1 Vom Schamanen zum Berufsmusiker

Die ältesten Spuren von Musizierenden finden sich in der Frühzeit der Menschheitskultur.

Die Entwicklung zum entlohnten **Berufsmusikertum** vollzog sich über viele Zwischenstufen und lange Zeiträume hinweg und erfolgte nicht überall auf gleiche Weise.

▶ Schon in der Steinzeit, mehr noch in der Bronze- und Eisenzeit, gab es Instrumente, wie Flöten, Steinspiele, Musikbögen, Hörner und Leiern. Diese Klangwerkzeuge weisen auf das Musizieren als eine eigenständige Betätigung hin.

Die Ausbildung eines Berufsmusikerstandes vollzog sich an den Höfen des alten Indien, China, Israel, Korea oder Japan durch die Entwicklung des Musizierens als Dienstleistung. In manchen Ländern, so im alten Ägypten, entstand sogar ein Musikerbeamtentum.

Schamanen, Priester, Heldensänger

> In den frühen Stammesgesellschaften war das Singen und Spielen Bestandteil der komplexen Berufe des Medizinmanns oder Priesters.

Abb.:
Schamane bei der Heilung eines Kranken – frühe Hochkultur (aus Keramik)

Da Musik überwiegend in kultische Handlungen eingebunden war, fiel sie in die Zuständigkeit der dafür ausersehenen Personen im Stammesverband. Das war in Afrika, Nordamerika und Asien zumeist der als Heilender, Seher und Sänger agierende **Schamane.** Ihm wurde die Fähigkeit zugesprochen, durch Gesang mit den Kräften der Geisterwelt in unmittelbarer Verbindung zu stehen. Er fungierte oft auch als Heldensänger, der von den Taten einstiger Heroen kündete.
Dieser Preissänger und Ruhmverkünder gilt als erster „Berufsmusiker“, hervorgegangen aus der arbeitsteiligen Ausdifferenzierung der Stammesgesellschaften. Er vollzog das Singen und Musizieren nicht mehr als Teil einer rituellen Handlung, sondern aus seinem Amt, Lob zu preisen. Germanenfürsten umgaben sich deshalb mit fahrenden und sesshaften Heldenliedersängern. Sie unterhielten die Mitglieder des Hofes und ehrten vor allem die Herrscher mit Preisliedern. Der Sänger begleitete sich dabei selbst auf einem gezupften Saiteninstrument. Diese als **Barden** oder **Skalden** bezeichneten Dichter-Sänger hatten eine weit in das europäische Mittelalter hineinreichende Tradition begründet.

▶ Die Rolle des Vorsängers, Vortänzers oder Instrumentalisten fiel in den Stammesgemeinschaften den jeweils besonders begabten Mitgliedern zu.

Musikerberuf im klassischen Altertum

> In der griechischen Antike hatte der **Berufssänger** einen festen Platz im Sozialverbund. Er stand im Dienste von Aristokraten und genoss als göttlich inspirierter Sänger und Seher hohes Ansehen.

▶ In der griechischen Antike wurde der Berufssänger als **Aoidos** bezeichnet. Der Aoidos beherrschte auch das Instrumentalspiel: das Saitenspiel oder das **Aulos**blasen – ein altgriechisches Instrument mit zwei Spielpfeifen.

Im 7. Jh. v. Chr. spaltete sich die Aoidenkunst in den gesprochenen Vortrag der **Rhapsoden** und den solistischen Vortrag der **Kitharoden.**
Auch die Bühnenkünstler mussten das Musizieren beherrschen. In der mit dem Dionysoskult verbundenen griechischen Tragödie wechselte der chorisch gesungene Vortrag mit den Dialogen der Schauspieler. Tanz und Instrumentalspiel, insbesondere das Spiel der Auloi, gehörten zum festen Bestandteil der Dramen und unterhaltenden Satyrspiele.

Musiker in der Antike waren:
- die zur Leier vortragenden Sänger, die **Kitharoden,**
- die zur Schalmei vortragenden Sänger, die **Auloden,**
- die Leierspieler oder **Kitharisten** und
- die Schalmeibläser oder **Auleten.**

Im Römischen Reich bildete sich eine sozial breit gefächerte Musikerschaft heraus. Es gab Sklavinnen und Sklaven, Freigelassene *(liberti)* und frei Geborene, Bettler, frei käufliche Sänger, versklavte Instrumentalisten *(symphoniaci),* die neben gefeierten Vortragsvirtuosen, Tempelmusikern und Hornisten *(cornicines)* der Militärmusik musizierten.

Abb.: römische Leierspielerin (Wandmalerei)

Der **Militärmusiker** der römischen Kaiserzeit stand im Range eines *principalis,* er bekleidete also eine gehobene und privilegierte Position.

Auf den Bühnen des römischen Theaters agierten die **Histrionen** als singende, spielende und tanzende Bühnenkünstler. Sie erfreuten sich großer Popularität. Fahrende Musiker und Tänzerinnen aus den verschiedenen Provinzen des Reiches traten auf Straßen, Plätzen und in Gasthäusern mit ihren Liedern und Tänzen auf. Mit der Hellenisierung des kulturellen Lebens der Römer nach den Punischen Kriegen (3. bis 2. Jh. v. Chr.) sowie den Feldzügen und Eroberungen in Griechenland und Kleinasien ab dem 2. Jh. v. Chr. kamen verstärkt ausländische Musiker hinzu, die private und öffentliche Veranstaltungen mitgestalteten.

Fahrende Musiker des Mittelalters

In die differenzierte mittelalterliche Gesellschaft waren die Musiker sehr unterschiedlich integriert. Der Hof der feudalen Aristokratie, der Bischofssitz, die Klostergemeinschaften sowie die immer dichter bevölkerten Städte mit ihrem reichen Patriziat aus Bürgern und Kaufleuten, mit Messen, Festen und Jahrmärkten bildeten die zentralen Wirkungsstätten einer sich rasch vergrößernden Musikerschaft, die überwiegend als Fahrende ihrer Tätigkeit nachgingen.

Die außerhalb der ständischen Ordnung lebenden **Spielleute** bildeten den Kern des fahrenden Volkes und den größten Teil der ausübenden Musiker.

Als **Fahrende** reihten sich die Spielleute ein in das große Heer der Gaukler, Vaganten, Taschenspieler, Seiltänzer, Jongleure, Possenreißer und Jahrmarktskünstler aller Art.

Spielleute waren diejenigen, die „umb die Bezahlung bedienen" (Kaiser LEOPOLD I., 1665) bzw. die „gewerbsmäßig andere durch spiel, besonders durch musikvorträge" unterhielten. Dazu gehörten Pfeifer, Trompeter, Posaunenbläser, Schalmei-, Drehleier- und Dudelsackspieler, Fiedler, Trommelschläger und Sänger. Sie spielten ein oder mehrere Instrumente und führten ein unstetes Wanderleben.
Musiker galten als „unehrlich" im Sinne von unehrenhaft, weil sie zum Erwerb von „guot um êre" (Gut für Ehre) musizierten.

3

Abb.:
Seite aus dem „Sachsenspiegel"

Der „Sachsenspiegel" – eines der verbreitetsten Rechtsbücher des Mittelalters, zusammengestellt von dem sächsischen RITTER EIKE VON REPGOW zwischen 1221 und 1225 – erklärte die Spielleute zusammen mit Dieben, Straßenräubern und Ehebrechern für rechtlos. Sie waren vom allgemeinen Landfrieden ausgeschlossen; ihnen stand weder Sühne zu, noch konnten sie als Zeugen aussagen; sie besaßen weder Glaubwürdigkeit noch Eidesfähigkeit.

Der **Typus des Spielmanns** war so vielfältig wie die Arbeitsmöglichkeiten, die sich ihm boten. Er reichte vom musizierenden Künstler für die Volksbelustigung über die herumziehenden Tanz- und Bettelmusikanten, Bierfiedler und Wirtshaus-Virtuosen bis zu spezialisierten Instrumentalisten, die sich sowohl bei Hof wie in den Kirchen als musikalische Dienstleister bewarben. Spielleute nahmen in allen Bereichen des mittelalterlichen Musiklebens solistisch oder begleitend teil.

Spielfrauen *(joculatrix)* waren deutlich schlechter gestellt als ihre männlichen Berufskollegen und galten vielerorts als Huren.

Obwohl die Musizierenden im Mittelalter außerhalb der Ständeordnung standen, gab es zwischen den bei Hofe aufspielenden Musikern, den im Dienst eines Adligen bzw. seit 1321 der Kommunen stehenden, den Volksbelustigern, den Pfeifern der Fürsten und den Bettelmusikanten große Unterschiede. Eine Sondergruppe bildeten die seit dem 16. Jh. bekannten **Bänkelsänger,** die zu Choral- und Volksliedmelodien in Versform Nachrichten verschiedener Art durch die Lande trugen.

Hofmusiker, Turmbläser, Stadtmusiker

Feste **Anstellungen von Musikern** – in Städten oder an Fürstenhöfen – gab es erstmals im Hochmittelalter (900 –1250).

Besonders die Dichter-Sänger, die die Tradition der Barden, der Preis- und Heldensänger fortsetzten, waren an den Fürstenhöfen beliebt. Dazu gehörten auch die **Minnesänger** oder **Troubadours,** die zwischen dem 12. und 14. Jh. höfische Frauenminne betrieben. An größeren europäischen Höfen wurden ab dem 10. Jh. Hofkapellen eingerichtet, die sich zumeist aus Spielleuten zusammensetzten.

Minnesang: ritterlich-höfische Liebeslyrik und Liedkunst

Die ersten Minnelieder in Deutschland sind 1160 belegt.

Im 17. Jh. umfassten die musikalischen Dienste bei Hof eine Vielzahl an Ämtern und entsprechenden Amtsbezeichnungen.

Neben dem „Hoff- undt FeldtTrompetter" sowie dem „Musicalischen Heerpauker" gab es z. B. den „Capellmeister" und seinen „Vice". Es gab den „Musico de Camera", den „Hoff Musico", den „Trombonist", den „Musicalischen Violinst" oder den „Musicalischen Trompeter". Bekannt waren der „Cornetist", „Hoff Caplan und Musicus", „Notist", „Copist", der „Hoff Lauttenmacher und Orgelmacher", „Tanzmaister", „Lautenist", „Organist" oder „Balletgeiger".

Diese Musiker waren Dienstleistende. Sie gehörten zum höfischen Dienstpersonal und mussten sich bei Tisch und im Saal standesgemäß abgesondert halten.
In den seit dem 13. Jh. aufstrebenden Städten bot sich sesshaft gewordenen Musikern die Möglichkeit, als Turmbläser, später Stadtpfeifer, Ratsspielmann oder Stadttrompeter in den Dienst zu kommen. Ansässige Musiker hatten zudem den Vorteil, bevorzugt Aufträge zu erhalten und vor der fahrenden Konkurrenz durch die Stadt geschützt zu werden – die Städte wehrten sich gegen den wachsenden Strom von Fahrenden infolge von kriegs- und naturbedingten Hungersnöten mit strikten Reglements und Auftrittsordnungen.

Zu Tisch spielten die Musiker häufig von einer in den Saal eingebauten Empore, wo sie abgesondert standen und ihre „Vollziehungs-Music" (JOHANN MATTHESON, 1739) darboten. Viele Hofmusiker wirkten zugleich als Kammerdiener, Kuchenmeister, Silberkämmerer oder in ähnlichen Dienerfunktionen.

In der **Spielleuteordnung** für Wismar von 1343 war z. B. festgelegt, dass die Bürger zu ihren Festen nur Spielleute heranziehen sollten, die in der Stadt ansässig sind. Die Musiker hatten dafür die Pflicht, an Sonn- und Festtagen den Bürgern abends aufzuspielen. Bezahlt werden sollten sie von den Bürgern, die sie brauchten.

Im 16. Jh. wurden die **Stadtpfeifereien** zu einer festen Institution. Den Musikern wurden dabei verschiedene musikalische Dienstleistungen übertragen, aber auch ihre Ausbildung gewährleistet. Die Stadtpfeifer (auch Stadttrompeter oder Ratsmusiker genannt) riefen zur Volks- und Ratsversammlung, sie leiteten die offizielle Verkündigung (das „Ausblasen") der Ratsbeschlüsse ein, sie begleiteten die Würdenträger der Stadt bei ihrem öffentlichen Auftreten und übernahmen das „Abblasen" der Tagesabschnitte vom Turm. Die Trompete war stets Ausdruck dessen, dass Vorgänge im Auftrage der Stadt als öffentlicher und rechtlicher Akt vollzogen wurden.

Die Stadtpfeifereien wurden Ende des 18. Jh.s aufgelöst und durch gewerbliche „Musikgeschäfte" ersetzt bzw. in „Stadtmusiken" oder „Stadtkapellen" umgewandelt, die von einem städtischen Musikdirektor betreut wurden.

Musikantenverbindungen des Mittelalters

Im Mittelalter entstanden **berufsgenossenschaftliche Musikantenverbindungen.** Sie erlangten große Bedeutung.

Musikantenverbindungen boten vor allem der standeslosen Musikerschaft einen gewissen Schutz.
Eine der ältesten Verbindungen der Spielleute ist die schon im 13. Jh. in Wien entstandene Bruderschaft St. Nicolai.

Den Bruderschaften der Spielleute, die nach dem Vorbild der mittelalterlichen Handwerkerzünfte gebildet wurden, ging es vor allem um den Erhalt von landesherrlichen „Privilegien" für die unbehelligte Berufsausübung in einer bestimmten Region. Auf der Grundlage von Bruderschaftsordnungen regelten sie Streitfälle und kümmerten sich im Todesfall eines Spielmanns auch um mittellose Hinterbliebene. Mit der Bezeichnung als **Bruderschaft** sollte ihre Verbindung den Charakter einer religiösen Körperschaft erhalten, um so der insbesondere seitens der Kirche vorangetriebenen sozialen Deklassierung entgegenzuwirken.

3

Abb.: Mittelalterliche Pfeifer

Aus gleichem Grund wählten sie einen heiligen Schutzpatron, der zumeist auch namensgebend war. An ihrer Spitze stand der „Spielleutekönig" oder auch „Pfeiferkönig", der von den Obrigkeiten ernannt und mit besonderen Befugnissen ausgestattet war. Im 14. und 15. Jh. entstanden in ganz Europa solche bruderschaftlichen Verbindungen der Spielleute.
Mit Reichsgesetzen von 1548 und 1577 wurde im Heiligen Römischen Reich der **Musikerberuf** wie andere „unehrliche" Berufe schließlich für zunftfähig erklärt.

In der Reichspolizeyordnung von 1548 hieß es in Art. 37: „Setzen, ordnen und wollen demnach, daß die Leinweber, Barbierer, Schäfer, Müller, Zöllner, Pfeiffer, Trumetter, Bader, und die, deren Eltern, davon sie geboren sind, und ihre Kinder, so sie sich ehrlich und wol gehalten haben, hinführo in Zünfften, Gaffeln, Amten und Gilden keineswegs ausgeschlossen, sondern wie andere redliche Handwercker aufgenommen, und darzu gezogen werden sollen."

Vorläufer der Musikerzünfte waren die **„Gilden"** der Spielleute, die *ménéstrels,* seit dem frühen 14. Jh.

Das Bestreben der Fahrenden, durch „Einzünftelung" sesshaft zu werden und im Schutz der Stadt geregelte Auftrittsmöglichkeiten zu finden, führte ab Mitte des 16. Jh.s zur Bildung von **Musikerzünften.** Sie waren, wie die 1623 gegründete Reichszunft der Trompeter und Pauker, um bestimmte Instrumente organisiert oder nach dem Territorialprinzip aufgebaut. Die Zünfte handelten mit den Städten Ordnungen aus, die das Verhältnis von Stadtmusikern, freien sesshaften und fahrenden Musikern sowie die Zuweisung von Spiel- und Auftrittsgelegenheiten regelten. Die Zunftordnung wurde nach der Französischen Revolution durch **Gewerbeordnungen** ersetzt, die die Ausübung des Musikerberufs regelten.

Kantor

Als neuer Musikertypus entstand nach der Reformation von 1517 im Rahmen der protestantischen Kirche der **Kantor.**

Seine Aufgaben bestanden in der Unterrichtung von Musik an den Lateinschulen, in der Leitung des liturgischen Gesanges der Schüler im Gottesdienst sowie in der Komposition der sonntäglichen Motetten und Kantaten. In größeren Städten wurde er mit Einrichtung eines zentralen Kantorats als städtischer Director musices (Musikdirektor) berufen, der für die Musik in allen Stadtkirchen verantwortlich war.

JOHANN SEBASTIAN BACH (1685–1750), Sohn eines Eisenacher Rats- und Stadtmusikus, stand als Kantor der Leipziger Thomas-Kirche und als Director musices der Stadt Leipzig ganz in dieser Tradition.

Komponist

> Anfang des 19. Jh.s wurde der **Komponist** zu einem eigenständigen freien Beruf, der sich am Markt behaupten musste.

Die Amtsbezeichnung „Componist" prägte Kaiser MAXIMILIAN I. (1459–1519) 1497 für HEINRICH ISAAC (1450–1517).

Die Bezeichnung „Musicus und Componist" kam in den Bestallungsurkunden von Musikern bei Hof oder in den Kantoreien der Kirchen am Ende des 15. Jh.s auf. Die Bezeichnung verwies auf die Pflicht zur Lieferung musikalischer Werke auf „Befehl", „Gunst" oder „Auftrag" eines geistlichen oder weltlichen Dienstherren. Ihnen wurden die Kompositionen häufig mit devoter Widmung übereignet.
Im 17. Jh. wurde das Komponieren zur obligaten **Amtspflicht der Kapellmeister.**

So wirkte JOSEPH HAYDN (1732–1809) ab 1757 als Musikdirektor am Hofe des Grafen KARL JOSEPH FRANZ MORZIN und ab 1761 als (Vize-) Kapellmeister bei dem ungarischen Fürsten PAUL ANTON ESTERHÁZY.
LEOPOLD MOZART (1719–1787) trat 1740 als Violinist und Kammerdiener in den Dienst des Grafen THURN-VALSASSINA UND TAXIS und wurde 1743 in Salzburg Mitglied der fürsterzbischöflichen Hofkapelle. Hier stieg er 1757 zum Hof- und Kammerkomponisten auf und erhielt 1763 das Amt des Vizekapellmeisters. Sein Sohn WOLFGANG AMADEUS MOZART (1756–1791) wirkte ab 1769 als Konzertmeister in der fürsterzbischöflichen Hofkapelle.

Der um die Wende zum 19. Jh. entstandene Beruf des Komponisten – so erstmalig von LUDWIG VAN BEETHOVEN (1770–1827) wahrgenommen – konnte nur selten ohne eine Nebenerwerbstätigkeit ausgeübt werden. Häufig war er mit einer Lehrtätigkeit oder mit praktischer Musikausübung verbunden.

BEETHOVEN war der erste bedeutende Komponist, den die Umstände zwangen, weitgehend vom Verkauf seiner Werke leben zu müssen.

BEETHOVEN trat 1784 als Vierzehnjähriger eine fest besoldete Stelle an. Er wurde Mitglied der Bonner Hofkapelle des Kurfürsten MAXIMILIAN FRANZ. Nachdem das Kurfürstentum 1792 NAPOLEON erlag und BEETHOVEN die Anstellung verloren hatte, versuchte er zunächst als reisender Klaviervirtuose seine Existenz zu sichern. Mit zunehmender Ertaubung ab 1802 lebte er allein vom Komponieren. Das gelang ihm – allerdings nur mithilfe großzügiger Geldgeber aus der Wiener Aristokratie.

Mit der Entlassung aus aristokratischen Diensten wurde der Komponist zum „Tonkünstler" und damit zu einem Musikertypus, der sich durch ein ausgeprägtes Autorenbewusstsein auszeichnet.

3

Virtuose

Musikvirtuosen sind seit 186 v. Chr. belegt. Sie traten in der Antike hauptsächlich bei veranstalteten Wettbewerben, den musischen Agonen, auf. Die Bezeichnung *Virtuoso* bzw. *Virtuosa* – Musiker mit außergewöhnlichen Leistungen – kam erst im 16. Jh. in Italien auf.

Hof- und Kammermusik sowie Konzerte waren häufig durch **Virtuosen** geprägt. Diesen Musikertyp gab es bereits in der Antike.

In der Geschichte spielten reisende Virtuosen mit besonderen Fähigkeiten eine große Rolle bei der Ausprägung öffentlicher Musikdarbietung. Seit dem 17. Jh. fanden sie an Höfen und im Konzertbetrieb, Sänger und Sängerinnen an den Opernhäusern attraktive und finanziell gut ausgestattete Wirkungsstätten. Den berühmtesten wurden hohe Gagen angeboten. Mit ihren Bravour-Darbietungen und einer sich ständig steigernden gesangs- oder spieltechnischen Akrobatik bedienten die Virtuosen das Hör- und Schaubedürfnis eines sensationsheischenden Publikums. Hohe künstlerische und interpretatorische Leistungen mussten dem nicht entgegenstehen.

Berühmte Virtuosen ihrer Zeit, die sich zur besseren Darstellung ihrer Fähigkeiten auch eigene Werke schufen, waren der italienische Geiger NICCOLÒ PAGANINI (1782–1840, ↗Bild) und der österreichisch-ungarische Pianist FRANZ LISZT (1811–1886). Beide gehörten zu den Vertretern dieses Musikertyps, die eine außergewöhnliche, Grenzen sprengende spieltechnische Leistungsfähigkeit mit großer Musikalität und einer reichen musikalischen Kreativität verbanden.

Konzertunternehmer galten als die „Sklavenhalter des Virtuosen" (ADOLF WEISSMANN).

In dem Maße, wie das öffentliche Konzertwesen im 19. Jh. von Konzertunternehmern übernommen wurde, mussten sich die Künstler professionellen Managern, Agenten und Impresarios anvertrauen, um der Kontrolle über die Auftrittsmöglichkeiten nicht wehrlos ausgeliefert zu sein. Das **Virtuosentum** hat sich bis in die Gegenwart erhalten. Es ist auf die spieltechnische Meisterschaft im Dienste des Musikwerkes ausgerichtet.

Orchestermusiker

Der **Beruf des Orchestermusikers** entwickelte sich im 18. Jh. aus der Militärmusik, den Hofkapellen und Stadtpfeifern.

Orchestermusiker sind zumeist in einem Anstellungsverhältnis auf Zeit bzw. auf Kündigungsbasis tätig.

Orchestermusiker bilden die „dienende Menge unter den Musikern" (JOHANN FRIEDRICH REICHARDT). Sie sind bei den nach dem Vorbild der Hofkapellen gebildeten städtischen Berufs- und selbstständigen Reiseorchestern auf Vertragsbasis angestellt und ordnen sich ein in den nach Instrumenten, Lagen, Solisten und Stimmführern agierenden Apparat des Orchesters.

Im 19. Jh. wurde der Orchesterapparat zunehmend vergrößert, die Besetzungsstärke auch durch neue Instrumente vervielfacht.

Die oft unzureichende Entlohnung zwingt Orchestermusiker bis heute zu vielfältigen Nebentätigkeiten, wie Unterrichten, Notenschreiben, Arrangieren.

2004 gab es in Deutschland 136 Orchester, in denen insgesamt 10 220 Orchestermusiker wirkten.

Foto: Beethovenorchester Bonn mit Dirigent ROMAN KOFMAN 2003

Dirigent

Der Beruf des **Dirigenten,** der ein Ensemble durch Handbewegung und mittels Taktstock koordiniert, bildete sich erst im 19. Jh. heraus.

dirigieren, lat. *dirigere* = lenken, leiten

Erst die größer besetzten Chöre und Kapellen führten zur Notwendigkeit, das Zusammenspiel durch Zeichengebung und Vorgabe des Taktes durch Auf- und Niederbewegung der Hände zu regeln. Zunächst wurde diese Aufgabe von einem Solisten – dem 1. Violinisten – oder dem am Cembalo sitzenden „Maestro di capella" – dem Kapellmeister – übernommen.

Über JOHANN SEBASTIAN BACH (1685–1750) wird z. B. berichtet: „Wenn Du ihn sähest, ... wie er ... nicht etwa nur eine Melodie singt ... und seinen eigenen Part [am Instrument] hält, sondern auf alle zugleich achtet und von 30 oder gar 40 Musizierenden diesen durch ein Kopfnicken, den nächsten durch Aufstampfen mit dem Fuß, den Dritten mit drohendem Finger zu Rhythmus und Takt anhält, dem einen in hoher, dem anderen in tiefer, dem Dritten in mittlerer Lage seinen Ton angibt; wie er ganz allein mitten im lautesten Spiel der Musiker, obwohl er selbst den schwierigsten Part hat, doch sofort merkt, wenn irgendwo etwas nicht stimmt; wie er alle zusammenhält und überall abhilft und wenn es irgendwo schwankt, die Sicherheit wiederherstellt; wie er den Takt in allen Gliedern fühlt; die Harmonien alle mit scharfem Ohre prüft, allein alle Stimmen mit der eigenen begrenzten Kehle hervorbringt."

Die Beschreibung, wie JOHANN SEBASTIAN BACH die Musik leitete, vermittelt ein Bericht des damaligen Rektors der Leipziger Thomasschule, JOHANN MATTHIAS GESNER.

Ende des 18. Jh.s wurde noch mit dem Violinbogen dirigiert. Erst die im 19. Jh. aufkommenden Berufsdirigenten benutzten den **Taktstock.**

Einer der Ersten des modernen Dirigierens und der Orchesterleitung war FELIX MENDELSSOHN BARTHOLDY (1809–1847). Als Kapellmeister der Gewandhauskonzerte in Leipzig dirigierte er ab 1835 nicht vom Instrument aus, sondern mit dem Taktstock.
RICHARD WAGNERs (1813–1883) einflussreiche Schrift „Über das Dirigieren" (1869) stellte dem Dirigenten die Aufgabe, den Ochesterapparat nicht nur zu koordinieren, sondern zu höchster musikalischer Ausdrucksfähigkeit zu inspirieren. Das Dirigieren erlangte seitdem hohes Ansehen.

Abb.: Porträt des russischen Komponisten ANTON GRIGORJEWITSCH RUBINSTEIN (1829–1894), GEMÄLDE VON ILJA JEFIMOWITSCH REPIN

Sänger

Singen ist die älteste und zugleich modernste Form der beruflichen Musikausübung.

Der **Sänger** steht am Beginn des herausgebildeten Berufsmusikertums. Er beeinflusste nachhaltig die Musikentwicklung und erfuhr eine starke Verbreitung durch die technischen Medien.

Sänger prägten mit ihrer Kunst solche Gattungen wie das komponierte Sololied oder die Oper. Das professionelle Singen hat besonders durch die Entwicklung der technischen Medien seit der Klangaufzeichnung Ende des 19. Jh.s einen starken Aufschwung erfahren. Kein anderer Musikerberuf ist z. B. so nachhaltig durch die Schallplatte geprägt worden.

Der italienische Tenor ENRICO CARUSO (1873 bis 1921) gehörte zu den Ersten seiner Profession, die sich dem Medium Schallplatte zuwandten. 1902 machte die Londoner „Gramophone Co." zehn Aufnahmen seiner Lieder. Er wurde dadurch zum ersten großen Sängerstar, dessen Ruhm nicht auf die Opernhäuser begrenzt blieb, sondern bis in die Wohnzimmer der bürgerlichen Mittelschichten reichte.

Crooning, engl. *croon* = summen ist ein Gesangsstil, der durch ein starkes Verhauchen der Stimme und Tonbildung sehr dicht am Mikrofon gekennzeichnet ist.

Scat, engl. *scatter* = zerstreuen, zerreißen ist eine Gesangsform, bei der anstelle des Textes zusammenhanglose, lautmalerisch improvisierte Silben gesungen werden – im Jazz verbreitet.

Ab Mitte der 1920er-Jahre ermöglichte die **Mikrophonie** – die elektronische Musik – neue Formen der vokalen Klangerzeugung, wie Crooning und Scat. Zudem wurde mit der Dominanz von technisch bearbeiteten Stimmklangbildern z. B. auch begabten Laien das Berufsfeld geöffnet. Je mehr sich das Gewicht auf die Individualität einer Stimme verlagerte, umso stärker trat das Zusammenspiel mit den technischen Apparaturen in den Vordergrund. Nur so ließ sich ein individuelles, ausdrucksstarkes Klangbild der Stimme erzielen.

Foto: Rocksängerin INA DETER (geb. 1947)

3.2.2 Vom Unterhaltungsmusiker zum DJ

Mit der Herausbildung der bürgerlichen Gesellschaft entstanden im ausgehenden 18. Jh. Spezialisten für **musikalische Unterhaltung.**

Zwar gab es bereits im klassischen Altertum **Berufsunterhalter.** Doch die griechischen Häteren, die römischen Mimen und Histrionen waren ebenso wie die mittelalterlichen Gaukler und die Unterhalter unter den Spielleuten Multitalente. Vom Musiker wurde verlangt, alles spielen zu können. Ab etwa 1570 begann sich eine Unterscheidung zwischen dem der Kunst verpflichteten „Musiker" und den zu Tanz und Unterhaltung aufspielenden „Musikanten" auch begrifflich niederzuschlagen.

Die **Musikanten,** auch „Tanzmusikanten", „Tanzpfeifer", „Tanzorganisten" oder „Tanzsaal-Musikanten" genannt, waren die Musiker mit dem niedrigsten Status und dem geringsten Ansehen.

Musikalisches Dienstleistungsgewerbe

Mit der Einführung der Gewerbefreiheit mussten sich auch die Musiker der Gewerbeordnung unterwerfen. Sie legte ihnen viele neue Beschränkungen auf. Nur der Besitz eines „Kunstscheines" als eine Ausnahmeregelung im „höheren Interesse der Kunst oder Wissenschaft" bot gegenüber den behördlichen Einschränkungen einen gewissen Schutz.

Wer für sein Lokal eine sogenannte „Tanzkonzession" besaß, die „Genehmigung zur Veranstaltung von Tanzlustbarkeiten", musste in seinem Etablissement auf Gesangsdarbietungen ganz verzichten.

Die **preußische Gewerbeordnung** von 1845 schrieb den Betreibern von Lokalen mit einer Konzession z. B. vor:
„1) Die Aufführung von Dramen, Lustspielen, Possen, Opern, Operetten, Sing- und Liederspielen, Tänzen und Ballets ist unzulässig. Nur Gesangs- und Deklamationsstücke mit einer Besetzung von höchstens zwei Personen dürfen zum Vortrag gelangen.
2) Die vortragenden Personen dürfen nur in bürgerlicher Kleidung (Gesellschaftsanzug) auf der Bühne erscheinen. Alle Vorträge im Kostüm sind verboten. Eine Ausnahme hiervon wird nur gestattet, wenn die Vortragenden in ihrem wirklichen Nationalkostüm auftreten. [...]
4) Die vorzutragenden Gesangs- und Deklamationsstücke dürfen im Inhalt und Vortragsweise nicht gegen die Religion, die Sittlichkeit, die staatlichen Einrichtungen, den öffentlichen Anstand und die öffentliche Ordnung verstoßen.
5) Die Vorträge müssen spätestens um 11 Uhr abends beendet sein und dürfen nicht vor 6 Uhr abends beginnen."

Als **„freistehende" Musiker** wurden die nicht an ein festes Orchester gebundenen Vertreter ihres Berufsstandes bezeichnet.

„Freistehende" Musiker fanden vor allem in den Städten, wo mit der Gewerbefreiheit Vergnügungseinrichtungen – Gast- und Wirtshäuser, Gartenwirtschaften, Ball- und Tanzsäle – zunahmen, ein wachsendes Betätigungsfeld. Hinzu kamen Gelegenheitsmusiken, z. B. auf Vereins- und Privatfesten oder Gartenkonzerte.

Bild: Salonmusik im 19. Jh., Gemälde von PIERRE-GEORGES JEANNIOT (1848–1934).

3

Nach dem Vorbild des Handwerks entstanden im 19. Jh. in vielen Städten „Musikgeschäfte", bei denen musikalische Dienstleistungen aller Art bestellt werden konnten. Sie wurden von erfolgreichen Kapellleitern betrieben und umfassten auch Lehrlinge und Gesellen als billige Aushilfen.
Ab 1810 begannen Musiker ihre Dienste auch über Annoncen in Branchenzeitschriften zu verkaufen. Ihre rasch wachsende Zahl überschritt immer mehr die Auftrittsmöglichkeiten. Viele Musiker gingen deshalb einem Nebenerwerb nach. **Nebenerwerbsmusiker** konnten ihren Beruf nur neben einer den Lebensunterhalt sichernden Hauptbeschäftigung ausüben. Das ist auch heute weit verbreitet.

Nicht erfasst sind in der Zahl von 50 000 die Militärmusiker, die aber ebenfalls in vielfältigen Formen im zivilen Musikleben präsent waren.

1921 wurde die Zahl der in Deutschland tätigen Zivilmusiker auf etwa 50 000 geschätzt. Davon waren etwa 10 000 bis 12 000 ausgebildete Orchestermusiker, aber nur 2 500 bis 3 000 von ihnen fest angestellt. Etwa 20 000 waren als Kino- oder Ensemblemusiker tätig. Die verbleibenden 30 000 freistehenden Musiker konkurrierten um die begrenzten Auftrittsmöglichkeiten.

Studiomusiker

Die Erfindung technischer Speicher- und Übertragungsmedien (Schallplatte, Rundfunk, Tonfilm) hatte tief greifende Folgen für den Musikerberuf. Es entstand der **Studiomusiker.**

Zu den Folgen der technischen Entwicklung gehörte einerseits eine gravierende Verschlechterung der Auftrittsmöglichkeiten von Musikern, andererseits das Entstehen neuer Wirkungsmöglichkeiten für sie. So ersetzte das Grammofon – später die Jukebox – in Lokalen und Gasthäusern die kostspielige Kapelle oder den musikalischen Alleinunterhalter. Ende der 1920er-Jahre löste der Tonfilm ein Massensterben von Kinoorchestern aus. Mitte der 1930er-Jahre begann durch die Nutzung der Musikkonserve im Rundfunk eine schrittweise Verdrängung von Live-Musik aus den Programmen.

Schallplatte, Rundfunk und Tonfilm schufen neue Betätigungsfelder in den **Aufnahmestudios** der Plattenfirmen, Rundfunk- und Filmgesellschaften. Bis in die 1930er-Jahre hinein verfügte nahezu jede Plattenfirma über ein eigenes Ensemble. Auch die Sendeanstalten unterhielten eigene Orchester, die hauptsächlich in ihren Studios tätig waren.

Foto: Der Komponist und Pianist WILHELM KEMPFF (1895–1991) bei einer Schallplattenaufnahme 1920

In Deutschland verfügte Ende der 1920er-Jahre jede der neun Reichsrundfunkstationen sowohl über ein Sinfonie- wie über ein Unterhaltungsorchester.

Foto: Musikaufnahme in einem modernen Studio

Durch die Ausdehnung der Studioproduktion von Musik wurde in den 1950er-Jahren der **Studiomusiker** zu einem festen Beruf.
Studiomusiker arbeiten zumeist anonym in Begleitensembles von Solisten oder übernehmen ergänzende Instrumentalparts bei Ensembleproduktionen. Sie müssen vielfältig einsetzbar sein. Studiomusiker müssen mit den verschiedenen musikalischen Stilistiken zurechtkommen und die Studiobedingungen des Musizierens beherrschen.

Pop-Artist

Pop-Artisten entstanden mit der Entwicklung der Medientechnik in den 1950er-Jahren. Sie zeichneten sich durch neuartige musikalische Fähigkeiten, eine ausdrucksstarke Bewegungskultur sowie durch schauspielerische und tänzerische Kompetenzen aus.

Im Zentrum der musikalischen Fähigkeiten steht die künstlerische Auseinandersetzung mit der sich explosionsartig entwickelnden Medientechnik.

Dieser Künstlertypus begann sich in den 1930er-Jahren zunächst unter den Vokalsolisten herauszubilden. Der Film bot dabei eine Plattform der Entfaltung von Talenten als singende Schauspieler/innen oder schauspielernde Sänger/innen.
Pop-Stars wie BING CROSBY (1903–1977), FRANK SINATRA (1915–1998), ELVIS PRESLEY (1935–1977) oder BILL HALEY (1927–1981) und die in immer rascherer Folge auf der Bühne des Popmusikgeschehens auftretenden Vokalsolisten hatten in der Regel nicht das Singen gelernt, aber im Umgang mit der Aufnahme- und Wiedergabetechnik das Kontrollieren ihrer Stimme. Der kreative Umgang mit der Aufnahme- und Wiedergabetechnik wurde kaum ein Jahrzehnt später auch bestimmend für die Instrumentalisten.

Fotos von links nach rechts:
FRANK SINATRA
BILL HALEY
BING CROSBY (links)

BING CROSBY und FRANK SINATRA waren beispielgebend für die sich nach dem Zweiten Weltkrieg herausbildenden und rasch zu Zentralfiguren der kommerziellen Musikformen aufsteigenden Pop-Artisten.

DJs und Turntablisten

Diskjockeys, die in den 1950er-Jahren als Musikmoderatoren wirkten, entwickelten sich seit den 1970er-Jahren zu **Turntablisten.** Sie nutzten den Plattenspieler nun selbst als Musikinstrument.

▶ Die erste Diskothek wurde 1943 im besetzten Paris eröffnet. 1960, auf dem Höhepunkt der Twist-Welle, gab es allein in den USA schon mehr als 5 000 Diskotheken.

Bereits in den 1940er-Jahren hatte sich das Auflegen von Schallplatten in Diskotheken und bei Tanzveranstaltungen eingebürgert. Livemusiker waren immer weniger gefragt. Im Radio löste nach dem Zweiten Weltkrieg die Schallplatte das bis dahin übliche Live-Musizieren im Studio ab. Die Aufgabe des **Radio-Diskjockeys** bestand jedoch nicht nur im Plattenauflegen, sondern umfasste die Moderation der Sendung. Der persönliche Stil der Moderation, Musikauswahl, Telefonkontakte zum Hörer während der Sendung und Programmeffekte wurden zu Komponenten, die Radio-DJs bis heute prägen.

Einer der wichtigsten DJs war ALAN FREED (1922–1965). Seine bis 1953 von der Station WJW/Cleveland als „Record Rendezvous", später in „The Moon Dog Rock'n' Roll House Party" umbenannte Sendung verhalf dem amerikanischen Rock'n' Roll zu einer breiten Popularität, vor allem auch durch seine Musikauswahl.
Der erste Radio-Diskjockey war AL JARVIS (1909–1970), Rundfunksprecher bei KFWB in Los Angeles, der 1932 mit seiner Sendung „World's Largest Make-Believe Ballroom" der Schallplatte den Weg ins Radio ebnete.

▶ Die Musikauswahl ist dem Radio-DJ heute durch sender- und programmspezifische Playlists, ein Titel-Pool mit vorgegebenen Wiederholungsfrequenzen im Verlauf des Programms, weitgehend abgenommen.

Aber erst in den 1970er-Jahren emanzipierte sich ausgehend von den afroamerikanischen Diskotheken in den Großstädten der USA der DJ vom Plattenaufleger zum **Turntablisten.** Dieser nutzt den Plattenspieler als Musikinstrument durch das Ineinanderblenden von zwei oder mehreren Platten, die auf verschiedenen Geräten parallel laufen *(Crossfading),* sowie durch verschiedene Manipulationen am Plattenteller. Aus vorhandener Musik entsteht so neue Musik.

Ein Initiator dieser Entwicklung war der New Yorker DJ LARRY LEVAN (1954–1992), der ab 1978 in dem als Ursprungsort des Techno-Vorläufers Garage bekannt gewordenen Klub Paradise Garage auflegte.

3.2.3 Musik vermittelnde Berufe

Musik ist ohne ein professionelles Umfeld der Musikvermittlung heute nicht mehr vorstellbar. Agenten, Journalisten, Redakteure und Dramaturgen haben großen Einfluss auf die Musikentwicklung. Ein hohes Maß an musikalischer Kompetenz ist Voraussetzung für diese Tätigkeiten.

Impresario, Agent, Manager

Impresario, Agent und Manager vertreten Musiker in allen geschäftlichen Belangen oder verhelfen ihnen zu Auftrittsmöglichkeiten.

Impresario ist hergeleitet von ital. *impresa* = Unternehmen.

Der Impresario geht auf die Geschäftsführer der Opernhäuser im 17. Jh. zurück. Im 19. Jh. erhielt der Begriff die zusätzliche Bedeutung eines Künstlervertreters, der wie der Agent und Manager Musiker vertritt. Der Begriffsgebrauch ist uneinheitlich, doch die damit bezeichnete organisatorische Dienstleistung nimmt eine Schlüsselstellung in der Musikkultur ein.

Zu den bekanntesten frühen Impresarios in der Musikgeschichte gehört der Komponist GEORG FRIEDRICH HÄNDEL (1685–1759), der ab 1734 in London ein eigenes Opernunternehmen betrieb.
In neuerer Zeit haben diesen Beruf geprägt u. a. der aus Australien stammende, in New York (Metropolitan Opera), Deutschland und England tätige RUDOLF BING (1902–1997), der Rock-Impresario BILL GRAHAM (WOLFGANG GRAJONKA, 1931–1991) und MALCOLM MCLAREN (1946–2010), der die Punk-Rockbewegung initiierte.

Journalist, Kritiker

Musikjournalisten und -kritiker haben die Aufgabe, über musikalische Ereignisse zu informieren und in Form von Rezensionen, Kritiken und thematischen Beiträgen zur öffentlichen Auseinandersetzung mit Musik anzuregen.

Sowohl in den Printmedien wie in den audio-visuellen Medien und auch im Internet spielt der zumeist freiberuflich tätige Musikjournalist in allen musikalischen Bereichen eine große Rolle.

Der Komponist ROBERT SCHUMANN (1810–1856) hatte als Mitbegründer der seit 1834 erscheinenden „Neuen Zeitschrift für Musik“ das Berufsbild des Musikkritikers maßgeblich geprägt. Unter den literarischen Pseudonymen FLORESTAN und EUSEBIUS entwickelte er unterschiedliche Sichtweisen auf die von ihm besprochenen Werke.
Bedeutende Musikkritiker waren z. B. HANS HEINZ STUCKENSCHMIDT (1901–1988) sowie im Bereich der Rock- und Popmusik der Amerikaner LESTER (LESLIE CONWAY) BANGS (1948–1982).

3

Redakteur

In vielen privaten Sendern wird die Musikauswahl auch mithilfe quotenoptimierter Computerprogramme getroffen.

Musikredakteure sind in den Medien Hörfunk und Fernsehen für die Zusammenstellung des Musikprogramms verantwortlich. Oft moderieren sie ihre Sendungen auch selbst.

Mit ihrer Musikauswahl und der Zusammenstellung wichtiger Hintergrundinformationen können die Redakteure erheblichen Einfluss auf die Musikentwicklung ausüben.

HERBERT HÜBNER (1903–1989) gestaltete von 1947 bis 1969 als Musikredakteur im Hamburger Funkhaus des Nordwestdeutschen bzw. des Norddeutschen Rundfunks das Programm für Neue Musik. JOACHIM ERNST BEHRENDT (1922-2000) hat als Redakteur beim damaligen Südwestfunk in Baden-Baden mit seinen Sendungen mehr als vier Jahrzehnte lang den Jazz in Deutschland geprägt. MIKE (MICHAEL) LECKEBUSCH (↗Foto, 1937–2000) konzipierte als verantwortlicher Redakteur des Senders Radio Bremen 1965 die legendär gewordene Sendung „Beat Club", mit der die Rockmusik ins deutsche Fernsehen kam.

Musikdramaturg

Dramaturgie ist abgeleitet vom griech. *dramaturgein* = ein Drama verfassen und bezeichnet neben dem Kompositionsprinzip eines Dramas auch die Gestaltung von Spannungsbögen.

Musikdramaturgen sind in den Bereichen Konzert, Oper, Operette, Musical, Ballett und Tanztheater für die Zusammenstellungen von Konzert- und Spielplänen verantwortlich.

Den Dramaturgen obliegt die Repertoiregestaltung, die Konzeption thematischer Programme, die langfristige Programmentwicklung, die Vergabe und Betreuung von Auftragswerken an Komponisten, die Redaktion und Gestaltung von Programmheften und Informationsmaterialien sowie die Presse- und Öffentlichkeitsarbeit der Spielstätten.
Das Arbeitsfeld ist vielfältig und von kaum zu überschätzender Bedeutung für ein lebendiges und interessantes Musikleben, selbst wenn die Musikdramaturgen eher im Hintergrund wirken. Sie sorgen durch die Organisation übergreifender musikalischer Zusammenhänge dafür, dass die Aufführungen von Musik nicht zu einem zufälligen Sammelsurium gerade verfügbarer Werkinterpretationen werden.
In der Popmusik nimmt in vergleichbarer Funktion der Executive Producer einer Show diese Aufgaben wahr. Er ist in der Regel aber nicht an Spielstätten gebunden.

3.3 Musikproduktion

Musik, die die Hörer über Medien erreicht, ist **produzierte** Musik.

Das Musizieren findet in einer engen Wechselbeziehung mit der Aufnahmetechnik und Technologie der Klangaufzeichnung statt. Auch eine Live-Übertragung verlangt klangliche Anpassungen und Eingriffe. Sie sind der Tatsache geschuldet, dass das Mikrofon als elektromechanischer Schallwandler in seiner Funktionsweise dem menschlichen Ohr in keiner Weise vergleichbar ist. In der technischen Übertragungskette sind zudem Veränderungen des Klangsignals unvermeidlich, die ausgeglichen werden müssen. Lautsprecher als punktförmige Schallquellen haben mit dem sich im Raum entfaltenden komplexen Klanggeschehen eines akustischen Instruments nicht wenig zu tun. Und schließlich muss das Klanggeschehen am Aufnahmeort schon im Prozess der Aufnahme stets den ganz anderen akustischen Bedingungen am Wiedergabeort angepasst werden.

Im Studio sind zudem zusätzliche klangliche Gestaltungs-, aber auch vielfältige Korrekturmöglichkeiten gegeben. Musik wird hier abschnittsweise in einzelnen **Takes** eingespielt und abschließend collageartig zusammengesetzt. Die Aufnahme erfolgt mit mehreren Mikrofonen für Instrumente, gegebenenfalls Vokalisten, Instrumentengruppen sowie für Anteile des Raumklangs in getrennt aufgezeichneten Spuren, die in einem gesonderten Arbeitsgang zusammengeführt werden *(Abmischen).*

Für eine Standardorchesteraufnahme werden in der Regel fünf Hauptmikrofone sowie bis zu zwanzig weitere für einzelne Instrumente und Instrumentengruppen eingesetzt. Die fertige Aufnahme ist normalerweise aus zehn bis fünfzehn Takes zusammengesetzt – einen für jeden Werkteil (Satz) sowie mehrere Korrekturtakes, die nicht optimal gelungene Passagen ersetzen.

Das Musizieren ist mittlerweile um eine **technische Dimension** erweitert, die am Gesamtresultat einen entscheidenden Anteil hat. In der Popmusik ist diese Dimension nicht selten sogar dominant.

3

Es stehen Mikrofone mit einer Vielzahl klangrelevanter technischer Spezifikationen zur Verfügung. Sie sind gekoppelt mit Equalizern und Filtern zur Bearbeitung des Frequenzspektrums, Kompressoren, Limitern und Expandern zur Anpassung der Dynamik, Reverb-, Delay- und Echo-Geräten zur Feineinstellung der Ein- und Ausschwingvorgänge im Zeitverlauf oder Aural Excitern zur Anreicherung des Klangs mit zusätzlichen Obertönen und bieten so grenzenlose Möglichkeiten der technischen Klanggestaltung.

Das Album *Sgt. Pepper's Lonely Hearts Club Band* (1968) der BEATLES gilt als eines der Ersten, bei dem die aufnahmetechnische Seite des Musizierens dominant geworden ist. Eine Live-Aufführung des technisch komplexen Songzyklus war nicht mehr möglich.

Aufwendige Popmusik-Produktionen werden häufig in gesonderten, für die CD, den Einsatz im Radio, den Einsatz im Club und für die Verbreitung als Audio-Datei gemasterten Versionen veröffentlicht.

Zur Musikproduktion gehört ferner die Anpassung der Aufnahme an die Besonderheiten der Wiedergabemedien durch nachträgliche technische Eingriffe *(Masterin),* die ein optimales klangliches Ergebnis entsprechend der Wiedergabecharakteristik der verschiedenen Medien gewährleisten sollen.

Verantwortlich für die technische Realisierung einer Musikaufnahme, die mit dem Musizieren eine unlösbare Einheit bildet, sind der **Musikproduzent** und der **Toningenieur** (Tonmeister). Sie müssen eine hohe musikalische Kompetenz besitzen.

3.3.1 Musikproduzent

Die Funktion des Musikproduzenten (auch Aufnahmeleiter) ist etwa derjenigen eines Regisseurs vergleichbar ist, nur dass seine Tätigkeit klangbezogen erfolgt.

Der erste gesonderte Ausweis der Funktion des Musikproduzenten – damals noch unter Bezeichnung „Supervisor" – findet sich 1959 auf der Single „Charlie Brown" (Atco Records, 1959) der amerikanischen Vocalgroup THE COASTERS. Er galt dem durch seine Arbeit für ELVIS PRESLEY bekannt gewordenen Autoren- und Produzententeam JERRY LEIBER (geb. 1933) und MIKE STOLLER (geb. 1933).

Da die Berufsbezeichnung nicht geschützt ist, stehen hinter dem Begriff des Musikproduzenten sehr unterschiedliche Funktionen.

Das **Tätigkeitsprofil** des Musikproduzenten reicht von der Organisation und Überwachung des Produktionsablaufs über die musikalische Leitung des Aufnahmevorgangs bis hin zur Verantwortung für den Aufnahmevorgang selbst.

Musikproduzenten können Angestellte von Tonträgerfirmen sein, freiberuflich in deren Auftrag arbeiten oder selbstständige Produktionsfirmen besitzen, die auf eigenes wirtschaftliches Risiko arbeiten und die Musikproduktionen zur Auswertung an Tonträgerfirmen verkaufen oder leasen.

Als Prototyp des heutigen Musikproduzenten gilt der Amerikaner FRED GAISBERG (1873–1951), der ab 1898 für die Londoner Gramophone Company damals Maßstab setzende Aufnahmen u. a. mit dem Tenor ENRICO CARUSO (1873–1921) realisierte. Namhafte Musikproduzenten waren im Klassik-Bereich z. B. WALTER LEGGE (1906–1979), der den Klassik-Katalog der EMI betreut hat, JOHN CULSHAW (1924–1980) mit innovativen Opern-Aufnahmen für DECCA oder MANFRED EICHNER (geb. 1943), der mit seinem Label ECM Records internationale Standards gesetzt hat. Im Pop-Bereich sind u. a. zu nennen PHIL SPECTOR (geb. 1940) mit einem innovativen Sound-Konzept in den 1950er Jahren (Wall of Sound), GEORGE MARTIN (geb. 1926) als Produzent der BEATLES und TREVOR HORN (geb. 1949), der auf seinem Plattenlabel ZTT wegweisende Produktionen realisierte.

Decca Records (auch DECCA) ist eine in London in den 1930er-Jahren gegründete Schallplattenfirma.

3.3.2 Toningenieur

Im **Verantwortungsbereich** der Toningenieure (oder Tonmeister) liegen alle technischen Parameter der Aufnahme, von der Wahl des geeigneten Mikrofons (Mikrofonierung) bis zur korrekten Aussteuerung.

Toningenieure vermitteln zwischen technischen Anforderungen und klanglichem Resultat. Sie sind für die technische Betreuung der Aufnahme am Mischpult sowie für das nachträgliche Abmischen (Post Production) verantwortlich. Als Aufnahmeingenieure (in Deutschland Tonmeister) können sie Funktionen des Produzenten übernehmen. Ihre Tätigkeit kann aber auch auf die technische Vorbereitung des Aufnahmeprozesses begrenzt bleiben. Als Mastering-Ingenieure bearbeiten sie fertige Aufnahmen entsprechend der technischen Spezifikationen der eingesetzten Verbreitungsmedien. Mit den wachsenden technischen Möglichkeiten der Klangaufzeichnung und -bearbeitung hat ihre Bedeutung für eine angemessene Umsetzung des Musizierens in die Aufnahme stark zugenommen.

Die Berufsbezeichnung des Toningenieurs wird sehr uneinheitlich gebraucht.

Namhafte Toningenieure im *Klassik-Bereich* waren z. B. KENNETH WILKINSON (1912–2004), der den charakteristischen Sound von DECCAs Klassikaufnahmen geprägt hat, ARTHUR HADDY (1906–1989), DECCAs Chefingenieur, VOLKER STRAUS (1936–2002) bei der niederländischen Plattenfirma Philips und SUVI RAJ GRUBB (1917–1999) bei der EMI.
Im *Pop-Bereich* sind TOM DOWD (1925–2002) bei Atlantic Records, GEOFF EMERICK (geb. 1946), der u. a. Aufnahmen der Beatles betreut hat, und BRUCE SWEDIEN (geb. 1934), der den charakteristischen Sound der Michael-Jackson-Alben mitgeprägt hat, zu nennen.

3

3.4 Musik als Wirtschaftsfaktor

Musik ist in allen modernen Industriegesellschaften ein beachtlicher Wirtschaftsfaktor.

Die **Musikwirtschaft** umfasst die Gesamtheit der mit Musik verbundenen wirtschaftlichen Aktivitäten. Dazu gehören:
- musikalische Dienstleistungen aller Art (das Musizieren für Erwerbszwecke),
- die unterschiedlichen Veranstaltungsaktivitäten (von der Oper bis zur Tanzveranstaltung),
- die Herstellung und der Vertrieb musikbezogener Waren (z. B. Musikalien, Tonträger, Musikinstrumente),
- der Handel mit Rechten und Lizenzen,
- das Merchandising (das Geschäft „um die Musik" – z. B. T-Shirts, Poster),
- die mittelbare Nutzung von Musik für wirtschaftliche Zwecke durch die werbetreibende Industrie (z. B. der Einsatz von Musik als „Zielgruppenfilter" in den Medien ↗S. 113).

Merchandising, engl. *merchandise* = auf den Markt bringen, bezeichnet die Gesamtheit absatzpolitischer und verkaufsfördernder Maßnahmen.

Im Zentrum der Musikwirtschaft steht die **Musikindustrie,** die für die Gesamtheit der mit Musik verbundenen Industrieprodukte – Musikalien, Tonträger, Musikinstrumente, Phonogeräte – und deren Verbreitung durch die Medien sowie den Groß- und Einzelhandel verantwortlich ist.

Zahlenangaben nach Bundesverband der Phonographischen Industrie

Der **Welttonträgermarkt** umfasste 2009 ein Gesamtvolumen von 17 Mrd. US-$. Nach den USA (Weltmarktanteil von 29,1 %) und Japan (Weltmarktanteil von 27 %) ist Deutschland mit einem Anteil von 9 % und einem Gesamtumsatzvolumen von 1,53 Mrd. Euro der drittgrößte Tonträgermarkt auf der Welt und der größte in Europa.

Die Anteile der Repertoiresegmente am Tonträgerumsatz in Deutschland waren 2009:

– Pop	35,5 %
– Rock	18,9 %
– Klassik	7,8 %
– Schlager	8,6 %
– Kinderprodukte	6,0 %
– Dance	4,2 %
– Volksmusik	1,9 %
– Jazz	1,6 %
– Sonstige	8,1 %

In Deutschland ist die Musikwirtschaft neben der Film- und Kinobranche der bedeutendste Wirtschaftzweig der Kulturindustrie. Bezogen auf den Umsatz beträgt ihr Anteil an der Gesamtwirtschaft 0,33 Prozent.

Musikwirtschaft in der Bundesrepublik Deutschland 2006		
	Unternehmen	**Umsatz in Mio. Euro**
Komponisten/Bearbeiter/Arrangeure	2337	244,1
Musikverlage	1153	730,5
Produktion von Tonträgern	810	1780,0
Herstellung von Musikinstrumenten	1195	703,9
Einzelhandel (Musikalien, Instrumente)	2291	1051,0
Musik- und Tanzensembles	1859	214,3
Theater- und Konzertveranstalter	1268	1301,0
Theater, Opernhäuser, Konzerthallen	207	333,9
Herstellung von Phonogeräten	386	2237,2
Einzelhandel (Phono)	4559	6779,2
Diskotheken, Tanzlokale	2121	771,5
Tanzschulen	1522	197,8
gesamt	**19708**	**16344,2**

Zahlenangaben in der Tabelle nach: Deutscher Musikrat, Musikinformationszentrum

3.4.1 Musikindustrie: Vom Verlag zum Multimediakonzern

Die **Geschichte der Musikindustrie** begann mit der Einführung industrieller Fertigungstechniken in die Musikalienproduktion Anfang des 19. Jh.s. Mit dem Aufkommen des Tonträgers bildete sich die Musikwirtschaft als eigenständiger Industriezweig heraus.

Der Einsatz der dampfbetriebenen Druckpresse für den Notendruck sowie nachfolgend weiterer Maschinen führten auch auf dem Musikgebiet zur Herausbildung von Industriestrukturen. Sie umfassten zunächst das Musikverlagswesen und den Instrumentenbau, dann zunehmend alle Bereiche, auch das Musizieren selbst.

Musik verwandelte sich in einen arbeitsteilig organisierten Prozess, der in **selbstständigen Berufsfeldern** Ausdruck fand: Komposition, Textdichtung, Arrangement, Interpretation, Aufnahmetechnik, Sounddesign, Musikproduktion. Davon waren alle Musikformen betroffen, auch wenn die Organisation des Musizierens gattungsabhängig in den verschiede-

Der **Notendruck** geht zwar auf das Ende des 15. Jh.s zurück, war aber bis zur Einführung der dampfbetriebenen Druckpresse im ersten Drittel des 19. Jh.s als Handwerk organisiert.

3

nen musikindustriellen Zusammenhängen große Unterschiede aufwies und aufweist.

So ist der Arrangeur eine Erscheinung bestimmter Formen der populären Musik geblieben – der Unterhaltungsmusik, des Jazz und Schlagers. In der Rockmusik wird dagegen versucht, die Einheit von Komposition, Textdichtung, Arrangement und Interpretation in der Kollektivität der Rockband wiederherzustellen.
Aufnahmetechniker bzw. Toningenieure und Musikproduzenten spielen heute bei der Realisierung von Musik jeder Art im Studio eine zentrale Rolle (↗ S. 140 f.).

Die maschinelle Schnellpresse (↗ Abb.) geht auf den deutschen Buchdrucker FRIEDRICH KÖNIG (1774–1833) zurück, der sie sich 1811 in London patentieren ließ.

Lithografie und Notenschnelldruckpresse

Die Erfindung der **Lithografie** 1801 von ALOIS SENEFELDER (1771–1834) war der erste Schritt zur Schaffung eines eigenständigen Industriezweiges im Musikbereich. Damit wurde die Grundlage für die Produktion von Auflagen auch in großen Stückzahlen geschaffen. Sowohl die Kupferstichplatte, die nur begrenzte Vervielfältigungen zuließ, wie auch die arbeitsaufwendig erstellten Blöcke aus beweglichen Typen für den Notendruck hatten bis dahin sehr enge Grenzen gesetzt.

1826 kam die **Schnellpresse** beim Verlag F. A. Brockhaus in Leipzig erstmals für den Musikaliendruck zum Einsatz. So konnten Massenauflagen von Notendrucken in kürzester Zeit realisiert werden. Es kamen die Loseblattausgaben von populären Stücken auf, die zudem auch noch in spieltechnisch erleichterten Bearbeitungen verlegt wurden.

Im letzten Drittel des 19. Jh.s war aus dem **Musikverlagswesen** eine Industrie entstanden. Sie bestritt ihren Umsatz hauptsächlich aus der Veröffentlichung von Aufführungsmaterial für Tanz- und Unterhaltungskapellen unterschiedlichster Besetzungen sowie von Spielliteratur für den musizierenden Laien – Klavieralben mit Salonmusik und populären Einzelstücken, Gitarren- und Blockflötenliteratur, Unterrichtsmaterialien.

Der Begriff **Tin Pan Alley** kam 1900 als Bezeichnung für einen New Yorker Musikverlags-Distrikt in Manhattan auf, wo sich 1885 einige Musikverleger angesiedelt hatten und danach weitere neue Verlagshäuser in der Nachbarschaft entstanden.

Insbesondere in den USA erreichte das Musikverlagswesen im Umfeld der Broadwaytheater und Musicalbühnen starken Auftrieb und wurde unter der Bezeichnung **Tin Pan Alley** zum Synonym für die Musikindustrie des 19. Jh.s. 1892 erschien hier mit „After the Ball“ von CHARLES K. HARRIS (1867–1930) der erste Titel, dessen Absatz die Millionengrenze überschritt. Der Komponist gründete mit den Einnahmen ein eigenes Verlagshaus, das eine Säule der frühen Musikindustrie in den USA wurde.

Entstehung der Tonträgerindustrie

1877 meldete der Multi-Erfinder THOMAS A. EDISON (1847–1931) einen Zylinder-Phonographen zum Patent an. Seine Bedeutung als Musik- und Unterhaltungsmaschine wurde zwar eher zufällig entdeckt, dennoch war diese Erfindung bahnbrechend für die Entwicklung eines eigenständigen Industriezweigs.
1889 wurde mit der Columbia Phonograph Company als regionaler Verkaufsagentur für LIPPINCOTTS Büro-Phonographen in Washington der Grundstein für die älteste und traditionsreichste Schallplattenfirma in der Geschichte der Musik gelegt, für die **Columbia Records.** Sie ist im Verbund von Sony BMG noch immer als Label aktiv.

EDISON hatte zunächst versucht, seinen Phonographen als Diktaphon (Diktiergerät) zu vermarkten. Dann überließ er das Patent 1887 dem Schreibmaschinenfabrikanten JESSE A. LIPPINCOTT, der es über seine 1888 in Pittsburg gegründete North American Phonograph Company ebenfalls als Büromaschine kommerziell einzusetzen suchte.

1891 veröffentlichte die Columbia Phonograph Company in Washington den ersten Katalog mit insgesamt 100 bespielten Musik-Zylindern, darunter 27 Märsche, 13 Polkas, 10 Walzer, 34 Opernausschnitte sowie verschiedene Hymnen.

Foto: Schallplatten-Reklamezug, Leipziger Frühjahrsmesse 1928

Nach wechselvoller Geschichte kaufte 1988 der japanische Elektronikkonzern Sony die Columbia Phonograph Company zusammen mit der 1927 gegründeten CBS Recording Group. Er integrierte sie in sein als Sony Music Entertainment benanntes Medienkonglomerat.

Der Deutsch-Amerikaner EMIL BERLINER (1851–1929) stellte sein konkurrierendes, auf einer Platte basierendes Prinzip der Schallaufzeichnung im Mai 1888 als „Gramophone" vor. Zunächst ein Verlustgeschäft, überschrieb er das Patent 1895 der Berliner Gramophone Company in Philadelphia. Nach technischen Verbesserungen und langwierigen Patentstreitigkeiten wurde 1901 die Victor Talking Machine Company gegründet. **Victor Records** wurde zur zweiten großen Säule der Musikindustrie. 1929 ging der Hersteller von Schallplatten und Plattenspielern an die Radio Corporation of America (RCA) und firmiert seither als **RCA Victor.** 1986 wurden die unter dem Dach RCA Victor zusammengefassten Schallplattenlabels an die Bertelsmann AG verkauft, die sie als Bertelsmann Music Group weiterführte und 2008 schließlich zusammen mit dem gesamten operativen Tonträgergeschäft an Sony veräußerte.

Die ältesten und den Weltmarkt beherrschenden Plattenfirmen Columbia und Victor, die aus EDISONS Phonograf und BERLINERS Grammophon hervorgingen, prägten die Musikentwicklung im 20. Jh. stark. Mit ihren Auslandsgründungen – darunter der **Deutschen Grammophon Gesellschaft** (1898), ihren vielen Tochterunternehmen und der Einverleibung einer großen Zahl von Einzelfirmen – wurden sie das Rückgrat der internationalen Musikindustrie.

Internationale Musikindustrie

> Die **weltweite Musikproduktion** wird von sogenannten Majors beherrscht. Sie vereinen die gesamte Verwertungskette – von der Tonträgerproduktion bis zum Vertrieb – unter einem Dach.

Majors sind Medienkonglomerate, die eine marktbeherrschende Stellung auf dem Musikmarkt haben. Sie vertreten das Musikrepertoire jeweils in der ganzen Breite und führen zur Strukturierung ihres Angebots verschiedene Labels. Es handelt sich oft um vormals eigenständige Unternehmen, die im neuen Verband als Markennamen und Warenzeichen weitergeführt werden. Sie sind in vielen Ländern vertreten. Ihnen stehen zahlreiche Klein- und Nischenfirmen gegenüber, die auch als **Indies** bezeichnet werden und zusammen etwa 20 % des weltweiten Umsatzes mit Tonträgern verantworten. In Deutschland waren das 2009 etwa 850 Einzelfirmen. 2009 beherrschten vier Majors etwa 70 % des globalen Musikmarktes.

Indies (von *independent label*) gelten zwar als „unabhängig" von den marktbeherrschenden Majors, sind aber in den meisten Fällen durch Vertriebsabkommen an diese gebunden.
Indies verfügen nicht über das Kapital, um die Verwertungskette ihrer Produkte durch eigene Vertriebskanäle, aufwendiges Merchandising und groß angelegte Promotionkampagnen zu kontrollieren.

UMG	Die **Universal Music Group** ist das weltweit größte Musikunternehmen mit einem Marktanteil im Jahr 2009 von 30,7 %. Eigentümer ist der französische Mischkonzern Vivendi Universal. Er entstand 2001 durch Zusammenlegung der Aktien von Vivendi Environment mit dem kanadischen Wein- und Spirituosenkonzern Seagram Inc. Dieser hatte ab Mitte der 1990er-Jahre durch Übernahme der weit verzweigten niederländischen PolyGram und der sich inzwischen in japanischem Besitz befindlichen und als Universal Music firmierenden Music Corporation of America (MCA) eine marktbeherrschende Stellung erworben. Die vielen Einzelfirmen wurden 1998 als UMG neu strukturiert. UNIVERSAL UNIVERSAL MUSIC GROUP
SME	**Sony Music Entertainment** ist der zweitgrößte Musikkonzern mit einem Marktanteil 2009 von 28,8 %. Das Unternehmen entstand 1988 durch Übernahme der US-amerikanischen CBS Recording Group als 100prozentige Tochter des japanischen Elektronikkonzerns Sony Corporation Inc. Das 2004 mit der deutschen Bertelsmann Music Group (BMG) eingegangene joint venture wurde 2008 durch den Ausstieg des Gütersloher Medienkonzerns Bertelsmann AG aus dem Tonträgergeschäft und Verkauf seiner Anteile an Sony beendet. Sony verfügt damit auch über den riesigen Katalog der seit 1986 in der BMG zusammengefassten Tonträgerlabels.

WMG	Die **Warner Music Group** nahm 2009 mit einem Marktanteil von 20,3 % die dritte Stelle der marktbeherrschenden Firmen ein. Sie entstand in den 1990er-Jahren unter dem Dach des amerikanischen Medienkonzerns TIME WARNER. Das durch die Fusion mit dem Internet-Provider American Online (AOL) sowie durch Turbulenzen auf dem Musikmarkt in finanzielle Schwierigkeiten geratene Unternehmen festigte sich 2003 durch Abstoßung aller nicht zum Kerngeschäft des ursprünglichen Verlagshauses gehörenden Unternehmungen. Die WMG wurde an ein Investorenkonsortium um den ehemaligen Seagram-Präsidenten EDGAR BRONFMAN veräußert.
EMI Music	Der Tonträgerarm des 1931 entstandenen britischen Traditionsunternehmens **Electrical** and **Musical Industries** hatte 2009 8,8 % Marktanteil. Er ist neben EMI Music Publishing, dem Verlags- und Lizenzgeschäft, Bestandteil der EMI Music Group. Fehlinvestitionen in die am Markt nicht durchsetzbare Bildplatte führten 1979 zur Übernahme des Mutterkonzerns EMI Ltd. durch den Rüstungskonzern Thorn Electronics.1996 wurden die Unternehmen wieder entflochten. 2007 geriet das Unternehmen nach einer Phase relativer Prosperität in die Hände der Terra Firma Capital Partners des britischen Finanzjongleurs GUY HANDS. In den folgenden zwei Jahren verlor sie die Hälfte ihres Marktanteils und 90 % ihres Börsenwertes mit teils drastischen Folgen für die hier unter Vertrag stehenden Künstler.

3.4.2 Musikverwertung: Urheberrecht und Verwertungsgesellschaften

> Grundlage der wirtschaftlichen **Verwertung von Musik** ist das Urheberrecht. Es liegt der Festlegung und Durchsetzung privater Eigentumsrechte an Musik zugrunde.

Das Konzept des „geistigen Eigentums" geht auf das 15. Jh. zurück. Es bildete sich im Zusammenhang mit dem Buchdruck heraus. Im 18. Jh. wurden Druck- und Autorenprivilegien rechtlich festlegt. Zunächst wurde es als ausschließliches Vervielfältigungsrecht verstanden. Es musste in einem Register eingetragen werden und wurde durch den Copyright-Vermerk © kenntlich gemacht.

Der Wunsch der Verleger, ihre Produkte vor Nachdruck zu schützen, war Ausgangspunkt bei der Schaffung der sogenannten Druck- und Autorenprivilegien, die im 18. Jh. festgelegt wurden.

Die Französische Revolution begründete mit der Proklamation der allgemeinen Menschenrechte 1791 auch ein neues Verständnis des geistigen Eigentums. Es stellte den Autor in das Zentrum bzw. das umfassende und unveräußerliche Recht des Urhebers auf Integrität seines Werkes, der Kontrolle seiner Veröffentlichung und seiner wirtschaftlichen Auswertung. Beide Rechtskonstruktionen – das angelsächsische Copyright und das kontinentaleuropäische Urheberrecht – bestehen noch immer nebeneinander. Allerdings ist die Pflicht zur Anmeldung des Copyright in England seit 1956, in den USA seit 1978 entfallen.

Rechte und Tantiemen

Musikstücke sind immer auch an Rechte gebunden, die ihre wirtschaftliche und sonstige Nutzung regeln. Seit 1901 gibt es ein spezielles **musikalisches Urheberrecht.**

Das **deutsche Urheberrechtsgesetz** hat zuletzt am 6. Juli 2007 durch das „Zweite Gesetz zur Regelung des Urheberrechts in der Informationsgesellschaft" eine Novellierung erfahren.

Dieses Urheberrecht ist eine Ergänzung des in Deutschland 1857 in Kraft gesetzten allgemeinen Urheberschutzes. Es wurde entsprechend den Erfordernissen der fortschreitenden Entwicklung vor allem auf dem Gebiet der Reproduktionstechnik ständig angepasst und erweitert.

Zu den speziell festlegten **Rechten** gehören:
- die Rechte des Autors (Komponist, Arrangeur, Songwriter); sie gliedern sich in die Nutzungsrechte, die Verwertungsrechte sowie das Urheberpersönlichkeitsrecht und erlöschen 70 Jahre nach dem Tod des Urhebers;
- die Rechte des ausübenden Künstlers (Musiker); im Falle einer Aufnahme erlöschen sie 50 Jahre nach deren Erscheinen;
- die Rechte des Veranstalters oder Produzenten; sie erlöschen im Falle einer Aufnahme 25 Jahre nach ihrem Erscheinen;
- die Rechte des Herstellers von Tonträgern (Plattenfirmen); sie erlöschen 50 Jahre nach dem Erscheinen des Tonträgers.

Tantiemen sind ergebnisabhängige Umsatz- oder Gewinnbeteiligungen.

Ansprüche aus der Nutzung dieser Rechte durch Dritte werden in der Regel in Form von **Tantiemen** abgegolten. Sie fallen als Teil des Erlöses bei jeder wirtschaftlichen Verwertung von Musik an.

Für eine CD, die vom Hersteller an den Händler für 8,00 Euro abgegeben wird, beträgt der vertraglich geregelte Lizenzsatz 9,009 % – also 0,72 Euro pro CD. Dieser Betrag wird mit der verkauften Stückzahl multipliziert und dann spieldaueranteilig auf die verwendeten Titel aufgeteilt – bei 10000 verkauften CDs also 7200,00 Euro. Bei angenommenen 18 Titeln auf der CD und jeweils gleicher Spieldauer der Titel fallen pro Titel 400,00 Euro Tantiemen an.
Bei Veranstaltungen berechnen sich die Tantiemen nach der Zahl der möglichen Besucher, ermittelt nach der Größe des Veranstaltungsortes und der pro Quadratmeter möglichen Besucherzahl.
Bei der Ausstrahlung von Musik in Rundfunk und Fernsehen erfolgt die Berechnung in Abhängigkeit von der Senderreichweite nach Zeitdauer und Häufigkeit des Einsatzes eines Musikstücks.

Verwertungsgesellschaften

Im 19. Jh. entstanden **Urheberrechts-** oder **Verwertungsgesellschaften.** Sie dienen der Kontrolle der Rechtenutzung und der Sicherung der Ansprüche von Verlegern, Komponisten, Textautoren.

Die erste Inkassogesellschaft war die 1853 in Paris gegründete Societé des Auteurs, Compositeurs et Editeurs de Musique (SACEM).

Urheberechts- oder Verwertungsgesellschaften nehmen die Ansprüche ihrer Mitglieder treuhänderisch wahr und verteilen die in Form von Nutzungsentgelten, Lizenzen und ähnlich erzielten Einnahmen an die Anspruchsberechtigten weiter.

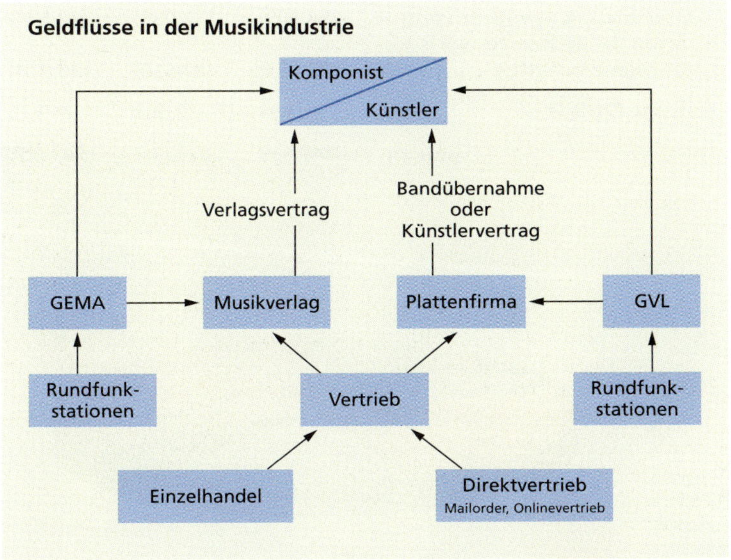

GVL: Gesellschaft zur Verwertung von Leistungsschutzrechten

In Deutschland entstand 1903 auf Betreiben von RICHARD STRAUSS (1864–1949), HANS SOMMER (1837–1922) und FRIEDRICH RÖSCH (1862–1925) die Genossenschaft der deutschen Tonsetzer und daran angeschlossen die Anstalt für musikalische Aufführungsrechte. Sie ist der Vorläufer der **GEMA,** der Gesellschaft für musikalische Aufführungs- und mechanische Vervielfältigungsrechte. Das ist die heute wirkende Verwertungsgesellschaft, die die Urheberrechte von Komponisten, Textdichtern und Musikverlegern wahrnimmt.

Die **GEMA** hat die Rechtsform eines wirtschaftlichen Vereins mit Sitz in Berlin und München.

Die durch die Rechte an Musik und deren wirtschaftlicher Nutzung zustande gekommenen Geldströme sind in den letzten Jahrzehnten auf ein beachtliches Volumen angewachsen.

Zahlenangaben in der Tabelle und in der Grafik nach: GEMA Geschäftsbericht 2009

Das Lizenzgeschäft mit Musik übersteigt vielfach die mit den Tonaufnahmen realisierten Umsätze. Es belief sich 2009 auf 4,5 Mrd. US-$. 2009 erwirtschaftete allein das Segment der Handy-Klingeltöne weltweit einen Umsatz von etwa 6,1 Mrd. US-$.

Einnahmen der GEMA 2007–2009 (in Mio. Euro)

	2007	2008	2009
Aufführungs-, Vorführungs-, Sende- und Wiedergaberechte	399,086	402,208	408,697
Vervielfältigungsrechte	206,189	193,389	180,752
• davon aus Tonträgerlizenzen	(94,490)	(85,094)	(79,277)
• davon aus anderen Sparten	(111,699)	(108,295)	(101,475)
Vergütungsansprüche	41,318	30,223	10,827
Inkassomandate	167,613	159,719	218,908
• davon aus der zentralen Lizenzierung von Tonträgern	(94,809)	(72,099)	(72,534)
• davon für andere Verwertungsgesellschaften	(72,804)	(87,620)	(146,374)
sonstige Erträge	35,393	37,468	21,871
gesamt	**849,599**	**823,007**	**841,055**

GEMA-Erträge 2009

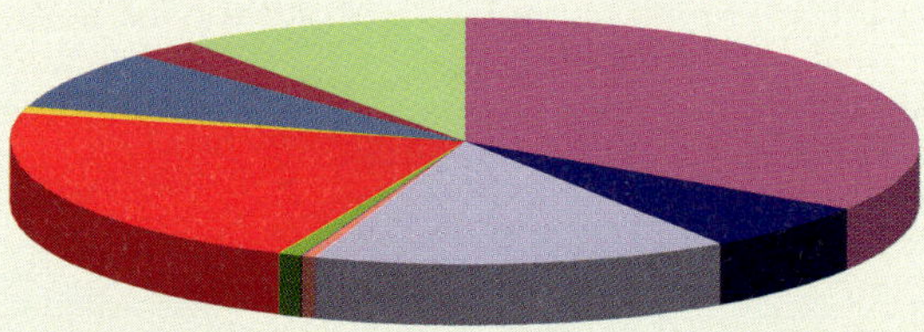

Um die Rechte an Musik auch grenzübergreifend wahrzunehmen, entstand schon 1926 in Paris die Confédération Internationale des Sociétés d'Auteurs et Compositeurs **(CISAC)**. Sie ist auf der Basis von Konventionen, die 1886 in Bern und 1961 in Rom verabschiedet wurden, tätig. Die CISAC ist Teil der World Intellectual Property Organisation **(WIPO)**, die 1967 gegründet wurde und seit 1974 als Teilorganisation der UNO für die Belange der Urheber und ihrer Rechte eintritt.

3.4.3 Musik-Marketing

> In Industriegesellschaften ist Musik auch ein Produkt musikwirtschaftlicher bzw. musikindustrieller Prozesse, was vor allem mit einem aktiven **Marketing** verbunden ist.

Die **Musikwirtschaft** bildet für die auf dem Gebiet der Musik erwerblich tätigen Personen – vom Musiker bis zum Veranstalter – sowie den Institutionen – vom Konzerthaus bis zur Diskothek – die Grundlage.

In den westlichen Industriegesellschaften geht es dabei nicht einfach um die Auswertung vorhandener Musik durch die Wirtschaft als vielmehr um ihre „Gestaltung" durch die Wirtschaft. Das gilt für die umsatzstarken Formen der Popmusik zwar auf eine andere Weise als für eine zeitgenössische Opernproduktion, aber der Musikwirtschaft kann sich selbst der öffentlich geförderte Bereich der Musikkultur nicht entziehen.

Foto: CD-Presse

Die Musikwirtschaft wirkt durch das aktive Marketing ihrer Produkte tief in den Musikprozess hinein. Musik wird in einen Zusammenhang mit Zeichen, Bildern, Medien und Mythen gestellt, die unmittelbar und direkt auf Musik zurückwirken, auch wenn das lediglich als absatzfördernde Maßnahme gesehen wird.

Musik im Marketing-Mix

Die optimale Kombination der absatzfördernden Instrumente wird als **Marketing-Mix** bezeichnet. Diese sind
- die Produktpolitik *(Product),*
- die Preispolitik *(Price),*
- die Kommunikationspolitik *(Promotion)* und
- die Distributionspolitik *(Place).*

▶ Der **Marketing-Mix** wird auch als die „4Ps" bezeichnet.

Produktpolitik	Sie umfasst in Abhängigkeit von der Art des Unternehmens (z. B. Tonträgerfirma, Musikverlag, Konzertveranstalter) das gesamte Produktdesign, also die Auswahl geeigneter Musiktitel, die Auswahl geeigneter „zugkräftiger" Interpreten, die Auswahl geeigneter Produktformen (z. B. CD oder DVD, Streaming oder Download, Abendveranstaltung mit Gastronomie oder Konzert) einschließlich der „Verpackung". Produkt kann aber auch z. B. für eine Agentur oder eine Musikmanagementfirma der Interpret bzw. die Interpretin, die Band, das Ensemble oder das Orchester sein. Dann wird das Repertoire zum Produktdesign, das Outfit zur Verpackung.

3

Preispolitik	Sie bezieht sich zum einen auf die realen Produktionskosten, zum anderen auf die Platzierung des Produktes auf der Preisskala. So ist z. B. die Platzierung einer CD im Hoch-, Mittel- oder Niedrigpreissegment entscheidend dafür, dass sich die „richtigen" Käufer finden.
Kommunikations-politik	Sie umfasst die Gesamtheit der Werbemaßnahmen, mit der Besonderheit, dass das Produkt im Musikbereich zugleich seine eigene Werbung sein kann. Die Ausstrahlung von Musik in Rundfunk und Fernsehen sowie die Durchführung von Promotiontourneen zur jeweils aktuellen Tonträgerveröffentlichung spielen deshalb eine zentrale Rolle.
Distributionspolitik	Sie umfasst im Wesentlichen die Entscheidung für eine bestimmte Konsumentengruppe (Zielgruppe), für die Wege, dieser das Produkt nahezubringen und für einen geeigneten *„point of sale"* (z. B. für einen Tonträger das Fachgeschäft oder Kaufhaus, die Supermarktkette, Tankstelle oder das Internet).

Charts

Ein sehr wichtiges Instrument des Musik-Marketing sind die **Charts,** die wöchentlichen Auflistungen der jeweils meistverkauften Tonträger. Mit ihrer nach Rangfolge vorgenommenen Einordnung von Produktionen im Sinne einer Hitliste und durch ihre Ausstrahlung auf alle Bereiche der Musikwirtschaft haben sie gravierenden Einfluss auf die Musik und den gesamten Musikprozess.

Format-Charts	Repertoire-Charts
Sie listen die meistverkauften Tonträger in bestimmten Medienformaten – Longplay, Single, Compilations.	Sie listen die meistverkauften Tonträger nach Repertoirekategorien (alle Typen – von der Klassik bis zu Dance und Techno).

Offizielle Charts werden im Auftrag der Verbände der Tonträgerindustrie von entsprechend spezialisierten Marktforschungsunternehmen erhoben und in den führenden Branchenzeitschriften veröffentlicht. Daneben gibt es eine Vielzahl als Charts bezeichneter Listungen in Fanzines, Musikmagazinen oder im Internet, die wie die Club-Charts oder die DJ-Charts auf bestimmte Marktsegmente gerichtet sind.

In Deutschland werden im Auftrag der deutschen Landesgruppe der International Federation of the Phonographic Industry (IFPI) von der media control GmbH folgende Charts ermittelt (Stand Juli 2010): TOP-100-Longplay- und TOP-30-Compilation-Charts, TOP-100-Single-Charts, TOP-20-Klassik-Charts, TOP-20-Schlager-Longplay-Charts, TOP-30-Jazz-Charts, TOP-20-Musik-DVD-Charts, TOP-10-Comedy-Charts, TOP-20-Newcomer-Charts, TOP-20-Downloads. Die Basis dafür ist die elektronische Erfassung von Verkaufsdaten über das brancheneigene EDV-basierte Warenwirtschaftssystem PhonoNet an 3000 Computerkassen sowie im Internet.

Verbände der Tonträgerindustrie sind: Bundesverband der Phonographischen Wirtschaft (BRD), Recording Industry Association of America (USA), British Phonographic Industry (Großbritannien).

Auf Charts spezialisierte **Marktforschungsunternehmen** sind: MEDIA CONTROL (BRD), Nielsen SoundScan (USA), Official UK Charts Company (Großbritannien).

Führende **Branchenzeitschriften** sind:MUSIKMARKT (BRD), Billboard (USA), New Musical Express (Großbritannien, Charts hier jedoch seit 2001 auf der BBC Radio One Website).

Charts sind ein Instrument des Tonträger-Marketing. Chart-Platzierungen sind kein Gradmesser für die Popularität von Musik.

Charts dienen den Firmen dazu, ihre Verkaufszahlen in ein Verhältnis zum gesamten Marktgeschehen setzen zu können. Damit erlauben sie Rückschlüsse darauf, ob die an den firmeninternen Verkaufsbilanzen ablesbaren Verkaufszahlen den Markt optimal abschöpfen (Chart-Platzierung des Produkts hoch) oder ob die gleichen absoluten Verkaufszahlen die kommerziellen Möglichkeiten verfehlen (keine oder niedrige Platzierung in den Charts).

Da die Auswahl der Datenerfassungspunkte *(chart return shops)* nach Vorgaben der Tonträgerindustrie mit Blick auf den Aussagewert für den zu erwartenden Tonträgerabsatz erfolgt, sind die Charts keineswegs ein Gradmesser für die Popularität von Musik. Weder der Umgang mit Musik und ihre Attraktivität für die Hörer kann an den Kauf von Tonträgern gebunden werden, noch bildet das jeweils aktuelle Tonträgergeschäft die komplexe Wirklichkeit der Musikkultur angemessen ab. Allerdings geht von dieser falschen Annahme die enorme Werbewirksamkeit der Charts aus.

HITLIST Germany (39.KW)

Platz (VW)	Interpret	Titel
1 (1)	Eminem/ Rihanna	Love The Way You Lie
2 (2)	Yolanda Be Cool & Dcup	We No Speak Americano
3 (6)	Israel Iz	Over The Rainbow
4 (4)	Taio Cruz	Dynamite
5 (3)	Hurts	Wunderful Life

▶ Hinter einer hohen Chart-Platzierung und damit hinter einem Hit können sowohl einige Hunderttausend als auch nur wenige Tausend abgesetzte Tonträger stehen. Die Platzierung eines Musikstücks in den Charts gibt nur Auskunft darüber, ob konkurrierende Anbieter mit ihren Produkten im gleichen Zeitraum höhere Umsätze zu erzielen vermochten.

3.4.4 Musik und Internet

Das **Internet** hat gravierende Auswirkungen auf die Musik und die Musikwirtschaft. Es eröffnete völlig neue Perspektiven und wirft zugleich neue Fragen auf.

Mit Online-Marketing und Online-Vertrieb erweiterten sich für die Musik die wirtschaftlichen Möglichkeiten deutlich. Bisher seperat organisierte Verteilungssysteme, wie Rundfunk, Fernsehen, Schallplattenfirmen, gehen ineinander über und bedienen sich des global vernetzten Internets. Entfernungen spielen keine Rolle bei der Zusammenarbeit von Musikern.

▶ Die Verbindung von Text, Bild und Klang brachte dem Internet die starke Wirkung, die in den nächsten Jahren alle gesellschaftlichen Bereiche, und darin eingeschlossen die Musikkultur, weiter verändern wird.

3

Allerdings treten Probleme hinsichtlich der Wahrung und Durchsetzung von Eigentumsrechten an Musik und Musikproduktionen auf. Regelungen sind bereits unerlässlich.

Das **Internet** wurde über verschiedene Stationen zu einer **musikalischen Interaktionsplattform.** Für die Musik wichtige Entwicklungsschritte des Internets waren vor allem:
- 1977 die Einführung des TCP/IP-Standards (Transmission Control Protocol/Internet Protocol) als Übertragungsstandard für Daten im Netz, die auch den Austausch musikbezogener Daten im weitesten Sinn (Austausch über Musik, Soundfiles) ermöglichten und beförderten,
- 1989 die Einführung der ADSL (Asymmetric Digital Subscriber Line) zunächst in den USA, die mit den darauf basierenden Breitband-Internetzugängen und der Möglichkeit, große Datenmengen in kurzen Zeiträumen zu übertragen, sowohl die Nutzung des Internets in der professionellen Musikproduktion wie auch den privaten Musikdatentausch beförderte,
- 1991 die Einführung des Hypertext-Standards und – darauf basierend – des World Wide Web (www) als grafische Nutzeroberfläche, die der rasanten Entwicklung des Internets als neuartiger kommerzieller, künstlerischer und kommunikativer Plattform der Musik den Weg ebnete.

Zur globalen Koordination und weiteren Entwicklung des Internets wurde 1992 die Internet Society gegründet. Ihr gehören inzwischen mehr als 150 Organisationen und 160 000 Einzelpersonen in 180 Ländern als Mitglied an.

Musik im Internet

Von 1978, da die ersten Demo-Codings über den mit einem Klangsynthese-Modul versehenen Computer ausgetauscht wurden, bis zur Eröffnung der ersten kommerziellen Musikload-Plattform 2002 hat sich das **Internet** zu einem eigenständigen Wirtschaftsfaktor auf dem Musikgebiet herausgebildet.

2009 bilanzierte T-Online 6 Mio. verfügbare Titel, 3,8 Mio. User und 1,5 Mio. kostenpflichtige Downloads im Monat auf seiner 2003 eingerichteten Download-Plattform Musicload.

1978	In Chicago geht das erste Computerized Bulletin Board System online. Es erlaubt die Vernetzung privater Rechner über das Telefon. Jugendliche Computer-Enthusiasten tauschen selbst geschriebene Steuerprogramme für den mit einem Modul zur Klangsynthese ausgestatteten Heimcomputer Commodore C64 in Bulletin Boards aus. Demo-Coding (Musikprogrammieren auf der Assembler Ebene) wird in den 1980er-Jahren zur Schulfolklore.
1979	UNIX User Network (USENET) entsteht, das mit seinen Diskussionsforen (Newsgroups) auch die Grundlage für musikbezogene Diskussionen liefert.
1988	Internet Relay Chat (IRC) löst das Bulletin Board basierte MultiUser Talk (MUT) als Programm zur Kommunikation zwischen Computernutzern ab. Es wird für viele Fangruppen und Fanclubs zur Basis des Informationsaustauschs sowie der kritischen Auseinandersetzung mit der Musik ihrer Idole.
1993	Das Internet Underground Music Archiv entsteht als Plattform, die Musikern und Bands ermöglicht, die eigene Musik zu posten und bekannt zu machen.

1995	RealNetworks wird in Seattle, Washington, gegründet und liefert mit den RealAudio und dem RealPlayer den Internet-Standard für Audio-Streaming.
1997	MP3.com entsteht als erster kommerzieller Subskriptions-Service für den Musikdownload (seit 2003 von Vivendi Universal Net USA in San Diego betrieben).
1999	SHAWN FANNING (geb. 1981) gründet **Napster** als erste Musiktauschbörse auf Basis der Peer-to-Peer-Technologie. Erhebliche Probleme führen 2001 zur Übernahme zunächst durch Bertelsmann, der 2002 Napster an Roxio Inc. verkauft.
1999	Rocket Network entsteht als Internet-Studio. Es erlaubt den Nutzern der Musikproduktionssoftware Cubase, weltweit miteinander zu kommunizieren und gemeinsam an Online-Sessions teilzunehmen.
2001	MusicNet entsteht als erster Downloadservice der wichtigsten Major-Labels (Warner Music, BMG und EMI) in Kooperation mit den RealNetworks. 2003 wird es von dem Internetprovider American Online (AOL) übernommen.
2001	Sony und Vivendi Universal gründen in Konkurrenz zu MusicNet mit Pressplay einen Downloadservice. Er wird 2003 von Roxio Inc. übernommen.
2002	Apple startet in den USA iTunes als bislang erfolgreichsten kommerziellen Download Service.
2003	TOM ANDERSON (geb. 1970) gründet die Online-Community MySpace, die im Unterschied zu anderen sozialen Netzwerken im Internet einen Schwerpunkt auf der Musik hat.
2005	Am 15. Februar 2005 wird das Internet-Videoportal YouTube im kalifornischen San Bruno gegründet, im Oktober 2006 übernimmt Google die Plattform. Ende 2009 wurden täglich mehr als 1 Mrd. Videos abgerufen.

Digital Rights Management und E-Commerce

Die rasante Entwicklung des Internets stellte für die Musikwirtschaft eine Herausforderung dar. Vor allem der zunehmende illegale Digitalvertrieb von Musik erwies sich als ein Problem. Das geschaffene **Digital-Rights-Management-System** (DRM-System) wirkt dem zunehmend besser entgegen. Es ermöglicht einer wachsenden Zahl konkurrierender Anbieter, lizenzierte und damit kostenpflichtige Download-Angebote in einer übersichtlichen, informativen und sicheren (virenfreien) Systemumgebung zu realisieren. Die Bereitschaft der Rechteinhaber, ihre Musik online zugänglich zu machen, ist damit sprunghaft gestiegen.

DRM-Systeme ermöglichen die zeitliche Begrenzung des Zugriffs auf Dateien (Auslesen, Speichern, Kopieren, Brennen) oder den Ausschluss bestimmter Zugriffsarten zum Schutz der Interessen der Rechteinhaber.

Für den Musikvertrieb hat der Handel mit Tonträgern über das Internet – der **E-Commerce** – wachsende Bedeutung. Neben großen Online-Händlern, wie das 1995 gegründete und auch im Musikbereich zum weltweiten Marktführer gewordene Unternehmen Amazon, bietet damit das Internet vor allem auch den vielen Kleinfirmen und Musikerlabels eine globale Vertriebsmöglichkeit für ihre Produkte.

Musik, gesellschaftliche Institutionen
Musik als Beruf, Musikwirtschaft, Musiverwertung, Musikindustrie, Musik-Marketing, Musik, gesellschaftliche Funktionen, Musizieren, Grundformen

Musik und Gesellschaft

■ Aneignen, Musizieren, Hören, Verwerten und Verbreiten von Musik geschieht in der Gesellschaft und wird wie alle Tätigkeiten durch die Gesellschaft geprägt.

■ Die **Entwicklung von Musik** erfolgte zu allen Zeiten durch gesellschaftliche Institutionen, durch die Ausübung von Musik als Beruf und mit einer zunehmend wirtschaftlichen Dimension des Musizierens. Zugleich nahm und nimmt Musik stets auch gesellschaftliche Funktionen wahr.

Gesellschaft

gesellschaftliche Institutionen der Musik:
- Kirche (vor allem ab 4. Jh.) – Kirchenlied, Choral. Passion, Messe, Kantate als musikalische Gattungen
- Fürstenhöfe (12.–18. Jh.) – Minnesang, Tafel-, Fest-, Tanzmusiken
- Konzert (ab 16. Jh.)
- Musiktheater (ab 17. Jh.)
- Massenmedien/Rundfunk und Fernsehen (ab Ende des 19. Jh.)

Musik als Beruf:
- Schamane, Priester, Heldensänger (Stammesgesellschaften)
- Aoidos, Kitharoden u. a. (Altertum)
- Spielleute (Mittelalter)
- Hof- und Stadtmusiker (Hochmittelalter)
- Kantor (ab Beginn des 15. Jh.)
- Orchestermusiker (ab 18. Jh.)
- Komponist (ab Beginn des 19. Jh.)
- Dirigent (ab 19. Jh.)
- Sänger, Unterhaltungsmusiker
- Studiomusiker, Pop-Artist, DJ, Turntablist

Musikwirtschaft
(in moderner Industriegesellschaft):

Musikverwertung
Urheberrecht (GEMA)
Leistungsschutzrecht (GVL)

Musikindustrie
(Herstellung und Verbreitung der Gesamtheit der musikbezogenen Industrieprodukte, wie Tonträger, Musikinstrumente, Phonogeräte u.a.)

Musik-Marketing
Marketing-Mix
Charts
Online-Marketing
E-Commerce

gesellschaftliche Funktionen der Musik:
- ästhetische Funktion
- kulturelle Funktion
- politische Funktion
- praktische Funktion
- therapeutische Funktion
- Musik und Werbung
- funktionelle Musik (Muzak)

Grundformen des Musizierens:
- Darbietungsformen des Musizierens
- Eventform des Musizierens
- interaktives Musizieren
- gemeinschaftliches Musizieren
- informelles Musizieren

Musik

Wissenstest 3 auf **http://wissenstests.schuelerlexikon.de** und auf der DVD

4.1 Musikentstehung, frühe Hochkulturen, Antike

Musikgeschichte beginnt mit der Geschichte der Menschheit.

Es kann angenommen werden, dass etwa seit 3,3 Mio. Jahren – seit der Existenz des Australopithecus und des Homo erectus die Menschen gesungen, getanzt und Klänge erzeugt haben.
Die Anfänge der Musik sind nicht direkt durch **Quellen** belegt, sondern müssen rekonstruiert werden. Seit etwa 300 000 Jahren gibt es Sachüberreste, wie Werkzeuge, Behausungen, Bilder oder schriftliche Zeugnisse.

Werkzeuge	Sie wurden auch als potenzielle Musikinstrumente genutzt; spezielle Musikinstrumente gab es ab etwa 40 000 v. Chr.
Reste von Gebäuden und Gräbern	Sie verweisen auf die Lebensweise und Rituale, die mit Musikausübung verbunden waren.
Bilder	Sie sind etwa um 300 000 v. Chr. als abstrakte „rhythmische" Zeichen, ab etwa 31 500 v. Chr. dann als Höhlenmalereien überliefert.
Schriftzeugnisse	Sie sind erstmals in den frühen Hochkulturen etwa 3 000 v. Chr. belegt.
Noten und Notationen	Es gab sie zunächst als Handzeichen für bestimmte Töne im alten Ägypten, dann als Buchstaben-Notationen im alten Griechenland, als Notationstypen in China und in Europa etwa ab dem 9. Jh. n. Chr.

Bilder von links nach rechts:

Tontrommel mit Fell aus der Jungsteinzeit (Rekonstruktion)

Tänzer – Wandmalerei aus einem Grab des Reiches Koguryo (Mandschurei)

Notenschrift des Mönches NOTKER BALBULUS, 9. Jh.

Musik entstand und existiert überall in der Doppelgestalt von **Vokal- und Instrumentalmusik.**

Diese Doppelgestalt hat ihre Ursache im Wechselspiel von Stimme (Singen) und Hand bzw. Körper (Spielen). Der Gesang begann mit einfachen, wortlosen Lauten. Das Instrumentale begann mit dem Körperschlag (body percussion). Im Instrumentalen kamen Körperbewegung bzw. Geste und Perkussives zusammen. Tonhöhen kamen später hinzu.

4.1.1 Frühe Hochkulturen

> In den **frühen Hochkulturen,** die nacheinander und relativ unabhängig voneinander in verschiedenen Weltregionen entstanden, hatte Musik einen festen Platz.

Die frühen Hochkulturen in Mesopotamien, Ägypten, Indien, China, Alt-Amerika, Alt-Afrika und Ozeanien entstanden auf der Grundlage der „neolithischen Revolution" seit etwa 11 000 v. Chr. Mit der Entwicklung von Ackerbau und Viehzucht rückten Fruchtbarkeitsvorstellungen in das Zentrum von Kult und Kultur. Magie und Religion wurden Bestandteil des Weltbilds. Die Musik wurde dadurch nachhaltig geprägt.

In der neolithischen Revolution wurden Ackerbau und Viehzucht entwickelt.

Musikkulturen und grundlegende Merkmale

Die Hochkulturen umfassen einen Zeitraum von 3 000 v. Chr. bis in das 2. Jahrtausend n. Chr. Geografisch waren sie weltweit verteilt. Den heutigen sieben Hauptregionen entsprachen verschiedene Musikkulturen.

Hauptregionen/Kulturentwicklung	Musikkulturen heute
Mesopotamien (Sumer, Akkad, Alt-Babylon, Assyrien, Neu-Babylon, Meder und Perser) Silbenschrift (Keilschrift, ↗ Bild); Leier, Harfe und Langhalslaute; Tonsystem wohl 7-fache Unterteilung der Oktave (Heptatonik) 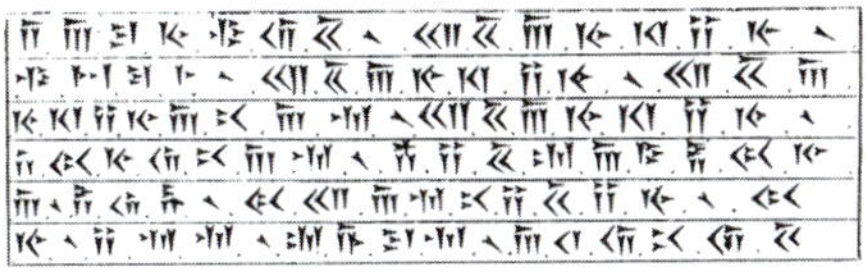	West- und Zentralasien = Maqâmkultur
Ägypten (Altes, Mittleres, Neues Reich) Symbol- und Silbenschrift (Hieroglyphen = „heilige Zeichen"); Bogenharfe (↗ Abb.), Längsflöte, Sistrum (Metallrassel), Händeklatsch-Ensemble und Handzeichen 	Nordafrika = Maqâmkultur

Hauptregionen/Kulturentwicklung	Musikkulturen heute
Indien (und Südasien/Südostasien) Vedische Zeit: Buchstabenschrift mit Silbenelementen (Sanskrit); Tonsystem mit bis zu 22-facher Unterteilung der Oktave; Grundlage wahrscheinlich Heptatonik (Mikrotonalität, ↗ S. 217 ff.)	Südasien = Râgakultur Südostasien = Gongkultur
China Wort-/Symbolschrift; Tonsystem theoretisch mit 12-facher Oktavenunterteilung, praktisch fünftönig (Pentatonik, ↗ S. 87); Wölbbrettzither	Ostasien
Mittel- und Südamerika (Olmeken/Mittelamerika 1000 v. Chr., Chavin um 700 v. Chr., Nazca um 700 n. Chr., Anden, Zapoteken 500 n. Chr., Maya ab etwa 1300, Inka/Anden und Azteken/Mittelamerika) Knotenschnüre (Quipu)/ Bilderschriften; tönerne Musikinstrumente (Trompeten, Gefäßflöten), Flöten, z. B. Panflöte (↗ Abb.) u. a. 	Amerika
Ozeanien (sozial geschichtete Kulturen in Polynesien) schriftlos/Hochsee-Segeln; Muschelhorn	Ozeanien
Afrika (Ghana, Zimbabwe u. a.) schriftlos/Eisenverarbeitung; Trommeln und „sprechende Trommeln“; Tonsysteme mit mehrfachen metrischen Überlagerungen (Polymetrie)	Subsaharisches Afrika (Schwarzafrika)

Mit der in den frühen Hochkulturen einsetzenden Spaltung der Gesellschaften in Klassen und Schichten ging eine soziale und funktionale **Differenzierung der Musikkultur** einher. Aus der ursprünglichen Einheit der Musik hatte sich im Jungpaläolithikum (etwa 40 000 bis 10 000 v. Chr.) die magisch-religiöse Musik abgespalten. Nun schieden sich Volksmusik (Bauernmusik, Arbeitsmusik) und Kunstmusik (Palast- und Tempelmusik). Neben einer Berufspriesterschicht bildete sich auch eine Berufsmusikerschicht heraus. Überhöhung und Vergottung der despotischen Herrscher führten häufig zu Monumentalismus, was sich u. a. im Pyramidenbau zeigte. Riesige Orchester oder überlebensgroße Musikinstrumente fungierten ebenfalls als Machtsymbole. Sie sollten beeindrucken, einschüchtern, überwältigen.

Neben der **Kultmusik** erhielt die **Militärmusik** eine zentrale Bedeutung, denn Krieg wurde zur Dauererscheinung und mit ihm das Militär zu einer dominanten gesellschaftlichen Schicht.

▶ Bei einigen frühen Hochkulturen (besonders in Indien und China) gab und gibt es eine relativ kontinuierliche Tradition bis in die Gegenwart. Andere Kulturen (besonders die in Mesopotamien und Ägypten) gingen unter, wirken aber indirekt weiter.

4.1.2 Griechische und römische Antike

Vorstellungen und Begriffe aus der **griechischen und römischen Antike** – vor allem auch das Wort Musik – bilden eine Grundlage des heutigen Musikdenkens.

Die antike griechische Kultur geht auf ältere Kulturen (Kreta, Mykene) zurück. Sie knüpfte an Elemente der frühen Hochkulturen an, besonders an solche aus Babylonien und Ägypten. Ihre eigentliche Entfaltung und Blüte erreichte sie mit der Entstehung der Polis ab dem 8. Jh. Über die ionischen Städte an der kleinasiatischen Küste (Milet) und auf den Inseln (Lesbos, Samos) kam es zu regen Kulturkontakten mit vorderasiatischen Traditionen im Rahmen des persischen Weltreichs. Die Anfänge der sich breit entfaltenden römischen Musikkultur datieren auf etwa 750 v. Chr.

Während der griechischen und römischen Antike verlagerte sich der Schwerpunkt der musikgeschichtlichen Entwicklung in den Mittelmeerraum – neben der Insel Kreta auf die kleinasiatische Küste und die ihr vorgelagerten Inseln sowie auf das griechische Festland.

Griechisches Tonsystem und attische Tragödie

Im griechischen Denken wurden die Anregungen aus anderen Kulturen zu einer Theorie verdichtet und weiterentwickelt. So entstand ein **Tonsystem**, das verfeinert und mathematisch kalkuliert wurde. Bis in die Bezeichnungen hinein ist es Ausgangspunkt unseres heutigen Tonsystems.

Die Pythagoräer entdeckten die Zahlenverhältnisse 2:1, 3:2 und 4:3 in den Konsonanzen Oktave, Quinte und Quarte. Das führte zur Berechnung von Intervallen (Ganzton, Halbton, Terz) und ganzen Intervallsystemen.

Die Basis des griechischen Tonsystems bildete das fallende Tetrachord (Viertonskala). Es gab drei Tongeschlechter („genos"), die sich durch die Intervallfolge voneinander unterschieden.

diatonisch (hart) **diatonisch (weich)**	½ ½	1 ¾	1 1¼	e	f	g	a
chromatisch (tonal) **chromatisch (anderthalbfach)** **chromatisch (weich)**	½ ⅜ ⅓	½ ⅜ ⅓	1½ 1¾ 1⅚	e	f	fis	a
enharmonisch **(ł = um Viertelton erhöht)**	¼	¼	2	e (eł)	f		a

Im Rahmen dieses Systems entstanden **sieben Oktavgattungen** – „tonoi", die Tonleitern bzw. Modi vergleichbar sind. Ihre Bezeichnung verweist auf die Herkunft aus griechischen (Dorer) und nicht griechischen, kleinasiatischen Stämmen (Lyder, Phryger). Daher kommen die Bezeichnungen dorisch, lydisch, phrygisch.
Diese Bezeichnungen hatten im Griechischen eine andere Bedeutung als dann in den mittelalterlichen Kirchentonarten, die bis heute bekannt sind.

Die Rahmentöne sind in der Tabelle unterstrichen (a, e). Sie ändern sich nicht beim Wechsel des Tongeschlechts.

mixolydisch	H	c	d	e	f	g	a	h						
lydisch		c	d	e	f	g	a	h	c^1					
phrygisch			d	e	f	g	a	h	c^1	d^1				
dorisch				e	f	g	a	h	c^1	d^1	e^1			
hypolydisch					f	g	a	h	c^1	d^1	e^1	f^1		
hypophrygisch						g	a	h	c^1	d^1	e^1	f^1	g^1	
hypodorisch							a	h	c^1	d^1	e^1	f^1	g^1	a^1

Seit HOMER (um 750 v. Chr.) wird das Epos schriftlich aufgezeichnet („Ilias“, „Odyssee“).

Die Griechen machten und dachten Musik als Gesamtkunstwerk, als **mousiké** in der Einheit von Tanz-, Ton- und Dichtkunst. Die chorische und die solistische Lyrik wurde gesungen und getanzt. Eine zentrale, zugleich die älteste greifbare Gattung war das **Epos.** Es wurde mündlich rezitativartig vorgetragen und vom Sänger, dem Aoiden, mit der Kithara begleitet. Bereits vor 500 v. Chr. hatten sich im Rahmen der Dionysien, der mehrtägigen Feste zu Ehren des Ekstase-Gottes Dionysos, zwei **theatralische Hauptgattungen** entwickelt: die Tragödie und das Satyrspiel als Urtyp der Komödie.

Abb: Opferprozession mit Tibiabläser

Vielfalt der römischen Musikkultur

Die römische Musikkultur war durch eine außerordentliche Breite gekennzeichnet. Sie entfaltete sich zwischen altertümlichem Kult (z. B. Prozessionsmusik von speziellen Kultgemeinschaften), einfacher Unterhaltung (z. B. Posse) und verfeinerter Virtuosität (z. B. Pantomime der späten Republik und frühen Kaiserzeit). Sie spannte einen Bogen von der nüchternen Arbeitsmusik bis zum musikbegleiteten Blutrausch der Wagenrennen und Circusspiele.

Ab 240 v. Chr. entstanden unter griechischem Einfluss, der vor allem in Unteritalien ausgeprägt war, mehrere **Musiktheater-Gattungen.** Es waren zunächst lateinische Bearbeitungen griechischer Vorlagen, vorwiegend grobe Possen verschiedener Art unter Mitwirkung eines Chores und mit Tibia-Begleitung.

Die **Tibia,** ein Doppel-Aulos (oboen- bzw. schalmeienartiges Musikinstrument mit zwei Röhren nach griechisch-etruskischem Vorbild), begleitete die Umzüge bei Begräbnissen oder Opfer-Ritualen. Die Tibia wurde auch in der Arbeitsmusik eingesetzt.

Große Bedeutung erlangte die **Militärmusik,** für die lautstarke Musikinstrumente, wie das Lituus (ein Horn mit gekrümmtem Schallbecher), das Cornu (ein Horn mit Querstab) oder die Bucina (ein Trompeteninstrument) verwendet wurden. Eine Besonderheit war die Hydraulis (Wasserorgel ↗ Abb.). Sie stammte aus dem hellenistischen Alexandria und begleitete im Circus bzw. Amphitheater die Kämpfe der Gladiatoren.

4.2 Musik in der Spätantike und im europäischen Feudalismus (330–1580)

Das **Christentum,** das im römischen Reich als jüdische Sekte entstand, breitete sich schon im 1. Jh. n. Chr. weit über das Judentum hinaus aus. Dabei verband sich jüdisch-christliches mit hellenistischem Denken.

> Mit dem Verfall der antiken Staatlichkeit und dem Aufkommen des Christentums wurde die **Kirche** durch ihre überregionale Verbreitung und institutionelle Festigung Träger einer stabilen und kontinuierlichen Musikentwicklung. Neben Psalmen spielten **Hymnen** als neu gedichtete gereimte, strophische Texte eine besondere Rolle.

Griechisch war bis in das 3. Jh. die **Kirchensprache.** Eine grundlegende Formel der Liturgie (der Gottesdienst-Ordnung) lautete „Kyrie eleison" („Herr, erbarme dich"). Das Kyrie ist auch der erste Teil des Ordinarium missae (↗S. 248).

4.2.1 Spätantike, Byzanz, gregorianischer Choral

Das anfangs verfolgte Frühchristentum lehnte das Gesamtsystem der römischen Musikkultur zunächst radikal ab. Gemeinschaftserlebnisse standen im Mittelpunkt der religiösen Erfahrung. Der Gesang folgte synagogalen Mustern und war als gehobener rezitativischer Sprechgesang wortbetont oder melodisch freier Jubel. Grundlagentexte waren die **Psalmen.** Diese wurden auf „Psalmtöne" (Melodiemodelle) gesungen. Für den Wechselgesang gab es **zwei Grundformen,** die auch das Miteinander der kulturellen Quellen sprachlich belegen:

antiphonal (griech. = gegenstimmig) Chor gegen Chor	**responsorial** (lat. = antwortend) Solo gegen Chor

Das Christentum wertete die diesseitige Welt – und darin eingeschlossen Musik mit ihrer engen Beziehung zu Tanz, Körper und Sexualität – stark ab. Dieser asketische Grundzug verschärfte die bereits bestehende Spannung zwischen „weltlich" und „geistlich" in Musik und Musikkultur. Musik als Kunst wurde nur bedingt zugelassen: als Schmuck des Gottesdienstes und als Gotteslob. Weltliche, unterhaltsame Musik und instrumentale, nicht an das Gotteswort gebundene Musik wurden geächtet. Seit dem 2. Jh., besonders dann mit dem Übergang des Christentums zur Staatsreligion, verfestigten sich die Hierarchien, Gebräuche und Formen der Kirche. Es bildeten sich als Hauptformen der christlichen Liturgie die **Messe** und die **Offizien** heraus.

Die **Messe** entstand aus dem gemeinsamen Mahl der Gemeinde als Nachbildung des „Heiligen Abendmahls" mit der buchstäblich geglaubten Verwandlung von Brot und Wein in Leib und Blut Christi.

> Die Messe besteht aus zwei Grundtypen von Texten: Proprium missae sind die jeweils „eigentümlichen" Gesänge, die im Verlauf des Kirchenjahrs wechseln. Ordinarium missae sind die gleichbleibenden „gewöhnlichen", grundlegenden Gesänge.
> **Offizien** waren Stundengebete, „Pflichten" vor allem für Kleriker und Mönche innerhalb des Tageslaufs.

Der römische Philosoph **BOETHIUS** (480–525) und andere Theoretiker erfassten und übertrugen die in der Spätantike noch erhalten gebliebenen Bestände der antiken Musiktheorie.

Ab etwa 300 n. Chr. beschleunigte sich der Aufstieg des Christentums in der Spätantike. 391 wurde unter dem letzten gesamtrömischen Kaiser THEODOSIUS I. (346–395) das **Christentum Staatsreligion.** Alle heidnischen Kulte wurden verboten. 395 wurde dann die Trennung in eine östliche und westliche Reichshälfte endgültig. Westrom ging 476 unter, Ostrom überlebte als Byzanz bis 1453.

Im Westen war der Bischof von Mailand, AMBROSIUS (um 339–397), ein Hymnen-Hauptdichter. Das ihm zugeschriebene „Te Deum" (Te Deum laudamus ... = Gott, wir loben dich) wurde als „Ambrosianischer Lobgesang" zu einem musikalischen Allzweckmittel der feudalen Musikkultur. Es erklang vor und nach den Schlachten, nach der Messe, nach kirchlichen Feiern, bei Siegesfeiern und sonstigen herrschaftlichen Gelegenheiten.

Byzantinisch-oströmische Musik als Modell des Westens

> Die im Osten entstandenen **Hymnen** als Kompositionen und Dichtungen hatten großen Einfluss auf die Entwicklung der europäischen Musik.

Abb.: JOHANNES VON DAMASKUS (etwa 650–749), bedeutender christlich-orthodoxer Kirchenvater, und der Komponist byzantinischer Musik JOHANNES KUKUZELES (wahrscheinlich 14. Jh.)

Die liturgische Musikpraxis war im Osten strenger vokal als im Westen des römischen Reiches. Außer Glocken galten Musikinstrumente grundsätzlich als verpönt. Der Gesang selbst blieb **einstimmig** – allerdings ist auch ein Bordun, ein festgehaltener Ton in tiefer Lage, für die byzantinische Neuzeit nach 1453 belegt. Es entstand eine systematische Ordnung der verschiedenen Gattungen der kirchlichen Gesänge nach Tonarten, die eine Weiterentwicklung des griechisch-antiken „Oktoechos" darstellte.

Nach 900 wurden aus Akzent- und Vortragszeichen der Texte – den sogenannten „ekphonetischen Zeichen"– sowie aus den Handzeichen des Chorleiters die **byzantinischen Neumen** als eine tragfähige Form der Notation von Musik (↗S. 165) entwickelt.

Es herrschte ein ausgeprägter Kaiserkult, der sich in der Musik niederschlug. Das repräsentative Musikinstrument **Orgel** steht in diesem Zusammenhang. Begrüßungs- und Glückwunschgesänge bei Hof – „Akklamationen" – waren Bestandteile des Herrschaftsrituals. Huldigungen für den Kaiser hatte es in Ansätzen schon im alten Rom gegeben. Sie gingen als **laudes regiae,** als königliche Lobgesänge, auch in den westlichen feudalen Kaiser- und Königskult ein. Sie verbanden weltliche und kirchliche Elemente in Ritus und Musik.

Unter KONSTANTIN DEM GROSSEN (288–337) wurde Byzantium 330 in Konstantinopel umbenannt und zur Reichshauptstadt erklärt – als christliches „zweites Rom" gegen das „heidnische" West-Rom.

„Oktoechos" bezeichnet ein System von acht (= okto) Modi.

Kirchliche Musikpraxis und Karolingerreich

Während und nach dem Zerfall des weströmischen Reiches wurde die Kirche vor allem durch das sich ausbreitende Klosterwesen zu einer relativ stabilen, staatstragenden Institution. Das sich herausbildende Reich der Karolinger unter KARL DEM GROSSEN (768–814) musste das in seiner weltlichen Herrschaft berücksichtigen. Kirche wie karolingische Herrscher waren um eine möglichst intensive Durchdringung und Vereinheitlichung ihres Herrschaftsgebiets bemüht. Das schlug sich auch in der Vereinheitlichung verschiedener Liturgien nieder.

> Der **gregorianische Choral** – der einstimmige liturgische, mit lateinischer Sprache verbundene Gesang der römischen Kirche – wurde bestimmend.

Dieser neurömische Choral setzte sich gegen heftige Widerstände und in einem lange dauernden Prozess durch.
Choraldialekte entsprachen den regionalen Ausprägungen des einstimmigen Chorals. Teilweise älter als der altrömische Choral existierten sie über eine ganze Zeit parallel zu diesem weiter. Sie unterschieden sich melodisch, textlich und in der Liturgie. Die wichtigsten Dialekte waren: ambrosianisch (mailändisch), gallikanisch (westfränkisch), altrömisch, mozarabisch (spanisch), beneventanisch (süditalienisch) und irisch (keltisch).

Im Mittelpunkt standen die Texte. Die Melodien wurden zunächst über Gesangsschulen – die schola cantorum – und durch mündliche Unterweisung von Lehrern aus Rom vereinheitlicht. Bei der späteren Notation des Chorals mit Neumen entstanden entsprechend regionaler Besonderheiten verschiedene **Neumentypen.** Die wichtigsten Typen waren: Metzer, St. Gallener, Mailänder, beneventanische, aquitanische, deutsche „Hufnagelschrift" (um 1220), römische „nota quadrata" (im 13. Jh. durchgesetzt, heute üblich für Choralbücher).

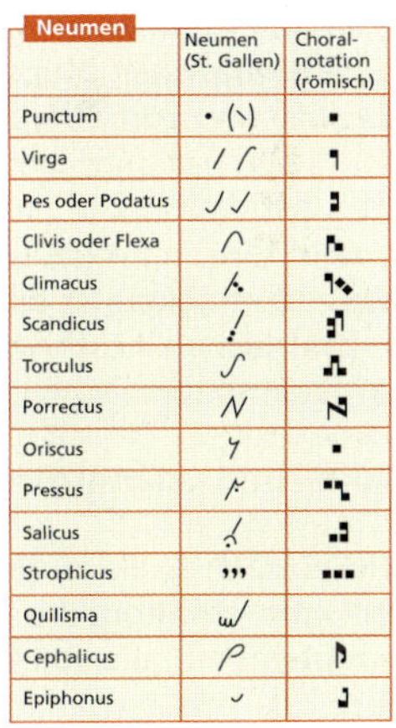

Die Kirchentöne (Modi, Tonoi) wurden zur Einteilung der bestehenden Choralmelodien verwendet. Die Melodien wurden in Tonaren seit dem Ende des 8. Jh.s gesammelt.

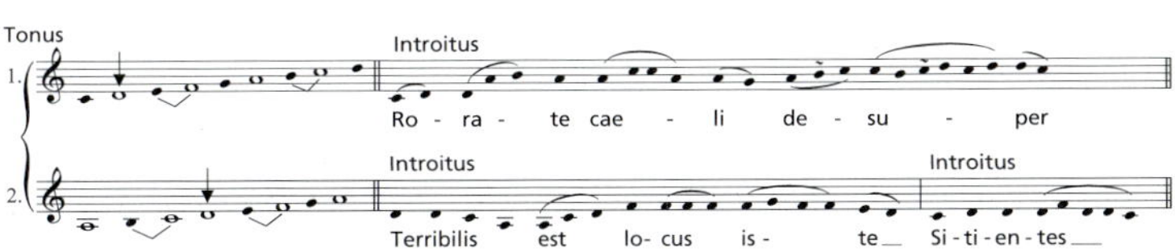

▶ NOTKER BALBULUS von St. Gallen (etwa 840–912) fand für die Doppelstrategie in seiner Karls-Chronik die Formel „unitas et consonantia in regno et provincia" (Einheit und Zusammenklingen im Reich und in den einzelnen Gebieten).

▶ Der **gregorianische Choral** wurde Ende des 9. Jh.s nach Papst GREGOR I. (590–604) in Würdigung seiner Neuordnung der Liturgien benannt. Ein Verdienst um die Musik ist aber nicht belegt.

▶ **Neumen,** griech. neuma = Wink, sind Notenzeichen, mit denen einstimmige Gesänge aufgezeichnet wurden. Sie stehen historisch zwischen der Buchstabennotation der Antike und den aus ihnen entwickelten Quadratnoten der Choralnotation.

▶ **Tonar** ist eine Bezeichnung für die Zusammenstellung der liturgischen gregorianischen Gesänge, geordnet nach ihrer Zugehörigkeit zu den Kirchentonarten.

Der gesammelte riesige Melodienbestand wurde durch Bildung von **Tropen** weiterentwickelt. Der Tropus umschreibt, schmückt und kommentiert die geheiligten (eigentlich unantastbaren) Melodien durch
- syllabische Textierung vorhandener Melismen (jeder Textsilbe wurde eine Note zugeordnet),
- Einfügen oder Anhängen neuer Verse mit eigenen Melodien,
- rein melodische Erweiterung von Gesängen.

Als eine Sonderform des Tropus entstand die Gattung der **Sequenz.**

Tropus, griech. *tropos* = Wendung oder Beschaffenheit, war eine Grundform der rhetorischen Figuren schon in der Antike. Es sind stilistisch schmückende, hervorhebende, verfremdende Umschreibungen von Wörtern und Begriffen. Die ältesten liturgischen Tropen stammen von dem St. Gallener Mönch NOTKER BALBULUS (um 840–912).

Die Sequenz begann als Textierung des Alleluja-Schlussmelismas, des „Jubilus" – des aus dem Synagogalgesang übernommenen wortlosen Singens. Sie wurde eine selbstständige Gattung innerhalb der Messe und verkörperte zugleich eine Form der Dichtung. Im Unterschied zur kanonisierten Ordnung der Choralgesänge ermöglichte die Sequenz lokale Eigenständigkeit des Gottesdienstes, was ausgiebig wahrgenommen wurde. Der (Text-)Bestand umfasst mindestens 5000 Stücke. Das gegenreformatorische Konzil von Trient, das 1563 endete, verbot dann die Tropen und beschränkte die Sequenzen auf nur vier im Kirchenjahr: auf die Victimae paschali laudes, Veni sancte spiritus, Lauda Sion und Dies irae (ein Satz der Totenmesse, der nach der Liturgiereform von 1970 nicht mehr im Gebrauch ist). Hinzugefügt wurde 1727 das Stabat mater dolorosa, die Klage Marias unter dem Kreuz.

4.2.2 Melodische Mehrstimmigkeit

Mehrstimmigkeit gilt als eine Besonderheit und Errungenschaft europäischer (Kunst-)Musik. Sie entwickelte sich in der Wechselwirkung von Komposition und Notation.

Elementare Formen von Mehrstimmigkeit, wie Musizieren in Parallelen (Quinten, aber auch andere Intervalle), mit Haltetönen (Bordun) u. a. m. gibt es in sehr vielen Musikkulturen der Welt. Dabei finden sich, wie etwa bei den Khoi-San-Völkern Zentralafrikas (Pygmäen), sogar hochkomplizierte Kanontechniken.

Quelle für die ersten schriftlich aufgezeichneten Beispiele europäischer Mehrstimmigkeit ist die **„Musica enchiriadis"**, die um 850 entstand und in zahlreichen Abschriften überliefert ist. Es handelt sich um einen Traktat, eine theoretische Lehrschrift.

Quint- und Quartorganum

Die einfachste Form der Mehrstimmigkeit ist das eigentlich kunstlose, fast improvisatorische Singen in Quintparallelen **(Quintorganum).** Die Hauptstimme, die vox principalis, ist die Choralmelodie.

Die Hauptstimme liegt im ersten Beispiel oben und ist in Ganzen notiert. Die zusätzliche Stimme ist die vox organalis (Organum-Stimme) und ist in Vierteln notiert.

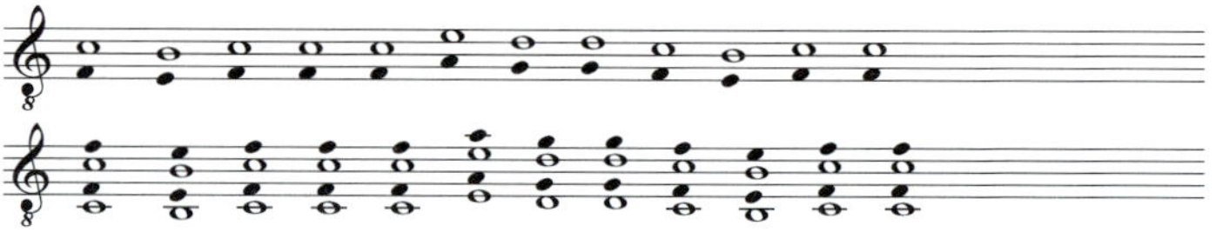

Notenbeispiel: aus der „Musica enchiriadis"

Die Stimmführung in Quarten **(Quartorganum)** stellte eine Weiterentwicklung dar. Hier gehen beide Stimmen häufig vom Einklang aus und kehren bogenförmig wieder dorthin zurück.

Das Quartorganum der „Musica enchiriadis" in der originalen Art der Aufzeichnung (heutige Tonnamen in Klammern davorgesetzt) und in der Übertragung in Linien-Notenschrift belegen:

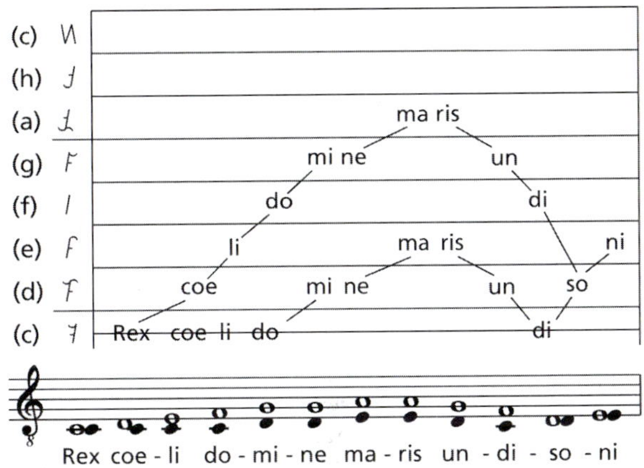

Die Notation folgte nicht mehr den byzantinischen Neumen. Die Beziehungen zwischen den Stimmen bzw. Tönen erschienen bereits als „Kontrapunkt", als Punkt gegen Punkt. Auch der abendländische Vorrang der Tonhöhen war bereits angelegt. Er wurde etwa 200 Jahre später mit der Linien-Notation von GUIDO VON AREZZO (etwa 992–1050) endgültig vollzogen.

Die Bezeichnung Kontrapunkt kam erst im 14. Jh. auf.

Die Vorstellung von einem „Tonraum" mit Tonhöhen als festen Punkten und mit exakten Tonnamen im Raum war für die **Entstehung der europäischen Mehrstimmigkeit** wesentlich. Die Ton-Punkte verbanden sich zu Linien, zu Melodien. Diese bildeten ihrerseits das Gewebe des Ton-Satzes. Die führende Stimme musste dabei nicht unbedingt oben liegen.

Kathedralkunst und Tonsatz

> Mit der Herausbildung der **mittelalterlichen Mehrstimmigkeit** im 12. und 13. Jh. begann im eigentlichen Sinn die abendländische Komposition.

Der Choral verlor allmählich seine beherrschende Stellung. Mit dem Übergang zur komponierten und notierten Mehrstimmigkeit wurde er in die tiefste Stimme verlegt und damit zum Fundament eines Tonsatzes. Diese grundlegende Stimme wird seit dem 13. Jh. als Tenor bezeichnet.
Das **Organum** entwickelte sich zu zwei zweistimmigen Grundtypen weiter:
- zu einer lebhaft bewegten Oberstimme über orgelpunktartig gedehntem Tenor und
- zu gleich bewegten Stimmen nach dem Prinzip „Note gegen Note", was auch als „Discantus"-Satz bezeichnet wird.

Das Zentrum der komponierten **Mehrstimmigkeit** war zwischen 1160 und 1250 die Kirche Notre-Dame in Paris. Die dort tätigen Magister LEONINUS (etwa 1163–1190) und dann PEROTINUS (um 1160 bis Anfang des

Die Bezeichnung **Organum** deutet möglicherweise Einflüsse des Instrumentalen an. Organum bedeutet allgemein „Werkzeug", (Musik)-Instrument und speziell auch Orgel.

Tenor – mit Betonung auf der ersten Silbe – bedeutet „Haltestimme".
Bei der Weiterentwicklung des Organums spielten auch rhythmische Einflüsse aus der Tanzmusik eine Rolle, z. B. tanzten auch Kleriker gern bei Prozessionen.

In einem Traktat (Abhandlung) um 1272 wurde LEONINUS als „bester Organum-Komponist" benannt, PEROTINUS als „bester Diskant-Komponist".

13. Jh.s) waren die ersten Komponisten der europäischen Mehrstimmigkeit. PEROTINUS erweiterte die Zwei- zur Dreistimmigkeit. Sehr selten gab es für besonders festliche Anlässe vierstimmige Sätze.
Paris war ab dem späten 12. Jh. eine der bedeutendsten Städte des Mittelalters. Neben Adel und Klerus wurde hier das Bürgertum – Handwerker und Kaufleute – zur kulturtragenden Schicht. Es pflegte kunstvolle ein- und mehrstimmige Gattungen weltlicher Musik. Zugleich gab es die geistliche Standeskunst des **Conductus** mit nicht liturgischem, neu erfundenem Tenor. Der Conductus trat ein- bis vierstimmig auf.

In der Notre-Dame-Epoche entstand mit der **Motette** eine der führenden Gattungen der Folgezeit.

Motette ist abgeleitet vom re-latinisierten französischen Wort „mot" = Wort oder Vers.

Die **Mehrstimmigkeit** wurde zugleich als Mehrtextigkeit, manchmal sogar als Mehrsprachigkeit (lateinisch, französisch, Sprachmischungen) ausgeführt:
- Tenor als Unterstimme mit einem Melodie-Ausschnitt aus dem Choral,
- eine oder mehrere textierte Oberstimmen.

Die Motette löste sich bald aus dem liturgisch-kirchlichen Rahmen und verwendete weltliche Texte, die bis zur politischen Stellungnahme reichten. Weltliche Musik rückte schließlich nach 1300 besonders in Paris in das Zentrum des musikalischen Fortschritts.
Die Mehrstimmigkeit verlangte eine genauere **rhythmische Notation** zur Koordinierung der Stimmen. Genutzt wurden die Modalnotation und später die Mensuralnotation.

Der Rhythmus der **Modalnotation** war grundsätzlich dreizeitig, legitimiert durch die Bindung an die „perfekte" Dreizahl, die auf die Trinität (Dreieinigkeit von Vater, Sohn und Heiliger Geist) verwies.

Der neue Stil der **Ars nova** (lat. = neue Lehre bzw. Kunst) war nach einem gleich lautenden Traktat des Komponisten, Klerikers und Politikers PHILIPPE DE VITRY (1291–1361) benannt.

Modalnotation	Mensuralnotation
Die Modalrhythmik verwendete sechs verschiedene Rhythmustypen („Modi") mit regelmäßigen Kombinationen aus langen Noten („Longae") und kurzen Noten („Breves"). Vorbild waren die antiken Metren mit dem Verhältnis von langen und kurzen Silben.	Die Mensuralnotation der **Ars nova** ermöglichte ab etwa 1315 eine exakte Rhythmusnotation. Der Tonsatz konnte wesentlich komplexer werden. Die Komponisten strebten nach rhythmischer Feinheit und melodischer wie harmonischer „Süße".

Modalnotation

Modus	Kombination	Beispiel	rhythmische Bedeutung: mittelalterliche Theorie	rhythmische Bedeutung: heute
1.	3 2 2 …		LBL BL BL	
2.	2 2 3 …		BL BL BLB	
3. (oder 6.)	1 3 3 …		L BBL BBL	
4.		kommt sehr selten vor und ist umstritten		
5.	1 1 1 …		L LL	
6. (oder 3.)	4 3 3 …		BBBB BBB BBB	

4.2.3 Weltliche Musik des Mittelalters

Den Verfall des römischen Reichs überlebten nur einzelne Elemente der antiken Musikkultur. Sie fanden sich vor allem in der unterhaltsamen Musik mit Akrobatik, Zirzensik und Theater.

Der Bereich des „Mimus", der unterhaltsamen Musik und darstellenden Künste unterlief die dauernde, oft brutale Verfolgung durch die christliche Kirche und wurde im Hochfeudalismus schließlich toleriert.

Ab Ende des 11. Jh.s – im Hochfeudalismus – fand weltliche Musik in Form von **Spielmannskunst** und **Minnesang** weite Verbreitung.

Sozial waren die **Spielleute** als „Fahrende" – vom Bettelmusikanten bis zum vereinzelt höfisch Angestellten – rechtlos (↗S. 125 f.). Aber sie waren zunehmend unentbehrlich für Feste aller Art, z. B. für Fürsten-, Patrizier- oder Bauernhochzeiten. Hauptsächlich spielten sie Tanzmusik oder begleiteten andere Vorgänge, wie ein Festmahl oder geselliges Singen.

Spielmännische Musik war im Wesentlichen schriftlos. Erst seit dem späten 13. Jh. gibt es Aufzeichnungen.

Abb.: REINMAR, DER FIEDLER, aus dem Codex der Manesse-Handschriften

Die Spielleute variierten, oft kunstvoll und virtuos, melodische Modelle. Häufig wurden kräftig klingende Blas- und Schlaginstrumente kombiniert, im Grenzfall von einem Spieler eine Einhandflöte und eine kleine Trommel. Streichinstrumente galten als vornehmer. Ein Grundmuster war das strophische Lied. Daneben entwickelten sich in Wechselwirkung mit dem Minnesang auch komplexe Formen. Erst die ritterliche Liedkunst seit Ende des 11. Jh.s und die Herausbildung einer städtischen Kultur im 13. Jh. änderte die grundsätzliche Haltung gegenüber den Spielleuten. Die weltliche Musik wie die musikalisch-sinnliche Klanglichkeit und Musizierpraxis wurden aufgewertet.
Schon zeitig hatte die Kirche die propagandistische Kraft populärer Musikformen erkannt. Zu den Veranstaltungen der städtischen Kathedralen in kirchlicher Regie gehörten verschiedene Arten von **geistlichen Spielen,** die den Darbietungen der Spielleute zumindest nachempfunden waren.

Ausgangspunkt war in der Zeit nach 950 der Dialog in der Osterliturgie zwischen dem Engel und den Marien „Quem quaeritis in sepulchro" (Wen sucht ihr im Grab?). Es folgten Weihnachtsspiele, ebenfalls zunächst aus der Liturgie heraus entwickelt. Alttestamentarische Stoffe kamen hinzu, wie das „Danielsspiel".

Osterspiele wurden erstmals um 1250 deutschsprachig aufgeführt, Passionsspiele etwa ab 1325 lateinisch-deutsch gemischt.

Hauptformen wurden das **Osterspiel** sowie das aus der Kathedrale in die Stadt ausgreifende **Passionsspiel.** Die Leidensgeschichte Jesu bis zum Tod am Kreuz bildete dabei den stofflichen Kern. Oft weitete sich die Thematik und spannte einen Bogen von der Schöpfung bis zum Jüngsten

Gericht. Solche Spiele wurden vor allem in Nordfrankreich, England und im deutschsprachigen Raum aufgeführt. Sie dauerten oft mehrere Tage und schlossen komische Elemente sowie plebejische Instrumental- und Tanzmusik ein.

Zu den komischen Elementen gehörten z. B. die Auftritte der Teufel. Messparodien, häufig zu und nach Neujahr – z. B. die „Eselsmesse" in Nordfrankreich im ausgehenden 12. Jh. –, fungierten als ein karnevalistisches Ventil.

Der Begriff „Organum" als Werkzeug oder Instrument für die hinzutretende, neue (Gegen-)Stimme verweist auf Instrumentales und damit auch auf Spielmännisches.

In Verbindung mit Tropus und Sequenz waren volksmusikalische Einflüsse schon in die frühe Mehrstimmigkeit eingegangen. Komponieren entfaltete sich durch das „Zusammensetzen" von verschiedenen Musikarten. Bordun- und Melodieinstrumente umspielten die Singstimme heterophon: die im Prinzip einstimmige Melodie wurde mit verschiedenen Verzierungen, kleinen Varianten angereichert. In Vor-, Zwischen- und Nachspielen zeigten sich erste Anfänge einer eigenständigen Instrumentalmusik.

Im Flamenca-Roman, geschrieben um 1240/50 in der Provence, wird einleitend eine aufwendige Hochzeit am Johannisstag, dem 24. Juni, geschildert. Daraus ist der nebenstehende Bericht entnommen.

„Nach dem Essen legte man vor jeden aufklappbare Spiegel: So konnte sich, wer wollte, zurechtmachen. Sodann erhoben sich die Spielleute; jeder wollte sich Gehör verschaffen. Wer eine neue Melodie kannte oder ein Liebeslied, einen Descort oder ein Lai, drängte sich möglichst weit nach vorne. Der eine sang zur Vielle das Geißblatt-Lai, der andere das Lai von Tintagel; ein Dritter sang das Lai der vollkommenen Liebenden und wieder einer das, das Tristan komponierte. Man spielte Harfe, Flöte, Pfeife, Geige, Dudelsack, Hirtenflöte, Schalmei, Psalterion; einer führt Marionetten vor, ein anderer Messerwerfen, einer kriecht auf dem Boden, ein anderer macht Purzelbäume, einer tanzt mit einem Glas in der Hand; einer springt durch den Reif, ein anderer in die Höhe, und keiner versagt in seinem Beruf."

Lai, altir. *laid* = Lied, mhd. *Leich,* got. *laiks,* germ. *laik* = Tanz, Spiel
Sein Formbau ist eine Kette von unmittelbar wiederholten Strophen (Doppelversikel): AA BB CC.

Der **Lai** war eine Hauptgattung der mittelalterlichen volkssprachlichen Lyrik. Er war durch ein Miteinander von Instrumental- und Vokalmusik gekennzeichnet und behandelte geistliche oder weltliche Themen. Der Lai bestand aus metrisch wie musikalisch verschieden gebauten Teilen unterschiedlicher Länge.

Ritterliche Liedkunst

Nicht nur in den Städten mit Messen und Jahrmärkten, sondern auch in den Höfen und Burgen wuchs der Bedarf an weltlicher Musik.

Es entstand die **ritterliche Liedkunst** in einigen Regionen, die vielfältige textliche und musikalische Formen hervorbrachte.

Dichter und Komponisten des ritterlichen Liedes waren vor allem Angehörige des niederen Adels. Die instrumentale Begleitung lieferten zumeist sozial tiefer stehende Spielleute. Später übernahmen diese oft auch den Gesangsvortrag.
Die Lyrik und Musik waren in **drei Hauptregionen** verbreitet, wobei sie auch nach Spanien und Italien ausstrahlten.

Verbreitung der ritterlichen Liedkunst		
1090–1300 Troubadours (trobadors) provenzalisch (okzitanisch) in Südfrankreich und Aquitanien	**1150–1300 Trouvères** altfranzösisch in Frankreich nördlich der Loire	**1150–1445 Minnesänger** mittelhochdeutsch im Süden des deutschsprachigen Raumes
RAIMBAUT DE VAQUEIRAS (1155–1210) MARCABRU (1127–1148) BERNART DE VENTADORN (um 1120–1195) BERTRAN DE BORN (um 1150–1215)	ADAM DE LA HALLE (um 1237–1286/87)	WOLFRAM VON ESCHENBACH (um 1170/75–etwa 1200) WALTHER VON DER VOGELWEIDE (1170–1230) NEIDHART VON REUENTHAL (etwa 1190–1245)

Schwerpunkt der Neuerfindung bildeten die volkssprachlichen Texte. Die „Minne" (Liebe) ist nur ein Thema innerhalb eines breiten Spektrums. Es entstanden vielfältige textliche und musikalische Formen:
- die strophische Hymne, eine Litanei aus dem geistlichen Bereich, mit Reihungsformen nach dem Muster der Sequenz wie bei dem Lai, oder
- weltliche, tanzgeprägte Refrainformen, wie die Ballade, der Virelai und das Rondeau (für dieses ist der Gedanke der „Rundung" und des Reigens durch regelmäßig wiederkehrende gleichbleibende Strophen, Verse oder Wörter charakteristisch).

Es sind wesentlich mehr Texte aus der Zeit der ritterlichen Liedkunst überliefert als Melodien.

Ballade geht auf *balar* = tanzen zurück;
Virelai wurde abgeleitet von dem Ausruf „vireli" und von *virer* = sich drehen, kombiniert mit „lai" (↗ S. 170).

Abb. von links nach rechts:
Trouvère ADAM DE LA HALLE, Notation
Manessische Handschrift, zeigt u. a. die Minnesänger WOLFRAM VON ESCHENBACH und WALTHER VON DER VOGELWEIDE
Minnesänger OSWALD VON WOLKENSTEIN

- An **neuen Musikformen** entstanden u. a.:
- Kanzone, ein mehrstrophiges Lied,
- Tenzone, ein Wett- oder Streitgesang,
- Sirventes, ein politisch-moralisierendes Rügelied,
- Planh, ein Trauer- oder Klagelied,
- Pastorela, beinhaltet die Begegnung zwischen Adligem und Schäferin,
- Alba, ein Tages- bzw. Abschiedslied der Liebenden,
- Kreuzzugslied (ab 1096).

Fahrende Kleriker und Studenten (Vaganten, Goliarden) mischten Volkssprache und Latein, oft in parodistischer und satirischer Absicht.

CARL ORFF (1895–1982) kannte die überlieferten Melodien der „Carmina Burana" noch nicht und verwendete für seinen Zyklus von 1937 nur die Texte.

Herausragendes Beispiel ist die Sammlung der **Carmina Burana** (um 1220–1230).

Einer der letzten Minnesänger war OSWALD VON WOLKENSTEIN (um 1377 bis 1445, Abb. ↗S. 171). Mit dem Aufstieg der Städte im 13. und 14. Jh. sowie dem Abstieg des Rittertums im 15. und 16. Jh. verbürgerlichte der Minnesang. In Frankreich führten Vereinigungen von gebildeten Laien und Berufsmusikern die Tradition fort. In Deutschland war es vor allem der vom städtischen Handwerkertum getragene **Meistergesang.**

Der Schuhmacher und Dichter HANS SACHS (1494–1576) war einer der bekanntesten Meistersänger.

4.2.4 Musikalische Renaissance

Renaissance, frz. = Wiedergeburt (der Antike), förderte die Ausrichtung auf das Diesseits im Rahmen städtischer Kultur. Die Renaissance war eine weitere Stufe der „Entdeckung der Welt und des Menschen".

Schon im 14. Jh. zeichnete sich eine verstärkte Rückbesinnung auf Philosophie, Wissenschaft und Kunst der griechischen und römischen Antike ab. Das prägte auch die Musikentwicklung.

Die **Renaissance-Musik** brachte neue Techniken, Gattungen und Formen der Mehrstimmigkeit hervor.

Die Musik des 14. Jh. hatte zwei **Hauptzentren:** Frankreich (vor allem Paris und Nordfrankreich) sowie Italien (die Stadtstaaten Oberitaliens).

14. Jh. heißt ital. „Trecento". So wird teilweise auch die Musik dieser Zeit eingeordnet.

Spätgotik und Frührenaissance im 14. Jh. – Ars nova und Trecento

Die **Ars nova** strahlte nach etwa 1350 weit aus – bis in die Niederlande, England, Italien und Spanien, Deutschland und Osteuropa. Sie wurde nach MACHAUTS Tod immer komplizierter.

In Frankreich erreichte die **Ars nova** mit dem Dichterkomponisten und Kleriker GUILLAUME DE MACHAUT (etwa 1300–1377; ↗Abb.: Noten in einer frz. Handschrift)) einen Höhepunkt. Schwerpunkt seines Schaffens waren weltliche Gattungen vom einstimmigen Lai bis zur komplizierten isorhythmischen Motette. Die **Motette** wurde vor allem an Adelshöfen, in Universitäten und bürgerlichen Vereinigungen gespielt. Sie wandelte sich zur anspruchsvollen Kunst für Gebildete.

„Dieser Gesang darf nicht vor dem Volk dargeboten werden, weil es seine Feinheit nicht bemerkt, sondern man muss ihn vor den Gebildeten darbieten und denjenigen, welche die Feinheiten der Künste suchen." (JOHANNES DE GROCHEO, Paris um 1300)

MACHAUT schrieb auch die erste durchkomponierte **vierstimmige Messe,** wahrscheinlich 1364 zur Krönung KARLs V. in Reims.

Die neue Kunst des Trecento in den norditalienischen Städten und Höfen gehörte bereits zur Renaissance. Sie zielte auf eine kunstvolle Einfachheit, auf ein Vergnügen für die reich werdenden Bürger und die Bildungsschichten der Städte. Franziskanisch beeinflusste **Lauda** (ein geistliches Volkslied) und **Ballata** (ein Tanzlied mit Refrain bzw. Kehrreim) – beide einstimmig – bildeten eine populäre Strömung. Die immer kunstvoller werdende Ballata fand dann im zwei- bis dreistimmigen **Madrigal** eine Fortsetzung. Tonmalereien prägten die Caccia mit kanonischer Stimmführung, deren französisches Gegenstück die **Chasse** ist. Sie waren Ausdruck des neuen, auf das Diesseits gerichteten Weltverhältnisses.
Neben Florenz bildeten sich weitere Zentren der Musik heraus: Mailand, Padua, Verona, Modena und Ferrara.

Chasse, franz. = Jagd, war in der französichen Musik des 14. Jh.s ein dreistimmig gesungener Kanon. Als Hauptvertreter der Trecento-Musik gelten FRANCESCO LANDINI (um 1335 bis 1397), JACOPO DA BOLOGNA (er wirkte etwa von 1340 bis 1355), GIOVANNI DA CASCIA (er wirkte etwa von 1325 bis 1355).

Neues Konsonanz-Empfinden

> Die Musik der Renaissance wird bevorzugt als **frankoflämische Musik** bezeichnet.

Das geht darauf zurück, dass die meisten Renaissance-Komponisten des 15. und 16. Jh.s aus den reichen, bürgerlich-städtisch geprägten Regionen Nordfrankreichs und Flanderns stammten.

Früher wurde die Musik der Renaissance oft auch als Musik der (alten) Niederländer bezeichnet.

Aufschluss gibt z. B. die Biografie von JOHANNES CICONIA (um 1370 bis 1412). Er stammt aus Wallonien, einer Gegend um Lüttich in Flandern, ging als Kleriker und Komponist nach Padua und pendelte seit 1370 zwischen Norditalien und Lüttich. Er vermittelte sachlich wie persönlich die Verbindungen zwischen französisch-flämischer Ars nova mit ihrer gesteigerten Kunstfertigkeit und der italienischen Trecento-Musik mit ihrer Betonung des Sinnlich-Klanglichen.

Fauxbourdon, von engl. *faburden* = falscher Bass bzw. Bordun

Eine wichtige Quelle der Renaissance-Musik war die englische Musik. Hier galten schon früh die Terz und Sext als Konsonanzen, sowohl praktisch wie auch theoretisch.
Ebenfalls auf englischen Einfluss ging die ab 1430 weit verbreitete **Fauxbourdontechnik** zurück. Sie entstammte der nicht notierten Gesangspraxis, wonach die Mittelstimme zwischen Diskant und Tenor in Quartparallelen zum Tenor geführt wurde. So ergaben sich angenehm klingende Ketten von Sextakkorden.

Notenbeispiel: aus der Motette „Quam pulchra es" von JOHN DUNSTABLE (um 1390–1453) als Beispiel für vokalen Vollklang mit Bevorzugung der Dur-Tonalität und parallel geführten Terz-Sext-Klängen

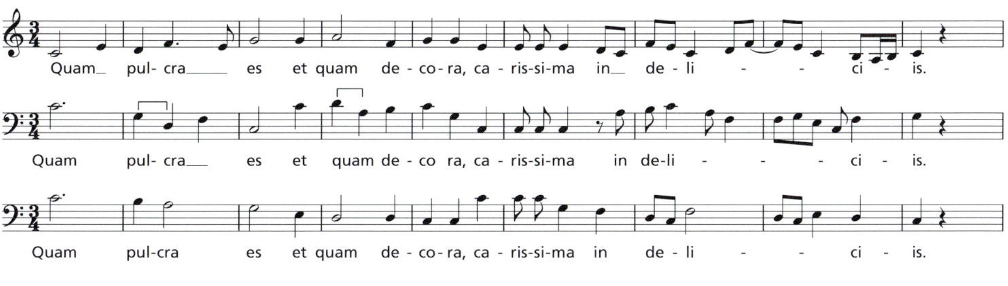

Der englisch-französische 100-jährige Krieg hatte eine lange Besetzung großer Gebiete Frankreichs zur Folge. 1429 wurden die Engländer wieder aus Frankreich verdrängt. Bis dahin wie auch bereits 1415 beim großen Konzil von Konstanz waren die englischen Musiker anregend für ihre kontinentalen Kollegen.

Den Durchbruch der Renaissance-Musik brachten frankoflämische Komponisten in Italien. **Vierstimmigkeit** wurde um die Jahrhundertmitte zur Norm. Der überragende Komponist dieses Durchbruchs war GUILLAUME DUFAY (↗ Abb.).

Man unterscheidet fünf **Generationen frankoflämischer Komponisten**, die immer auch ausübende Musiker waren. In ihrem Schaffen zeigten sich Schwankungen zwischen modernerer wortbezogener Sanglichkeit, einschließlich ausgeglichenem Satz – den Höhepunkt setzte JOSQUIN DESPREZ – und der Betonung konstruktivischer Kontrapunkt-Künste. Das galt vor allem für JOHANNES OCKEGHEM oder JOHANNES OBRECHT.

1390–1410 (Startphase)	JOHANNES CICONIA (um 1370–1412)
1420/30 bis 1450	JOHN DUNSTABLE (um 1380–1453) GUILLAUME DUFAY (um 1400–1474) – der frühe GILLES BINCHOIS (um 1400–1460)
1450–1480	GUILLAUME DUFAY (um 1400–1474) – der späte ANTOINE BUSNOIS (gestorben 1492) JOHANNES OCKEGHEM (um 1425–1496)
1480–1520	JOHANNES OBRECHT (1450–1505) HEINRICH ISAAC (um 1450–1517), LOYSET COMPÈRE (um 1450–1518), JOSQUIN DESPREZ (um 1440–1521) ANTOINE BRUMEL (um 1460 bis nach 1520) JEHAN MOUTON (um 1459–1522)
1520–1550	ADRIAN WILLAERT (1480/90–1562) NICOLAS GOMBERT (Ende des 15. Jh.s – um 1556) JACOBUS CLEMENS NON PAPA (1510/15 – um 1555) CLÉMENT JANEQUIN (um 1483–1558) CRISTÓBAL DE MORALES (um 1500–1553), span. Herkunft
1550/60 bis 1610	ORLANDO DI LASSO (um 1532–1594) PHILIPP DE MONTE (1521–1603) GIOVANNI PIERLUIGI DA PALESTRINA (um 1525–1594), ital. Herkunft LUCA MARENZIO (um 1553–1599), ital. Herkunft DON CARLO GESUALDO (um 1560–1613), ital. Herkunft ANDREA GABRIELI (um 1510–1586), ital. Herkunft GIOVANNI GABRIELI (1554/57–1612), ital. Herkunft TOMÁS LUIS DE VICTORIA (1548/50–1611), span. Herkunft

4.2.5 Musik als Staatskunst

Zentren der Renaissance-Kultur waren große **Kathedralen** und die **Fürstenhöfe,** ihre Träger die Oberschichten der Kirche und des Adels. Ausführende waren zumeist hochqualifizierte **Kapellen.**

Große **Kathedralen** gab es u. a. in Cambrai, Paris, Rom, Venedig.Zu den wichtigsten Fürstenhöfen gehörten Burgund unter PHILIPP DEM GUTEN und KARL DEM KÜHNEN, die MEDICI in Florenz (Italien), die ESTE in Ferrara oder die GONZAGA in Mantua (Oberitalien).Bekannt waren u. a. die Hofkapelle Kaiser MAXIMILIANS um 1500, die Münchner Kapelle unter ORLANDO DI LASSO im späten 16. Jh.

4

In der höfischen Kultur am ehesten realisierbar war das Ideal des „uomo universale", des allseitig entwickelten Menschen. Graf BALDASSARE CASTIGLIONE (1478–1529) umriss dieses umfassende Tätigkeits- und Bildungsspektrum zwischen Politik und Künsten in seinem „Buch vom Hofmann" (1528). Bis ins Detail zeichnete er die Tischsitten und Musizierpraxis, für die das Prinzip der „nobile sprezzatura", der vornehmen Herablassung, galt.
Die Kirche hatte ideologisch, sozial und politisch die herrschende Stellung. Das bremste den Prozess der fortschreitenden Verweltlichung der Kunst. Gerade die kunstvolle – die teure und aufwendige – Musik war direkt und indirekt betroffen. Sie blieb in der Regel religiös gebunden.

JOHANNES TINCTORIS (um 1435 bis 1511), ein bedeutender frankoflämischer Musiktheoretiker, benannte in seiner um 1473 erschienenen Schrift „zwanzig Wirkungen und Zwecke der edlen Musik". Er listete von 1 bis 6 und nochmals von 9 bis 11 religiöse Wirkungen und Zweckbestimmungen auf. Daneben verwies er auf zahlreiche weltliche Zwecke: Musik „vertreibt Trübsal (7), löst Hartherzigkeit (8), wendet bösen Willen (12), erfreut die Menschen (13), heilt Kranke (14), lindert Not (15), spornt an zum Kampf (16), lockt zur Liebe (17), steigert Tafelfreuden (18), gereicht fähigen Musikern zum Ruhm (19), beglückt die Seelen (20)." Demnach war das Verhältnis weltlicher und geistlicher Zwecke bereits 11:9.

„Staats"- und Festmotette in Florenz

Die **Motette** als zentrale Kunstmusikgattung des 14. Jh.s wurde im 15. Jh. zur „Staatsmotette" für repräsentative Zwecke. Höchsten Rang unter den Gattungen gewann die **Messe,** das Ordinarium Missae.

Ein bekanntes Beispiel einer „Staatsmotette" ist „Nuper rosarum flores" von GUILLAUME DUFAY (um 1400–1474), die anlässlich der Florentiner Domweihe 1436 entstand.

Ein besonders aktives Zentrum der Renaissance war **Florenz.** Es wurde von etwa 1450 bis nach 1600 überwiegend von den MEDICI beherrscht. Die Regierungszeit 1469–1492 von LORENZO DE MEDICI („dem Prächtigen", ↗ Abb.) bildete dabei einen Höhepunkt. LORENZO betätigte sich wie andere Familienangehörige der MEDICI als Gelegenheitsdichter und -komponist. Er verwandelte Festlichkeiten zu „Gesamtkunstwerken" mit ungeheurem Prunk, besonders zur Karnevalszeit und zum Johannistag. Einige Karnevalslieder,

HEINRICH ISAAC war von etwa 1480 bis 1494 am Hof der MEDICI in Florenz als Organist tätig.

4

Die Feste in Florenz waren Teil der Strategie der MEDICI, „den Menschen etwas zu geben, was ihre Gedanken vom Staat abbrächte" (NICCOLÒ MACCHIAVELLI, 1469 bis 1527).

Der gleichrangigen Behandlung der Stimmen wurde das Prinzip der **Durchimitation** zugrunde gelegt: Motive wandern durch die Stimmen.

die LORENZO DE MEDICI verfasste, wurden von dem flämischen Komponisten HEINRICH ISAAC (um 1450–1517) dreistimmig vertont.

Oft waren an den Festen über 400 Mitwirkende beteiligt. Masken, lebende Bilder und andere theatralische Elemente wurden eingesetzt. Gesungen wurden hauptsächlich einfache, homophone Karnevalslieder (Canti carnascialeschi). Sie behandelten politische Ereignisse, Personen oder Berufsgruppen – nicht selten satirisch.

Ohne direkten Bezug auf die Feste blieb der Liedtyp in Gestalt der **Frottola** bis etwa 1530 erhalten. Die Frottola hatte einen homophonen vierstimmigen Satz mit einem Gerüst aus Bass und sanglicher, eingängiger Oberstimmenmelodie. Diese Lieder wurden durch den Notendrucker und Verleger OTTAVIANO PETRUCCI (1466–1539) verbreitet. Der **Notendruck** förderte die Verbreitung und eine gewisse Verweltlichung der Musik.

Höhepunkte der niederländischen Vokalpolyphonie

In der Renaissance folgte die **geistliche Musik** eher einem gesamteuropäischen Stil. Die **weltliche Musik** hatte ansatzweise nationale Ausprägungen, die vom städtischen Bürgertum getragen wurden.

Mit der Renaissance prägten sich kompositorische Individualitäten, Stile und Idiome aus. Der **polyphone Satz** wurde geschmeidiger und zunehmend sprach- bzw. textbetont. Um 1500 war besonders mit JOSQUIN DESPREZ (um 1440–1521, ↗Abb.) ein flexibles Gleichgewicht zwischen textgezeugter und eigenständig-musikalischer Formung von Sprache und Material der Musik erreicht. Den Vorrang aber hatte das Vokale. Im Gegenzug bildete sich seit etwa 1450 allmählich eine eigenständige **Instrumentalmusik** heraus.
Die **Satztechnik** wurde vereinheitlicht, die Stimmen möglichst gleichrangig behandelt. Die Komponisten zielten auf klangliche Schönheit. Sinnlichkeit des Hörens erhielt einen höheren Stellenwert. Die Sätze wurden durch Kontraste mit wechselnder Zahl und Anordnung der Stimmen gegliedert: zweistimmige „Bicinien", also Zwiegesänge, gegen vier- bis fünfstimmigen Normalsatz oder Wechsel zwischen polyphonen und homophonen Passagen.

Die **Musiktheorie** wurde praxisnäher. Im Rahmen des modalen Tonartensystems bereitete sich das neuere Dur-Moll-System vor. In seinem Theorie-Aufsatz „Dodekachordon" („Zwölfton") erweiterte der Schweizer Humanist und Musiktheoretiker HEINRICH GLAREANUS (1488–1563) die bis dahin bekannten acht Kirchentöne auf zwölf. Ausgehend von den Grundtönen c und a erweiterte er sie um diejenigen, die der modernen Dur- bzw. Mollskala entsprechen (äolisch = moll, ionisch = Dur).

Die **Messe** als höchstrangige Gattung diente zunehmend weltlichen Interessen. Ihr wurden häufig weltliche Melodien als Tenor zugrunde gelegt. Der bekannteste Komponist war JOSQUIN DESPREZ (um 1440–1521).

DESPREZ widmete 1505 die Messe „Hercules Dux Ferrariae" dem Herzog ERCOLE I. (Hercules) D'ESTE VON FERRARA. Dafür verwendete er das Motto-Motiv

Her – cu – les, Dux Fer – ra – ri – al
(= re ut re ut re la mi re).

Unter den weltlichen Gattungen dominierte im 15. Jh. **die** dreistimmige französische bzw. burgundische **Chanson.** Chanson umfasste Gesänge aller Art bis hin zum Volkslied. Der Satz der Chanson wurde gegen Ende des 15. Jh.s vierstimmig und imitatorisch vereinheitlichend durchformt. JOSQUIN schrieb sogar fünf- und sechsstimmige Chansons.

Nach 1520 war aber wieder die einfacher gehaltene vierstimmige „Pariser Chanson" vorherrschend. Der Satz war vor allem akkordisch, der Text wurde syllabisch (jeder Textsilbe entsprach eine Note) vorgetragen. Der französische Komponist CLEMENT JANEQUIN (um 1483–1558) komponierte tonmalerische **Programmchansons** (↗ Abb.) mit Stoffen, die von Schlachtenlärm bis Vogelgezwitscher reichten.

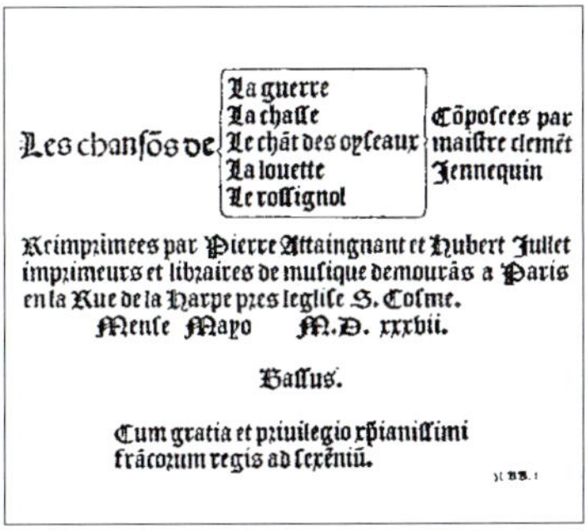

Les chansõs de
La guerre
La chasse
Le chãt des oyseaux
La louette
Le rossignol
Cõposees par maistre clemẽt Jennequin

Reimprimees par Pierre Attaingnant et Hubert Jullet imprimeurs et libraires de musique demourãs a Paris en la Rue de la Harpe pres leglise S. Cosme.
Mense Mayo M.D. xxxvii.

Bassus.

Cum gratia et priuilegio xpianissimi frãcorum regis ad sexẽniũ.

Parallel hierzu stieg ab 1520 von Florenz aus das anspruchsvolle **Madrigal** auf. Es hatte keine musikalische Traditionsbeziehung zum Trecento-Madrigal des 14. Jh.s.

Reformation: neue Organisationsformen der Musikkultur

> Die ab 1517 einsetzende **Reformation** wirkte musikgeschichtlich widersprüchlich. Es entstanden neue Formen, während Errungenschaften der weltlichen Musik zurückgenommen wurden.

Mit dem Ziel, die Kirche zu reformieren, kam in Deutschland eine Bewegung auf, die mit dem Wirken MARTIN LUTHERS (1483–1546) verbunden war und bis Mittel- und Nordeuropa ausstrahlte.
Hinsichtlich der Liturgie ging es den Reformatoren nicht um ihre Abschaffung, sondern um die Reinigung. Liturgisch brauchbare katholische Kunstmusik wurde dabei weiter verwendet, manchmal mit geänderten Texten. Eine wesentliche Neuerung bestand darin, dass die Gemeinde gleichberechtigt im Vollzug der Liturgie wurde. Dafür schufen LUTHER und viele nach ihm **neue Choräle** in Text und Melodie. Sie entstanden teils durch Umdichtung katholischer liturgischer Gesänge und geistlicher Volkslieder (Kontrafaktur), teils als vollständige Neuschöpfung.

Motto-Motiv, ital. *soggetto cavato* = ein Subjekt, Thema „aushöhlen" oder „schöpfen", bedeutet, dass ein Thema gewonnen wird, indem Silben oder Buchstaben eines Namens oder Mottos als Solmisationssilben oder Tonbuchstaben in Noten umgesetzt werden.
Das System der **Solmisationssilben** – ut bzw. do, re, mi, fa, sol, la – geht auf GUIDO VON AREZZO (um 992 bis etwa 1050) zurück.

Die Chanson meint den mehrstimmigen französischen Liedsatz des 15. und 16. Jh.s, dem der Kantilenensatz vorausfgeht.

Das Chanson dagegen meint das populäre Strophenlied seit dem 17. Jh., das mit dem Chanson des französischen Cabarets seit 1880 eine neue Blüte erlebte und im 20. Jh. zahlreiche stilistische Formen entwickelte.

Der Einfluss der Reformatoren reichte von der Schweiz und Oberdeutschland aus bis in die Niederlande, nach England, Schottland und Frankreich.

4

- Die mehrstimmige Bearbeitung des Chorals begann mit dem „Wittenbergisch deutschen Geistlichen Gesangbüchlein“ (1524) von J. WALTER.

Als Gesang aller Gemeindemitglieder im Gottesdienst konkurrierte der **protestantische Choral** erfolgreich mit dem gregorianischen Choral. Er wurde zur Grundlage zahlreicher Kompositionen und Gattungen, wie Choralvariation oder Choralkantate. Mit der **Passion,** die in der Liturgie Platz fand, entstand eine neue Gattung. Der Choralpassion mit Wechsel zwischen Vorsängern und Chor lag die liturgische Vortragsweise, der rezitativische „Lektionston“, zugrunde.

Abb.: Protestantischer Choral „Die güldene Sonne“, gedichtet von PAUL GERHARDT im 17. Jh., vertont VON JOHANN GEORG EBELING 1683

Die Spaltung der Christenheit in Protestanten und Katholiken eröffnete Chancen für ein Denken und Musizieren jenseits des religiösen Glaubens. Das schlug sich in der neuzeitlichen europäischen Oper nieder, aber auch in der Entfaltung der **Instrumentalmusik.** Sie vollzog sich in Gattungen, wie **Praeludium** und **Fuge** oder **Concerto grosso** in weltanschaulicher Neutralität und Rationalität.

Neben diesen neuen Formen und Entwicklungen setzten sich auch rückläufige Tendenzen durch:
- Calvinistische Auffassungen, die im Kern das gesamte Leben des Einzelnen als Gottesdienst betrachteten, bewirkten eine Reduzierung der Musik wieder auf das Gotteslob. Das ist u. a. belegt durch den „Psalmgesang“ – für den Gottesdienst einstimmig (Sammlungen ab 1539) und für die häusliche Andacht im einfachen akkordischen Satz ab 1547.
- Religiöser Fanatismus, der durch die Gegenreformation noch verschärft wurde, führte bei Reformatoren und Calvinisten dazu, die liturgische Musik auf ein Minimum zurückzunehmen – auf den einfachen Psalmengesang. Unter Rückgriff auf frühchristliche Muster war die weltliche Musik, besonders die zu Tanz und Theater, verpönt.

▶ Auch in der katholischen Gegenreformation wurde anfangs die eigenständige Entfaltung der Musik zugunsten des einfachen gregorianischen Chorals zurückgedrängt.

Gegenreformation: Rücknahme und Entfaltung katholischer Kirchenmusik

> Die Mitte des 16. Jh.s eingeleitete Gegenreformation führte in der Musik zu neuen Gattungen und zu Veränderungen der Musiksprache.

▶ Jesuiten waren Angehörige der von dem baskischen Adligen IGNATIUS VON LOYOLA (1491–1556) gegründeten „Societas Jesu“.

Mit dem Konzil von Trient (1545–1563) begann die römische Kirche die Gegenreformation. Vor allem die Jesuiten propagierten als Beichtväter von Fürsten wie in der Erziehung die Rekatholisierung der Bevölkerung. Mit der neuen Volksfrömmigkeit, die sich besonders als Marienkult darstellte, wurde die **volkstümliche Lauda** wieder aktiviert. Sie war ein einstimmiger hymnenartiger geistlicher Lobgesang, meist mit italienischem Text. Solistisch vorgetragene Strophe und Chor-Refrain wechselten miteinander. Gepflegt wurde diese Musik vor allem bei den „Oratorianern" ab 1551 unter FILIPPO NERI (1515–1595), wobei sich Priester und Laien gemeinsam versammelten. Nach ihrem Betsaal in Rom wurde dann im 17. Jh. die neu entstandene Gattung **Oratorium** benannt.

Verbreitet war die **Lauda** vor allem in Umbrien, der Toskana und Norditalien vom 13. bis 16. Jh.

Die Reinigung der Kirche, die auf dem Konzil von Trient verhandelt wurde, sollte aus Sicht einiger Vertreter zur Verbannung der mehrstimmigen Musik aus dem Gottesdienst führen. Der schließlich erzielte Kompromiss schränkte musikalische Spielräume zwar ein, nahm Musik aber weiter in Dienst. Verbote und Gebote zielten vor allem auf
- die Eindämmung der musikalischen Eigenständigkeit (affektbetonte, tonmalerische Musik);
- die Unterordnung unter das geistliche Wort, also Betonung der Textverständlichkeit;
- die Ausschließung der meisten Sequenzen aus der Liturgie, mit Ausnahme des „Dies irae" und weniger anderer;
- den Ausschluss weltlicher Tenores in die Cantus-firmus- und Parodie-Messen, also eine Säuberung vom Säkularen.

Besonders die Komponisten in Italien beugten sich diesen Forderungen.

Cantus-firmus-Messe bedeutet, dass eine liturgische oder weltliche Melodie zur kompositorischen Grundlage eines Messensatzes wird. Das berühmteste Beispiel ist die Chansonmelodie „L'homme armé" (Der bewaffnete Mann). Sie diente in etwa 30 Messen zwischen 1450 und 1620 als Cantus firmus.

Der **Parodie-Messe** liegt das Verfahren zugrunde, den Tonsatz eines bereits bestehenden weltlichen oder geistlichen Werks dem Text des „Ordinarum Missae" anzupassen: durch Hinzufügen, Weglassen, später auch Durchimitieren von Motiven des Ausgangswerks.

Mit GIOVANNI PIERLUIGI PALESTRINA (1525–1594) und seiner Schule erreichte die franko-flämische Vokalpolyphonie einen Höhe- und zugleich Endpunkt. Der Tonsatz wurde nun fünf-, oft sogar sechsstimmig. Auch dadurch verlor der Kontrapunkt an Schärfe und Vielfalt. Dissonanzen wurden sorgfältig vor- und nachbereitet. Die Stimmen schritten zumeist in leicht singbaren, kleinen Schritten voran. Es entstand ein extrem dissonanzenarmer, voll- und wohltönender Klang. Der **Palestrina-Kontrapunkt** bildet bis heute einen zentralen Bezugspunkt der Tonsatzlehre.

Obwohl der Kirche treu ergeben, verwendete PALESTRINA in seiner sechsstimmigen „Missa Papae Marcelli" (1562/63) entgegen dem kirchlichen Verbot die Chansonmelodie „L'homme armé" als Cantus firmus. Auch in zwei weiteren Messen ist das belegt.

Der universellste Komponist der Spätphase der Renaissance war ORLANDO DI LASSO (1534–1594, ↗ Abb.). Er komponierte in allen Gattungen, von der frivolen Chanson bis zur Messe, von der einfachen Villanella bis zum kunstvollen Madrigal.

DI LASSOS Leistungen bestanden vor allem in der Entwicklung einer prägnant motivischen Melodik, einer differenzierten musikalischen Textausdeutung, gepaart mit virtuoser Kontrapunktik und einer Harmonik, die sich in z. T. kühnen chromatischen Wendungen bewegte.

Ende der Renaissance

Bild: Madrigalensemble, Kupferstich von ABRAHAM BOSSE

Die Musikentwicklung, die mit Reformation und Gegenreformation verbunden war, zielte auf die Volksmassen. Gleichzeitig gab es weiterhin eine Musik für die oberen Schichten. Seit den 1550er-Jahren wurde das unter dem Begriff **„Musica reservata“** erfasst.

„Musica reservata“ bedeutet Kennern vorbehaltene oder für sie „reservierte“ Musik.

Eine der hier führenden Gattungen war das **Madrigal.** Es wurde von dem aus Südfrankreich stammenden, aber in Italien wirkenden Komponisten PHILIPPE VERDELOT (gestorben vor 1552) und dem aus Flandern stammenden JAKOB ARCADELT (um 1500–1568), der von 1541 bis 1555 als Päpstlicher Kapellsänger in Rom und danach in Paris tätig war, maßgeblich geprägt.

Das Madrigal öffnete sich zwar auch volkstümlichen Einflüssen. Als Kunst für Kenner wurde es aber vorrangig zum Experimentierfeld für Komponisten wie ORLANDO DI LASSO (um 1532–1594), den aus der Gegend von Antwerpen stammenden GIACHES DE WERT (1535–1596), LUCA MARENZIO (1553/54–1599), ORAZIO VECCHI (1550–1605), DON CARLO GESUALDO (um 1560–1613), CLAUDIO MONTEVERDI (1567–1643). Sie schufen Madrigale mit bis in das Einzelwort gehender, „malender“ Textausdeutung, Enharmonik, Chromatik und sogar Mikrointervallik.

Notenbeispiel: „Moro lasso“, fünfstimmiges Madrigal VON GESUALDO DA VENOSA mit chromatischem Abwärtsgang in zwei Stimmen und der kühnen Harmoniefolge Cis-Dur, a-Moll, H-Dur, G-Dur

Eine Sonderentwicklung nahm das **englische Madrigal** des elisabethanischen Zeitalters. Mit dem Lautenlied (Dowland) vollzog sich hier wie auch in Italien die Wendung von der Polyphonie zum monodischen (akkordisch durch den Generalbass begleiteten) Sologesang.

4.3 Musik im Zeitalter des Absolutismus und Barock (1580–1760)

Die Epoche von 1580 bis 1760 war das Zeitalter des Barock, des Generalbasses und des konzertierenden Stils.

Den historischen Rahmen bildete der Absolutismus, der in Frankreich seine klassische Ausprägung fand. Die widerstreitenden Interessen von Adel, Geistlichkeit und Bürgertum wurden so ausbalanciert, dass die Vorherrschaft des Adels erhalten blieb. Neben vielen Widersprüchen gab es zugleich eine Tendenz zur Vereinheitlichung, politisch wie ideengeschichtlich. Sie wurde befördert durch solche rationalistischen Systeme, wie die für die Musik nach 1650 wichtige Affektenlehre.

In der für den Barock charakteristischen Affektenlehre ging es um die rhetorische Gestaltung der Leidenschaften bzw. Affekte, wie z. B. Freude, Trauer, Furcht in der Musik.

4.3.1 Generalbass und konzertierender Stil

Der im Barock weiterentwickelte **Generalbass** gab dem musikalischen Prozess einen neuen, vorwärtstreibenden Impuls.

Basso continuo ist die Bezeichnung für durchlaufenden Bass.

Basso seguente oder Basso pro organo ist ein ununterbrochener Bass bzw. ein Bass für die Orgel. Die Orgel übernimmt unabhängig vom polyphonen Gewebe jeweils die unterste Stimme.

Der Generalbass entwickelte sich aus der Aufführungspraxis als **Basso continuo** aus der fundamentalen instrumentalen Stützstimme, auch schon seit etwa 1500 im Vokalsatz.

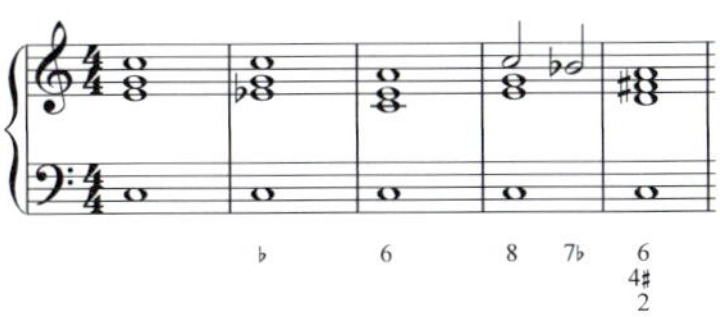

Durch den **Basso seguente** entstand eine kontinuierliche Basslinie als Klangfundament. Sie wurde ergänzt durch die Oberstimme als Melodieträger. Die Mittelstimmen wurden gegenüber diesem Außenstimmengerüst in ihrer polyphonen Eigenständigkeit beschränkt und oft nur nach festgelegten Regeln praktisch ausgeführt.

Zusammen mit der Entfaltung des **Akzentstufentakts** förderte der Generalbass im Verbund mit der spannungsgeladenen Dur-Moll-Harmonik weiträumige Einheitsabläufe. Der Takt als in sich gegliederte, gespannt-geballte Zusammenfassung verschiedenartiger metrischer Impulse unterschied sich wesentlich vom bisherigen zumeist gleichmäßigen Puls der Musik. Die Tanzmusik mit ihren geraden und ungeraden Metren sowie komplexen Schrittfolgen wirkte hier maßgeblich mit hinein. Das wie der Generalbass überhaupt beförderten den Aufstieg des Instrumentalen.

Im **Akzentstufentakt** sind die Teile eines Takts nach ihrem metrischen Gewicht unterschieden. Im 4/4-Takt z. B. bildet das erste Viertel den Haupt-, das dritte einen Nebenschwerpunkt.

Wandel des Tonsatzes

Der **Wandel des Tonsatzes** hing vor allem mit gesteigertem Affektausdruck, intensiverer Textausdeutung bis zum Einzelwort und zunehmender Virtuosität zusammen.

Diese Gründe drängten zu einer Ungleichbehandlung der Stimmen im polyphonen Gewebe. Im mehrstimmigen Satz wurde die Oberstimme hervorgehoben. Die anderen Stimmen dagegen waren instrumental ausgeführt. Die Mittelstimmen wurden in ihrer Beweglichkeit und kontrapunktischen Durcharbeitung weiter eingeschränkt. Dafür erfuhr die Bass-Stimme als Fundament eine Stärkung.

Einen Außenstimmensatz – Diskant und Bass – als Gerüst gab es u. a. in der Frottola um 1500. Ende des 16. Jh.s kehrte dieser Satztyp in Gestalt der Monodie, dem wortausdrückenden und affektbetonten Sologesang mit Generalbassbegleitung wieder.

Die **Oper** differenzierte sich immer mehr aus. So entfalteten sich im 18. Jh. z. B. bürgerliche oder bürgerlich beeinflusste Gattungen, wie das nationalsprachliche Singspiel.

Die Monodie wurde für die **europäische Oper,** die sich seit den 1590er-Jahren noch als Spätprodukt der Renaissance entwickelt hatte, grundlegend. Seit ihrem Durchbruch mit dem ersten öffentlich-kommerziellen Opernhaus 1637 in Venedig wurde diese neue Gattung rasch zu einer repräsentativen absolutistisch-barocken Veranstaltung.

Die Praxis, eine Melodie zu singen und sich selbst akkordisch zu begleiten – etwa mit der Laute –, förderte ebenfalls das monodische Prinzip. Entsprechende Ideen formulierte seit 1576 die **Florentiner Camerata,** eine aristokratisch geprägte Vereinigung von Künstlern und Theoretikern.
Das Vordringen des Instrumentalen in Gestalt von chorisch besetztem Orchester sprengte den Tonsatz auf. Durch die Stimmverdopplung in verschiedenen Registerlagen ergaben sich (Oktav-)Parallelen. Diese widersprachen dem Prinzip der Polyphonie mit der hier geltenden Selbstständigkeit der Stimmen. In gleicher Richtung wirkte die Orgelbegleitung mit dem Basso seguente bzw. Basso pro organo.

MONTEVERDI rechtfertigte seinen Stil auf salomonische Weise. Er folgte den Begriffen *prima* und *seconda pratica* (erste und zweite Praxis) seines Bruders und dem Verhältnis von *stile antico* und *stile moderno* (alter und neuer Stil).

CLAUDIO MONTEVERDI (1567–1643, ↗ Bild) ging mit seinem 5. Madrigalbuch (1605) von der fünfstimmigen Polyphonie zur generalbassbegleiteten Monodie über. Er betrachtete den affektbetonten monodischen Stil als zusätzliche Möglichkeit, besonders für weltliche Gattungen, wie Madrigal und Oper. LODOVICO VIADANA (um 1560–1627) schuf mit seinen „Centi concerti ecclesiastici" (1602) das generalbassbegleitete Solistenkonzert.

Der ältere kontrapunktische Stil blieb aber verbindlich, vor allem für geistliche Musik.

Mehrchörigkeit und Concerto grosso

> Neben instrumentaler Musik für die Öffentlichkeit entwickelten sich vor allem zwischen 1660 und 1690 verschiedene Typen der Instrumentalmusik, aus denen das **Concerto grosso** hervorging.

Concerto grosso (ital.) bedeutet etwa großes Ensemble.

Bereits in der Renaissance hatten sich Ansätze einer eigenständigen Instrumentalmusik herausgebildet – außerhalb von Kirche (Orgel), Fürstenhof oder Straße in der privaten Musizierpraxis gehobener bürgerlicher Kreise. Sie wurde weiterentwickelt, zunächst als improvisierte Tanzmusik oder als für spezielle Instrumente in Tabulatur „abgesetzte" Vokalmusik, besonders für die Laute. Ausführungsanweisungen wie „per cantare e sonare" – zum Singen und zum Spielen – verwiesen darauf.

Großräumige Formen entstanden in der instrumentalen Musik für die Öffentlichkeit. Ein erster Höhepunkt waren die Sonaten und Sinfonien GIOVANNI GABRIELIS (1554/57–1612) in Venedig für mehrere Instrumentalchöre, herausgegeben unter dem Titel „Symphoniae sacrae" (↗Abb.). Die **Mehrchörigkeit** wurde eine Hauptform des barocken, durch festliche Klangpracht gekennzeichneten Concertos.
Zu den Meistern der Mehrchörigkeit gehörten u.a. HANS LEO HASSLER (1564–1612) und HEINRICH SCHÜTZ (1585–1672).
Nach 1660 entwickelten sich verschiedene Typen der Instrumentalmusik mit deutlicher Unterscheidung bzw. Gegenüberstellung von Tutti und Solo – alle und allein. Daraus gingen das **Concerto grosso** und das **Solo-Concerto** hervor.

Mehrchörigkeit ist eine Kompositionsart für mehrere, meist räumlich getrennte vokale, instrumentale oder gemischte Klanggruppen.

ARCANGELO CORELLI (1653–1713) stellte in seinem Zyklus op. 6 von „Concerti grossi" als „konzertierendes" Prinzip Tutti und Concertino einander gegenüber. Die Sammlung enthält acht „Concerti da chiesa" (Kirchen-Konzerte) mit je vier bis sieben Sätzen und vier „Concerti da camera" (Kammer-Konzerte) mit Tanzsätzen, die vom Formbau her Suiten sind.

Concerto oder Konzert, ital. *concertare* = etwas miteinander in Übereinstimmung bringen oder vereinigen bzw. zusammenwirken; lat. *concertare* = wetteifern, wurde in Deutschland seit 1619 nach MICHAEL PRAETORIUS als Wettstreit zwischen verschiedenen Klangkörpern (z.B. Mehrchörigkeit) oder zwischen Solostimmen und Basso continuo bzw. Orchester verstanden.

Zwischen 1700 und 1710 schuf ANTONIO LUCIO VIVALDI (1678–1741, ↗Bild) die später zur Norm gewordene, knappe dreisätzige Form des **Solokonzerts.** Sie war dadurch gekennzeichnet, dass schnelle Ecksätze einen langsamen Mittelsatz rahmten. Mit dem regelmäßigen Wechsel von Orchester-Ritornell – Wiederholungen von im Prinzip gleichbleibenden Musikstücken (Refrains) – und variativ angelegten solistischen Couplets verwendeten die Ecksätze die großräumige Ritornellform.

4.3.2 Wohltemperiertes Klavier und regulierte Kirchenmusik

Zwölftönige Tonsysteme gab es bereits in der Musiktheorie des alten China, allerdings nicht in gleichschwebender Temperierung.

Ende des 17. Jh. wurde in Europa das **temperierte zwölfstufige Tonsystem** entwickelt. Es hatte grundlegende Bedeutung für die weitere kompositorische Praxis.

Bis dahin wurden verschiedene mitteltönige Temperierungen verwendet, in der die Differenz zwischen großem und kleinem Ganzton ausgeglichen wurde und das beherrschende Intervall die rein gestimmte Terz war.

Kompositorische Nutzung des temperierten Tonsystems

ANDREAS WERCKMEISTER erwähnte eine gleichschwebende Temperierung erstmals 1697 in einem seiner Bücher.

Die gleichschwebende Temperierung, die von dem Organist und Musiktheoretiker ANDREAS WERCKMEISTER (1645–1706) entdeckt wurde, teilte die Oktave in zwölf genau gleich große Halbtöne.

Es wurde möglich, in allen Dur- und Molltonarten zu komponieren sowie Tonarten weiträumiger miteinander zu verknüpfen.

Das Tonsystem verwandelte sich vom „Quintenzirkel", der eine Spirale darstellte und damit offen war, in ein geschlossenes System (↗ S. 84).

- His, C und Deses sind demnach Töne in gleicher Tonhöhe.

Enharmonik bezeichnet das Zusammenfallen unterschiedlicher Töne, z. B. gis und as, in einen Ton oder auf einer Taste.

Dieses System bildete einen außerordentlichen Schub der Rationalisierung, des musikalisch-kompositorischen Denkens wie des Umgangs mit dem Tonmaterial. Es entsprach auch der Hauptentwicklungslinie der Harmonik dahingehend, immer entferntere Tonarten und Akkorde miteinander in Beziehung zu setzen – etwa durch Enharmonik. Als eine Kehrseite der gleichschwebenden Temperierung erwies sich allerdings die Nivellierung der strukturellen Unterschiede zwischen den Tonarten.

- JOHANN SEBASTIAN BACH (1685 bis 1750) legte vermutlich diese Stimmung dem Zyklus **„Das Wohltemperierte Klavier"** zugrunde. Teil I entstand 1722, ein Jahr vor seinem Amtsantritt als Thomaskantor. BACH reihte 24 Präludien und Fugen in jeder Dur- und Molltonart aneinander, in chromatisch aufsteigender Reihenfolge: C-Dur, c-Moll, Cis-Dur, cis-Moll usw. bis h-Moll. Der Zyklus Teil II hatte eher den Charakter einer Sammlung, die 1744 abgeschlossen wurde.

Bild: JOHANN SEBASTIAN BACH, Porträt von ELIAS GOTTLOB HAUSSMANNN

BACH bildete nicht nur paarige Einheiten von Präludium und Fuge. Er kontrastierte die einzelnen Paare und entfaltete ein Spektrum von kontrapunktischen Techniken und Stilen. So vertritt die cis-Moll-Fuge des I. Teils mit ihrem lapidaren chromatischen Thema – ein „Kyrie-Eleison“-Thema – den „gelehrten“, klassischen Kontrapunktstil. Die D-Dur-Fuge mit ihrer überbordenden Ornamentik steht demgegenüber für den neuen, „galanten“ Stil.

Notenbeispiel oben: Autograf aus dem „Wohltemperierten Klavier“ von J. S. BACH

In der „Kunst der Fuge“ (1742/46; 1750) zeigt BACH wie in einem Lehrbuch eine Vielzahl von Möglichkeiten, mit einem einzigen Thema kontrapunktisch variativ umzugehen. Er stellt es in zweistimmigen Kanons, in Vergrößerung, Verkleinerung, Umkehrung und Auszierung des Themas, als Doppel-, Tripel- und Spiegelfuge vor und führt schließlich sogar seinen Namen als Thema ein.

Notenbeispiel: Dieses Thema wurde von BACH in der „Kunst der Fuge“ in 14 Fugen und vier Kanons mit stark ausgeformter Kontrapunktik bearbeitet.

Die Stimmgabel, 1711 erfunden, trug als leicht zu normendes Instrument seitdem zu einer allmählichen internationalen Vereinheitlichung und Standardisierung der absoluten Tonhöhe bei.

Die **Stimmgabel** wurde von dem englischen Hoftrompeter JOHN SHORE erfunden. Der Stimmton wurde 1885 mit 435 Hz für den Ton a festgelegt.

Kirchenmusik

Der Hofkapellmeister war im 18. Jh. eine der begehrtesten Musikerstellungen. Auch im Bereich des Protestantismus stand er höher als der Kantor. JOHANN SEBASTIAN BACH erreichte mit dem Thomaskantorat in Leipzig 1723 eine solche Stellung. Als Systematiker der Kirchenmusik hatte er bereits vor seinem Amtsantritt zahlreiche **Kantaten** für das Kirchenjahr und **Orgelchoräle** geschrieben.

Das als Anleitung zur Choralbearbeitung gedachte „Orgel-Büchlein“ (1717) umfasste allein 45 Orgelchoräle.

BACH maß der Musik an den Lateinschulen einen hohen Stellenwert zu. Die Schüler sollten sich wie die städtischen Musiker dem Hauptziel einer hochwertigen und stabilen „regulierten Kirchenmusik zu Gottes Ehren“ unterordnen. Kurrende-Singen oder weitläufige weltliche Musikgeschäfte wurden als abträglich betrachtet. Kurrenden, die es bereits vor der Reformation gab – MARTIN LUTHER z. B. war Mitglied einer Kurrende – wurden im 18. Jh. zumeist aufgelöst.

Die **Kurrende,** lat. *currere* = laufen oder *corradere* = betteln, war ein aus armen Schülern gebildeter Chor. Er sang für Almosen, für Nahrung oder Geld, in den Straßen.

4.3.3 Rokoko-Tendenzen und bürgerliche „Natürlichkeit"

Der Niedergang des Absolutismus um die Wende des 18. Jh.s schlug sich in einem gelockerten Musikgefüge nieder – **galante Musik** in kleinen Formen und „natürlich" geprägte **Opern** bildeten Eckpunkte.

Der HERZOG VON ORLEANS übernahm die Regentschaft für den noch unmündigen neuen König LUDWIG XV.

Äußeres Zeichen dafür, dass der Absolutismus seine Ausstrahlungskraft verlor, war der Tod des französischen Königs LUDWIG XIV. (1638–1715). Er hinterließ ein durch Kriege und feudale Verschwendung gefährdetes Frankreich und einen noch unmündigen Sohn. Die sich auflösenden höfischen Rituale und Moral führten auch zur Lockerung des bis dahin festen Gefüges der Musik.

Das belegen z. B. die graziösen, eben „galanten" Ornamente der Clavecin (Cembalo-)Kompositionen von FRANÇOIS COUPERINS (1668–1733), der von 1693 bis 1723 Hoforganist war. Die Musikstücke spannten sich vom Charakterporträt bis zur Karikatur der städtischen Musikerzunft.

In Italien gehörte mit meist einsätzigen Cembalo-Sonaten DOMENICO SCARLATTI (1685–1757), Sohn des Opernkomponisten ALESSANDRO SCARLATTI, zu dieser Strömung, in Deutschland GEORG PHILIPP TELEMANN (1681 bis 1767). JEAN-PHILIPPE RAMEAU (1683–1764) trug mit seinen programmmusikalischen Cembalo-Suiten dazu bei, versuchte aber auch seit 1733, in seinen Opern den großen, erhabenen Stil der französischen höfischen Oper zu retten.

Die Grundauffassung war, dass Musik leicht verständlich, anmutig und gefällig sein sollte. Die Melodien waren sanglich, über harmonisch vereinfachter Begleitung. Die Formen wurden vorwiegend kurz und sehr kleingliedrig ausgeführt. Gegenüber der bisherigen Einheit des Affekts wurden nun Mannigfaltigkeit und Abwechslungsreichtum bevorzugt. Galante Musik sollte geistreich sein. Leitbild und Adressat war vorrangig der gebildete Liebhaber, weniger der „gelehrte" Kenner.

Abb.: Kammermusik im 18. Jh. – „Konzert mit Oboe, Waldhorn und Cello", Gemälde von LOUIS CARMONTELLE

Gelehrt, Galant, Empfindsam

Etwa um 1730 machten sich bürgerlich geprägte Tendenzen stärker bemerkbar. Das widerspiegelte sich in der wachsenden Kritik an der höfisch-barocken **Opera seria,** der „ernsten" Oper. Sie blieb zwar bis in die 1780er-Jahre bestehen, wurde aber im Sinne des Rationalismus und Klassizismus reformiert, besonders durch die Textdichter APOSTOLO ZENO (1688–1750) und PIETRO METASTASIO (1698–1782; METASTASIO ist die griechische Übersetzung seines ursprünglichen Namens TRAPASSI).

Die **Opera seria** blieb bis in die Wiener Klassik und die Zeit der Französischen Revolution hinein die maßgebliche Gattung des Musiktheaters. Einer ihrer Hauptvertreter war der in seiner Zeit berühmte Dresdner Hofkapellmeister JOHANN ADOLF HASSE (1699–1783).

Die entscheidenden Neuerungen, wie die Herausbildung von kontrastreichen Ensembles, groß angelegten und vielfältigen Finali (Akt-Schlüsse) sowie abwechslungsreichen musikalischen und thematischen Gestalten und Formen, gingen allerdings von dem „komischen" oder „heiteren" Operntypus der **Opera buffa** aus. Diese war in Bezug auf Material und Musiksprache wesentlich bescheidener. Hier waren größere Alltagsnähe, Tempo und Aktion, Realismus, Gefühl und Witz möglich, was vom Publikum auch sehr gefragt war.

Modellhaft wurde das Buffo-Intermezzo „La serva pa-drona" („Die Magd als Herrin") von GIOVANNI BATTISTA PERGOLESI (1710–1736). Das Werk war eine Einlage in eine Opera seria PERGOLESIS. Es hatte sofort Erfolg und wurde seine berühmteste Oper. 1746 fand die erste Aufführung in Paris statt, 1752 die zweite.

Die Oper PERGOLESIS wurde auch zu einem Vorbild für die französische Opéra comique, die komische Oper – wie das Singspiel im Unterschied zum durchkomponierten italienischen Operntyp mit gesprochenen Dialogen.

Das Intermezzo PERGOLESIS löste 1752 den „Buffonistenstreit" aus. Dabei standen vorwiegend aristokratische Vertreter der traditionellen höfischen französischen Oper gegen die bürgerlichen Aufklärer, die im Namen des „Natürlichen" für die italienische Opera buffa kämpften.
Das Höfisch-Galante war bereits generell in Kritik gekommen, vor allem in den Verdacht der Oberflächlichkeit. Dagegen wurden Empfindsamkeit, Rührung, Hingabe an natürliche Gefühle gestellt.

Eine besonders radikal-ablehnende Reaktion gegen die höfische Barockoper stellte in London die Liedoper **Ballad opera** dar, ein Bühnenstück mit Liednummern. In ihr wurde die italienische Oper parodiert und als „unnatürlich" gebrandmarkt. Sozialkritik war darin eingeschlossen. – In England wurde die italienische Oper besonders durch GEORG FRIEDRICH HÄNDEL (1685–1759) vertreten.

Durchaus konservativ in der Grundhaltung, dennoch von beißender Schärfe gegen Korruption und Gaunerei in den höheren Schichten der Gesellschaft war z. B. die „Beggar's Opera" (Bettleroper) von JOHN GAY (1685–1732), die 1728 aufgeführt wurde. Die Musik war vorwiegend eine Zusammenstellung bzw. Parodierung von vorhandenen volkstümlichen Liedern, Chören und Tanzsätzen. JOHANN CHRISTOPH PEPUSCH (1667 bis 1752), wie HÄNDEL deutscher Herkunft, schrieb die Ouvertüre und den Generalbass für die Songs.

Abb.:
Szene aus JOHN GAYS „Beggar's Opera" nach einer Zeichnung von WILLIAM HOGARTH

Die in ihrer Zeit außerordentlich erfolgreiche „Beggar's Opera" wurde bis in die Gegenwart mehrfach bearbeitet. Auch ein Welterfolg wurde die Neuschöpfung „Dreigroschenoper" von BERTOLT BRECHT und KURT WEILL 1928.

4.4 Musik im Zeitalter der bürgerlichen Aufstiegsbewegung (1760–1871)

Die Begriffe „Früh-" oder „Vorklassik" sind erst nachträglich geprägt worden.

Die Phase, die etwa 1740, spätestens 1760 begann und bis etwa 1781 reichte, wird oft als „Früh-" oder „Vorklassik" bezeichnet. Sachgerechter sind jedoch die Begriffe „Empfindsamkeit" sowie „Sturm und Drang".

Seit dem ersten Drittel des 18. Jh.s zeichnete sich eine „Verbürgerlichung" von Musik und Musikkultur ab. Bürgerliche Musiziervereinigungen, professionelle und Liebhaberkonzerte gewannen Einfluss.

Es war ein Grundanliegen, gegenüber dem Adel kulturelle Gleichwertigkeit und gegenüber den Unterschichten, besonders den Bauern, kulturelle Überlegenheit zu demonstrieren.

4.4.1 Sturm und Drang

„Sturm und Drang" hieß ein damals berühmtes Drama von FRIEDRICH MAXIMILIAN KLINGER (1752–1831). Auch „Götz von Berlichingen" von JOHANN WOLFGANG VON GOETHE (1749 bis 1832) und „Die Räuber" von FRIEDRICH SCHILLER (1759–1805) gehörten zu dieser Strömung.

Der sich um 1720 entwickelnde „galante Stil" wurde ab etwa 1740 durch die sozial, kulturell und ideell breiter angelegte Bewegung der „Empfindsamkeit" verdrängt. Diese ging hauptsächlich von den entwickelteren Ländern England und Frankreich aus. Sie wurde rasch international, vollzog sich aber national, regional, lokal und sozial, institutionell und gattungsmäßig unterschiedlich.
Nach 1760 wurde die „Empfindsamkeit" besonders im deutschen Sprachraum durch die literarische Bewegung des „Sturm und Drang" (auch „Geniezeit", etwa 1770–1789) noch zugespitzt. Der antifeudale Protest wurde schärfer und aggressiver, die Emotionen wurden heftiger. Als neue Ideale und Leitbilder traten „Einfachheit" und „Natürlichkeit" in den Vordergrund, subjektives Gefühl sollte in der Musik Platz finden.

Die ab 1762 angestrebte Opernreform CHRISTOPH WILLIBALD RITTER VON GLUCK (1714–1787, ↗Abb.) zielte z. B. genau darauf. In der programmatischen Vorrede zu seiner musikalischen Tragödie „Alceste" (Wien 1767) bezeichnete er „die Einfachheit, die Wahrheit, die Natürlichkeit" als seine Leitideen. GLUCK ging sogar so weit, das Drama als die grundlegende „Zeichnung" und die Musik als deren Kolorierung zu bezeichnen.

Mannheimer und andere Schulen

Nochmals einen Übergang in der Phase des Übergangs von der komplexen Kunst des Barocks zur bürgerlich getragenen und geprägten Musik markierte die „Mannheimer Schule".

Die Mannheimer Schule ist vor allem mit einer starken Vereinfachung des Tonsatzes typisch für wichtige Neuerungen gegenüber dem barocken Generalbass-Satz.

Die Vereinfachung des Tonsatzes erfolgte vor allem im Hinblick auf die Harmonik ab 1743. Gegenüber der komplexen Kunst des Generalbasses im Barock konnte das durchaus als „natürlich" gelten.

Die wichtigsten einschneidenden **Neuerungen,** die auf die Mannheimer Schule zurückgingen, waren:

- Der harmonische Verlauf war nicht mehr vom (General-)Bass, sondern durch die Melodie bestimmt.
- Der harmonische Rhythmus – Wechsel der Akkorde pro Zeiteinheit – wurde wesentlich langsamer; es entstanden einfachere und größere harmonische Flächen.
- Der Satz wurde in Perioden von „quadratischen" Zwei-, Vier- und Achttaktgruppen gegliedert. Klangliche und dynamische Gegensätze wurden eng zusammengedrängt. Dazu gehörten zahlreiche „Manieren", wie Crescendofiguren bei gleichbleibender Harmonie, Tremoli, fanfarenartig aufsteigende Dreiklangsbrechungen („Raketen"-Motivik), gefühlige Seufzer- und Vorhaltsmelodik, unvermittelte Generalpausen.
- Instrumentatorisch wurde eine Verselbstständigung der Bläser vorgenommen, vor allem der Hörner und Holzbläser (Klarinetten).
- Der Tanzsatz Menuett wurde an der dritten Stelle des Sonatensatzzyklus eingebaut. (Bei den Norddeutschen fehlt dieser Tanzsatz.)

▸ Die **Mannheimer** waren Komponisten und Orchestermusiker der Hofkapelle der Residenz Mannheim. Mannheim war von 1743 bis 1778 Residenz der Kurpfalz. Der Umzug des Hofes nach München bedeutete das Ende der Mannheimer.

Eine bestimmte musikgeschichtliche Sonderstellung erhielten die Mannheimer durch ihr besonderes propagandistisches Geschick und die zentrale europäische Lage. Vor allem in Paris, dann auch in London, wurden die Neuerungen bald aufgenommen. Das widerspiegelte sich in der zunehmenden Breite der bürgerlichen Aufstiegsbewegung.

Zu den „süddeutschen" Mannheimern gehören u. a. FRANZ XAVER RICHTER (1709–1789), JOHANN CHRISTIAN CANNABICH (1731–1798), JOHANN WENZEL ANTON STAMITZ (1717–1757) sowie seine Söhne CARL PHILIPP (1745–1801) und ANTON THADÄUS JOHANN NEPOMUK (1750 bis 1796).

▸ WOLFGANG AMADEUS MOZART (1756–1791) nahm bei einem Aufenthalt in Mannheim (1777/78) wichtige Anregungen auf. Allerdings kritisierte sein Vater LEOPOLD MOZART (1718–1787) den „vermanierierten Mannheimer goût" (Geschmack).

Neben der Mannheimer Schule hatten sich **weitere wichtige Schulen** bzw. Komponistengruppen mit prägendem Einfluss herausgebildet:

- **Wiener Schule,** u. a. GEORG CHRISTOPH WAGENSEIL (1715–1777), MATTHIAS GEORG MONN (1717–1750),
- **Norddeutsche Schule,** u. a. WILHELM FRIEDEMANN BACH (1710–1784) und CARL PHILIPP EMANUEL BACH (1714–1788),

- **Mailänder Schule,** u. a. GIOVANNI BATTISTA SAMMARTINI (1698–1775), JOHANN CHRISTIAN BACH (1735–1782),
- **Londoner Schule,** im Wesentlichen italienische Arbeitsemigranten, wie FRANCESCO SAVERIO GEMINIANI (1680/1687–1762) und auch der 1762 von Mailand nach London übersiedelte JOHANN CHRISTIAN BACH,
- **Pariser Schule,** u. a. JEAN-MARIE LECLAIR (1697–1764), FRANCOIS-JOSEPH GOSSEC (1734–1829), GIOVANNI BATTISTA VIOTTI (1755–1824), ÉTIENNE NICOLAS MÉHUL (1763–1817).

Ebenfalls als Schulen traten die „Liederschulen" auf. Das waren lose Komponistenvereinigungen, wie die Berliner Liederschule ab 1753.

Experimente von C. Ph. E. Bach und Joseph Haydn

CARL PHILIPP EMANUEL BACH (1714–1788; ↗ Abb. unten) war ein Hauptvertreter der ästhetischen Emanzipation, die der Emanzipation des Bürgerlichen entsprach. Er wollte Musik zum Sprechen bringen und betonte das „redende Prinzip" und die „Singpoesie" gerade auch in der Instrumentalmusik – bis in den Bereich der Interpretation. Gleichzeitig ging es ihm um soziale Emanzipation, um bürgerliche Unabhängigkeit als Künstler.

Schon als Potsdamer Hofcembalist bei FRIEDRICH II. suchte CARL PHILIPP EMANUEL BACH Umgang mit den bürgerlichen Kreisen in Berlin. Nach dem Vorbild etwa FRANÇOIS COUPERINS (1668 bis 1733) porträtierte er in einfühlsamen Charakterstücken für Klavier Personen seiner Umgebung. 1767 wurde er als NACHFOLGER GEORG PHILIPP TELEMANNS (1681–1767) Musikdirektor in Hamburg. Nach dessen Vorbild veranstaltete er in großem Maßstab öffentliche Konzerte. BACH war mit Dichtern, so mit GOTTHOLD EPHRAIM LESSING (1729–1781) oder mit FRIEDRICH GOTTLIEB KLOPSTOCK (1729 bis 1781) befreundet.

Ein öffentliches Konzertwesen, oft mit Beteiligung von Laienchören, und private Hausmusik kennzeichneten immer stärker die bürgerliche Musikkultur.

Musik im Konzert diente nicht einzelnen Zwecken, wie Tanz oder Gottesdienst, sondern allgemeinen Zwecken, wie Bildung und ästhetischer Selbstverwirklichung.
CARL PHILIPP EMANUEL BACH war in seiner Zeit **der** BACH, nicht sein Vater. Er verkörperte als „Klopstock der Töne" kompositorisch „Empfindsamkeit" wie „Sturm und Drang".

Neben dreisätzigen Sinfonien (ohne Menuett), Musik für Tasteninstrumente (Sonaten) und einer Fülle vokalmusikalischer Gattungen gehörte zu den Neuschöpfungen C. PH. E. BACHS die freie Fantasie. Er entwickelte sie auch aus seiner improvisatorischen Praxis, bevorzugt am besonders „empfindsamen" Clavichord. Hier entstanden – nicht zuletzt angeregt durch literarische Stoffe – neuartige kühne harmonische Verbindungen, eine gefühlshaft-subjektive musikalische Rhetorik mit Seufzern, abgebrochenen Gedanken und Sätzen, schroffen Kontrasten zwischen fest gefügtem und aufgelöstem Tonsatz.
Einflussreich war sein zweiteiliges Lehrwerk „Versuch über die wahre Art das Clavier zu spielen", erläutert mit Beispielen und achtzehn Probestücken in sechs Sonaten (1753 und 1762). Leitbild war dabei die Einfühlung des Interpreten. Er sollte selbst gerührt sein, um diese Rührung dem Publikum zu vermitteln.

Besonders für seinen Zeitgenossen JOSEPH HAYDN (1732–1809) war C. PH. E. BACH das entscheidende Vorbild.

Abb.: Musikergruppe mit HAYDN, der Pianistin AMELIE SIMONS-CANDEILLE und Mitgliedern des Hauses ESTERHÁZY; Gemälde um 1785/90 von ANTOINE VESTIER

HAYDN war der charakteristische Komponist der Aufklärungsphase vor der Französischen Revolution sowie der Vorbereitung der Wiener Klassik. Er verband Fleiß und Genie – im Sinne des Leitbegriffs des späten 18. Jh.s – ebenso wie Einfallsreichtum und präzise konstruktive Durcharbeitung des Tonsatzes. Gerade in der Isolation des Hofes von Fürst ESTERHÁZY konnte er mit einem hochqualifizierten Orchester experimentieren. Er entwickelte sich zu einem Komponisten von europäischem und damit internationalem Rang. Wichtig für HAYDNS Experimente war der Fortschritt durch Rückgriffe. So orientierte er sich an den barocken kontrapunktischen Techniken seiner Vorläufer und durchbrach die Vereinfachungs- bzw. Schematisierungstendenzen wie bei der Mannheimer Schule oder im deutschen Singspiel. HAYDN entwickelte das Überkommene weiter.

„Originalgenie" gehörte zu den Leitbegriffen des späten 18. Jh.s.

HAYDN verschärfte harmonische Spannungen, verstärkte Ausdruckskraft und die motivisch-thematische Feinarbeit. Er thematisierte kompositorisch musikalische Formen und Verläufe. Darin wurde er BEETHOVEN ein Vorbild. Mittels der „durchbrochenen Arbeit" wanderte die Hauptmelodie durch verschiedene Stimmen. Belege des neuen Ausdrucksstrebens sind mehrere Sinfonien in den damals selten gebrauchten Moll-Tonarten, z. B. die berühmte „Abschiedssymphonie" (1772) in der ungewöhnlichen, „negativen" Tonart fis-moll.

Das bereits entwickelte musikalische Verlagswesen versorgte aber auch den am Rande Ungarns liegenden Hof ESTERHÁZYS mit Informationen über den Stand der Musikentwicklung in den Zentren Paris, London, Wien, Mailand.

4.4.2 Wiener Klassik

Wiener Klassik ist eine Phase der Musikgeschichte, die von etwa 1781 bis 1814 dauerte und vor allem durch die großen Klassiker HAYDN, MOZART und BEETHOVEN geprägt wurde.

Der Begriff „Klassik" ist vieldeutig. Er bezeichnet grundlegend das aus dem Lauf der Geschichte Herausgehobene, das zeitübergreifend Mustergültige und Meisterhafte. In Bezug auf die Zeit der Wiener Klassik kann mit Blick auf die sie prägenden Komponisten HAYDN, MOZART und BEETHOVEN auch von „Wiener Klassikern" gesprochen werden.

Wien konnte zwar in vielem mit den Metropolen Paris und London nicht konkurrieren. Aber hier gab es eine besondere Mischung von sozialen Klassen und Schichten, von Ethnien aus dem Vielvölkerstaat der Habsburger Monarchie, die sich auch in einer besonders produktiven Mischung von Musiksprachen und -stilen niederschlug. Mit den Wiener Klassikern JOSEPH HAYDN (1732–1809), WOLFGANG AMADEUS MOZART (1756–1791) und LUDWIG VAN BEETHOVEN (1770–1827) erreichte die bürgerliche Aufstiegsbewegung einen Gipfel. Der epochale Einschnitt der Französischen Revolution von 1789 kam dabei in besonderer Weise zum Tragen.

Das historische Vorfeld und Umfeld trug aktiv zur Herausbildung von Stil und Musiksprache der Wiener Klassik bei. Den drei großen Klassikern schloss sich als Spätklassiker noch FRANZ SCHUBERT (1797–1828) an.
Das Umfeld bildeten auch solche Komponisten wie JOHANN GEORG ABRECHTSBERGER (1736–1809), der besonders als Singspielkomponist hervorgetretene KARL DITTERS VON DITTERSDORF (1739–1799), der Opernkomponist ANTONIO SALIERI (1750–1825), Schüler von CHRISTOPH WILLIBALD RITTER VON GLUCK (1714–1787), die aus Böhmen stammenden Komponisten JOHANN BAPTIST VANHAL (1739–1813), LEOPOLD ANTON KOŽELUCH (1747 bis 1818) oder ADALBERT GYROWETZ (1763–1850).

SALIERI war Leiter des Wiener Konservatoriums ab 1817 und Lehrer von BEETHOVEN und SCHUBERT sowie auch FRANZ LISZT (1811–1885).

Haydn, Mozart, Beethoven

> Die **großen Drei der Wiener Klassik** trugen in verschiedenen Gattungsbereichen und Formen zur Musikentwicklung bei.

JOSEPH HAYDN entwickelte neben der Sinfonie das Streichquartett als Gattung entscheidend weiter.

1781 war auch das Jahr, in dem WOLFGANG AMADEUS MOZART nach Wien kam.

1781 war ein Schlüsseljahr. HAYDN schrieb die Streichquartette op. 33, wobei er auf die Fugenfinali verzichtete, die als Gegengewicht zum unterhaltsamen Divertimento-Charakter den Ausweis der „Gelehrtheit" gebildet hatten. Er fand zu einer neuen, überzeugenden, „klassischen" Balance zwischen Einfachem und Kompliziertem, zwischen Musik für Kenner und dem breiteren Publikum der Liebhaber, zwischen motivisch-thematischer Arbeit und kontrapunktischer Durcharbeitung.

WOLFGANG AMADEUS MOZART schuf im Bereich des Musiktheaters eine neue Synthese.

Mit der „Entführung aus dem Serail" (1782) hob MOZART das deutschsprachige Singspiel aus einer einfachen unterhaltsamen Gattung in den Rang einer Kunstform. Musikalische Vielfalt zwischen virtuoser Bravourarie und Romanze, tragische Töne neben der Komik und dramaturgisch ausgefeilte Musiktheatralik waren kennzeichnend. MOZART verwirklichte damit ein Programm der Aufklärung, das er darin sah, für „aller Leute Ohren, ausgenommen die langen (Esels-)Ohren" zu komponieren.
GOETHE, selbst sehr aktiv bei der Entwicklung eines deutschsprachigen Musiktheaters, vermerkte die eingetretenen Veränderungen: „Alles unser Bemühen ging verloren, als Mozart auftrat. ‚Die Entführung aus dem Serail' schlug alles nieder."

Sowohl beim Singspiel wie bei den italienischen Opern war die innere Dramatisierung der Musik als Träger des Konfliktausdrucks wichtig. Das gerade auch durch MOZART verfeinerte System der „harmonischen Tonalität" kam dem entgegen. Ihr Kern war das Quintverhältnis Tonika-Dominante – z. B. c-Moll und G-Dur –, das grundlegend für die zentrale Sonatenhauptsatzform der Wiener Klassik war.

LUDWIG VAN BEETHOVEN griff die Energie und Anregungen der nach 1789 ausstrahlenden Revolutionsmusik auf. Er radikalisierte und erweiterte von daher die Musiksprache der Wiener Klassik in verschiedenen Gattungen. Sie wurde durch ihn zur großen Ansprache an die Menschheit. Zugleich vertiefte er ebenfalls auf revolutionäre Weise die Subjektivität seiner Musik. In vielen Liedern, Klaviersonaten und Streichquartetten stellte er das leidende und doch nach Glück strebende Individuum in den Mittelpunkt.

▶ LUDWIG VAN BEETHOVEN galt früh als mögliches Mitglied des Dreibunds der Wiener Klassiker. GRAF WALDSTEIN schrieb ihm auf dem Weg nach Wien 1792 ins Stammbuch: „Durch ununterbrochenen Fleiß erhalten Sie: Mozart's Geist aus Haydens Händen."

Vor allem die fünf späten Streichquartette ab 1822 und die vier späten Klaviersonaten ab 1817/18 belegen die Veränderungen, die BEETHOVEN hinsichtlich Formbau und Satztechnik vornahm.

BEETHOVEN verstärkte die Dialektik der Sonatenform bzw. der Sonatenhauptsatzform mit ihren mehrfach geschichteten und überkreuzten harmonischen wie motivischen Spannungen. Zugleich entwickelte er eine musikalische Mannigfaltigkeit von Themen, Motiven, Gestalten und Charakteren aus einer möglichst einfachen, oft elementaren Grundgestalt.

Mit der Es-Dur-Sinfonie „Eroica" (1803) ging BEETHOVEN nochmals neue Wege. Er zitierte Tonfälle wie Melodien französischer Revolutionsmusik. Hinsichtlich der Satzgröße und -technik, aber auch formal setzte er kühne Einfälle und neue Verfahren um.

▶ Wie wichtig BEETHOVEN Werk und Wirkung der „Missa solemnis" waren, belegen seine Worte am Anfang der Partitur: „Von Herzen – möge es wieder zu Herzen gehen."

Seine 5. Sinfonie in c-Moll (1804 bis 1808) erfuhr eine Neugestaltung mit ihrer radikalen motivisch-thematischen Vereinheitlichung besonders des ersten Satzes und ihrer modellhaften Gesamtdramaturgie. In der 9. Sinfonie (1822/24) mit ihrem groß angelegten Chorfinale nach Texten aus „Ode an die Freude" (↗ Abb.: Autograf) von FRIEDRICH SCHILLER im vierten Satz stellte BEETHOVEN die uneingelösten Ideale der Französischen Revolution „Freiheit, Gleichheit, Brüderlichkeit" in das Zentrum. In seinem späten Hauptwerk „Missa solemnis" in D-Dur (1819/1823) wendete er sich gegen den Zeitgeist der Restauration.

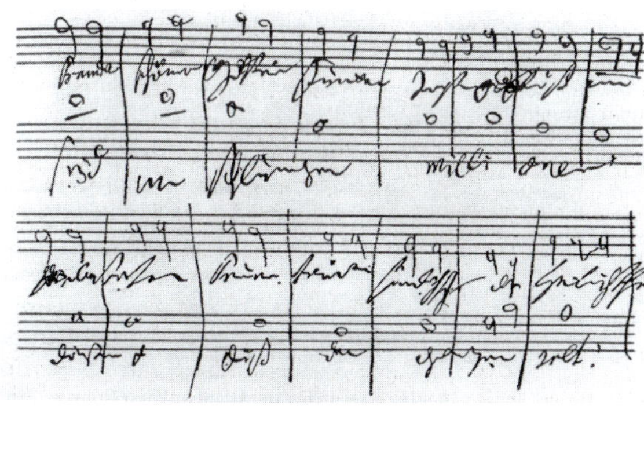

Franz Schubert, das Klavierlied und die Bewahrung klassischer Ideale

FRANZ SCHUBERT (1797 bis 1828) klagte wiederholt, dass man NACH BEETHOVEN eigentlich nichts mehr schreiben könne, jedenfalls in keiner der von ihm mustergültig verwirklichten Gattungen, wie z. B. die Sinfonie.

SCHUBERT, der in seinem Schaffen unter dem „Riesen" BEETHOVEN, aber mehr noch unter den erdrückenden Bedingungen der Restauration in der Habsburger Monarchie nach 1814 litt, schuf Werke, die dem Vergleich mit HAYDN, MOZART und BEETHOVEN durchaus standhalten.

Das bezieht sich auf seine Streichquartette, wie „Der Tod und das Mädchen", oder auf das „Forellen"-Streichquintett, auf die beiden großen Sinfonien – die „Unvollendete" in h-Moll (1822) und die „Große" C-Dur-Sinfonie (1826) – sowie die Messen As-Dur (1822) und Es-Dur (1828).
In den Messen ließ SCHUBERT das dogmatische „Credo in unam sanctam catholicam et apostolicam ecclesiam" („Ich glaube an eine katholische und apostolische Kirche") weg, was einem Protest gegen die unterdrückende Staatskirche gleichkam.

Abb.: Schubert-Abend, Gemälde von JULIUS SCHMID

Neue Maßstäbe setzte SCHUBERT mit seinem **Klavierlied.** Mit dem Lied „Gretchen am Spinnrad", der Vertonung eines GOETHE-Textes, eröffnete er 1814 eine neue Epoche der Liedkunst. SCHUBERT schrieb insgesamt weit über 600 Lieder mit Klavierbegleitung. Er prägte diese Gattung nachhaltig, wobei die verstärkte Einheit von Wort und Ton, bildhafte, einen Zusammenhang herstellende Begleitfiguren, eine durch Ausnutzung der Terzverwandtschaften (z. B. C-Es, C-As) erweiterte Harmonik und einprägsame Melodik charakteristisch waren.

Als **Grundformen des Klavierlieds** hatten sich durch SCHUBERT und in dessen Nachfolge herausgebildet:
- das Strophenlied mit verschiedenen Texten und gleicher Melodie in jeder Strophe,
- das variierte Strophenlied mit verschiedenem Text, aber je nach Gehalt abgewandelter Melodie und/oder Harmonie in jeder Strophe,
- das durchkomponierte Lied, wie Ode oder Ballade.

Hauptmeister des durchkomponierten Liedes wurde später CARL LOEWE (1796 bis 1869).

„Romantik" war bei SCHUBERT Weltschmerz im Bewusstsein dessen, dass die Verwirklichung der Ideale der Französischen Revolution und der bürgerlichen Aufstiegsbewegung in weite Ferne gerückt waren. Am stärksten findet sich das in den beiden Liederzyklen „Winterreise" (1827) und „HEINE-Lieder" (1828).
In der Harmonik treten hier für die musikhistorische Materialentwicklung maßstabsetzende Terzverwandtschaften neben oder sogar an die Stelle der Quintbeziehungen (Tonika-Dominante). Spannungsvolle Chromatik drückt Schmerz, Zweideutigkeit, Unsicherheit aus.
SCHUBERTs Musik bewahrte allerdings stets ein Grundverhältnis zur Welt. Sie flüchtete nicht in ein fernes Jenseits.

4.4.3 Französische Revolution, Restauration, Romantik

Der Aufstieg des Bürgertums war vor allem mit der Französischen Revolution 1789 verbunden. Ihr Niedergang gab den feudalen Mächten in ganz Europa wieder Raum. Das fand auch in der Musik und Musikkultur auf spezifische Weise Niederschlag. In der kurzen Zeit der Restauration zwischen 1815 und 1830 wirkten BEETHOVEN, SPONTINI, WEBER oder MENDELSSOHN BARTHOLDY als Vertreter bzw. Förderer verschiedener Entwicklungslinien und Stile.

Wie der Geschichtsprozess verläuft auch Musikgeschichte nicht linear. Vielmehr existieren in jeder Epoche verschiedene, auch gegensätzliche, Stile, Strömungen, Tendenzen nebeneinander.

Musik der Französischen Revolution

Wesentliches Merkmal der **Musik der Französischen Revolution** zwischen 1789 und 1794 war ihre Funktion im Aufbruch der Massen.

Das städtische volkstümliche Lied, die Massenhymne, Märsche entstanden und waren Ausdruck der musikalischen Aktivität des Volkes. Inw kürzester Zeit bildete sich besonders in Paris ein Massenaufgebot an Blaskapellen und Chören mit Laien für die großen Feste heraus – oft unter Mitwirkung vieler von der Revolution begeisterter Berufsmusiker. Die **Revolutionshymne** wurde eine eigenständige musikalische Gattung. Dafür wurden zunächst vorhandene Gattungen „umfunktioniert".

Weitere wichtige Komponisten der Französischen Revolution waren: ÉTIENNE NICOLAS MÉHUL (1763–1817), CHARLES-SIMON CATEL (1773–1830), NICOLAS-MARIE DALAYRAC (1753–1809), JEAN-FRANÇOIS LESUEUR (1760–1837; nach der Restauration 1814 Königlicher Opernkapellmeister sowie Hofkapellkomponist), AMBROISE THOMAS (1811 bis 1896), CHARLES GOUNOD (1818–1893), RODOLPHE KREUTZER (1766–1831; zugleich auch Violinvirtuose – 1805 widmete ihm BEETHOVEN die Violinsonate op. 47, die „Kreutzersonate"), LUIGI CHERUBINI (1760–1842; Direktor des Pariser Konservatoriums 1821–1842), ANDRÉ-ERNEST-MODESTE GRÉTRY (1741–1813).

FRANÇOIS-JOSEPH GOSSEC (1734–1829) komponierte z.B. für die Jahrestagsfeier der Erstürmung der Bastille am 14. Juli 1790 ein „Te Deum", also eine seit dem 4. Jh. viel benutzte christliche Hymne.

Neuartig waren vor allem der stark vereinfachte Satz, die Einbeziehung weltlicher Musikelemente und die Ausführung durch massenhafte Besetzungen. Charakteristisch wurde die Begleitung mit „Harmoniemusik", also mit Blas- oder Militärorchester in oft riesigen Besetzungen. Die Texte verherrlichten ab 1791/92 Freiheit, Gleichheit, Brüderlichkeit, aber auch das „Höchste Wesen" oder die Natur. Die Revolutionshymne beerbte auch hinsichtlich des Erhabenen die kirchliche Musik. Sie schärfte aber Ton und Diktion durch marschartige Rhythmen und Fanfarenmotive.

Den neuen Ton vermittelte die **Marseillaise** – auch im 19. Jh. ein Vorbild für revolutionäre Lieder. Text und Melodie stammten von CLAUDE-JOSEPH ROUGET DE LISLE (1760–1836). Als Offizier in der Straßburger Garnison schrieb er 1792 das Lied als „Kriegsgesang der Rheinarmee". 1795 – bereits nach dem Höhepunkt der Revolution – wurde es zur Nationalhymne erklärt, (↗Abb.: einer der frühesten Drucke, 1792), dann erst wieder 1879 nach den monarchischen Zwischenspielen.

Ton und Gestus der Revolutionsmusik wirkte auch über die Eindämmung der Revolution nach 1794/95 hinaus und bis in die Zeit NAPOLEONS. Das galt zum einen für Stoffe und Gestaltung im **Musiktheater,** wo sich eine „Revolutions"- oder „Schreckensoper" herausbildete. Zum anderen betraf das die öffentlichen musikalischen Formen der Sinfonie und des Konzerts.

Italienische und deutsche Oper, bürgerlicher Nationalismus

Neben Mailand, Venedig und Neapel war Paris zu einem Zentrum der italienischen Oper geworden.

Die napoleonischen Kriege (1792–1806/07) beinhalteten widersprüchliche Tendenzen. Errungenschaften der bürgerlichen Revolution, wie das Bürgerliche Gesetzbuch wurden verbreitet. Zugleich umfasste der französische Herrschaftsanspruch ganz Europa. Besonders in deutschen Bildungsschichten entstand ein starker **Nationalismus.** Im Bereich der Musik richtete sich das gegen das Französische wie gegen das „Welsche" überhaupt, also gegen Französisches und Italienisches.

Die **italienische Hofoper** hatte die Revolution und die Restauration überlebt. GIOACCHINO ROSSINI (1792–1868) war der Hauptvertreter der italienischen Oper dieser Zeit und der alten Mächte. Spätestens seit dem Erfolg seiner Buffa-Oper „Der Barbier von Sevilla" (1816) mit ihrer Frische und Spritzigkeit war er international berühmter als BEETHOVEN.

Es bildeten sich Gegensätze zwischen der deutschen Nationaloper und der italienischen Oper, die in der Tradition der Opera seria stand.

Die Gegensätze zwischen deutscher und italienischer Oper vertraten vor allem CARL MARIA VON WEBER (1786–1826; ↗Abb.) mit dem „Freischütz" (1820) und GASPARO SPONTINI (1774–1851) mit prunkvollen Opern, wie „La Vestale" (1807). In Berlin stießen beide Strömungen 1821 direkt zusammen.

SPONTINI wurde 1805 „Kammerkomponist" am französischen Kaiserhof NAPOLEONS, 1814 Hofkomponist bei den zurückgekehrten Bourbonen, 1816 „Komponist des Königs beider Sizilien", 1820 im preußischen Berlin „Erster Capellmeister und General-Musikdirector" bzw. „General-Oberintendant der königlichen Musik". Das war der erste Generalmusikdirektorentitel überhaupt. Diese Stelle konnte er trotz zahlreicher Konflikte bis 1842 halten.

Die Uraufführung der Oper „Der Freischütz", die WEBER 1817 bis 1820 nach einem Libretto von FRIEDRICH KIND komponiert hatte, war ein nationaler Triumph. Der volkstümliche, schauerromantische Stoff mit Hörnerklang im deutschen Wald und die Verwendung volkstümlicher Elemente – Lieder, Tänze, Jägerchor – förderten diesen Erfolg. Der Brautchor „Wir winden dir den Jungfernkranz" wurde sofort zum Schlager und vielfach bearbeitet.

Die **romantische Nationaloper** blieb operngeschichtlich ein vorwiegend deutsch-nationales Ereignis. WEBERs neuartige Instrumentation allerdings hatte internationalen Einfluss. Zur Charakterisierung der dramatischen Figuren setzte er die Klangfarbe als ein eigenständiges Gestaltungsmittel ein, oft in Sonderlagen der Instrumente (z. B. tiefes Klarinettenregister). Komponisten, wie HECTOR BERLIOZ (1803–1869), entnahmen hier wichtige Anregungen für ihre Instrumentation.

SPONTINIS Opern können einem musikalischen Empirestil zugerechnet werden. Er setzte die Tradition der Opera seria fort. Am Ende der Restaurationszeit bzw. am Vorabend der Julirevolution von 1830 setzte sich mit der Oper „Die Stumme von Portici“ (1828) von DANIEL-FRANÇOIS-ESPRIT AUBER (1782–1871) sowie „Guillaume Tell“ (1829) von GIACOMO ROSSINI die „Große Oper“, die Grand opéra durch.

Entfaltung von Orchester- und Konzertkultur

> Emanzipation der Klangfarbe und Differenzierung der Harmonik wurden zu Eckpunkten der Musikentwicklung im romantischen Klassizismus.

Klassizismus ist ein historisch relativer Begriff. In Bezug auf Musik wird er vorzugsweise auf die Wiener Klassik (ohne BEETHOVEN) bezogen.
Die Musik FELIX MENDELSSOHN BARTHOLDYS kann dem romantischen Klassizismus zugeordnet werden.

Unter klassizistischer Hülle trugen dazu auch Werke von FELIX MENDELSSOHN BARTHOLDY (1809–1847; ↗ Abb.) bei. Er griff auf die Musiksprache von HAYDN und MOZART zurück, dann auch auf BACH und HÄNDEL.

In seinem ersten Orchesterwerk, der Ouvertüre zum „Sommernachtstraum“ (1826) verband MENDELSSOHN BARTHOLDY klassizistische Gestaltungsweise, romantische Stofflichkeit und neuartige Klangeffekte, wie die reinen Holzbläserakkorde in hoher Lage. Bei seiner kompositorischen SHAKESPEARE-Rezeption im Geist der Zeit schuf er auch einen neuen Scherzotypus, die leichtfüßig schwebende „Elfenmusik“. Diesen Typus übernahm schon bald danach z. B. der Vertreter der französischen Romantik, HECTOR BERLIOZ (1803–1869). 1842 ergänzte MENDELSSOHN die Ouvertüre zu einer vollständigen Bühnenmusik. Sie enthält u. a. den berühmten „Hochzeitsmarsch“.

Der **romantische Klassizismus,** der von MENDELSSOHN vertreten wurde, umfasste nicht nur Klassikrezeption, sondern auch die Wiederentdeckung und -aufführung von Werken der Vergangenheit. MENDELSSOHNs Bemühungen in dieser Richtung des Historismus waren umfassend.
Vorbereitet in der Aufklärung, gewann er im Zug der romantischen Reaktion gegen die Französische Revolution und die bürgerlich-kapitalistische Moderne an Breite. Musikalisch war damit Herrschaft der Vergangenheit über die Gegenwart gemeint. Im Konzert- und Opernrepertoire überwogen ältere Werke, hinsichtlich der Kompositionstechnik wurden frühere Stile und Techniken verwendet, in der musikalischen Interpretation wurde die historische Aufführungspraxis als „werkgetreue“ Rekonstruktion gesehen.

1829 leitete MENDELSSOHN die erste Aufführung der „Matthäuspassion“ seit dem Tod JOHANN SEBASTIAN BACHS mit der Berliner Singakademie.

Schon im späten 18. Jh. gab es Bemühungen um „alte“ Musik.
Das belegen die Concerts of Ancient Music, die 1776 in London gegründet und vom Hof gefördert wurden.

4.4.4 Romantik, Vormärz, Realismus

Als „Kunstperiode" bezeichnete der Schriftsteller HEINRICH HEINE die Zeit der Wiener und Weimarer Klassik bis etwa 1830.

Die Musikkultur spaltete sich nach 1830, nach der „Kunstperiode", deutlicher in einen Bereich mit hohem Kunstanspruch und einen unterhaltungsorientierten populären Bereich.

JOHANN STRAUSS (Sohn, 1825–1899) spezialisierte sich z.B. auf Tänze, wie Polka, Quadrille oder Märsche, vor allem aber auch auf Walzer.

Die Kluft zwischen Kunst und Leben, zwischen Ideal und Realität wurde stärker empfunden. Darin lag ein Kern des romantischen Lebensgefühls. Die Vereinigung der Künste im Gesamtkunstwerk war als Konzept eng damit verbunden. Musik wurde malerisch und literarisch-poetisch. Malerei und Literatur wurden musikalisiert. Synästhetische Ideen verknüpften Sehen und Hören miteinander.

BERLIOZ knüpfte auf seine Weise an BEETHOVEN an – an die offene programmatische und durchaus auch tonmalerische 6. Sinfonie, die „Pastorale".

Französische Romantik

Die **französische Romantik,** realitätsbezogener als die deutsche, suchte und fand Poetisches und Fantastisches auch im Alltäglichen.

Der Hauptvertreter der französischen Romantik in der Musik war HECTOR BERLIOZ (1803–1869; ↗Abb.). Sein Epochenwerk, die „Fantastische Symphonie", erschien 1830 im Jahr der Pariser Julirevolution.

Auch Vertreter der italienischen Oper kamen nach Paris, z.B. entstand hier 1835 VINCENZO BELLINIS (1801–1835) letzte Oper „I Puritani".
In Paris entstand GIUSEPPE VERDIS (1813–1901) erstes Originalwerk für die Opéra „Die Sizilianische Vesper" (1855). RICHARD WAGNER (1813–1883) scheiterte 1861 hier mit dem „Tannhäuser", gewann aber Anhänger besonders in Kreisen der künstlerischen Moderne.

Stoff wie Thematik der Sinfonie kreisen um den Künstler als Außenseiter. Die Sätze werden durch ein Motto-Thema verbunden. Die an GOETHES „Faust" angelehnte „Schwarze Messe" mit ihrem wilden Hexensabbath, in den sich das „Dies irae" mischt, hatte ein Vorbild in WEBERS „Wolfsschlucht"-Szene. Die „Schwarze Romantik" der Musiksprache von BERLIOZ war aber wesentlich schärfer und geriet klanglich an Grenzen fasslicher Tonalität.

Paris wurde endgültig zur „Hauptstadt des 19. Jh.s". Die Grand Opéra, die der neuen großbürgerlichen Herrschaftsschicht entsprach, trat ihren Siegeszug an. Der Historismus prägte die Stoffwahl. Zumeist ging es um die Verschränkung von großer Staatsaktion und privater Liebe.

In den 1830er-Jahren bis 1849 bestimmte GIACOMO MEYERBEER (1791 bis 1864) die Szene in Paris, u.a. mit „Robert der Teufel" (1831), „Die Hugenotten" (1836), „Der Prophet" (1849).

Nationale Sehnsucht und Salon

Nationale Bestrebungen im Bereich der Musik verstärkten sich mit dem Ausgang der Revolution von 1830.

Das zeigte sich auch nach dem gescheiterten polnischen Aufstand, in dessen Folge FRYDERYK CHOPIN (1810–1849, ↗Abb.) 1831 nach Paris emigrierte.
CHOPIN hatte in Auseinandersetzung mit polnischer Volksmusik schon früh maßstabsetzende Modelle für die nationale Musik des bürgerlichen Zeitalters komponiert. Besonders die **Mazurka** machte er zu seinem Experimentierfeld. CHOPIN übernahm und stilisierte harmonische wie melodische und rhythmische Elemente der Folklore, wobei er die Harmonik durch Chromatik und Modulationen anreicherte und die oft weit gespannte Melodik nach dem Vorbild der italienischen Opernkantilenen BELLINIS mit einer Fülle von Verzierungen versah.

Sowohl die erste (1826) wie die letzte Komposition (1849) von FRYDERYK CHOPIN waren Mazurken, die der volkstümlich-plebejischen Schicht der Volksmusik angehörten.

In Paris wirkte CHOPIN vor allem in Salons, den Treffpunkten gebildeter bürgerlicher und aristokratischer Kreise. Für diesen Rahmen komponierte er fast ausschließlich Klaviermusik – kleinformatige Werke, die zur **Gattung des lyrischen Klavierstücks** gehören. Das waren Nocturnes, Impromptus, Berçeuses, Scherzi sowie Balladen, die CHOPIN in diesen Gattungszusammenhang einführte. Mit den Préludes komponierte er ein weiträumiges, zyklisch orientiertes Werk nach dem Modell des „Wohltemperierten Klaviers" von J. S. BACH (↗S. 184 f.).
Nationale Bestrebungen, die sich in der Musik niederschlugen, gab es auch in anderen Ländern, z. B. in Russland. Hier versuchte MICHAIL GLINKA (1804–1857) mit „Iwan Sussanin" (1836) eine Nationaloper zu schreiben.

Zwischen Biedermeier und Vormärz

Die Spannung zwischen **Biedermeier** und **Vormärz,** zwischen Weltflucht und Weltzugewandtheit, charakterisierte die Musik in der Zeit zwischen der Julirevolution 1830 und der Märzrevolution 1848.

Kompositorisch und musiksprachlich verwendete Musik des Biedermeier eher vorhandene Stilmerkmale. Sie griff, wie bereits MENDELSSOHN, mehr auf MOZART als auf BEETHOVEN zurück.
Zu diesem Umfeld zählen LOUIS SPOHR (1784–1859), FRIEDRICH SCHNEIDER (1786–1853), CARL LOEWE (1796–1869), FRIEDRICH SILCHER (1789–1860). Die Gattung der deutschen komischen Oper wurde von Komponisten wie ALBERT LORTZING (1801–1851), OTTO NICOLAI (1810–1849) oder FRIEDRICH VON FLOTOW (1812–1883) vertreten.

Vormärz und **Biedermeier** bezeichnen Gegensätze: Vormärz weist auf das politisch Aktive hin, Biedermeier auf das Unpolitische, Biedere, eher Spießige. „Biedermeier" wurde in Abgrenzung gegen die als höherwertig geltende „Romantik" eher abwertend verwendet.

Die Spannung zwischen Biedermeier und Vormärz zog vor allem durch das Werk von ROBERT SCHUMANN (1810–1856). Sein Schaffen hatte auch romantische und historistische Züge.

- Manche Chorwerke oder Klavierstücke für und über Kinder und Jugendliche blieben im Privaten, Genrehaften, Idyllischen. Privatheit, aber auch Zeitprobleme thematisierte er im Klavierlied.

Abb.:
CLARA und ROBERT SCHUMANN
CLARA SCHUMANN/ WIECK (1819–1896) war eine anerkannte Pianistin, ab 1840 die Frau von ROBERT SCHUMANN

Satztechnisch ging SCHUMANN im Lied deutlich über SCHUBERT hinaus. Er betonte die Eigenständigkeit des Klavierparts, der für ihn mehr als nur Begleitung war. SCHUMANN schloss an SCHUBERTS Sinfonik an. Sein Anspruch auf künstlerische Größe war dabei offenkundig, besonders in der 3. Sinfonie Es-Dur für großes Orchester, der „Rheinischen" (1850).

- Als vorletzten Satz vor dem Finale schob SCHUMANN einen vierten Satz ein, der den „Charakter der Begleitung einer feierlichen Ceremonie" hatte. Er spielte das Poetische, Romantische gegen die nüchterne Prosa des bürgerlichen Alltags aus, dabei wach und weltzugewandt.

Für seine Klaviermusik arbeitete SCHUMANN das lyrische Klavierstück, die mit der Romantik aufgekommene neue Gattung polyphon genau durch. Im aufrührerischen „Faschingsschwank aus Wien. Fantasiebilder für das Pianoforte" (1839; ↗Notenbeispiel) zitierte er verschlüsselt die revolutionäre Marseillaise im ¾-Takt. Er tarnte sie damit gegen die Zensur als Walzer.

„Es afficiert [betrifft] mich Alles, was in der Welt vorgeht, Politik, Literatur, Menschen – über Alles denke ich nach meiner Weise nach, was sich dann durch die Musik Luft machen, einen Ausweg suchen will. Deshalb sind auch viele meiner Compositionen so schwer zu verstehen, weil sie sich an entfernte Interessen anknüpfen, oft auch bedeutend, weil mich alles Merkwürdige der Zeit ergreift und ich es dann musikalisch wieder aussprechen muss." (SCHUMANN an CLARA WIECK in einem Brief vom 13. April 1838)

Rebellische und revolutionäre Lieder

> In den 1830er- und vor allem 1840er-Jahren gewann das vom Volk gesungene **politische Lied** stark an Bedeutung.

Bereits in der Pariser Julirevolution von 1830 hatten die städtischen Unterklassen ihre Ansprüche auch durch politische Lieder artikuliert. Die meisten Bürger reagierten darauf wie die Staatsmacht mit Schreck und Abwehr.

- Ein radikales Beispiel ist das 1844 beim Schlesischen Weberaufstand verbreitete Lied „Das Blutgericht". Die Melodie war von einem Volkslied übernommen. Verglichen wurden Fabrik, Folter und Hölle.

Die erste, zweite, und vierte Strophe lauten:
„Hier im Ort ist ein Gericht / Viel schlimmer als die Vehme, / Wo man nicht erst ein Urtheil spricht, / Das Leben schnell zu nehmen.
Hier wird der Mensch langsam gequält, / Hier ist die Folterkammer, / Hier werden Seufzer viel gezählt / Als Zeuge von dem Jammer.
Ihr Schurken all, ihr Satansbrut, / Ihr höllischen Dämone, / Ihr fresst der Armen Hab und Gut, / Und Fluch wird euch zum Lohne."

Der Weberaufstand war auch ein Stoff in GERHARD HAUPTMANNS naturalistischem Drama „Die Weber".
Die „Vehme" bzw. Fehme war ein geheimes, nach eigenem Recht urteilendes Gericht.

Zu einem städtisch-plebejischen Gassenhauer und einer Moritat wurde das Lied über das Attentat des Bürgermeisters TSCHECH auf FRIEDRICH WILHELM IV. Die Melodie beruhte auf einem Marsch von M. J. GUNGL (1814).

Das Tschechlied enthielt zahlreiche satirische Anspielungen auf die Person des Königs. Außerdem bezog es sich auf die Niederwerfung des Weberaufstandes durch preußische Truppen im Juni 1844: „Friedrich Wilhelm hat gehört,/ Dass die Weber sich empört,/ Wollt' in Schlesien sie besuchen/ Und traktiern mit Pfefferkuchen …"

Das Singen des Tschechliedes in der Öffentlichkeit wurde 1847 mit zwei Jahren Festung bestraft.

Wenige Komponisten trafen das Gefühl und Bewusstsein der unteren sozialen Schichten. Es gab aber auch Ausnahmen. Dazu gehörten
- FRANZ LISZT, dessen soziales Gewissen ungewöhnlich geschärft war; er solidarisierte sich z. B. kompositorisch mit den Weberaufständen von Lyon in den Jahren 1831 und 1834, was mit dem Klavierstück „Lyon" (1835/36) aus dem „Album d'un voyageur" (Reisetagebuch) belegt ist;
- FRYDERYK CHOPIN, dessen kraftvolle „Revolutionsetüde" 1832 als Reaktion auf den Fall von Warschau im polnischen Aufstand entstand;
- ALBERT LORTZING, der während der Revolution 1848 in Wien die Revolutionsoper „Regina" komponierte.

4.4.5 Virtuosität, Realismus und Klassizismus

Nach 1850 erreichte die bürgerliche Musikkultur besonders im Konzertwesen einen hohen Leistungsstand, den Virtuosen mitprägten.

Abb.: Konzert von FRANZ LISZT, Karikatur von THEODOR HOSEMANN

In breitem Maßstab entstanden professionelle Orchester, die die anspruchsvollen Sinfonien BEETHOVENS angemessen aufführen konnten.
Als Virtuosen mit höchster Leistungsfähigkeit wurden der Geiger NICCOLÓ PAGANINI (1782–1840) und der aus Ungarn stammende Pianist FRANZ (FERENC) LISZT (1811–1886) in Europa berühmt. LISZT war einer der Ersten, der in seinen öffentlichen Konzerten auf gemischte Programme mit mehreren Künstlern verzichtete und seine Klavierabende ohne Orchester bestritt.

Neudeutsche Schule und „Zukunftsmusiker"

> Aus der „Neudeutschen Schule", die sich um FRANZ LISZT gruppierte, ging 1861 der „Allgemeine Deutsche Musikverein" als Interessenvertretung der Musiker hervor.

FRANZ LISZT schuf – im eigentlichen Wortsinn – Zukunftsmusik. Vorzugsweise waren es literarische Texte, aber auch Bilder, die er seiner Musik als Programm zugrunde legte. Die „poetische Idee" entstand aus dem Zusammenwirken von Stoff bzw. Text und Musik. Sie machte die Musiksprache genauer und fasslicher. Die auf ihn zurückgehende **sinfonische Dichtung** war im Unterschied zur Sinfonie einsätzig, wobei Satzcharaktere der viersätzigen Standardform verdichtet wurden. Neben Neuerungen in der Variationstechnik war LISZT besonders in der **Harmonik** ein zukunftsweisender Neuerer.

▶ **Polytonalität** bedeutet gleichzeitige Verwendung verschiedener Tonarten. Sie wurde im frühen 20. Jh. wichtig.

Mit Quartenharmonik, Ganztonleiter und übermäßigen Dreiklängen erzeugte LISZT polytonale Klangwirkungen und streifte manchmal die Grenzen der Tonalität, wie bei der „Bagatelle ohne Tonart" für Klavier (1885).

FRANZ LISZT sah als ein wesentliches Ziel des Komponisten, Musik stärker mit allgemeiner Bildung zusammenzubringen. Das stand für ihn im Zusammenhang mit der Verbesserung der sozialen Lage der Künstler.
Während seiner Tätigkeit als Kapellmeister und Komponist in Weimar (1849–1861) arbeitete LISZT eng u. a. mit dem Pianisten und Dirigenten HANS VON BÜLOW (1830–1894), mit dem Komponisten und Dichter PETER CORNELIUS (1824–1874) und dem Komponisten JOACHIM RAFF (1822–1882) zusammen. Er förderte durch Aufführungen vor allem die Programmsinfonie, deren Hauptvertreter HECTOR BERLIOZ war, sowie das Musikdrama, das von RICHARD WAGNER geschaffen wurde.

Auf der ersten Tonkünstlerversammlung 1859 benannte sich die Gruppe um LISZT offiziell „Neudeutsche Schule". Gegner bezeichneten sie danach abfällig als „Zukunftsmusiker". Die Neudeutsche Schule wurde der Kern des 1861 gegründeten Allgemeinen Deutschen Musikvereins. Vereinsorgan war die 1834 von ROBERT SCHUMANN gegründete „Neue Zeitschrift für Musik" (↗Abb.).

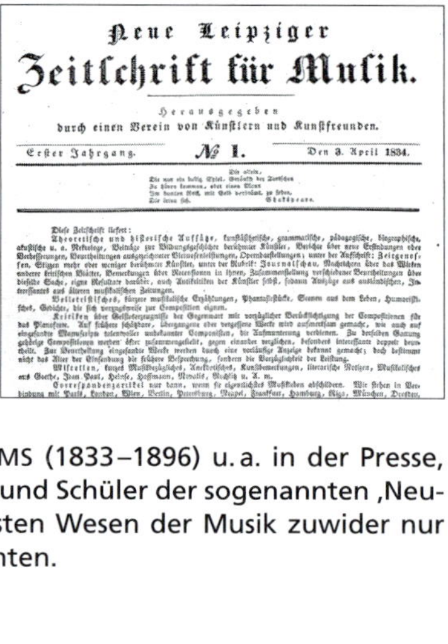
Neue Leipziger Zeitschrift für Musik.
Herausgegeben durch einen Verein von Künstlern und Kunstfreunden.
Erster Jahrgang. № 1. Den 3. April 1834.

1860 erklärten JOHANNES BRAHMS (1833–1896) u. a. in der Presse, dass sie „die Produkte der Führer und Schüler der sogenannten ‚Neudeutschen Schule' als dem innersten Wesen der Musik zuwider nur beklagen oder verdammen" könnten.

Gesamtkunstwerk „Musikdrama"

Vor allem die französische Romantik mit ihrem Realitätsbezug bildete die Grundlage für die Entwicklung des in der Tradition der Großen Oper stehenden Musikdramas.

Es war vor allem RICHARD WAGNER (1813–1883), der, geprägt durch die Große Oper der französischen Romantik mit ihren realitätsbezogenen, modernen und kritischen Zügen, das **Musikdrama** schuf. So hatte er den Anspruch, im „Ring des Nibelungen" – einem seiner Hauptwerke – mythologisch stilisiert Aufstieg und Verfall der kapitalistischen Gesellschaft darzustellen. Die Oper „Tristan und Isolde" (1854/55 und 1857/59) war ein für die Harmonik Epoche machendes Werk von WAGNER.
In der allgemeinen Linie einer fortschreitenden Anreicherung und Differenzierung der Harmonik steigerte WAGNER die Bedeutung der Chromatik und schob die Auflösung lustvoller Spannungen immer weiter hinaus. Im Vorspiel der Oper erscheint die Tonika (a-moll) erst ganz am Schluss. Das Vorspiel beginnt mit dem **„Tristan-Akkord".** Er gilt als Meilenstein auf dem Weg der harmonischen Entwicklung und wurde unzählige Male in anderen Kompositionen zitiert.

WAGNER selbst lehnte die Bezeichnung „Musikdrama", die seine Werke von der „Gesangsoper" des italienischen oder französischen Typus unterscheiden sollte, ab.
Am „Ring des Nibelungen" hatte WAGNER mit vielen Unterbrechungen zwischen 1848 und 1874 gearbeitet.

Durch die Stimmführung erhielten der Akkord und seine Umgebung motivisch-dramatische Bedeutung. Die aufwärtsführende Linie gis-a-b-h meinte als „Leitmotiv" Liebe und Sehnsucht, die mit dem Aufschwung einer großen Sexte beginnende abwärtsgehende Linie f-e-dis-d meinte Tod. Das Grundthema des Werks ist also bereits in den ersten drei Takten verdichtet.

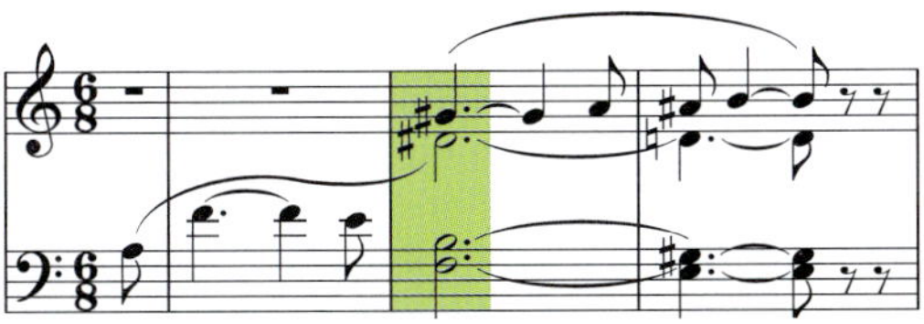

Der **„Tristan-Akkord"** (↗Notenbeispiel) ist der einzige Akkord in der Musik, dem zahlreiche Bücher und Abhandlungen gewidmet wurden.

Eine zweite Epoche machende Neuerung WAGNERs war die **Leitmotivtechnik.** WAGNER verwendete diese in der Literatur, besonders im Roman entstandene Technik dazu, ein zugleich großräumiges und engmaschiges Beziehungsgeflecht zu erzeugen. So brachte er die thematisch-motivische Arbeit von Sonatenhauptsatzform und Sinfonik in die Oper ein. Oft gewann dadurch der Orchesterkommentar sogar den Vorrang vor den Singstimmen. Diese führte WAGNER durch Entfernung von metrischen „Füllseln" im Sinn einer musikalischen Prosa und entwickelte damit einen Gegentyp zur Gesangsoper italienischer Prägung.
Einflussreich für die Materialentwicklung wurde WAGNER auch durch seine **Instrumentation.** Er erreichte Klangfarben durch eine spezielle „Kunst des Übergangs" – durch Effekte und Mischungen, die auch durch Einbeziehung neuer Musikinstrumente, z. B. die „Wagner-Tuben" für die Basslage, entstanden. Durch die Mischung wurde die Herkunft des Klangs von den jeweiligen Instrumenten verschleiert.

Das **Leitmotiv** bezeichnet eine charakteristische Gestalt, eine Person, ein Ding, eine Idee. Es kündigt diese an oder verweist auf sie.
Der Begriff Leitmotiv stammt nicht von WAGNER. Er selbst sprach u. a. von „melodischen Momenten", „Grundthemen" oder „Ahnungsmotiven".

4

Geschichtsbewusstsein und Bewahrung

Klassikerbe und Historismus, der „Neudeutschen Schule" entgegengestellt, führten vor allem durch BRAHMS zu neuen musikalischen Entwicklungen.

Die zukunftsweisenden Dimensionen der Musiksprache und Technik von BRAHMS entdeckte als Erster ARNOLD SCHÖNBERG (1874–1951). In seinem frühen Werk verband er selbst WAGNERS Instrumentation sowie chromatische Harmonik mit dem kammermusikalisch durchgearbeiteten Tonsatz von BRAHMS und dessen stufenreicher, oft modal-kirchentonal eingefärbter Harmonik.

Gegen das Neuerertum der LISZT-Schule wurde das Erbe der Klassik stärker geltend gemacht. Vor allem JOHANNES BRAHMS (1833–1897) stellte sich dem in gewissenhafter und steter Auseinandersetzung mit älterer Musik. Mit seinen Werken schuf er dabei in Musiksprache, Technik und Form Ansätze, die in die Zukunft wiesen:

- Die motivisch-thematische Arbeit verfeinerte er nach der Technik der Wiener Klassik. Er entwickelte die Substanz eines ganzen Werkes oft aus einem einzigen motivischen Kern durch vielfache Abwandlung – z. B. in der 2. Sinfonie D-Dur (1877).
- Formen und Formgebung behandelte BRAHMS entgegen dem romantischen Hang zur Akzentuierung des Gefühlsinhalts bei schmeatischer Formgebung sorgfältig. In der 4. Sinfonie e-moll (1885) verschränkte er im 4. Satz als Finale die statische Ostinato-Form der Passacaglia mit der dynamischen Sonatenhauptsatzform, vermittelt durch das Variationsprinzip.
- Zurückhaltung bei orchestraler Farbigkeit entsprach der bewahrenden bis konservativen Haltung von BRAHMS. Das sowie sein Hang zu radikaler konstruktiver Verdichtung führte ihn zur Bevorzugung von Kammermusik.
- BRAHMS verzichtete auf die Literarisierung der Musik, auf Programm-Musik und auf das Theatralisch-Opernhafte. Er benutzte aber häufig programmatische Motto-Formeln.
- Entsprechend einer in der Renaissance begründeten Tradition wendete BRAHMS musikalische Zitate als ein Mittel an, Musik sprechend zu machen.

BRAHMS war kein Vertreter einer abstrakten, „absoluten" Musik, wie häufig behauptet wird. Als Motto-Formel verwendete er z. B. das von seinem Freund, dem Geiger JOSEPH JOACHIM, übernommene „F-A-E" (frei, aber einsam). Mit zahlensemantischen Verfahren setzte BRAHMS auch Namen oder biografisch wichtige Daten in Musik um, was oft nur für den Adressaten erkennbar war.

Zum Hauptthema des Adagio des 1. Klavierkonzerts (1858) schrieb BRAHMS im Autograf: „Benedictus, qui venit in nomine Domini" („Gepriesen sei, der da kommt im Namen des Herrn"). Diese Worte verwiesen auf die Motto- und Programmfunktion in mehrfacher Bedeutung: So war es eine Huldigung an ROBERT SCHUMANN, den man in vertrautem Kreis als „Mynheer Domine" anredete. BRAHMS konnte sich selbst als der von SCHUMANN angekündigte neue große Mann der Musik fühlen. Der Text verwies des Weiteren auf den Kapellmeister JOHANNES KREISLER in E. T. A. HOFFMANNs „Kater Murr" – KREISLER war ein Bezugspunkt für SCHUMANN wie für BRAHMS. Auch wollte BRAHMS mit dem Adagio ein „sanftes Porträt" von CLARA SCHUMANN malen.

4.5 Musik zwischen Nationalismus und Moderne (1871–1918)

Als Epoche der Durchsetzung und Blüte des Kapitalismus und der bürgerlichen Gesellschaft stand das 19. Jh. vor allem im Zeichen der „nationalen" und der „sozialen" Frage. Zum einen ging es um die Behauptung der Nationen, sowohl gegeneinander wie auch in Form der Befreiung aus der Vormundschaft multinationaler Staaten, z. B. der Habsburger Monarchie. Zum anderen ging es um die Befreiung der unteren Schichten aus wirtschaftlichem und sozialem Elend. Musik spielte jeweils auf verschiedene Weise eine große Rolle.
Die Emanzipation der Frau kam gegen Ende des Jahrhunderts als dritte große Frage hinzu. Musikalisch bzw. musikkulturell hatten Frauen mit der Befreiung von religiösen Schranken im Bereich der Interpretation zwar relativ gefestigte Stellungen und Anerkennung erworben, dennoch bestanden noch viele Vorurteile und Schranken.

▶ Am längsten hielt das Vorurteil, Frauen könnten oder sollten nicht komponieren. Erst seit den 1970er-Jahren gibt es eine wachsende Zahl von anerkannten Komponistinnen (↗ S. 123).

> Mit Musik wurde angestrebt, **nationale Identitäten** zu bestärken und erfahrbar zu machen. Das schloss Tendenzen der Abgrenzung ebenso ein wie die Entwicklung neuer Strömungen und Techniken.

▶ Abgrenzungs- wie Bildungsbestrebungen hatte es schon im 18. Jh. gegeben. Parallelen zu den musikalischen Bildungsbestrebungen waren im Theaterbereich z. B. die Volksbühnen, so die „Freie Volksbühne" in Berlin 1890.

Betonung des Nationalen war auch mit Abgrenzung gegen das Fremde, das nicht selten musikalisch und kulturell abgewertet wurde, verbunden. Hinsichtlich der sozialen Frage zeichneten sich zwei Hauptlinien ab:

1. Das Bürgertum grenzte sich von den städtischen und bäuerlichen Unterschichten und ihrer Musik ab. Auch wenn das Volkslied für nationale Identitätsbildung als durchaus geeignet betrachtet wurde, galt es als roh und kunstlos.
2. Es gab Bestrebungen, das Volk auch durch Musik zu bilden. So sollte die Kunstmusik breiteren Bevölkerungsschichten zugänglich gemacht werden. Verbilligte Eintrittspreise und pädagogische Programme im philharmonischen Konzertwesen sollten der Überbrückung der sich aus der sozialen Kluft durchschlagenden musikalischen Kluft dienen.

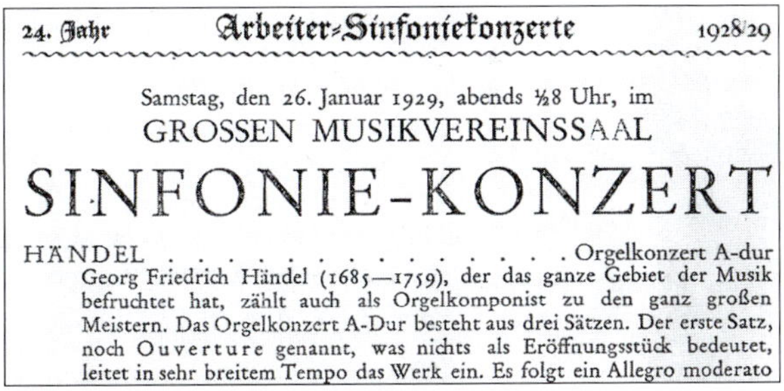
24. Jahr Arbeiter-Sinfoniekonzerte 1928/29

Samstag, den 26. Januar 1929, abends ½8 Uhr, im
GROSSEN MUSIKVEREINSSAAL
SINFONIE-KONZERT
HÄNDEL . . . . Orgelkonzert A-dur
Georg Friedrich Händel (1685—1759), der das ganze Gebiet der Musik befruchtet hat, zählt auch als Orgelkomponist zu den ganz großen Meistern. Das Orgelkonzert A-Dur besteht aus drei Sätzen. Der erste Satz, noch Ouverture genannt, was nichts als Eröffnungsstück bedeutet, leitet in sehr breitem Tempo das Werk ein. Es folgt ein Allegro moderato

Beide Richtungen vereinigten sich gegen Ende des Jahrhunderts in der Form der **Volkskonzerte.** Etwas später entstanden Arbeiterkonzerte, vor allem in Metropolen wie Berlin oder Wien (↗ Abb.).

4.5.1 Nationale Schulen

Bereits in den 1830er-Jahren gab es gerade bei Nationen, die am Rand des musikgeschichtlichen Hauptstroms lagen, einen starken Schub nationaler Bestrebungen, so in Polen u. a. mit FRYDERYK CHOPIN oder in Russland mit

MICHAIL IWANOWITSCH GLINKA (1804–1857) und ALEXANDER SERGEJEWITSCH DARGOMYSCHKIJ (1813–1869). Neue musikalische Impulse breiteten sich dann durch die Revolution von 1848/49 und durch den deutsch-französischen Krieg 1870/71 sowie die Gründung des Deutschen Reichs aus.

Nationale Schulen entstanden. Sie waren durch Historismus, Archaismus und Exotismus gekennzeichnet. Öffentlichkeitswirksame Gattungen erhielten einen besonderen Stellenwert.

Wichtige Gruppen und Länder der Nationalen Schulen	
Russland	MODEST MUSSORGSKI (1839–1881), ALEXANDER BORODIN (1833–1887), MILIJ BALAKIREW (1836–1910), NIKOLAI RIMSKIJ-KORSAKOW (1844–1908), CÉSAR KJUI (1835–1918) – sie wurden das „mächtige Häuflein" genannt – und PJOTR TSCHAIKOWSKI (1840–1893)
Böhmen	BEDŘICH SMETANA (1824–1884), ANTONÍN DVOŘÁK (1841–1904), LEOŠ JANÁČEK (1854–1928)
Frankreich	CHARLES FRANÇOIS GOUNOD (1818–1893), GEORGES BIZET (1838–1875), CÉSAR FRANCK (1822–1890)
Dänemark	NIELS WILHELM GADE (1817–1890)
Norwegen	EDVARD GRIEG (1843–1907)
Finnland	JEAN SIBELIUS (1865–1957)
Spanien	ISAAC ALBÉNIZ (1860–1909), ENRIQUE GRANADOS (1867–1916), MANUEL DE FALLA (1876–1946)

Zu den öffentlichkeitswirksamen Gattungen gehörten Oper, Sinfonie oder sinfonische Dichtung.

Das Bürgertum gründete als institutionellen Rückhalt für diese großen Gattungen Konzertgesellschaften und ließ für die Nationaloper Opernhäuser nach französisch-italienischem Vorbild bauen.

Vor allem die **Sinfonie** erhielt neuen Aufschwung. JOHANNES BRAHMS fand 1876 mit seiner 1. Sinfonie einen Neuansatz. Die thematische Verdichtung setzte unter anderen CÉSAR FRANCK mit seiner dreisätzigen Sinfonie d-moll 1886/88 fort. ANTON BRUCKNER (1824–1896) schrieb neun große Sinfonien. In ihnen verband er programmatisch Messe und Musikdrama. Er weitete die Form u.a. mit einem dritten Themenkomplex und dehnte die Länge. Er folgte RICHARD WAGNER hinsichtlich der großen Besetzungen und der Harmonik, lehnte jedoch dessen Mischklang ab und verschränkte im Orchesterklang die klaren Farbwerte von Orgel und Blaskapelle. In seiner musikalischen Programmatik war BRUCKNER habsburgisch bis deutschnational, also für die Verbindung von Österreich und Deutschem Reich. In seiner 8. Sinfonie spielte der „Deutsche Michel" als Stoff eine wichtige Rolle. Insofern gehört auch diese Musik zu den nationalen Strömungen.

Verschiedene Stileinflüsse verband z.B. PJOTR ILJITSCH TSCHAIKOWSKI, der sechs Sinfonien schrieb – mit verschwiegenen Programmen, wie in der 6. Sinfonie „Pathétique" (1893), und mit offenen, wie in der „Manfred-Sinfonie" (1885). Diese Linie setzte sich bis in das 20.Jh. fort und verband sich mit verschiedenen Richtungen der österreichisch-deutschen und französischen Tradition. Das belegen z.B. die sieben Sinfonien von JEAN SIBELIUS (1899–1924).

BEDŘICH SMETANA schuf u.a. den herausragenden patriotischen Zyklus „Mein Vaterland".

Neben Opern konzentrierte sich BEDŘICH SMETANA auf die Gattung der **sinfonischen Dichtung** (1883).

Musikalisch zeichneten sich die Nationalen Schulen übergreifend durch Historismus, Archaismus und Exotismus aus.

Historismus	intensives Geschichtsbewusstsein – Betonung bis Überbetonung der Geschichtlichkeit; wurde in der Aufklärung vorbereitet, gewann während der romantischen Reaktion gegen die französische Revolution und die bürgerlich-kapitalistische Gesellschaft an Breite; musikalisch die Herrschaft der Vergangenheit über die Gegenwart – im Konzert- und Opernrepertoire das Übergewicht älterer Werke, in der Kompositionstechnik die Verwendung früherer Stile und Techniken, in der musikalischen Interpretation die werkgetreue Rekonstruktion einer vergangenen Aufführungspraxis
Archaismus	Rückgriff auf „altertümliche", zeitlich entfernte Musik, vorzugsweise auf Volksmusik; nationale Musik erschien so in der Würde des Uralten; häufige Nutzung kirchentonaler (modaler) Wendungen in Melodik und Harmonik
Exotismus	Zugriff auf räumlich oder sozial entfernte Musik, wodurch die Spezifik der eigenen Musik deutlich wurde und sich abhob; Exotismus war und ist stets relativ: Für den Russen GLINKA oder den Franzosen BIZET war z.B. spanische Musik exotisch, für MUSSSORGSKI oder BORODIN die orientalische Musik Zentralasiens, für DVORÁK die indianische oder afroamerikanische Musik, wie in seiner 9. Sinfonie e-Moll „Aus der Neuen Welt" (1893) belegt ist.

Nationale Schulen werden auch als „Nationalromantik" bezeichnet.

Es ging **MUSSORGSKI** um „die Übertragung der menschlichen Rede in musikalisch genau fixierte Tonfolgen." Die Personen sollten sich auf der Bühne „genau wie gewöhnliche Menschen ausdrücken". Die Musik sollte eine „Reproduktion der menschlichen Sprache bis in ihre feinsten Nuancen hinein sein".

Abb.: Bühnenentwurf für die Szene „Kreml" der Oper „Boris Godunow", um 1910

Eine Spielart des Exotismus war der folkloristische Zugriff auf sozial „entfernte" Musikbereiche – entfernt vom Standpunkt der Kunstmusik. Das Volk kam dabei wie schon im 18. Jh. aber nur als „Lieferant" von Volksliedern und -tänzen für die Kunstmusik vor.
Eine Ausnahme bildete der Komponist MUSSORGSKI, der Sprechtonfälle gerade der gewöhnlichen Leute melodisch genau nachzubilden suchte – in seinen groß angelegten Opern wie in kleineren Formen. Die nationale Prägung seiner Oper „Boris Godunow" äußerte sich nicht nur im Stoff des Volksdramas, sondern auch in der Verwendung von Elementen der russischen Volks- und Kirchenmusik.

Italienische, französische und deutsche Operntypen

Das englische Gegenstück der „bouffes Parisiens" war die Operette von WILLIAM SCHWENCK GILBERT (1836–1911, Libretto) und ARTHUR SULLIVAN (1842–1900).

Die führenden Operntypen waren zu Beginn des 19. Jh.s die italienische Oper und von etwa 1820 bis etwa 1860 die französische Grand opéra. Die **Grand Opéra** wurde vor allem von den Komponisten DANIEL FRANÇOISE ESPRIT AUBER (1782–1871), GIOACCHINO ANTONIO ROSSINI (1792–1868), GIACOMO MEYERBEER (1791–1864) getragen.
JACQUES OFFENBACH (1819–1880) entwickelte in den 1850er-Jahren mit den „bouffes Parisiens" eine neue Form der sozialkritischen Operette.
RICHARD WAGNER folgte mit seiner Oper „Rienzi" (1842) ebenso wie GIUSEPPE VERDI mit der „Sizilianischen Vesper" (1855) und „Don Carlos" (1867) dem Muster der Grand Opéra.

VERDIS Ausgangspunkt war der italienische Operntyp. Er schloss über ROSSINI an der Opera seria und der Opera buffa an, bezog aber häufig Elemente und Verfahren der „Großen Oper" ein.

Beherrschend auf der italienischen und französischen Bühne wurde ab 1840 GIUSEPPE VERDI. Mit seinem Werk erreichte die **italienische Oper** des 19. Jh.s ihre vollendete Ausprägung.

„Zar und Zimmermann" (1837) von ALBERT LORTZING (1801–1851) ist ein Beispiel einer kleinformatigen komischen deutschen Oper.

Mit RICHARD WAGNER (1813–1883) entwickelte sich nach der kleinformatigen komischen deutschen Oper ein „konkurrenzfähiger" deutscher Operntyp von internationaler Ausstrahlung. WAGNER wurde zum Schöpfer eines musikalisch-dramatischen Gesamtkunstwerks, des **Musikdramas.**

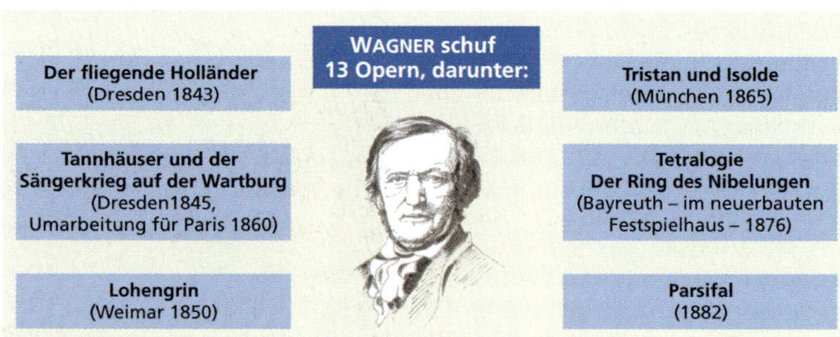

WAGNER veröffentlichte auch wichtige theoretische Schriften, so „Die Kunst und die Revolution" (1849), „Das Kunstwerk der Zukunft" (1849), „Oper und Drama" (1851).

WAGNERS Opern waren in seiner zweiten Schaffenspeariode vor allem durch Figuren, die ins Große und Dämonische tendierten, durch eine ausdrucksvolle Orchestersprache, durch differenzierte Klangfarben und

4.5.2 Realismus und Naturalismus

Etwa zwischen 1890 und 1908 war die Musik durch eine Entwicklungsphase geprägt, die als „Moderne" bezeichnet wurde.

> Die **musikalische Moderne,** die verschiedene Strömungen zwischen realitätsorientierter und stilisierender Musik umfasste, bildete den Übergang zur „Neuen Musik".

Den Hintergrund der naturalistischen Grundströmung bildete die Epoche machende Erfindung des Phonographen 1877 (↗S. 145). Die „Phonographie" stellte ein „naturgetreues" Abbild der Klangrealität – ob Stimme, Musik, Geräusche – dar. Durch Tonmalerei sowie intensivere und genauere Nachbildung seelischer Vorgänge hielt die Musik mit der neuen Technik mit.

Die Begriffe **Realismus** und **Naturalismus** wurden vor allem für die Literatur entwickelt. Sie kennzeichnen die historische Epoche und verweisen zugleich auf ihren inhaltlichen Anspruch: die wirklichkeitsnahe, „naturgetreue" Darstellung der historisch-sozialen Realität. Während der Realismus eher stilisiert und verallgemeinert (HONORÉ DE BALZAC), geht der Naturalismus mehr ins Detail (ÉMILE ZOLA).

Sinfonik und Verismus

Hauptvertreter der musikalischen Moderne im deutschsprachigen Raum waren GUSTAV MAHLER (1860–1911, ↗Abb.) und RICHARD STRAUSS (1864–1949). Beide ordneten sich auch in die übergreifenden realistischen und naturalistischen Strömungen ein.
GUSTAV MAHLER entwickelte die Sinfonik in Gehalt und Gestalt weiter. Mit dem Einbezug der menschliche Stimme knüpfte er an die 9. Sinfonie von BEETHOVEN an, mit der zeitlichen Ausdehnung an die auf SCHUBERT zurückgehende „österreichische" Entwicklungslinie. Satztechnisch verband er kammermusikalische Durcharbeitung sowie vielschichtige, oft montageartige Polyphonie mit weiträumigen Anlagen. Naturalistische Klänge aus der Umwelt, wie Vogelgezwitscher oder (schon nostalgische) Posthornsignale, bezog er ebenso in seine Sinfonien ein wie Zitate aus Kunst- und Populärmusik (Tänze, Märsche). MAHLER blieb bei der mehrsätzigen Sinfonie, der er verschwiegene oder offene Programme zugrunde legte.
Die Gattung der einsätzigen **sinfonischen Dichtung** war neben der Oper ein Hauptbetätigungsgebiet von RICHARD STRAUSS. Seine zehn Tondichtungen zeichneten sich durch brillante Instrumentation und treffsichere lautmalerische Charakterzeichnung aus.

MAHLER schrieb zwischen 1884 und 1911 insgesamt neun vollendete Sinfonien, dazu eine unvollendete sowie „Das Lied von der Erde" für Tenor, Alt und Orchester (1907/08), eine Verschränkung von Kantate, Orchesterlied und Sinfonie. Er erweiterte die viersätzige Standardform erheblich und verwendete mehrfach Chor und Soli. Für MAHLER war eine Sinfonie die Erschaffung einer „Welt".

> Elan, Witz und Parodie kennzeichnen z. B. die Werke „Don Juan" (1888), „Till Eulenspiegels lustige Streiche" (1895) und „Don Quixote" (1897), philosophischer Ernst prägen die Werke „Tod und Verklärung" (1889) und „Also sprach Zarathustra" (1896).
> Hier wie in seinen Opern verschärfte Strauss die Kunst der fast phonographischen musikalischen Nachbildung von realen Vorgängen, u. a. in „Salome"(1905) oder „Elektra" (1908).

Verismus oder auch Verismo ist eine Strömung, die begrifflich von ital. *vero* = wahr abgeleitet wurde.

Der **Verismus,** eine naturalistische Strömung auf der Opernbühne, gehört zur Moderne.

Alltagsnahe Stoffe, krasse Effekte, ein im Vergleich etwa zu WAGNER oder dem späten VERDI vereinfachter und vergröberter Tonsatz entsprachen dem Anliegen, das Leben unvermittelt auf die Bühne zu bringen. In der Oper „Tosca" (1900) von GIACOMO PUCCINI z. B. wird im Hintergrund der Bühne gefoltert, man hört die Schreie des Opfers. Im „Mädchen aus dem goldenen Westen" (1910) tropfte Blut durch die Decke.

PUCCINI vertiefte und verfeinerte den Verismus besonders harmonisch und führte ihn in das 20. Jh. hinein.

Hauptvertreter des Verismus waren:

- PIETRO MASCAGNI 1863–1945) mit „Cavalleria rusticana" (1890),
- RUGGIERO LEONCAVALLO (1857 bis 1919) mit dem „Bajazzo" (1892),
- ALFRED BRUNEAU (1857–1934) mit „Le rêve" (1891), „L'attaque du moulin" (1893), beide nach Romanen von ÉMILE ZOLA,
- GUSTAVE CHARPENTIER (1860 bis 1956) mit „Louise" (1900),
- GIACOMO PUCCINI (1858–1929) mit „Manon Lescaut" (1893), „La Bohème" (1896), „Tosca" (1900), „Madame Butterfly" (1904, ↗ Abb.: Plakat einer Opernaufführung).

Impressionismus und Symbolismus

Der Stilbegriff **Impressionismus** (frz. *impression* = Eindruck) wurde 1874 nach dem Titel des Gemäldes „Impression. Soleil levant" (1873) von CLAUDE MONET geprägt. Er war wie viele Stilbegriffe zunächst abwertend gemeint. Freiluftmalerei, eine Auflösung fester Gegenstände und Umrisse, flirrende Farblichkeit waren Merkmale.

DEBUSSY verstand sich selbst eher als Symbolist.

Die Stilrichtung des **Impressionismus** als musikalische Umsetzung Natur- bzw. natürlicher Bilder entstand um 1900 vor allem in Frankreich. Die sich gleichzeitig herausbildende musikalische Strömung des **Symbolismus** wendete sich gegen Naturalismus und Tradition.

Hauptvertreter des musikalischen Impressionismus waren z. B. die französische Komponisten CLAUDE DEBUSSY (1862–1918) und MAURICE RAVEL (1875–1937). Ziel der Musik war das Erfassen eines von einem Gegenstand oder einem Naturbild ausgehenden äußeren Eindrucks und dessen Verwandlung in einen „inneren" Ausdruck bzw. Stimmung. Stilmittel waren u. a. das Flimmernde und Reizvolle der Klangfarben, das Offene der formalen Gestaltung sowie das Schwebende des Rhythmus. DEBUSSY, der Natur über Kunst stellte, vertrat das in seinen Werken. Offenheit für fremde Musik bedeutete ihm auch Rückgriff auf orientalische und vor allem ostasiatische Musik, was nicht zuletzt durch den französischen Kolonialismus befördert wurde. Die so entstandene französische Musiksynthese mit einer neuartigen Klangsensibilität außerhalb der Grenzen des Dur-Moll-Systems strahlte weit in das 20. Jh.

- Gamelan-Musik aus Java mit einer annähernd gleichstufigen Teilung der Oktave in 7 oder 5 Tonstufen versuchte DEBUSSY (↗ Bild) in „Pagodes", der Nr. 1 aus 3 Estampes für Klavier (1903) im Rahmen des temperierten Systems nachzubauen.
In „Syrinx" für Flöte solo (1913) entfaltete DEBUSSY eine melismatisch-freischweifende Melodik nach Vorbildern aus dem Nahen Osten.
Im Zyklus für seine kleine Tochter „Children's Corner" (1906/08) stellte er den „Golliwoogs' Cakewalk" vor. Dabei zitierte er einen afroamerikanischen Tanz und verband ihn mit dem Zitat des „Tristan-Akkords" (↗ S. 203). Das war eine böse-ironische Kritik am Rassismus und speziell an WAGNER.

Der **Symbolismus** wendete sich aus der Sicht der „absoluten Modernität" gegen den Naturalismus und die Tradition, darin eingeschlossen auch gegen das politisch-soziale Engagement von Kunst.
Eine andersartige, mystisch-welterlöserische Richtung schlug dabei der russische Komponist ALEXANDER SKRJABIN (1871–1915) ein, der stets mehr als „nur" Komponist sein wollte. Mit literarischen und esoterisch-philosophischen Programmen sowie einer „Farb-Licht-Musik" zielte er auf die Schaffung eines Gesamtkunstwerks.

Symbolismus war eine vorwiegend literarische Strömung mit dem Schwerpunkt auf Lyrik. Von ihrem Zentrum in Frankreich breitete sie sich international aus. Ein Hauptvertreter war S. MALLARMÉ (1842–1898).

- In seiner sinfonischen Dichtung „Prometheus, Tongedicht vom Feuer" (1908/10) verwendete SKRJABIN (↗ Bild) neben Klavier und Chor auch ein Farbenklavier und schrieb dafür eine eigene „Licht-Stimme", die auf die Einbeziehung von Lichtprojektionen gerichtet war. Er orientierte sich dabei vor allem an WAGNER. Von noch weiter gehenden Konzepten verwirklichte SKRJABIN nur eine rituelle oratorische Oper „Vorläufiger Akt", die er 1913 begann. Sein größtes, jedoch nicht verwirklichtes Projekt „Mysterium" sollte Musik mit Licht, Farben, Düften und Tanz verbinden.

Zukunftsweisend war SKRJABINS Harmonik, die vor allem an LISZT orientiert war. So baute SKRJABIN seinen „mystischen Akkord" – auch „Prometheus-Akkord" genannt – nicht mit der üblichen Terzschichtung, sondern aus reinen, verminderten und übermäßigen Quarten auf. Er stand damit an der Schwelle zur Atonalität, dem völligen Verzicht auf ein tonales Zentrum in der Musik.
Zahlreiche russische Avantgardekomponisten knüpften daran an. Diese „Skrjabinisten" waren von einer mystisch geprägten orthodoxen Religiosität beeinflusst und gehörten später oft dem russischen Futurismus an, z. B. IWAN ALEXANDROWITSCH WYSCHNEGRADSKY (1893–1973) oder ARTHUR LOURIÉ (1892–1966).

SKRJABINS „Prometheus-" oder „mystischer" Akkord

4

Nationale Musik mit internationaler Ausstrahlung

Durch die Aufnahme von Folklore in die moderne Musiksprache entstand eine **neue Stufe nationaler Musik,** deren internationale Wirkungen weit in das 20. Jh. reichten.

Die wichtigsten Komponisten, die in dieser Richtung arbeiteten, waren LEOŠ JANÁČEK (1854–1928) und BÉLA BARTÓK (1881–1945).

JANÁČEK griff sowohl auf die Folklore seiner mährischen Heimat als auch auf die nationalen und regionalen Sprachklänge zurück, die er fast „phonografisch" genau in seine noch tonal strukturierte Musik aufnahm.

In den „Lachischen Tänzen" (1889) verwendete JANÁČEK erstmals Volksweisen. Die Intonationsweisen des menschlichen Sprechens waren für ihn eine Inspirationsquelle bei der Entwicklung eines neuen Opernstils. Er verwirklichte diesen erstmals mit seiner Oper „Jenufa" (1903), die seine erfolgreichste war. In weiteren Bühnenwerken entwickelte er seinen Stil weiter, so z. B. in der Oper „Das schlaue Füchslein" (1921 bis 1923) oder „Aus einem Totenhause" (1928).

BÉLA BARTÓK war nicht nur Komponist und Musikethnologe, sondern auch ein Pianist von Rang sowie Musikpädagoge. Er schrieb u. a. „Für Kinder" (1908/09) und „Mikrokosmos" mit 153 Stücken für Klavier vom Einfachsten bis zum sehr Schwierigen, z. B. auch Tänze im bulgarischen Rhythmus (↗ Notenbeispiel).

Der ungarische Komponist BÉLA BARTÓK fand das Grundmaterial, das er in seine moderne Musiksprache einbaute, in der Bauernmusik seiner Heimat. Darüber hinaus regte ihn die reiche, komplexe Rhythmik der Balkanfolklore zu radikalen Neuerungen an.

Der bulgarische Rhythmus aksak teilt 8/4 asymmetrisch in 3+3+2. Er stammt aus der türkischen Musik. Den neuen Ton zeigen z. B. die 14 „Bagatellen" für Klavier (1908) und das „Allegro barbaro" für Klavier (1911) von BARTÓK.

Bitonalität: gleichzeitiges Erklingen von zwei verschiedenen Tonarten

In der Harmonik griff BARTÓK (↗ Bild) Anregungen von DEBUSSY auf. Er gelangte durch Überlagerung verschiedener Modi zur Bitonalität, teilweise auch an die Grenze zur Atonalität. BARTÓKS erster Welterfolg war die „Tanz-Suite" (1923). Er schrieb u. a. ein Konzert für Orchester, drei Klavierkonzerte, ein Violinkonzert und sechs Streichquartette.

4

4.5.3 Die Zweite Wiener Schule

Nach 1900 bildete sich mit ARNOLD SCHÖNBERG und seinen wichtigsten Schülern ANTON WEBERN, ALBAN BERG, HANNS EISLER eine Zweite Wiener Schule heraus – so benannt in Anlehnung an die Erste Wiener Schule.

HANNS EISLER arbeitete seit etwa 1927 auf einer anderen Grundlage mit Elementen der Massenmusik.

Einschneidende Neuerungen der **Zweiten Wiener Schule** in der Musiksprache waren der Übergang zur freien Atonalität und die Entwicklung der Zwölftontechnik.

Radikale Neuansätze: Arnold Schönberg

ARNOLD SCHÖNBERG (1874–1951) war neben IGOR STRAWINSKY (1882–1971) der wichtigste und einflussreichste Komponist des 20. Jh.s. Er schuf etwa 1907 die Voraussetzungen für den Übergang zur freien Atonalität und zwischen 1916 und 1923 für die Entwicklung der Zwölftontechnik. Mit der **Atonalität** zielte SCHÖNBERG (↗ Abb.) auf die Befreiung von herkömmlichen Schranken des Ausdrucks. Es entstand als neue musikalische Sprache der Expressionismus – mit naturalistischem Unterton. Die „Prosa" des Lebens sollte Klang werden, weder geschönt noch gefälscht. Ausdruck und Wahrheit wurden die obersten Ziele.

Atonalität bzw. freie Atonalität bedeutet, dass die Bindungen an eine Grundtonart (wie in der Tonalität) aufgehoben sind, ebenfalls der Unterschied von Konsonanz und Dissonanz. Vorbereitet wird die Atonalität durch die Entwicklung einer Harmonik mit immer mehr Alterationen (Tonerhöhungen und -erniedrigungen) und Chromatik.

Den Übergang zur Atonalität vollzog SCHÖNBERG im „2. Streichquartett fis-moll mit Gesang", in den 15 „Gedichten aus dem Buch der hängenden Gärten" für Singstimme und Klavier (1907/09) und in den „Drei Klavierstücken" (1909).

Seine **Zwölftontechnik** (Dodekaphonie) bezeichnete SCHÖNBERG als eine „Methode der Komposition mit zwölf nur aufeinander bezogenen Tönen". Das gesamte Tonhöhenmaterial eines Werks leitete er dabei aus einer einzigen Zwölftonreihe ab. Die damit festgelegte Intervallfolge nutzte SCHÖNBERG für motivisch-thematische Gebilde. Es ging ihm um die Ordnung des neuen Tonmaterials und um textunabhängige Formen.

Das Werk von SCHÖNBERG umfasst alle Gattungen zwischen Volksliedbearbeitung und Oper, kleinem Marsch und Werken von großem sinfonischem Anspruch. Er schrieb u. a. vier Streichquartette und zahlreiche Lieder (1900/1911), „Fünf Orchesterstücke" (1909), die zwölftönige Zeitoper „Von heute auf morgen" (1928/29), das Melodram mit Männerchor „Ein Überlebender aus Warschau" (1947).

Über SCHÖNBERGS Schüler WEBERN prägte diese kompositorische Methode nach 1945 direkt und indirekt eine ganze Generation von Komponisten.

Kunst der Konzentration: Anton Webern

Der Wiener Komponist JOSEPH MATTHIAS HAUER (1883–1959), der sich als „wahrer" Erfinder der Zwölftontechnik bezeichnete, reihte aber nur Zwölftonreihen und ihre Kombinationen mit geringer rhythmischer und motivischer Gestaltung und Spannung aneinander.
Andere Komponisten, besonders russische, kamen zu ähnlichen Überlegungen wie SCHÖNBERG.

ANTON WEBERN (1883–1945) ging nahezu zeitgleich mit SCHÖNBERG zur freien Atonalität über. Er verfolgte zeitlebens einen expressionistischen Ansatz mit Hang zur Lyrik.
Mit der Zwölftontechnik experimentierte er ab 1922, zuerst in den „Drei Volkstexten" (1924/25). Er komponierte dann die Reihe selbst und baute sie aus aufeinander bezogenen Drei- oder Viertonzellen auf. Die dadurch erzeugte Konzentration und Verdichtung sollte „Zusammenhang" und „Fasslichkeit" der Musik verstärken, da jeder Ton einem strengen System unterworfen wurde.

„So eindringlich für diese Stücke die Fürsprache ihrer Kürze, so nötig ist andrerseits solche Fürsprache eben für diese Kürze. Man bedenke, welche Enthaltsamkeit dazu gehört, sich so kurz zu fassen. Jeder Blick lässt sich zu einem Gedicht, jeder Seufzer zu einem Roman ausdehnen. Aber einen Roman durch eine einzige Geste, ein Glück durch ein einziges Aufatmen auszudrücken: Solche Konzentration findet sich nur, wo Wehleidigkeit in entsprechendem Maße fehlt." (SCHÖNBERG im Geleitwort anlässlich der Veröffentlichung der 1913 entstandenen „Sechs Bagatellen für Streichquartett", 1924)

Musikalische Dramatik: Alban Berg

Abb.: ANTON WEBERN (rechts) und ALBAN BERG

Mehr als bei den anderen Vertretern der Zweiten Wiener Schule wurde bei ALBAN BERG (1885–1935) die Verbindung zur Tradition in Haltung und Ton seiner Musik sinnfällig. Er vollzog den Schritt in die Atonalität mit seinem „Streichquartett" (1910). Die Zwölftontechnik eignete er sich erstmals im „Kammerkonzert" (1923/25) an.
BERGS Musik hob chromatisch-leittönige und Kadenz-Spannungen der Tonalität in der Atonalität auf und schuf damit eine neuartige Schönheit. Sein Werk war den großen Themen Liebe und Tod, Herrschaft, Gewalt und Auflehnung gewidmet. Mit der Verwendung heterogenen Materials zwischen Volkslied und Passacaglia, zwischen Marsch, Tanz und kunstvollem Leitmotivsystem samt sinfonischer Formung – alles integriert in eine ausdrucksvolle und zugleich bis in jeden Einzelton durchdachte Musiksprache – ging BERG neue Wege.
Mit kontrastreichen musikalischen Charakteren und weiträumigen Formen schuf BERG eine umfangreiche Oper auf der Basis der Atonalität.

Mit der gestalteten Vielfalt war BERG durchaus CHARLES EDWARD IVES (1874 bis 1954) oder IGOR STRAWINSKY (1882 bis 1971) vergleichbar, zielte allerdings auf ein organisches, einheitliches Werk.

BERGS Oper „Wozzeck" (etwa 1916–1922) nach GEORG BÜCHNERS Drama wurde international erfolgreich. Auch seine zweite Oper „Lulu" behauptete sich als eine der wenigen Opern des 20. Jh.s.

4.5.4 Montage und Verfremdung

Montage- und Collageverfahren gehören zum Grundbestand der Neuen Musik.

Die Begriffe Collage und Montage sind nicht sehr trennscharf. **Collage** meint eher das Nebeneinander von Verschiedenem, Montage ein genaueres Mit- und Ineinander.
Modelle für die **Verfahren der Montage** lieferte die materielle Produktion, etwa die Eisenarchitektur des Typs „Kristallpalast" in London und der Maschinenbau. Eine zweite Quelle waren Verfahren und Gattungen der Volkskunst. Gegen Ende des 19. Jh.s kam der Film mit Techniken wie Überblendung als gleitender oder Schnitt als abrupter Übergang hinzu.

Montage schließt Verfahren wie thematisch-motivische Arbeit oder entwickelnde Variation ein. Verschiedenheit und Unterschiedlichkeit der verwendeten Materialien bleiben aber hörbar und spürbar. Auch Verfahren wie das Neben- und Nacheinander ähnlicher oder gleichförmiger musikalischer Elemente – so bei IGOR STRAWINSKY – werden angewendet.

Stilisierung und Verfremdung

Das musikalische Material entwickelte der russische Komponist IGOR STRAWINSKY (1882–1971, ↗Abb.) zunächst durch die Einbeziehung von Musikelementen verschiedener Herkunft – „exotisch-orientalische" Musik sowie russische Volks- und Populärmusik. In seinen Balletten „Der Feuervogel" (1910) und „Petruschka" (1913) fand das einen Niederschlag. Er entfesselte die Dimension der Rhythmik, besonders durch rasche, unvermittelte Taktwechsel sowie durch die Auflösung des metrischen Gleichmaßes und regelmäßigen Pulses.

Im Ballett „Sacre du Printemps", dem „Frühlingsopfer" (1913) vergrößerte STRAWINSKY die Besetzung und verschärfte den Dissonanzgrad. Die melismatisch ausschweifende Fagott-Melodie zu Beginn des Werkes verwandelte das zugrunde liegende litauische Volkslied geradezu in eine orientalische Melodie. Archaismus und Exotismus (↗S. 207) wurden ineinander verflochten.

Die Uraufführung des Balletts in Paris 1913 wurde ein Skandal der neuen Musik.

Notenbeispiel: Volkslied und Beginn des Balletts „Sacre du Printemps"

Neben der Betonung des Rhythmischen war die spielerische und artistische Ästhetik des Herstellens ebenfalls ein wichtiger musikhistorischer Beitrag STRAWINSKYS. Die Montage wurde zur Stilmaske.
Zusammen mit dem Dichter C. F. RAMUZ (1878–1947) erarbeitete er nach 1914 eine eigentümliche Verfremdungstechnik für ein „episches" Musiktheater. In „Le Renard" („Reinecke Fuchs", 1915/16) trennte er, verteilt auf verschiedene Darsteller, die Musiktheater-Elemente Singen und Spielen bzw. Tanzen. Das Paradox einer Oper ohne Gesang verwirklichte STRAWINSKY mit der „Geschichte vom Soldaten" (1918).

4

Dieses kleinformatige Werk erhielt die Quasi-Gattungsbezeichnung „Gelesen, gespielt, getanzt und in zwei Teilen“. Die szenische Aktion vollzieht sich also einerseits im Tanz, andererseits als Schauspielhandlung. Ein Sprecher erzählt zugleich die Handlung. STRAWINSKY montierte Musik ein: Bauernmusik, Jazz (Ragtime), Tanzmusik (Tango, Walzer), Choral, Marsch. Dabei machte er das Vertraute durch extreme Stilisierung fremd: Den Choral schrägte er mit Dissonanzen an, der Marsch stolpert, der Tango stockt.

Verwandte Auffassungen hatte z. B. auch der Komponist und Musikästhetiker FERRUCCIO BUSONI (1866–1924). Sein Schüler KURT WEILL (1900–1950), der Theaterdichter BERTOLT BRECHT (1898–1956) und viele andere Künstler knüpften daran an.

Das Machen, Herstellen, Spielen von Kunst sollte sichtbar bleiben.

„Ich habe immer eine Abscheu davor gehabt, Musik mit geschlossenen Augen zu hören ... Wenn man Musik in ihrem vollen Umfang begreifen will, ist es notwendig, auch die Gesten und Bewegungen des menschlichen Körpers zu sehen, durch die sie hervorgebracht wird.“ (STRAWINSKY)

Zitat und Montage

Die Montage- und Collagetechnik in der Musik wurde am weitesten vorangetrieben von einem weiteren Gründer der Neuen Musik, dem US-Amerikaner CHARLES E. IVES (1874–1954). Er zielte allerdings nicht auf Verfremdung. Ihm ging es vor allem darum, die vielgestaltige Welt der Erinnerung in Musik wiedererstehen zu lassen.

Seinem Lied „He is There!“ (1917) lagen z. B. 13 Liedzitate zugrunde, wesentlich mehr noch der 4. Sinfonie oder einem der Hauptwerke, der „Concord Sonata“ für Klavier. Die Zitate stammen aus der Kunstmusik, zumeist aber aus Populär- und Volksmusik.

IVES experimentierte unermüdlich schon von Jugend an in allen Bereichen und Dimensionen der Musik. STRAWINSKY bescheinigte ihm, so ziemlich alle möglichen Neuerungen bereits vorweggenommen zu haben. Zu seinen Lebzeiten war das Echo auf IVES gering. Erst mit dem Vordringen von Montageverfahren in den 1960er-Jahren wuchs seine Anerkennung.

Die Alltäglichkeit zeitlich näher liegender populärer Musik als Ausgangspunkt für eine Erneuerung der Musiksprache hob IVES durch ihre Einbettung in vielschichtige musikalische Zusammenhänge und weit gespannte Formkonzepte auf. Im Bemühen, eine „amerikanische“ Musik zu fördern, verband IVES (↗Foto) das heterogene musikalische Material mit radikalen avantgardistischen Verfahrensweisen, so mit

- Bi- und Polytonalität,
- Atonalität,
- Polyrhythmik und Überlagerung verschiedener Tempi,
- spieltechnischen und rhythmischen Neuerungen (z. B. Klavier als Schlagzeug beim „Pianodrumming“),
- Mikrotonalität (Teilung der Oktave in mehr als zwölf Halbtöne durch Viertel- oder Sechsteltöne),
- Zahlensymbolik (Zuordnung von Zahlen zu Buchstaben, Spiel mit Taktzahlen),
- Raumkonzeptionen (Verteilung von Instrumenten im Raum, um „stereophone“ Effekte oder den Eindruck der Ferne zu erreichen).

Italienischer und russischer Futurismus

> Der **Futurismus** ist ein besonderer Typ künstlerischer Innovation, der auf den radikalen und programmatischen Bruch mit aller Tradition zielte.

Die technische Welt sollte Gegenstand der Kunst werden. Gewalt, Krieg, Militarismus und Nationalismus wurden dabei verherrlicht.
Der Komponist FRANCESCO BALILLA PRATELLA (1880–1955) erweiterte im „Manifest der futuristischen Musik" 1911 das Musiktheater und die sinfonische Dichtung um neue Stoffe:

> „Man muss zu den großen zentralen Motiven der musikalischen Dichtung die Herrschaft der Maschine und den Sieg der Elektrizität fügen."

Musikalisch stieß am weitesten der italienische Maler LUIGI RUSSOLO (1885–1947) in Neuland vor. Er versuchte ab 1912, mit seinen „Intonarumori" (Geräusch-Tönern, ↗ Abb.) eine Fülle von Geräuschklassen, wie Zischen, Donnern usw. mit nicht-elektroakustischen Geräten zu erzeugen. Die Emanzipation des Geräuschs wurde generell zu einer wichtigen Tendenz der Materialentwicklung in der neuen Musik.

Der **russische Futurismus** zeigte deutlicher progressive politische Absichten. Hier entwickelten sich direkt musikalische Neuerungen. Dazu gehörten z. B. die „synthetischen Akkorde" von NIKOLAJ ROSLAVETS (1880–1944), die aus einem Dominant-Tredezimenakkord abgeleitet waren.
Die Besonderheit der russischen Musik mit ihrer engen Verbindung zum Orient und der lockereren Bindung an die harmonische Tonalität des Dur-Moll-Systems ermöglichte auch unter futuristischen Vorzeichen Entwicklungen, die erst seit den 1970er-Jahren in den (west-)europäischen Hauptstrom eingingen. Eine Seitenlinie war die Arbeit mit der **Mikrotonalität.**
Vor allem IWAN ALEXANDROWITSCH WYSCHNEGRADSKY (1893–1973) experimentierte mit Vierteltönen und anderen Mikrointervallen. Dabei ging es ihm um die Emanzipation der subtilen Klangwelt unterhalb der bislang die europäische Musik bestimmenden Halbton-Schwelle.
In der Neuen Welt hatte der mexikanische Komponist JULIÁN CARILLO (1875–1965) bereits vor der Jahrhundertwende mit Unterteilungen bis zum Sechzehntelton experimentiert.
Weitere Materialfortschritte brachten neben der Arbeit mit Vierteltönen vor allem komplizierte atonale Akkordbildungen im Anschluss an ALEXANDER SKRJABIN (↗ S. 211).

Futurismus, ital. futurismo, von *futuro* = zukünftig, geht auf eine Gruppe junger italienischer Dichter, Maler und Musiker zurück, die ihre Bewegung so bezeichneten. Sie traten überwiegend mit Manifesten und Programmen hervor. Ihre Forderungen nach einem totalen Bruch mit der Vergangenheit führten nur stellenweise zu konkreten musikalischen Innovationen, regten aber die Ästhetik einer radikalen Moderne und das avantgardistische Denken nachhaltig an.

Das erste der futuristischen Manifeste schrieb 1909 der Schriftsteller EMILIO FILIPPO TOMMASO MARINETTI (1876–1944). Darin heißt es u. a.: „Ein aufheulendes Rennauto ist schöner als die ‚Nike von Samothrake'."

Nach dem Ende des Ersten Weltkriegs verlor der Futurismus an Kraft und löste sich auf. Einige der italienischen Futuristen, wie z. B. MARINETTI, gingen zum italienischen Faschismus über. Die russischen Futuristen schlossen sich nach 1917 überwiegend der Oktoberrevolution an.

4

4.6 Musik im Übergang zu einer globalisierten Welt (1918 bis heute)

Die seit dem 19. Jh. fortschreitende Globalisierung der Weltwirtschaft, umfassende Technisierungsprozesse und tief greifende politische Entwicklungen schlugen sich in wachsender **musikalischer Vielfalt** sowie in **neuen Kompositions- und Musikformen** nieder.

▶ Der brasilianische Komponist HEITOR VILLA-LOBOS (1887 bis 1959) lebte in den 1920er-Jahren in Spanien, Portugal und Paris. Er baute dann ab 1932 in Brasilien eine Musik-Ausbildung auf und verschmolz brasilianisches Material mit europäischen Techniken und Stilen.

„Exotisches" Material wurde in breiter werdendem Ausmaß in die Kunstmusik integriert, in mehreren Wellen gewannen z. B. lateinamerikanische und später nordamerikanisch-afroamerikanische Tänze an Beachtung und Einfluss.
Mit der russischen Oktoberrevolution begann 1917 eine bis 1989/90 dauernde Phase, die durch die Existenz zweier Gesellschaftssysteme geprägt war, was auch alternative Kultur- und Musikentwicklungen einschloss. Die alten musikalischen Zentren in Westeuropa wurden besonders seit den 1870er-Jahren durch Zentren im Osten (Russland, Böhmen und Mähren, Ungarn) und nach 1918 im Westen (USA) ergänzt. Zunehmend mehr Komponisten, Gattungen, Stile und Materialien aus den Peripherien kamen in diesen Zentren zur Geltung und wirkten auch in die Ausgangsregionen zurück. So bildete sich u. a. der interkulturelle Jazz heraus, in dem das Afroamerikanische immer neue Synthesen mit Elementen anderer Musik einging.

Bilder von links nach rechts:
Cover „Das Jazzbuch", 1953
ISANG YUN, koreanischer Komponist
KARLHEINZ STOCKHAUSEN, Komponist elektronischer Musik

Die beiden Weltkriege (1914–1918 und 1939–1945) stellten Zäsuren dar, die sich auch in kritischen Auseinandersetzungen vor allem mit vergangenen Traditionen, in Experimenten sowie in neuen Formen und Gattungen der Musik widerspiegelten. So entstanden Avantgardebewegungen wie atonal-zwölftönige, progressiv-politische oder serielle Musik.
Seit den 1960er-Jahren – nach dem Zusammenbruch des alten Kolonialsystems – setzten sich immer mehr Komponisten und Musiker aus den Ländern der „Dritten Welt" in Europa und den USA durch, z. B. der Koreaner ISANG YUN (1917–1995), der nach 1964 auf Dauer im bundesdeutschen Exil lebte. Derzeit unterliegt die Kunst- und damit auch Musikentwicklung noch einer Prägung, die vor allem auf die Vorherrschaft der (nord)amerikanischen Zentren zurückgeht. Sie verliert aber gegenüber Lateinamerika und Ostasien an Einfluss.

4.6.1 Revolution, relative Stabilisierung, Krise

Die russische Oktoberrevolution von 1917 und die deutsche Novemberrevolution von 1918 hatten deutliche Auswirkungen auf die Musik.

> Nach den Revolutionen zeichnete sich bis in die 1930er-Jahre ein musikalischer Aufbruch ab. Er brachte neue Strömungen, aber auch Gegenströmungen hervor, so den **Futurismus** und **Dadaismus,** den **Neoklassizismus** und die **Neue Sachlichkeit.**

In Russland begeisterten sich vor allem die Futuristen und Konstruktivisten für die gesellschaftlichen Veränderungen und Möglichkeiten. Komponisten, wie SERGEJ PROKOFJEW (1891–1953), ARTHUR LOURIÉ (1892 bis 1936), LEV KNIPPER (1898–1974), ALEXANDER MOSSOLOW (1900–1973), DMITRIJ SCHOSTAKOWITSCH (1906–1975, ↗Abb.), beteiligten sich am Aufbau einer neuen Musikkultur – praktisch-organisatorisch z. B. mit Veranstaltungen zu Agitations- und Bildungszwecken, kompositorisch mit einer oft kühn ausgreifenden Musik.

▶ ARTHUR LOURIÉ leitete von 1918 bis 1922 die Musikabteilung des Ministeriums für Volksaufklärung. Danach ging er allerdings nach Paris.

Ihre Musik setzte zum Teil Tendenzen und Verfahren des musikalischen Futurismus fort, mit konstruktivistischen „Baukasten"-Montagen bei MOSSOLOW oder reihentechnischen und panchromatischen Verfahren bei NIKOLAJ ROSLAVETS (1880–1944). SCHOSTAKOWITSCH knüpfte mit einem umfassenderen Konzept an die sinfonische Tradition GUSTAV MAHLERS (1860–1911) an, der er mit sozialistischem Pathos, aber auch mit Satire, Groteske und Humor neue Ausdrucksbereiche erschloss. Die 7. Sinfonie in C-Dur, die „Leningrader" ist sein bekanntestes Werk.

▶ Panchromatisches Verfahren bedeutet, dass alle 12 Töne ausgenutzt werden.

Diese **musikalische Avantgarde** stieß jedoch bald an Grenzen. Einerseits setzte sich eine betont einfache, proletarische Musik durch, andererseits begann in den 1930er-Jahren die Rückkehr zum Mainstream (neo-)klassizistischer oder postromantischer Traditionen – nur mit neuen, sozialistisch orientierten Überschriften.

In Paris und in Berlin formierten sich die **Dadaisten.** Einer der führenden Komponisten war ERWIN SCHULHOFF (1894–1942). Er entwickelte die revolutionären Impulse konstruktiv und kreativ weiter.

> Die „Fünf Pittoresken für Klavier" (1919) von SCHULHOFF sind eine Suite mit aktuellen Tänzen (Foxtrott, Ragtime, One-Step, Maxixe). Den Mittelsatz betitelte er ironisch „in futurum" (in die Zukunft) – dieser besteht nur aus Pausen. Mit seinen „Zehn Themen für Klavier" (1919) ordnete er jeweils einer abstrakten, kubistisch-futuristischen Farblithografie des Dresdner Malers OTTO GRIEBEL eine ohne Taktstriche notierte, nachexpressionistische, atonale Klavier-Miniatur zu. 1921 notierte er: „Kunst ist, Kunst nicht zur Kunst zu machen."

▶ Die Bewegung der **Dadaisten** begann 1917 im Züricher Exil und war der Versuch, mit unsinnigen künstlerischen Formen auf die noch unsinnigere Kriegs- und Nachkriegs-Realität aufmerksam zu machen. Musik spielte in Gesamtkunstwerken, die aber Antikunst sein sollten, eine randständige Rolle.

Als Gebrauchsanweisung stellte HINDEMITH seiner Suite voran: „Nimm keine Rücksicht auf das, was Du in der Klavierstunde gelernt hast … Spiele dieses Stück sehr wild, aber stets sehr stramm im Rhythmus, wie eine Maschine …"

Von der Aufbruchstimmung war auch PAUL HINDEMITH (1895–1963) angesteckt. Er hatte 1917 noch expressionistische Orchesterlieder geschrieben. 1922 gab er dem abschließenden Ragtime-Satz seiner „Suite für Klavier" nicht nur einen motorisch-hämmernden Tonsatz, sondern vor allem auch eine futuristisch-dadaistische Vortrags- und Gebrauchsanweisung.

Neoklassizismus und Neue Sachlichkeit

Neoklassizismus soll nach der Literaturtheorie des russischen Formalismus das Künstliche, das Machen und die musikalischen Mittel herausstellen. Neues entstand vorwiegend durch Montage und durch Abwandlung von gegebenen musikalischen Elementen.

In den 1920er-Jahren wurde der **Neoklassizismus,** der von Paris ausging, international bestimmend. Er richtete sich vor allem gegen Expressionismus und Romantik.

In der Situation nach dem Ersten Weltkrieg war Stabilität gefragt. Der musikalische Zugriff auf die Vorvergangenheit, auf feste Formtypen und also noch hinter die Wiener Klassik zurück entsprach dem. Tonalität als Grundlage wurde wieder selbstverständlich. Längerfristig bestand der musikhistorische Ertrag des Neoklassizismus vor allem darin, dass er vergangene Musik als Stil- und Materialreservoir auffasste, auf das distanziert, stilisierend und umarbeitend zugegriffen werden konnte.
Hauptvertreter dieser Strömung waren IGOR STRAWINSKY (1882–1971), die französische Gruppe LES SIX – u. a. DARIUS MILHAUD (1892–1974), ARTHUR HONEGGER (1892–1955), FRANCIS POULENC (1899–1963), GERMAINE TAILLEFERRE (1892–1983). Eine eigentümliche Zwischenstellung zwischen vordadaistisch-rebellischer und futuristischer Haltung einerseits und neoklassizistischer Stilistik andererseits nahm ERIK SATIE (1866–1925) ein.

SATIE schrieb solche Titel wie „3 Stücke in Birnenform" (1890/1903), „Vertrocknete Embryos" (1913 oder „Sonatine bureaucratique" (1917).

Die „Musique d'ameublement" hatte SATIE gemeinsam mit DARIUS MILHAUD komponiert.

Charakteristisch für die antiromantische, auf Alltäglichkeit und Nüchternheit der Musik und Musikaneignung bedachte Ästhetik war die programmatische „Musique d'ameublement" (Möblierungsmusik) für 3 Klarinetten, Posaune und Klavier (1920) von SATIE (↗ Abb.). Sie war als Musik zum Nicht-Hinhören gedacht. Uraufgeführt in einer Pariser Kunstausstellung, war das Publikum aufgefordert: „Reden Sie, reden Sie weiter. Und gehen Sie herum. Was immer Sie tun, hören Sie nicht auf die Musik."

Innerhalb der neoklassizistischen Stilistik hatte neben dem Erstarrt-Erhabenen auch das Alltagsnahe Platz. HONEGGER z. B. schrieb sinfonische Sätze mit Titeln, die auf den jeweiligen Gegenstand verwiesen, „Pacific 231" (1923) oder „Rugby" (1928).

Bei „Pacific 231" war eine Dampflokomotive in den USA gemeint.

Das deutsche Gegenstück zum internationalen Neoklassizismus war die **Neue Sachlichkeit.** Als eine weitere Spielart hatte sich der **Neobarock** herausgebildet. Zu diesem gingen HINDEMITH und zahlreiche andere musikpädagogisch orientierte Komponisten über. Sie griffen auf die Musik des 17. und 18. Jh.s zurück und belebten dabei das imaginäre Leitbild des „Musikanten" wieder, der im Feudalismus in das höfische oder kirchliche Leben eingebunden war. Beide Strömungen reagierten auf die relative Stabilisierung von Wirtschaft und Gesellschaft, die sich etwa 1923/24 nach den nachrevolutionären Kämpfen und der Inflation durchsetzte.

Die kurze Phase von 1924 bis 1929 wurden als die „Goldenen Zwanziger" bezeichnet.

Musikalisch hatte die Neue Sachlichkeit im Unterschied zum Neoklassizismus wenig mit Verfremdung oder dem Rückgriff auf Vergangenes zu tun. Sie zielte vielmehr auf aktuelle Realität, verstanden als Welt der Moderne, der Massen, der Technik und des Tempos. Deshalb wurde auch zeitgenössische Popmusik einbezogen. Die Gegenwart wurde vor allem stofflich Gegenstand der Musik. Bezeichnend dafür waren Gattungen wie **Zeitoper,** die Gegenwartsstoffe behandelte, oder **Radiooper** mit eigens auf die medialen Bedingungen dieses Mediums zugeschnittener Musik – z. B. Verwendung eines kommentierenden Sprechers, kleine Besetzungen, durchsichtiger Tonsatz.

Die **Neue Sachlichkeit** war zwischen 1925 und 1929 zunächst ein Schlagwort vor allem in Literatur und bildender Kunst. Wie auch beim Neoklassizismus war sie auf Anti-Romantik, Anti-Expressionismus sowie Objektivität statt Subjektivität gerichtet.

Als Zeitopern entstanden u. a. „Jonny spielt auf" (1927) von ERNST KŘENEK (1900–1991), „Maschinist Hopkins" (1929) von MAX BRAND (1896 bis 1980), „Transatlantic" (1930) von GEORGE ANTHEIL (1900–1959).

Neusachliche Musik war in wichtigen Gattungen und Materialien auch gesellschaftskritische Musik. So entstand 1928 z. B. die „Dreigroschenoper" von BERTOLT BRECHT und dem Komponisten KURT WEILL (1900–1950), der ein Begründer der Radiooper und des zeitbezogenen Musiktheaters war. Die Oper war ein „Stück mit Musik", in dem aktualisierend und gesellschaftskritisch auf die „Beggar's Opera" (↗S. 187) zurückgegriffen wurde. Populäres Material wurde dabei genutzt und die Songs wurden sofort bekannt, so die Moritat des Mackie Messer.

Foto:
Szene aus der „Dreigroschenoper" im Berliner Theater am Schiffbauerdamm, 1928

Notenbeispiel:
Moritat des Mackie Messer aus der „Dreigroschenoper" von BRECHT und WEILL

Nach 1918 entwickelte sich auch die **Musik der Arbeiterbewegung** weiter. Sie war ebenfalls, wenngleich in anderer Weise an Massenprozessen und Sachlichkeit als Aufklärung orientiert. Sie festigte sich organisatorisch mit einer großen Zahl von Chören, Orchestern (Mandolinen, Ziehharmonika), Kapellen (Schalmeien) und sogenannten Agitprop-Gruppen, die kabarettistisch-satirische Mittel mit musikalischen verbanden.
Gegen Ende der 1920er-Jahre entfalteten sich u. a. durch HANNS EISLER (1898–1963) und STEFAN WOLPE (1902–1972) der **politische Agitationssong** für Gruppenvorträge und das **Massenlied** für große Versammlungen zum gemeinsamen Singen mit musikalisch bedeutsamer Eigenständigkeit.

Agitprop-Gruppen: Agitprop war eine Abkürzung für Agitation und Propaganda.

HANNS EISLER (↗Foto) komponierte einige bis heute bekannte Massenlieder nach dem Formvorbild des populären angloamerikanischen Songs, mit raffinierter untergründiger Motiv-Verknüpfung und mit modal angereicherter Harmonik. Das „Solidaritätslied" aus der Musik zum Film „Kuhle Wampe" (1932) gehört dazu.

Mit dem politischen Bildungsanspruch der Arbeiterbewegung kamen in der neuen Gattung des **Lehrstücks** Bestrebungen von musikpädagogischer und neusachlicher Seite zusammen.

Lehrstücke waren hauptsächlich zur Belehrung der aktiv Spielenden, weniger zur Vorführung vor einem nur rezeptiven Publikum gedacht.

Sehr bekannt wurden die Lehrstücke „Die Mutter" (nach MAXIM GORKI) oder „Die Maßnahme" von BRECHT und EISLER (1930).

Krise

In der Weltwirtschaftskrise 1929–1932 schrumpfte der Spielraum für neue und fortschrittliche Musik dramatisch. Einige Werke bezogen sich kritisch auf diese Krisensituation, allen voran die Oper „Aufstieg und Fall der Stadt Mahagonny" (1930) von KURT WEILL und BERTOLT BRECHT.

Die Machtübernahme durch HITLER und seine Partei 1933 führte in Deutschland auch im Musikbereich zu einem tiefen Bruch. Progressive politische und jüdische Musik wurde als „entartet" verfemt. Ihre Komponisten und Produzenten wurden verfolgt, viele bedeutende gingen in das Exil, nicht wenige wurden in Konzentrationslagern getötet. Die deutsche Musikkultur erlitt beträchtliche Einbußen. Ab 1938/39 weitete sich das Problem in europäischer Dimension aus.

International schob sich seit der Weltwirtschaftskrise ein gemäßigter, zumeist rückwärtsgewandter neoklassizistischer oder neoromantischer Mainstream in den Vordergrund. Der Entwicklungsprozess der Musik verlangsamte sich oder kam zum Stillstand.

4.6.2 Serialismus und elektronische Musik

1945 war für die Musik ein Neubeginn und zugleich wichtiger Einschnitt.

> Auf der Zwölftontechnik basierend wurden die **serielle Musik** und die elektroakustische bzw. **elektronische Musik** entwickelt.

In den USA entstanden neue Zentren der Musik, nicht zuletzt durch Komponisten und Interpreten aus dem europäischen Exil. Der Wiederaufbau des zerstörten Europa stieß auf materielle wie geistige Schranken. Der 1949 einsetzende Kalte Krieg verschärfte die Spannungen zwischen West- und Osteuropa sowie den beiden Gesellschaftssystemen in Deutschland.
Vom Material her wurde neue Musik in den östlichen Ländern vorwiegend restaurativ behandelt, in den westlichen erfuhr sie eine starke Förderung.

In der DDR entwickelte sich eine eigenständige und eigenartige Avantgarde mit hohem handwerklichem Niveau und sozialer Verantwortlichkeit. Zu ihren Gründern gehörten HANNS EISLER (1898–1963) und PAUL DESSAU (1894–1979).

Serialismus

Die musikalische Avantgarde war bemüht, völlig neu anzufangen. Sie knüpfte an der Zwölftontechnik an und entwickelte sie zum Serialismus weiter. Die Zwölftonreihe organisierte nur die Dimension bzw. den „Parameter" Tonhöhe.

> Die **serielle Technik** bezieht sich auf die Parameter Tondauer, Lautstärke und Klangfarbe. Als weitere Parameter konnten Oktavlage und Artikulation hinzukommen.

Artikulation meinte im Serialismus z. B. verschiedene Arten des Klavieranschlags.

Der Serialismus trieb die rationale Durchkonstruktion des musikalischen Kunstwerks erheblich voran. Insbesondere die Experimente des französischen Komponisten OLIVIER MESSIAEN (1908–1992) hatten eine nachhaltige Wirkung. MESSIAEN hatte bereits seit 1944 neben Tonhöhenreihen rhythmische Reihen erwogen. Sein Klavierstück „Mode de valeurs et d'intensités" (1948/49) koppelte „Modi" von Tonhöhen, Dauern, Lautstärken und Anschlagsarten miteinander. Die Etüde beeindruckte viele junge westeuropäische Komponisten stark und regte sie zu Nachahmungen und zum Weiterdenken an. Stets ging es um eine möglichst umfassende Kontrolle des musikalischen Prozesses und um eine ausgefeilte Durcharbeitung des musikalischen Kunstwerks.

Der Drang zur Systematisierung und Legitimierung des serialistischen Ansatzes führte dazu, auch in früherer Musik ähnliche Ansätze zu finden. MESSIAEN entdeckte in „Feuilles mortes", Prélude, 2. Buch von CLAUDE DEBUSSY (↗ Notenbeispiel) die Überlagerung zweier von ihm entwickelter Modi.

Hauptvertreter des Serialismus waren BERND ALOIS ZIMMERMANN (1918–1970), KAREL GOEYVAERTS (1923–1993), LUIGI NONO (1924–1990), PIERRE BOULEZ (geb. 1925), KARLHEINZ STOCKHAUSEN (1928–2007), HENRI POUSSEUR (1929–2009).

Probleme und Widersprüche des Serialismus traten auf. Für Dauern, Lautstärke oder Klangfarbe gibt es keine „Skala" wie für die zwölf temperierten Tonhöhen innerhalb der Oktave. Die genau durchdachten und sorgfältig gemachten Strukturen waren kaum zu hören. Niemand mehr konnte die immer schwieriger werdenden Rhythmen exakt spielen.

▶ Die elektronische Musik wird heute zumeist als „elektroakustische" Musik bezeichnet.

Anfänge und Entwicklung der elektronischen Musik

Manche der Probleme des Serialismus wurden durch die elektronische Musik gelöst.

> Die **elektronische Musik** ermöglicht es, einen Ton in allen seinen Bestandteilen technisch zu erzeugen und seine Dauer auf Sekundenbruchteile genau festzulegen.

▶ Die elektroakustischen Apparate und Verfahren sind im Prinzip dieselben wie bei der „reinen" elektroakustischen Musik.

Ziel war das „integrale", rational vollständig durchorganisierte Werk. Es gab zunächst zwei verschiedene Ansätze, die rasch zusammenwuchsen:
- Ein Ansatz war die Klangsynthese, der Aufbau von komplexen Klängen aus der elementaren Sinusschwingung als Ausgangspunkt.
- Der andere Ansatz war die „musique concrète", die vor allem von PIERRE SCHAEFFER (1910–1995) und PIERRE HENRY (1927) am französischen Rundfunk 1948 in Paris entwickelt wurde. Ausgangsmaterial der musique concrète waren konkrete Klänge und Geräusche der Umwelt. Sie wurden durch elektroakustische Apparate und Verfahren bearbeitet, wobei wieder das Prinzip Montage (↗ S. 215 f.) geltend gemacht wurde.

▶ Erste deutsche Studios entstanden mit den Rundfunkanstalten, so auch 1953 beim damaligen NWDR (heute WDR) in Köln. LUCIANO BERIO (1925–2003) und BRUNO MADERNA (1920–1973) gründeten 1953 ein Studio in Mailand. Dort entstand u. a. „La Fabbrica illuminata" (1964) von LUIGI NONO, in das auch reale Fabrikgeräusche einmontiert waren.

1956 vereinten Werke wie ERNST KŘENEKS (1900–1991) „Spiritus Intelligentiae Sanctus" und STOCKHAUSENS „Gesang der Jünglinge" beide Richtungen, indem sie lebendiges Sprechmaterial mit einarbeiteten.

In der konkreten Realisierung war die elektroakustische Musik auf Radio oder Schallplatte verwiesen. Mit der Live-Elektronik kehrte Anfang der 1960er-Jahre die Musik aus dem Studio wieder in den Konzertsaal zurück. Das Musizieren auf dem Podium trat dabei in Wechselwirkung mit seiner häufig zeitgleichen elektroakustischen und elektronischen Verarbeitung.

■ Dieses Anliegen verfolgte STOCKHAUSEN z. B. mit „Mikrophonie I für Tamtam, 2 Mikrophone, 2 Filter und Regler" (1964) für sechs Spieler.

4.6.3 Aleatorik, Klang- und Sprachkomposition

Eine Folgerung aus den Widersprüchen des Serialismus war die Aleatorik.

Aleatorik entstand als ein Kompositionsverfahren, das den gelenkten oder unbestimmten Zufall einbezog.

Aleatorik, lat. *alea* = Würfel oder Zufall, ist aus der Statistik entlehnt und wurde als Begriff in die Musik nach 1950 eingeführt.

Den Interpreten sollten verschiedene Freiheiten für Entscheidungen gelassen werden, um sie so zur Teilhabe an kompositorischer Arbeit zu ermuntern.

Der französische Komponist PIERRE BOULEZ (geb. 1925) ließ in seiner „3. Klaviersonate“ (1956/57) z. B. die Vertauschung von Satzteilen zu. Der polnische Komponist WITOLD LUTOSŁAWSKI (geb. 1913) setzte mit der Technik eines „kollektiven ad-libitum-Spiels“ bzw. einer „begrenzten Aleatorik“ die Interpreten für bestimmte Zeitstrecken und Parameter frei. Er wendete diese Technik erstmals in seinen „Jeux vénitiens für Orchester“ (1961) an.

Zufall in der Komposition

Gelenkter Zufall mit der Absicht, improvisatorische Eigenaktivität anzuregen, stand auch im Zentrum der **musikalischen Grafik** (↗ S. 76). Schon in den 1950er-Jahren entstanden, wurde sie ab 1960 häufiger verwendet. Der Komponist als Schöpfer eines Werkes zog sich zurück und gab Anweisungen in Form bildlicher Vorlagen. Die Interpretierenden übernahmen so bald den Hauptteil des „Komponierens“.
Einen Schritt weiter ging das ebenfalls praktizierte Konzept, den **Zufall** absichtlich **als kompositorisches „Subjekt“** einzuführen.

CAGE hatte bereits eine Rolle bei der Entwicklung des Serialismus gespielt. Dieser zielte jedoch noch auf das bewusst, rational, total durchdachte und geplante Kunstwerk.

So veranstaltete der US-amerikanische Komponist JOHN CAGE (1912 bis 1992) aufwendige Aktionen – Befragung von chinesischen Orakelbüchern oder astronomischen Karten, Beachtung von zufälligen Spritzern oder Unebenheiten auf Papier –, um Subjekt, Planung, Absicht möglichst auszuschalten.

Noch radikaler als beim Serialismus verlagerte sich damit die eigentliche kompositorische Arbeit auf die Vororganisation des musikalischen Materials. CAGE und seine Anhänger zielten darauf, Kunst als Ergebnis eines absichtsvollen Handelns zu negieren, sie Natur und Leben gleichzustellen.
Seit den späten 1970er-Jahren wurde CAGE zu einem der einflussreichsten Theoretiker der Neuen Musik.

Bild:
Vor einem Auftritt platziert CAGE zur Klangveränderung Münzen, Nägel und Schrauben zwischen die Saiten des Flügels (Paris 1949).

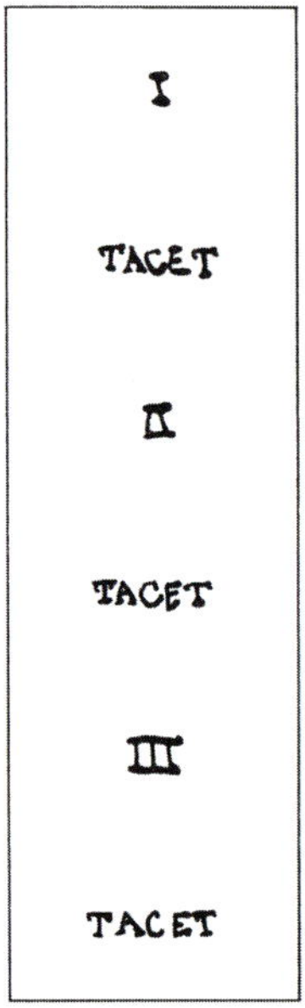

In seinem berühmtesten Stück „Tacet 4'33" (1952) ging es JOHN CAGE nicht vorrangig um „Schweigen" oder Stille.
„Tacet" ist eine Spielanweisung und legt fest, dass der Spieler pausieren soll. Die Geräusche, mit denen des Publikum auf das Ausbleiben der erwarteten Musikklänge reagiert, sollen die Musik sein. Sie sind zufällig. Die Gesamtdauer des Stücks ist allerdings kein Zufall. 4 Minuten und 33 Sekunden ergeben die Zahl 273. Das ist der absolute Nullpunkt auf der Temperaturskala (0 Kelvin).
CAGE geht es darum, eine Art musikhistorischen Nullpunkt zu erreichen. Ob es eher ein End- oder ein Ausgangspunkt ist, bleibt offen.

Klanglichkeit und Spiel mit Sprachelementen

Gegen die serielle Konzentration auf rein musikalische Strukturen besonders von Vertretern wie PIERRE BOULEZ oder KARLHEINZ STOCKHAUSEN wendeten sich seit Ende der 1950er-Jahre Strömungen, deren gemeinsamer Nenner die Aufwertung des Sinnlich-Klanglichen war.

Hauptströmungen der Aufwertung des Sinnlich-Klanglichen waren hier Klangkomposition, Sprachkomposition, instrumentales Theater sowie Fluxus und Happening.

Klangkomposition

Es gab verschiedene Ausprägungen.
EDGAR VARÈSE (1883–1965), der die Geräusch- und Materialprogrammatik des italienischen Futurismus auf hohem kompositorischem Niveau verwirklichte, und XENAKIS (1922–2000) bezogen **elektroakustische Musik** ein und betonten das Räumliche.

GYÖRGY LIGETI (geb. 1923, ↗Abb.) entwickelte eine **Mikropolyphonie** mit vielfachen Unterteilungen der Orchesterstimmen, besonders bei den Streichern. Es wurde ein so dichtes Gewebe erzeugt, dass die einzelnen Stimmen ineinander übergingen. Daraus entstanden statische, langsam veränderte Klangflächen und -bänder sowie ein flirrendes, oft geräuschhaftes Klangbild, z. B. in „Apparitions" (1959), „Atmosphères für Orchester" (1961; 1968 im Science-Fiction-Film „2001: A Space Odyssey" verwendet), „Volumina für Orgel" (1962).

Noch effektvoller gestaltete der polnische Komponist KRZYSZTOF PENDERECKI (geb. 1930) Klangprozesse. In seinem Werk „Anaklasis" (1959/60) verlangt er von den Musikern **neue Spieltechniken,** wie Vierteltonvibrato, Spiel am Steg oder neue Schlagzeug-Techniken, in „Fluorescences" für großes Orchester (1961) von den Bläsern das Anschlagen von Klappen und das Blasen auf dem Mundstück.

Die weiteren Strömungen stellten vor allem verschiedenartige Grenzüberschreitungen dar zwischen Musik, Theater, Literatur und bildender Kunst – teils in Richtung Gesamtkunstwerk, teils auf Musik zentriert.

Sprachkomposition	Hierbei wird die Wortsprache in einzelne Laute zerlegt und wie musikalisch-klangliches Material bearbeitet – so zu finden in „Omaggio a Joyce“ von LUCIANO BERIO (1925–2003). DIETER SCHNEBEL (geb. 1930) bezog zudem Theatralisches ein. In seiner **„sichtbaren Musik“**, z.B. in „Glossolalie für Sprecher und Instrumentalisten“ (1959/1961), sind Sprache, Sprechen, Laute, Gesten, Bewegungen und instrumentale Klänge und Geräusche gleichberechtigtes musikalisches Material. „Gesprochenes aller Art wird losgelassen und als Musik genommen, zum anderen redet vielfältiges Instrumentalspiel gewissermaßen.“ Querverbindungen zwischen Sprachkomposition, avancierter Medienverwendung und Theatralischem stellte das **Neue Hörspiel** der 1960er-Jahre her. Es operierte häufig mit Text-Collagen und organisierte Dramaturgie und Zusammenhang nach musikalischen Prinzipien.
Instrumentales Theater	Die Einbeziehung des Theatralischen, einschließlich des Optischen, vertiefte das instrumentale Theater MAURICIO KAGELs (1931–2008). Die Konzertdarbietung wurde zur Show, das Instrumental-Spiel zum Schau-Spiel, wie in „Sur scène“ (1959/60) oder „Match für drei Spieler“ (1964). Umgekehrt wurden szenische Vorgänge nach musikalischen Regeln ausgeführt, so „Pas de cinq, Wandelszene für 5 Darsteller“ (1965). Eine Theatralisierung der Sprachkomposition betrieb LIGETI in seinen Werken „Aventures“ (1962) und „Nouvelles aventures“ (1962–1965) für Koloratursopran, Alt, Bariton und sieben Instrumentalisten.
Happening und Fluxus	Der planmäßig vororganisierte Zufall, Theatralisierung und Aktivierung des Publikums werden zusammengeschlossen. Das Kunstwerk als Ganzes wird infrage gestellt. Happening, engl. = Geschehen oder Ereignis, wurde als „gesamtkunstwerkhafte Anti-Kunst“ verstanden. Unter dem Einfluss des Malers JACKSON POLLOCK (1912–1956) und des Komponisten JOHN CAGE (1912–1992) veranstaltete ALLAN KAPROW (1927–2006) erstmals 1959 in New York ein Happening. Der deutsche Aktionskünstler WOLF VOSTELL (1932–1998), der Mitbegründer der Gruppe „Fluxus“ war, schloss daran an.

Aufsehen erregte VOSTELLS „In Ulm, um Ulm und um Ulm herum. Happening aus 24 verwischten Ereignissen oder die Überlebenden des nackten Einkaufspreises“ im November 1964, das über sieben Stunden an 24 Orten der Stadt Ulm – u.a. auf dem Flugplatz, im Parkhaus, Freibad, Schlachthof und auf der Müllkippe – stattfand.

Bei den Fluxus-Festspielen 1962 in Wiesbaden wurde ein Flügel zersägt. NAM JUNE PAIK zerlegte in „One for Violin solo“ (1962) feierlich-rituell eine Violine.

Engagierte Musik

> 1945 entwickelte sich auch eine breite Strömung politisch **engagierter Musik** weiter.

Diese Musik entstand ungeachtet der Vorurteile gegen eine Verbindung mit der vermeintlich abstrakten und realitätsfernen seriellen Musik.

▶ Bereits 1956 komponierte NONO seinen „Canto sospeso“ mit serieller Technik politisch bewusst. Textgrundlage waren Abschiedsbriefe von zum Tode verurteilten europäischen Widerstandskämpfern. Die Gesangslinie löste er in einen durch den Tonsatz wandernden Fragmentierungsprozess auf (↗ S. 39 ff.).

In der musikalischen politischen Avantgarde spielte der italienische Komponist LUIGI NONO (1924–1990) eine bedeutende Rolle. In seinen Werken nahm er zu zahlreichen politischen Fragen Stellung, indem er zumeist stark verfremdete und stilisierte Texte mit Titeln, Widmungen, Zitaten oder Anspielungen auf den jeweiligen Gegenstand musikalisch verband und durch Tonfälle und Gestus objektivierte.

So griff NONO u. a. solche Themen auf, wie den Überfall auf die baskische Stadt Guernica durch die deutsche Luftwaffe 1937, die Verbrechen im Konzentrationslager Auschwitz, den antifaschistischen Widerstand in Italien und Frankreich, den Atombombenabwurf auf Hiroshima, den Algerienkrieg 1956.
Immer wieder thematisierte er die lateinamerikanischen Befreiungsbewegungen und den gewöhnlichen Kapitalismus. Zu Letzterem gehörte z. B. „La fabbrica illuminata“ (1964) für Singstimme und Tonband mit der Geräuschwelt einer italienischen Stahlfabrik als Materialgrundlage.

Abb.: Plakat zu LUIGI NONOS Bühnenwerk „Al gran sole carico d´amore“ (1975)

Ein Aufflammen agitatorischer politischer Musik für Straße, Demonstration und Versammlung gab es ab 1966/1968 durch die Studenten- und Jugendbewegung vor allem in den USA, in Japan und Westeuropa. Die Komponisten bezogen dabei verstärkt volks- und populärmusikalische Elemente sowie internationale Folklore ein. Sie wollten die Kluft zwischen der Unterhaltungsmusik und der ernsten Musik überwinden.

Zu denen, die sich in dieser Phase nachhaltig einbrachten, gehört HANS WERNER HENZE (geb. 1926, ↗ Abb.). Er verstand sich seit Ende der 1940er-Jahre einerseits als Teil der Avantgarde. Andererseits betrachtete er sich insoweit als Außenseiter, als er sich von der seriellen Durchkonstruktion distanzierte und versuchte, mit Werken im Bereich des Musiktheaters ein breiteres Publikum zu erreichen.

▶ Werke im Bereich des Musiktheaters waren zunächst in der Avantgarde verpönt.

Mit seinem Werk „Das Floß der Medusa. Oratorio volgare e militare in due parti – per Che Guevara“ für Sopran, Bariton, Sprechstimme, gemischten Chor und Orchester sorgte HENZE 1969 für einen großen Konzertskandal. Vorlage war das gleichnamige Bild von THÉODORE GÉRICAULT (1791–1824).
Am Beispiel einer ehedem sensationellen Rettung aus einem Schiffbruch wurden die Merkmale der Klassengesellschaft aufgezeigt. Alle sitzen in einem Boot, aber nicht als Gleiche.

Neben dem umfangreichen Musiktheaterwerk von HANS WERNER HENZE kehrte die Avantgarde mit BERND ALOIS ZIMMERMANNS (1918–1970) großem Musiktheaterwerk „Die Soldaten“ (1958/1965) auch wieder in die Oper zurück. Viele seiner Werke sind engagierte Musik mit religiöser Einfärbung.

Dazu gehört das groß angelegte, zwischen Nazi-Reden und Beatles-Song montierte Sprechstück „Requiem für einen jungen Dichter – Lingual“ (1967/69) für Sprecher, Sopran, Bariton, 3 Chöre, elektronische Klänge, Orchester, Jazzcombo und Orgel, das nach Texten verschiedener Dichter, nach Berichten und Reportagen entstand.

Notenbeispiel: aus der Partitur „Sonate“ von BERND A. ZIMMERMANN

Die Veränderungen, die mit der Politisierung der Musik im Konzertbetrieb ausgelöst wurden, bewirkten, dass seit den 1970er-Jahren auch Komponistinnen immer stärker in Erscheinung traten.

Auseinandersetzung mit außereuropäischer Musik

Ansätze eines **Konzepts von Weltmusik** als Integration von Elementen verschiedener Musiken entstanden nach den 1960er-Jahren.

Bekannte Komponistinnen sind u. a. YOUNGHI PAGH-PAAN (geb. 1945), KAIJA SAARIAHO (geb. 1952), ADRIANA HÖLSZKY (geb. 1953), KARIN REHNQVIST (geb. 1957), ANETTE SCHLÜNZ (geb. 1964).

Ausgehend von einem deutlich gewachsenen Interesse an außereuropäischer Musik in den westlich-euroamerikanischen Ländern wurden Musik- und Kultursynthesen verschiedener Art angestrebt und realisiert.

Der US-Amerikaner STEVE REICH (geb. 1936) studierte z. B. im westafrikanischen Ghana Trommeltechniken und setzte diese Erfahrungen ab 1971 mit einem eigenen Ensemble um. Er schuf ein dichtes polymetrisches Geflecht durch Phasenverschiebungen rhythmischer Patterns, so in seinem Werk „Drumming“ (1971) für 4 Paar Bongotrommeln, 3 Marimbas, 3 Glockenspiele sowie männliche und weibliche Stimmen. PETER MICHAEL HAMEL (geb. 1947) studierte in Asien vor allem indische Musik. Er kombinierte diese sowie Verfahren seiner Improvisationsgruppe in Werken wie „Dharana“ (1973) für Orchester und Gruppe.

Umfassend angelegt war die von ISANG YUN (1917–1995, ↗S. 218), einem aus Korea stammenden Komponisten, entwickelte Synthese. Seine besondere Musiksprache resultierte aus der Verbindung westlich- avantgardistischer Techniken mit den Traditionen chinesisch-koreanischer Kunstmusik.

Ein frühes und bezeichnendes Werk ist „Loyang" für Kammerensemble (1962). YUN spielt hier auf die chinesische Hofmusik vor 1 000 Jahren an – ihr Zentrum war die Stadt Loyang. Mit besonderen Spielweisen, wie Vibrato und Glissando, bildet YUN auf europäischen Instrumenten Wirkungen ostasiatischer Instrumente nach. Die Haupttöne werden als Einzeltöne und stehende Klänge mit Färbungen, Tonhöhennuancierungen und Umspielungen heterophon verwirklicht. Die Melodie erscheint so nicht als Linie, sondern als „Pinselstrich".

Rückzüge und Rückgriffe

Seit Beginn der 1970er-Jahre machte sich eine starke Tendenz des musikalischen Rückzugs von der Welt und der Rückgriffe auf Traditionen und Geschichte geltend. Sie äußerte sich in Strömungen, die von der **Minimal Music** bis zum **Neoexpressionismus** reichten.

Einer Vereinfachung der internen Strukturen wie der Bezüge zur Welt entsprach die seither sehr erfolgreiche, von den USA ausgehende **Minimal Music.** Sie beschränkte sich auf einfache, diatonische Skalenausschnitte als Muster, die in endloser Wiederholung und minimaler Variation meditative und tranceähnliche Wirkungen hat. Einer der Initiatoren war TERRY RILEY (geb. 1935), populär wurde damit PHILIP GLASS (geb. 1937).

▶ Die Strömung der spektralen Musik setzte verschiedene Traditionen der Avantgarde um 1905 und auch vor 1900 sowie die des Futurismus vor 1914 fort. Sie kann als weitere Auffächerung der Klangkomposition der 1960er-Jahre aufgefasst werden.

Eine andere, das musikalische Material erweiternde Art des Rückzugs von der Welt war das seit den 1970er-Jahren neu entfachte Interesse an **Mikrotonalität.** GIACINTO SCELSI (1905–1988) gehörte mit Stücken jeweils über einen einzigen Ton hierzu, ebenso die 1973 gegründete GROUPE DE L'ITINÉRAIRE, der u. a. GÉRARD GRISEY (1947–1998) und MICHAEL LÉVINAS (geb. 1949) angehörten. Auch der Österreicher GEORG FRIEDRICH HAAS (geb. 1953) prägte die **spektrale Musik,** die von Gegebenheiten der Obertonspektren ausgeht.

▶ Bei fast allen Vertretern der Postmoderne wurde Polystilistik als Montage verschiedener historisch-stilistischer Materialien – bis hin zum Rückgriff auf Tonalität – genutzt.

In den Rückzügen von der Welt und aktivem kompositorischem Eingreifen schlug sich auch die Ideologie der **Postmoderne** nieder. Das hatte sich bereits in den 1960er-Jahren mit dem Schlagwort „postseriell" vorbereitet. Postmoderne war zum einen eine „resignierte" Fortsetzung der Moderne. Montage- und Zitatverfahren sowie verstärkte Einbeziehung musikalischer Traditionsbestände erweiterten und bereicherten die Musiksprache der klassischen Avantgarde, wie ALFRED SCHNITTKE (1934 bis 1998) mit seiner Polystilistik. Da, wo kein neuartiges Material entstand, wurde Postmoderne zum anderen zur Anti-Moderne. So wurde z. B. um 1977/1978 eine „Neue Einfachheit" propagiert und gegen die angeblich zu komplexe und schwierige Neue Musik gesetzt.

Von den hier zugeordneten Komponisten sind einige abzuheben, so z. B. WOLFGANG RIHM (geb. 1952) und MANFRED TROJAHN (geb. 1949). Mit der von ihnen betonten Spontaneität, dem Ausdruck und der Subjektivität sind sie Vertreter der **Neoromantik** oder des **Neoexpressionismus.**

WOLFGANG RIHM wurde mit seiner pathos-, affekt- und klangbetonten Musik seit Ende der 1970er-Jahre rasch zu einem führenden Vertreter der zeitgenössischen Musik in Deutschland.

Notenbeispiel: Anfang des Klavierstücks Nr. 5 (1975) von WOLFGANG RIHM

Erweiterung der Avantgarde-Traditionen

Fortgesetzt und erweitert wurden auch die realitäts- und zukunftsorientierten musikalischen Avantgarde-Traditionen. Komponisten strebten an, dem Publikum in gesellschaftlicher Verantwortlichkeit politisch-soziale wie ästhetische Fortschritte zu vermitteln bzw. es kritisch aufzuklären.

KLAUS HUBER (geb. 1924, ↗ Abb.) komponierte von 1975/78 bis 1981/82 das Oratorium „Erniedrigt – Geknechtet – Verlassen – Verachtet" (1984 uraufgeführt). Dem Werk liegt das Bestreben HUBERs zugrunde, die „Bergpredigt" aus dem Neuen Testament und „Das Kommunistische Manifest" musikalisch zusammenzubringen.
Die Komposition verschränkt Grelles, Grässliches, Illustratives, Einfaches, Schönes. Zahlreiche Zitate aus der Tradition mit Realitätszitaten von Marschtritten über Folterschreie bis zu Nazi-Schlager und US-Hymne wurden verwendet.

Der Titel, den HUBER für sein Oratorium wählte, entstammt dem „Kommunistischen Manifest" (1848), das von KARL MARX und FRIEDRICH ENGELS verfasst wurde.

HUBER verband auch die lateinamerikanische „Theologie der Befreiung" mit einer weltoffenen Stellungnahme gegen neokolonialistische und imperialistische Unterdrückung. Solche großen Traditionslinien können in die Zukunft reichen. Sie sind gerade auch für Komponierende an der

4

Die in Argentinien als Kind griechischer Eltern geborene, heute in Uruguay lebende Komponistin GRACIELA PARASKEVAIDIS (geb. 1940) charakterisierte Musik folgendermaßen: „Musik war nie eine universale Sprache. Sie wurde oft und wiederholt missbraucht als kulturelle Waffe für Herrschaftszwecke, um durch ‚höhere' Ausdrucksmittel solche als ‚niedriger' stigmatisierte Ausdrucksmittel zu ersetzen. Das nannte man anlässlich der 500-Jahr-Feier [1992] der ‚Entdeckung' eines Kontinents ‚Begegnung' zweier Kulturen."

Peripherie und in Entwicklungsländern bedeutsam, wo es um Emanzipation, um Aneignung des Fremden, Abgrenzung von abstraktem Universalismus und Behauptung des Eigenen bei der Herausarbeitung einer spezifischen, individuellen und doch weltoffenen Musiksprache geht. Gegen „alte oder neue Einfachheit" steht eine neue und doch traditionsbezogene Komplexität und weltorientierte Vielfalt, die sich auch in der Musik niederschlägt.

KLAUS HUBER und HANS WERNER HENZE zählen zu den ältesten **Komponisten der Avantgarde-Tradition,** zu der älteren Generation u. a. HELMUT LACHENMANN (geb. 1935), GEORG KATZER (geb. 1935), ARIBERT REIMANN (geb. 1936), FREDERIC RZEWSKI (geb. 1938), NICOLAUS A. HUBER (geb. 1939), GRACIELA PARASKEVAIDIS (geb. 1940), CORIÚN AHARONIÁN (geb. 1940), FRIEDRICH GOLDMANN (1941–2009), FRIEDRICH SCHENKER (geb. 1942), MATTHIAS SPAHLINGER (geb. 1944), YOUNGHI PAAGH-PAAN (geb. 1945), GERHARD STÄBLER (geb. 1949), HERMANN KELLER (geb. 1945), SALVATORE SCIARRINO (geb. 1947).
Zu den jüngeren, nachrückenden Komponisten und Komponistinnen gehören u. a. HEINER GOEBBELS (geb. 1952), JAKOB ULLMANN (geb. 1958), HANSPETER KYBURTZ (geb. 1960), HELMUT OEHRING (geb. 1961), CLAUS-STEFFEN MAHNKOPF (geb. 1962), ISABELL MUNDRY (geb. 1963), ALAN HILARIO (geb. 1967), OLGA NEUWIRTH (geb. 1968).

4.6.4 Zwischen lokaler Szene und Internet

Seit den 1990er-Jahren wurden Computer und verschiedene Medien in der Produktion und Reproduktion von Musik selbstverständlich.

Nach 1990 intensivierte sich im Zuge der Globalisierung und unter den Bedingungen einer unilateralen Weltherrschaft der internationale Musikaustausch. Auch wenn die Dominanz der euroamerikanischen Zentren blieb, nahmen Beiträge aus den Peripherien deutlich zu. Zugleich verstärkte sich weltweit die Rolle lokaler „Szenen" in den Großstädten als Gegengewicht zur Globalisierung.
Obwohl die subventionierte Musikkultur immer kleiner gehalten wird, ist sie nach wie vor bedeutsam.

„KunstRaum Drochtersen-Hüll" oder das Kunst- und Kommunikationsprojekt „Voxxx" in Chemnitz sind z. B. lokale Veranstaltungsprojekte, die mit neuen Verfahren und Klängen experimentieren.

Sie gruppiert sich um Rundfunksender oder lokale Ensembles mit überregionaler Ausstrahlung, wie das Frankfurter „Ensemble modern", das Freiburger Ensemble „Recherche" oder das Kammerensemble „Neue Musik Berlin".

Daneben bildet sich in selbstverwalteten, nichtkommerziellen Institutionen und kleinen lokalen Gruppen vielfältig Neues. Trotz wachsenden wirtschaftlichen Drucks und der Ökonomisierung aller Lebensverhältnisse bleiben hier das musikalische Experiment, das Ausprobieren ungewohnter Verfahren und Klänge die Grundlage des Schaffens.

Klanginstallation

Neue Gesamtkunstwerk-Konzepte wurden entwickelt und waren darauf gerichtet, die Kluft zwischen Kunst und Leben zu überwinden.

> Seit den 1990er-Jahren kam verstärkt die **Klangkunst** – Sound Art, Audiokunst, Klanginstallation u. a. – auf.

Im Vordergrund steht die Verbindung von Musik mit Räumen, Bewegung, Licht, bildender Kunst. Nur die Wortsprache bleibt weitgehend ausgeklammert. Klangkunst trat und tritt in zwei **Hauptformen** auf.

- Als Klangskulptur oder Installation in Kunstgalerien, Museen und anderen Orten kann sie Aktivität bzw. Interaktivität und Sensibilität des Publikums fördern.
- Als Klanginstallation an öffentlichen Orten, wie Plätzen und Straßen, verschmilzt sie dagegen mit dem allgemeinen Geräusch der städtischen Klanglandschaft und präsentiert sich als Hintergrundmusik und neue akustische Raum- und Ortserfahrung.

Foto: Licht-Klang-Installation „Feuer Licht Himmel" der Künstlerin CHRISTINA KUBISCH

Wichtige **Vertreter und Vertreterinnen der Klangkunst** sind die US-Amerikaner MAX NEUHAUS (geb. 1939) und BILL FONTANA (geb. 1947), der Kanadier ROBIN MINARD (geb. 1953), der Däne HENNING CHRISTIANSEN (geb. 1932), der Österreicher BERNHARD LEITNER (geb. 1938), der Schweizer WALTER FÄHNDRICH (geb. 1944), der Katalane LLORENC BARBER (geb. 1948), die Deutschen CHRISTINA KUBISCH (geb. 1948), KATJA KÖLLE (geb. 1955), ROLF JULIUS (geb. 1939), ANDREAS OLDÖRP (geb. 1959). Vorformen der Klangkunst schufen u. a. der vorwiegend in Frankreich arbeitende Ungar NICOLAS SCHÖFFER (1912–1992) oder der schweizerische Bildhauer JEAN TINGUELY (1925–1991).

Unter dem Gesichtspunkt des Gesamtkunstwerks ergaben sich auch Querverbindungen zu der bereits Mitte der 1970er-Jahre aufgekommenen Gattung der **Performance Art** als einem umfassenden, Singen und Wort einschließenden Live-Gesamtkunstwerk. LAURIE ANDERSON (geb. 1947) vertritt z. B. diese Gattung, in die auch Elemente von Improvisation und Jazz einbezogen werden.

Multimedia erschien in den 1990er-Jahren als Fortsetzung von Tendenzen aus den frühen 1960er-Jahren, nun aber als breite, vergleichsweise populäre Strömung. Vertreter dieser Strömung sind z. B. SABINE SCHÄFER (geb. 1957) und CARSTEN NICOLAI (geb. 1965). In den frühen 1960er-Jahren hatte u. a. JOSEF ANTON RIEDL (geb. 1927/1929) die Multimedia-Strömung begründet.

Computerkomposition und Internet

▶ Neue Ansätze der Computerkomposition entwickelte z. B. der aus Indien stammende CLARENCE BARLOW (geb. 1945).

> **Computer** werden nicht nur als Instrumente der kompositorischen Arbeit, sondern auch als Mittel des Musizierens verwendet.

Computer werden im Kompositions- und Realisierungsprozess von Musik sowohl als Konstruktions- wie als Klanginstrumente neben anderen genutzt. Sie sind darin dem Synthesizer vergleichbar. Komponieren mittels Computer ist häufig interaktiv. Verfahren wie Sound Sampling werden ebenso produktiv genutzt wie Medien aller Art.

- Eine Reihe von Komponisten schufen z. B. Produktionen für vernetzte Mobiltelefone, so die Niederländerinnen CAROLINE EUSER (geb. 1965) und NATHALIE FABER (geb. 1965).

Foto:
Ein Rechnersystem beschallt einen Fußgängertunnel in Frankfurt am Main abhängig von Tageszeit und Passantenaufkommen.

Die Computerverwendung ermöglicht es, über den Bereich der Interpretation bzw. klanglichen Realisierung hinauszugreifen. So entstehen vielfältige Kreuzungen, Mischungen und Überschneidungen von Technisch-Medialem und „Live", von exakt kalkulierter Vorausplanung und spontanem Reagieren. In einer solchen Vermittlung von Gegensätzen erhalten **Interaktivität** und **Improvisation** einen neuen und höheren Stellenwert in der Musik. Die Improvisation ist somit eine konstante Komponente der Musikpraxis von unterschiedlicher Wichtigkeit geblieben. Sie wurde im Gefolge der Aleatorik (↗S. 225) und durch den Einfluss des Free Jazz (↗S. 290) nach 1960 auch in der Kunstmusik wieder reaktiviert.

> Das **Internet** erweiterte den Computer als Medium des Musizierens. Er wurde zu einem verschiedene Medien bündelnden Meta-Medium.

▶ Durch zeitgleiches Interagieren wurde das Netz zu einem Medium der Musikrealisierung im Sinne eines Co-Streaming. Dabei werden mehrere, voneinander entfernte Live-Streams aus Musikveranstaltungen über das Internet miteinander vermischt.

Das Internet dient nicht schlechthin der Verbreitung von Musik. Es ist zu einem perspektivisch bedeutsamen **Medium des Komponierens** durch die vielfach miteinander verflochtenen Kommunikations- und Austauschprozesse geworden, auch wenn diese gegenwärtig noch in Bezug auf Qualität des Materials und der Verfahrensweisen sowie Intensität der Interaktion begrenzt sind.

- KARLHEINZ ESSL (geb. 1960) und GERHARD ECKEL (geb. 1962) schufen z. B. aus selbstständigen Klangmodulen eine Art musikalischen Hypertext.

Epochen der Musikgeschichte

■ **Musikgeschichte** beginnt mit der Geschichte der Menschheit. Es kann angenommen werden, dass seit der Existenz des Australopithecus vor 4,4 Mio. Jahren und des Homo erectus vor 1,5 Mio. Jahren gesungen, getanzt und Klang erzeugt wurde. Anhand von Sachüberresten kann Musikausübung seit etwa 300 000 Jahren belegt werden.

■ Von ihren Anfängen in den frühen Hochkulturen bis zur heutigen Zeit des Übergangs zur Globalisierung sind vielfältige Musikkulturen entstanden, die sich weiterentwickelt und fortschreitend differenziert haben. Das betrifft auch die europäische bzw. **abendländische Musikkultur,** die in der griechischen und römischen Antike sowie in den Traditionen des Christentums wurzelt und eine große Vielfalt an Formen, Gattungen, Genres und Stilen der Musik hervorgebracht hat.

Musikepochen	
frühe Hochkulturen	In **sieben Hauptregionen der Welt** bilden sich verschiedene Musikkulturen heraus: in Mesopotamien, Ägypten, Indien, China, Süd- und Mittelamerika, Afrika, Ozeanien. Einige gehen unter, andere werden durch den Kolonialismus zerstört (Amerika, Afrika). Alle wirken aber wenigstens indirekt weiter.
griechische und römische Antike	Anknüpfend an Elementen der frühen Hochkulturen werden Grundlagen der Musik geschaffen, auf die das heutige Musikdenken zurückgeht. Das betrifft im Besonderen das mathematisch kalkulierte **griechische Tonsystem** mit sieben Oktavgattungen und die Auffassung von **Musik als Gesamtkunstwerk** in der Einheit von Tanz-, Ton- und Dichtkunst.
Spätantike und europäischer Feudalismus	Mit dem Aufkommen des Christentums wird vor allem die Kirche zum Träger und Förderer der Musikentwicklung. Der **gregorianische Choral** als chorisch und solistisch **einstimmiger** liturgischer Gesang der römischen Kirche wird bestimmend. Seit dem 9. Jh. werden die Melodien durch linienlose **Neumen** überliefert. **Melodische Mehrstimmigkeit** entwickelt sich in der Wechselwirkung von Komposition und Notation. Die einfachsten Formen der Mehrstimmigkeit sind die Stimmführung in Quintparallelen (Quintorganum) und in Quarten (Quartorganum). Mit der mittelalterlichen Mehrstimmigkeit im 12. und 13. Jh. beginnt im eigentlichen Sinn die abendländische Komposition. Die **rhythmische Notation** wird entwickelt, zunächst die Modal-, dann die Mensuralnotation der Ars nova. Im 11. Jh. findet **weltliche Musik** in Form von Spielmannskunst und Minnesang Verbreitung. Neue Techniken, Gattungen und Formen der Mehrstimmigkeit entstehen in der **Renaissance-Musik** vorwiegend frankoflämischer Komponisten. In Kathedralen und an Fürstenhöfen wird die Renaissancekultur gefördert. Durch den **Notendruck** wird Musik verbreitet und weiter verweltlicht. Die Musiktheorie wird praxisnäher.

Absolutismus und Barock	Der weiterentwickelte **Generalbass** und der **Wandel des Tonsatzes** geben dem Musikprozess neue Impulse. Die Kompositionsart der **Mehrchörigkeit** findet Anwendung. Die **Monodie** wird für die europäische Oper wichtig. Von grundlegender Bedeutung ist die Entwicklung des **temperierten zwölfstufigen Tonsystems.** So wird es möglich, in allen Dur- und Molltonarten zu komponieren und Tonarten weiträumiger miteinander zu verknüpfen („geschlossener" Quintenzirkel). Gelehrte Kirchenmusik und durch sie geprägte Formen werden mit dem Niedergang des Absolutismus durch **galante Musik** abgelöst. **Opern** (Opera seria, Opera buffa) bilden dabei Eckpunkte.
bürgerliche Aufstiegsbewegung	Musik und Musikkultur erfahren eine „Verbürgerlichung". Prägenden Einfluss hat die **Mannheimer Schule,** die vor allem mit der Vereinfachung des Tonsatzes einschneidende kompositorische Neuerungen begründet. Nachhaltig fördern die Komponisten der **Wiener Klassik** in verschiedenen Gattungsbereichen und Formen (Sinfonie, Musiktheater, Klavierlied) die Musikentwicklung. Mit den breiten revolutionären und nationalen Bestrebungen sind volkstümliche Musik und Massenhymnen, politische Lieder, die italienische und deutsche Oper und das Musikdrama verbunden. Die bürgerliche Musikkultur findet besonders im **Konzertwesen** und in der **Virtuosität** von Musikern Niederschlag.
Nationalismus und Moderne	**Nationale Schulen** entfalten sich, die durch Historismus, Archaismus und Exotismus gekennzeichnet sind. Öffentlichkeitswirksame Gattungen, wie Opern, Sinfonien und sinfonische Dichtungen, stehen im Mittelpunkt. Die musikalische Moderne bildet sich mit verschiedenen Strömungen (Verismus, Impressionismus, Symbolismus) heraus. Die **Zweite Wiener Schule** entwickelt mit dem Übergang zur **freien Atonalität** und zur Zwölftontechnik grundlegende Neuerungen. Zum Grundbestand der Neuen Musik gehören **Montage- und Collageverfahren** von unterschiedlichen Klangmaterialien. Neue Tendenzen der Materialentwicklung werden auch durch den **Futurismus** begründet.
Übergang zu einer globalisierten Welt	Der Globalisierungs- und Technisierungsprozess beeinflusst zunehmend die musikalische Entwicklung. Bis Ende der 1930er-Jahre bilden sich **neue Strömungen,** aber auch **Gegenströmungen** heraus: Futurismus und Dadaismus, Neoklassizismus und Neue Sachlichkeit. Dann bleibt die Musikentwicklung nahezu stehen. 1945 ist ein Neubeginn und zugleich wichtiger Einschnitt. Die **serielle** und die elektroakustischen bzw. **elektronische Musik** entstehen. Als Kompositionsverfahren werden **Aleatorik , Klang- und Sprachkomposition** genutzt. Die Auseinandersetzung mit außereuropäischer Musik nimmt immer mehr zu. Seit den 1990er-Jahren gewinnen **Computer** und **Internet** zunehmend auch als Medien des Musizierens und des Komponierens an Bedeutung.

Wissenstest 4 auf **http://wissenstests.schuelerlexikon.de** und auf der DVD

Gattungen der Musik

5

5.1 Vokalmusik

Gattungen fassen einzelne Stücke bzw. Werke nach gemeinsamen Merkmalen zu Typen zusammen und bilden sich durch ein Gefüge von Regeln und Normen. Diese vermitteln zwischen den Absichten der Komponisten, der allgemeinen Musiksprache – der Kultur, der Zeit – und den Erwartungen der Hörer.

Musikalische Gattungen sind Modelle des Komponierens. Sie sind Bezugspunkte für die Musizierpraxis, in denen die Überlieferung von musikalischen Material- und Stilformen erfolgt.

Jede Kultur, jede Zeit hat ihr eigenes Gattungssystem. Auch die Merkmale, nach denen Gattungen bestimmt werden, wandelten sind.

Bis etwa 1760, in das bürgerliche Zeitalter, bildeten sich Gattungen durch **Zweckbestimmungen der Musik.** Konstituierend waren solche Funktionen wie Unterhaltung, Liturgie, Repräsentation. Verbunden damit waren ein jeweils bestimmtes Verhältnis zum Publikum, ein bestimmter Charakter der Darbietung (öffentlich oder privat), der Stil des Musizierens (z. B. Kammer-, Kirchen-, Theaterstil), der ästhetisch-gesellschaftliche Anspruch (für breite Schichten oder für Eliten).

Die **Art der Texte** – sofern als weltliche, geistliche, Vers oder Prosa vorhanden – sowie Tonsatz und formale Struktur haben sich ebenfalls als Bestimmungsmerkmale von Gattungen herausgebildet.

Mitte des 18. Jh.s kamen **Besetzungstypen** hinzu (z. B. Streichquartett oder Sinfonie), Formschemata (Sonate oder Suite), Charakter bzw. Ton und Gestus (Lied oder Song).

Die Menschen sangen zu allen Zeiten, in nahezu allen Situationen und bei allen Gelegenheiten, oft in Einheit mit elementarer instrumentaler Betätigung durch den Körperschlag, wie z. B. Händeklatschen. Gesungen wurde bei Arbeit und Fest, Freude und Trauer, zur Geselligkeit und bei religiöser Einkehr. Solche Anlässe führten innerhalb der verschiedenen Kulturen zu einer großen Vielfalt der Gattungen. Arbeitslied und Totenklage, magische Beschwörung in Heilritual oder Gebet, gemeinsames oder einsames Singen, Ringelreihen und Opernarie entstanden. Die Verbindung mit Instrumentalmusik vervielfachte noch das Gattungsspektrum z. B. durch Lautenlied, Melodram als Sprechen zu Orchester- oder Klaviermusik, Bänkelsang bzw. Moritat.

Abb. von links nach rechts:
Blatt aus dem **Messe**buch von GIOVANNI PIERLUIGI PALESTRINA (1594)

Aufführung der **Oper** „Der Rosenkavalier" von RICHARD STRAUSS, Gemälde von HERMANN STERL, 1912

Rockmusiker PHIL COLLINS (geb. 1951)

5.1.1 Lied

Eine grundlegende und universale Gattung aller Zeiten und Kulturen ist das **Lied.** Sein Grundmerkmal ist das Singen.

Weitere **Grundbestimmungen des Liedes** sind:
1. Es braucht keine instrumentale Begleitung (kann sie aber haben).
2. Es ist einfach in Melodik, Formbau usw., daher auch nicht mehrsätzig. Soweit es mehrteilig ist, besteht es aus einer Reihung gleicher oder ähnlicher Einheiten (Strophen).
3. Es ist einstimmig und kann kollektiv oder solistisch realisiert werden.

Entsprechend seinen verschiedenen Zwecken sind zahlreiche **Liedtypen** entstanden, so u. a. das Wiegenlied, Arbeitslied, Preislied, religiöses Lied, Liebeslied, Ballade, geselliges Lied, Scherzlied, Solidaritätslied, Umweltlied, kontemplatives Lied, Meditation, Totenklage.
Lieder werden vor allem mündlich überliefert. Am ehesten aufgeschrieben werden die Texte.

Eines der frühesten mit Melodie aufgezeichneten Lieder ist das griechische „Seikilos-Lied", entstanden zwischen dem 2. Jh. v. Chr. und dem 1. Jh. n. Chr. Es gehört zur Gattung des „Skolion", des Trinklieds.

Die Geschichte des deutschen mehrstimmigen Liedes beginnt nach Ansätzen bei OSWALD VON WOLKENSTEIN (↗S. 171 f.). Im 16. Jh. bildete sich das instrumental begleitete Sololied heraus.

Das Lied bildet eine Einheit von Text und Ton.

Diese Einheit ist zwar trennbar, eine Melodie kann mit neuem Text oder in verändertem Zusammenhang verwendet werden, was z. B. bei einer Parodie zutrifft. Aber das Lied bleibt in Struktur und Gehalt seines Textes an die Singbarkeit gebunden.

Umgekehrt sind die **musikalischen Merkmale des Liedes** aus der Sprachgebundenheit abzuleiten. Es sind vor allem Einfachheit, Geschlossenheit der Melodie, kleiner Tonvorrat und Tonumfang, kurze Motive, metrisch-rhythmisches Gleichmaß, Gliederung in deutliche Abschnitte, wie Zeilen, Verse und Strophen – mit wechselndem Text und gleichbleibender Melodie.

Grundlegend werden Volkslied und Kunstlied unterschieden.

Lied, abgeleitet von mhd. *daz liet* für die einzelne Strophe und *diu liet* für die Summe der Strophen eines sangbaren Gedichtes;
dem deutschen Begriff Lied entspricht frz. *mélodie* oder *chanson,* engl. *song,* ital. *canzona*

Mehrstimmigkeit, die es auch im Volkslied gibt, unterliegt der improvisatorischen und/oder mündlich überlieferten Realisierung. Sie entwickelte sich in der Kunstmusik vom Kunstlied bis zum Madrigal.

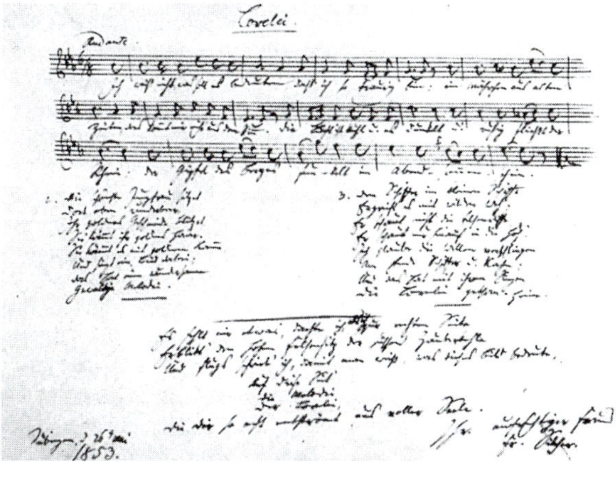

Abb.:
PHILIPP FRIEDRICH SILCHER (1789–1860, Melodie zum Gedicht „Die Loreley" von HEINRICH HEINE (1797 bis 1856)

Volkslied

Der Begriff **Volkslied** geht auf JOHANN GOTTFRIED HERDER (1744–1803) zurück. Er benutzte ihn als Lehnübersetzung des engl. Begriffes *popular song* 1773. Neutraler, aber auch entsprechend ist der Begriff Folklore, engl. *folk* = Volk und *lore* = Lehre oder Überlieferung. Folklore wurde 1846 in England als Bezeichnung für die gesamte Volkskultur geprägt. Im deutschen Sprachraum fand der international schnell verbreitete Begriff erst nach 1945 Aufnahme.

Die Gattung Volkslied umfasst Lieder, die in den unteren Schichten der Gesellschaften, dem Volk, entstanden und entstehen.

Volkslied ist eine Sammelbezeichnung für verschiedenartige ein- oder mehrstimmige Gesänge in einer Volkssprache. Volkslieder sind inhaltlich allgemein verständlich, formal und melodisch einfach gebaut und können leicht gesungen werden.

Volkslieder werden zumeist anonym produziert, verbreitet und überliefert. Soziale Trennlinien werden dabei oft überschritten. Das Volkslied repräsentiert seinem Gehalt nach Allgemeines.

Das Gedicht „Die Loreley" von HEINRICH HEINE wurde in der Vertonung durch FRIEDRICH SILCHER (Autograf, ↗S. 239) rasch zu einem Volkslied, wobei die Autoren in Vergessenheit gerieten.
Viele Lieder sind tatsächlich anonym, wie das bis in das 18. Jh. verbreitete vom „Lindenschmid" oder das bis heute bekannte Kinderlied „Maikäfer, flieg".

Foto:
Chor des deutschen Sängerbunds

Das erste deutsche Sängerfest, das 1827 in Plochingen am Neckar stattfand, stand z. B. unter dem Motto „Niedersinken vor des Gesanges Macht der Stände lächerliche Schranken".

Volkslieder werden als Solo- oder Chorlieder gesungen. Gemischte Chöre, vor allem Männergesangsvereine, veranstalteten seit der Romantik und Restauration nach 1800 neben dem regelmäßigen Vereinsleben Sängerfeste. Die gesellige Orientierung verband sich bis 1848 häufig mit demokratischen und sozial versöhnenden Idealen.

Das Volkslied umfasst verschiedene **Liedtypen,** wie Ballade, Heimat-, Wander-, Abschieds-, Rätsellied. Entstanden sind traditionelle Formen des Ständelieds, wie Bauern-, Handwerker-, Räuber-, Soldaten-, Studentenlied. Seit der Renaissance und Reformation gibt es die städtisch-plebejische Folklore mit Liedtypen wie Gassenhauer oder Zeitungslied.

Vielfältig sind auch die **Stile** sowie die **textliche und musikalische Gestalt.** Es gibt komplizierte Strophenformen (z. B. „Lindenschmidstrophe") und ausgreifende Melodien (z. B. „Stille Nacht, heilige Nacht"), abwechslungsreiche und kurzzeilige Strophen (z. B. „Hänschen klein, ging allein"), engräumige Melodik und auf zwei Grundfunktionen beschränkte Harmonik (z. B. „Laterne, Laterne, Sonne, Mond und Sterne").

Für die „Lindenschmidstrophe" ist auch der Balladengestus charakteristisch.
Die im nebenstehenden Textbeispiel vorgenommenen Kennzeichnungen sind Hauptakzente (´) und Nebenakzente (`).

„Was wóllen wir síngen und hében án?
Das bést das wír gelérnet hán
Ein néwes líed zu síngèn;
Wir síngen von éinem édelmánn
Der héist Schmid vón der Líndèn."

Stofflich, textlich und musikalisch ist das Volkslied eingebunden in seine Zeit. Die durchschnittliche Lebensdauer beträgt zumeist nur drei bis vier Generationen, also etwa einhundert Jahre. Allerdings gibt es auch langlebige Lieder, durch Verbreitung in Liederbüchern oder im Schulunterricht, durch Bindung an Bräuche oder durch Mangel an Neuproduktionen in isolierten Gebieten.

Isolierte Gebiete sind z. B. deutsche Sprachinseln auf dem Balkan. Hier wurden manche Lieder erhalten und gepflegt.

Zu den langlebigen Volksliedern gehören z. B. „Stille Nacht, heilige Nacht" (1818) von FRANZ XAVER GRUBER (1787–1863) oder „Der Mond ist aufgegangen" von MATTHIAS CLAUDIUS (1740–1815) und JOHANN ABRAHAM PETER SCHULZ (1747–1800).

Das Volkslied ist nicht sehr alt, auch wenn Typen und Schemata auf fernere Zeiten zurückgehen. Das absichtliche oder oft unabsichtliche Verändern durch „Umsingen" erhält Volkslieder und passt sie an veränderte Gegebenheiten an. „Liedermacher" spielen deshalb eine große Rolle.

Das **Revival,** die aktualisierende Wiederbelebung traditioneller Folklore, wird häufig im Zusammenhang mit lokalen und regionalen Protestbewegungen, z. B. mit Anti-AKW-Aktionen, genutzt.

Kunstlied

Das **Kunstlied** ist ein von Komponisten geschriebenes Lied. Seine Ausprägung nach 1750 ist in der Regel solistisch.

Hauptformen des Kunstliedes sind seit der Wiener Klassik
- das mit Klavier begleitete Lied,
- das mit Orchester begleitete Lied und
- der von Ensembles begleitete Gesang.

Mehrstimmige Kunstlieder waren zwischen etwa 1470 und 1580 vorwiegend polyphon gesetzt, vorwiegend homophon seit dem Generalbasszeitalter ab 1580.

Im Verlauf der Musikgeschichte wurden Singstimme wie instrumentales Begleitsystem zunehmend komplizierter. Dennoch blieben im Allgemeinen – anders als bei der Arie – Einfachheit und Sangbarkeit erhalten.

Die Gattung Kunstlied ist wesentlich älter als vielfach angenommen wird. Sie hat eine vielgestaltige Geschichte, die z. B. den Minnesang, die mittelalterliche Liedkunst oder das Tenorlied einschließt.

Entwickelt und geprägt wurde der Idealtypus des Kunstliedes vor allem durch FRANZ SCHUBERT (1797–1828). Alle Grundtypen finden sich bei ihm. Schwerpunkt ist jedoch das einfache, unvariierte oder variierte Strophenlied, z. B. „Der Erlkönig" (1815).

Das Kunstlied wird heute oft verengt auf das (Solo-)Lied mit instrumentaler Begleitung bzw. auf das Klavierlied. Das Kunstlied wurde bereits in deutschen „Liederschulen" ab 1750 vorbereitet. Die im 18. Jh. verbreiteten Liedersammlungen waren eher der Unterhaltung verpflichtet.

Wie schon BEETHOVEN („An die ferne Geliebte", 1816) fasste SCHUBERT Lieder zu Zyklen zusammen, die eine Geschichte erzählen. Dazu gehören „Die schöne Müllerin" (1824, ↗ Abb.) oder „Die Winterreise" (1827).

Bei ROBERT SCHUMANN (1810–1856) gewann der Klavierpart vor allem in den Liedern der 1840er-Jahre an größerer Eigenständigkeit.

HUGO WOLF (1860–1903) setzte in den 1880er-Jahren diese Linie fort. Dagegen bezog sich JOHANNES BRAHMS (1833–1897) auf SCHUBERT und auf das „stilisierte“ Volkslied. ARNOLD SCHÖNBERGs (1874–1951) atonaler, nicht mehr auf eine Grundtonart bezogener Zyklus „Fünfzehn Gedichte“ für Sopran und Klavier (1908/09) stellt den Abschluss des Klavierlieds als bürgerliche Kammermusik-Gattung dar.
Das Liedhafte wurde mit der neuen, atonalen Tonsprache im Wesentlichen aufgelöst. Dennoch gab es u. a. bei HANNS EISLER (1898–1962) seit den 1940er-Jahren eine Entwicklung, in der Textarten, Stile und Haltungen mit neuer, atonaler Idiomatik und SCHUBERT-Tradition produktiv verbunden wurde.

Sehr oft ging das **Orchesterlied** vom Klavierlied aus und konnte so auch als orchestriertes Klavierlied aufgefasst werden – so z. B. bei einigen Liedern von HUGO WOLF aus den 1890er-Jahren. Umgekehrt entstanden Klavierlieder auch als eine Art Klavierauszug oder vorläufige Fassung des Orchesterliedes – so fast durchweg bei GUSTAV MAHLER.

- Diese Verbindung liegt z. B. den „Hollywood-Elegien“ (1942/44) von HANNS EISLER oder seinen „Hölderlin-Fragmenten“ (1943/44) zugrunde.

Neben dem besonders in der Melodik oft am „einfachen“ Volkslied orientierten Strophen- bzw. variierten Strophenlied gibt es das Kunstlied auch als **durchkomponiertes Lied.** Die einzelnen Strophen haben hier jeweils eine neue Melodie – als Variation des Grundmodells oder in gänzlich neuer textausdeutender Form.
Das **Orchesterlied,** das im 19. Jh. entstand, ist das Gegenstück zum Klavierlied. Es ermöglicht, durch die Vielfarbigkeit des Orchesters auch Dramatisches und Theatralisches zum Tragen zu bringen. Mit der radikalen Neuen Musik bildete sich der Typus des **Kammermusik- bzw. Ensembleliedes** aus der Kombination von Solostimme und variablen kammermusikalischen Ensembles heraus. Dieser dominierte nach 1945.

Chanson

> **Chanson** stammt aus dem Französischen und ist wie das deutsche Lied ein umfassender Sammelbegriff für Gesänge vom Volkslied bis zum Kunstlied.

Die Chanson meint den mehrstimmigen französischen Liedsatz in der Renaissance (↗ S. 177). **Das Chanson** meint das im 17. Jh. aufgekommene populäre Strophenlied, das mit den Liedern des französischen Cabarets seit 1880 eine neue Blüte erlebte und im 20. Jh. zahlreiche Formen entwickelte.

Die dreistimmige französische bzw. burgundische Chanson war die führende unter den weltlichen Gattungen im 15. Jh. Sie umfasste thematisch, stofflich und textlich ein weites Spektrum zwischen Künstlichkeit und Unterhaltung. Ende des 15. Jh.s wurde der Satz komplexer, vierstimmig und imitatorisch durchformt, die Oberstimme blieb aber Hauptstimme. JOSQUIN DESPREZ (um 1440–1521) schrieb sogar fünf- und sechsstimmige Chansons.
Nach 1520 war wieder die einfach gehaltene vierstimmige **Pariser Chanson** vorherrschend. Der Satz war zumeist akkordisch, der Text wurde syllabisch – jede Textsilbe entsprach einer Note – vorgetragen. Der französische Komponist CLEMENT JANEQUIN (um 1483–1558) komponierte tonmalerische **Programmchansons** mit Stoffen von Schlachtenlärm bis zu Vogelgezwitscher.
Trotz zahlreicher Ausdifferenzierungen und Anpassungen – so auch als geistliche Chanson – erlag diese polyphone Chanson der Übermacht des satztechnisch führenden Madrigals und verschwand Ende des 16. Jh.s.

Auf der Grundlage des Generalbass-Satzes wurde **Chanson** seit dem 17. Jh. eine Sammelbezeichnung für Strophenlieder vorwiegend heiteren, galanten, satirischen oder sentimentalen Inhalts.

Beim Generalbass-Satz bilden Oberstimmenmelodie und harmonisch geprägter Bass das Gerüst.

Die Vortragskunst erreichte bei modernen französischen Chansons eine ausgesprochene Virtuosität. Der Text steht oft im Vordergrund als gesungener Lyrikvortrag, bei dem auch Musik und Gestik eine große Rolle spielen. Das prägt die Entwicklung des Chansons als Form der populären Musik besonders seit der Französischen Revolution.

Foto: Auftritt der französischen Chansonette EDITH PIAF (1915 bis 1963) in Paris 1959

Bis Mitte des 19. Jh.s wurde das Chanson in geselligen Vereinigungen („Sociétés chantantes“) oder von Straßensängern realisiert. Danach war es die Hauptgattung im Café-Konzert (auch café-chantant). Daran knüpfte das „Chanson littéraire“ an, das literarisch-anspruchsvolle Chanson der 1880er-Jahre. Es wurde vor allem in den neuen Unterhaltungseinrichtungen, den Pariser Cabarets, vorgetragen. Im Unterschied zu Schlager oder Song stehen der artifizielle Text und sein Vortrag im Zentrum.

Schlager und Popsong

Der **Schlager** – ein typisches Produkt der Industriegesellschaft – wurde im deutschsprachigen Raum zu einer eigenständigen Gattung. Er ist ein populäres Unterhaltungs-, Stimmungs- und Tanzlied.

Schlager ist eine deutschsprachige, Song bzw. **Popsong** sind eine angloamerikanische Ausprägung des Liedes. Beide Subgattungen des Liedes gehören zur populären Musik.

Schlager umfassen eine nach Gehalten, Textarten und Stoffen unterschiedene Vielzahl von Typen.

Der deutsche Begriff Schlager bezeichnete in den 1880er-Jahren besondere Verkaufserfolge. Das waren Einzelstücke zumeist aus Operetten oder Singspielen, aber auch neue Liedkompositionen. Der Schlager greift einerseits längerlebige, allgemeine Gefühle, Stimmungen, Stoffe auf, reagiert aber andererseits auch reportagehaft-journalistisch auf Zeitgeschehen und Tagesereignisse. Besonders in den 1920er-Jahren näherte er sich mit einer Ausprägung zwischen Frivolität und Nonsens, Satire und Albernheit nicht selten dem Niveau des französischen Chansons an.

Foto: Auftritt von Popstar MADONNA in Düsseldorf 2008

In der angloamerikanischen Musik wurde der **Popsong** mit seiner 32-taktigen Standardform zu einer universalen Erscheinung, die die Entwicklung der populären Musik seit den 1890er-Jahren prägt.

5.1.2 Madrigal

Die italienische Bezeichnung *madrigale* geht zurück auf das lat. *matricalis* = von der Mutter; übertragen so viel wie Gesang in der Muttersprache oder kunstlos-natürlicher Gesang. Um 1313 wurde die Gattungsbezeichnung erstmals erwähnt. Die Texte, zumeist von Liebeserlebnissen handelnd, aber auch satirischen oder politischen Inhalts, waren zur Vertonung bestimmt.

Das **italienische Madrigal** ist eine mehrstimmige kunstmusikalische Gattung. Die Texte sind zumeist weltlich, die Spannweite der Stoffe und Texttypen groß. Ein zentrales Thema ist die Liebe.

Der Tonsatz ist in der Regel kunstvoller als der der französischen Chansons um und nach 1500. Das Madrigal entstand in der Frührenaissance, im 14. Jh. Seit etwa 1530 entwickelte es sich zur wichtigsten weltlichen Gattung, in der sich entscheidende musiksprachliche und satztechnische Neuerungen vollzogen. Praktisch alle bedeutenden Komponisten bis etwa 1620 waren daran beteiligt. In seiner Blütezeit – im 16., frühen 17. Jh. – wurde das Madrigal in anspruchsvollen Laienchören gepflegt. Auch heute gibt es Madrigalchöre.
Das Madrigal besteht aus zwei oder mehr „Terzetti" – Strophen mit je drei Versen, musikalisch Teil A. Eine meist zweizeilige „Coppia" schließt ab – Ritornello genannt, musikalisch Teil B. Das Madrigal erscheint als mehrstimmige, zunächst zwei-, später dreistimmige solistische Gattung. Die melismatische Oberstimme ist die führende Stimme. Die ergänzende Stimme kann dazu kanonisch geführt werden (kanonisches Madrigal).

Notenbeispiel: Anfang eines zweistimmigen Madrigals von GIOVANNI DA CASCIA

Zu den Komponisten des italienischen Madrigals gehören GIOVANNI DA CASCIA (wirkte etwa zwischen 1325 und 1355), JACOPO DA BOLOGNA (wirkte etwa zwischen 1340 und 1355), FRANCESCO LANDINI (um 1335–1397).

Das musikhistorisch bedeutsamere **Madrigal** entstand im 16. und frühen 17. Jh. Es entwickelte sich in drei Phasen.

Das Madrigal des 16./17. Jh.s war mit dem des 14. Jh.s nicht musikalisch, sondern nur über die Texte und die Funktionsbestimmung als geselliges kunstvolles Lied der gebildeten Schichten verbunden.

1530–1550 Das Madrigal entfaltete sich zu einer Gattung, in der sich die Grundzüge der musikalischen Renaissance besonders nachhaltig ausprägten.	Das Madrigal vertonte italienische Lyrik und verband so weltliche Texte mit Musik. Es war meistens noch vierstimmig und homophon gesetzt. Die Texte waren einstrophig mit ein bis zwei Reimpaaren in freier Abfolge. Hauptmeister waren der Franzose PHILIPPE VERDELOT (gestorben vor 1552), der aus Flandern stammende JAKOB ARCADELT (um 1500–1568) und der Italiener COSTANZO FESTA (um 1480 bis 1545). ARCADELTS erstes Madrigal-Buch erschien 1538 und wurde bis 1654 31-mal aufgelegt.

1550–1580 In dieser Phase wurden der satztechnische Aufstieg des Madrigals und sein Aufstieg zur musikalisch führenden Gattung vollendet.	Das Madrigal wurde in dem Maße, wie es bildhaft (Nachahmung der Natur) und wortausdeutend (die Worte nachahmend) wurde, zur zentralen Gattung der Renaissance-Musik. Es war Teil der „Musica reservata" (↗S. 180). ADRIAN WILLAERT (1480/90–1562, ↗Abb.) und sein Schüler CIPRIANO DE RORE (1516–1565) führten das Madrigal zu einem klassischen Höhepunkt mit einem durch Chromatik intensivierten Ausdruck. Die Fünfstimmigkeit wurde Standard. Auch Sechsstimmigkeit, ein Grenzfall der Polyphonie, kam vor.
1580–1620 Das Madrigal bildete ein weit gefächertes Experimentierfeld für kleingliedrige, bis in das Einzelwort gehende Textausdeutung (Madrigalismen) sowie Enharmonik, Chromatik und sogar Mikrointervallik.	Das polyphone Madrigal schlug in die Monodie (Solo- bzw. Einzelgesang) des Frühbarock ab etwa 1600 um. Triebkräfte waren satztechnisch-harmonische Entwicklungen zusammen mit dem Vordringen des Instrumentalen sowie die Verdichtung des Ausdrucks. Beides führte zu der Konzentration auf eine einzige Stimme. Zu den prägenden Komponisten gehörten CARLO GESUALDO (um 1560–1613), ANDREA GABRIELI (um 1510–1586), ORLANDO DI LASSO (um 1532–1594), CLAUDIO MONTEVERDI (1567–1643, ↗Bild). MONTEVERDI schritt das Spektrum der Gattung aus. Er vollzog die Entwicklung vom polyphonen bis zum monodischen Madrigal. Neben GESUALDO war er der letzte Meister des klassischen Madrigaltyps und zugleich der erste, der das polyphone Madrigal zur Kantate, zum dramatischen Arioso und zum lyrischen Kammerduett weiterführte.

Als neue Ausprägungen der Gattung kamen in der Spätphase das Solomadrigal mit Generalbass als **konzertierendes Madrigal** sowie die **Madrigali pastorali** mit ihrer idyllisierenden, das Landleben verklärenden Schäferpoesie auf. Die Letztere gehört zum Umkreis der frühen Oper, ebenso wie die um 1590 entstandene Madrigalkomödie, bei der die Rollen noch theaterwidrig mehrstimmig – wenn auch deutlich dialogisierend – gesungen wurden. Ein prägender Komponist war ORAZIO VECCHI (1550–1605).
Eine Sonderentwicklung hatte das **englische Madrigal** des elisabethanischen Zeitalters. Mit dem Lautenlied, vor allem von JOHN DOWLAND (1562/63–1626) komponiert, vollzog sich hier wie in Italien ab 1588 die Wendung von der Polyphonie zum monodischen Sologesang.

Die späte internationale Madrigalmode strahlte auch auf Deutschland aus und führte wie in England zu einer Dopplung von italienischsprachigen und deutschsprachigen Werken.
Zu den bedeutendsten deutschen Madrigalkomponisten gehören HANS LEO HASSLER (1564–1612), HEINRICH SCHÜTZ (1585–1672, ↗Abb.) und JOHANN HERMANN SCHEIN (1586–1630).

5.1.3 Motette

▶ Die Bezeichnungen *motetus* und *motecta* bzw. Motette gehen auf das relatinisierte frz. *mot* = Wort, Vers zurück.

Die Motette war eine der zentralen Gattungen der mehrstimmigen Vokalmusik zwischen dem 12. und frühen 18. Jh. Sie ist eine satztechnisch kunstvolle und für vielschichtige – geistliche wie weltliche – Aussagen geeignete Gattung.

▶ Der **Discantus** entstand ab etwa 1100. Er basierte auf den Konkordanzen Oktave und Quinte (anfangs auch Quarte) sowie ihrer Abwechslung und auf dem Prinzip der Gegenbewegung mit Stimmkreuzung. Der Discantus unterscheidet sich vom gleichzeitigen **Organum** grundsätzlich durch den Satz Ton-gegen-Ton und die melodische Gleichberechtigung der Stimmen.

Das ursprüngliche Hauptmerkmal der Motette, die Mehrtextigkeit und teilweise auch Mehrsprachigkeit, verlor sich mit der Renaissance-Motette ab etwa 1450. Es blieb der kunstreiche polyphone Satz, der einzelne Textabschnitte musikalisch durchführte und ausdeutete.

Die Motette entstand um 1200 im Rahmen des Pariser Notre-Dame-Stils als Neutextierung bestehender mehrstimmiger Kompositionen. Die Oberstimmen von Discantus-Stücken erhielten nachträglich lateinische, später vorwiegend französische Texte. Da die Mehrstimmigkeit zugleich Mehrtextigkeit war, stellte die Motette eine Weiterentwicklung des Tropus (↗S. 166) dar.

Die Motette löste sich jedoch bald aus dem liturgisch-kirchlichen Rahmen und verwendete weltliche Texte – bis hin zur Satire und Sozialkritik. Soziale Orte wurden vor allem Adelshof und Universität. Die Motette wurde zur anspruchsvollen Kunst für Gebildete. Die **Mensuralnotation** der Ars nova (↗Abb.) ermöglichte ab etwa 1315 eine exakte Rhythmusnotation. Der Tonsatz konnte damit wesentlich komplexer werden. Herausragender Vertreter dieser Gattung ist der Dichterkomponist und Kleriker GUILLAUME DE MACHAUT (kurz nach 1300–1377).

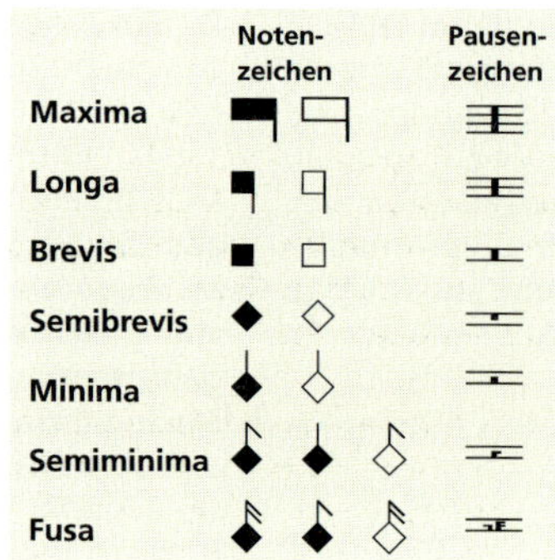

Die isorhythmische Motette führte seit etwa 1315 zu einer bis dahin nicht anzutreffenden Vielschichtigkeit des Tonsatzes.

▶ Die **isorhythmische Motette** wird auch als isoperiodische Motette bezeichnet.

Merkmale und Grundprinzipien der isorhythmischen Motette sind:

1. Dauer und Tonhöhen werden kompositorisch gesondert behandelt. Für beides bildet der Komponist voneinander unabhängige Modelle.
2. Im Tenor wird ein rhythmisch-metrisches Modell festgelegt, die Talea (altfrz. *taille* = Abschnitt). Ihre isorhythmische, also in gleichem Rhythmus erfolgende Wiederholung ist maßgebend für die Gliederung eines Stückes.
3. Ebenfalls im Tenor wird ein melodisches Modell festgelegt, das gleichfalls wiederholt wird, der Color (lat. = Farbe). Die Folge der Colores fällt nicht mit der Folge der Taleae zusammen und bildet dadurch ein zweites strukturelles Gerüst.

4. Die Kombination von Talea und Color wird schließlich vom Tenor auch auf die anderen Stimmen übertragen. Es entsteht eine außerordentliche Vielschichtigkeit und Komplexität des Tonsatzes. Zahlensemantik – bei der Anzahl der Tonhöhen oder Dauern – und andere Verfahren kommen als weitere rhetorisch-musikalische Mittel hinzu.

In der Spätphase, gegen Ende des 14. Jh.s, ergaben sich geradezu moderne polymetrische Bildungen. Nach 1450 wurde die Säkularisierung der Gattung besonders im Schaffen von JOHANNES OCKEGHEM (um 1425–1496) und JAKOB OBRECHT (1450/51–1505) weitgehend zurückgenommen. Dafür wurde die hoch entwickelte motettische Satztechnik für die geistliche Musik erschlossen. Der Zusammenhang mit der ursprünglichen Motette wurde immer schwächer, die Gattungsgrenzen wurden unscharf. Die kunstvoll-polyphone abschnittsweise Textausdeutung blieb als Merkmal.

In den stilistisch vielfältigen Motetten von ORLANDO DI LASSO (um 1532 bis 1594, ↗Abb.) zeigte sich die Einwirkung des italienischen Madrigals.
Im protestantischen Deutschland wurde die **Liedmotette** aufgegriffen und mit dem Choral als Oberstimme u. a. als **Psalmen-** und **Spruchmotette** (englisches Gegenstück: Anthem) ausgebildet.

Die **Liedmotette** entwickelte sich seit dem frühen 15. Jh. als einfachere, oft oberstimmenbetonte Gattung mit Tendenzen zur Homophonie.

Die deutsche Chormotette des 17. Jh.s erreichte ihren Höhepunkt mit der „Geistlichen Chor-Music" (1648) von HEINRICH SCHÜTZ (1585 bis 1672) sowie den anspruchsvollen „6 Motetten" von J. S. BACH (1685–1750) – vier davon waren für achtstimmigen Doppelchor.

Mit der Durchsetzung der bürgerlichen Aufklärung im Verlauf des 18. Jh. s trat die Motette in den Hintergrund.

5.1.4 Messe und Requiem

In der Renaissance, zwischen 1450 und 1550, war die **Messe** kompositorisch-satztechnisch die zentrale, Standards erweiternde und neu setzende Gattung. Sie ist auch heute fest verankert in der christlich-europäischen Musik.

Die **Messe** wurde als Bezeichnung seit Ende des 4. Jh. s für den Messgottesdienst verwendet. Seine feste Form mit lateinischen Texten kristallisierte sich im westlichen Christentum im 5. Jh. heraus.

Die Messe als liturgische Großform entstand im Zusammenhang mit dem Ritual des „Heiligen Abendmahls". Ihre Bezeichnung geht auf die Schlussformel „Ite, missa est" („Geht, es ist getan") zurück.
Abgesehen von einstimmigen Frühformen arbeiteten seit dem 14. Jh. mehrere Komponistengenerationen daran.

5

Foto:
Katholischer Gottesdienst

In Material, Technik, Stil und Satztypen folgte die Messe den epochal und regional jeweils gültigen Standards kunstmusikalischen Komponierens.
Innerhalb der römischen Liturgie bestanden die gesungenen Teile des Messgottesdienstes aus den Sologesängen des Priesters (und Diakons), dem Ordinarium missae und dem Proprium missae.

Ordinarium missae (ordinarium = gewöhnlich, grundlegend)	Proprium missae (proprium = eigentümlich)
enthält fünf feststehende, textlich gleichbleibende Teile: Kyrie eleison, Gloria (in excelsis Deo), Credo (in unum Deum), Sanctus (mit Benedictus qui venit), Agnus Dei	umfasst die Gesänge, die jeweils im Verlauf des Kirchenjahres wechseln

Der Komponist des dreistimmigen Messezyklus aus dem 14. Jh. ist unbekannt.

Die frühesten bekannten mehrstimmigen Messen sind die dreistimmige Messe von Tournai (Nordfrankreich) aus der ersten Hälfte des 14. Jh.s und die vierstimmige durchkomponierte Messe von GUILLAUME DE MACHAUT, die um 1360 entstand.
In der Renaissance-Musik – etwa seit den 1420er-Jahren – rückte die Messkomposition als Ordinariumsmesse in das Zentrum der Entwicklung. Besonders GUILLAUME DUFAY (um 1400–1475) hatte großen Einfluss.

Seine „Missa Caput" (um 1440, Kyrie 1463 ergänzt) war beispielgebend. DUFAY erweiterte den Tonsatz nach dem Vorbild der vierstimmigen Motette durch Hinzufügen eines Contratenors secundus (zweiter Kontratenor) in der Basslage zur volltönenden Vierstimmigkeit. Er verband alle Sätze der Messe zyklisch durch einen gemeinsamen Cantus firmus geistlicher oder weltlicher Herkunft sowie durch ein gemeinsames Anfangsmotiv der Oberstimmen.

1597 übertrug GIOVANNI GABRIELI (1554/57–1612/13) erstmals die venezianische Doppelchörigkeit sowie den instrumental begleiteten Sologesang auf die Messe. Der Neapolitaner ALESSANDRO SCARLATTI (1660–1725) führte die Opera-Seria-Arie in die Messe ein.

In der sinfonisierten **Orchestermesse** der Wiener Klassik erhielt die Gattung nochmals eine neue Ausprägung.

Bedeutende Orchestermessen wurden im 19. Jh. vor allem von HAYDN, MOZART, BEETHOVEN und SCHUBERT, im 20. Jh. von JANÁČEK, MARTINU, STRAWINSKY und SCHNEBEL geschaffen.

JOSEPH HAYDN **(1732–1809)**	Caecilien-Messe (1782), Nelson-Messe (1798), Theresien-Messe (1799), Schöpfungs-Messe (1801), Harmonie-Messe (1802) u. a.
WOLFGANG AMADEUS MOZART **(1756–1791)**	19 Messen, darunter die Krönungs-Messe (1779), die Messen C-Dur (1780) und c-Moll (1782)
LUDWIG VAN BEETHOVEN **(1770–1827)**	zwei große Messen: C-Dur-Messe (1807), Missa solemnis in D-Dur (1819–1823)
FRANZ SCHUBERT **(1797–1828)**	sechs Messen, darunter die As-Dur-Messe (1819–1822) und die Es-Dur-Messe (1828)
LEOŠ JANÁČEK **(1854–1928)**	Glagolitische Messe (1926)
BOHUSLAV MARTINU **(1890–1959)**	Feldmesse Polni mse für Männerchor, Bariton-Solo und Blasorchester mit Klavier, Harmonium und Schlagzeug (1939)
IGOR STRAWINSKY **(1882–1971)**	Mass für Chor und Bläser (1948)
DIETER SCHNEBEL **(geb. 1930)**	Dahlemer Messe (1987/88)

Als kompositorische Gattung hohen Rangs verlor die Messe seit der Aufklärung und besonders im 20. Jh. immer mehr an Bedeutung. Sie löste sich dann in eine Folge von oft herausragenden Einzelwerken auf.

Das **Requiem** ist ein Spezialfall der Messe. Musik- und kompositionsgeschichtlich ist es die Gattung der großen Einzelwerke.

Die Bezeichnung **Requiem** als *„Missa pro defunctis"* = „Messe für die Verstorbenen" wurde von den Anfangsworten des Introitus: *„Requiem aeternam"* = „Ewige Ruhe …" abgeleitet.

Das Requiem ist einer der ältesten Bestandteile der katholischen Liturgie und wird bis heute praktiziert. Es enthält Sätze aus Ordinarium und Proprium missae, mit festliegenden Texten. Credo und Gloria des Ordinarium missae entfallen. Einteilung und Abfolge wurden 1570 festgeschrieben: 1. Introitus, 2. Kyrie, 3. Graduale, 4. Tractus, 5. Sequenz, 6. Offertorium, 7. Sanctus, 8. Agnus Dei, 9. Communio.
Auch das Requiem folgte als langlebige Gattung in Material, Technik, Stil, Satztypen den jeweils gültigen Standards kunstmusikalischen Komponierens. Im Unterschied zur Messe gab es aber – das 16. Jh. ausgenommen – keine derartige Fülle an aneinander anknüpfenden Werken.

Die ältesten mehrstimmigen Requiemsätze sind in einer Handschrift aus dem 15. Jh. überliefert. Der erste vollständig erhaltene Zyklus stammt von JOHANNES OCKEGHEM (um 1425–1496). Eine der jüngsten Requiemkompositionen schrieb HANS WERNER HENZE (geb. 1926) mit „9 geistliche Konzerte für Klaviersolo, konzertierende Trompete und Kammerorchester" (1990 bis 1992).
HENZE orientierte sich in der Satzfolge am traditionellen Requiem und den „Kleinen geistlichen Konzerten" von HEINRICH SCHÜTZ. Er verwandelte die Gattung in eine rein instrumentale politisch dimensionierte Totenklage.

5.1.5 Passion, Oratorium, Kantate

Der **Passion,** lat. *passio domini nostri Jesu Christi* = das Leiden unseres Herrn Jesus Christus, liegt als Text die Leidensgeschichte Christi nach dem Bericht der Evangelisten im Neuen Testament zugrunde. Sie ist prinzipiell in die Liturgie eingebunden.

Die **Passionsgeschichte** war auch Ausgangspunkt und Grundlage der Musiktheatergattung des Passionsspiels vor allem im 14. und 15. Jh.

Die **Passion** ist eine mehrsätzige, in der Regel instrumental begleitete liturgische Gattung.

Passionen sind die längsten Evangeliumsabschnitte der römischen Liturgie. Sie werden an vier Tagen der Karwoche gesungen und zeichnen sich durch eine besondere, feierliche Vortragsweise („Passionston") aus. Entsprechend ihrer neutestamentlichen Textgrundlage enthalten sie dialogische, rollenartige Passagen und damit auch theatralische Elemente, die im spätmittelalterlichen **Passionsspiel** entfaltet wurden. Der biblische Text wurde dramatisiert und auf verschiedene Rollen bzw. Sänger verteilt (etwa seit dem 9. Jh.) sowie jeweils in bestimmter Tonlage (tuba) psalmodierend-rezitativisch gesungen (seit dem 12. Jh. belegt):
- Erzählung des Evangelisten = c^1,
- Worte Christi = f,
- Worte (auch Dialoge) der übrigen Personen bzw. der Soliloquenten (Sprecher) Petrus, Pilatus, Judas usw. sowie der Personengruppen (Turbae) der Jünger, der Juden und weitere Gruppen = f^1.

Die mehrstimmige Vertonung der **Passion** entwickelte sich etwa seit 1450 langsam. Sie erschien in zwei **Grundformen.**

responsoriale Passion (auch als dramatische, szenische oder Choralpassion bezeichnet)	Das dialogische Wechselspiel zwischen Erzähler und Erzählten bzw. ihr Mit- und Gegeneinander wird in drei Typen gestaltet: – mehrstimmig sind nur die Turbae, – mehrstimmig sind auch die Partien der Soliloquenten (die Stimmenzahlen zwischen Turbae und Soliloquenten können auch differenziert werden), – mehrstimmig sind sogar die Worte Jesu. Bis Anfang des 17. Jh.s war die responsoriale Passion vorherrschend. Die erste deutschsprachige Passion erschien um 1530 von JOHANN WALTER.	HEINRICH SCHÜTZ komponierte drei responsoriale Passionen: die Matthäus-Passion, die Lukas-Passion und die Johannes-Passion (bis 1665).
durchkomponierte Passion	Mehrstimmig ist hier auch noch der Bericht des Evangelisten. Der Text wird satztechnisch wie bei der Motette behandelt – daher auch die Bezeichnung **motettische Passion.** Sie übernahm besonders im protestantischen Raum nach dem gegenreformatorischen Konzil von Trient ab 1568 die Führung in dieser Gattung. Charakteristisch für die protestantische Passionsvertonung des 17. Jh.s und zugleich eine Neubildung im Zeichen des barocken konzertierenden Stils war die **oratorische Passion.** Ihre Merkmale sind neugestaltete Rezitative, Arien und selbstständige Instrumentalsätze. Dieser Typus steht in Wechselwirkung mit dem Oratorium, blieb aber grundsätzlich im Funktionszusammenhang mit der Liturgie.	Zum Typus der oratorischen Passion gehören die Passionen von JOHANN SEBASTIAN BACH. Erhalten geblieben sind die Johannes-Passion (1723) und die Matthäus-Passion (wohl 1728/29).

Das **Oratorium** ist eine groß angelegte und besetzte vokalinstrumentale Gattung für Soli, Chor, Orchester. Es hat eine prinzipiell außerliturgische Funktion und wird zumeist nicht szenisch aufgeführt.

Die Gattung **Oratorium** ist nach dem Betsaal (lat. *orare* = beten, bitten) des gegenreformatorischen Ordens der „Oratorianer" (gegründet 1551) benannt. Hier wurde die Laienfrömmigkeit gefördert, u.a. durch Neubelebung der franziskanischen einstimmigen Lauda (Lobgesang). Die Bezeichnung Oratorium findet sich erstmals 1640/41 bei dem italienischen Komponisten PIETRO DELLA VALLE (gest. 1652).

5

Das Oratorium entstand um 1640 in Rom im Gefolge der Gegenreformation. Die Textgrundlage war anfangs geistlich. Seit der Französischen Revolution wurden zunehmend weltliche Texte verwendet. Aufführungsorte waren sowohl die Kirche wie der Konzertsaal. Spätestens mit den Oratorien von GEORG FRIEDRICH HÄNDEL in den 1730er-Jahren war es auf öffentliche Wirkung im sich entfaltenden Konzertwesen orientiert.
Im Unterschied zur lyrisch-epischen Kantate des 18. Jh.s war das Oratorium dramatisch-episch und bezog von Anfang an den Chor als Repräsentanten der Gemeinde bzw. des „Volks" ein.

Das Oratorium entstand in Italien in zwei **Haupttypen** mit jeweils eigener Vorgeschichte.

Oratorio volgare (italienisch)	**Oratorio latino** (lateinisch)
Das italienische Oratorium hat mit dem geistlichen Madrigal neu gedichteten Text gemeinsam. Die generalbassbegleiteten Dialoge sind doppelchörig angelegt, erzählende Passagen wechseln mit direkten Reden ab. Aus der geistlichen Oper der Gegenreformation, beginnend mit EMILIO CAVALIERI (um 1550–1602), wurde erstmals das neue Rezitativ verwendet.  Weitere Anregungen gab der umgeformte geistlich-liturgische Dialog des späten 16. Jh.s, der seinerseits auf das liturgische Drama bzw. geistliche Musiktheater des Mittelalters zurückging.	Das Oratorio latino begann um 1640 mit den Oratorien GIACOMO CARISSIMIS (1605–1674). Sie waren vor allem für die Aufführung in der Fastenzeit bestimmt. Ihre Stoffe entstammten vorwiegend dem Alten Testament. Die Texte waren teils wörtlich, teils paraphrasierend der lateinischen Übersetzung der Bibel entnommen. Hinzu kamen neu gedichtete Einschübe in Lyrik oder Prosa. Ein Erzähler (Testo, lat. = Zeuge, Augenzeuge) berichtet wie der Evangelist der Passion die Handlung. Die Musik folgt dem Modell der Monodie und ist in den solistischen Partien wie in den durchweg homorhythmischen Chorsätzen auf Wortverständlichkeit hin angelegt. Nach CARISSIMIS Vorbild führte MARC-ANTOINE CHARPENTIER (1634/36–1704) das lateinische Oratorium in Paris ein und verband es mit Merkmalen der französischen Oper und Motette.

Das italienische Oratorium spiegelte in seiner Geschichte bis ins 18. Jh. die gleichzeitige Entwicklung der italienischen Oper, vor allem nach 1650 den venezianischen Opernstil, um 1700 den neapolitanischen. Hauptunterschiede sind die eher antidramatische Rolle des Erzählers, die größere Rolle des Chors sowie die Zweiteiligkeit der Formanlage. Diese blieb bis in das 18. Jh. charakteristisch für die Gattung.

Einen Höhepunkt erreichte das volkssprachliche Oratorium mit den Werken von GEORG FRIEDRICH HÄNDEL – italienisch ab 1708, englisch ab 1732 – und JOSEPH HAYDN – deutschsprachig.

Zu HÄNDELS Werken gehören z. B. die Oratorien „Esther" (1732), „Messias (1742, ↗Abb. S. 251) und „Judas Makkabäus" (1746/47), zu HAYDNs Werken „Die Schöpfung" (1798) und „Die Jahreszeiten" (1801).

Die Bezeichnung **Kantate** ist erstmals bei ALESSANDRO GRANDI (etwa 1577 bis 1630) als ausgedehntes mehrteiliges Sologesangsstück mit Generalbass in „Cantade et Arie a voce sola" (ab 1620) belegt.

Ital. *Cantata* = Singstück (lat. *cantare* = singen) wurde wahrscheinlich in Analogie zu der schon früher bekannten *Sonata* = Klingstück gebildet.

Grundtendenz seit dem Zeitalter der Aufklärung war das Vordringen weltlicher Themen, Stoffe und Texte. Wie bei den liturgischen Gattungen Messe und Requiem gab es auch beim außerliturgischen Oratorium und bei der Kantate im 19. und 20. Jh. eine umfangreiche geistliche und vor allem weltliche, an großen Themen orientierte Produktion.

Die **Kantate** ist eine mehrteilige vokal-instrumentale Gattung. Sie pendelt zwischen weltlicher und geistlicher Ausrichtung, was sich vor allem im Text zeigt.

Anfangs – um 1620 – war die Kantate solistisch und kammermusikalisch bescheiden eingerichtet, nach 1700 allerdings ausgreifend. Die Einbeziehung mehrerer Solisten und des Chors näherte sie an die großen Dimensionen des Oratoriums. Ihre weltliche oder geistliche Ausrichtung machte sich nicht in der satztechnischen und formalen Organisation bemerkbar. Die Kantate entstand im Umfeld der frühen europäischen bzw. italienischen Oper aus der Monodie, dem Sologesang mit Generalbassbegleitung, von GIULIO CACCINI (um 1550 –1618) und JACOPO PERI (1561–1633). Im Unterschied zum Oratorium war sie aber nicht von Anfang an ein großformatiges zyklisches Werk.

Notenbeispiel: Auszug aus der **Kaffeekantate** von BACH, vermutlich 1734 entstanden.

Die Kantate besteht aus einer Folge von fünf bis neun durchkomponierten Strophen eines madrigalischen Textes über gleichbleibendem Bass. Im Unterschied dazu werden bei der gleichfalls strophischen Aria (Arie) alle Strophen auf die gleiche Musik gesungen.

Im 17. und bis Mitte des 18. Jh.s war die **Kantate als Kammermusik** die wichtigste Gattung des italienischen weltlichen Sologesangs. Im 18. Jh. wurde sie als geistliche bzw. **Kirchenkantate** die Hauptgattung der deutschen evangelischen Kirchenmusik. Ihren abschließenden Höhepunkt bildete JOHANN SEBASTIAN BACH (1685–1750).

Seit dem 19. Jh. wurden größere Vokalwerke für Sologesang, Chor und Instrumente als Kantate bzw. **Konzertkantate** bezeichnet. Diese grenzt sich zum Oratorium eher durch Text, Gestus und Haltung als musikalisch-satztechnisch und in der zyklischen Ausprägung ab.

5.2 Instrumentalmusik

Instrumentalmusik begann als elementare instrumentale Betätigung mit dem Körperschlag, z. B. Händeklatschen. Ausgangspunkt für das Spielen war zunächst die Verbindung von Instrumentalem mit Vokalem. Spielen und Singen konnte zusammen mit anderen, im Ensemble, oder allein, solistisch, geschehen.

> Eigenständige **Instrumentalmusik** ohne Gesang ist das Resultat eines langen Entwicklungsprozesses.

Sie trat spät in einigen Kulturen auf, wie z. B. das Sitarspiel in Indien. Ansatzpunkte waren vor allem die Tanzmusik, bei der die Markierung von Metrum und Rhythmus genügten und Singen nicht unbedingt erforderlich war. Auch Aufzugs- und Geleitmusik wie bei Auftritten von Fürsten oder das Präludieren im Gottesdienst förderten das instrumentale Spiel.

In der europäischen Musik entfaltete sich mit der Renaissance ab etwa 1450 aus solchen Ansätzen eine eigenständige Instrumentalmusik – zunächst als instrumentenspezifische Umsetzung von vokalen Tonsätzen. Die instrumentenspezifische Umsetzung von vokalen Tonsätzen ist durch Tabulaturen und Griffnotationen für Orgel, Laute und andere Musikinstrumente belegt (↗ Abb.).

Abb.: Tabulaturschrift aus dem Lautenbuch von HANS NEUSIDEL, der in Nürnberg in der Zeit von 1536 bis 1549 acht Lautenbücher herausgab.

5.2.1 Kammermusik

> In der europäischen Kunstmusik bildete sich instrumentale Musik zunächst nur in **kleinformatigen Gattungen** aus.

Es war vor allem Spielmannsmusik mit Tanztypen, wie Stantipes, Ductia, Saltarello oder Trotto. Diese Instrumentalmusik war in der Regel von Tanz bzw. Tanzlied (Estampie) oder vokalen Gattungen (Hoquetus) abgeleitet. Die Instrumentalmusik erhöhte die ritterliche Liedkunst der Trobadors, Trouvères und Minnesänger am Hofe. Sie fand zunehmend auch Gebrauch und Anerkennung im sich ausbreitenden Städtewesen. Das Instrumentarium war vielfältig und häufig durch Importe aus dem arabischen Raum geprägt. Es wurde vorwiegend von Solisten oder kleinen Ensembles gespielt.

▸ Dass sich zunächst nur kleinformatige Instrumentalmusik herausbildete, hing mit der christlich-kirchlichen Abwertung von Musik und Tanz im mittelalterlichen Feudalismus zusammen.

Eigenständige **Instrumentalgattungen** zeichneten sich seit etwa 1450 ab. Lauten- und Orgeltabulaturen belegten um diese Zeit in Deutschland und nach 1500 in Italien eine ausgedehnte Instrumentalpraxis.

- Bekannt sind das „Fundamentum organisandi" (1452) von CONRAD PAUMANN (1410/15–1473), das „Buxheimer Orgelbuch" (um 1470), die italienischen Tabulaturen für Laute (1507–1509) und für Orgel (1523).

Ricercar, ital. ricercare = suchen, ausfindig machen

Die Fuge ist weder eine Gattung noch eine Form, sondern eine Satztechnik.

Es handelt sich dabei um Bearbeitungen vokaler Sätze oder freie Präludien – in Deutschland Praeambeln, in Italien Ricercare genannt. Eine eigenständige Komposition entwickelte sich durch Nachbau des Vokalsatzes besonders innerhalb der Gattung des Ricercars seit Anfang des 16. Jh.s Aus dem **Ricercar** entstand die Satztechnik der **Fuge.**

Aus dem freien, improvisatorischen Präludieren gingen Gattungen wie die **Toccata** hervor. Instrumental war auch die zuerst in Spanien anzutreffende Gattung der mehrsätzig-zyklisch angelegten **Variation** über ostinate Tanzbässe (Passamezzo, Ciaccona/Chaconne, Folia, Passacaglia) oder über volkstümliche Melodietypen (Romanesca, Ruggiero). Seitdem entwickelte sich eine nahezu unüberschaubare Vielgestaltigkeit an Variationstypen bis in die Gegenwart.

Das Realisierungs- und Kompositionsprinzip der Variation steht im Wechsel- und Spannungsverhältnis zu seinem ergänzenden Gegensatz, der ebenfalls universalen Wiederholung.

Variation ist ein universales Realisierungs- und Kompositionsprinzip aller Musik. Als Gattung erfordert sie mindestens eine mehrsätzige Formdramaturgie mit Einleitung, Themenaufstellung, Variationenkette und Abschluss.

Der Entstehung nach war die Variation primär solistisch, auch wegen ihres Zusammenhangs mit Improvisation und mehrstimmigkeitsfähigen Musikinstrumenten. Später wurde sie auf Ensembles übertragen.

Abb.: Konzert, Grafik von PIER LEONE GHEZZI (1674–1755)

Mit dem Umbruch zu Generalbass und konzertierendem Stil seit 1580 erhielt die eigenständige Instrumentalmusik einen satztechnisch wie ästhetisch und sozial höheren Status. Abgesehen von den Gattungen der **Orchestermusik** (↗ S. 258 ff.) bildeten sich neue Solo- und Ensemblegattungen. Sie wurden zunächst von vokalen Vorbildern, wie der „Canzona da sonar", dem „Lied zum instrumentalen Spielen", oder von Ausführungsanweisungen, wie „per cantare e sonare" – „zum Singen und zum Spielen", abgeleitet.

Ein erster Höhepunkt waren die Sonaten und Sinfonien von GIOVANNI GABRIELI (1554/57–1612/13) in Venedig für mehrere Instrumentalchöre. Sie wurden Ausgangspunkt sowohl für Orchester- wie für Kammermusik.

Sonate und Sinfonie waren hier noch Bezeichnungen, die nicht mehr als „Klingstücke" oder „Zusammenklänge" meinten.

Musik für die Kammer

Die barock-absolutistische Musiktheorie unterschied drei Hauptstile:
- Musik für die Kirche,
- Musik für das Theater,
- Musik für die Kammer (für den privaten fürstlich-höfischen Bereich).

Kammermusik war im Vorfeld der Wiener Klassik der Bereich mit dem höchsten ästhetisch-technischen Anspruch. Das primäre Kriterium ist die Einteilung nach Besetzungen, z. B. Duo oder Quartett.

Manchmal wird auch das klavierbegleitete Sololied zur Kammermusik gerechnet.

Eine charakteristische Gattung der Kammermusik ist die **Sonate.** Der besonders von ANTONIO CORELLI (1653–1783) ab 1681 ausgebildete Typus der Triosonate hatte bis zum Ausgang der Generalbasszeit um 1750 in den **zwei Grundformen** eine zentrale Stellung.

Sonata da chiesa (ital. = Kirchensonate)	Sonata da camera (ital. = Kammersonate)
Sie umfasst in der Regel vier standardisierte Sätze.	Sie ist locker, suitenartig geformt.

Die **Sonata da chiesa** bildete den wichtigsten Ausgangspunkt für die klassische Sonate.

Der spezifische Satz der Sonate – zwei Melodiestimmen im Sopran und Generalbass – konnte auch chorisch-orchestral realisiert werden.

Die **Fantasie** entstand als Gattung aus der teilweise improvisatorischen Praxis des Präludierens – des Vor-, Zwischen- und Nachspiels – im Ansatz bereits zu Beginn des 16. Jh.s. Nicht an ein zu variierendes vorgegebenes Thema gebunden, wurde sie nach dem Vorbild von JOHANN SEBASTIAN BACH besonders von CARL PHILIPP EMANUEL BACH nach 1750 weiterentwickelt, aus seiner improvisatorischen Praxis am Clavichord.

Unter dem Sammelbegriff **Serenade** entstand im 17. und 18. Jh. eine instrumentale Gattung, die wesentlich durch ihre Funktion für gehobene Geselligkeit zwischen Ständchen und Tafelmusik geprägt war. Das Divertimento bildete eine spezielle Vorform des Streichquartetts, das JOSEPH HAYDN um 1780 zur klassischen Reife führte.

Serenade = Abendmusik; hierzu auch Divertimento = Unterhaltung

Abb.: „Haydn-Quartett", Gemälde von JULIUS SCHMID (um 1900)

5

▶ Maßgeblich war weiter das Formschema der Sonate: I. dreisätzig, II. viersätzig (als Sprengung der Standardform schon bei späten BEETHOVEN-Streichquartetten der 1820er-Jahre auch Erweiterung der Satzzahl).
An das Streichquartett anschließende Gattungen waren vor allem durch die Besetzung definiert. Sie sind bis heute relativ stabil geblieben.

Typen der Kammermusik

Von der Besetzung und dem Satztyp her spaltete sich die Entwicklung im Vorfeld der Wiener Klassik.

1. Die mehrstimmig-solistische Sonate wurde fortgesetzt. Es dominierten dabei das Cembalo und später das Hammerklavier.
2. Die Dreierstruktur der Triosonate wird auf eine Zweierstruktur reduziert. An die Stelle von Bass- und Tasteninstrument-Continuo trat das Tasteninstrument, vorzugsweise das Hammerklavier. Haupttypen wurden seit HAYDN, MOZART und BEETHOVEN Klavier und Violinsonate.
3. Unter Preisgabe des Generalbass-Continuos wurde die Dreierstruktur zur Viererstruktur ausgeweitet. Standard- und zugleich normativer Typ wurde das Streichquartett. Gegenüber der Vielfarbigkeit des Divertimento- und Serenaden-Typus konzentrierte es sich auf farbliche Homogenität.

Als wichtigste **Typen der Kammermusik** bildeten sich heraus:

Solo-Instrument (Violine, Violoncello, Flöte) und Klavier	Es gab auch andere Kombinationen, vor allem Horn und Klavier; sie bildeten aber mangels einer kontinuierlichen Tradition keine eigenständigen Gattungen.
Streicher	– Duo (2 Violinen) – Streich-Trio (Violine, Viola, Violoncello) – Quartett (2 Violinen, Viola, Violoncello) – Quintett (2 Violinen, 2 Viola, Violoncello oder 2 Violinen, Viola, 2 Violoncello oder auch 2 Violinen, Viola, Violoncello, Kontrabass) – Sextett (2 Violinen, 2 Viola, 2 Violoncelli)
Bläser	Quintett (Flöte, Oboe, Klarinette, Fagott, Horn – also Holzbläser-Quartett plus Horn) Das **Bläserquintett** hat als einzige Bläserbesetzung eine gewisse Gattungsstabilität.
Kammermusik mit Klavier	– Klavier-Trio (Klavier, Violine, Violoncello) – Klavier-Quartett (Klavier und Streichertrio) – Klavier-Quintett (Klavier und Streichquartett) Den Rang von Gattungen haben nur Standardbesetzungen wie diese genannten; das „Forellenquintett“ von SCHUBERT bildet eine Ausnahme.

▶ Das „Forellenquintett“ von SCHUBERT ist vorgesehen für Klavier, Violine, Viola, Violoncello und Kontrabass.

Notenbeispiel: Anfang des Streichquartetts F-Dur (1805/06) von L. VAN BEETHOVEN

Klaviersonate

> Die **Klaviersonate** als Sonate für Klavier solo entstand um 1700. Sie wurde in der Entwicklung bis zur Wiener Klassik eine gesamteuropäische Erscheinung.

▶ In den zumeist einsätzigen – aber zweiteiligen – Cembalo-Sonaten DOMENICO SCARLATTIS (1685–1757) entstanden aus motivisch verarbeiteten Spielfiguren Ansätze eines zweiten Themas.

Der **Wiener Typ** verwendete als Mittel- oder Finalsatz ein Menuett und griff damit Elemente der Suite auf. Der **norddeutsche Typ** verzichtete auf Tanzsätze. Hier trat dafür im Kopfsatz des dreisätzigen Sonatenzyklus mit der Folge schnell–langsam–schnell die Themenpolarität stärker hervor.
JOSEPH HAYDN (1732–1809) knüpfte mit seinen 53 zumeist dreisätzigen Klaviersonaten vor allem an CARL PHILIPP EMANUEL BACH (1714–1788) an. Seit den 1770er-Jahren entfaltete er die klassische motivisch-thematische Arbeit mit prägnanten Gestaltbildungen.
WOLFGANG AMADEUS MOZART (1756–1791) folgte ihm – er schrieb 24 Klaviersonaten – und betonte dabei ein „singendes Allegro".
LUDWIG VAN BEETHOVEN (1770–1828) schöpfte in seinen 32 Klaviersonaten das Spektrum der technischen, stilistischen und Ausdrucksmöglichkeiten voll aus. Er setzte für die Folgezeit auch in dieser Gattung höchste Maßstäbe.
FRANZ SCHUBERT (1797–1828) entwickelte in seinen 21 Sonaten eine weniger dramatisch als vielmehr lyrisch geprägte Grundhaltung.

Danach verlor die Gattung gegenüber Varianten des lyrischen Klavierstücks ihre zentrale Bedeutung. Einzelne herausragende Werke, wie die „Klaviersonate h-moll" (1853) von FRANZ LISZT (1811–1886), hielten aber die Tradition der Gattung lebendig.
Auch im 20. Jh. entstanden bedeutende Einzelwerke, z. B. von SERGEJ PROKOFJEW (1891–1953).

Abb.: Klavierabend mit FRANZ LISZT, Gemälde von JOSEF DANHAUSER

▶ Die „Klaviersonate h-moll" von LISZT ist einsätzig, aber vielfältig differenziert.

Eine romantische und für das 19. Jh. prägende Gattung war das kleinformatige **lyrische Klavierstück.** Es ist einsätzig. Die einzelnen Typen unterscheiden sich durch einen jeweils besonderen Ton, spezifische Satzweisen sowie durch stofflich-gegenständliche Bezüge. Sie waren damit Charakterstücke mit einem weiten Sprach- und Materialspektrum.

Wie bei vielen vokalen Gattungen und im Bereich der Orchestermusik lösten sich auch bei der instrumentalen Ensemble- und Kammermusik feste Gattungsgrenzen und Besetzungstypen mit dem Aufkommen der Neuen Musik seit 1905 auf. Das stand in Wechselwirkung mit der Suche der Komponisten nach neuen Lösungen. Dennoch blieben durch Institutionen und Ausbildungsstrukturen tradierte Gattungen weiterhin Bezugspunkte des Komponierens – gewissermaßen als Herausforderung zur produktiven Auseinandersetzung mit der Tradition.

5.2.2 Orchestermusik

Orchester fanden und finden sich in zahlreichen Musikkulturen der Welt (↗S. 335).

In der europäischen Kunstmusik bildeten sich Orchester Ende des 16. Jh.s heraus, im Zusammenhang mit der Entstehung der absolutistischen höfischen Kultur und dem höheren Repräsentationsaufwand, der sich in weltlicher Oper wie kirchlicher Mehrchörigkeit spiegelte. Der Generalbass-Satz führte zu einer Scheidung von Vokalem und Instrumentalem.

▶ Im modernen Sinfonieorchester gilt die multipersonelle Besetzung der Stimmen vor allem für die Streicher.

Orchestermusik ist durch chorische (multipersonelle) Besetzung der Stimmen charakterisiert. Sie entfaltete sich besonders in den beiden Grundformen Konzert und Sinfonie.

Orchester waren und sind auch an den großformatigen Gattungen der Vokalmusik, wie Messe oder Oratorium, und am Musiktheater beteiligt.

Konzert

Die Institution Konzert hat zwei **Hauptquellen:**
- Sie entstand vor allem im 17. Jh. als bürgerliche Vereinigung, wie das Collegium musicum.
- Das Konzert war eine professionelle, von Virtuosen oder kommerziell Interessierten durchgeführte Veranstaltung.

Wettkampf und Konkurrenz auf einem Markt prägten es, aber auch das Leitideal Harmonie für den Zusammenschluss.

▶ **Konzert,** lat. *concertare* = wetteifern, kämpfen, streiten, disputieren; mit jemandem zusammenwirken. Das abgeleitete **Concerto** erhielt die Bedeutung von „etwas miteinander in Übereinstimmung bringen, vereinigen". Grundlegend ist ein Gegenüber von Einzelnen und Gruppe, z. B. von Concerto und Tutti, von einem bis zu maximal vier Solisten auf der einen Seite und Orchester auf der anderen. Dabei geht es stets um Mit- und auch Gegeneinander.

Dem Verhältnis von **Solisten und Gruppe** liegen in der Gattung Konzert zwei universale Prinzipien der Musik zugrunde: Die Wiederholung ist dem Kollektiv, das Variieren dem Einzelnen zugeordnet.

In der vokal-instrumentalen Ensemblemusik des Konzerts kamen verschiedene Gattungen zusammen.

■ Bei ANDREA und GIOVANNI GABRIELI waren es ein- und mehrchörige Motetten und Madrigale („Concerti", 1587), bei LODOVICO VIADANA ein- bis vierstimmige Solomotetten mit Basso continuo („Cento concerti ecclesiastici I", 1602).

Der Kontrast der Mehrchörigkeit differenzierte sich zwischen 1660 und 1690 zu einem deutlichen Gegenüber von **Concertino** (kleine, solistische

Gruppe) und **Concerto** (ganzes Orchester, auch Tutti) aus. Daraus gingen das **Concerto grosso** und das **Soloconcerto** hervor.
Eine Neuerung war die sich ausprägende Gegenüberstellung von Solist und Orchester.

ANTONIO LUCIO VIVALDI (1678–1741) schuf zwischen 1700 und 1710 die dann zur Norm gewordene, knappe dreisätzige Form des **Solokonzerts** mit schnellen Ecksätzen, die einen langsamen Mittelsatz rahmten. Die Ecksätze verwendeten die großräumige Ritornellform. Nach Zahl und Bedeutung überwogen seitdem die Besetzungen als **Violin- und Klavierkonzert.**

Foto:
Der Pianist SWJATOSLAW RICHTER in einem Solokonzert in der Staatsoper Berlin (1964)

Die ältere Struktur mit einem Kollektivsolisten hat sich im „Gruppenkonzert" erhalten – im **Doppelkonzert, Tripelkonzert, Quadrupelkonzert,** in der **Sinfonie concertante.**

Die Ritornellform ist durch den regelmäßigen Wechsel von Orchester-Refrain und variativ angelegten solistischen Couplets gekennzeichnet.

Im 19. Jh. standen sich die Tendenz zum virtuosen und zum sinfonischen Konzert gegenüber.

Es bildete sich als Gattung das **Konzertstück** heraus. Das war eine einsätzige Komposition für Solist und Orchester, wie im „Totentanz" (1849/1859) von FRANZ LISZT oder eine nur zur solistischen Darbietung bestimmte Komposition, wie in der Sonate „Concert sans orchestre" (1835/36) von ROBERT SCHUMANN. Eine Gegentendenz der Monumentalisierung war zudem das Kammerorchester bzw. das **Kammerkonzert.**

Das sinfonische Konzert genoss gegenüber dem virtuosen ein höheres ästhetisches Prestige.

Richtungsweisend für das Kammerkonzert des 20. Jh.s waren z. B. das „Konzert für neun Instrumente" (1934) von ANTON WEBERN (1883 bis 1945) oder das „Kammerkonzert für Klavier, Violine und 13 Bläser" (1923/1925) von ALBAN BERG (1885 bis 1935).

Nach 1945 fand der Typus des Kammerkonzerts in der avancierten Musik zahlreiche Nachfolger, so z. B. in PIERRE BOULEZ (geb. 1925) oder in BRIAN FERNEYHOUGH (geb. 1943).
In Gegenentwicklung entstand seit den 1920er-Jahren als Typus das **Konzert für Orchester.** Kollektive Virtuosität wurde betont, so z. B. in Werken von PAUL HINDEMITH (1895–1963), BÉLA BARTÓK (1881–1945) oder WITOLD LUTOSŁAWSKI (1913–1994).

Abb.:
Ankündigung eines Orchesterkonzerts von ARNOLD SCHÖNBERG und ALBAN BERG 1913, u. a. mit SCHÖNBERGS „Kammersymphonie".

Wie die Sinfonie ist besonders seit den 1970er-Jahren auch das Konzert eine in verschiedenen Varianten kompositorisch gepflegte Gattung.

Sinfonik

> Die **Sinfonie** entfaltete sich seit der Wiener Klassik in den 1770-Jahren zur führenden Gattung der bürgerlichen Konzertmusik. Sie blieb auch im 19. und 20. Jh. wichtig. Im Verlauf ihrer Geschichte bildeten sich Sondertypen heraus.

Die **Sinfonie** entstand aus bescheidenen Anfängen der Verselbstständigung der Opernouvertüre, der Sinfonia. Diese gehört zum Typ der instrumentalen Einleitungsstücke.

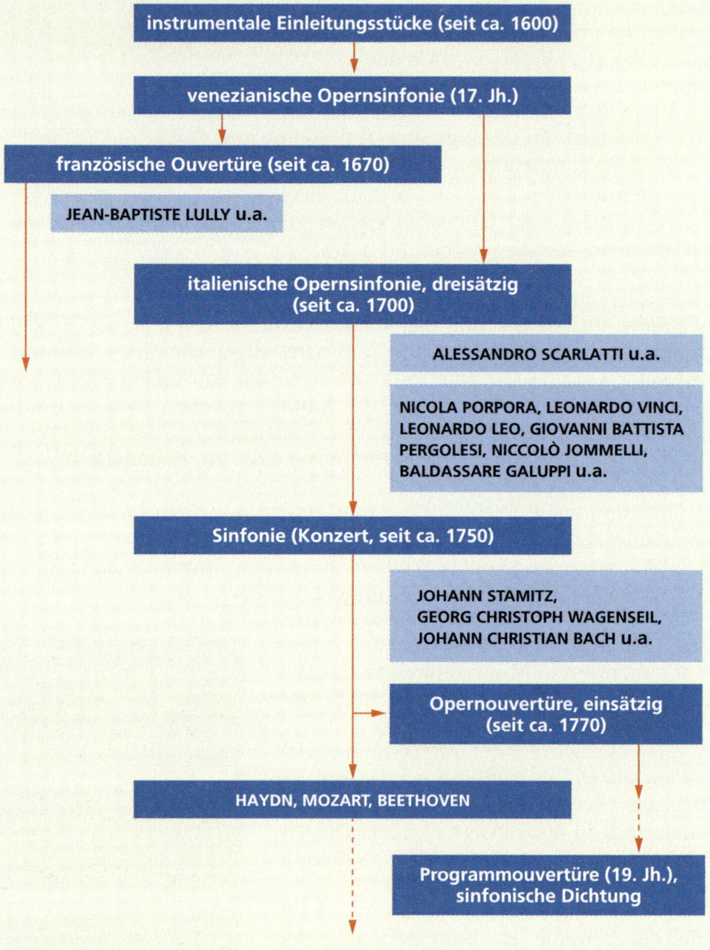

(gebrochene Linien: Neuorientierung der Tradition;
gestrichelte Linien: tief greifender Umbruch)

Die französische Ouvertüre (ab 1670) hat das Satzschema langsam – schnell – langsam, die italienische Opernsinfonia (ab 1700) schnell – langsam– schnell. Den deutlich gesteigerten Anspruch gegenüber den Vorläufern drückte der Übergang von der italienischen zur griechischen Schreibweise aus: Symphonie statt Sinfonie. **Ouvertüre** ist ein orchestrales Einleitungsstück zu Bühnenwerken wie Ballett, Schauspiel, Oper.

Im 19. Jh. und mit Einschränkungen noch im 20. Jh. bis in die Gegenwart waren vor allem die in sich verschiedenen Sinfonien BEETHOVENS Modelle für das Komponieren. Seine neun Sinfonien erschlossen in jeder Hinsicht neue musikalische Bereiche. Die Sinfonie verlor zwar im 20. Jh. an bestimmender Kraft für den Fortgang des Komponierens, blieb aber aufgrund der Institutionen von Konzertwesen und Orchester ein zentraler Bezugspunkt und eine wichtige Gattung.
Im Verlauf ihrer Geschichte bildete die Sinfonie einige Abzweigungen und **Sondertypen** heraus.

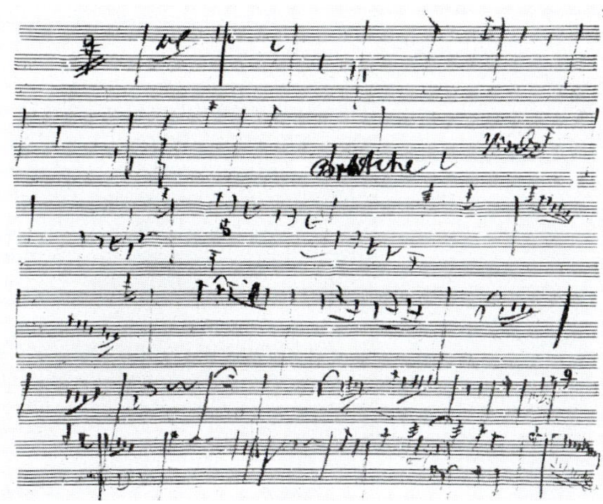

Notenbeispiel: Beginn der 9. Sinfonie von BEETHOVEN, Autograf

Sinfonie-kantate	Sinfonie mit Elementen des Oratoriums nach dem Vorbild des Finales der 9. Sinfonie von BEETHOVEN und der Einbeziehung des Gesangs in die Instrumentalmusik – u. a. bei MENDELSSOHN BARTHOLDY, LISZT, MAHLER, SKJRABIN
Konzert-ouvertüre	auch Programmouvertüre genannt; selbstständiges, einsätziges Werk für den Vortrag im Konzert
sinfonische Dichtung	einsätzige Synthese von Konzertouvertüre und mehrsätziger Programmsinfonie; wurde von FRANZ LISZT entwickelt; Kompositionen von LUDWIG VAN BEETHOVEN, HECTOR BERLIOZ u. a.
Kammer-sinfonie	entstand nach 1900 als Reaktion auf die überdimensionierten Besetzungen und die Monumentalität des Konzerts; Kompositionen u. a. von MAX REGER, ARNOLD SCHÖNBERG, LEOŠ JANÁČEK
Orchester-stück	als „Stück für Orchester“ im späten 19. und im 20. Jh. entstanden, als viele Komponisten auf eine „neutrale“ Gattung und Bezeichnung mit oder ohne poetisch-programmatische Ergänzung auswichen; zu ihnen gehörten z. B. – CLAUDE DEBUSSY: „Trois Nocturnes“ (1897/99) mit wortlos in Vokalisen singendem (Frauen-)Chor im dritten Satz – ARNOLD SCHÖNBERG: „Fünf Orchesterstücke (1909) – ANTON WEBERN „6 Stücke für Orchester“ (1909–10) und „5 Stücke für Orchester“ (1911–13) – CHARLES IVES „Orchestral Set Nr. 1“ (1903–14) – ALBAN BERG „3 Orchesterstücke“ – Präludium, Reigen, Marsch (1914)

„Eine SYMPHONIE“ (1852) VON MORITZ SCHWIND; Triptychon, basierend auf BEETHOVENS „Chorfantasie“

5.3 Musikalisches Theater

Das musikalische Theater oder Musiktheater ist die umfassendste Gruppe von Gattungen. Sie reicht von neuzeitlichen populär- und kunstmusikalischen Bühnenveranstaltungen mit szenischen und musikalischen Elementen zurück bis zu den Festen, Zeremonien und Ritualen in den frühen Hochkulturen. Sie schließt das Tanztheater vom indischen Kult- und Ritualtheater bis zum neuzeitlichen französisch-russischen Ballett und modernen Tanztheater ein. Sie ist eine universale Erscheinung.

Im **Musiktheater** als Gesamtkunstwerk verbinden sich Musik als Vokal- und Instrumentalmusik, Dichtkunst, bildende Kunst und Architektur sowie Schauspielkunst zu einer Synthese.

5.3.1 Oper

In der Oper bildet eine (dramatische) Handlung das organisierende und strukturierende Zentrum. Darauf beziehen sich alle Darstellungselemente, auch die Musik.

Es können zwei **Grundtypen der Oper** unterschieden werden, der Singspieltypus und die durchkomponierte Oper.

Der **Singspieltypus** steht dem Sprechtheater nahe. Gattungen wie spanische Zarzuela, Operette, episches Musiktheater, Musical gehören zum Singspieltypus.

Singspieltypus	durchkomponierte Oper
Bei diesem Operntypus wechseln gesprochene Dialoge mit musikalischen Stücken verschiedenen Umfangs und in vielfältigen Stilen – vom schlichten Einlagelied bis zum komplizierten, ausgedehnten Finale. „Die Zauberflöte" (1791) von WOLFGANG AMADEUS MOZART ist ein Beispiel dafür. 	Bei der musikalisch durchkomponierten Oper ist der Dialog in Musik integriert und aufgehoben – vor allem in Form des Rezitativs. Dieses Prinzip der „totalen Musikalisierung" wurde vor allem in der italienischen Oper seit dem ausgehenden 16. Jh. konsequent verwirklicht. Es wurde dann richtungsweisend für den Hauptstrom der neuzeitlichen Opernkomposition. Der Tendenz nach ermöglicht und repräsentiert es einen höheren Grad der Integration aller Elemente eines Gesamtkunstwerks. Die Idee des Gesamtkunstwerks ist eine allgemeine Leitidee der Musiktheaterentwicklung.

Foto: Szene aus der „Zauberflöte" während der Salzburger Festspiele 1997

Das Gewicht der verschiedenen Darstellungselemente der Oper wechselte nach Zeit und Kultur.

Die neuzeitliche europäische Oper ist nach der Renaissance und ihrem Antikemodell entstanden. Das Prinzip der Monodie – Gesang mit Generalbassbegleitung – wurde hier zunächst auf ein rezitierendes Singen verengt. Das Wort sollte verstanden werden. Vorbild war die attische Tragödie. Aber auch die christliche liturgische Vortragsweise zwischen gregorianischem Choral und Lektionston war eine Wurzel. Es gibt zudem zahlreiche **Vorformen** und **außereuropäische Operntypen.**

Die neuzeitliche europäische Oper wurde nicht „erfunden", wie manchmal zu lesen ist – weder von der Florentiner Camerata, einem Zirkel von Künstlern und Aristokraten in den 1580er- Jahren, noch von JACOPO PERI oder CLAUDIO MONTEVERDI.

Zu den Vorformen sind z. B. die geistlichen Spiele – die Oster-, Weihnachts- und Passionsspiele seit dem Mittelalter – oder die Madrigalkomödie der Spätrenaissance zu rechnen. Zu den außereuropäischen Operntypen gehören die Peking-Oper in China, No-, Yoruri-, Kabuki-Theater in Japan, Wasserpuppen-Theater in Vietnam, Schattenspiel in Südostasien und das indische Tanztheater.

Die neuzeitliche europäische Oper nahm mehrere Anläufe. Der erste wurde mit Pastoralen gesetzt, so mit „Dafne" (1598) von JACOPO PERI (1561–1633) sowie der geistlichen Oper von EMILIO CAVALIERI (um 1550–1602). Als zweiter Anlauf gelten frühe Opern von CLAUDIO MONTEVERDI (1567–1643), vor allem „Orfeo" (1607, ↗ Abb.). MONTEVERDI durchbrach hier das unendliche Rezitativ, steigerte die Dramatik des Gesangs und reicherte die Oper mit Instrumentalsätzen und Chören an. Er experimentierte zudem mit verschiedenen Elemente des Musiktheaters.

L' ORFEO
FAVOLA IN MVSICA
DA CLAVDIO MONTEVERDI
RAPPRESENTATA IN MANTOVA
Anno 1607 & nouamente data in luce
AL SERENISSIMO SIGNOR
D. FRANCESCO GONZAGA
Prencipe di Mantoua, & di Monferato, &c.
In Venetia Appresso Ricciardo Amadino
M D C IX.

Abgesehen von den öffentlichen Opern in Venedig ab 1637 und in Hamburg ab 1678 blieben ansonsten die Höfe bis in das Zeitalter der Französischen Revolution hinein das Zentrum der Opernproduktion. So wirkten z. B. in Versailles bzw. Paris JEAN-BAPTISTE LULLY (1632–1687) oder in London HENRY PURCELL (1659–1695).

Aber erst mit der öffentlich, gegen Geld angebotenen Oper – in Venedig ab 1637 – setzte sie sich in wenigen Jahrzehnten in Europa durch. Die Operntypen differenzierten sich national, sozial und musikalisch immer mehr aus.

Das **Musiktheater** fand seit dem 16. Jh. in verschiedenen Typen und Ausprägungen eine Auffächerung als **Großgattung.**

15./ 16. Jh.	– **Intermedium** (Zwischenspiel, v. a. bei Schauspielen, dann auch in seriösen Opern) – **Schuldrama** (protestantisch) und **Jesuitendrama** (katholisch) – zur religiösen Propaganda besonders im 16. und 17. Jh. – **geistliche Oper** (rappresentazione sacra, nach 1600)
17. Jh.	– **ballet de cour** (französisches Hofballett im frühen 17. Jh.) – **masque** (englisches Hofballett im frühen 17. Jh.) – **comédie ballet** (französische Sprechtheater-Komödien mit hohem Musik- und Tanzanteil) – **tragédie lyrique** (Weiterentwicklung zur Tragödie ab 1670 am Hof LUDWIGS XIV.) – **Opera seria** (Weiterentwicklung v. a. der venezianischen Oper ab 1637, in der neapolitanischen Schule nach etwa 1720 mit Ausschaltung aller komischen Elemente)

18. Jh.	– **Intermezzo und Opera buffa** (Verselbstständigung des Heiteren, Realistischen aus der Opera seria; ab etwa1720) – **Comédie en vaudevilles/Vaudeville** ab 1640 und **opéra comique** ab etwa 1750 (französische, vorwiegend heitere Oper, mit gesprochenen Dialogen wie beim Singspieltypus) – **Ballad opera** (englische Ausprägung des Singspieltypus, oft satirisch; seit etwa1730) – **Singspiel** (deutsch, vor allem nach englischem Vorbild, ab etwa 1740) – **Zarzuela** (im 17. Jh. Ausprägung des Singspieltypus, eng mit dem Schauspiel verbunden; Neubelebung ab 1850 im Zusammenhang mit der Operette) – **Ballet d'action** (Handlungsballet, Ballett seit 1770 nicht mehr bloßer Einlagen- und Schautanz, sondern zusammenhängende Handlung darstellend)  – **Melodram** (Mono- oder Duodrama: Text wird gleichzeitig oder abwechselnd zu Orchestermusik gesprochen; selbstständige Gattung seit etwa 1760)
19. Jh.	– **Grand Opéra** (Große Oper: historische Stoffe, verschränkt mit Liebestragödie; groß angelegte Formen, aufwendige Inszenierungen; Paris ist Zentrum seit den späten 1820er-Jahren) – **italienisches melodramma** (Gesangsoper: Fortsetzung vor allem der Opera seria; betont Gesang im Unterschied zur deutschen Entwicklungslinie) – **komische Oper** (Spieloper: entstand etwa 1840, bis heute im deutschen Spielplan) – **Musikdrama** (vor allem von RICHARD WAGNER geprägter Operntypus mit tragender Rolle des sinfonischen Orchesters und dichter motivischer Vernetzung des Handlungsablaufs)
20. und 21. Jh.	– **Literaturoper** (seit 1900 Verwendung von literarischen Vorlagen – ursprünglicher Text durchscheinend, wurde ab etwa 1950 im deutschen Sprachraum Mode) – **Ausdruckstanz** (Abkehr vom klassischen Ballett, teilweise sogar Verzicht auf Musik) – **episches Musiktheater** (Scheincharakter des Theaters bewusst vorstellend, auf genießend-mitdenkendes Publikum zielend, ab den 1920er-Jahren) – **Kurzoper** (Minutenoper: Mitte der 1920er-Jahre; kurze Dauer, oft witzig-pointiert zwischen Mythen- und Alltagskritik) – **Kinder- und Schuloper, Jugendoper, Jugendtheater** (in den 1920er-Jahren entwickelt, breites Stoff-, Formen-, Gestaltungsspektrum; pädagogische Absicht, auf Zielpublikum orientiert; heute oft medial) – **Lehrstück** (Ende der 1920er-Jahre zwischen musikalischer Jugendbewegung und Arbeiterbewegung entwickelt; zielt auf Einsicht und Erkenntnis vor allem durch Vollzug des Lehrstücks) – **Funkoper, Radiooper, Fernsehoper, Video-Oper, Internet-Oper** (Musiktheater in und mit modernen Massenmedien; seit etwa 1920 für das Radio, seit 1945 auch für neue Medien; besonders komponierte und angepasste Werke)

5.3.2 Unterhaltendes Musiktheater

Die wichtigsten Gattungen des unterhaltenden Musiktheaters sind die Operette und das Musical.

Operette

Die **Operette** als Ausprägung des unterhaltsamen, populären Musiktheaters entstand um 1850 in Frankreich und erlosch als kompositorisch produktive Gattung in den 1930er-Jahren.

Die Bezeichnung **Operette**, wörtlich = kleine Oper, findet sich schon ab 1666 für kürzere, unterhaltende Musiktheaterwerke.

Charakteristisch für die Operette ist die Erzeugung einer „verkehrten Welt" bzw. einer Gegenwelt zur bürgerlich-normalen Realität. Satire, Sozialkritik, Sarkastik, Frivolität sind deshalb oft eingeschlossen. Zugleich gibt es eine dominante Linie der Bestätigung der Welt, wie sie ist, mit einer Mischung von verdeckter Brutalität und offener Sentimentalität.

In der Operette „Der tapfere Soldat" (1908) von OSCAR STRAUS (1870 bis 1954) heisst es:
„Ja, ich gesteh es ehrlich zu,
dass ich sehr gerne leben tu'.
Ich hatte für das Sterben nie
besonders große Sympathie."
Die gegensätzliche Haltung findet sich im „Zigeunerbaron" (1885) von JOHANN STRAUSS (1825–1899), wo der Werbeoffizier in aufpeitschendem Csárdás-Rhythmus mit holpernden Reimen singt:
„Lieber möge unser Blut
seine Erde färben,
eh' die Hand im Kampfe ruht,
die uns den Feind soll verderben."

Die Operette „Der tapfere Soldat" geht auf eine Übersetzung von BERNARD SHAWS Stück „Arms and the Man" (1894) zurück, das im Krieg zwischen Bulgarien und Serbien 1885 angesiedelt ist.

Ausgangspunkt der **französischen Operette** waren komisch-parodistische Stücke von FLORIMOND RONGER HERVÉ (1825–1892), die zunächst Musiquette hießen. JACQUES OFFENBACH (1819–1880) begann 1855 Operetten zu komponieren, dreiaktige Werke (opéras bouffes) und Einakter (bouffoneries).

ORPHÉE
AUX ENFERS
OPÉRA BOUFFON EN DEUX ACTES ET QUATRE TABLEAUX
PAR
HECTOR CRÉMIEUX
MUSIQUE DE
JACQUES OFFENBACH
NOUVELLE ÉDITION
ILLUSTRÉE DE 8 DESSINS PAR E. MORIN, GRAVÉS PAR H. LINTON
PARIS
MICHEL LÉVY FRÈRES, ÉDITEURS
RUE VIVIENNE, 2 BIS, ET BOULEVARD DES ITALIENS 15
A LA LIBRAIRIE NOUVELLE

Die hier entwickelten **Merkmale der Operette** blieben im Weiteren gültig: knappe, zugespitzt formulierte Texte für die Couplets, eher lied- als arienhafte Solonummern, Gegensatz von authentischen Gefühlen und Parodie, zündende Tanztypen und -rhythmen, musikalisch ausgebaute Finali. Es entstanden in der Folge verschiedene **Operettentypen.**

JACQUES OFFENBACHS „La Rose de Saint-Flour" (1856) wurde erstmals als Operette bezeichnet.

- Nach Offenbachs Vorbild schrieb FRANZ VON SUPPÈ (1819–1895) die erste **Wiener Operette** „Das Pensionat" (1860), in die bereits das gemütliche Altwiener Volkstheater einging. Einen Höhepunkt bildete die turbulente und walzerreiche „Fledermaus" (1874) von JOHANN STRAUSS (Sohn).

FRANZ VON SUPPÈ hieß eigentlich FRANCESCO EZECHIELE ERMENEGILDO CAVALIERE SUPPÈ DEMELLI.

5

- Die **ungarische Operette** – mit Csárdásmelodien – schloss sich an, erstmals als Typ ausgeprägt im „Zigeunerbaron" (1912) von EMMERICH KÁLMÁN (1882–1932).
- Die **Tanzoperette** wurde u.a. von FRANZ LEHÁR (1870–1948) mit der „Lustigen Witwe" (1905) vertreten.
- Die **Berliner Operette,** so z.B. „Frau Luna" (1899) von PAUL LINCKE (1866–1946), neigte mit Marsch, geradtaktigen Tänzen und Schlagern zum Zackigen.
  Hier schlossen sich ab 1928 **Revue** und dann auch **Revue-Operette** an.
- Aufführungen von Operetten OFFENBACHs in London führten nach 1871 zur englischen Ausprägung der Operette, der satirischen **Comic Opera.** Mitte der 1890er-Jahre folgte die **Musical Comedy.** Die Operette in den USA folgte vorwiegend dem englischen Modell. Mit anderen Formen des populären Musiktheaters, wie z.B. dem **Minstrelsy,** wurde sie eine Quelle des Musicals.

Wichtige Musical-Komponisten sind GEORGE GERSHWIN (1898–1937), IRVING BERLIN (1888 bis 1989), COLE PORTER (1891–1954), KURT WEILL (1900–1950), FREDERICK LOEWE (1904–1988), STEPHEN SONDHEIM (geb. 1930), ANDREW LLOYD WEBBER (geb. 1948), CLAUDE-MICHEL SCHÖNBERG (geb. 1950), ALAIN BOUBLIL (geb. 1954).

Musical

Das **Musical** ist eine im 20. Jh. in den USA entstandene Gattung des populären Musiktheaters. Aufwendige Ausstattung und Inszenierung, gesprochene Dialoge, Gesang und Tanz sind Merkmale.

Bild:
Szene aus dem Film „West Side Story" nach dem Musical von LEONARD BERNSTEIN (1918–1990)

Das Musical entstand um 1900 in den Unterhaltungstheatern am New Yorker Broadway aus einer revueorientierten Kombination verschiedener Gattungen musikalischer Bühnenunterhaltung. Der Zusammenhang der musiktheatralischen Elemente wurde ab Ende der 1920er-Jahre dichter. Dennoch wurden einzelne herausgelöste Songs Hits oder zu Jazz-Standards, so die „Tin-Pan-Alley-Songs", die in New York verlegten „Schlager".

Das Musical ist eine Kollektivproduktion. Produzent oder Regisseur spielen oft eine größere Rolle als Buchautor, Songtexter, Komponist oder Choreograf. Bis in die Gegenwart ist die Musik angloamerikanisch dominiert. Sie folgte stilistisch zunächst der populären Musik der USA um 1900, ab den 1920er-Jahren war sie jazzorientiert und seit den 1960er-Jahren enthält sie Elemente der Rockmusik.

Musical ist die Kurzbezeichnung für *musical comedy* = musikalische Komödie.

Vor allem GEORGE M. COHAN (1878–1942) prägte als Textautor, Komponist, Regisseur und Produzent bis in die 1920er-Jahre den Stil des Musical Comedy am Broadway. Mit „Show Boat" (1927) von JEROME KERN (1885–1945) entwickelte sich dann die Gattung in heutiger Form als hoch organisiertes und durchgearbeitetes Bühnenstück.

5.3.3 Musizieren als Theater

> Die **Show** als an das Publikum gerichtete, effektvolle Darstellung der Musik und als Selbstdarstellung ist ein Element der Virtuosität.

Die Präsentation von Musik in der Show schließt Bewegungsformen von Tänzern und Musikern, Licht- und pyrotechnische Effekte bis zur aufwendigen Bühnengestaltung ein. Musizieren wird theatralisiert.

Theatralisierung: populäre Musik

Bereits bei den **Minstrel Shows** des 19. Jh.s in den USA, aber auch in der Rockoper gab es Übergänge zu musiktheatralischen Gattungen und Typen. Das verstärkte sich unter den Bedingungen von Kommerz und Konkurrenz und noch mehr durch die modernen Massenmedien.
Jazzensembles bezogen Showelemente stets ein, besonders aber die Bigbands, die in den 1920er-Jahren auftraten. Seit den 1940er-Jahren bildete sich dann in den USA die Show heraus, mit Star und Entertainer als Zentralfiguren.
Als eine Steigerung der Effekte erwies sich die Lightshow, die etwa seit 1965 Bestandteil der Live-Aufführung von Musik wurde.

▶ In Volks- und populärer Musik gehört Theatralisierung des Musizierens seit jeher dazu. Sie fand sich schon im römischen Mimus und bei den Fahrenden im Feudalismus (↗ S. 169 f.).

Fluxus, instrumentales Theater, Performance

Anfang der 1960er-Jahre mit dem Zerfall der konstruktivistischen Strömung des Serialismus, die vor allem auf „rein" musikalische Strukturen gerichtet war, wurden in der Kunstmusik die Elemente neu bedacht und gemischt. Wie die klangliche und die sprachlich-textlich verselbstständigte sich in diesem Zusammenhang auch die darstellerisch-theatralische Dimension der Musikrealisierung. Einflüsse aus dem Bereich der Medien und der Populärmusik wurden bei der Entwicklung des Gesamtkunstwerks aufgenommen.

Abb.: Szene aus „42nd Street", der deutschsprachigen Europa-Premiere der Show

Das **instrumentale Theater** MAURICIO KAGELS (1931–2008) thematisierte diese Tendenz. Die Konzertdarbietung wurde zur Show, das Instrumental-Spiel wurde Schau-Spiel.
Bei Strömungen und Tendenzen wie **Fluxus** und **Happening** wurden seit 1959 vororganisierter Zufall, Theatralisierung und Aktivierung des Publikums zusammengeschlossen. Als **Performance** fand diese Strömung z. B. mit LAURIE ANDERSON (geb. 1947) eine Fortsetzung.

▶ Happening, engl. = Geschehen, Ereignis, wird als gesamtkunstwerkhafte Anti-Kunst verstanden. (↗ S. 227)

> Eine Sonderform ist das Performance Video, bei der Musizieren und optische Darstellung technisch auseinandergelegt sind. Die Mehrzahl der Musikvideos wird so hergestellt, dass die Musizierenden zu einem bereits aufgezeichneten Live- oder Studioauftritt synchron das Musikmachen mimen.

5.4 Angewandte Musik

„Angewandte Musik" ist Musik, die im Zusammenhang mit anderen Tätigkeiten eine bestimmte Funktion erfüllt. Der Grad ihrer Eigenständigkeit kann dabei sehr verschieden sein.

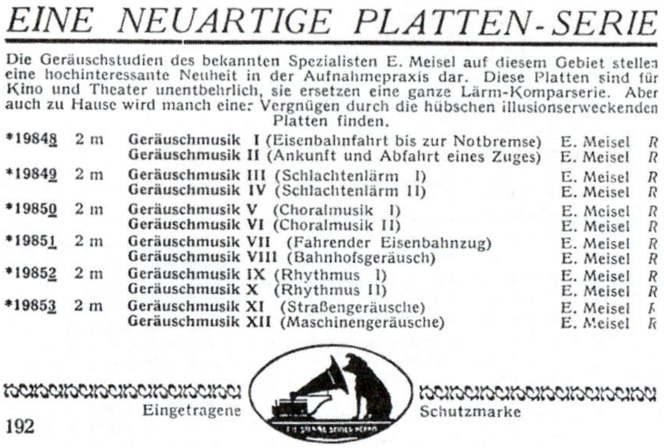

EINE NEUARTIGE PLATTEN-SERIE

Die Geräuschstudien des bekannten Spezialisten E. Meisel auf diesem Gebiet stellen eine hochinteressante Neuheit in der Aufnahmepraxis dar. Diese Platten sind für Kino und Theater unentbehrlich, sie ersetzen eine ganze Lärm-Komparserie. Aber auch zu Hause wird manch einer Vergnügen durch die hübschen illusionserweckenden Platten finden.

*19848	2 m	Geräuschmusik I (Eisenbahnfahrt bis zur Notbremse)	E. Meisel	R
		Geräuschmusik II (Ankunft und Abfahrt eines Zuges)	E. Meisel	R
*19849	2 m	Geräuschmusik III (Schlachtenlärm I)	E. Meisel	R
		Geräuschmusik IV (Schlachtenlärm II)	E. Meisel	R
*19850	2 m	Geräuschmusik V (Choralmusik I)	E. Meisel	R
		Geräuschmusik VI (Choralmusik II)	E. Meisel	R
*19851	2 m	Geräuschmusik VII (Fahrender Eisenbahnzug)	E. Meisel	R
		Geräuschmusik VIII (Bahnhofsgeräusch)	E. Meisel	R
*19852	2 m	Geräuschmusik IX (Rhythmus I)	E. Meisel	R
		Geräuschmusik X (Rhythmus II)	E. Meisel	R
*19853	2 m	Geräuschmusik XI (Straßengeräusche)	E. Meisel	R
		Geräuschmusik XII (Maschinengeräusche)	E. Meisel	R

Eingetragene Schutzmarke

192

Die Musik kann einerseits in Gehalt und Form eng auf die Vorgänge bezogen sein, in die sie eingebunden ist – so bei liturgisch-geistlicher Musik, bei Arbeits-, Tanz- oder Marschmusik, als illustrative Begleitmusik z. B. für sportliche Darbietungen, als Musik zur Werbung, als Filmmusik. Andererseits kann sie nur lose mit der Umgebung verknüpft sein, so bei Hintergrundmusik oder funktioneller Musik. Der Komponist HANNS EISLER (1898–1962) weitete den Begriff sogar auf Musiktheater-Musik aus.

5.4.1 Tanzmusik

Tanzen ist wie das Musikmachen eine universale und elementare Betätigung der Menschen. Es findet sich in allen Kulturen und Zeiten. Oft sind Tanz-, Ton- und Wortkunst mehr oder weniger eng miteinander verbunden.

Abbildungen:
Flamencoveranstaltung in Granada

Galopp, schneller Rundtanz, Ende des 19. Jh.s

> Einzelne **Tänze** haben den Stellenwert von Gattungen, so u. a. Basse danse, Allemande, Menuett, Ländler, Walzer, Polka, Mazurka, Française, Seguidilla, Galopp, Rheinländer, Cancan, Breakdance.

Die Bezeichnung **Suite**, franz. = Folge, trat erstmals in Tanzmusikdrucken von Attaignant, Paris 1557 auf.

Suite
Die Suite ist eine geordnete, systematisierte mehrsätzige Abfolge aus Tänzen und tanzfreien Teilen, wie Präludium oder Ouvertüre.

Die **Suite** ist vielgestaltig und vielseitig einsetzbar, wenn auch formal nicht hoch organisiert. Die Satzkombinationen sind variabel und vorwiegend lose gereiht. Eine übergreifende Einheitlichkeit entsteht durch die zumeist beibehaltene Tonart.

Suite wird auch als Partita, ital. = Teil, als Sätze in bestimmter Reihenfolge, bezeichnet.

Historischer Ausgangspunkt der Suite war die paarige Kombination zweier kontrastierender Tänze, eines meist langsamen, geradtaktigen Vortanzes und eines raschen, dreitaktigen Nachtanzes. Diese Kombination wurde auch durch variative Umrhythmisierung desselben Tanzes vorgenommen. Als Gattung mit festeren Umrissen entstand die Suite im 16. Jh. im Zusammenhang mit der allgemeinen Ausprägung der Instrumentalmusik.

Bekannt waren Tanzpaare wie Pavane-Galliarde, Pavane-Saltarello oder Ballo-Saltarello, Allemande-Saltarello, Basse danse-Tourdion, deutsch Dantz-Hupfauf. Der Einschub von Wiederholungen zwischen das Tanzpaar sowie die Ergänzung durch tanzfreie Formen – z. B. 1536 durch eine Toccata – erweiterte die Suiten. Eine deutsche Sonderform nach 1600 war die **Variationen-Suite.**

Die Variationen-Suite verbindet alle Sätze durch gleiches musikalisches Material als Grundlage der Variation.

Ein neuer Typus entwickelte sich in Italien im Bereich von Oper und Ballett ab 1618, u. a. mit zwei- bis siebensätzigen Suiten aus Ballo, Gagliarde, Corrente, Canario, Gavotte, Brando (Brande), Ritornello und tanzfreien Sätzen. Im 17. Jh. bildete sich in Italien als Suitentyp die **Sonata da camera** heraus. In England und Frankreich entfaltete sich die Suite im Rahmen der höfischen **Masque** bzw. des **Ballet de cour** im 17. Jh. – als Orchestersuite dann bei HENRY PURCELL (1659–1695), JEAN-BAPTISTE LULLY (1632–1687) im 17. Jh. und JEAN-PHILIPPE RAMEAU (1683–1764) im 18. Jh.

Notenbeispiel: Gigue von GEORG FRIEDRICH HÄNDEL

Die französische Suite für Laute oder Klavier entwickelte um 1700 eine festere Ordnung mit dem Kern Allemande, Courante, Sarabande, Gigue. Sie wurde oft ergänzt durch Dopplungen desselben Tanzes, durch die neueren höfischen Modetänze Gavotte, Bourrée, Menuett und durch tanzfreie Formen. Die **Orchestersuiten** begannen in der Regel mit einer Ouvertüre und hatten eine freiere Satzfolge.

Orchestersuiten sind z. B. „Die Wassermusik“ (1733) und „Die Feuerwerksmusik“ (1749) von GEORG FRIEDRICH HÄNDEL.

Die Suite blieb mindestens bis Mitte des 20. Jh.s als formale Hülle für Zusammenstellungen von Ballettnummern, Bühnenmusiken u. Ä. bestehen.

Als produktive, lebendige Gattung ging die Suite etwa Mitte des 18. Jh.s mit dem Übergang zu Empfindsamkeit und Wiener Klassik zu Ende. Sie löste sich in Mischgattungen mit Divertimento, Kassation, Serenade auf.

Menuett

Menuett, frz. von *menu pas* = kleiner Schritt

Das Menuett wurde unter LUDWIG XIV. am französischen Hof eingeführt und verbreitete sich rasch. Es bildete nach Branle, Courante und Gavotte den Schluss der Tanzfolge.

Das **Menuett** wurde als Paartanz mit stark stilisierten Figuren zum Prototyp des gemessenen höfisch-absolutistischen Tanzes.

Abb.: Menuett als Gesellschaftstanz, um 1730

Das Menuett hat zwei Teile im ¾-Takt zu je vier oder acht Takten, die beide wiederholt werden. Die quadratisch-mechanische metrische Struktur machte das Menuett zu einem **Elementarmodell** des Tonsatzes.

Schon um 1670 nahm JACQUES CHAMPION SEIGNEUR DE CHAMBONNIÈRES (1601/1611–1672) das Menuett als stilisierten Tanz in die Suite auf. Es erschien auch paarweise. Nach dem zweiten Menuett wurde das erste wiederholt. Diese Konfiguration wurde später Standard als **Menuett und Trio** – Trio wegen der ursprünglich meist dreistimmigen, u.a. vom Satztyp der Triosonate mitgeprägten Struktur des zweiten Menuetts. Serenaden und Kassationen enthielten als Nachfolgegattungen der Suite bis in das 19. Jh. oft sogar mehrere Menuette.

Im 18. und Anfang des 19. Jh.s begann in Deutschland jeder Ball mit einem Menuett.

In den 1920er-Jahren griffen einige Komponisten besonders auf das Menuett zurück – als Ausdruck rükwärtsgewandter historistisch-klassizistischer Stilisierung.

Auch LUDWIG VAN BEETHOVEN schrieb 1799 für den Tanz bestimmte Menuette, so 12 Menuette für einen Maskenball.

In die Sinfonie kam das Menuett als Repräsentation des Tänzerischen im Gesamtgefüge des Zyklus über die dreiteilige neapolitanische Sinfonia (Ouvertüre), die mit einem tanzartigen Satz im 3/8-Takt schloss.

Walzer

Die Bezeichnung Walzer geht auf walzen = sich drehen, auch schleifen, die Füße beim Tanzen am Boden drehen, zurück – engl. *waltz*, frz. *valse*, ital. *valzero*.

Der **Walzer** ist ein Einzelpaartanz im ¾-Takt, der im österreichisch-bayrischen Raum um 1780 entstand. Als Wiener Walzer wurde er zum führenden Gesellschaftstanz des 19. Jh.s und gehört heute zu den Standardtänzen.

Das minimale Vorziehen des zweiten Viertels im ¾-Takt, der sogenannte „Wiener Nachschlag“, passt sich der Drehbewegung des Körpers optimal an und verleiht ihm einen schwebenden Charakter.

Direkte bäuerlich-plebejische Vorläufer sind der Deutsche Tanz, der Ländler und der Langaus, einschließlich ihrer jeweiligen regionalen Ausprägungen als Steirer, Dreher usw.

Die Drehung der Paare in geschlossener Tanzhaltung um sich selbst, die dabei die Tanzfläche umrunden und so die Einzelnen wieder in das Kollektiv einbinden, bildete seit dem Mittelalter den Abschluss des Tanzreigens. Die Verselbstständigung dieser Konfiguration zu einem eigenständigen Tanz vollzog sich dann im Bürgertum.

Abb.: Walzer als Gesellschaftstanz, um 1900

Im 19. und 20. Jh. entwickelten sich verschiedene **Walzertypen:**
- Walzer als Tanz- und Gebrauchsmusik,
- Konzertwalzer,
- Wiener Walzer (seit den 1820er-Jahren),
- Boston (seit 1875 in den USA),
- English Waltz (langsamer Walzer, 1910 in England entstanden).

Der einzelne Walzer in der Walzerkette enthält zumeist einen 16-taktigen Teil A und einen gleich langen, aber im Charakter unterschiedenen Teil B mit z. T. einfacher Wiederholung.

Modellhaft als **Walzerzyklus** mit langsamer Einleitung und Koda war das von CARL MARIA VON WEBER komponierte Konzertrondo „Aufforderung zum Tanz" (1819). Diese Formerweiterung wurde danach wiederholt aufgegriffen. Charakteristisch wurde die Form aus Einleitung, Kette von fünf Walzern und Koda mit thematischen Rückgriffen, das gegenüber dem Ländler raschere Tempo und die leichte Vorwegnahme der zweiten Zählzeit.

Tango

> Der **Tango** entstand um 1900 in den Vororten von Buenos Aires, wurde um 1910 in Europa zum Gesellschaftstanz, ist weltweit verbreitet und gehört heute zu den Standardtänzen.

Die Herkunft des Wortes Tango ist ungeklärt. Belege nach 1800 deuten auf ein afroamerikanisches Entstehungsmilieu.

Charakteristisch für den Tango ist die Folge von langsam–schnell–schnell im Rhythmus mit den gleitenden, knapp abgesetzten Gehschritten, den Promenaden und der „Tangowiege".
Zum Entstehungsumfeld des Tangos gehörten Polka, Mazurka, Walzer aus Mittel- und Osteuropa, Kontertänze, Quadrillen und ihre kreolischen Varianten, Lieder und Tänze aus dem Mittelmeerraum, kubanische Musik, Musik der afroamerikanischen Candombé-Gruppen und argentinische Musik der Pampas.
Die frühen Tangoensembles bestanden aus Triobesetzungen mit Violine, Gitarre und Flöte. Gegen Ende des 19. Jh.s kam das aus Deutschland importierte Bandoneon – ein spezieller Typ des Akkordeons – hinzu. Das ergab das klassische **Tangoensemble.**

5

„Wackeltänze“

Seit Anfang des 20. Jh.s bildete sich ein Kanon von **Standardtänzen** für Tanzturniere und -schulen. 1963 wurden diese im Welttanzprogramm festgelegt. Demnach gehören dazu: langsamer Walzer, Wiener Walzer, schneller Foxtrott (Quickstep), Tango, Blues (langsamer Foxtrott), Rumba, Cha-Cha-Cha, Samba, Paso doble, Jive (Boogie-Woogie, Rock 'n' Roll, Jitterbug).

Seit den 1920er-Jahren bildeten sich Modetänze heraus, die afro- und lateinamerikanische Wurzeln hatten und sich durch ausgeprägte Rhythmik und Körperbewegung auszeichneten. Zu diesen **„Wackeltänzen“** gehörten u. a. Shimmy, Foxtrott, Charleston, Jitterbug.

Die nach dem Ersten Weltkrieg vornehmlich aus den USA nach Europa gekommenen Modetänze waren Ausdruck eines neuen Lebensstils, der Kleidung und Haartracht ebenso einschloss wie Sprachformen und Verhaltensweisen. Sie waren mit Entwicklungen und Ansprüchen, wie Individualität und Emanzipation, neue Sachlichkeit und Großstadtkultur, verbunden. Die Vorhut bildete der **Foxtrott** ab etwa 1914. Er entwickelte sich aus Ragtime und dem Onestep. Der mäßig schnelle Tanz im 4/4-Takt mit leicht synkopierter Rhythmik wurde zum Grundtyp des Geh- bzw. Schritt-Tanzes. Seit 1924 wurde er auch mit vereinfachter Schrittfolge in raschem Tempo getanzt und Quickstep genannt.

Onestep, engl. = Einschritt, ist ein sehr schneller, marschartiger Gesellschaftstanz. Er gelangte um 1910 aus den USA nach Europa. Die Bezeichnung **Foxtrott** – so viel wie „Fuchs-Schritt“ gehört zu einer Gruppe von Tänzen mit afro-amerikanischem Hintergrund, bei denen die Nachahmung von Tierschritten besonders als Schautanz eine Rolle spielte.

Quickstep heißt im Deutschen weiterhin Foxtrott. Der ursprüngliche, mäßig schnelle Foxtrott wird in Abgrenzung dazu Slowfox genannt.

Die „Wackeltänze“ entstanden in mehreren Entwicklungswellen.

ab Anfang der 1920er-Jahre **aus Foxtrott/ Ragtime entstanden**	**Shimmy** kam als erster Gesellschaftstanz aus den USA nach Deutschland; wurde 1920/21 Modetanz; Schüttelbewegungen der Schultern und des ganzen Körpers gehen auf afroamerikanische Tanzweisen zurück; gehört musikalisch zum Ragtime Mitte 1920er-Jahre kam der **Charleston** aus South Carolina nach Europa; swingend- synkopierter Rhythmus – auch auf Ragtime zurückgehend; die Schritte gehen vom Foxtrott aus; 1926 kam der **Black Bottom** nach Europa
ab Mitte der 1920er-Jahre **Tänze zum Jazzstil Swing**	Swing, seit 1935 in den USA als **Jitterbug** (wörtlich = Zitterwanze) getanzt; musikalisch auch als **Boogie-Woogie** (war in den 1920er-Jahren ein pianistischer Jazzstil) verbreitet, nach 1945 auch als **Rock 'n' Roll** (Jitterbug geht auf akrobatische Tanzweise der Farbigen im New Yorker Stadtteil Harlem zurück, wurde zunächst in weißen Tanzschulen abgelehnt, im nazistischen Deutschland verboten; fand wegen seines Schauwertes aber doch Eingang in das internationale Tanzprogramm; wird heute als **Jive** bezeichnet)

Latin-Standardtänze

> Die **Latin-Standardtänze** bilden eine große Gruppe. Sie umfassen Rumba, Cha-Cha-Cha, Samba, Paso doble und Tango als älteren Typ lateinamerikanischer Herkunft. Gemeinsame musikalische Merkmale sind gerader Takt (2/4, 4/4) und ein betont synkopischer Rhythmus.

Der Rhythmus verweist auf das afroamerikanische Erbe. In den lateinamerikanischen Ursprungsländern sind die Tänze vorwiegend Tanzlieder.

Besonders aus zwei lateinamerikanischen Regionen kamen die in Europa verbreiteten Tänze, aus der Karibik (Rumba aus Kuba; Mambo, Cha-Cha-Cha und Calypso aus Trinidad) und aus Brasilien (Samba, Paso doble, Bossa nova).

Rumba (auch Rhumba)	mäßig bewegtes bis schnelles Tempo; charakteristisches Rhythmusinstrument sind die Maracas (Abb.); Paartanz mit starken Hüft- und Beckenbewegungen; wurde um 1914 in New York eingeführt, fand in den 1930er-Jahren starke Verbreitung 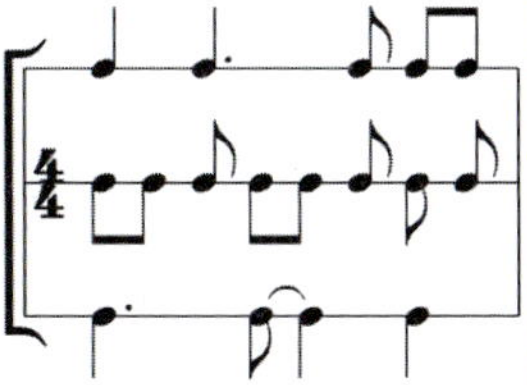
Mambo	seit 1955 auch in Europa verbreitet; Einflüsse von Rumba und Swing mischen sich; war nach 1945 auch Bestandteil des Afro-Cuban-Jazz, der den Offbeat des Jazz mit afrokubanischen metrischen Mustern verband
Cha-Cha-Cha	wurde Anfang der 1950er-Jahre aus dem Mambo entwickelt; typisch sind die Riff-Bildungen mit einem Rhythmusschema von acht Achteln (2/4-Takt), bei dem jeweils das erste und fünfte Achtel akzentuiert sind
Calypso	entwickelte sich aus häufig satirischen Tanzliedern der Farbigen und wurde um 1955 zum Modetanz; HARRY BELAFONTE (geb. 1927, ↗Foto) machte ab 1957 mit seinem „Banana Boat"-Song den Calypso auch in Europa bekannt
Samba (port. von semba = Tanz)	Zusammenfassung einer Gruppe von Tänzen mit schnellem Tempo; aus dem Widerspruch von Dreier- und Zweiertakt entsteht eine auch körperlich-tänzerische „Synkope"; wurde bereits in den 1920er-Jahren in Europa zum Gesellschaftstanz und um 1950 zu einer Mode
Bossa nova	eine Abart der Samba; etwa 1950 aus der Verbindung von Samba und Cool Jazz (ein „weißer" Jazzstil) entstanden; flüssige Afterbeat-Perkussion prägen die gleitende, elegante Rhythmik

5

5.4.2 Filmmusik

Filmmusik ist Teil der Gesamtdramaturgie eines Films und dient der Kommentierung, Illustrierung und Intensivierung der Handlung.

Versuche der Koppelung von Film und Schallplatte setzten sich wegen technischer Mängel besonders der Synchronisation nicht durch.

In der frühen Stummfilmzeit – etwa seit 1895 – wurde Musik auf dem Klavier oder Harmonium improvisiert oder aus bekannten Musikstücken zusammengestellt. Nach 1900 gab es in „gehobenen" Lichtspieltheatern eine Kinoorgel oder ein Salonorchester. Daneben entstanden erste werkspezifische Filmmusiken.

Erste Filmmusiken komponierten u. a. CHARLES-CAMILLE SAINT-SAËNS (1835-1921) zu „L'Assassinat de duc de Guise" (1907) und EDMUND MEISEL (1874–1930) zu „Panzerkreuzer Potemkin" (1926).

Mit dem **Tonfilm** wurde eine filmspezifische Komposition möglich. Statt der Daueruntermalung mit Musik wie beim Stummfilm wurde Musik nun sparsamer und gezielter eingesetzt, dramaturgisch höchst pointiert.
Auch der erste deutsche Tonfilm „Melodie der Welt" (1929) war ein Musikfilm.

Mit dem Tonfilm wurde die akustische Dimension des Films zweifach bereichert, da die „Klangspur" sowohl Musik wie auch die gesamte Klangwelt – Wortsprache und Geräusche – umfasste. Der erste Tonfilm „The Jazz Singer" (1927) war ein **Musikfilm.**

Schnittpunkte von Film und musikalisch-dramatischen Gattungen bildeten Typen wie **Filmoperette** und **Filmmusical.** Übergänge zum Spielfilm mit authentischen dokumentarischen Elementen waren **biografische Filme** über Komponisten, Sänger, Virtuosen oder Bandleader. Der Musikfilm blieb auch nach Aufkommen des Videoclip wichtig im Marketing- und Werbebereich der Phonobranche.

Foto:
Szene aus dem Musikfilm „Hair" (1979)

Die Sinfonisierung der Filmmusik in den 1930er-Jahren mit fast kontinuierlicher Musikbegleitung machte den Film fast zu einer **medialen Oper.** Dabei hatten sich zwei Haupttypen herausgebildet:
- Das „Underscoring" setzte die Bilderfolge untermalend und illustrierend in das Akustische um, so z. B. MAX STEINER (1888–1975) in „Gone with the Wind" (1939).
- Die „Mood technique" („Stimmungstechnik") deutete die Handlungs- und Bildabläufe psychologisch aus. Vor allem HANNS EISLER (1898–1962) entwickelte in der Zuspitzung Musik zum Kontrapunkt des Bildes.

Ein Extremfall des „Underscoring" ist das „Mickey mousing", die oft bewusst komische, überexakte klangliche und zeitliche Synchronisation von Bild und Ton. Sie wurde seit den frühen 1930er-Jahren in den Zeichentrickfilmen der Firma Walt Disney angewendet.

In den 1960er-Jahren erweiterte sich das stilistische Spektrum der Filmmusik durch Einbeziehung „exotischer" und avantgardistischer Musikelemente, durch das Vordringen elektroakustischer Musik in die Komposition, durch Collage- und Zitatverfahren. In den 1990er-Jahren wurde durch die Digitaltechnik die Klangqualität weiter gesteigert. Wie im Film „Der Untergang der Titanic" (1997) mit der Musik von JAMES HORNER (geb. 1953) wurde so auch das Kinopublikum noch intensiver eingebunden.

5.5 Gattungsentwicklung im 20./21. Jahrhundert

Ein **wesentliches Merkmal der Neuen Musik** im 20./21. Jh. ist die klangliche Ausdifferenzierung und formale Auflösung eines für das 18./19. Jh. typischen Gattungskanons (Sinfonie, Sonate, Streichquartett, Streichtrio, Lied, Oper).

An die Stelle normierter Formverläufe treten ab den 1950er-Jahren immer stärker von Komponisten individuell genutzte Besetzungen und individuell festgelegte formale und dramaturgische Abläufe. Verbindliche Gattungsmerkmale lösen sich auf. Ein Grund dafür ist die Herausbildung zahlreicher autonomer, variabel besetzter Ensembles. Ebenso erweitert die Nutzung elektronischer Mittel die musikalischen Gestaltungsmöglichkeiten und führt zu neuen Form- und Dramaturgiekonzepten.
Die Herausbildung von **neuen Musikszenen** wie Neue Improvisation oder Echtzeitmusik (seit den 1970er-Jahren), Klangkunst (seit den 1980er-Jahren), Laptop- und Netzmusik sowie Neue Elektronische Musik (seit den 1990er-Jahren) befördert diesen Prozess.

An die Stelle von Gattungen traten:
Musik für Orchester, Musik für individuelle, vom Komponisten bestimmte instrumentale/vokale Besetzungen, elektronische und elektroakustische Musik, Computermusik, Raummusik, Musik für Landschaften, Musik für die Architektur von Konzertsälen, Klangkunst, Musiktheater, Instrumentales Theater, Performance, Netzmusik, Laptopkompositionen, Echtzeitmusik, Ambient Music u. a.

Einer der Pioniere der Gattungsauflösung war der US-Amerikaner CHARLES IVES (1874–1924). Er komponierte neben Streichquartetten, Sonaten und Liedern auch Orchesterstücke wie „YalePrinceton Football Game" (1998), „The Unanswered Question" (1906) für Trompete, Flötenquartett und Streicher (1908) oder Ensemblestücke wie „Ton Roads" Nr. 1 (1911) und 3 (1915), die einer klangdramaturgischen Idee und nicht mehr einem Gattungsmodell verpflichtet sind.

Die Auflösung von Gattungen im 20. Jh. ist eng verbunden mit der Auflösung des tonalen Konzepts und der experimentellen Erforschung des musikalischen Materials. Dazu gehören die Gleichberechtigung der Töne durch die Zwölftontechnik (um 1920), die Entdeckung der Zerlegbarkeit des Tones in seine Parameter Klangfarbe, Tonhöhe, Tondauer und Lautstärke (= serielles Konzept) Anfang der 1950er-Jahre, die Gleichberechtigung von Ton und Geräusch (JOHN CAGE), die Entdeckung des Raumes als Gestaltungselement.
Auch wurden die Grenzen zu anderen Künsten wie Theater, Poesie, Malerei, Architektur durchlässig, die Gestaltungselemente vermischten sich. Entsprechend inhaltlicher Konzepte folgte Komponieren in seiner Entwicklung eher der Logik des Materials als normierten Formverläufen, wie sie für Gattungen typisch sind.

Als einzige Gattung hat sich durch alle experimentellen und postmodernen Phasen der Neuen Musik das **Streichquartett** behauptet. Bis heute ist es für Komponisten eine Herausforderung. Ähnlich wie beim Orchester sind die formalen und klanglichen Konzepte für die Besetzung jedes einzelnen Werkes individuell. Sie reichen von dem sechs Stunden dauernden II. Streichquartett (1984) von MORTON FELDMAN bis zum Helikopter-Streichquartett (1994) von KARLHEINZ STOCKHAUSEN. Aus dem Streichquartett als Gattung wurden formal, klanglich oder konzeptionell originelle Entwürfe für vier Streichinstrumente.

5

Gattungen und Genres in der Musik

- Musikalische Gattungen fassen einzelne Stücke oder Werke nach gemeinsamen Merkmalen zu Typen zusammen. In der europäischen Kunstmusik sind sie **Modelle des Komponierens.**

- Die **Merkmale,** nach denen Gattungen bestimmt werden, wandelten sich geschichtlich.

1. Bis etwa 1760 hatten in Europa Funktionen bzw. Zweckbestimmungen der Musik den Vorrang bei der Herausbildung und Bestimmung von Gattungen (unterhaltend, liturgisch, repräsentativ). Damit verbunden war ein jeweils bestimmtes Verhältnis zum Publikum, ein spezieller Charakter der Darbietung (öffentlich oder privat), der Stil des Musizierens (z. B. Kammer-, Kirchen-, Theaterstil) sowie der jeweilige ästhetisch-gesellschaftliche Anspruch (für breitere Schichten oder für gesellschaftliche Eliten).
2. Merkmale sind ferner die Art der Texte, sofern vorhanden (weltlich, geistlich, Vers, Prosa) sowie Tonsatz und formale Struktur.
3. Seit Mitte des 18. Jh.s zählen zu den klassifizierenden Merkmalen auch Besetzungstypen (z. B. Streichquartett oder Sinfonie), Formschemata (Sonate oder Suite), Charakter bzw. Ton und Gestus (Lied oder Song).

- Mit dem Aufkommen der Neuen Musik lösten sich seit 1905 wie schon bei vielen vokalen Gattungen und im Bereich der Orchestermusik auch bei instrumentaler Ensemble- und Kammermusik feste Gattungsgrenzen und Besetzungstypen auf. Viele Komponisten suchen nach neuen Lösungen. Dennoch bleiben die überlieferten Gattungen weiterhin prägend für das Komponieren.

- Innerhalb der Gattungsgefüge bildeten sich einerseits übergreifende „Großgattungen", andererseits entstanden Untergattungen, die man als **Genres** bezeichnen kann, so z. B. die Ballade als episch-erzählendes Lied oder das Liebeslied, Tanzlied, politisches Lied.

Vokalmusik	Instrumentalmusik	Musikalisches Theater	Angewandte Musik
Lied – Volkslied – Kunstlied – Schlager/Popsong – Chanson **Madrigal, Motette, Messe/Requiem** **Passion/Oratorium/ Kantate**	**Kammermusik** **Orchestermusik** – Konzert – Sinfonik	**Oper** **Unterhaltendes Musiktheater** **Musizieren als Theater**	**Tanzmusik** – Suite – Menuett – Walzer – Tango – Wackeltänze – Latin-Standardtänze **Filmmusik**

Wissenstest 5 auf **http://wissenstests.schuelerlexikon.de** und auf der DVD

Populäre Musik 6

6.1 Das „Populäre" in der Musik

Das Adjektiv **populär** wurde im 18. Jh. mit Bezug sowohl auf das englische Wort *popular* wie auf das französische *populaire* geprägt. Es geht zurück auf *popularis*, lat. = dem Volke angenehm, beim Volke beliebt, volkstümlich.

Als eigenständiger musikalisch-kultureller Bereich hat sich die populäre Musik ebenso wie der Begriff des **„Populären"** in der zweiten Hälfte des 18. Jh. herausgebildet. Zwar ist das Musizieren zu Tanz und Geselligkeit, für Feste und Feiern, zur Unterhaltung und Entspannung schon so alt wie die Musik selbst. Aber erst in der bürgerlichen Gesellschaft entstanden mit der autonomen oder „ernsten" Musik, der Volksmusik und der populären Musik die Pole einer musikalischen Ordnung, in der unterschieden wird zwischen

- Musik als Tonkunst,
- Musik als kollektive Schöpfung des Volkes und
- Musik als einer für das Volk geschaffenen, volkstümlichen oder „populären" Musik.

Kommerzialisierung, engl. *commerce* = Handel, bedeutet Vermarktung.

Inhaltlich untersetzt wurde die Kategorie „populäre Musik" jedoch erst im Prozess der Kommerzialisierung der Musikkultur im 19. Jh. Mit dem eher diffusen Begriff des „Populären" konnten grundverschiedene Musikformen, die unter den Einfluss des Musikmarktes gerieten, auf einen gemeinsamen Nenner gebracht werden.

6.1.1 Begriff der populären Musik

Die populäre Musik ist aus dem Zusammenwirken zweier komplexer kultureller Prozesse hervorgegangen: aus der Professionalisierung von Volksmusik und aus der Popularisierung von Kunstmusik.

Populäre Musik ist ein Ensemble sehr verschiedenartiger Genres und Gattungen der Musik. Ihnen ist gemeinsam, dass sie tendenziell in einer massenhaften Form produziert, verbreitet und angeeignet werden.

Die in Seattle als Wired Radio gegründete **Muzak** Corporation begann 1934, Musik in Supermärkte zu übertragen. Heute versorgt sie über Satellit rund 350 000 Abnehmer in 120 Ländern mit Musikprogrammen für Büros, Arbeitshallen, Geschäfte oder Hotels.

In den westlichen Industrieländern gehören zur populären Musik

- die verschiedenen Formen der praktisch **angewandten Musik** (z. B. Marschmusik oder Tanzmusik),
- die unterschiedlichen Typen der **Unterhaltungsmusik** (z. B. Salonmusik, Kaffeehausmusik, Barmusik, „populäre" Klassik),
- **Genremischformen** (z. B. die Musik der Revue, des Varietés, des Kabaretts, der Estrade),
- aus ihrem ursprünglichen Zusammenhang herausgerissene und über die Massenmedien verbreitete **Volksmusik** (volkstümliche Musik),
- verschiedene **Liedtypen** (z. B. Couplet, Chanson, Schlager, Küchenlied, politisches Lied, Protestsong),
- **Filmmusik** (z. B. Filmschlager, Soundtracks),
- seit Beginn des 20. Jh.s die verschiedenen **Formen afroamerikanischer Musik** (Blues, Jazz, Rhythm & Blues, Soul, Funk, Rap),
- die Musik jugendlicher Subkulturen (Rock, Hip-Hop, Techno),
- Musik als illustratives Mittel (z. B. Begleitmusik für sportliche Darbietungen oder Musik zur Werbung),
- **funktionelle Musik** (Muzak oder „Fahrstuhlmusik" als Beschallung in Supermärkten, Kaufhäusern, Wartehallen u. a. – ↗ S. 119).

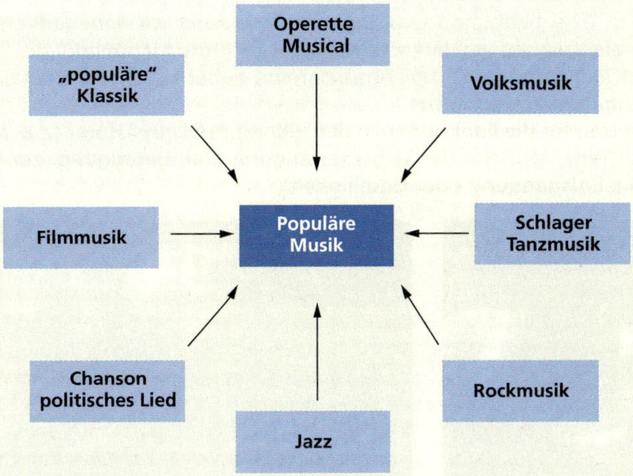

Die Zusammensetzung des Ensembles der Gattungen, die jeweils der populären Musik zugehörig sind, unterliegt in der historischen Entwicklung ständiger Veränderung und unterscheidet sich in den verschiedenen Regionen der Welt.

6

Beispiele für populäre Musik sind:
- die Walzer von JOHANN STRAUSS,
- die Serenade „Eine kleine Nachtmusik" von WOLFGANG AMADEUS MOZART,
- das Thema des ersten Satzes aus dem „b-Moll Klavierkonzert" von PETER TSCHAIKOWSKY,
- die Songs der BEATLES,
- die Dancetracks in der Diskothek.

Die Kriterien, denen Musik entsprechen muss, um populär zu werden, befinden sich in ständiger Veränderung.

Die **Musiker,** ihre **Hörer** und Fans sowie die **Musikindustrie** versuchen, ihre Interessen möglichst erfolgreich durchzusetzen. Die Musiker streben nach künstlerischer Selbstverwirklichung, ihre Hörer nach Spaß und Sinn, die Industrie nach größtmöglicher Profitabilität. Zwischen diesen Faktoren besteht ein Wechselverhältnis, das immer wieder neu ausgehandelt wird und zu immer wieder anderen musikalischen Erscheinungsformen führt.

Das Ergebnis der „Aushandlung" zwischen Musikern, Hörern und Musikindustrie bleibt für alle Beteiligten unkalkulierbar, verleiht der populären Musik aber ihre Vielgestaltigkeit und Mannigfaltigkeit.

Wichtige **Voraussetzungen,** die Musik erfüllen muss, um in das Ensemble der Genres und Gattungen der populären Musik aufgenommen zu werden, sind:
- Vereinbarkeit mit den jeweiligen Produktions- und Verbreitungstechnologien (z. B. Anpassung an die Spieldauer des Tonträgers, Eignung für die vorherrschenden Programmstrukturen in Rundfunk oder Fernsehen),

- Realisierbarkeit in Aufführungsstätten, in denen sie den Zielgruppen oder „Käuferschichten" zugänglich ist (z. B. Tanzsaal, Diskothek) – bei gleichzeitiger Anpassung in Charakter und Besetzung an die akustischen Gegebenheiten (z. B. Bigband-Besetzung vor dem Aufkommen der elektrischen Verstärkertechnik, geschichtete Klangbilder der Disko- und Technomusik für das Abspielen mit hoher Lautstärke und großer klanglicher Transparenz),
- Eignung für die Funktionen in der Lebenspraxis ihrer Hörer (z. B. Musik zum Tanz, als Form der Selbstbestätigung und -betätigung, zur Erholung, Entspannung oder Geselligkeit).

Foto links: Schaltzentrale für das Fernsehen

Foto rechts: Rockkonzert

Populäre Musik ist als kommerzielle Dienstleistung organisiert.

Um in dieser Form funktionieren zu können, bedarf sie
- einer entwickelten **Infrastruktur** der Musikkultur: Aufführungsstätten, Musikschulen, Medien der Musikverbreitung,
- der uneingeschränkten **Gewerbefreiheit** für aufführende Musiker, Veranstalter, Vermittler u. a.,
- eines funktionierenden **Musikmarktes** und
- gesicherter rechtlicher Rahmenbedingungen, die im **Urheber- und Leistungsschutzrecht** verankert sind.

6.1.2 Kennzeichen und Grundlagen populärer Musik

Popularität von Musik setzt ein **massenhaftes Bedürfnis** nach Musik und die Möglichkeiten ihrer Produktion und Verbreitung auf **Massenbasis** voraus.

▶ Durch ihre Eignung für den Musikmarkt werden unterschiedliche Musikformen aus Vergangenheit und Gegenwart der verschiedenen Weltregionen und Kulturen jeweils als populäre Musik produziert und verbreitet.

Zentrales **Kennzeichen der populären Musik** ist ihre Eignung für die komplexen Prozesse des Musikmarktes. Das bindet sie an technische Medien, die sie auf den Musikmärkten verfügbar machen – durch Notendruck, Tonträger, Internet –, wie auch an Käuferschichten. Diese Bedingungen können die unterschiedlichsten Musikformen erfüllen. Deshalb ist populäre Musik äußerst vielgestaltig.

Merkmale der populären Musik

Die Bedingungen und Voraussetzungen der Verbreitung von Musik sind historisch und regional verschieden, sie unterliegen dem geschichtlichen Wandel und unterscheiden sich in den verschiedenen Kulturen der Welt voneinander. Dennoch ist kennzeichnend:

> Populäre Musik basiert auf **musikalischen Grundlagen,** die sich in bestimmten klanglichen Elementen und strukturellen Merkmalen darstellen.

Merkmale populärer Musik sind:
- eingängige, nachsingbare Melodik (Folge des tonalen Aufbaus und der Reihung einer begrenzten Anzahl von melodischen Elementen und rhythmischen Formeln, die leicht im Gedächtnis bleiben),
- überschaubare musikalische Formen durch Variantenbildungen entweder von kleineren Strukturelementen (Perioden, Motiven) oder von feststehenden Strukturmustern (Liedformen, Bluesschema etc.),
- Bewegungs- und Tanzvorgänge nachbildende bzw. auslösende Metrik und Rhythmik,
- interaktives Musizieren sowohl der beteiligten Musiker untereinander wie zwischen Musiker und Publikum (der Notentext – wenn vorhanden – fixiert dabei nur den Grobablauf, z. B. Direktionsstimme),
- Überwiegen klangsinnlicher Faktoren (Arrangement, Sound) und damit der Hör- und taktilen Qualität des Klangs.

▶ Im historischen Verlauf haben die allgemeinen Merkmale populärer Musik verschiedenartige und vielgestaltige Konkretisierungen erfahren.

Im historischen Verlauf haben diese allgemeinen Merkmale jeweils Konkretisierungen erfahren.

> Formbildende Grundelemente in vielen Gattungen der **populären Musik des 20. Jh.s** sind:
> - Beat/Swing,
> - Improvisation/Call and Response,
> - Hot Intonation/Blue Notes sowie
> - die Technologie der Signalverarbeitung.

Beat bezeichnet in allen auf die afroamerikanische Tradition zurückgehenden Formen der populären Musik den **metrischen Grundschlag,** der im Unterschied zum europäischen Takt mit seinen charakteristischen Betonungsverhältnissen (Taktmetrum, Akzentstufentakt) als gleichmäßiges Pulsieren erscheint.	Das Musizieren über einem Beat, der meist durch körperliche Bewegungen (z. B. Fußtreten, Körper federn, Mitschwingen) markiert wird, ermöglicht eine flexiblere Verteilung der Melodieakzente als das Taktmetrum mit seiner feststehenden Schwer-Leicht-Ordnung (1-3-Betonung).  Er ist die Grundlage für viele metrisch-rhythmischen Effekte, wie Backbeat, Offbeat (↗ Notenbeispiel), Onbeat, Afterbeat, Swing.

Swing ist eine Eigenschaft der Musik, die sich aus der Überlagerung zweier unterschiedlicher Zeitebenen im Musizieren auf der Grundlage des Beat ergibt – die eine mit regelmäßiger Akzentverteilung auf dem Beat (Onbeat), die andere mit zeitversetzter Akzentverteilung gegenüber dem Beat (Offbeat). Unterstützt wird der Effekt durch das triolische Auflösen von Achtelfolgen, sodass ein beständiger Fluss von Spannung und Entspannung entsteht.	Swing entstand aus dem Aufeinandertreffen afrikanischer und europäischer Musiktraditionen in den USA und prägte insbesondere den Jazz, der in den 1930er-Jahren im gleichnamigen Jazzstil stark ausgeprägt war. Swing kennzeichnet eine Vielzahl von Musikformen.  ■ In dem von BENNY GOODMAN (1909–1986) und seiner Bigband gespielten Titel „One O' Clock Jump" (1938) ist der Charakter des Swing besonders deutlich: Die Akzentverteilung findet zwischen Rhythmusgruppe (Onbeat) und den Melodietönen der Klarinette (Offbeat) statt.
Improvisation Improvisation ist die Einheit von Erfindung und Ausführung melodischer, harmonischer und rhythmischer Abläufe (Stegreifkomposition). Improvisation ist in vielen Formen der populären Musik ein wichtiges, z. T. (in Jazz und Rock) auch tragendes Gestaltungsmittel.	Grundlage und das Thema einer Improvisation ist eine bekannte Melodie oder eine bestimmte Abfolge von Harmonien. Improvisieren ist an musikalische Vorgaben und bestimmte Regeln gebunden und daher sowohl vom Fantasieren wie auch vom Variieren zu unterscheiden. Die **spontane Improvisation,** die sich z. B. in minutenlangen Gitarrensoli bei Rockbands findet, basiert auf zuvor eingeübten Figuren und Standardphrasen. Ihrem Charakter nach interaktiv, ermöglicht sie ein unmittelbares Reagieren auf die Aufführungssituation, auf Mitmusiker und insbesondere auf das Publikum.
Call and Response (Ruf-Antwort-Prinzip) ist ein aufeinander Bezug nehmender Wechselgesang in vielen Varianten. Er spielt als form- und kommunikationsbildendes Element in der afroamerikanischen und von dieser geprägten Musik eine tragende Rolle. Der auf afrikanische Traditionen zurückgehende Wechselgesang von Vorsänger und Chor (Call and Response) findet sich z. B. in Worksongs (Ruf der Vorarbeiter – Antwort der Arbeiter), in afroamerikanischen Spirituals (Reverend – Gemeinde) sowie in vielen Formen des Jazz und der Rockmusik.	Das Prinzip von anrufendem Vorsänger und beantwortendem Chor ist über Blues, Rhythm & Gospel zu einem formbildenden Element der populären Musik geworden. Aus dem ursprünglichen Wechselgesang wurde ein Wechselspiel zwischen Solo-Instrument oder Sänger/Sängerin und Begleitensemble. Die Anrufung besteht aus einer unabgeschlossenen musikalischen (Halb-)Phrase, die die beantwortenden Instrumente abschließen (Responsorialprinzip). 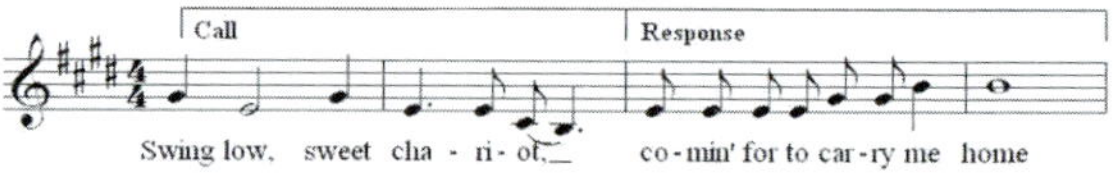 Call and Response bildet z. B. die Grundlage für den formalen Aufbau der meisten Bluessongs. ■ RAY CHARLES (1930–2004) schuf mit „What'd I Say" (1959) ein Musterbeispiel des Call-and-Response-Prinzips in der populären Musik.

Hot Intonation bezeichnet eine Tongebung, die auf Expressivität statt Intonationsreinheit ausgerichtet ist. Bei der Hot Intonation wird durch eine häufig geräuschhafte, die Tonhöhe nur ungefähr artikulierende Tongebung eine besondere Expressivität des musikalischen Ausdrucks erzeugt.	Mittel der speziellen Tonerzeugung sind **Dirty Tones** (scharfe, raue, „schmutzige“ Tongebung), **Hot Tones** (hartes, fast explosives Ansingen oder Anspielen von Tönen), **Off-Pitchness** (schwankende Tonhöhen), starkes Vibrato, Verwendung von Glissandi. Besonders geeignet dafür sind neben der Singstimme Blasinstrumente sowie die elektrisch verstärkte Gitarre mit ihren vielen Klangeffekten. Mit der elektronischen Klangerzeugung ist diese Form der Tongebung praktisch unbegrenzt verfügbar geworden und kann prinzipiell jedem Instrument aufmoduliert werden.
Blue Notes sind labil intonierte Tonstufen (Terz, Septime und Quinte), die dem Melodieverlauf den eindeutigen Charakter von Dur oder Moll nehmen. Die Blue Notes resultieren aus der Überlagerung der diatonischen Tonleiter mit ihren eindeutigen Tongeschlechtern (Dur/Moll) durch pentatonisch (Fünftonleiter) geprägte Relikte des afrikanischen Musizierens. Sie sind ein Charakteristikum der afroamerikanischen Musik und von hier aus in viele Formen der populären Musik gewandert.	Blue Notes werden genau zwischen dem kleinen und großen Intervall stehend (kleine/große Terz, kleine/große Septime, reine/verminderte Quinte) intoniert und erscheinen im melodischen Verlauf oft an exponierter Stelle. Vor allem die **Bluesterz** ist häufig melodischer Spitzenton, während die Bluesseptime als markanter Durchgangston bei abwärts gerichteten Melodiephrasen erscheint. Die verminderte Quinte war das Modeintervall des Bebop und kam nach 1940 hinzu. ■ BESSIE SMITH (1894–1937) demonstrierte eindrucksvoll in „The Yellow Dog Blues“ (1925) die im Vergleich zu den Stammtönen der Dur-Tonleiter „unsauber“ erscheinende Intonation einzelner Intervalle. 
Technologie der Signalverarbeitung Die technische Transformation der akustischen Physikalität von Klang in elektrische Signale und deren Bearbeitung, Verarbeitung und Speicherung ist im 20. Jh. zu einer zentralen wie eigenständigen Komponente des Musizierens geworden. Sie hat mit dem Musiker- bzw. DJ-Produzent einen historisch neuartigen Musikertyp hervorgebracht. Das signalbasierte Musizieren ist durch aufwendige technische Wiedergabeanlagen transportabel und live verfügbar gemacht.	Mit Einführung der elektrischen Klangaufzeichnung in den 1920er-Jahren wandelte sich im Studio das Musizieren von der direkten Klangerzeugung zur elektrischen **Signalerzeugung.** Seit den 1940er-Jahren entwickelte sich auf der Basis des Magnettonbandes explosionsartig die Technologie der **Signalverarbeitung** zu einer dominanten Erscheinung des Musizierens. Das hat zahlreiche neue musikalische Gestaltungstechniken hervorgebracht (z. B. Collage, Overdubbing, Reverb, Hall, Echo, Sampling, Pitching). Musizieren wird virtualisiert. Die Aufnahme wird zu einer eigenen Instanz des Musikalischen. 

Popsong

> Grundlage der Popmusik ist das **Vortragslied** in Strophenform mit wiederkehrendem Refrain und zumeist erzählendem Charakter.

▸ Während das populäre Lied im deutschsprachigen Raum unter der Bezeichnung **Schlager** der traditionellen Liedform verhaftet blieb, erhielt es zu Beginn des 20. Jh.s in den amerikanischen Music Halls und Vaudevilletheatern eine Prägung eigener Art.

Das populäre Lied geht auf die Tradition der Straßenballade zurück. Es lebte vom Volkswitz, der Parodie und Persiflage, bevor es zum Gegenstand einer systematischen Vermarktung gemacht wurde.
Da über den kommerziellen Erfolg eines Liedes hauptsächlich die Einprägsamkeit und Mitsingbarkeit des wiederkehrenden Refrains entschied, nahmen die **Refrains** durch mehrfache Wiederholung einen immer größeren Raum ein, bis die Lieder faktisch nur noch aus dem variierten Refrain (Chorus) bestanden. Der achttaktige Refrain der Strophenliedform wurde so zur Grundlage eines Formmodells, das 32 Takte lang ist und auf der mehrfachen, lediglich im Text veränderten Wiederholung dieser acht Takte aufbaut – unterbrochen nur durch einen kontrastierenden, meist instrumentalen Zwischenteil (Bridge).

Die 32-taktige Chorusform mit dem Ablaufschema AABA wurde zur **Standardform des Popsongs**. Sie spielte als Formmodell im Jazz eine tragende Rolle, bildete die Grundlage einer Vielzahl von Rock 'n' Roll- und Rocksongs. Sie ist noch immer die Basis der Song-Architektur in der Popmusik.

▸ Auch wenn das Formschema inzwischen eine Reihe von Varianten erhalten hat – z. B. AABC, ABAC, ABCA – und die ursprünglichen 8-taktigen Segmente häufig auf 12 oder 16 Takte erweitert sind, ist die 32-taktige Chorusform ein Grundmodell der Popmusik geblieben.

■ Viele Songs der BEATLES, etwa „I Saw Her Standing There" (LENNON-MC CARTNEY, 1963), folgen im Prinzip der 32-taktigen Chorusform:

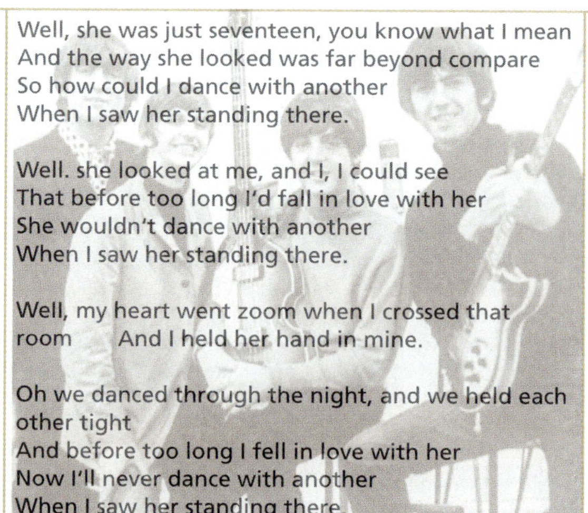

A	Well, she was just seventeen, you know what I mean And the way she looked was far beyond compare So how could I dance with another When I saw her standing there.	16 Takte
A	Well. she looked at me, and I, I could see That before too long I'd fall in love with her She wouldn't dance with another When I saw her standing there.	16 Takte
B	Well, my heart went zoom when I crossed that room And I held her hand in mine.	10 Takte
A	Oh we danced through the night, and we held each other tight And before too long I fell in love with her Now I'll never dance with another When I saw her standing there.	16 Takte

Daneben sind die zwei- und dreiteilige Liedform sowie die Bluesform zur Basis der Song-Architektur in der Popmusik geworden.

Soziale und kulturelle Zusammenhänge

> Populäre Musik ist in kulturelle Zusammenhänge eingebunden, die maßgeblich durch den **sozialen Gebrauch** bestimmt sind, der von dieser Musik im Alltag gemacht wird.

Populäre Musik ist stets mit bestimmten Konsum- und Verhaltensmustern wie Kleidungsstilen, Haarmoden und Freizeitritualen verbunden.

Die populären Musikformen sind nicht nur in die alltägliche Lebensweise ihrer Hörer integriert, sondern immer auch ein Mittel, soziale Gruppenzugehörigkeiten auszudrücken. Alle Formen der populären Musik sind in **Gruppenkulturen** eingebettet. Sie sind entweder als Fankulturen in Bezug auf eine bestimmte Musik und ihre Stars definiert oder als Subkulturen aus der Ausdifferenzierung sozialer Gruppenzusammenhänge hervorgegangen. Musik wird dann als Ausdruck jeweils zentraler Werte und Sinngehalte der Subkultur genutzt – z. B. Psychedelic Rock für die Hippies, Punkrock für die Punks, Hip-Hop für B-Boys, Techno für die Raver.

Die enge kulturelle und soziale Bindung führte in dieser Musik immer wieder zur Thematisierung von sozialen Problemen sowie zu ihrer Verbindung mit verschiedensten **Protestbewegungen.**

Populäre Musik wurde im 20. Jh. zum Träger und Motor
- der amerikanischen Bürgerrechtsbewegung in den 1950er-Jahren,
- der studentischen Protestbewegung in den 1960er-Jahren,
- der Schwulen- und Lesbenbewegung in den 1970er-Jahren,
- der Frauen- oder Riot-Grrrls-Bewegung in den 1980er- und 1990er-Jahren.

Die **Rockmusik** wurde in den 1960er-Jahren zum Identifikationsträger einer jungen Generation, die angesichts des Vietnamkrieges gegen das verbreitete Wohlstandsverhalten rebellierte.

Als der Protest zum kommerziellen **Mainstream** geworden war und die Industrie ihre Produkte mit dem Slogan „That's Underground" auf den Markt brachte, differenzierte sich – beginnend in den 1970er-Jahren – einerseits mit Heavy Metal und andererseits mit Punk die **Jugendkultur** zu einem immer komplexer geschichteten Gebilde. Es wurde durch eine Vielzahl sich kreuzender, auseinanderstrebender und andernorts wieder zusammenlaufender Grenzlinien durchzogen. New Wave, No Wave, Pubrock, Punkabilly, Metal Punk, Funk Punk, Hardcore, Black Metal, Death Metal, Doom Metal, Power Metal u. a. stehen deshalb nicht nur für rock

Mainstream, engl. = Hauptstrom, bezeichnet Musik, die sich auf dem umsatzstärksten Marktsegment platziert. Der Begriff geht auf den britischen Jazzkritiker STANLAY DANCE (1910–1999) zurück und bezeichnete ursprünglich jene Formen des Jazz, die sich zwischen den Polen von Tradition und Avantgarde bewegten.

6

Ein **Zielgruppen-Design** ist eine nach bestimmten Merkmalen (wie Alter, Geschlecht, Kaufkraft, Kaufverhalten) von der Industrie für ihre Produkte ausgewählte Gruppe potenzieller Käufer. Zielgruppen-Designs spielen in der Entwicklung der Popmusik eine zentrale Rolle. Sie werden von der Tonträgerindustrie, vom Rundfunk und Fernsehen und von der Werbeindustrie genutzt.

spezifische Spielweisen, sondern für ein Geflecht von jugendlichen Gruppenkulturen. Mit Hip-Hop und Techno setzte sich dieser Prozess in den 1980er- und 1990er-Jahren fort.

Die Musik- und Medienindustrie übersetzt die um die Musik entstandenen sozialen und kulturellen Zusammenhänge in **Zielgruppen-Designs** und Repertoire-Kategorien. Sie sucht sie mittels bestimmter Marketingstrategien so lange zu erweitern, bis sie zu einem allgemeinen Modetrend (Mainstream) werden. Das führt im Gegenzug zur Neubildung oder Ausdifferenzierung weiterer gruppenkultureller Zusammenhänge.

Populäre Musik und Medien

Populäre Musik ist unmittelbar an **technische Medien,** insbesondere an auditive und visuelle Medien gebunden.

Die dampfbetriebene Notenschnelldruckpresse, die um 1835 aufkam, wurde zur Voraussetzung für ein modernes Musikverlagswesen. Sie beschleunigte die Entwicklung der populären Musik im 19. Jh. maßgeblich.

Populäre Musikformen sind medienbasierte Musikformen. Das erste bedeutende Medium der Aufzeichnung und Verbreitung von Musik war der **Notendruck,** der mit der Einführung der Lithografie Anfang des 19. Jh.s in Massenauflage möglich wurde.
Mit der Entwicklung der **Klangaufzeichnung** in Form von Phonograph und Grammofon Ende des 19. Jh.s geriet die Musikentwicklung vollständig in Abhängigkeit von den technischen und ökonomischen Bedingungen des Tonträgers. **Neue Trägermedien** (DAT, CD, SACD, DVD) sowie Rundfunk, Fernsehen, Film und zunehmend das Internet haben diesen Prozess noch intensiviert.

1877	THOMAS A. EDISON	Erfindung des Phonographen (↗ Abb.)
1887	EMIL BERLINER	Entwicklung des Grammofons
1919	Westinghouse	KDKA (Pittsburgh, Pennsylvania) nimmt als erste Radiostation ihre Sendetätigkeit auf
1923	Radiostunde AG	„Deutscher Unterhaltungsrundfunk“ mit regelmäßigen Sendungen aus Berlin
1935	AEG	Tonbandgerät („Magnetophon“)
1948	CBS RCA	Langspielplatte, Single
1963	Philips	Audiokassette

1969	Philips und Grundig	Heim-Videorekorder
1980	Sony	Walkman
1981	Warner-Amex	Music TeleVision MTV
1983	Philips/Sony	Compact Disc (CD)
1987	Aiwa, Hitachi, Sharp, Sony und Matsushita Fraunhofer-Institut für Integrierte Schaltungen Erlangen	Digital Audio Tape (DAT) MPEG-1 Layer III (MP3)
1993	JVC, Philips, Sony und Matsushita	Digital Versatile Disc (DVD)
2001	Sony/Philips	Super Audio CD (SACD)
2001	Apple Corp.	iPod

Populäre Musik und Kommerz

Populäre Musik ist das Produkt eines **kommerziell** organisierten Prozesses, der an die Vermarktung geeigneter Trägermedien (Notendruck, Tonträger) gekoppelt ist.

Angebote im Internet erfolgen über spezielle Webportale mit integriertem Onlineshop oder über Download-Plattformen, die entweder auf Abo-Basis oder nach Einzelabrechnung Musik im digitalen MP3-Format zur Verfügung stellen.

■ Für 2009 bilanzierte die deutsche Tonträgerindustrie einen Gesamtumsatz von 1,53 Mrd. Euro bei einem Absatz von 169,5 Mio. Musikmedien. Weltweit wurde im gleichen Zeitraum mit 3,1 Mrd. Musikmedien ein Umsatz von 17 Mrd. US$ erzielt.

Wachsende Bedeutung erlangte in den 1990er-Jahren das **Internet** als Werbe- und Verkaufsmedium (E-Commerce). Es bietet nicht nur den großen Unternehmen, sondern auch den vielen alternativen Kleinanbietern (Nischenmärkte) eine Möglichkeit, ihre Produkte zu vermarkten. Auch wenn populäre Musikformen an kulturelle Zusammenhänge gebunden sind, werden die Popsongs im Gegensatz zu Volksliedern als Waren produziert und vertrieben.

Musikalische Produkte, die auf den **Mainstream** zielen, haben ein anderes Erscheinungsbild als solche, die Nischenmärkte adressieren. Für eine gecastete Band (z. B. NO ANGELS, ↗ Foto) muss durch geeignete **Marketingstrategien** eine Fankultur erst geschaffen werden. Das ist der Unterschied zu einer Band, die sich eine lokale Anhängerschaft erworben hat, bevor sie das erste Mal im Studio arbeitet. In jedem Fall entsteht mit dem Tonträger ein industriell gefertigtes Produkt, das nach Käufern verlangt.

Eine gecastete Band ist eine unter kommerzieller Sicht gezielt zusammengestellte und geförderte Musikgruppe.

6.1.3 Formen des Populären in Geschichte und Gegenwart

Pop, Rock, Hip-Hop und Techno sind gegenwärtig die **Hauptformen der populären Musik.** Sie differenzieren sich in eine Vielzahl von Unterkategorien, die mit der weiteren Entwicklung noch zunimmt. Obwohl sie lokal entstehen, werden sie überregional und oft auch global verbreitet.

Jede hörbare Identifikation mit dem Ort der Entstehung populärer Musik, wie das z. B. noch für den Wiener Walzer galt, geht zunehmend verloren.

Spezifische Bindungen der populären Musik an nationale oder regionale Musikkulturen werden zunehmend aufgehoben. Es bildet sich eine **transnationale Musikpraxis** heraus.

Dieser Prozess umfasst mehrere Etappen. Jazz, Rock- und Popmusik markieren die Stadien der **Globalisierung von Musik:**
- **Jazz** stand am Beginn des musikalischen Globalisierungsprozesses. Er nimmt inzwischen eine Sonderstellung ein.
- **Rockmusik** ging mit dem amerikanischen Rock 'n' Roll und der britischen Beatmusik aus lokal geprägten, nationalen Kultur- und sozialen Zusammenhängen hervor. Sie wurde aber durch eine zeitgleich entstehende und global agierende Musikindustrie produziert und verbreitet.
- **Popmusik** ist eine kommerziell organisierte transnationale Musikpraxis, für die lokale oder nationale Bindungen weitgehend unbedeutend geworden sind.

Foto links: DUKE ELLINGTON (1899–1974) und sein Orchester

Foto rechts: Musikmesse Pop-Komm 2004

Daneben existieren weiterhin populäre Musikformen – vor allem außerhalb des Einflussbereiches westlicher Industrieländer und ihrer Medienkultur –, die ihre lokale und regionale Bedeutung behalten haben. Sie werden seit den 1980er-Jahren als **World Music** angeboten.

Soundformen

Sound bezeichnet in der populären Musik die über die ursprüngliche Bedeutung von Klangfarbe bzw. Timbre hinausgehende **klangsinnliche Qualität** von Musik.

Sound umfasst alle unmittelbar mit Klang in Zusammenhang stehenden Faktoren: das Spektrum der Aufnahmetechnik mit ihren vielfältigen Möglichkeiten für Klangeffekte, aber auch Aspekte der Tongebung, Interpretation, Spieltechnik, Spielweise und Phrasierung, Charakteristika von Arrangement und Komposition (Stimmführung, Harmonik, Lautstärke) bis hin zu melodischen Floskeln und Wendungen.

Sound ist in den 1950er-Jahren mit der Einführung des Magnettonbandes zu einer zentralen Komponente der populären Musik geworden.

Die wichtigsten **Soundformen** waren bzw. sind Motown Sound, Philly Sound und Disco Sound. Sie wurzeln in der afroamerikanischen Soulmusik, die mit ihrer Klangästhetik den aufnahmetechnischen Möglichkeiten bei der Realisierung von Musik im Studio sehr entgegenkam.

Motown Sound wurde Anfang der 1960er-Jahre in den USA von der Motown Recording Corporation des Amerikaners BERRY GORDY (geb. 1929) als Konzept auf der Basis der Soulmusik entwickelt. Es war hauptsächlich durch die Arbeiten des Autoren- und Produzententeams EDDIE HOLLAND (geb. 1939), LAMONT DOZIER (geb. 1941) und BRIAN HOLLAND (geb. 1941) geprägt. **Kennzeichen** ihres Konzepts waren eine komplexe Rhythmik im $^8/_8$-Metrum, ein in der Gospel-Stilistik verankerter Gesangspart (Wechselspiel zwischen Solostimme und Vokalgruppe) und ein vielschichtiges Klangbild.	**Hauptvertreter** waren Vokalgruppen, wie MARVELETTES oder TEMPTATIONS, aber auch STEVIE WONDER (geb. 1950) und SMOKEY ROBINSON (geb. 1940), der für Motown arbeitete und inzwischen ihr Vizepräsident ist.
Philly Sound entstand Anfang der 1970er-Jahre als aufnahme- und arrangiertechnische Klangschablone von Soulmusik in den Philly Sigma Studios der Philadelphia International Records unter Leitung des Autoren- und Produzententeam KENNY GAMBLE (geb. 1943) und LEON HUFF (geb. 1942) in Kooperation mit THOM BELL (geb. 1941) als Arrangeur. Realisiert wurde er mit einer Gruppe von Studiomusikern, der MFSB BAND, die auch mit selbstständigen Produktionen hervortrat. Auffallendstes **Kennzeichen** waren die üppigen streicher- und bläserdominierten Arrangements.	**Hauptvertreter** waren GLORIA GAYNOR (geb. 1947), z. B. mit „Never Can Say Goodbye" (1974) und BARRY WHITE (1944–2003), z. B. mit „Can't Get Enough of Your Love, Babe" (1974).
Disco Sound ist eine Mitte der 1970er-Jahre für den Gebrauch in Diskotheken aufgekommene Klangschablone, die auf den Produzenten GEORGIO MORODER (geb. 1940) zurückgeht. Ihre **Kennzeichen** sind synthetische Streicherklänge, ein geschichtetes, hallfrei aufgenommenes Klangbild mit künstlicher Tiefenbetonung (für Transparenz in großen Räumen), ein aufwendiger instrumentaler Zwischenteil, der die Titel auf 12 Minuten Länge dehnt, und das Standardtempo von 100 bpm.	Den **Initialtitel** „Love to Love You Baby" (1974) schuf MORODER in seinem Münchner Musicland-Studio mit der US-amerikanischen Sängerin DONNA SUMMER (geb. 1948).

Jazz als Sonderform

Der Jazz nimmt im Ensemble der Gattungen der populären Musik eine **Sonderstellung** ein. Herausgebildet im letzten Drittel des 19. Jh.s in den Südstaaten der USA, wurde er in der ersten Hälfte des 20. Jh.s nahezu weltweit zu einer dominanten Form der populären Musik. Jazz prägte fast alle ihre Spielweisen, eroberte sich in den 1930er-Jahren den Kon-

Jazz entstand aus unterschiedlichen afroamerikanischen und euroamerikanischen Traditionen.

Mitte der 1930er-Jahre lösten sich aus den Big Bands kleine Experimentalformationen heraus – Trios, Quartette und Combobesetzungen bis zu acht Musikern –, die den klanglichen Möglichkeiten unterschiedlicher Instrumentalkombinationen nachgingen.

Jazz stellt eine ständige Herausforderung an die Kreativität des Musikers dar, was sich in einer unüberschaubar gewordenen Vielzahl von Spielweisen und Stilformen niederschlägt.

zertsaal und ist heute ein **Zwitterwesen,** das sowohl Aspekte der populären Musik wie auch der Kunstmusik in sich vereinigt.

Jazz ist charakterisiert durch
- ein bestimmtes Verhältnis zur musikalischen Zeit (Swing),
- ein Verhältnis zur musikalischen Form im Spannungsfeld zwischen Komposition und Improvisation,
- ein Konzept des Musizierens, das die Pole Spontaneität, Individualität und Kollektivität umfasst.

Jeder Stil in der mehr als einhundertjährigen Entwicklung dieser Musik hat dafür neue musikalische Lösungen hervorgebracht. Sie umspannen **Gegensätze,** die vom einfachen Twobeat-Spiel des New Orleans Jazz bis zu den irregulären Rhythmen in den entwickelten Spielweisen des Modern Jazz, von der nahezu durchkomponierten Form des Swingstils bis zur freien Improvisation im Free Jazz reichen. Jazz ist nicht durch einen Kanon festgelegter Musizierprinzipien definiert, auch wenn es innerhalb der einzelnen Stilkonzepte jeweils musikalische Verbindlichkeiten gibt. Das begründet die **Dynamik seiner Entwicklung:**
- Die Ursprünge des Jazz liegen in der afroamerikanischen Volksmusik, in Blues und Ragtime. Vorbereitet wurde er durch Instrumentalstile, die als Straßenmusik in den Städten des Südens der USA entstanden und oft unter der Bezeichnung **archaischer Jazz** zusammengefasst werden. Die Eigenheiten der afroamerikanischen Musik verschmolzen dabei mit dem europäischen Repertoire der Blasmusik.
- Einen ersten Höhepunkt hatte der Jazz zu Beginn des 20. Jh.s in New Orleans, was zur Bezeichnung **New Orleans Jazz** führte. Das Zusammenspiel der Bands war durch eine einfache Funktionsteilung der Instrumente geregelt. Große und kleine Trommel sowie Tuba gaben den Rhythmus vor, Kornett (seltener Trompete), Posaune und Klarinette variierten improvisierend als Melodieinstrumente die Mittelstimmen.
- Im Chicago der 1920er-Jahre bemühten sich dann auch weiße Musiker um einen eigenständigen Beitrag zur Entwicklung dieser Musik, der als **Chicago-Stil** in die Jazzgeschichte eingegangen ist. Eine bedeutende Rolle bei der Herausbildung des Chicago Jazz spielte die 1922 an der Chicagoer Austin High School als Schülerband gegründete AUSTIN HIGH SCHOOL GANG. Sie führte die Soloimprovisation in den Jazz ein und begründete die Entwicklung, dass Jazz nicht mehr nur als Tanz, sondern zur Entfaltung individueller Kreativiät und technischer Virtuosität gespielt wurde.
- Mit dem **Swing** setzte sich der Jazz in den 1930er-Jahren weltweit zunächst als Tanzmusik durch. Der Swingstil wurde vor allem in den Big Bands von FLETCHER HENDERSON (1898–1952) und DUKE ELLINGTON (1899–1974, ↗Foto S. 288) geprägt und durch die spektakulären Erfolge des Orchesters von BENNY GOODMAN (1909–1986, ↗Foto S. 282), der auch den Beinamen „King of Swing“ führte, zu einem Massenphänomen.
- Aus den Big Bands traten immer wieder Experimentalformationen hervor, die wichtig für die Weiterentwicklung des Jazz waren.

– Daran anknüpfend entstand in den 1940er-Jahren der **Bebop,** das Produkt einer Gruppe junger farbiger Musiker aus New York und Kansas City. Zu ihnen gehörten der Trompeter DIZZY GILLESPIE (1917–1993), der Altsaxophonist CHARLIE PARKER (1920–1955) oder der Pianist THELONIOUS MONK (1920–1982). Der **Bebop** löste den Jazz endgültig aus seiner funktionalen Bindung als Tanzmusik und eröffnete den Musikern völlig neue künstlerische Freiräume zur Entfaltung ihrer Kreativität.
– Um 1960 leitete dies die als **Free Jazz** (auch als Creative Music, New Thing, Total Music) bezeichnete Entwicklungsphase des Jazz ein. Sein europäisches Gegenstück war in den 1970er-Jahren die **Improvised Music.** Zu den Pionieren dieser Entwicklung gehörten der Pianist CECIL TAYLOR (geb. 1929) und der Tenorsaxophonist ORNETTE COLEMAN (geb. 1930), der mit seinem 1961 eingespielten Titel „Free Jazz" der Spielweise ihren Namen gab. Die Ende der 1950er-Jahre von dem Tenor- und Sopransaxophonisten JOHN COLTRANE (1926–1967) und dem Trompeter MILES DAVIS (1926–1991) entwickelte modale Spielweise führte den Jazz endgültig aus der tonalen Bindung heraus und brachte ihn in die Nähe außereuropäischer Tonsysteme.

Die Bezeichnung **Bebop** ist die laut-malerische Nachbildung einer in diesem Stil häufigen Zweitonphrase, der abwärtsspringenden verminderten Quinte, die sowohl in der Harmonik wie für die Themengestaltung eine wichtige Rolle spielte.

Die mit dem Bebop eingeleitete Entwicklungsphase wird als Modern Jazz von seiner vorherigen Entwicklung abgehoben.

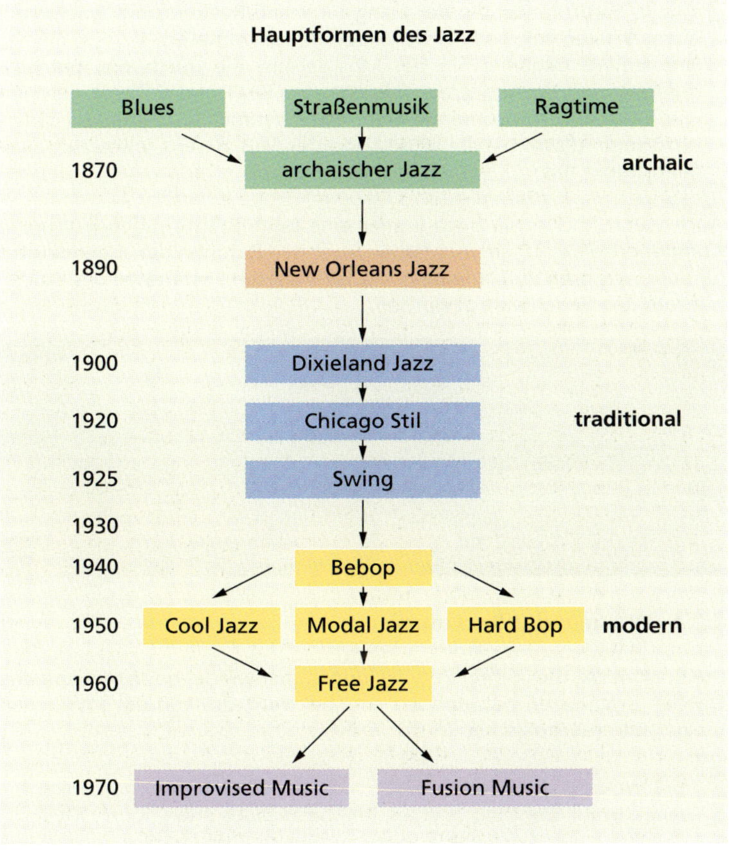

6.2 Rockmusik

Der Begriff **Rockmusik** kam Mitte der 1960er-Jahre in den USA auf und war eine Kurzform des Begriffs Rock 'n' Roll Music.

Reine **„Lautsprechermusik"** meint eine Musik, die auch live in elektrische Signale transformiert und über ein mehrkanaliges Mischpult sowie eine elektrisch verstärkte Wiedergabeanlage übertragen wird. Damit stehen ihr alle klanglichen Möglichkeiten der Signalverarbeitung offen.

Rockmusik ist eine Form der populären Musik, die als Ausdrucks- und Identifikationsmedium Jugendlicher entstand. Sie war die erste reine „Lautsprechermusik".

Rockmusik erschloss die künstlerischen und musikalischen Möglichkeiten der in der zweiten Hälfte des 20. Jh.s entstandenen audiovisuellen Medienkultur und ist durch eine außerordentliche musikalische und stilistische Vielfalt gekennzeichnet. Das schlägt sich auch in einer Vielzahl von unterschiedlichen, oft gegensätzlichen Spielkonzeptionen und Musikauffassungen nieder.

Kennzeichen der Rockmusik sind:
- die Aufhebung der Trennung von Texter, Komponist, Arrangeur und Interpret in den Gruppenzusammenhang einer Band,
- das Zurücktreten der strukturellen Faktoren von Musik (Melodik, Harmonik, Form) hinter die der klangsinnlichen Realisierung (Spielweise, Aufnahmetechnik, technische Wiedergabeparameter),
- eine innere Organisation des Musizierens, die durch die metrisch-rhythmischen Spannungsverhältnisse von Beat und Offbeat geregelt wird und auf der Grundlage mehr oder weniger feststehender Strukturformeln (Patterns) die Interaktion des Musizierens selbst zum Ausgangspunkt hat.

Auch wenn Rockmusik noch immer eine ausgeprägte jugendkulturelle Komponente hat, ist sie inzwischen über den Rahmen der Jugendkultur hinausgewachsen und zu einem fest verankerten Bestandteil des Kulturbetriebs der Gegenwart geworden.

Foto: Konzert der Rockgruppe GENESIS

6.2.1 Wurzeln der Rockmusik

Die Rockmusik, die in ihrer Entwicklung immer wieder neue musikalische Quellen erschlossen hat, umfasst ein Spektrum, das von der klassischen bis zur außereuropäischen Musik reicht.

Die **Wurzeln der Rockmusik** liegen in der afro- und euroamerikanischen Musik der USA, in Blues, Rhythm & Blues und Country Music.

Blues

Der Blues ist eine poetisch-musikalische Ausdrucksform der afroamerikanischen Bevölkerungsminderheit in den USA und eng mit ihrer Geschichte sowie ihren Lebensverhältnissen verbunden.

Die Prägung des Begriffes Blues wird auf den amerikanischen Schriftsteller WASHINGTON IRVING (1783–1859) zurückgeführt.

Der **Blues** gehört zu den Hauptformen der afroamerikanischen Musik und ist durch eine unüberschaubare Vielfalt an regionalen Spielweisen und Stilformen vokaler wie instrumentaler Art geprägt.

Die **Grundform des Blues** ist auf einer Folge von acht, zwölf oder sechzehn Takten aufgebaut, die auf der einfachen harmonischen Kadenz mit den Akkorden der ersten, vierten und fünften Stufe der Tonleiter (Tonika, Subdominante, Dominante) basiert und in Gruppen zu jeweils vier Takten gegliedert ist. Den Viertaktgruppen entsprechen in der Melodiestruktur jeweils viertaktige Phrasen, die mithilfe eines melodischen Variationsverfahrens entwickelt werden. Ihnen sind zweizeilige Textverse zugeordnet.
Im Verlauf seiner Entwicklung hat sich ein zwölftaktiger Formtyp als Standardform des Blues herauskristallisiert, der auch als **Bluesschema** oder **Bluesformel** bezeichnet wird.

Abgeleitet ist der musikalische Aufbau des Bluesschemas aus der poetischen Struktur der Bluestexte, die im Unterschied zu anderen Vokalgattungen keinen erzählenden, sondern reflektierenden Charakter haben. Sie schildern eine Situation (Statement), zu der sich der Sänger durch Formulieren seiner Antwort (Response) in Beziehung setzt (vgl. Call-and-Response-Prinzip, ↗S. 282).

IDA COX „Death Letter Blues" (IDA COX/JESSY CRUMP, 1929)

A	I received a letter that my man was dyin',	4 Takte
A	I received a letter that my man was dyin',	4 Takte
B	caught a plane and went home flyin'.	4 Takte

Damit gliedert sich die Bluesstrophe inhaltlich in **Statement** (Aussage) und **Response** (Antwort), wobei in der zwölftaktigen Standardform dem Statement durch seine Wiederholung noch ein besonderer Nachdruck verliehen wird.

A **Statement**	**A** **Statement**	**B** **Response**
4 Takte $T\text{-}T(S^7)\text{-}T\text{-}T^7$	4 Takte $S^7\text{-}S^7\text{-}T\text{-}T$	4 Takte $D^7\text{-}S^7(D^7)\text{-}T\text{-}T(D^7)$

Entstanden ist der Blues im letzten Drittel des 19. Jh.s als unbegleiteter Sologesang, der sich aus den Worksongs, Field Hollers, Shouts und Moans der Sklavenzeit entwickelte. Farbige Wandermusikanten fügten Banjo- und Gitarrebegleitung hinzu, später wurden zusätzlich auch Klavier und kleine Bands eingesetzt.

Worksongs: Arbeitslieder der Sklaven auf den Baumwollfeldern
Field Hollers: musikalisierte Rufe
Shouts: kurze, rhythmisierte musikalische Rufe
Moans: Klage- und Trauergesänge

6

Geografisch ist die Entwicklung des Blues in einigen Regionen des Südens der USA lokalisierbar. Sie gaben den hier entstandenen Bluesspielweisen und -formen jeweils ihren Namen.

Als wichtigstes Gebiet für die Herausbildung des Blues gilt das Mississippidelta mit dem **Mississippi Blues.** Die in den 1920er-Jahren in den Großstadtghettos einsetzende und an die Tonträgerindustrie mit ihren Race Records gebundene Bluesentwicklung führte zur Unterscheidung von **City Blues** und **Country Blues.**

Der erste gedruckte Blues wird dem Trompeter und Bandleader WILLIAM CHRISTOPHER HANDY (1873–1958, ↗Foto) zugeschrieben. Sein „Memphis Blues" erschien 1912. HANDY bezeichnete sich selbst als „Vater des Blues".

Hier vollzog sich auch die Umwandlung der volksmusikalischen Bluestradition in eine komponierte Form von Bühnenunterhaltung in der Tradition der Theatersongs. Sie wird als **Vaudeville Blues** oder **klassischer Blues** bezeichnet. Ihre wichtigsten Vertreterinnen waren MAMIE SMITH (1883–1946) und BESSIE SMITH (1894–1937).
Für die Renaissance der volksmusikalischen Bluestradition im Rahmen des amerikanischen Folk Revival Anfang der 1960er-Jahre bürgerte sich die Bezeichnung **Folk Blues** ein.

Mit seiner Klangästhetik und der Standardform des Bluesschemas hat der Blues die Grundlagen für die Rockmusik geliefert. Im Repertoire der meisten Rockgruppen finden sich zudem direkte Übernahmen von afroamerikanischen Bluessongs.

Rhythm & Blues

Die Bezeichnung Rhythm & Blues wurde 1949 anstelle des diskriminierenden Begriffs „Race Music" eingeführt.
Rhythm & Blues stand als kommerzielles Etikett auch für alle in Nachtklubs und Tanzlokalen der schwarzen Großstadtghettos praktizierten Formen der afroamerikanischen Musik, umfasste also auch städtische Bluesformen sowie gospelgeprägte Pop-Produktionen afroamerikanischer Vocalgroups.

Rhythm & Blues ist eine Sammelbezeichnung für afroamerikanische Musikproduktionen, bei denen der Blues mit einem Tanzrhythmus unterlegt ist.

Der Blues wurde in den 1940er-Jahren zum Ausgangspunkt der Entwicklung einer afroamerikanischen **Form der Tanzmusik,** die seine Traditionen mit den ehedem verbreiteten Jazz-Derivaten (Harlem Jump, Stomp, Boogie) verband. Den Hintergrund für diese Entwicklung bildete das Aussterben der Bigbands angesichts der großen Zahl von Einberufungen ihrer Mitglieder in den Militärdienst. Aber auch die sich unter Kriegslasten insgesamt verschlechternde wirtschaftliche Lage spielte dabei eine Rolle. Kleine, fünf- oder sechsköpfige Ensembles hatten eher Chancen, Arbeit zu finden. Gegenüber den Bands des City Blues, die in der Regel ohne Bläser gearbeitet hatten und als reine Begleitensembles für die Blues-Sänger und Gitarristen fungierten, wurden jetzt die **Instrumente** (Gitarre, Bass, Schlagzeug, Trompete, Saxophon, Klavier) solistisch besetzt. Sie erhielten eine eigenständige Funktion im Ensemblespiel. Die **elektrisch verstärkte Gitarre,** die im City Blues längst Fuß gefasst hatte, ist neben dem Saxophon ein Kennzeichen des Ryhthm & Blues.

CHUCK BERRYS (geb. 1926, ↗Foto) Titel „Maybellene“ (1955) wurde zum ersten Rock 'n' Roll-Hit eines farbigen Musikers, der in Spielweise, Besetzung und Aufbau einen typischen Rhythm & Blues-Song präsentierte. Kombiniert wurde eine erweiterte Chorusform (AA-BABABA) mit einer Bluesform. Sie liegt dem zwölftaktigen Chorus zugrunde (A = a a b) und basiert auf einem für die Rockmusik charakteristisch gewordenen Rhythmuspattern mit ausgeprägtem Backbeat in raschem Tempo. Charakteristisch für den Song ist das spannungsreiche Zusammenwirken von CHUCK BERRYS Gitarre mit dem markanten Bass und den dazwischengesetzten Vokalphrasen.

Rhythm & Blues schlug in den 1950er-Jahren die Brücke zwischen der Kultur der afroamerikanischen Bevölkerungsminderheit in den USA und den Teenagern aus den weißen Mittelschichten.

Country Music

Country Music – eine kommerzielle Kategorie – fasst die Vielzahl regionaler Spielweisen und Stilformen der euroamerikanischen Musik zusammen.

Mit den Siedlern aus der „alten Welt“ kam seit dem 17. Jh. auch deren Musik in die „neue Welt“. Sie bildet bis heute das **Reservoir** der euroamerikanischen Musik.

Neben den über die gesamte nördliche Hälfte des amerikanischen Kontinents verbreiteten Songs, Balladen und Tänzen von den britischen Inseln (England, Schottland, Irland, Wales) gibt es keinen Landstrich Europas, von dem sich nicht in den USA musikalische Spuren finden.
Das belegen die Lieder und Tänze aus dem süditalienischen Kalabrien in New York, New Jersey und Rhode Island sowie aus der französischen Bretagne in Vermont und New Hampshire, die Volksmusik aus dem deutschsprachigen und skandinavischen Raum in Minnesota und Wisconsin oder die osteuropäische Polkatradition im Mittleren Westen und Südwesten der USA.

Die verschiedenen Musiktraditionen werden in den USA von Kultur- und Heimatvereinen bis heute gepflegt und an die nachwachsenden Generationen weitergegeben.

Die Musik aus der „alten“ Welt wurde auch zum Ausgangspunkt neuer Spielweisen, so die Cajun Music in den französischsprachigen Teilen Louisianas, die Bluegrass Music in den südlichen Appalachen oder der Western Swing, der aus der Verbindung der Polkatradition mit dem Swing in Texas entstand. Diese lokalen oder regionalen Musikformen sind an

6

das ländliche und kleinstädtische Amerika gebunden. Sie erscheinen auf dem Musikmarkt unterschiedslos als **Country Music.**
Obwohl die Musik mit JONNY CASH (1932–2003), K. D. LANG (geb. 1961) oder GARTH BROOKS (geb. 1962) überregionale bzw. internationale Stars hervorbrachte, entstand sie aber vor allem aus lokalen Musikentwicklungen.

In den frühen 1950er-Jahren hatte es sich in den Plattenfirmen eingebürgert, auf den Single-Schallplatten einen mit weißen Musikern neu aufgenommen Blues- oder Rhythm & Blues-Titel mit jeweils einem Country-Song zu kombinieren. Die Platten sollten ein möglichst breites Marktsegment erreichen. Sie fanden überraschend in den Jugendlichen aus den Mittelschichten ein begeistertes Publikum.

1953 führte der Radio-Discjockey ALAN FREED (1921–1965) den mit obszönen Vorstellungen verbundenen Slangausdruck **„Rock and Roll"** als Markenzeichen für die Musikauswahl seiner Sendung in Cleveland, Ohio, ein. Er griff dabei auf den Bestand lokaler Musikformen in den USA zurück, hauptsächlich auf eher fragwürdige Produktionen afroamerikanischer Herkunft.
Die vom unteren Rand der Gesellschaft kommende Musik erhielt durch die Etikettierung als „Rock and Roll" – eine unter den Afroamerikanern verbreitete Methapher für den Geschlechtsakt – den Stempel des Unmoralischen und Provokanten. FREED trug dazu bei, aus Musik ein Symbol für eine grundsätzliche gesellschaftliche Auseinandersetzung zu machen, die sich nach dem Zweiten Weltkrieg an den Wertvorstellungen Jugendlicher entzündete.

Rock 'n' Roll

Rock 'n' Roll entstand als Etikett einer auf Jugendliche ausgerichteten Musikzusammenstellung kommerzieller Radiostationen in den USA. Es wurde im Verlauf der 1950er-Jahre zu einem Symbol für Musik, die als herausfordernd-provokant, rebellisch und unmoralisch galt.

Rock 'n' Roll ist ein Gemisch lokaler Musikformen, die rhythmusintensiv sind, überwiegend auf einer bestimmten Harmoniefolge beruhen und in den Texten die Lebenswelt von Jugendlichen widerspiegeln.

In dem Konglomerat lokaler Musikformen, das ab 1953 als Rock 'n' Roll vermarktet wurde, lassen sich fünf Stränge unterscheiden:
- Produktionen in der **Piano-Blues- und Boogietradition** aus New Orleans – z. B. FATS DOMINO (geb. 1928) „I'm Walking" (1957), LITTLE RICHARD (RICHARD PENNIMAN, geb. 1935) „Tutti Frutti" (1955);
- Produktionen aus dem Umfeld des **Chicago-Blues** – z. B. CHUCK BERRY (geb. 1926) „Sweet Little Sixteen" (1958), BO DIDDLEY (ELLAS MCDANIELS, geb. 1928) „I'm a Man" (1955);
- gospelgeprägter **Rhythm & Blues** der Vocal- und Doo-Wop-Gruppen hauptsächlich aus New York und den städtischen Ballungsgebieten an der Ostküste – z. B. DRIFTERS „Lucille" (1954), SHIRELLES „Met Him On a Sunday" (1958);
- **Rockabilly,** eine Rhythm & Blues-Imitation durch weiße Musiker aus den Südstaaten der USA – z. B. ELVIS PRESLEY (1935–1977) „Hound Dog" (1956), JERRY LEE LEWIS (geb. 1935), „Whole Lotta Shakin' Goin' On" (1957) und CARL PERKINS (1932–1998) „Blue Suede Shoes" (1956);
- **Band-Rock 'n' Roll** aus den unterschiedlichsten lokalen Musikszenen hauptsächlich des Südens der USA – z. B. BILL HALEY (1925–1981) „Rock Around the Clock" (1954), BUDDY HOLLY (1936–1959) „That'll Be the Day" (1957).

Obwohl sich die zu Bestandteilen des Rock 'n' Roll gewordenen Musikformen unabhängig voneinander entwickelten und musikalisch sehr verschiedenartig sind, weisen die als Rock 'n' Roll erfolgreichen Produktionen dennoch markante **Übereinstimmungen** auf:

- Es sind sehr rhythmusintensive Titel, die dem Tanzbedürfnis Jugendlicher sowie ihrem Bedürfnis nach Körpererfahrung entgegenkommen.
- Die Titel beruhen im Aufbau nahezu ausnahmslos auf einer Kombination aus Bluesschema und Chorusforum und basieren überwiegend auf der Harmoniefolge I-IV-I-V-IV-I (T-S-T-D-S-T).
- Sie beziehen sich in ihren Texten vor allem auf die Lebens- und Vorstellungswelt von Jugendlichen, auf ihren Alltag und ihre Sehnsüchte.

ELVIS PRESLEYS Song „Hound Dog" (1956) war der erste große Hit des Rock 'n' Roll, der beispielhaft seine Grundzüge verkörperte.

Begründet sind die Übereinstimmungen in den kommerziell gesteuerten Auswahlmechanismen, die ab 1954/55 den damals neu entdeckten Teenagermarkt mit seinem großen Wachstumspotenzial anvisierten. Herausgegriffen und im Radio gespielt wurden nur solche Titel, die für diesen Markt geeignet schienen. Hinzu kam, dass hinter vielen kommerziell erfolgreichen Songs gleiche professionelle Autoren standen, die beste Verbindungen zum Musikgeschäft hatten.

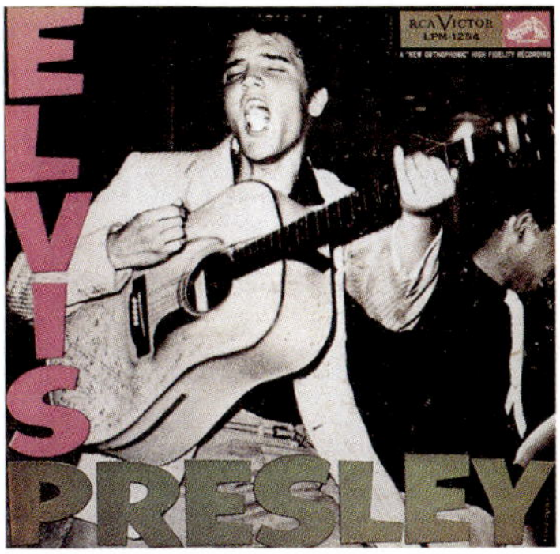

Geschrieben wurde der Titel von JERRY LEIBER (geb. 1933) und MIKE STOLLER (geb. 1933) für die afroamerikanische Rhythm & Blues-Sängerin WILLIE „MAE" THORNTON (1926–1984), die damit 1953 einen beachtlichen Erfolg hatte.
Die **Song-Architektur** basiert auf der Verknüpfung von 32-taktiger Chorusform und 12-taktiger Bluesform. Die Strophen folgen der 12-taktigen Bluesform, während der musikalische Ablauf dem AABA-Schema nachgebildet ist. Ein Gitarrenchorus fungiert als Bridge (B). Charakteristisch sind zudem die repetitive Melodiebildung auf engstem Tonraum sowie die triolischen Bassfiguren und triolisierten Rhythmusmuster. Der Grund für den großen Erfolg von PRESLEYS Version liegt aber vor allem im **Arrangement:** Abweichend vom Original und im Gitarrenchorus an sehr ungewöhnlicher Stelle ist ein Backgroundchor mit ausgesprochen stilwidrigen Vokalisen eingesetzt. So entsteht der Eindruck, dass der Titel im (weißen) Mainstream-Pop angesiedelt ist, aber sensationell anders klingt.

Der **Produzent** ist für die technische Realisierung der Musikproduktion – sowohl organisatorisch wie künstlerisch – verantwortlich.

Mit dem Rock 'n' Roll bildete sich auch die **Funktion des Produzenten** heraus. Das Magnettonband bot eine Vielzahl von Experimentiermöglichkeiten, die den Produzenten als Koordinator im Studio forderten.

Einer der ersten, der den Aufnahmevorgang im Studio in künstlerisch-kreative Tätigkeit verwandelte, war NORMAN PETTY (1927–1984), Produzent von BUDDY HOLLY. Er ließ HOLLY z. B. in „Words of Love" (1957) durch Übereinanderkopieren zweier separater Aufnahmen mit sich selbst im Duett singen und Gitarre spielen.
Mit PHIL SPECTOR (geb. 1940) und insbesondere GEORGE MARTIN (geb. 1926), der zwischen 1962 und 1969 für die Produktionen der BEATLES verantwortlich war, entwickelte sich der Produzent als neuartiger musikalischer Künstlertypus.

PHIL SPECTOR entwickelte in den frühen 1960er-Jahren sein als „Walls of Sound" bekannt gewordenes Produktionskonzept in Aufnahmen mit den CHRYSTALS und den RONETTES.

6

Gattungsbezeichnungen werden in der populären Musik von der Industrie wie von den Musikern und Bands zur Positionierung auf einem hart umkämpften kulturellen Terrain genutzt. Wer seine Musik erfolgreich durchsetzen will, versucht das immer auch durch Bindung an bestimmte Begriffe, die damit die Funktion von kulturellen Markenzeichen erhalten.

6.2.2 Stile und Spielweisen der Rockmusik

Rockmusik hat sich in ihrer Entwicklung durch Anleihen aus nahezu allen Bereichen der Musik in eine enorme Vielfalt von **Stilformen und Spielweisen** ausdifferenziert.

Dabei führte die Verquickung von kommerziellen, sozial-kulturellen, technischen und musikalischen Faktoren zu einem heterogenen und uneinheitlich genutzten **Kategoriengefüge.** Es gibt
- strukturbezogene Stilkategorien (z. B. Folk Rock, Jazz Rock),
- (sub)kulturbezogen definierte (z. B. Psychedelic Rock),
- soundbezogene (z. B. Heavy Metal) und
- dominant marktbezogene Kategorien (z. B. New Wave).

Daneben werden reine Spielweisen (z. B. Hard Rock, Soft Rock) unterschieden und es gibt vielfältige Kombinationen (z. B. Punk Rock, der stil-, subkultur- und soundbezogen definiert wird). Dazu kommen noch zahlreiche Subkategorien.

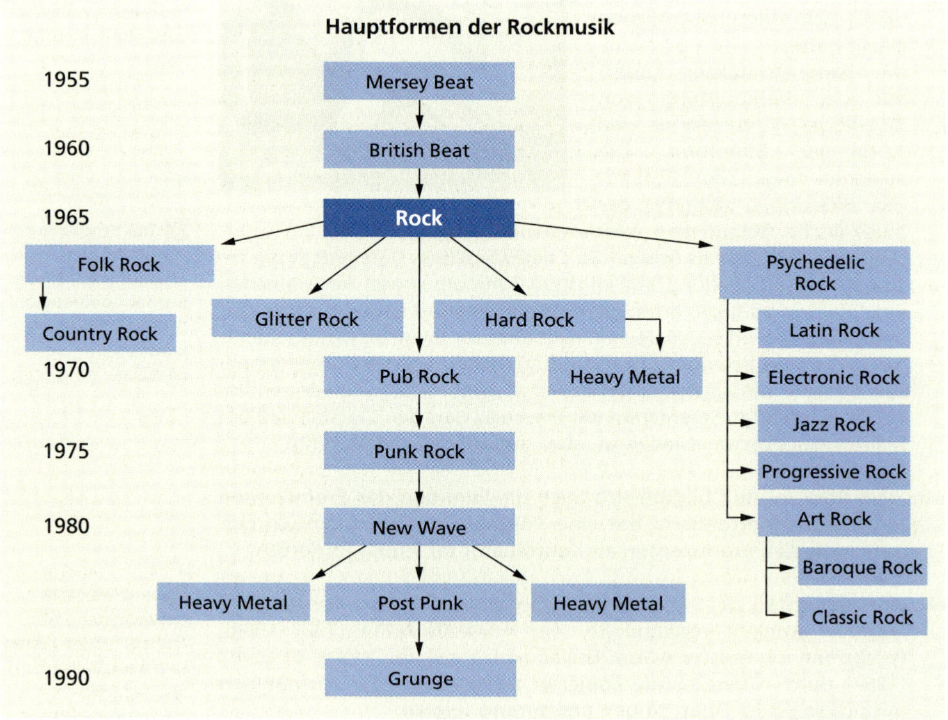

Wegweisend und mit weitreichenden Folgen für die Entwicklung waren die britische **Beatmusik,** der **Psychedelic Rock** von der amerikanischen Westküste und der britische **Punk Rock.**

Vom Mersey Beat zur Beatmusik

US-amerikanischer **Rock 'n' Roll** – nachgespielt von jugendlichen Amateurgruppen mit drei Gitarren und Schlagzeug, im chorischen Unisono oder einfachen mehrstimmigen Satz gesungen – wurde in Großbritannien zur **Grundlage der Beatmusik.**

Benannt wurde die Musik nach dem von den Gruppen stereotyp gehämmerten 4/4-Grundschlag (Beat).

Die „Amerikanisierung" europäischer Kultur insbesondere durch die rasche Verbreitung von Swing, Rhythm & Blues und Rock 'n' Roll wurde nach dem Zweiten Weltkrieg überall in Europa stark diskutiert. In Großbritannien, wo es einen massiven Medienboykott gab, begannen Jugendliche, privat besorgte Schallplatten aus den USA nachzuspielen. Es entstand eine Amateurmusikbewegung ohne Beispiel. Der spätere Erfolg der in Liverpool beheimateten BEATLES ließ dabei den Mersey Beat zum Vorbild in Europa werden.

Amerikanische Songs in dem auf Tonträgern veröffentlichten Repertoire der BEATLES waren: CHUCK BERRY: „Roll Over Beethoven" (1956/1963), „Rock and Roll Music" (1957/1964); LITTLE RICHARD: „Hey-Hey-Hey-Hey" (1957/1964), „Kansas City" (1959/1964); CARL PERKINS: „Everybody's Trying to Be My Baby" (1956/1964), „Honey Don't" (1956/1964); BUDDY HOLLY: „Words of Love" (1957/1964); RAY CHARLES: „I've Got a Woman" (1955/1963); MARVELETTES: „Please Mr. Postman" (1961/1963); SHIRELLES: „Baby, It's You" (1961/1963).

1961 wurden in dem an der Mündung des Mersey River gelegenen nordwestenglischen Industriegebiets Merseyside (Liverpool, Knowsley, St. Helens, Wirral, Sefton, Halton) weit über dreihundert Gruppen gezählt, die in Klubs und Tanzlokalen auftraten. Die Amateurmusiker versuchten, das Wesentliche des Rock 'n' Roll zu realisieren.

Die drei Gitarren – häufig um die aufgekommene elektrische Orgel erweitert – hatten als Rhythmus-, Bass- und Melodiegitarre eine festgelegte Funktion, um die amerikanischen Originale in Umrissen wiederzugeben. Die oft komplexe Rhythmik der Originale wurde auf einen einfachen 4/4-Backbeat (Betonung auf 2 und 4) im Schlagzeug reduziert.
Nur wenige der unzähligen Amateurgruppen, die die britische Beatmusik hervorbrachte, fanden den Weg in die Aufnahmestudios der Plattenfirmen. Und nur wenige, wie die BEATLES, schrieben ihre Songs selbst.

Der Song „Love Me Do" (1962) der BEATLES, der 1957 entstanden war, belegt den sich vollziehenden **Wandel der britischen Beatmusik.** Das Vorbild war mit „Sure to Fall" (1956) eine Countryballade von CARL PERKINS. Die demonstrative Einfachheit der Aufnahme mit drei Gitarren, Schlagzeug, Mundharmonika und Gruppengesang verkörperte einen deutlichen Bruch mit den professionellen Standards und galt als Eroberung eines öffentlichen Raums, der bis dahin von Erwachsenen bzw. der Medienindustrie kontrolliert wurde. Dass mit dem Gruppengesang nicht mehr ein Einzelner als Identifikationsbezug fungierte, durchbrach zudem das der Popmusik bis dahin zugrunde liegende ästhetische Kommunikationsmuster.

JOHN LENNON (1940–1980) und PAUL MCCARTNEY (geb. 1942) schrieben gemeinsam die meisten Beatles-Songs. Sie gehören zu den wichtigsten, kreativsten und einflussreichsten Songschreibern des 20. Jh.s.

Als die britische Beatmusik mit den BEATLES, ROLLING STONES (↗Foto) und Gruppen wie den WHO, KINKS oder ANIMALS die USA erreichte, wurde ihre Musik hier als Rock and Roll Music oder kurz Rock Music bezeichnet. In den USA nahm sie eine eigene Entwicklung, stark geprägt z. B. von BOB DYLAN (geb. 1941, ↗Foto rechts) und der studentischen Protestsongbewegung.

Im April 1964 belegten die BEATLES in den USA – drei Monate zuvor noch völlig unbekannt – die ersten fünf Plätze der Billboard Hot 100-Charts. Im gleichen Jahr entfielen 60 Prozent der in den USA getätigten Plattenkäufe auf Veröffentlichungen der BEATLES. Angesichts des bis dahin einzigartigen und in dieser Form auch nie wiederholten Erfolges europäischer Musik auf dem US-Markt wurde der Begriff „British Invasion" geprägt.

Flower Power & Psychedelic Rock

Eine der folgenreichsten Entwicklungen waren die zwischen 1966 und 1968 an der amerikanischen Westküste entstandenen **Spielweisen der Rockmusik.** Sie gingen aus der in San Franciscos Stadtteil Haight-Ashbury angesiedelten Hippie-Kultur, die unter dem Motto „Flower Power" stand, hervor. Angesichts des Experimentierens mit psychoaktiven Substanzen wurden die Spielweisen als Psychedelic Rock bekannt.

Der Begriff **Psychedelic Rock** kam für das 1967 erschienene Album „Surrealistic Pillow" der JEFFERSON AIRPLANE auf. Die Spielweisen erweiterten die bis dahin geltenden Grenzen des Musizierens deutlich.

Psychedelic Rock ist eine durch Bluesfeeling und Jazzimprovisation inspirierte Auslegung von Klang und Elektronik im Rahmen ausgedehnter Kollektivimprovisationen.

Die Spielweisen verbanden Einflüsse aus außereuropäischen Musikkulturen, der europäischen Avantgarde sowie euro- und afroamerikanischer Volksmusik mit weit reichenden elektronischen Klangexperimenten. Das wurde als praktizierte Kapitalismuskritik verstanden und führte vor dem Hintergrund des Vietnamkrieges zu einer beispiellosen Politisierung der populären Musik. Sie sollte zur Keimzelle gesellschaftspolitischer Bewegungen, wie der außerparlamentarischen Opposition (Studentenbewegung) oder der Friedens- und Ökologiebewegung, werden.
Musikalisch ebnete der Psychedelic Rock mit seiner besonderen Klangästhetik der sich zwischen **Hard Rock, Folk Rock** und **Art Rock** breit ausdifferenzierenden Entwicklung der folgenden Jahre den Weg.

Das BEATLES-Album „Sgt. Pepper's Lonely Hearts Club Band" brach mit 700 Stunden Aufnahmezeit und reinen Produktionskosten von 25 000 Pfund Sterling alle bis dahin bekannten Rekorde.

Zu den wichtigsten **Vertretern des Psychedelic Rock** gehörten die Gruppen JEFFERSON AIRPLANE, GRATEFUL DEAD, CHARLATANS und QUICKSILVER MESSENGER SERVICE sowie in Europa PINK FLOYD mit ihren Alben „The Piper at the Gates of Dawn" (1967) und „A Saucerful of Secrets" (1968). Auch die BEATLES und die ROLLING STONES trugen mit den Alben „Sgt. Pepper's Lonely Hearts Club Band" (1967) bzw. „Their Satanic Majesties Request" (1967) zu dieser Spielart bei.

Punk Rock

Die Rockmusik war bis in die 1970er-Jahre durch zunehmende klangliche und stilistische Ausdifferenzierung, wachsenden technischen Aufwand, hohe Studiokosten und enge Bindung an die Musikindustrie charakterisiert. Der in London entstandene Punk Rock brach diese Entwicklung abrupt ab. Er ging aus einer von Jugendarbeitslosigkeit, sozialer Perspektivlosigkeit und Frustration geprägten Jugendkultur hervor.

Punk, engl. = Müll, Abfall

Punk Rock reduziert die Rockmusik auf eine minimalistische Drei-Akkorde-Ästhetik, verbunden mit der „Do-It-Yourself"-Haltung der frühen Beatmusik sowie einer aggressiven High-Speed-Spielweise in der klassischen Besetzung von drei Gitarren und Schlagzeug.

„Anarchy in the UK" (1977) der SEX PISTOLS gilt als **Initialsong.**

Mit seiner nihilistischen Grundhaltung, der lauten aggressiven Spielweise an der Grenze zum Lärm, dem brüllenden Gesangsstil und einer floskelhaften, sich wiederholenden Melodiegestaltung über einem starren 4/4-Beat machte er die Besonderheiten der Punk-Ästhetik bekannt. Der Song wurde zum Vorbild für viele junge Gruppen, die für eine rasche Verbreitung dieses radikalen Neuansatzes in der Entwicklung der Rockmusik sorgten.

Der aggressive Nihilismus und das spektakuläre Outfit der Punks – mit Sicherheitsnadeln zusammengehaltener Wohlstandsmüll – zog die Aufmerksamkeit der Medien auf sich. Wichtiger für die weitere Entwicklung war jedoch die mit dem Punk Rock entstandene **Gegenöffentlichkeit.** Mit kleinen, häufig nur kurzlebigen Labels, wie Rough Trade, Stiff, Chiswick, Small Wonder oder Step Forward bildete sie sich auf Initiative von Musikern oder spezialisierten Plattenläden und agierte unabhängig von den großen Musik- und Medienkonzernen. Sie ermöglichte unter dem Schlagwort New Wave nationale Entwicklungen mit Texten in der jeweiligen Landessprache, ohne Rücksichtnahme auf die großen englischsprachigen Tonträgermärkte USA, Großbritannien und Australien.

Auch in Deutschland entfaltete sich mit der Neuen Deutschen Welle und Punkbands – z. B. DIE ÄRZTE (↗Foto) – ein buntes Spektrum an Produktionen in deutscher Sprache. Der britische Punk Rock brachte zahlreiche **Frauenbands** hervor, die wie die RAINCOATS, SLITS, X-RAY-SPEX, PENETRATION zu Vorläufern der RIOT-GRRRL-Bewegung in den 1990er-Jahren wurden. Die Frauen- und Mädchenbands verbreiteten ihre Vorstellungen und Visionen von Feminismus und Sexismus.

Als RIOT GRRRLS, HOT CHICKS, GHETTO DIVAS, ROCK QUEENS, GANGSTA BITCHES und HARDCORE DYKES eroberten sich Frauen- und Mädchenbands seit Anfang der 1990er-Jahre die Bühnen der Jugendkultur.

6.3 Hip-Hop

Hip-Hop bedeutet wörtlich „Hüftsprung" und bezeichnete ursprünglich einen sportlichen, bodennah ausgeführten Tanzstil. Gegenwärtig bezeichnet Hip-Hop sowohl eine Jugendkultur wie auch die dafür charakteristische Musik.

Writing ist die symbolische Besetzung von öffentlichen Räumen durch Anbringen des kunstvoll gestalteten Namenzeichens mit Farbsprühdosen auf Hauswänden oder Bauzäunen.

Overdubbing (Mehrspursynchronaufzeichnung) beinhaltet die Aufnahme der Instrumente im Studio – einzeln oder in Gruppen – auf getrennten, aber synchronisierten Spuren.

Hip-Hop entstand als eine jugendliche Straßenkultur, in der sich Musik, Sprache, Tanz, Mode, Writing und Grafitti zu einem komplexen Ausdruck der Kreativität vor allem sozialer Randgruppen und ethnischer Minderheiten verbinden.

Als **Musikform** ist Hip-Hop charakterisiert durch
- rhythmischen Sprechgesang (Rap) über einem bassbetonten Beat,
- Erzähltechnik und Redeweise der rhythmisch gesprochenen Texte,
- Verankerung in den verschiedenen Formen der afroamerikanischen und afrokaribischen Musik,
- collageartige Mixturen aus vorhandener Musik durch Mixing (live) oder Sampling und Overdubbing (Studio,)
- Verwandlung von auf Schallplatten vorliegenden Musikproduktionen in neue Klang- und Rhythmusmuster durch Manipulation des Plattenspielers (Turntable) bei laufendem Abspiel,
- Nutzung nahezu aller Klangquellen in den Mixen, z. B. Musikformen wie Jazz oder Volksmusik, Werbespots, Fernsehnachrichten.

Hip-Hop ist eine **Straßenkultur,** hat aber auch zu einer breiten Medienpräsenz gefunden. Er vereinigt in sich die Gegensätze einer spontanen, erlebnisorientierten und ausgeprägt sozialkritischen Kreativität mit dem High-Tech-Professionalismus der Medienkultur. Daraus entstand eine **globale Jugendkultur.** Sie wurde zum Medium der Selbstdarstellung von Jugendlichen, denen die Rockmusik nicht mehr angemessen war. Als Ausdruck eines neuen Selbstbewusstseins ethnischer und sozialer Minderheiten bedeutete Hip-Hop zugleich die Rückverwandlung von Musik aus einem kommerziellen Industrieprodukt in eine kulturelle Ausdrucksform Jugendlicher. Durch das Musikfernsehen und Hollywood-Produktionen (z. B. „Beatstreet", 1984) wurde Hip-Hop international bekannt.

Entstehung des Hip-Hop

Hip-Hop kam Mitte der 1970er-Jahre in einem verwahrlosten Teil von New Yorks Bronx unter den dort lebenden afroamerikanischen und puertoricanischen Jugendlichen auf. Auf Open-Air-Nachbarschaftsparties mit mobilen Diskotheken, sportlich-akrobatischem Wettkampftanz (Breakdance), Wortwettstreiten und improvisierter Stegreifpoesie wurde jene kreative Mischung hervorgebracht, die für die Hip-Hop-Kultur charakteristisch ist. Zu den ersten Hip-Hop-Musikern gehörten auch ehemalige Gangleader, z. B. AFRIKA BAMBAATAA (KEVIN DONOVAN, geb. 1960, ↗ Foto, rechts). Mit dem Titel „Rapper's Delight" (1979) der SUGARHILL GANG etablierte sich Hip-Hop – damals noch als Rap bezeichnet – in den Medien.

„Rapper's Delight" war eine sehr charakteristische Produktion, obwohl sie mit der Hip-Hop-Kultur in der Bronx nichts zu tun hatte. Die SUGARHILL GANG war ein Trio aus Studiomusikern des in Englewood, New Jersey, beheimateten Labels Sugar Hill Records.

6.3.1 Wurzeln des Hip-Hop

Hip-Hop wurzelt in den urbanen Migrantenkulturen aus dem mittelamerikanischen und karibischen Raum (Reggae) sowie in der afroamerikanischen Popmusik (Soul, Funk).

Die Umwandlung in eine eigenständige und zugleich neuartige Musikpraxis erfolgte im kreativen Umgang mit dem Plattenspieler (Scratching, Mixing), der die fertig produzierten Industrieprodukte zum Ausgangsmaterial für ein virtuoses Musizieren mit diesem machte.

Umgang mit dem Plattenspieler: vgl. Manipulationstechniken, ↗S. 310 f.

Soul

Soul bildete sich Ende der 1960er-Jahre in Verbindung mit einem ausgeprägten Wandel im Musikverständnis der afroamerikanischen Bevölkerungsminderheit in den USA heraus.

Soul, engl. = Seele, löste 1969 den Begriff Rhythm & Blues als allgemeines Verkaufsetikett für afroamerikanische Popmusik ab. Inzwischen ist Soul zu einem Stilbegriff geworden. Der Mainstream der afroamerikanischen Popmusik firmiert wieder unter Rhythm & Blues.

Vor dem Hintergrund der Black-Power-Bewegung signalisierte der Begriff die Politisierung und das neue Selbstbewusstsein von Farbigen, die sich als „Soulbrothers" und „Soulsisters" zu verstehen begannen.
Die Auftritte schwarzer Musiker erhielten den Charakter von Manifestationen, die die Gemeinschaft der Afroamerikaner im Musikerlebnis zusammenschweißen sollten. Emotionalität, in der sich Kraft und Verzweiflung auf eigentümliche Weise mischten, war dabei ebenso kennzeichnend wie der bewusste Rückgriff auf musikalische Ausdrucksformen, die am unmittelbarsten die Gospeltradition bewahrt hatten.
Zu übergreifenden **Merkmalen der Soulmusik** wurden
- der Interpretationsstil des Gospel Singing,
- der unermüdliche, sich mit wachsender Intensität wiederholende Begleitrhythmus,
- die nach dem Ruf-Antwort-Ritual agierenden Background-Chöre und
- die interpunktierend eingefügten Bläser-Riffs.

Wegweisend dafür war der Sänger und Pianist RAY CHARLES (1930–2004, ↗Foto) schon in den 1950er-Jahren.

Seinem Song „Got a Woman" (1955) lag das Gospel „My Jesus is All the World to Me" zugrunde. „This Little Girl of Mine" (1955) entstand aus dem Gospel „This Little Light of Mine". Beides waren melodiegetreue Übertragungen von Gospelsongs in den Rhythm & Blues-Sound der 1950er-Jahre, wobei durch minimale Textveränderungen aus der Liebe zu Gott die Liebe zu einer Frau gemacht wurde.

In den 1959 erschienenen Song „What'd I Say" von RAY CHARLES war die Gospelstilistik schon ohne direkte Übernahme eines Gospelsongs integriert.

Obwohl das politisch gewordene Musikverständnis das Musizieren durchgängig prägte, steht der **Begriff Soul** nicht für einen Stil oder ein Genre der afroamerikanischen Popmusik, sondern für eine Haltung des Musizierens. Sie lässt sich zwar an übergreifenden Merkmalen festmachen, dennoch wurden die verschiedenen Spielweisen und Stilformen nicht zu einem homogenen Stil vereinheitlicht.

Hauptvertreter sind JAMES BROWN (geb. 1928), ARETHA FRANKLIN (geb. 1942), WILSON PICKETT (geb. 1941) und STEVIE WONDER (geb. 1950).

Funk

Funk ist eine Anfang der 1970er-Jahre herausgebildete Spielweise der afroamerikanischen Popmusik.

Sie entstand als Gegenstück zum Soul und ist gekennzeichnet durch
- bewegliche, „perkussive" (springende) Basslinien (Basslines) in einem federnden Beat sowie
- rhythmisches, häufig polyrhythmisches Ineinanderschachteln kurzer melodischer Floskeln zu einem Groove.

Funk verbindet sich mit einem ausgeprägt körperbezogenen (tanzorientierten) Musizieren, das durch vielfältige rhythmische Anleihen aus der afrikanischen Musik bereichert wird. So entstehen oft komplexe polyrhythmische Abläufe, die vielfach kaum strukturiert sind, das Songformat meiden und stattdessen als **Session** angelegt sind. Session (auch Jam Session) ist ein zwangloses Musizieren, das ohne feste Abläufe nur aus der Situation heraus erfolgt. Im Unterschied zur Improvisation bzw. Kollektivimprovisation stehen die Elemente (Riffs, Pattern, Spielfiguren und -floskeln) sowie die musikalische Gesamtdramaturgie hierbei jedoch fest. Wichtigstes Element ist der **Groove,** der aus dem Übereinanderschichten verschiedener Rhythmen im Zusammenspiel entsteht und in den tiefenbetonten elektrischen Basslines verankert ist.

Funky" bezeichnet in der Musik schon seit den frühen 1950er-Jahren (Funky Jazz) jene Eigenschaften der Spielweise eines Musikers, die besonders eng mit dem spezifischen Lebensgefühl der Afroamerikaner, mit ihrer sozialen Situation und den afrikanischen Wurzeln ihrer Kultur verbunden sind. Der Begriff selbst hat in der Sprache der Afroamerikaner sexuelle Konnotationen.

Groove, engl. *be in the groove* = gut drauf sein, bezeichnet eine rhythmisch besonders markante, komplexe musikalische Figur, die durch ständige Wiederholung den Charakter bzw. das „Feeling" eines Titels prägt.

Grundlegende Bedeutung für die Herausbildung des Spielkonzepts hatte der Sänger, Keyboarder, Bandleader und Produzent GEORGE CLINTON (geb. 1940). Er arbeitete Ende der 1960er-Jahre parallel mit den Gruppen PARLIAMENT und FUNKADELIC und wurde mit seinen Anleihen aus Jazz und Psychedelic Rock richtungsweisend. Die aus beiden Gruppen hervorgegangenen Musiker mit jeweils eigenen Bands waren so zahlreich, dass sie eine eigene Sparte verkörperten, für die auch die Bezeichnung **P-Funk** (**P**arliament-**Funk**adelic) aufkam.

Funk lieferte mit den ausgedehnten Instrumentalpassagen in den Titeln (Breaks) eine Fülle von Material für die frühen Hip-Hop-Mixe. Er fand zudem unter der Bezeichnung **Electro Funk** eine Fortsetzung, die auf den DJ AFRIKA BAMBAATAA (KEVIN DONOVAN, geb. 1960) und seine Gruppe SOUL SONIC FORCE zurückgeht. Dieser realisierte das Spielkonzept mit den Mitteln der elektronischen Klangerzeugung und -manipulation technisch im Studio (z. B. Album „Planet Rock", 1982 oder „Funk You!", 1985).

Reggae

Reggae ist eine der wichtigsten Formen der afrokaribischen Musik.

Er ist vor allem gekennzeichnet durch
- seinen charakteristischen Rhythmus,
- die Anpassung an die Bedingungen mobiler Diskotheken (Sound Systems) sowie
- die unter den DJs (Selectors) aufgekommene Praxis des Stegreifdichtens zur Musik der aufgelegten Platten (Toasten).

Reggae ist tief in der Kultur und Geschichte seines Entstehungslandes Jamaika verwurzelt und durch den politisch-religiösen **Rastafari-Kult** geprägt. Das ist eine Back-to-Africa-Bewegung, die durch die Reggaemusik weltweiten Einfluss erhielt. Maßgeblichen Anteil an der globalen Verbreitung des Reggae und seiner Botschaft hatte der Sänger BOB MARLEY (1945–1981) mit seiner Gruppe THE WAILERS.

BOB MARLEYS Song „I Shot the Sheriff" (1974) ist mit seiner Vers-Refrain-Struktur über dem typischen Rhythmus des Reggae ein charakteristisches Beispiel. Die im Reggae „Riddim" genannten Rhythmusmuster resultieren aus dem Zusammenspiel einer für den Titel jeweils charakteristischen Bassfigur (Bassline) mit einem 2-4-betonten Schlagzeugrhythmus. Der Song wurde auch durch den britischen Rock- und Bluesmusiker ERIC CLAPTON (geb. 1945) zu einem Hit, was zur weltweiten Verbreitung dieser Musik beigetragen hat.

Reggae war eine der ersten Musikformen, die durch **Produzenten** und **DJs** maßgeblich geprägt wurde. Die **DJ-Produzenten** synthetisierten in den 1960er-Jahren im Studio Elemente der reichhaltigen Tradition der jamaikanischen Musik (Mento, Ska) zu Aufnahmen, die mit ihren schweren, bassbetonten Beats, Echo- und Delay-Effekten optimale Voraussetzung für das Abspielen auf Open-Air-Parties boten.

Zugleich gab der Reggae den DJs Raum für das obligate **Toasten,** ein rhythmischer Sprechgesang, der Musik, Publikum und die Situation vor Ort verband. In diesem Zusammenhang wurde die Schallplatte durch manipulierende Eingriffe der DJs beim Abspiel der Aufnahmen erstmals in ein Instrument der Klangerzeugung verwandelt.

Reggae wird zumeist in **Patois** gesungen, ein auf dem Englischen basierender kreolischer Dialekt, der afrikanische, spanische und französische Elemente enthält.

Der **Rastafarianismus** wurde 1935 als politisch-religiöse Protestbewegung der farbigen Einwohner Jamaikas von MARCUS GARVEY (1887–1940) begründet. Äußeres Zeichen der Anhänger der Rasta-Bewegung sind die „Dreadlocks" genannten Zöpfe, die als Rasta-Locken weltweit zu einem Zeichen schwarzen Selbstbewusstseins wurden.

Die später zentral gewordene Personalunion von DJ und Produzent findet sich bereits beim Reggae, z. B. in CLEMENT „COXSONE" DODD (1932–2004). Das Studio „One" von COXSONE DODD, das 1964 in Kingstown/Jamaika gegründet wurde, war eine der Ursprungsstätten des Reggae.

Ab Ende der 1960er-Jahre wurden viele Reggae-Produktionen zusammen mit instrumentalen **Dub-Versionen** veröffentlicht, die für die DJs die Begleitspuren des aufgenommen Songs noch einmal separat, ohne Gesang auf der B-(Rück-)Seite der Single enthielten.

Charakteristische **Manipulationstechniken des Plattenspielers,** die die Reggae-DJs entwickelten, spielen bis heute sowohl im Hip-Hop wie im Techno eine wichtige Rolle.

Stopping	Unterbrechung der Wiedergabe durch Anhalten der Platte als spannungssteigerndes Mittel
Rewinding	Zurückdrehen der Platte bei aufgesetzter Nadel
Needle Dropping	Unterbrechung der Wiedergabe einer besonders beliebten Passage durch Zurücksetzen der Nadel

In den 1980er-Jahren erfuhr Reggae in Großbritannien eine eigenständige Weiterentwicklung, z. B. durch den Produzenten ADRIAN SHERWOOD (geb. 1958). Auch in Deutschland ist Reggae inzwischen etabliert.

Im Reggae wird zwischen **Message Reggae,** bei dem die textliche Botschaft im Vordergrund steht, und **Dancehall Reggae** unterschieden.

Street Poetry

Afroamerikanische Musik ist seit jeher tief in der Kultur ihrer Trägerschichten in den USA verankert. In Redeweise, Erzähltechniken und Poesie sowie den verschiedenen Formen der Stegreifdichtung spiegelt sich die besondere Situation einer jahrhundertelang unterdrückten ethnischen Minderheit. Das findet sich in Songtexten – z. B. in der vielfältigen Blues-Dichtung –, in der von Sprachrhythmus und Redefluss geprägten Melodiebildung oder in der sprachnahen Klangerzeugung auf Blasinstrumenten. Viele dieser Techniken sind afrikanischen Ursprungs und waren im Zuge der Integrationsbemühungen fast in Vergessenheit geraten.

Mit der Entstehung eines neuen afroamerikanischen Selbstbewusstseins entwickelten sich unter Rückgriff auf Traditionen **Erzähl- und Reimtechniken,** die im Hip-Hop Niederschlag fanden.

signifyin', engl. = bedeuten, kundtun

testifyin', engl. = bezeugen, bestätigen, beweisen

talkin', engl. = sprechen, reden

Die wichtigsten Erzähl- und Reimtechniken sind:
- **signifyin',** eine Form der Stegreifdichtung, bei der die formale Reimstruktur die Wahl von Begriffen legitimiert, die den Versen den Charakter von Beleidigungen ***(dissing)***, Verspottung ***(mocking)*** oder überspitzter Prahlerei ***(boasting)*** geben;
- **testifyin',** eine leidenschaftliche, dramatische Erzählweise, die den emotionalen Gehalt des Erzählten bei Erzähler und Zuhörern wiederzuerwecken sucht;
- **talkin',** eine Erzählweise, die in möglichst kurzer Zeit möglichst viele Worte über ein Thema ermöglicht (quasseln).

Mit dem erfolgreichen Debütalbum der LAST POETS, einer Gruppe von drei afroamerikanischen politischen Aktivisten, gerieten die überlieferten Formen der afroamerikanischen Straßendichtung 1970 erstmals in eine breite Medienöffentlichkeit. Sie wurden zum Ausgangspunkt von Entwicklungen, die schließlich im Hip-Hop gipfelten.

6.3.2 Hip-Hop als Musik einer globalen Jugendkultur

Musikalisch entzieht sich Hip-Hop bisherigen Einordnungskategorien.

> **Hip-Hop** ist nicht als Stil, Spielweise oder Sound zu charakterisieren, sondern eher durch einen bestimmten Umgang mit Musik.

Allerdings hat sich auch das inzwischen in unterscheidbare **Entwicklungslinien** ausdifferenziert, die als „Hip-Hop-Stile" bezeichnet werden.

Die Bezeichnung „Hip-Hop-Stile" ist nicht ganz korrekt.

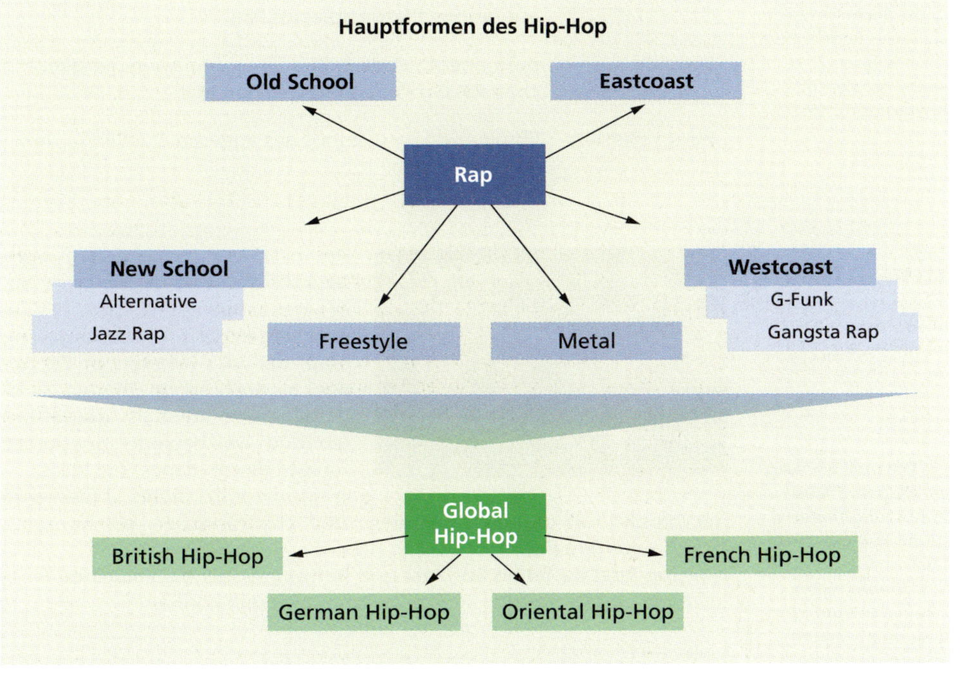

Ausgangspunkt für den Hip-Hop bildeten kommerziell erfolgreiche Musikproduktionen, die die DJs passagenweise zu neuen Klang- und Rhythmusmustern zusammenmischten. Neben den aus dem Reggae übernommenen Techniken (Stopping, Rewinding, Needle Dropping) entwickelten die Hip-Hop-DJs unter Nutzung eines Crossfaders zum Hin- und Herblenden zwischen zwei Plattenspielern eigene **Musiziertechniken (Skills).**

Scratching	rhythmisches Vor- und Zurückbewegen der Platte bei aufliegender Nadel
Cueing	punktgenaues Aneinanderfügen von Passagen verschiedener Aufnahmen zu einem ununterbrochenen Klangstrom mit dem Crossfader

Skill, engl. = Geschick, Fertigkeit bezeichnet die Fähigkeiten von DJs, mit dem Plattenspieler zu musizieren.
Crossfader ist die einfachste Form eines Mischpults, das zwei Klangquellen (Plattenspieler) über einen Schieberegler (Fader) steuert.

Scratching wird dem in Jamaika gebürtigen US-DJ GRAND WIZARD THEODORE (THEODORE LIVINGSTONE, geb. 1963) zugeschrieben. Er soll es 1977 aufgebracht haben.

Im Hip-Hop, und daran anknüpfend auch in der Technomusik, steht der Begriff Beat für das einen Titel charakterisierende Rhythmusmuster.

Scribbling	stotterndes Abstoppen der laufenden Platte mit der Hand, sodass ein rhythmisches Vibrieren entsteht
Juggling	virtuoses Arbeiten mit zwei Platten gleichzeitig, wobei durch Abstoppen der Platten sowie Hin- und Herblenden mit dem Crossfader aus den Rhythmusmustern beider Aufnahmen ein neuer Rhythmus bzw. Beat gemixt wird
Cutting	Zerlegen und Neuzusammenfügen des Rhythmusmusters einer Aufnahme, die in zwei Exemplaren auf beiden Plattenspielern liegt
Looping	permanent wiederholtes Einlaufenlassen der gleichen Passage eines Titels in den Mix
Punch Phasing	Einblenden von Sounds aus anderen Quellen in den laufenden Titel

Foto: Breakdance-Weltmeisterschaft „Battle of the Year 2003“ in Braunschweig

Der im DJ-Mix erzeugte rhythmisch strukturierte Klangstrom von beliebiger Länge lieferte sowohl dem darübergelegten Sprechgesang (Rap) der MCs (Masters of Ceremony) als auch einem überaus akrobatischen, bodennah ausgeführten und wettbewerbsorientierten Tanzstil (Break-dance) die Basis.

Im Studio wird dieses „Musizieren mit Musik“ mit digitalen Samplern und elektronischen Mix-Konsolen (Mischpulten) realisiert.

Hip-Hop-Titel bestehen aus **Part** und **Refrain,** wobei die einzelnen Parts in Länge und Gestaltung sehr unterschiedlich sein können.

Die Umwandlung vorhandener Musik in Ausgangsmaterial für neue Musik stieß rasch an die Grenzen des Urheberrechts. Das in den Studioproduktionen verwendete musikalische Material wird deshalb inzwischen in der Regel neu produziert.

Rap

Rap war die ursprüngliche Bezeichnung für die Musik der Hip-Hop-Kultur und bezog sich auf den dafür charakteristischen rhythmischen **Sprechgesang.** Mit der internationalen Verbreitung des Rap hat sich die Bezeichnung Hip-Hop dafür durchgesetzt.

Rap, engl. = quasseln

Zu den markanten Insignien der New School Rapper gehört das demonstrativ zur Schau gestellte Goldkettchen am Hals.

Im Rap wird die **Old School** der ersten Hip-Hop-Generation – z. B. KURTIS BLOW (geb. 1959), GRANDMASTER FLASH (JOSPEH SADDLER, geb. 1958) & THE FURIOUS FIVE – vom **New School Rap** – z. B. LL COOL J. (JAMES TODD SMITH, geb. 1968) – unterschieden. Die zweite Generation ersetzte dabei die auf Gemeinschaft und sozialkritische Haltung orientierte Old School durch eine konsumorientierte Ausrichtung. Das war an den Texten, aber auch an den mit Zeichen der Konsumkultur überfüllten Musikvideos ablesbar.

Eine Differenzierung des **Eastcoast Rap** und des **Westcoast Rap** zeichnete sich bereits bei ihrer Herausbildung in den USA ab. In ihnen spiegelten sich die jeweiligen sozialen Bedingungen – innerstädtische Ghettos an der Ostküste, latenter Rassismus an der Westküste – auf spezifische Weise wider. Vertreter des vor allem auf New York City konzentrierten Eastcoast Rap sind z.B. CHUCK D (CARLTON DOUGLAS RIDENHOUR, geb. 1960) und PUBLIC ENEMY. Westcoast Rap wurde z.B. von ICE-T (TRACY MARROW, geb. 1958) und NIGGAZ WITH ATTITUDE bekannt gemacht.

An der Westküste entstand auch der **Gangsta Rap,** der auf eine reale oder eingebildete kriminelle Karriere der Musiker anspielt und in häufig frauenfeindlichen Texten Gewalt gegen Gewalt setzt. Zu seinen Vertretern gehören SNOOP DOGG (CALVIN BROADUS, geb. 1972), 2PAC SHAKUR (TUPAC AMARU SHAKUR, 1971–1996).

Als **Freestyle Rap** wird die Stegreif-Erfindung von Reimen und Texten im Rahmen von Wortwettkämpfen (Battles) gegeneinander antretender Rapper bezeichnet, wobei das Publikum den Sieger kürt. Der **Metal Rap** von RUN-DMC – eine Fusion aus Rockmusik und Hip-Hop – brachte den Durchbruch dieser Musik in den Pop-Mainstream.

▶ **G-Funk** entstand in den frühen 1990er-Jahren als Form des Gangsta Rap. Er basiert auf einer langsamen (stoned) Variante von GEORGE CLINTONS P-Funk. Er wurde z.B. von DR. DRE (ANDRE YOUNG, geb. 1965) und WARREN G (WARREN GRIFFIN, geb. 1971) gespielt.

Global Hip-Hop

> Kennzeichen einer in den 1980er-Jahren entstandenen **globalen Jugendkultur** waren
> - die Transformation des Plattenspielers in ein Musikinstrument,
> - die rhythmisch gesprochenen Texte mit sozialkritischen Inhalten,
> - der als Breakdance bezeichnete Tanzstil.

▶ Als Jugendkultur zeichnete sich Hip-Hop trotz der globalen Verbreitung durch eine enge Bindung an das lokale Umfeld aus.

Musikalisch vielfach von den US-Vorbildern abhängig, hat diese Kultur aber auch eigenständige regionale Varianten hervorgebracht.

In **Frankreich** z.B. fand Hip-Hop besonders unter den Jugendlichen der nordafrikanischen Migrantenfamilien in den Vororten der Großstädte Paris, Marseille und Lyon große Resonanz.

In **Deutschland** gab es in den 1990er-Jahren keine größere Stadt, die nicht eine eigene Hip-Hop-Szene hatte. Aus einer Minderheitenkultur wurde ein Medium der Selbstdarstellung Jugendlicher. Es spiegelte ihre Lebenswirklichkeit und beschränkte sich nicht auf ethnische oder soziale Randgruppen. Eine Ausnahme bildete mit ISLAMIC FORCE und CARTEL der deutsch-türkische Hip-Hop (auch **Oriental Hip-Hop**) vor allem aus Berlin.

▶ Der in Dakar geborene MC SOLAAR (CLAUDE M'BARALI, geb. 1969) aus Paris, die 1989 in Marseille entstandene Gruppe IAM sowie die Pariser Gruppen SAIAN SUPA CREW und LES NUBIANS prägten einen eigenen französischen Stil des Hip-Hop, der musikalische Einflüsse aus Algerien, Marokko, Kamerun und dem Tschad enthielt.

Zu überregional bekannt gewordenen Vertretern von **lokalen Hip-Hop-Gruppen** gehören DIE FANTASTISCHEN VIER (Stuttgart, ↗Foto), FETTES BROT (Hamburg), RÖDELHEIM-HARTHEIM-PROJEKT (Frankfurt-Rödelheim), TIC TAC TOE (Dortmund) und die Gruppe ADVANCED CHEMISTRY (Heidelberg).

6.4 Techno

▶ Die Bezeichnung **Techno** geht auf die Londoner Plattenfirma Virgin Records zurück, die 1988 ein Album mit dem Titel „Techno – The New Dance Sound of Detroit" herausgab.

Tracker-Software sind Computerprogramme, mit denen Musik schichtenweise erstellt werden kann.

Loops, engl. = Schleifen, sind wiederholte kurze Tonsequenzen, wie sie früher durch Tonbandschleifen realisiert wurden.

DJ-Editionen sind Vinylplatten mit Material für die Klubmixe, musikalische Halbfabrikate, aus denen im Mix Musik erst hergestellt werden muss.

Techno ist eine in den 1980er-Jahren entstandene **DJ-Musik.** Sie wird aus maschinell generierten Soundpatterns (Loops) erstellt, die am Computer mit geeigneter Tracker-Software aneinandergereiht, verkettet und schichtweise übereinandergelegt werden.

In den 1990er-Jahren wurde Techno zum Zentrum einer weltweit verbreiteten Tanzkultur. Ihre Anhänger werden auch als **Raver** (↗Fotos) bezeichnet. Obwohl Technomusik seit langem schon nicht mehr nur in Form der DJ-Editionen auf Tonträger erscheint, sondern zunehmend auch als Studiomix veröffentlicht wird, ist sie eine erlebnisorientierte (eventbasierte) Musik geblieben.

Musikalisch ist Techno charakterisiert durch
- maschinell erzeugte Tonfolgen, die mit Sequenzern, Computern (Software-Sequenzer) oder Bass- und Rhythmussynthesizern hergestellt werden,
- Verkettung, Aneinanderreihung und Schichtung sich wiederholender melodisch-rhythmischer Patterns,
- intensive Rhythmusmuster mit einem hohen Anteil subsonischer (nur fühlbarer, nicht hörbarer) Frequenzen,
- Verzicht auf einen herkömmlichen Gesangspart und damit auf eine die Popmusik im 20. Jh. prägende Einheit von Text und Musik,
- sloganhafte Textfloskeln, sofern Gesang überhaupt einbezogen ist,
- Nutzung der Singstimme als technisch bearbeitbare Klangquelle,
- Aufgabe der Songstruktur zugunsten eines Fließmodells (Flow) – die Stücke werden als Tracks (Tonspuren) bezeichnet,
- Einheit von DJ und Produzent (DJ-Produzent),
- weitgehende Anonymisierung der Macher durch Nutzung von Pseudonymen (häufig nur für ein Projekt gültig).

▶ Sequenzerbasierte digitale oder analoge Synthesizer wie der Bassline Composer TB-303 und der Rhythm Composer TR-808 der Firma Roland gehörten neben dem Clubmixer und mindestens zwei Plattenspielern lange Zeit zur Standardausrüstung der meisten DJs, die damit ihren Mixen selbstprogrammierte Rhythmuspatterns live zuspielen.

Seit dem Aufkommen der ersten soundfähigen Heimcomputer können die DJs das Ausgangsmaterial für ihre Mixe zu Hause selbst erstellen (Mixtapes).

Insgesamt sind inzwischen mehr als 300 Techniken bekannt, die aus dem **DJing** eine hoch entwickelte und eigenständige Kunst des Musizierens gemacht haben, die auch als **Turntablism** bezeichnet wird.

Wichtige DJ-Techniken im Techno	
Forward Scratch	Fadertrick, der nur die Vorwärtsbewegung der Platte beim Scratching hören lässt, bei der Rückwärtsbewegung wird der Regler geschlossen
Stab	stoßweises Bewegen der Platte unter der Nadel, sodass ein kurzes, perkussives Geräusch entsteht
Tears	erst langsame, dann schnelle Vorwärtbewegung der Platte unter der Nadel und langsameres Wiederzurückziehen
Slurring	sehr langsames Schieben der Platte unter der Nadel, sodass ein langgezogener Sound entsteht
Backspin	ruckartiges Zurückdrehen der Platte – bei der Vorwärtsbewegung bleibt der Schieberegler am Mischpult (Fader) geschlossen
Blending	Ineinanderblenden zweier Aufnahmen von zwei Plattentellern, die zuvor in Tempo und Tonlage synchronisiert wurden
Chirp	kurzer, ein Kratzgeräusch erzeugender Scratch
Flare	Aus- und Wiedereinblenden mit dem Fader während des Scratchings
Rippling	Hin- und Herschalten zwischen zwei Plattenspielern ohne Nutzung des Faders, sodass Passagen aus beiden Aufnahmen aneinandergeschnitten sind
Pitching	Anpassung der Tonlage einer Aufnahme an die Anforderungen des Mixes durch geringfügige Manipulation der Drehzahl des Plattentellers
Transformer	gleichmäßiges, rhythmisches Öffnen und Schließen des Faders bei laufender Platte
Drill	Scratch mit fest angespanntem Unterarm, sodass ein Zittern und damit ein vibratoähnlicher Effekt entsteht
Tone-scratches	Veränderung der Tonhöhe eines geloopten Sounds mithilfe des Pitchfaders (Geschwindigkeitsregler am Plattenspieler) zur Erzeugung von Melodien
Fills	Ergänzung des Beats einer Aufnahme durch einzeln hinzugemixte Snare- und Bassschläge von einer zweiten Aufnahme

6.4.1 Wurzeln des Techno

Technomusik liegt eine bestimmte Verbindung von Musik, Mensch und Maschine zugrunde, die sich bis auf den italienischen Futurismus und das Futuristische Manifest „Die Kunst der Geräusche" von LUIGI RUSSOLO (1885–1947) zurückverfolgen lässt.

Futurismus, lat. *futurum* = Zukunft, war eine um 1910 in Italien aufgekommene künstlerische Bewegung, die nach Russland, Deutschland und Frankreich ausstrahlte.

LUIGI RUSSOLO, obwohl Maler von Beruf, entwarf und baute ein Orchester von Lärm erzeugenden Maschinen (↗S. 217) und gab 1915 damit Konzerte in ganz Europa. Das machte ihn zum Wegbereiter der **„Maschinenmusik"**, die in GEORGE ANTHEIL (1900–1959) dann einen ihrer wichtigsten Vertreter hatte. Sie war der Vorläufer der Musique concrète von PIERRE SCHAEFFER (1910–1995) und PIERRE HENRY (geb. 1927), der als Pionier der **Samplingtechnik** gilt. Beide nutzten für die Uraufführung ihrer „Symphonie pour un Homme Seul" (1950) am 18. März 1950 erstmals acht zusammengeschaltete Plattenspieler als Klangquelle und Musikinstrument.

Die **Diskothek** ist eine französische Nachkriegsentwicklung. Namensgebend war eine Underground-Bar, die 1941 im okkupierten Paris zum Abhören der von den Nazis verbotenen Jazzplatten öffnete. Als erster Club, der Tanzveranstaltungen mit aufgelegten Platten bestritt, gilt das 1947 in Paris eröffnete „Whiskey-à-Go-Go".

Musikalisch liegen die **Wurzeln des Techno** in der Diskothek und dem hier entstandenen Umgang mit Musik, der auf eine besondere Form der Körpererfahrung ausgerichtet ist.

Die Diskothek erfuhr in den frühen 1970er-Jahren in der afroamerikanischen Community New Yorks eine rasch um sich greifende Wiederbelebung und wurde zur Plattform für die Entwicklung einer ganzen Reihe von tanzorientierten Musikformen – z.B. Disco, Hi-NRG, EBM, Breakbeat, House –, die unter dem Begriff **Dancefloor** zusammengefasst werden.

Weltweite Verbreitung fanden die Disco Music und die dazugehörige Tanzkultur durch den Hollywood-Film „Saturday Night Fever" (1977) mit JOHN TRAVOLTA in der Hauptrolle.

Disco Music

Eigens für den Gebrauch in der Diskothek entstanden Mitte der 1970er-Jahre spezielle **Disco-Produktionen.** Außerdem begannen New Yorker Disco-DJs, z.B. FRANCIS GRASSO (1948–2001), WALTER GIBBONS (1954–1994) oder LERRY LEVAN (LAWRENCE PHILPOT, 1954–1992), mithilfe von Echo- und Hallgeräten bereits aufgelegte Titel zu verändern und in virtuelle Klangräume zu transformieren. Auf mehreren Plattenspielern laufende Songs wurden dabei zu neuen Ad-hoc-Kompositionen zusammengemischt.

Disco Music war die erste Form der populären Musik, die im Live-Mix der DJs eine neue Existenzform eigener Art erhalten hat.

Rhythmus, Tempo, Lautstärke sowie die an Grenzen des hörbaren Bereichs (ca. 16 Hz bis 20 KHz) liegenden Frequenzen lösen **somatische Reaktionen** aus, wie Hormonausschüttungen, Veränderungen von Herzschlag und Blutdruck, Vibrationsempfindungen.

Festzumachen ist sie nur an den für die DJ-Mixe benutzten kommerziellen Danceproduktionen, die sich häufig schon mit ihren Titeln, etwa „Disco Queen" (1975) von HOT CHOCOLATE oder „Disco Sax" (1975) von HOUSTON PERSON (geb. 1934) für diesen Gebrauch empfahlen.
Während die Hip-Hop-DJs den Plattenspieler nutzten, um für den Rap die musikalische Grundlage zu schaffen, erkundeten die Disco-DJs mit ihren Musikmixturen in spezieller Disco-Atmosphäre die auf den Körper wirkenden somatischen Einflüsse. Sie legten damit die Grundlagen für die **Dancefloor-Genres,** die in den 1980er-Jahren daran anknüpften und schließlich in die Technomusik mündeten.

Hi-NRG

Mitte der 1980er-Jahre entstand in der Schwulenszene britischer Großstädte eine Variante der amerikanischen Disco Music. Sie war vor allem mit solchen Gruppen wie FRANKIE GOES TO HOLLYWOOD, CULTURE CLUB und BRONSKI BEAT verbunden. Das **Klangbild** dieser schnelleren und rhythmisch intensiveren Version der Disco Music wurde von Synthesizern und Electronic Drums bestimmt.
Wesentliche Anregungen wurden aus der New Wave des Rock genutzt. Inhaltlich ging es besonders um die Gleichstellung von Homosexuellen, wobei Homosexualität im Umfeld aller Varianten der Dancefloormusik eine wichtige Rolle spielt.

▶ Der Begriff **Hi-NRG** (High Energy Dance Music) wurde 1984 von der britischen Musikzeitschrift „Melody Maker" geprägt.

6

EBM

Electronic **B**ody **M**usic entstand Mitte der 1980er-Jahre in Belgien als Synthese aus Industrial Rock (THROBBING GRISTLE) und Elektronic Rock (KRAFTWERK). Hauptvertreter dieser aggressiven **Hardcorevariante** der Disco Music waren die belgischen Bands FRONT 242 und MINISTER OF NOISE. Insbesondere der metallische Sound dieser Musik und die roboterhafte Spielweise der Bands hatte als Verkörperung der Ästhetik des Technischen großen Einfluss auf Techno. Die Nachfolgeproduktionen in diesem Sound werden Techno häufig als eigene Kategorie zugeordnet.

▶ Die Lautstärke der EBM-Musik liegt zwischen 135–150 bpm.

Breakbeat

Breakbeat ist eine Variante des Hip-Hop (↗ S. 363 f.), die auf den New Yorker DJ KOOL HERC (CLIVE CAMPBELL, geb. 1955) zurückgeht. Er verband mittels zweier Exemplare der gleichen Aufnahme die spannungssteigernden perkussiven Passagen aus den instrumentalen Überleitungsteilen (Breaks) – häufig Schlag- oder Taktwechsel des im Solo eingesetzten Schlagzeugs – zu Loops. Zunächst waren es beliebig verlängerte Breaks, die das Publikum zum Tanzen animieren sollten. Dann entstanden ganze Titel, deren Beat auf solchen mit der Hand geloopten Breaks basierten.
DJ KOOL HERC schuf mit seiner Erkennungsmelodie Mitte der 1970er-Jahre den **Initialtitel** für den Breakbeat. Seine Breakbeatversion war Ausgangspunkt und Anregung für nachfolgende Entwicklungen sowohl im Hip-Hop wie im Techno, insbesondere für Jungle und Drum 'n' Bass.

▶ **Beat** bezeichnet in diesem Zusammenhang das einen Titel charakterisierende Rhythmusmuster.

Der Initialtitel basierte auf „Apache" (1960) der britischen Beatgruppe THE SHADOWS in einer 1972 erschienenen Danceversion der US-amerikanischen INCREDIBLE BONGO BAND.

House Music

In Chicago entstand 1979/80 eine von afroamerikanischen DJs entwickelte Variante der Disco Music, die durch die hier geschaffenen komplexen **Dance-Mix-Produktionen** einen eigenständigen Charakter erhielt. Diese Entwicklung ging auf den aus New York stammenden DJ FRANKIE KNUCKLES (geb. 1959) zurück.
Die Chicagoer DJs veröffentlichten zunächst ihre Mixtapes auf eigenen kleinen Labels, dann folgten Studioproduktionen im gleichen Stil. Damit profilierten sich insbesondere die Labels DJ International und Trax. Das Ergebnis war eine Fusion aus Disco Sound und europäischer Synthesizermusik (von KRAFTWERK bis NEW ORDER). **Kennzeichen** dieser Musik sind

▶ Die Chicagoer DJs arbeiteten mit eigenen Produktionen, die sie zu Hause auf Band zusammenschnitten (Mixtapes), sodass sich dafür die Bezeichnung **House Music** einbürgerte.

Initialtitel der House Music wurden von CHIP E mit „It's House" (1985) und J. M. SILKS'S TOP FIVE mit „Shadows of Your Love" (1986) geliefert.

die ungewöhnlich stark hervorgehobenen Basslinien und ein treibender, mit Elementen lateinamerikanischer Musik durchsetzter Drum-Machine-Rhythmus, der darübergelegt ist. Einfache, auf Tanzwirkung zielende Gesangsmelodien werden von synthetischen Streicherklängen gestützt. Der erste internationale Hit der Chicagoer Houseszene geht auf DJ FARLEY JACKMASTER FUNK (FARLEY KEITH, geb. 1962) mit „Love Can't Turn Around" (1985) zurück. Inbegriff der Chicagoer House Music wurde jedoch MARSHALL JEFFERSONS (geb. 1959) „Move Your Body" (1986).
1988 erreichte House Music Europa und löste hier eine Entwicklung aus, die als **Acid House** große Beachtung fand. Durch Fusion mit anderen Musikformen bildeten sich zahlreiche Unterkategorien heraus: Ambient House, Deep House, Freestyle House, Garage House, Hip House, Hit House. Diese gelten inzwischen als Bestandteile der Technomusik.

Detroit Techno gehörte zu den zahllosen Varianten der House Music, die Ende der 1980er-Jahre entstanden.

DERRICK MAY schuf unter dem Pseudonym RHYTHIM IS RHYTHIM Technoklassiker wie „Kaos" (1989) und „Nude Photo" (1990).

Detroit Techno

Detroit Techno ist die erste Musikform, die DJ-Produzenten mit Software-Sequenzern am Computerbildschirm erstellten. Das hat das Editieren von Klangprozessen auch im Mikrobereich ermöglicht, was der Musik das für Techno charakteristische **„Maschinen-Feeling"** gab. Insbesondere die genaue Quantisierung der Tonfolgen im Millisekundentakt ermöglichte Rhythmusmuster, die nur auf diese Weise herstellbar sind. Der Rechner erleichterte zudem den Zugriff auf alle die Musikformen, die diese Entwicklung vorbereitet hatten. Die unter Detroit Techno erfolgende Synthese wurde so zum Ausgangspunkt von Neuem.
Zu den bekanntesten und einflussreichsten DJ-Produzenten von Detroit Techno gehören KEVIN SAUNDERSON (geb. 1964), JUAN ATKINS (geb. 1962) und DERRICK MAY (geb. 1963).

6.4.2 Cut, Mix & Dance

Ausgehend von den in den USA geschaffenen musikalischen Basistechniken sowie von Detroit Techno und unter Nutzung der sich ständig erweiternden Möglichkeiten der **Klangbearbeitung am Computerbildschirm** (cut & mix) entstand ein breites Spektrum von Genres und Subgenres.

Insbesondere Berlin wurde mit der **Loveparade** und ihrem Initiator DJ DR. MOTTE (↗Foto) zu einem Synonym für die Musik und die Kultur von Techno.

Aus Deutschland, das lange Zeit fast nur noch von außen Anregungen bezog, kamen erstmals wieder internationale Erfolge. Das begann mit U76 (ALEX CHRISTENSEN, geb. 1967) und der Technoversion der Musik von KLAUS DOLDINGER (geb. 1936) zum Film „Das Boot" (1991). Nachhaltige Impulse gaben z.B. auch die DJs DR. MOTTE (MATTHIAS ROEINGH, geb. 1960), SVEN VÄTH (geb. 1964), WESTBAM (MAXIMILIAN LENZ, geb. 1965).

Wichtige **Formen des Techno,** die Ausgangspunkte für sich weiterverzweigende Entwicklungslinien bilden, sind Jungle, Gabba, Trance und Ambient.

Jungle
entstand Anfang der 1990er-Jahre in Londons Migrantenvierteln als eine eigenwillige Musiksynthese mit betont futuristischem Klangbild. Verschmolzen wurde Techno mit einer Mitte der 1980er-Jahre auf Jamaika digital produzierten Spielart des Dancehall Reggae (Raggamuffin). Jungle ist mit seinen tiefen Basslines und den aus unterschiedlichsten Quellen zusammengemixten, daher vielfach „gebrochenen" Rhythmen die rhythmisch **komplexeste Form des Techno.** Sie knüpft unmittelbar an den Breakbeat im Hip-Hop an. Im Unterschied zu den meisten anderen Stilen des Techno gibt es im Jungle häufig einen rapartigen Gesangspart.

Neben dem schon von DJ KOOL HERC genutzten „Apache"-Break aus den 1960er-Jahren (↗S. 313) bildeten weitere Breaks die Grundlage, so „Amen Brothers" (1968), die Rückseite einer amerikanischen Soulsingle der WINSTONS und „Soul Pride – Maceo's Groove" (1969) von MACEO PARKER (geb. 1943).
Jungle wurde 1994 mit der Single „Incredible" – einer Kooperation des britischen Rapartisten GENERAL LEVY (geb. 1971) mit dem britischen Technoprojekt M-BEAT international bekannt.

Weniger komplex und den Tänzern in den Diskotheken leichter zugänglich war eine Variante des Jungle, die Mitte der 1990er-Jahre als **Drum 'n' Bass** populär wurde. Der Grundzug dieser Variante ist ein intensives Wechselspiel zwischen den aus Schlagzeugbreaks gemixten Rhythmuspattern und den darunterliegenden Basslines mit einem hohen Anteil an subsonischen Frequenzen.

Eine der ersten Produktionen des Drum 'n' Bass war „Timeless" (1995) von DJ-Produzent Goldie (CLIFFORD PRICE, geb. 1966). Seitdem ist dieser Stil härter geworden und eher am EBM-Sound (↗S. 313) orientiert.

Gabba
– auch zu Gabber eingedeutscht – entstand Anfang der 1990er-Jahre in Rotterdam als „extremste" Version der Techno-musik. Herausragendes **Kennzeichen** ist eine drastische Steigerung aller Technocharakteristika nach dem Motto „schneller, lauter, härter". Bei Tempi bis zu 250 bpm und hochgepitchten Stimmen entsteht ein kaum noch differenzierbarer Geräuschschwall, der den Tänzer in sich aufnimmt und eine hauptsächlich körperliche Wirkung hat.
Gabba ist die Grundlage aller Hardcoreversionen des Techno, die wie Doomcore, Noisecore oder Speedcore die Extreme weiter steigern.

Als Begründer dieses Stils gilt der niederländische DJ PAUL ELSTAK (geb. 1959).

Trance ist eine Technovariante, die 1992 aufkam und an den Psychedelic Rock der 1960er-Jahre anknüpfte. Sie ist durch ein pulsierendes Fließen sphärischer Computerklänge gekennzeichnet. Die Basis für diese **„weiche" Form des Techno** sind permanent wiederholte kurze Synthesizerfloskeln, die sich durch minimale rhythmische Verschiebungen und kaum spürbare Einstellung der Klangparameter allmählich verändern. Häufig sind auch Anklänge an die indische Musik zu finden – seit in der indischen Region Goa eine gleichnamige Version dieser Technovariante entstand.	Als einer der Initiatoren der Technovariante gilt der New Yorker DJ JOEY BELTRAM (geb. 1971). Stilbildend waren der Frankfurter DJ SVEN VÄTH (geb. 1964), der aus Eisenhüttenstadt stammende DJ PAUL VAN DYK (geb. 1971) und der Londoner DJ-Produzent PAUL OAKENFOLD (geb. 1964).
Ambient ist musikalisch das Gegenteil von Techno und wird im Unterschied dazu nicht live gemixt, sondern herkömmlich auf Tonträgern fixiert und vertrieben. Dennoch gilt diese Musik als Technogenre. Sie wird ebenfalls sequenzer- und rechnerbasiert produziert und als sogenannte **„Chill-out"-Musik** zum Abtouren in den Technodiskotheken eingesetzt. Die Musik ist nahezu rhythmuslos und frei von den Techno kennzeichnenden pulsierenden Beats. Sie besteht aus „stehenden", sich kaum verändernden elektronischen Klangflächen sphärischen Charakters. Ihre Wurzeln liegen im New Age der späten 1970er- und frühen 1980er-Jahre.	Als rein elektronisches Genre wurde Ambient in den frühen 1990er-Jahren vor allem durch APHEX TWIN (RICHARD D. JAMES, geb. 1971) und die britische Gruppe ORB geprägt.

Jungle, Gabba, Trance und Ambient sind zum Ausgangspunkt einer kaum noch überschaubaren und sich ständig weiter ausdifferenzierenden **Vielfalt von Technovarianten** geworden.

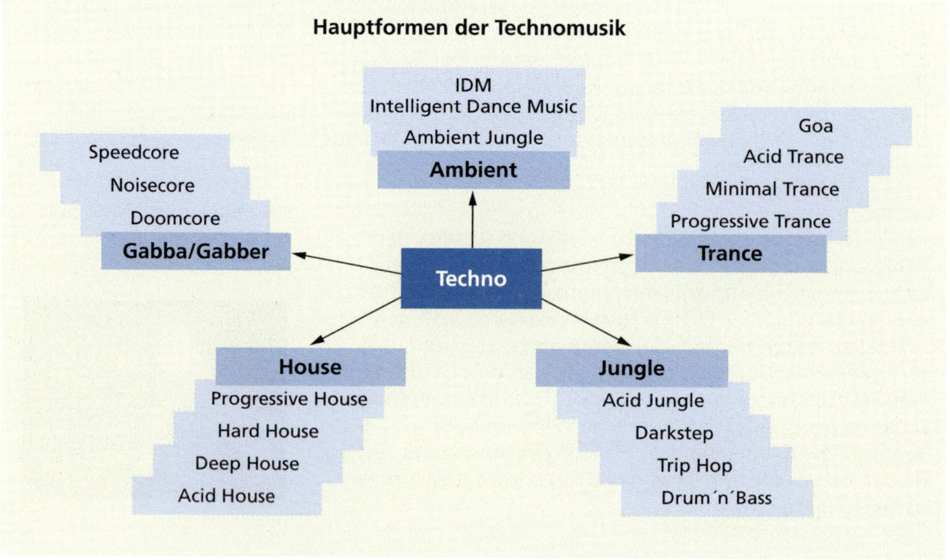

6.5 Popmusik „made in Germany"

Alle Stilformen und Spielarten der populären Musik haben auch unter den einheimischen Bands und MusikerInnen profilierte Vertreter gefunden. Einen besonderen Stellenwert besitzt jedoch die **deutschsprachige Variante der Popmusik.**

Eine deutschsprachige Variante der Popmusik hat sich ab Mitte der 1980er Jahre mit den von der Rockmusik kommenden Sängern und Songschreibern PETER MAFFAY (PETER ALEXANDER MAKKAY, geb. 1949), KLAUS LAGE (geb. 1950), HEINZ RUDOLF KUNZE (geb. 1956) und HERBERT GRÖNEMEYER (geb. 1956) oder mit dem ursprünglich im deutschen Schlager beheimateten WOLFGANG PETRY (FRANZ HUBERT WOLFGANG REMLING, geb. 1951) herausgebildet.

2009 repräsentierten einheimische Produktionen etwa 30 Prozent des deutschen Musikmarktes. Ihnen ist eine eigene Kategorie in dem seit 1992 von der Deutschen Phono-Akademie vergebenen Musikpreis ECHO gewidmet.

Die Deutsche Phono-Akademie e. V. wurde 1973 als Kulturinstitut der Musikindustrie in Berlin gegründet. Seit 1992 vergibt sie den Musikpreis ECHO für die jeweils meistverkauften Produktionen in den Sparten Pop national, Pop international, Klassik und Jazz. Sie hat sich um die Nachwuchsförderung in allen Bereichen des Musikschaffens in Deutschland verdient gemacht.

Obwohl die Pop-Sounds der Gegenwart transnational sind, haben Gruppen und Musiker wie PUR, MÜNCHENER FREIHEIT, PURPLE SCHULZ (RÜDIGER SCHULZ, geb. 1956) oder die PRINZEN sie in einer eigenständigen Variante der Popmusik assimiliert. Seit den 1990er-Jahren haben sie deutlich an Gewicht gewonnen. Mit TIC TAC TOE kamen Mitte der 1990er-Jahre HipHop-Einflüsse in die deutsche Popmusik, die Elektropunk-Band MIA steuerte eine Mixtur aus elektronischer Musik und Rock bei. XAVIER NAIDOO (geb. 1971) machte mit der Synthese von Rock, Soul und Rhythm & Blues auf sich aufmerksam. ROSENSTOLZ profilierten sich mit einer Chanson-Rock-Kombination, ICH+ICH mit einer Schlager-Rock-Kombination. ANNETT LOUISAN (ANNETT PÄGE, geb. 1977) prägte mit ihren Liedern eine ausgesprochen chansonhafte Variante der Popmusik. 2RAUMWOHNUNG, SILBERMOND oder WIR SIND HELDEN kombinieren Elemente von Rock und Liedermachertradition. TOKIO HOTEL, die zu den erfolgreichsten deutschen Pop-Produkten im neuen Millennium gehören, betonen wieder stärker die Rock-Komponente. PETER FOX (geb. 1971), der sich ab 2008 als einer der erfolgreichsten Solo-Protagonisten der deutschen Popmusik etabliert hat, kombiniert Reggae- mit HipHop-und Schlager-Elementen.

Foto: Fernsehauftritt von WOLFGANG PETRY

Populäre Musik

- Populäre Musik ist ein Ensemble sehr **verschiedenartiger Genres** und Gattungen der Musik. Sie umfasst in den westlichen Industrieländern z. B. angewandte Musik ebenso wie Volksmusik oder Chansons. Ihnen gemeinsam ist, dass sie massenhaft produziert, verbreitet und angeeignet werden.
- Populäre Musik bildete sich im 19. Jh. mit der Entstehung eines modernen Musikmarktes heraus. Sie ist an die Entwicklung technischer Medien – Notendruck, Tonträger, Internet – gebunden und als **kommerzielle Dienstleistung** organisiert. Sie beruht auf bestimmten **musikalischen Grundlagen.**

populäre Musik		
Merkmale – eingängige Melodik – überschaubare musikalische Formen – Bewegung nachbildende Metrik/ Rhythmik – interaktives Musizieren – Hör- und taktile Qualität des Klangs überwiegen	**Grundmodell** – Vortragslied in Strophenform mit Refrain und zumeist erzählendem Charakter – 32-taktige Chorusform mit Ablaufschema AABA ist Standardform des Popsongs	**formbildende Grundelemente** – Beat (metr. Grundschlag) – Swing – Improvisation – Call and Response – Hot Intonation – Blue Notes – Technologie der Signalverarbeitung

- Die besondere klangsinnliche Qualität der populären Musik entsteht durch den **Sound,** dessen Formen unmittelbar mit den Möglichkeiten der Aufnahmetechnik entwickelt wurden. Die wichtigsten **Soundformen** sind Motown Sound (seit den 1960er-Jahren), Philly Sound (seit den 1970er-Jahren) und Disco Sound (seit Mitte der 1970er-Jahre).
- Die **Entwicklung der populären Musik** vollzog sich in mehreren Etappen. Dabei wurden die Bindungen an nationale und regionale Musikkulturen immer mehr aufgehoben. Im Zuge der Globalisierung entsteht eine transnationale Musikpraxis.

Hauptform	Ursprung	wichtige Formen	Beginn
Jazz (Sonderform)	afroamerikanische Volksmusik/ Blues und Ragtime	New Orleans Jazz, Chicago-Stil, Swing, Bebop, Free Jazz, Improvised Music	etwa 1870
Rockmusik	afro- und euroamerikanische Musik/ Blues, Rhythm & Blues, Country Music, Rock'n'Roll	Mersey Beat, British Beat, Psychedelic Rock, Punk Rock, Heavy Metal	etwa 1950
Hip-Hop	mittelamerikanische und karibische Migrantenkultur/ Reggae sowie afroamerikanische Popmusik/ Soul, Funk	Rap (Old School, New School, Eastcoast, Westcoast, Freestyle, Metal); Global Hip-Hop (British, German , Oriental und French Hip-Hop)	etwa 1970
Techno	wurzelt in „Maschinenmusik" (Futurismus) und Disco Musik	Jungle, Gabba/Gabber, Trance, Ambient, House	etwa 1990

Wissenstest 6 auf **http://wissenstests.schuelerlexikon.de** und auf der DVD

Weltmusik – Musiken der Welt

7

7.1 Musik in den Kulturen der Welt – ein Überblick

Mit Blick auf die unterschiedlichen Religionen und Kulturen kristallisieren sich einige grundsätzliche Anschauungen über die Ton- und Hörkünste der Musik der Welt heraus. Je nach Kultur, Geschichte und Naturzusammenhang lassen sich einzelne oder mehrere Funktionsprinzipien im Nacheinander oder im Miteinander hervorheben, so etwa

1. ein **ontologisch-energetisches Prinzip** *(energeia)* der Musik, das besagt, Töne und Klänge seien aus dem Übernatürlichen und Göttlichen hervorgegangen,
2. ein daraus oft abgeleitetes **theologisches Prinzip,** das in vielen Religionen Gesang und Musik als erhöhte Form der Anbetung und Lobpreisung übernatürlicher Kräfte versteht,
3. ein **kosmologisch-mathematisches Prinzip,** das die Musik als Ordnung von Zahlen, Proportionen und Riten reflektiert,
4. ein damit vielfach verbundenes **Ethos-Prinzip,** das die Musik in den Dienst der Erziehung der Gesellschaft stellt oder sie
5. als **therapeutisches Prinzip** zur „Heilung der Welt" nutzt,
6. ein **rhetorisch-expressives Prinzip,** das die enge Verwandtschaft von Sprache, Musik, Tanz und Ausdruck betont und
7. ein **naturphilosophisch-symbolisches Prinzip,** das Musik als „objektivierten Geist" und symbolisch-ästhetisches „Kunstwerk" *(ergon)* einer kulturspezifischen Kommunikation, Interaktions- und Integrationsform begreift.

Die musikalischen Ausdrucksformen, Funktionen und Strukturen manifestieren sich in der Welt differenziert und dynamisch in verschiedenen kulturellen Konzepten von Anhörung und Erhörung, von Kulten, Praktiken, Ritualen, Bräuchen, Festen, Festivals, Theorien und Werken.
Dabei gibt es nicht nur den singulären Begriff Musik, wie es die deutsche Sprache suggeriert, sondern viele und *zahlreiche* „Musiken".

Im Andenhochland umreißen die Quechua-Begriffe *takiy* (singen), *tukay* (spielen) und *tusuy* (tanzen) je ein spezifisches Musikverhalten im Bezug auf die Organisation von vokalen bzw. instrumentalen Klängen und tänzerischen Rhythmen.
Ähnliches gilt auch für den afrikanischen Igbo-Terminus *nkwa.* Dieser beschreibt zwar Vergleichbares wie Singen, Instrument spielen und Tanzen, dennoch gibt es nicht nur bei den Igbo, sondern in den meisten afrikanischen Sprachen scheinbar kein Wort, das dem westlich konzipierten Begriff „Musik" direkt vergleichbar wäre.

Gerade die afrikanische Musik ist primär körperhaft und tanzorientiert. Wenn heute dennoch der westlich-geprägte Begriff „Musik" verwendet wird, so bezeugt dies weniger die Gleichheit der zugrunde liegenden Konzepte als vielmehr die kulturelle und sprachliche Dominanz des Westens.

„Musik" beinhaltet im kulturüberschreitenden Diskurs zwar einerseits immer noch ein Stück des eigenen, *ethnozentrischen Selbstverständnisses,* impliziert aber andererseits bereits auch im *Fremdverständnis* das Andere und definiert sich auf diese Weise zunehmend aus der Wechselbeziehung unterschiedlicher kultureller Perspektiven.
Über die Jahrhunderte hinweg gab es seit jeher in der Völkerbegegnung einzelne Traditionsstränge, die über mündliche Überlieferungen, über Schriften- und Übersetzungstraditionen kulturelles, religiöses und musikalisches Wissen untereinander zum Austausch brachten.

Der in der arabischen Welt von den Griechen geborgte Begriff *mûsîqî* verdrängte im 9. Jh. den älteren Terminus *ginâ',* der gleichbedeutend war mit „weltlich bestimmtem Singen und Musizieren".
AL-FÂRÂBÎ (um 870–950), der große arabische Philosoph und Gelehrte, teilte in der Nachfolge zu ARISTOTELES (384–322 v. Chr.) die *mûsîqî* in seiner Theorie in die *musica speculativa* und in die *musica activa* ein. AL-FÂRÂBÎs „Großes Buch über die Musik" beeinflusste nicht nur die arabischen, persischen und türkischen Musiktheoretiker, sondern auch indische und jüdische Schultraditionen.
Ableitungen des aus dem griechischen Musikbegriff in andere Sprachen und Kulturen übernommen Wortes gibt es heute fast überall auf der Welt. Die Verbreitung erfolgte insbesondere im Gefolge von Missionierung und Wissenschaftsexpansion und mittels zahlreicher westlichorientierter Musikschulen und Konservatorien, die insbesondere im Zusammenhang mit dem Kolonialismus weltweit gegründet wurden. Die heutige internationale Medienlandschaft vermarktet inzwischen auch alle Arten von Musik, von Ethno-Pop bis zur traditionellen Musik anderer Kulturen unter dem marktbezogenen Verkaufs-Label *„World Music".*

7

Der Pluralismus des modernen Zeitalters ermöglicht heute in vielen Gesellschaften ein Nebeneinander „ungleichzeitiger" Musikarten und -stile.
Sie alle sind heute gleichzeitig aufruf- und abrufbar, an internationalen Festivals, im Rundfunk, im Fernsehen, auf CD-ROMs, über das Internet und World Wide Web.

Auswahl abrufbarer Stilrichtungen:
Wiegenlied und Kinderlied, traditionelle Ritualmusik, gregorianische Gesänge, Renaissance-Musik auf historischen Instrumenten, japanisches Kabuki-Theater, altchinesische Festmusik, Opern, Klassik, Musical, Volksmusik, Schlager, populäre Musik, Country, Soul, Gospel, Blues, Jazz, Rock, Folk Rock, High-Life, Heavy Metal, Hip-Hop, Rap und MTV-Music-Video-Clips, Ethno-Pop, Techno, Ecstasy, Ethno-Trance, New Age Music, Muzak, Cyber-Space-Music

Foto:
Musiker einer Trommlergruppe aus dem japanischen Seto bei einem Auftritt in Deutschland anlässlich der Weltaustellung Expo 2005

Zwischen Spiritualität, Kommerz, Klischee, Einschaltquote und Unterhaltungsindustrie ist im *Zeitalter der technischen Reproduzierbarkeit* (WALTER BENJAMIN) alles möglich geworden. Und dennoch identifizieren sich die meisten Menschen nur mit ihren ganz wenigen spezifischen Hör- und Musikerfahrungen.
Doch die Musiken der ganzen Welt gehören zum Erbe der Menschheit; sie sind unerschöpfliche Reservoirs des musikalischen Wissens, des Singens und Musizierens in unterschiedlichen Sprachen, Tonsystemen und Rhythmen, des Instrumentenbaus und verschiedenster religiöser, ritueller, künstlerischer und ästhetischer Ausdrucksformen an unterschiedlichen Orten zur selben Zeit. Musik ist in ihrer individuellen und kollektiven Gesamtheit verschiedenster Stile und Kulturen immer auch ein Sediment der Geschichte, sie ist das hörbare Gedächtnis in der Vergegenwärtigung von Zeit und sensibilisiert den Einzelnen in den ungleichen Entwicklungen, auf die Zukunft ihrer Vergangenheiten zu hören.

7.1.1 Religiöse Gesänge und Weltethos im interkulturellen Dialog

„Alpsegen" (Betruf): Ein Obwaldner Älpler ruft Gott und verschiedene Heilige an. Der Betruf wird durch eine „Folle" (Milchtrichter) rezitiert (aus Schweizer Kunstalbum, 1862).

Der Mensch kommuniziert – geschichtlich betrachtet – über das Medium des musikbezogenen Handelns nicht nur mit seinesgleichen (z. B. Wiegenlied) und Tieren (Viehlockruf), sondern auch mit Geistwesen (Ahnen, Heiligen, Bodhisattvas, Hilfsgeistern), mit Gottheiten, Gott und dem Absoluten, mit dem Diesseits und dem Jenseits, mit dem Hier und dem Jetzt, aus der Vergangenheit heraus und in die Zukunft hinein.

Musik als Urlaut – alles ist Klang

Die Musik ist nach den großen Religionen und Mythen nicht selten von übernatürlichen Kräften, von einem Gott, von Gottheiten oder von Heroen in der Urzeit den Menschen geschenkt worden. Wird der Anfang aller Dinge aus dem Nichts in Mythen erzählt, geht der Ursprung der Welt fast immer aus einem akustisch-vernehmbaren Ur-Geschehen hervor (Aushauchen, Rufen, Singen, Sprechen, Donnern). Es handelt sich um jenes Es, das gemeinhin als „Göttlich-Gesprochenes" *(logos)*, als Schall oder akustische *prima materia* bezeichnet wird und noch bei HILDEGARD VON BINGEN (1098–1179) so verstanden wird:

> „Weil Es mit dem Schall Seiner Stimme die ganze Schöpfung geweckt und weil Es sie zu sich gerufen hat".

Im Anfang war demnach der Schall (Urknall), der „Klang" oder das heilige „Wort", wie es die indische Veden, die Bibel und buddhistische Texte lehren. Der Ton (die Schwingung) ist das Fundament aller Dinge und die Grundlage des Lebens. Es ist *Jessod,* der kabbalistische Lebensbaum der Juden, der Laut *om* als Schöpfungssilbe der Hinduisten und Buddhisten. Aus der Verdichtung dieses „Lebenshauches" entsteht alles Geschaffene und es materialisiert sich die Schöpfung. Dieses Es entspricht der inneren Logik nach dem Mundhauch der Upanischaden, der „Essenz der Essenzen" bzw. dem indischen *nada brahma* in der Auffassung von „Alles ist Klang".

Śiva, der kosmische Tänzer, ist Schöpfer, Erhalter und Zerstörer des Universums. Als „König des Tanzes" (Natarâja) wird er vierarmig und mit Trommel und Feuer dargestellt.

Nach altindischen Vorstellungen waren Musik und Tanz göttlichen Ursprungs: *Mârga-samgîta,* d. h. die Musik *(mârga)* nach den alten geheiligten Regeln *(samgîta),* wurde den Menschen von den Göttern gelehrt und sie soll im Gesang der Veden (Wissen) weiter befolgt werden, denn über Anrufung und Opfergabe wirken in Musik, Tanz und Gesang die kosmischen Kräfte. Alle Aspekte zusammen bewirken die Erhaltung der Weltordnung. Ähnliches ist im Glauben hinduistischer, buddhistischer und islamischer Traditionen belegt. In den Offenbarungsreligionen lebt vor allem das „Wort Gottes" im Modell von Sprechen, Rezitieren und Hören der Tora- bzw. Bibel- und Korantexte.

Was in den drei monotheistischen Weltreligionen für das „Einzig-Ewige" im Sinne des jüdischen Jahwe, des christlichen Gottes oder des islamischen Allah verehrt wird, findet in den asiatischen Traditionen eine Entsprechung im Begriff des Absoluten (bzw. der „Leerheit") des Buddhismus, im Konzept von Siva des Hinduismus, im Kami („dem Höchsten") des japanischen Shintoismus bzw. im Tao, dem „namenlosen ersten Prinzip" des Taoismus.

Die zwei großen religiösen Strömungen der Menschheit

Vedische Religionen

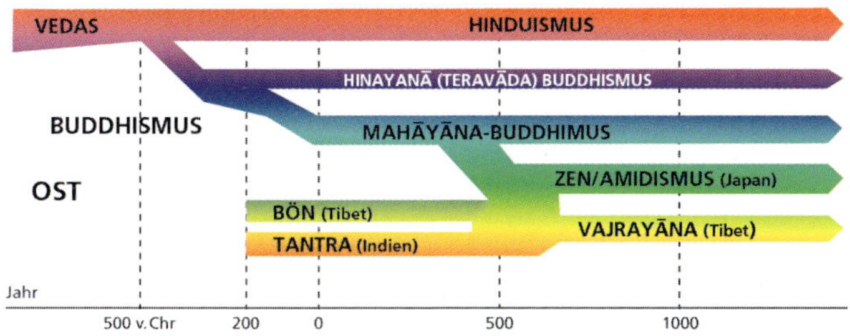

„Abrahamische" Religionen

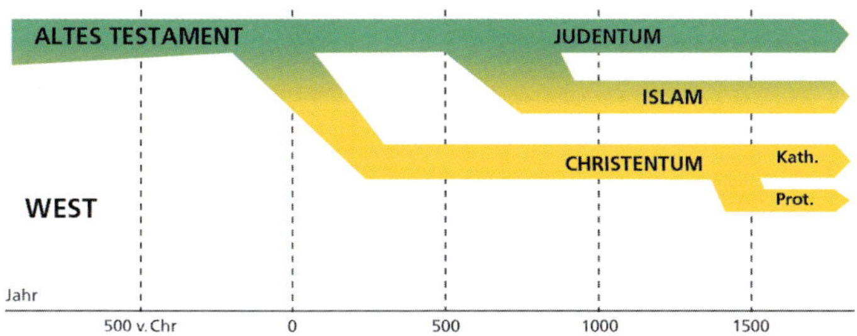

Symbole der Weltreligionen:

Hinduismus
Aum- oder Omzeichen

Buddhismus
Rad des Gesetzes

Judentum
Siebenarmiger
Leuchter

Islam
Glaubensbekenntnis

Christentum
Lamm Gottes

Musica Sacra – Festivals religiöser Musik im interkulturellen Dialog

Auf dem Parlament der Weltreligionen 1993 in Chicago erklärten über 200 Vertreterinnen und Vertreter der Weltreligionen ihren Konsens zu den Themen von Frieden, Gerechtigkeit und Bewahrung der Schöpfung. Man einigte sich auf gemeinsame ethische Werte, Standards und Haltungen, die als Basis für ein **Weltethos** (HANS KÜNG) in Verantwortung für eine bewohnbare Erde angesehen werden und brachte diesen Bericht vor die Vollversammlung der Vereinten Nationen.
Religiöse Gesänge übernehmen im Kontext von Übergangsritualen und Liturgien auf unterschiedliche Weise die dienende Funktion einer harmonisierenden, letztlich auch „Frieden und Heil stiftenden Kraft". Im Zeichen der Globalisierung und des interreligiösen Weltethos wird inzwischen auch bei religiösen Festivals
- wie „Musica Sacra International" (seit 1992),
- im Ost-West Dialog „Gregorian Chant Meets Buddhist Chant" (1996),
- im „Welt Festival der Sakralen Musik – Europa"
- oder dem „Fez Festival of World Sacred Music" (Marokko)

vermehrt das Gemeinsame und weniger das Trennende gesucht.

Das Gemeinsame wird andeutungsweise erfahrbar im Vergleich religiöser Rezitationen heiliger Schriften, Hymnen und Gebete.
Religiöse Gesänge übernehmen im Kontext von Liturgien auf unterschiedliche Weise die dienende Funktion einer harmonisierenden, letztlich auch hörbar gewordenen Friedenserwartung.

Eingangswendungen (Zufluchtsformeln, Invokationen) können sein: „Ich nehme Zuflucht bei Jahwe (Gott, Allah oder bei inkarnierten Gottheiten, Heiligen oder Bodhisattvas)."

Rezitationen – Veden, Sutren und Mantras

Rezitationen verlaufen in der Art des gehobenen Lesens oder Sprechgesanges auf einem oder mehreren Rezitationstönen oder sind melodisch ausgestaltete Hymnen oder Psalmlieder. Hierzu finden sich in allen Weltreligionen überlieferte Regeln für Lesetempo, Rezitationspausen und Vortrag. Der Anfang der Rezitationen ist vielfach geprägt durch eine **Eingangswendung** gefolgt von der Textrezitation auf einem oder mehreren Tönen und einer **Schlusswendung (Finalis).** Funktionen von Rezitationen können sein: Verehrung, Klage, Bitte, Gebet, Lobpreis, Dank, Opfer, Gelübde, Meditation.

Bei Rezitationen und religiösen Gesängen können die folgenden **Vortragsarten** zum Einsatz kommen:

solistischer Vortrag	– einzelner Solist (Rabbiner, Priester, Nonne, Tempel-, Hofmusiker, ...)
unverzierter Vortrag	– einfache sprachbezogene Textlesung
freier Vortrag	– ohne Rhythmisierung des Rezitierten (tempo rubato)
rhythmisierter Vortrag	– mit hervorgehobener pulsierender Akzentuierung (tempo giusto, Zweier-, Dreier- oder zusammengesetztes Metrum)
gehobene Textlesung	– Rezitation auf zwei oder mehreren Tönen
syllabischer Vortrag	– Textsilbe für Textsilbe wird je auf eine Note gesetzt (sprachorientiert: **logogen)**
melismatischer Vortrag	– einzelne Textsilben werden ornamentiert und erstrecken sich über mehrere Noten (bewegungsorientiert im emotionalen Ausdruck: **pathogen)**
unisoner Vortrag	– einstimmige Darbietung von zwei oder mehreren Sängern
responsorialer Vortrag	– einem Vorsänger antwortet eine Sängergruppe
antiphonaler Vortrag	– zwei Sängergruppen wechseln sich gegenseitig ab
chorischer Vortrag	– mehrstimmig in Parallelklängen oder polyphoner Kontrapunktik

In der Vielfalt des religiösen Nebeneinanders finden sich sowohl jüdische Rezitationen als auch katholische, armenische, griechisch-orthodoxe und russisch-orthodoxe Liturgien oder wiederentdeckte mittelalterliche Meditationsgesänge etwa der HILDEGARD VON BINGEN. Wallfahrtslieder, protestantische Hymnen, Kirchenchöre und amerikanische Gospels, islamische Gebetsrufe, Zen-Mantras Japans, chinesische, koreanische und tibetische Sutren geben ein reichhaltiges Zeugnis ab von der Gleichzeitigkeit unterschiedlicher religiöser Ströme und Entwicklungen.
Daneben existieren weiterhin nordamerikanische Geist-Tänze (Ghost Dances), Schamanengesänge der sibirischen Tuva oder der kanadischen Inuits und Trancetänze im afrikanischen und brasilianischen Candomblé sowie in karibischen Voodoo-Kulten. Die chinesisch-konfuzianische Ode vom großen Tao erklingt von Neuem, während andernorts in Malaysia, Afrika und Australien schamanistische Traum- und Heilungsgesänge angestimmt werden. In vielen Gegenden kennt man zudem Totenklagen und Totenlieder. Unerschöpflich ist der Reichtum und die Komplexität hoch entwickelter Rezitations- und Gesangstraditionen der Welt.

Mit **„Candomblé"** fasst man mehrere religiöse Rituale afrikanischen Ursprungs zusammen, die mit den Sklaven nach Brasilien kamen und die sich hier mit katholischen und indianischen Traditionen vermischt haben.

7.1.2 Stimmen der Welt

Die Modulationsfähigkeit der menschlichen Stimme ist weltweit ein erstaunliches Phänomen. Sie ist die Grundlage von Sprechen, Deklamieren, Rezitieren, Schreien, Jauchzen, Trillern, Flüstern, Räuspern, Husten, Singen, Obertonsingen, Falsettieren, Jodeln.
Klangfarbe, Dynamik, Stimmansatz, Register, Vibrato, Stimmumfang, Atem- und Verzierungstechnik drücken Freude, Angst, Glück oder Trauer aus. Auch die mit den Klangfarben und Klangformen assoziierten Vorstellungen sind jeweils kulturell bedingt. Timbre, Bewegungsverlauf und Motorik des Singens sowie das Verhältnis zur Sprache sind jeweils in unterschiedlichen Überlieferungszusammenhängen und in ihrer Zeit zu sehen.

Rufen, Schreien, Jauchzen (Signalruf, Freudenschrei, Ritualschrei)

Zurufe, Jauchzer und **Schreie** werden in hoher Falsettlage ausgestoßen. Ihnen zugrunde liegen Affekte wie Lust, Freude, Angst und Aggression, und sie wirken zugleich als Signal.

Jäger, Sammler, Nomaden, Bauern und Fischer kennen seit jeher Zurufe, Freudenschreie, Jauchzer und Signalrufe. Der Jauchzer ist auch bei Hirten und in Berggebieten z. B. beim Wildheuen, beim Schlittenfahren und beim Klettern ein beliebtes Verständigungsmittel überschäumender Freude.

Aus Paraguay sind in einem Ritual über „die Ursprünge der Welt" langgezogene und ritualisierte Schreie bekannt, die kombiniert werden zwischen Einzelnen und der Gruppe und zugleich in gegensätzlichen Stimmlagen. Die Schreie werden mit und ohne Worte sowie mit und ohne Vibrato ausgeführt und kommen zum Schluss auf einer rhythmischen Basis wieder zusammen mit den Klängen einer Rassel (Maraca) und mit einem Panflötenensemble, deren Instrumente sich je aus zwei Einzelpfeifen zusammensetzen.

Eine modernisierte Form des chorisch unison-rhythmisierten Brüllens und Schreiens wird seit 1987 von dem 30 bis 80 Köpfen zählenden finnischen Männerchor MIESKUORO HUUTAJAT gepflegt. Deren straff organisiertes Brüllen mutet martialisch an, will aber eine Karikatur von Drill und Disziplin des täglichen Lebens darstellen. Herausgebrüllt werden im kollektiven Urschrei finnische und deutsche Schlager, Heimatschnulzen und Nationalhymnen.

Ruf und Antwort *(Call and Response)*

Signal-Rufe von einer Talseite zur anderem werden beantwortet und bilden so eine der Voraussetzungen für eine kreative Weiterentwicklung im responsorialen bzw. antiphonalen Singen. Das besonders in Afrika und in afro-amerikanischen Traditionen beheimatete Modell von ***Call and Response*** findet sich besonders bei Arbeitsgesängen in vielen Varianten ausgestaltet, wie z. B. bei der Arbeit von kalabrischen Fischern beim Fangen von Thunfischen und dem Heranziehen der Netze.

Bei einer Gruppe junger, Bantu sprechender Mädchen aus Angola ist es ebenfalls ein Chor, der im Wechsel zu einer Einzelsängerin von der „Arbeit, die schwer geworden", berichtet. Alle werden hierbei von einer Kalebassenrassel (*okatchaka*) im Rhythmus unterstützt.

Diddle (textloses Singen)

Das freie kreative Umgehen mit nichttextbezogenen Silben wird im ***diddling*** (auch ***lilting*** und ***jigging***) mit einem besonderen *„lift"* rhythmisiert. Diese Form des Dudelns galt einst als die *mouth music* armer schottischer und irischer Emigranten und Flüchtlinge. Heute ist sie als „keltisches Erbe" beim Wettkampf-*Diddeln* wieder zu Ehren gekommen. Man improvisiert einfache Melodien, imitiert fehlende Musikinstrumente und macht Anleihen bei bekannten Liedern und Tänzen.

Das **Jodeln** als Phänomen ist auch im amerikanischen Cowboy-Jodel etwa eines JIMMIE ROGERS (1897–1933) zu finden. Jodelähnliche Phänomene sind in vielen Gebirgs- und Waldregionen anzutreffen, unter anderem in Polen, Rumänien, Albanien und Georgien. Nicht nur in Zentralasien findet man verwandte Gesangstechniken, sondern auch bei Buschmännern, Jägern und Sammlern in verschiedenen afrikanischen Ländern (Äthiopien, Ruanda, Zaire, Angola, Burundi, Gabun) und besonders bei den Pygmäen. In der südlichen Hochland-Provinz von Papua-Neuguinea ist bei den Huli jodelähnliche Klangfarbenmelodik ebenso bekannt wie bei den Bororo im Amazonas.

Dudeln, Ludeln, Johlen, Jodeln (Bruststimme und Kopfstimme)

Unter **Jodeln** (österr. auch *dudeln* und *ludeln*) versteht man i.A. ein text- und wortloses Singen, in dem das Spiel der Klangfarben besonders in der Abfolge von einzelnen, nicht sinngebundenen Vokal-Konsonant-Verbindungen (wie *jo-hol-di-o-u-ri-a*) betont wird und sich zugleich mit der Technik des fortlaufenden Registerwechsels zwischen Bruststimme und Falsett- (bzw. Kopfstimme) auf kreative Weise verbindet. Geschulte Spitzenjodler verfügen über eine stimmliche Bandbreite von drei Oktaven.

Gejodelt wird einstimmig und mehrstimmig mit und ohne Instrumentalbegleitung, kombiniert mit Lied und Jodelrefrain. Das Jodeln ist vor allem aus den zentraleuropäischen Alpengebieten bekannt.

Kehlkopfsingen und Atemtechnik

Neben geflüsterten Gesängen, gibt es auch das Singen mit gepresster Stimme, wobei rhythmisch markierte Atemgeräusche und gutturale Klänge sich mit speziellen Atem- und Kehlkopftechniken verknüpfen. Wird das tiefe Aus- und Einatmen besonders forciert, kann dies bewusstseinsverändernde Nebenwirkungen erzeugen. Diese Technik wird vor allem auch zur Herbeiführung von Trancezuständen verwendet.

In der islamisch-spirituellen Übung des *dîkr* wird mit punktiertem Rhythmus solch eine Atemtechnik besonders beim Lobpreis von Allah herausgearbeitet und allmählich so gesteigert, dass die Sänger in einen Zustand der Ergriffenheit versetzt werden.

Hoquetus-Technik und Klangfarbenspiel

Lautstarkes und heftiges Ein- und Ausatmen im Wechsel zwischen zwei Frauen, untermischt mit stoßenden nasalen und gutturalen Geräuschen ist bei den kanadischen Inuit ein überaus beliebtes Spiel, das solange ausgeführt wird, bis die eine vor Lachen abbrechen muss. Dieses Kehlkopfspiel heißt *katajjak* und baut auf der **Hoquetus-Technik** auf, d.h., während die eine Vortragende ein bis mehrere Geräuschtöne produziert, pausiert die andere und umgekehrt. Erst im Zusammenwirken der beiden ergibt sich das Ganze als gemeinsames „Klangfarbenspiel".

Obertongesang

Der **Obertongesang** ist mit dem instrumental ausgeführten Maultrommelspiel von der Technik des Herauspickens und Verstärkens einzelner Teiltöne aus der gesamten Spektrumsbreite eines durchgehaltenen Tones vergleichbar. Durch die veränderte Stellung des Rachens und der Mundhöhle können beim Singen eines Grundtones einzelne Obertöne verstärkt werden. Es ist möglich, dass auf diese Weise zwei bis drei Obertöne simultan zum weiterhin erklingenden Liegeton (Grundton) eine Melodie hörbar machen, die sich aus den wechselnd hervorgehobenen Teiltönen und ihren möglichen Zusammenklängen ergeben.
Obertonsingen wurde traditionellerweise beim Wiegen von Kindern, beim Hüten der Herden oder bei der Jagd von Rentieren verwendet.

In der Gegenwart hat sich der Obertongesang zu einer eigenen Kunstform im Umkreis der Kirchenmusik einerseits und von New Age andererseits entwickelt und wurde schließlich auch im Westen durch Obertonchöre adoptiert, so unter anderem durch den HARMONIC CHOIR in New York und durch den Oberton-Chor in Düsseldorf.

Obertongesang ist in Sibirien und in der Mongolei als *chömij* (wörtl. „Kehle") und in tibetischen Schamanengesängen bekannt.

Bordun, Heterophonie, Polyphonie

Eine oder mehrere Stimmen können einen einfachen **Liegeton** oder wenige wechselnde Dauertöne ausführen. Entfaltet sich darüber eine Melodie, spricht man von **Borduntechnik.**

Dieses einfachste Prinzip mit einem Liegeton findet sich als Ison im griechisch-orthodoxen Kirchengesang.
In Indonesien intoniert ein Chor von Männern einen unisonen Bordunton, und ein Vorsänger schmückt dazu in Sekundenintervallen nach oben und nach unten hin den Liegehalteton aus.

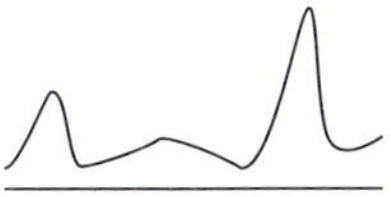
Bordunlinie mit Oberstimme

Bei den Nomaden im westafrikanischen Staat Niger entfalten einzelne Sänger in ihrem langsamen Tanz *yake* ein fünftöniges Deszendenzmelos, das von dem Chor mit langgezogenen und wechselnden Borduntönen beantwortet wird. Mehrere Borduntöne erscheinen plötzlich gleichzeitig miteinander etwas versetzt, sodass bis zu vier Stimmen erklingen. Durch die Überlagerung der gleichen Melodiefloskeln, die sich rhythmisch leicht verschieben und auseinandergehen, ergibt sich zugleich eine **Heterophonie.**

Heterophonie

Bei der **Polyphonie** im engeren Sinn wird die Spaltung der Stimmen bewusst intensiviert. Kontrapunktische Elemente zeichnen sich hierbei durch rhythmische oder melodische Aufteilung der Stimmen mit je selbstständiger Bewegungsorientierung ab.

Mehr oder weniger freie polyphone Gesänge sind weit verbreitet, so in der Südukraine, in Südrussland, bei den Georgiern und Albanern, in Sardinien, Kalabrien und Sizilien. Mit Gegenbewegungen ausgestattete Mehrstimmigkeit hört man bei den Dorze in Äthiopien, in Zentralafrika bei den Pygmäen, in Taiwan bei den Amis auf den Salomonen und im Bergland von West Neuguinea.

Singen in parallelen Stimmen und Schwebungsdiaphonie

Parallelismus (in Quinten, Quarten, Terzen, Septen und Sekunden)

Das **Singen in parallel geführten Oktaven, Quinten, Quarten bzw. im Quint-Quart-Organum** ist in schriftlicher Überlieferung seit dem 9. Jahrhundert durch den Traktat der „Musica enchiriadis", durch die aquitanische Mehrstimmigkeit von Saint Martial zu Limoges und vor allem durch die Notre Dame Schule in Paris (LEONIN und PEROTIN) bekannt geworden. Die zentraleuropäische traditionelle und improvisierte Singpraxis der Gegenwart ist heutzutage vorwiegend auf das parallele Singen in Terzen und Sexten eingestellt.

- Singen in parallelen Terzen oder Quarten ist auch bei den Baule bzw. den Gere an der Elfenbeinküste bekannt, parallele Stimmführung in Quinten ist bei den Rashaida in Eritrea belegt.

- Besonders markant ist am Balkan, in Serbien, Bosnien und Herzegowina das Singen in großen Sekundparallelen. Was dem westlichen Ort als „dissonant" erscheint, wird dort als stimmig und schön empfunden. Vor allem sind es die so erzeugten akustischen (Schwingungs-)Schwebungen zwischen den Sekunden, die bei den dicht zusammengerückten Mitgliedern des Chores auch als physischer Reiz erlebt werden.
  Im Herzegowina wird diese musikalische Form ***ganga*** genannt. Das Phänomen selber wird auch mit **Schwebungsdiaphonie** bezeichnet.

▸ **Ganga-Lieder** in Sekundparallelen machen deutlich, dass die Grundannahmen, etwas sei „harmonisch" oder „dissonant", mentale Konstrukte sind, die jeweils nach Ort, Zeit und Tradition kulturell variieren. Schon aus solchen elementaren Grundlagen heraus wird erkennbar, dass ästhetische Werte nie allgemeinverbindlich sein können, sondern jeweils auf dem Konsens von überlieferten Traditionen, Hörgewohnheiten und konzeptionellen Vorstellungen basieren, die sich im Lauf der Geschichte zudem laufend verändern können.

7.1.3 Lieder der Welt

Lieder in allen Lebenslagen

Gesänge und Lieder begleiten auf ausdrucksvolle Weise die **Durchgangsriten** des Lebens von Geburt bis zum Tod.

Zu solchen Liedern gehören
- **Wiegenlieder** zur Sozialisation des Kleinkindes in die Gesellschaft,
- die **Initiationsgesänge,** d. h. Lieder und Gesänge anlässlich der individuellen oder kollektiven Einführung von meist Jugendlichen in eine neue Lebensphase (Taufe, Reifefeiern, Schule, Weihen, Orden, Bund, Militär, Sport),
- **Abschieds-** und
- **Hochzeitlieder** und schließlich auch
- **Sterbelieder-, Toten-** und **Klagegesänge.**

Viele Phasen des Lebens sind gekennzeichnet vorerst durch die Aneignung und Vertrautheit überlieferter Lieder, später durch Trennungsrituale, welche die Schwelle zu einem neuen Leben aufzeigen (z. B. in der Ablösung von der Kindheit), gefolgt von der Initiation und Re-Integration in ein neues Leben mit einer neu definierten Rolle als vollwertiges Mitglied innerhalb der Gesellschaft. Dies vollzieht sich unter anderem auch im Lernen eines neuen Lied- und Musikrepertoires.

Lieder kennzeichnen die sprachbezogenen musikalischen Ausdruckformen der Kulturen der Welt. Es sind sakrale oder profane Lieder des individuellen oder gruppenbezogenen Empfindens, Ritual- und Kultgesänge, Arbeits- und gesellige Tanz-, Spott und Trinklieder, Lieder im Bezug zu Menschen und Mächten, zum Du und Ich, zu Geschichte, Tages-, Jahres- und Lebenszyklus und ebenso Lieder im Vertrauen auf Glaube, Liebe und Hoffnung. Volkslieder, volkstümliche Lieder und Kunstlieder sind im gesellschaftlichen Ausdruck verknüpft mit Heimat, Ferne, mit Heimat- oder Umweltschutz und sie sind zugleich auch Ausdruck in der Sorge um eine nachhaltige oder bessere Zukunft.

Cherokee-Indianer, Oklahoma

Archive des Wissens

> **Lieder** sind soziale und geschichtliche Zeugnisse der Kulturen, in denen sich musikalische Formen und Gattungen, gesellschaftliche Strukturen, künstlerische und ästhetische Werte niederschlagen.
> Das Geschichtenerzählen mit Liedern erfolgt in den überlieferten Traditionen nach eigenen Regeln und nach den regionalen und kulturellen Konventionen von Tonarten und Aufführungspraktiken.

Große Sängerinnen und Sänger haben immer schon identifizierende Bewunderung gefunden in ihrer eigenen oder auch in fremden sozialen Gruppen, bei geselligen Familienfesten, bei nationalen Feiern und an Festivals, an Fürstenhöfen, bei Konzerten, zusammen mit Fanclubs, in TV-Shows und in den Charts. In den Liedern der insgesamt auf 15 000 Kulturen geschätzten Welt ist ein ungeheures symbolisches und ästhetisches Erfahrungswissen versammelt, das eine endlose Vielfalt an Farben, Klängen, Texten, Melodien, Rhythmen, Tonarten und musikalischen Formen beinhaltet. Es ist gespeichert in den Erinnerungen der Älteren, von Heilern, Schamanen, Hebammen, Nomaden, Bauern, Sammlern und Jägern, von Priestern, Experten, Gurus und professionellen Sängerinnen und Sängern.

Lieder koordinieren und rhythmisieren Arbeitsprozesse:
- *Shanties* ermuntern die Seeleute beim Setzen der Segel.
- Japanische Reispflanzlieder halten die Arbeit der Frauen zum Pflügen der Ochsen im Takt.
- In den meisten Hirtenkulturen verständigt man sich mit den Tieren über Viehlockgesänge.

Nordische Heldenepen, das Kalevala-Epos (13. Jh.), Schamanengesänge der thailänischen Akha, Preislieder über die „Geheime Geschichte der Mongolei" oder Traumzeitgesänge australischer Aborigines, sie alle vermitteln ein historisch-gewachsenes Wissen. Ob ein Schildkrötengesang der Tewa, ein Sonnen-Tanz der Shoshonen, Fischerlieder vom Persischen Golf, Honigsammlerlieder der Pygmäen, japanische Shômyô-Gesänge, ein niassischer Ahnengesang von Sirao oder mexikanische Peyote-Lieder – in allem manifestiert sich die Vielfalt der musikalischen Formen, die als mündlich überlieferte Archive das archaisch-magische, das mythische, das rationale, ethnische, historische und biografische Wissen weiterreichen und ein unschätzbares Erbe für die gesamte Menschheit darstellen.

Klassifikation des Liedguts

Die einzelnen Gesellschaften unterscheiden sich in ihrer Klassifikation der Lieder, Texte, Liedgruppen oder Liedserien.
Die Vielfalt der Einteilungskriterien für die Abgrenzung einzelner Liedgruppen lässt sich dadurch ermessen, dass allein das 1914 gegründete Deutsche Volksliedarchiv in Freiburg bei einem Sammelbestand von ca. einer halben Million Liedern aus dem deutschsprachigen Bereich diese nach systematischen Gesichtspunkten in 29 größere Liedgruppen einteilt.

Ein Aborigine bläst das **Didgeridoo.**

In Zentralaustralien und der westlichen Wüste werden mehrere Gesänge durch ihre Texte und ihre gemeinsame musikalische Melodik zu einer „Serie“ verbunden. Die Texte einer Serie beziehen sich auf denselben Traum, auf einen Ahnengeist oder auf verschiedene Ahnengeister, die aber untereinander verbunden sind. Es gibt deshalb Känguru-, Regen- und Bumerang-Gesangsserien. In der Abfolge der Lieder folgen diese den mythischen Erzählungen, wonach die einzelnen Geister auf ihrer Wanderung einzelne Stationen geschaffen hatten, indem sie einen bestimmten See, einen Felsen oder eine Gruppe von Bäumen besangen.

Einteilung deutschsprachiger Lieder in einzelne Liedgruppen nach der Ordnungssystematik des Deutschen Volksliedarchivs:
- Ballade, erzählendes Lied, Zeitungslied, Moritat, Bänkelsang
- historisch-politisches Lied
- Liebeslied, Liebesklage
- Abschied- und Wanderlied
- Tagelied, Kiltlied
- Hochzeit, Ehestands- und Nonnenklage
- Tanzlied
- Vierzeiler, Schnaderhüpfl
- (Lied-)Anhängsel und Schnörkel
- Rätsel-, Wunsch- und Wettlied
- Trink-, Tabak- und Kaffeelied, Zechlied
- Ansingelied, Brauchtum, Heischereim, Kalenderfeste
- Erntefest und Schlachtfest
- Soldatenlied
- Jägerlied
- Bauern- und Hirtenlied
- Ständelied allgemein, Handwerk und Berufe
- Studentenlied Arbeitsreim, Arbeitslied
- Scherz- und Spottlied
- vermischtes Heimatlied, Auswanderer, fremdsprachiges Lied
- Schlager des 20. Jh.s
- Weihnachtslied, Weihnachtsspiel, Advent, Dreikönigslieder
- Kirchenjahr, geistliches Lied
- Marien-, Wallfahrts- und Legendenlied,
- Buß-, Sterbe und Begräbnislieder, Totenlied,
- fremdsprachige Einzellieder
- Kinderlied (zum Einschlafen, Kosen, Schaukeln usw.)

Die Einwohner von Hawai unterteilten ihre traditionellen Gesänge *(meles)* wie folgt:
- *mele kaua:* Kriegsgesang
- *koihonua:* Zeremonialgesang zur Genealogie der Häuptlinge
- *ku'o:* „singende“ *meles* mit langgezogenen Klängen
- *olioli:* Lieder über freudige Themen
- *kanikau:* Elegien
- *paeaea:* Eine Klasse von „niederen“ *meles*
- *ipos:* Liebeslieder
- *inoas:* Gesänge, die bei der Geburt eines Häuptlings angefertigt wurden und bei seinem Begräbnis wieder gesungen wurden

7.1.4 Musiker und Musikinstrumente der Welt

Frühe Musikinstrumente

Der Mensch besitzt sowohl mit seinem Körper als auch mit seiner Stimme (lat. *organum*) musikalisch-instrumentelle Fähigkeiten. Mit dem „natürlichen Organ" der Stimme vermag er Naturlaute von Vögeln, das Summen und Zirpen von Insekten oder den Schrei wilder Tiere auf kreative Weise zu imitieren. Mit seinen zu einer Gefäßflöte verschränkten Händen und Fingern ahmt er den Kuckucksruf nach, oder aber es sind rhythmisches Händeklatschen und Stampfen mit den Füßen, mit denen sowohl Ritualtänze als auch Kunsttänze, vom *zapateo* des Flamenco bis zum *tap-dance* der Unterhaltungsmusik, kraftvoll untermalt werden.

Musikinstrumente sind wie alle Arbeitswerkzeuge Erweiterungen des menschlichen Körpers. Schon sehr früh hat der Mensch Musikinstrumente gebaut und genutzt.

Seit der Jüngeren Altsteinzeit (Jungpaläolithikum) sind erste Knochenpfeifen des Cromagnon-Menschen vor 40 000 Jahren in den Altsteinzeit-Höhlen von Aurignacien und Moustérien nachgewiesen. Etwas später finden sich erste grifflose Knochenflöten und einige Grifflochflöten (wie etwa der 32 000 Jahre alte Fund von Istállkós-kö in Ungarn) sowie weitere Funde zu Schwirrgeräten, Schraper, Rasseln, Klappern Schlagröhren.
Seit der Jungsteinzeit (Neolithikum, ca. 5 000 v. Chr.) wird der Bereich der Perkussionsinstrumente offenbar das Hauptexperimentierfeld. Es entwickelt sich eine kreative Vielfalt von Geräteformen, Klangtypen und Spielweisen, wobei das Schlagen, Schütteln und Schwingen der Instrumente einhergeht im Rahmen rhythmisch-motorischer Bewegungsabläufe.
1999 haben chinesische Archäologen, wie man glaubt, die ältesten spielbaren Musikinstrumente in China gefunden. Die mit Grifflöchern versehenen Querflöten sollen 9 000 Jahre alt sein und wurden aus dem Röhrenknochen eines Kranichflügels hergestellt.
Die Sumerer (4. Jahrtausend vor Christus) kannten schon Standleier (mit Resonanzkasten in Stierform) und Pauken.
Um 2850–2160 v. Chr. gab es im Alten Reich von Ägypten schon Harfen, Flöten, Doppeloboen, Trompete, Handpauken, Klappern, Sistren, Chor sowie Zeichen für Musiksymbole.

Die enge Verbundenheit des Menschen mit den Baustoffen der Natur drückt sich in zahlreichen **Mythen und Erzählungen über die Entstehung von Musikinstrumenten** aus.

Im Amazonas, bei den Kamayurá, entstammt die Musik (*maraka*) einer mythischen „zeitlosen Zeit" *mawe*. Ein Held dieser Urzeit tötete einst einen besonders großen Jaguar-Geist und soll ihm alle Musikinstrumente entnommen haben, mit denen man daraufhin das erste Ritual zu feiern begann.

Musikinstrumente wurden vielfältig genutzt:

als **Signalinstrument** für einfache Mitteilungen (z. B. zum Aus- und Eintrieben der Kühe),

als **Kommunikationsmittel** zwischen irdischer und über- oder unterirdischer Welt,

als **Standessymbol** (z. B. Musikkapellen an den Höfen in Europa).

Baustoffe der Natur sind u. a. Holz und Tierfell, z. B. für die Schamanen-Trommel oder die Darmsaiten einer mongolischen Fiedel. Es ist die Seele des Tieres, dessen Haut die Trommel belebt. Die Tierseele wird zum Schutzgeist des Schamanen und wirkt als Hilfsgeist bei dessen Trance-Reise „zum Zentrum der Welt" oder bei Heilungszeremonien von Kranken mit. Die Trommel selber wird zugleich als Abbild der Welt konzipiert.

Verbreitung und Vielfalt der Formen

Musikinstrumente sind in allen Kulturen vorhanden. Die Vielzahl der Formen ist nahezu unerschöpflich, dennoch gibt es gewisse Gemeinsamkeiten unter den Instrumenten in den verschiedenen Kulturen und Regionen.

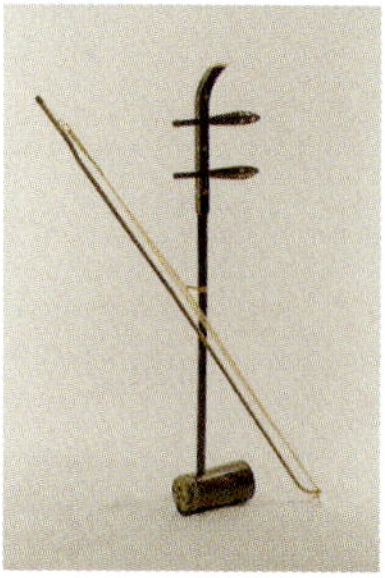

Im Südosten Chinas wird vor allem in Opern die **Erxian** (eine Variante der **Erhu)** gespielt, eine zweisaitige Fiedel mit einem zwischen den Saiten gespannten Bogen.

- So ist zum Beispiel die mit einem Bogen gestrichene und in vertikaler Haltung gespielte **Fiedel,** bzw. **Spießgeige** in Mittelasien entstanden und hat sich im 10. Jh. mit dem Islam bereits bis nach Ägypten und an den Indus ausgebreitet. Mit den Mongolen wanderte das Instrument im 13. Jh. bis in den Fernen Osten. Unter dem Einfluss des byzantinischen Kulturraumes sowie des Islam wurde das Instrument im ganzen Mittelmeerraum als **Rabab** bekannt sowie in Teilen Afrikas. Über den islamischen Kulturaustausch kam über Spanien auch die Fiedel mit Bogen nach Zentraleuropa. Die in Nordamerika bekannte **Appache-Fiedel** ist allerdings bei den Indianern, wie vermutet wird, erst mit dem Kontakt europäischer Siedler eingebürgert worden. Auch in Mittel- und Südamerika waren mit Ausnahme des Musikbogens *(arco musical)* in präkolumbischer Zeit keine Saiteninstrumente bekannt gewesen. Ähnliches gilt von Australien.

- Die **xylophonähnlichen Instrumente** haben sich vor allem in Südostasien hoch entwickelt und sind am vielfältigsten in Afrika. Die in Mittel- und Südamerika heute anzutreffenden Xylophone werden meist *marimbas* genannt und wurden dort durch afrikanische Sklaven eingeführt.
  Metallgongs und Gongspiele sind in ihrer größten Vielfalt wiederum auf dem Festland und in der Inselwelt Südostasiens vorhanden (Thailand, Laos, Kampuchea, Birma, Java, Bali, Sumatra, Kalimantan, Philippinen). Die Gongs in Korea, Japan, Tibet und Vietnam wurden von China übernommen, wo man auch das Ursprungsland vermutet.

Instrumentenklassifikationen

Musikinstrumente als technische Mittel der Klangerzeugung werden in verschiedenen Kulturen nach unterschiedlichen Merkmalen klassifiziert.

- Das indische System der Musikinstrumentenklassifikation:
  1. *tâta vâdhya:* „Saiteninstrumente" **(Chordophone),** bei denen die Saite gespannt wird (von *tan,* spannen) und durch Zupfen, Streichen oder Schlagen in Schwingung gebracht wird, z. B. die Laute *vîna,* die *sârangî* oder *tâmpûrâ*
  2. *avanadha vâdhya:* „Trommelinstrumente" **(Membranophone),** die mit einem Fell ausgestattet sind (von *avanadha,* bedeckt)
  3. *sushira vâdhya:* „Blasinstrumente" **(Aerophone),** die „hohl" oder „durchstochen" sind, bei denen der Klang mit Luft oder Atem erzeugt wird, z. B. die Bambusflöte *muralî*
  4. *ghana vâdhya:* „Schlaginstrumente" **(Idiophone),** die aus einem soliden Material wie zum Beispiel aus Metall gefertigt sind und geschlagen werden (von *han,* schlagen), z. B. die kleinen Becken talam

- In Tibet werden die Musikinstrumente eingeteilt in „geschlagene" *(brdun-ba)*, „geblasene" und (mit der Hand) „geschwungene" Instrumente *('khrol-ba)*, der Handtrommel und Glocke. Die vierte Gattung der Saiteninstrumente *(rgyud-can)* wird allerdings im buddhistischen Bereich der Klöster nicht eingesetzt.

Tibetanische Mönche blasen paarweise die Trompete.

- Das chinesische System *(ba-yin)* unterteilt seit dem 8. Jh. v. Chr. die Musikinstrumente in acht Gruppen gemäß der kosmologischen Vorstellung, den Himmelsrichtungen, den Jahreszeiten und Baumaterialien:

Material	Himmelsrichtung	Jahreszeit	Hauptinstrument	Anlass des Musizierens
„Leder/ Fell"	Nord	Winter	Trommel	bei feierlichen Anlässen
„Kalebasse"	Nordost	Winterfrühling	Mundorgel	
„Bambus"	Ost	Frühling	Flöte, Pfeife	beim Anpflanzen von Bäumen und Getreide
„Holz"	Südost	Frühlingssommer	Holztiger/ Schlagzeug	
„Seide"	Süd	Sommer	Zither/Laute	wenn Seidenraupen ihren Kokon spinnen
„Erde/Ton"	Südwest	Sommerherbst	Gefäßflöte/ Okarina	
„Metall"	West	Herbst	Glocken/Gongs	erklingt beim Rückzug der Truppen
„Stein"	Nordwest	Herbstwinter	Steinplattenspiel	

Musikinstrumente als kulturelle Ikonen

Alle Musikinstrumente sind Teil des Weltkulturerbes. Der freie Fluss von Menschen, Waren und kulturellen Gütern sowie von Musik in einem globalen Rahmen hat es mit sich gebracht, dass musikalische Praktiken nicht mehr direkt an bestimmte Herkunftsorte gebunden sind: Mit der Migration von Menschengruppen fern von ihrem Heimatland hat sich auch deren Musik verbreitet. Die freie Zirkulation von Musik über Massenmedien, vor allem Fernsehen, Rundfunk, Video und Schallplatten, bewirkte, dass sich auch Ideen, Musikauffassungen und -stile losgelöst von ihren Trägern verbreiten konnten. Auf der globalen Ebene werden Musikinstrumente deswegen oft stereotypisiert mit Nationen in Verbindung gebracht.
In der Frage, welche Musikinstrumente als nationale angesehen werden, zeigt es sich rasch, dass in den letzten Jahren die Anzahl durch ihre Medienpräsenz zugenommen hat. Eine Liste von traditionellen Instrumen-

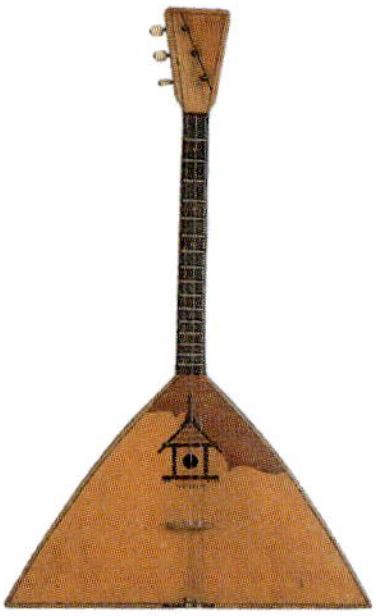

Balalaika

Koto (Wölbbrett-zither)

Launeddas

Panflöte

ten soll – andeutungsweise und ohne damit vollständig sein zu können – verdeutlichen, wie der Wiedererkennungswert automatisch und fast zwingend in der obersten groben Welt-Kategorie mit einem Land oder einer Nation assoziiert wird.

„Nationale Musikinstrumente" bzw. Ensembles:

Alphorn (Schweiz)
Anklung (Südostasien)
Arghul (Ägypten)
Balalaika (↗ Bild, Russland)
Bandonion (Argentinien)
Banjo (↗ auch S. 357, USA)
Berimbao (Brasilien)
Bodhran (Irland)
Brummtopf (Deutschland)
Charango (Bolivien)
Chin (China)
Cimbalom (Ungarn)
Cuica (Brasilien)
Darabuka (Türkei)
Davidsharfe (Äthiopien)
Davul-Zurna (Türkei)
Deutsche Laute (Deutschland)
Didjeridu (Australien)
Dudelsack (Schottland)
Duduk (Armenien)
Erhu (↗ auch S. 332, China)
Gamelan (Java, Bali)
Gitarre (Spanien)
Gusle (Jugoslawien)
Guiro (↗ auch S. 366, Kuba)
Hackbrett (Deutschland)
Kora (Westafrika)
Kanun (Türkei)
Kastagnetten (Spanien)
Keltische Harfe (Irland)
Kokle (Lettland)
Koto (↗ Bild, Japan)
Launeddas (↗ Bild, Sardinien)
Lyra (Griechenland)
Maraca (↗ auch S. 366, Südamerika)
Mbira (Sambia)
Morinchur (Mongolei)
Musette (Frankreich)
Nyckelharpan (Schweden)
Panflöte (↗ Bild, Peru, Rumänien)
Sarangi (Indien)
Saz (Türkei)
Schamanentrommel (Sibirien)
Shamisen (Japan)
Shakuhachi (Japan)
Shékere (Kuba)
Sitar (↗ auch S. 342, Indien)
Sistrum (Äthiopien)
Steelband (↗ auch S. 345, Trinidad)
Talking Drum (Nigeria)
Tamburin (Sizilien)
Tablas (Indien)
Taiko (Japan)
Tin Whistle (Irland)
Ud (arabische Länder)
Ukulele (Hawaii)
Vina (Indien)
Xylophon (Schwarzafrika)

Viele der aufgelisteten Instrumente werden inzwischen in multikulturellen Musikgeschäften und in sogenannten Dritte-Welt-Musikläden gehandelt oder zumindest bei multikulturellen Festveranstaltungen auch von Musikern aus anderen Herkunftsländern gespielt. Genau genommen sind die wenigsten Instrumente für alle Regionen der entsprechenden Länder repräsentativ. Dennoch werden sie auf der globalen Ebene in ihrer Repräsentanz in der Regel als fürs ganze Land typisch wahrgenommen.

Das sogenannte **Didgeridoo** war ursprünglich von den australischen Yolngu unter dem Namen Yidaki nur im nordöstlichen Arnhem-Land bekannt, und es wurde nur von Männern bei bestimmten Zeremonien gespielt. Inzwischen ist es eine Instrumenten-Ikone für ganz Australien geworden. Das Didgeridoo wird weltweit auch von Frauen bei ganz unterschiedlichen Anlässen und in verschiedensten Ensembles gespielt.

7.1.5 Musikensembles und Orchester der Welt

Musikensembles sind in der Regel kleinere oder größere Musikergruppen, die gemeinschaftlich musizieren.
Im Verbund mit einer historisch gewachsenen Institution, einem königlichen oder fürstlichen Hof, einem Tempel, Schrein, einer Kirche oder Musikakademie und unter der Leitung einer oder mehrerer Personen spricht man, auch im interkulturellen Vergleich, von **„Orchester"**, sofern dieses selber eine längere Überlieferungstradition mit festen Strukturen entwickelt hat.

Innerhalb eines Ensembles oder Orchesters sind die Rollen der einzelnen Musikerinnen und Musiker mehr oder weniger hierarchisch gegliedert. Weniger hierarchisch ist die Gruppenstruktur, wo ein verschmelzendes Klangideal gepflegt wird und das Verschmelzen der Einzelstimmen vorrangiger ist, wie z. B. im javanischen Gamelan-Orchester, stärker jedoch dort, wo ein Zusammenspiel in unterschiedlichen Klangfarbenbereichen die Einzelstimmen bewusst hervortreten lässt, wie z. B. im japanischen Gagaku-Hoforchester.

Gamelan-Orchester: ↗S. 340.
Gagaku-Orchester: ↗S. 338.

China

Im alten China wurde in der Tang-Dynastie (618–907) der wirtschaftliche Reichtum und das politische Selbstbewusstsein mit einem Hofstaat von 500 bis 700 Musikern zum Ausdruck gebracht. Neben eigenen Orchestern unterhielt man auch solche aus fernen Provinzen, aus Tibet, Indien, Südostasien, und selbst aus Birma gab es ein fünfunddreißigköpfiges Orchester. Der Kaiser schätzte den exotischen Klang der verbündeten Könige und ließ sich die zum Geschenk gemachten fremden Orchester etwas kosten.

Die polaren, sich gegenseitig ergänzenden Kräfte von (Männlichem) *yang* und (Weiblichem) *yin.*

In der chinesischen Musik *yue* (wörtl. die „erhabene" oder „edle") unterschied man schon seit der Han-Dynastie (206 v. Chr.–220 n. Chr.) die sakrale Musik *(ya-yue)* von der Bankett-Musik *(yan-yue),* welche eher höfisch-unterhaltenden Charakter aufwies. Die auf der konfuzianischen Ethik basierende *ya-yue*-Zeremonien wurden von der Grundidee getragen, den Menschen in seiner Gesellschaft in harmonische Übereinstimmung zu bringen mit den lichten Kräften des Himmels *(yang)* und den dunklen der Erde *(yin).* Die Bankett-Musik wurde entweder im Freien stehend oder gehend *(xing-yue)* oder drinnen im Sitzen *(zuo-yue)* gespielt. Später wurde auch die neuere profane Musik *(san-yue)* von der sinisierten Fremdmusik westlicher Völker *(hu-yue)* unterschieden.
Ein ungeheurer Reichtum an unterschiedlichsten Tanz- *(wu),* Schlagzeug- *(gu),* Singspiel- und Volksmusikensembles prägt das weite China, das immer auch bereit war, Musik und Instrumente aus den Nachbarländern zu übernehmen.
Als Grundlage der chinesischen Musik *(yue)* und des chinesischen Tonsystems diente die **halbtonlose Pentatonik.** Aus dem theoretisch vorhandenen Material von 12 Halbtönen *(lü)* der Oktave werden 5 Töne *(sheng)* ausgewählt und mit einzelnen Ideen assoziiert: *gong* (do) steht für Herrscher, *shang* (re) für Minister, *jue* (mi) für Volk, *zhi* (sol)

für Staatsgeschäfte und *yu* (la) für die natürliche Welt. Es handelt sich hierbei um die halbtonlose Pentatonik *(wuyin)* mit drei Ganztönen und zwei kleinen Terzen (schwarze Tasten auf dem Klavier). Auf jedem der 5 Töne (c–d–e–g–a) kann wiederum eine eigene pentatonische Skala aufgebaut werden, sodass sich **5 Modi** ergeben: der *gong*-Modus, der *shang*-Modus, der *jue*-Modus, der *zhi*-Modus und der *yu*-Modus. Die fünf Töne können mit zwei zusätzlichen Nebentönen (*bianzhi,* dem „fa“, und *bianggong,* dem „si“) ausgeschmückt werden.

Vergleiche hierzu „Das wohltemperirte Klavier“ (1722) von JOHANN SEBASTIAN BACH (↗S. 83, 184).

In der Theorie wurde in China bereits seit dem 6. Jh. v. Chr. eine zwölftonige Skala erörtert und viel später sogar vom Gelehrten ZHU ZAIYU (1536–1611) eine zwölfstufige gleichschwebende Temperatur berechnet. ZHU ZAIYU war der erste in Ost und West, der ein verwendbares System mit gleichmäßig temperierten Halbtönen entwickelt hatte. Seine theoretischen Berechungen blieben jedoch ohne Wirkung auf die Musikpraxis.

Im asiatischen Raum werden in erster Linie als Grundlage die um die beiden Nebentöne erweiterte pentatonischen Tonbeziehungen aufrechterhalten, die natürlich noch um ein Vielfaches differenzierter in unterschiedlichen Gattungen, Stilen und Praktiken der Kunst- oder Volksmusik zum Ausdruck gebracht sind. Die Sequenz der rhythmischen Schläge erfolgt in metrischen oder auch nichtmetrischen Formen. Im Unterschied zur westlichen Musik ist ein Tripelmetrum weniger gebräuchlich, $^2/_4$-, $^4/_4$- oder $^8/_4$-„Takte“ wiegen vor. Charakteristisch ist oft eine asymmetrische Verschiebung eines Zweiermetrums, sodass betonter und unbetonter Schlag alternierend wahrgenommen werden: Gegen den Schluss von einem Stück wird damit oft ein Akzellerando *(chui)* herbeigeführt.

Kulturelle Wechselbeziehungen

China strahlte mit seiner Musiktheorie, -praxis und Pentatonik besonders auf die benachbarten Länder wie Korea, Japan und Vietnam aus, nahm zugleich aber aus Zentralasien und über Indien, mit der Verbreitung des Buddhismus, zahlreiche Einflüsse von außen auf. Zu den berühmtesten Orchestern der verschiedenen Kulturen gehörten die **asiatischen Militär-, Zeremonial- und Hoforchester,** die in erster Linie der kaiserlichen Repräsentation bei Siegesfeiern, bei der Ahnenverehrung, bei sakralen und weltlichen Festen und Gastmählern in den Palästen dienten.

Foto: höfische Musikantengruppe in Südkorea

Korea übernahm Musik aus China und entwickelte neben dieser gleichberechtigt eine eigenständige Tradition. Im Unterschied zu der chinesischen und japanischen Dominanz von geraden Rhythmen in den höfischen Ensembles ist die koreanische Orchestermusik eher durch Tripelrhythmen charakterisiert.

Hatten alle asiatischen Hochkulturen sakrale und höfische Orchester hervorgebracht, so blieb im **Tibet** die Orchestermusik der Klöster vorwiegend an die eigenständigen buddhistischen Gebets-Rituale gebunden.

Die Vietnamesen assimilierten sowohl chinesische als auch indische Musik. Es gehört sowohl zum Fernen Osten als auch zu Südostasien. **Vietnam** reiht sich ein in die große Familie der chinesischen Überlieferung, die neben China selbst, die Mongolei, Korea und Japan umfasst und die in ihren Ländern mit der Hofmusik eine ähnliche Tonsprache, ähnliche Instrumente und Notationssysteme und vergleichbare halbtonlose Pentatonik verwenden, allerdings mit je eigenständigen Weiterentwicklungen und regionalen Differenzierungen.

Der Seidenstraße entlang

Der Klang von Seide und Bambus war seit dem Alten China mit den traditionellen Fünftonmelodien verbunden. In China, Korea und Japan war die **halbtonlose Pentatonik** (c–d–e–g–a–c′) ein bestimmendes kulturelles und ästhetisches Merkmal, das aufs Engste verknüpft war mit den alten Handels- und Karawanenwegen der Seidenstraße, die seit mehr als zweitausend Jahren Ost-, Zentral-, West- und Südasien mit den Ländern des Mittelmeerraumes und Europas verband. Nicht nur Naturalien, Gold, Seide, Gewürze und Handelsgüter aller Arten, sondern auch Musikinstrumente, Musikkonzepte und Ideen wechselten die Besitzer und Orte. Auf diesen Handelsstraßen pflegte China die interkulturellen Kontakte nach Indien, Zentralasien bis zum Vorderen Orient. Der Islam verwandelte später die riesige Handelsregion zwischen China und Spanien zu einer blühenden Kultur- und Wirtschaftsgemeinschaft, an der sich Christen, Juden Buddhisten, Hindus und Muslime gleichermaßen beteiligten.

▶ Notenbild der halbtonlosen Pentatonik:

Im Gefolge der Erstarkung der islamischen Reiche um die Metropolen Bagdad, Damaskus, Kairo und Cordoba blühten neben den Wissenschaften und Künsten auch die musikbezogenen Kulturleistungen auf.
Hierbei spielten auch die mystischen Sufi-Ordensgemeinschaften mit einer besonderen Nähe zu durchorganisierten Ordensregeln der buddhistischen und christlichen Mönche wie auch die **tanzenden Derwische** eine herausragende Rolle.

▶ Mittels eines Trance-Tanzes setzten sich die Derwische, Mitglieder islamischer Bettlerorden, die aus den Schülerkreisen der Mystiker (Sufis) hervorgingen, in Ekstase, um zu einer unmittelbaren Vereinigung mit Gott zu gelangen.

Das arabische *maqâm*-Phänomen – von Kashmir über Samarkand bis Fès

Mit der Islamisierung verbreitete sich auf der Seidenstraße seit rund 1 000 Jahren auch das arabisch-persische Tonarten- und Musiksystem.

> Das arabische Wort *maqâm* (wörtl.: „Ort", „Lage", „Stelle") bezieht sich auf den „Sitz" der Melodie, bzw. auf die Stellung der einzelnen Töne und Strukturintervalle innerhalb einer quasi modalen Tonreihe, die als Tonschritte allerdings auch kleine, mittlere, große und übermäßige Sekunden, d. h. einzelne Viertel-, Halb-, Ganz- und Dreivierteltonschritte verzeichnet (z. B. *maqâm rast:* c–d–es^{+}–f–g–a–h^{+}– c). Die vorgegebenen Skalentöne liegen der Melodie bzw. Improvisation zugrunde.

▶ Es gibt über 100 mündlich überlieferte *maqâmât* in Irak, Syrien und Ägypten sowie 20 in Tunesien und Marokko.

7

Man unterscheidet acht *maqâm*-Gattungen mit jeweils mehreren Untergruppierungen (Modi).
Die *maqâm*-Reihen (pl. *maqâmât*) folgen differenzierten Regeln; im Einzelnen werden die maqâm-Gattungen durch die Kadenzen von unterschiedlichen Sekundfolgen voneinander unterschieden. Als ein Improvisationsverfahren innerhalb der sowohl weltlichen als auch religiösen arabischen Musik wird der *maqâm* keiner festen Zeitorganisation unterworfen.
Das *maqâm*-Phänomen erstreckt sich inzwischen von Kaschmir zu den Uiguren der Volksrepublik China im Westen über die Gebiete der Usbeken, Tadschiken, Perser, Aserbaidschaner, Araber und Türken bis nach Fès im Königreich Marokko am atlantischen Ozean.

In der Kunstmusik der Türkei heißt das Prinzip *makam,* im Iran *dastgâh,* in Aserbaidschan ist es der *mugam* und in Zentralasien der *shash-maqom.*

Rhythmische Organisation mit wazn und usûl – Trommeln und Pauken

Neben dem *maqâm* mit freier rhythmisch-zeitlicher Organisation gibt es auch eine Fülle von Gattungen mit fester rhythmisch-zeitlicher Gestaltung. Es sind in der Regel Kompositionen, denen eine rhythmische Formel als „Maß" *(wazn)* zugeordnet wird.
Die Araber verwenden für die rhythmische Muster mehrere Ausdrücke wie *wazn, usûl* (Originale) oder *darb* (Schläge). Die rhythmischen Formeln basieren auf den beiden Grundelementen *dum* und *tak* und kombinieren sich in einer Vielfalt von mindestens zwei gleichen oder ungleichen Zeitabschnitten, wie z. B. (3 + 3) oder (3 + 2 + 3).
In der türkischen Volksmusik ist vor allem das **Davul-Zurna-Ensemble** (mit ein bis zwei Oboen und einer oder mehreren großen Trommeln) eine überaus beliebte Musik zu Hochzeits- und Beschneidungsfesten.

Die **Davul (Dawul)** ist eine große zweifellige zylindrische Trommel, die beim Spiel über die linke Schulter getragen und mit zwei Pflöcken geschlagen wird.

Die **Zurna (Mizmar, Zamr)** ist eine Oboe mit weit ausladender trichterförmiger Stürze, der ein ausgesprochen lauter und schriller Ton entströmt.

Zwischen Pentatonik und *maqâm*

Die **asiatische und südostasiatische Musik** hat sich – etwas vereinfacht gesagt – mit ihren Orchestern und Ensembles im Zuge der chinesisch geprägten Geschichte und Kulturkontakte auf der Grundlage einer auf **Pentatonik mit Nebentönen** orientierten tonräumlichen Vorstellung entwickelt.
Die **Welt des Islam** ist vorwiegend durch das **arabisch-persische makâm-Phänomen** geprägt.

Das Gagaku-Hoforchester in Japan – Links- und Rechtsmusik

In Japan heißt das kaiserliche Hoforchester *gagaku* (aus *ga-gaku,* wörtl. „vornehme" oder „edle Musik").
Das japanische *gagaku* war mit seinen chinesischen und koreanischen Gegenstücken (*ya-yue* und *a'ak*) verwandt und spiegelt Einflüsse aus diesen Ländern wider.
Das koreanische Wort *ak* für Musik entspricht dem japanischen *gaku.*

Foto:
Höfische Gagaku-Musiker spielen an einem alten Shinto-Schrein die Querflöten Ryuteki, Oboen Hichiriki und Mundorgeln Sho.

Wie in Korea zwischen koreanischem *(yang'ak)* und chinesischem Stil *(tang'ak)* unterschieden wird, teilt man auch in Japan die **Gagaku-Hofmusik** prinzipiell in zwei Stile auf. Bezogen auf eine geografische Orientierung sind dies etwas vereinfacht gesehen:

1. die Linksmusik *(tôgaku),* die aus dem Alten China hergeleitet wird und
2. die Rechtsmusik *(komagaku),* die über Korea als neue Musik nach Japan gekommen ist.

Das tonale System leitet sich vom modalen System Chinas ab und ist geprägt von den fünf Kerntönen *kyu, sho, kaku, chi* und *u* mit jeweils zwei wechselnden Nebentönen *(hennon).*

Gagaku ist ein großes Orchester, dessen Besetzung abhängig ist von der Stilrichtung.

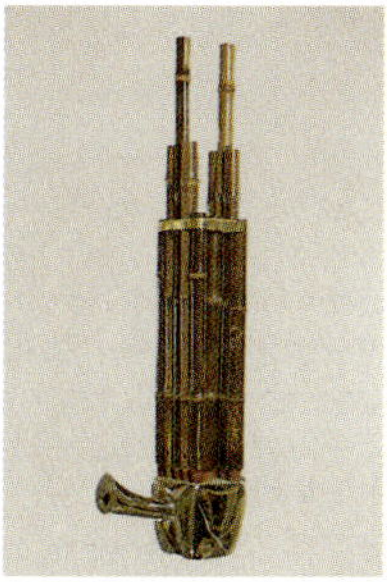

Mundorgel Sho

So wird die chinesische Mundorgel Sho (↗Bild) nur in der Linksmusik, die aus Korea stammende sanduhrförmige Trommel (jap. *san-no-tsuzumi)* nur in der Rechtsmusik verwendet.

Neben einem weiteren Großensemble wie dem des Kabuki-Theaters, sind in Japan das No-Drama *(nô-gaku)* und das Bunraku-Puppentheater eher einer kleinen „kammermusikalischen" Besetzung verpflichtet.

Gongspiel-Kulturen in Ostasien

Die zehn kleinen Tellergongs des chinesischen Gongspiels **Yunluo** haben den gleichen Durchmesser, aber unterschiedliche Stärken. Hierdurch werden die verschiedenen Töne erzeugt.

Im gegenseitigen Kulturaustausch mit China ergaben sich nicht nur für die koreanische und japanische Musik sondern auch für die südostasiatischen Gongspielkulturen ein Substrat pentatonischer Tonbeziehung mit den Erweiterungen um zwei zusätzliche Töne, die sich in der Praxis in komplexe fünftönige oder siebentönige Tonskalen der indonesischen Gongstimmungen ausdifferenziert haben.

Die **halbtonlose Pentatonik** mit und ohne ihre Zusatztöne ist in verschiedenen Ausprägungen nicht nur in China, im Tibet, in der Mongolei, in Indien und Ozeanien belegt, sondern auch in der Kunst- und Volksmusik von Indonesien, auf den Inseln Java und Bali.

Indonesien gehört mit den Philippinen, Birma, Thailand, Laos und Kambodscha zu den **südostasiatischen Gongkulturen,** wobei die letzteren drei untereinander durchs Festland bedingt viele Gemeinsamkeiten aufweisen.

Thailand, Laos und Kambodscha sind mit dem an Höfen gepflegten klassischen Musikensembles besonders durch indische Einflüsse und durch indische Theorie-Konzepte nachhaltig geprägt.

In Thailand heißt das Oboen-Ensemble, das mit Fasstrommel, Xylophonen und halbkreisförmig angeordnetem Gongspiel begleitetet wird, *pî phât,* in Kambodscha findet es seine Entsprechung in zum Teil unterschiedlichen Besetzungen als *pin-peat.*

Das Gamelan-Orchester in Indonesien (Bali und Java)

Das Wort *gamelan* leitet sich aus dem altjavanischen Verb *agamel* her, d.h. „berühren", „halten" und meint im übertragenen Sinne „ein Instrument spielen".

Gamelan bezeichnet im Allgemeinen das traditionelle Instrumentarium eines indonesischen Orchesters, das sich überwiegend aus verschiedenen Bronze-Gongs, -Gongspielen und -Aufschlagstabspielen zusammensetzt. Diesen Metallophonen gesellen sich mindestens eine Trommel *(khendang)* hinzu, oft auch gestrichene und gezupfte Saiteninstrumente sowie eine oder mehrere Flöten *(suling).* Bei den Saiteninstrumenten handelt es sich um die Rebab arabisch-islamischer Herkunft und um die Zither celumpung.

Foto:
Ein Gamelan-Orchester spielt vor einem Tempel auf Bali.

Kulturgeschichtlich ist Indonesien geprägt von Einflüssen des Buddhismus, des Hinduismus und Islam.

Wie alle Arten des instrumentalen und vokalen Musizierens ist auch die Gamelan-Musik im Zusammenhang der Tonsysteme der südostasiatischen Pentatonik und Heptatonik einzureihen. Die kleineren oder größeren Gamelan-Orchester mit bis zu 75 einzelnen Instrumenten spielen zu Aufführungen von Zeremonialmusik, zu Maskentänzen und zum Schattenspieltheater. Der Musik liegen folgende Tonskalen zugrunde: Die **Slendro-Skala** teilt die Oktave in annähernd fünf gleiche Stufen. Die **Pelog-Skala** verteilt dagegen ihre Töne in sieben ungleich große Intervalle.

Diatonik: Dur-Tonart
(7-stufig mit Ganz- und Halbtonschritten)

Pentatonik: javanische Slendro-Skala
(5-stufig mit nahezu äquidistanten Intervallen)

Heptatonik: javanische Pelog-Skala
(7-stufig mit ungleichen Intervallen)

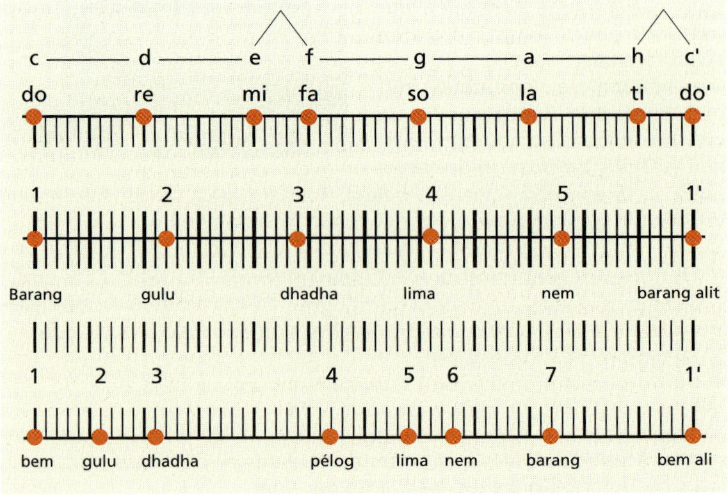

Es gibt kein einheitliches Tonsystem, weil jedes Gamelan-Orchester verschieden gestimmt ist. Es gibt keinen „Kammerton" und keine standardisierten Intervallgrößen. Selbst die bis zu sechs unterschiedlichen Oktavregister können etwas variieren, da die unteren Oktaven leicht zusammengedrückt, die oberen etwas gestreckt sind. Dies ist durchaus intendiert und erzeugt mit den Schwebungen zwischen den nahezu gleich gestimmten Tönen einen pulsierenden Klang.
Ein großes Gamelan-Orchester weist jeweils einen doppelten Satz von Instrumenten auf. Der eine Satz ist auf *slendro* gestimmt, der andere auf *pelog,* d.h., je nachdem in welchem Tonsystem man spielt, werden die entsprechenden Instrumentengruppen eingesetzt. Sowohl *pelog* als auch *slendro* lassen sich je nach der Gewichtung des Grundtones und der tonalen Gestaltung des melodischen Verlaufs je in drei weitere Modi *(pathet)* unterteilen.

Die Ausdrucksformen der Gamelan-Orchester unterscheiden sich in Java und Bali.

Das **javanische Gamelan** klingt weich und legato, da Schlägel und Hämmer, mit denen die Metallophone gespielt werden, wattiert sind. Die Tempi sind verhaltener und weniger kontrastreich als auf Bali. Feierliche Ruhe und geheimnisvolle Atmosphäre herrschen in Java vor.

Im Unterschied hierzu ist der **balinesische Gamelan** rhythmisch lebhaft, kraftvoll und voller Überraschungseffekte. Die Gamelan-Instrumente werden oft auch durch eine Sängerin oder einen chorischen Männergesang begleitet. Vielfach wird dann zwischen „leiser" und „lauter" Spielweise unterschieden. Die drei Saron-Instrumente markieren die Hauptmelodie in Oktavparallelen im Sinne von Kerntönen bzw. in der Art eines *cantus firmus.* Die anderen Instrumente umspielen diese, interpolieren schnellere Schläge, variieren diese und schmücken sie aus – immer auch bezogen auf die großen Zeitabschnitte und Kadenzformeln der Kerntöne. In leisen Kompositionen kontrapunktieren die Spießgeige **(Rebab)** und die Längsflöte **(Suling)** die Hauptmelodie im freien Rhythmus.

▶ Ein **Saron** ist ein einoktaviges Metallplattenspiel (Bronze oder Eisen), welches aus sieben (in Pelogstimmung) oder neun (in Slendrostimmung) Metallplatten besteht, die auf einem trogförmigen Resonator aus Holz liegen.
Der kleine Saron wird mit einem leichten Hammer aus Büffelhorn geschlagen, die anderen mit Holzhämmern.

Indien und das Râga-Tâla-Prinzip

Die am Indus seit 2100 v.Chr. bestehende Industalkultur hatte bereits mit den vedischen Traditionen (1500–600 v.Chr.) einen weit verzweigten Kulturaustausch mit vielen Völkern und Sprachen mit nachhaltender Ausstrahlung auf die alten Griechen, Perser, Chinesen und Araber. Dem älteren Hinduismus, Buddhismus und Janismus (600 v.Chr.–200 n.Chr.) folgte die Zeit der klassisch-hinduistischen Epoche (200–1200), dieser wiederum die indo-islamische Zeit (1200–1700) mit der Gründung des Sultanats in Delhi (1206) und der Errichtung des Mogulreiches (Höhepunkt 1556–1605).
1818 wurde Indien britische Kolonie. Mit der Unabhängigkeit von 1950 als Republik entwickelte sich aus den Erfahrungen der Geschichte und der vielen interkulturellen Verflechtungen ein neues Selbstbewusstsein, mit dem die überlieferten alten Musiktraditionen und Musiktheorien in die Moderne integriert wurden.

Man unterscheidet in Indien
- die **Musik nach den geheiligten Regeln der Veden** *(mârga-samgîta)*
- von der **klassisch-indischen Kunstmusik** in den Provinzen *(désî-samgîta)*
- und diese von den lokalen **Musiken der Hindu-Dörfer** *(loka-samgîta)*
- sowie diese wiederum von den zahlreichen **Stammesmusiken.**

Sitar

Die klassische Kunstmusik wird unterteilt in die **Hindustani-Musik** Nordindiens *(Hindustâni-samgîta)* und in die **karnatische Musik** Südindiens *(Karnatâka-samgîta).*
In der populären Musik entwickeln sich seit den 1930er-Jahren besonders die Filmmusik und Genres von Liebesliedern *(ghazal),* die ursprünglich auf alten persischen Texten basierten, sowie die durch Sufis berühmt gewordenen und islamisch geprägten Quawwal-Gesänge mit Harmoniumbegleitung nebst den solistisch dargebotenen oder orchesterbegleiteten religiösen Gesängen aus Usbekistan.
Die klassisch-indische Musik ist ähnlich wie die arabische Musik eher eine Musik der solistischen Improvisation, bei der ein Solist oder eine Solistin im Hintergrund mit einem Bordunklang auf einer viersaitigen Laute (Tampura) untermalt wird. Nach einer langsamen einstimmenden und nicht-metrisierten freien Einleitung *(âlâp bzw. âlâpana),* die die Grundskala allmählich entwickelt, beginnt die eigentliche Komposition *(gat* oder *kritit),* die durch den Rhythmus-Zyklus des Tabla-Kesseltrommelpaars zeitlich strukturiert wird. Der Solopart kann von einer Sängerin oder einem Sänger, einem weiblichen oder männlichen Vina-, Sitar- oder Sarangi-Lautenspieler bzw. von einem Sarod- oder einem Santur-Hackbrett-Spieler übernommen werden.

Râga Rock: In der zweiten Hälfte der 1960er-Jahre entwickelte sich eine Richtung in der Rockmusik, die versuchte, rhythmische Tâla-Elemente und melodische Râga-Elemente sowie traditionelle Instrumente der indischen Musik (wie die Sitar) zu adaptieren. Berühmtester Vertreter ist GEORGE HARRISON (1943–2001) von den BEATLES, der bei RAVI SHANKAR (geb. 1920), einem berühmten Sitarspieler, Studien betrieb („Norwegian Wood", 1965; „Within You, Without You", 1967). Weitere Vertreter – zumindest in Teilen ihres Repertoires – sind die Gruppen YARDBIRDS, JEFFERSON AIRPLANE und JOHN MCLAUGHLINS MAHAVISHNU ORCHESTRA.

Indische Musik basiert auf dem **Râga-Tâla-Prinzip. Râga** ist das Prinzip für die ton-räumliche Organisation der Melodietöne, **Tâla** ist das Prinzip für die zeit-zyklische Organisation der rhythmischen Schlageinheiten.

Râga *(râg, râgam)* bezeichnet als Oberbegriff den einzelnen „Melodietyp" im Hinblick auf die unterschiedlichen Gebrauchstonleitern (Modi), die sich in der Regel auf sieben, seltener fünf Tonstufen (bei pentatonischen Skalen) innerhalb einer Oktave aufbauen und im Aufstieg etwas anders verlaufen als im Abstieg (vgl. hierzu in der europäischen Musik das „melodische Moll").
Die Tonalität des Râga (wörtl.: Färbung, Röte, Stimmung) wird durch die besondere Stellung des Zentraltones *(vâdî)* und des Nebenzentraltones *(samvâdî)* bestimmt. Jeder einzelne Râga wird mit besonderen psychischen Stimmungen oder Gefühlen assoziiert. So werden bestimmte Râgas zu ganz bestimmten Tageszeiten ausgeführt. Die Tag-Râgas *(dinka)* werden zwischen 7 Uhr und 19 Uhr gespielt, die Nacht-Râgas *(ratrika)* zwischen 19 Uhr und 7 Uhr morgens.
Die rhythmischen Schlageinheiten werden mit dem Trommelspiel mit dem **Tâla** organisiert. Das Wort „Tâla" leitet sich von *tala* (Handfläche) oder von der Verbalwurzel *tad,* d.h. „schlagen" ab. Ähnlich wie beim arabischen *wazn,* werden hier – wenn auch auf der Basis anderer theo-

retischer Regeln – einzelne Schläge *(mâtrâs)* zu sich wiederholenden größeren Schlagperioden zusammengefasst, die sich ihrerseits aus binären oder ternären bzw. ihren unterschiedlichen Kombinationsmöglichkeiten zusammensetzen.

- Die mit dem Namen *rupak* bezeichnete Tâla-Periode besteht aus 7 *mâtrâs* (Schlägen) mit der Unterteilung in eine Schlaggruppe von 3 + 2 + 2 Schlägen.

- Die Periode *âdi-tâla* umfasst 8 Schläge = 4 + 2 + 2 Zählzeiten.

Traditionelle Ensembles und Musikkapellen aus aller Welt

Auch in den traditionellen Kulturen bzw. Volksmusikkulturen der Welt ist es eine universelle Erscheinung, dass der Mensch es liebt, in kleinsten und größeren Gruppen Musik, Gesang und Tanz miteinander zu verbinden.

Zu dem **„Ein-Mann-Orchester"** wird etwa in Nordamerika der Mundharmonikaspieler gerechnet, der sich gleichzeitig auf einem Banjo begleitet. Auch BOB DYLAN (geb. 1941) begleitete sich als Folksinger auf der Gitarre im Wechsel zur Mundharmonika, die er auf einer Halterung um den Hals fixiert hatte. Und wer kennt nicht den auf dem Jahrmarkt mit Pauke, Gitarre, Panflöte, Becken, Glöckchen musizierenden Spaßmacher, der ein ganzes Panoptikum kleiner Instrumente in sich vereinigt.

Einmannorchester: Drehorgelspieler mit Tanzäffchen und Schlagzeug

Das **Zweimann-Ensemble** der australischen Aborigines setzt sich aus einem Didgeridoo-Spieler zusammen, der von einem zweiten Musiker rhythmisch mit dem Zusammenschlagen von zwei Stöcken begleitet wird.
„Zwei-Mann"-Kombinationen gibt es auf der ganzen Welt, wie zum Beispiel der Trommel- und Schalmeibläser im Vorderen Orient und auf dem Balkan, Fiedel und Bechertrommel in Griechenland, Dudelsack und Schalmeibläser in Italien, Fiedel und Akkordeonspieler in Schottland, Fiedel und Dudelsack in Polen usw.
Traditionell in Europa gewachsene Ensembles mit Trommel und Einhandflöte gelangten aus dem Baskenland auch nach Lateinamerika.

Ensembles mit drei Musikern (z. B. zwei Fiedeln und Cello oder Bass) unterstützen in der Regel ein führendes Instrument (sei es eine Geige, ein Bläser oder ein Zupfinstrument) mit einem zweiten begleitenden Melodieinstrument und einem rhythmischen Bordun oder einer Trommel.
Alle denkbaren Kombinationen sind möglich, wobei die zweite Stimme die des Solisten verdoppelt, paraphrasiert, mit Fragmenten imitiert oder mit dem Solisten in Dialog tritt.

Ähnliche Beispiele solcher Musikgruppen, die – wie in Südamerika – den gleichen Instrumententypus chorisch spielen, finden sich auch in anderen Weltregionen, unter anderem auf Papua Neuguinea in Ensembles von Querflöten oder auf Mikronesien, wo ursprünglich Kampf-Stöcke als Rhythmusinstrumente ertönten.

Südamerikanische Flöten-Ensembles der indianischen Bevölkerung

In Peru, Bolivien, Chile und Argentinien gibt es wiederum eine unendlich große Anzahl unterschiedlicher **ruraler Flötenorchester** *(tropas)*, die in verschieden großen Besetzungen desselben Blasinstruments durch mehrere große Trommeln (Bombos) oder durch eine große Trommel und eine kleine Trommel (Tambor) begleitet werden.

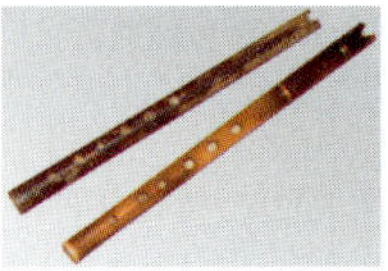

Quenas, Flöten ohne Mundstück, die aus Schilf, Lamaknochen oder aus den Federkielen von Condorflügeln gefertigt werden

Schlitztrommel (hier aus Ozeanien)

Es sind traditionelle Ensembles der Aymara, Quechua oder Chipaya sprechenden indianischen Landbevölkerung.
Die Instrumentalbesetzung umfasst reine Panflöten-, Kerbflöten- oder Kernspaltflötenorchester, die zu bestimmten Jahreszeiten geblasen werden, in zwei, drei oder noch mehr Stimmlagen aufgeteilt sind und die mit oder ohne Perkussionsinstrumente begleitet werden.
Die älteren pentatonischen und jüngeren heptatonischen Melodien werden in Quinten- und Quint-Quart-Oktavparallelen gespielt.

Mestizen-Ensembles in Lateinamerika

Die **urbanen Folkloregruppen** *(bandas)* der städtischen Mestizentradition im Andenhochland vermengen in der Besetzung einzelne indianische Flöteninstrumente (Quena, Siku und Pinkillo) mit einem von den Spaniern adoptierten und veränderten Charango (Zupfinstrument) und mit einer zusätzlichen spanischen Gitarre. In Mexiko sind die alten Musikinstrumente der Azteken (1325–1525) in moderneren Ensembles weitergeführt; zu ihnen gehören unter anderem Ensembles mit der großen einfelligen Trommel *huéhuetl,* der horizontalen Zungenschlitztrommel *teponazli* und der Kürbisgefäßrassel *ayacachtli.* Bei den Azteken waren diese sakralen Instrumente die Begleitung zum rituellen Gesang. Musikalische Verstöße der Sänger, Trommler oder Tänzer zogen eine harte Strafe des Regenten nach sich. In den meisten Fällen war es die Hinrichtung.

Das mexikanische **Mariachi-Orchester** ist in der Melodie dominiert durch Geigen und Trompeten und wird des Weiteren von Gitarrón oder Mandolinen unterschiedlicher Größen und in der tiefen Lage oft auch durch einem Bass oder eine Bassgitarre unterstützt.

Das Foto zeigt ein Mariachi-Orchester in Mexiko-Stadt.
Der charakteristische Sound der Mariachi-Orchester wurde in den 1960er-Jahren durch den US-Amerikaner HERB ALPERT (geb. 1937) und seine TIJUANA BRASS BAND in stilisierter Form weltweit bekannt.

In Brasilien gibt es eine Vielzahl von kleineren und größeren Ensembles, die einerseits durch die Akkulturation portugiesischer Instrumente bekannt wurden, wie z.B. die **Vihuela-** und **Viola-caipira-Ensembles** mit Rasselbegleitung, die **Banda-de-pífano-Flötenensembles** mit Perkussionsinstrumenten oder die **Choro-Ensembles** der Unterhaltungsmusik in der Manier der europäischen Mode, Walzer, Polka, Mazurka und Quadrillen zu tanzen.

Afroamerikanische Musikensembles

Brasilien ist auch geprägt durch die einst von den schwarzen Sklaven aus Afrika abgeleiteten Samba-Tänze oder Capoeira-Kampfspiele (z.B. mit zwei geschlagenen Berimbau-Kalebassenbogen mit Rassel *(caxixi),* Agogo (Doppelglocke) und Tamburin. Hierzu gehören ebenso die vorwiegend von den Yoruba übernommenen afrobrasilianischen Kulturformen des Candomblé mit verschiedenen Trommeln.
Was Candomblé in Bahia ist, hat sich in einer anderen Form als Voodoo-Kult auf Haiti aus schwarzafrikanischer Tradition in Vermischung mit katholischen Glaubensinhalten niedergeschlagen.

Afrokubanische Trommeltanzgruppen pflegen z. B. auch den Rumba mit etwa drei Conga-Trommeln, werden zugleich aber noch von 1 bis 3 Cajones (Holzkisten-Trommeln) sowie einer Kalebassen-Rassel *(shekere)* zum Gesang begleitet. In Guatemala sind es **Marimba-(Xylophon-)Orchester** mit Gitarre und Guitarilla.

Auf den Antilleninseln Trindidad und Tobago haben die Einwohner aus den im Zweiten Weltkrieg zurückgelassenen Ölfässern die **Steelbands** entwickelt. Sie können als Sopran-, Alt-, Tenor- und Bassdrums durch eingestanzte und abgestimmte Anschlagflächen je 2 bis 25 unterschiedliche Töne hervorbringen und traten in Vier-Mann-Ensembles auf. Abber auch in Großformationen von 150 Stahltrommeln und 120 Spielern tragen sie ihre Calypso-Wettkämpfe aus.

Foto:
Steelband mit echten Steeldrums aus Ölfässern auf der Antilleninsel Antigua

Orchester in Afrika

Afrika ist in der Fremdwahrnehmung vor allem durch **Trommel-, Xylophon-** und **Trompeten-Ensembles** charakterisiert, wobei auch hier – wie in allen Traditionen – die Fülle von Ensembles und die Kombination von Musikinstrumenten innerhalb einzelner Gruppen nahezu unbeschränkt bleibt. Neben den sich spontan zusammenfindenden Gruppen hat nahezu jedes Dorf irgendeine Art Tanz- und Musikklub. Einzelne Gesellschaftsgruppen, wie Jäger, Krieger oder Verbündete, haben ihre eigenen spezialisierten Musiker. Dasselbe gilt auch für die Kult-Gruppen und religiösen Bünde und insbesondere von den Musikern von Handwerksgilden und im Dienst von Königen bzw. Häuptlingen.

Foto:
Junge Männer aus Kenia schlagen ihre Trommeln während eines traditionellen Tanzes

Bekannt sind etwa das **Fanfaren-Orchester** des Haussa (Nigeria) zu Ehren des Sultans mit drei langen Kakaki-Trompeten, drei Rohrblattinstrumenten, fünf Hörnern aus Bambus und Holz sowie zwei doppelfelligen Schnarrtrommeln oder das **Trutâ-Orchester** der Dan von der Elfenbeinküste mit sechs elfenbeinernen, quer geblasenen Trompeten (*tru* = Trompete) in fünf verschiedenen Größen, wobei auf dem tiefsten und höchsten Instrument zwei Töne, auf den anderen je nur ein Ton geblasen werden können. Die Trompeten spielen in Hoquetus-Technik und werden begleitet von vier Trommlern.
In ähnlicher Hoquetus-Technik musiziert auch das nur aus Trompeten zusammengesetzte **Ongo-Orchester** der Banda-Bevölkerung aus der zentralafrikanischen Republik Kongo, deren Instrumente aus Antilopenhörnern und Baumwurzeln hergestellt sind.

Foto:
Tsinza-Spieler aus Billa (Nordostnigeria)

Anlässlich der Beerdigungsrituale nimmt das Xylophonspiel bei den Bura eine zentrale Stellung ein. In 15 verschiedenen, genau festgelegten Kompositionen wird hier der Verstorbene auf seinem letzten Weg von seiner Hütte bis zur Grabstätte begleitet.

Auf dem gesamten Kontinent Afrikas südlich der Sahara sind die **Xylophone** (Holzstabspiele) vorzufinden, die sowohl solistisch als auch in Ensembles von zwei bis vier und mehr Musikern gespielt werden.

Die andalusisch-arabische Tradition hatte in der Kulturbegegnung zwischen Nordafrika und Spanien die **Musik-Ensembles der Nuba** in Marokko, Tunesien und Algerien hervorgebracht, ein Ensemble, das inzwischen die arabische Rebab-Spießgeige öfter durch die europäische Geige (allerdings in vertikaler Spielhaltung) ersetzt, daneben aber weiterhin die arabische Kurzhalslaute (Ud), die Rahmentrommel mit Schellen *(tar* und/oder *deff)* und eine Bechertrommel *darabukka* umfasst. Moderne Ensembles besetzen die einzelnen Instrumente mehrfach und erweitern das Orchester auch mit europäischen Cellos neben der Flöte *nay* und der arabischen Kanun-Zither.

Europäische Streichmusik, Balalaika-Ensembles und Blasmusikkapellen

Die Vielfalt der Ensembles und Orchesterformen hat sich damit keineswegs erschöpft.

Beispiele für weitere Orchesterformen:
- **ungarische Zigeunerkapelle** mit einer einfachen Besetzung von zwei Geigen, Hackbrett und Cello;
- **Appenzeller Streichmusik** aus der Schweiz mit zwei Geigen, Viola, Kontrabass und Hackbrett mit allen in der Zwischenzeit möglichen Großformationen;
- **Wiener Schrammelmusik** mit zwei Violinen, Knopfharmonika und Kontra-Gitarre;
- sechsköpfiges russisches **Balalaika-Ensemble;**
- **Rogowaja musyka** mit 20 bis 80 „russischen Hörnern" bzw. Trompeten, bei denen jeder Musiker nur für einen Ton zuständig ist.

Mit dem Aufkommen der Blechblasmusikinstrumente haben sich in ganz Europa, nicht zuletzt auch in Bayern, unzählige Formen von **Blasmusikkapellen** gebildet. Sie sind undenkbar ohne die sich im 19. Jh. weltweit verbreitenden **Militär- und Armeemusikkapellen.** Deren Instrumente wurden auch in die Volksmusik übernommen, wo Schalmeien und Geigen durch die lauteren Klarinetten und Trompeten teilweise ganz ersetzt wurden.

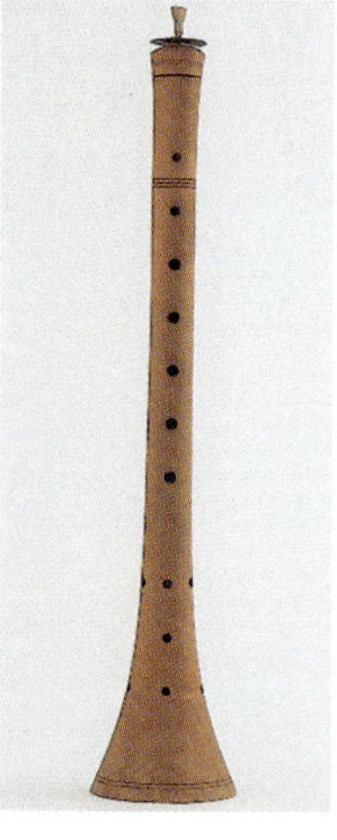

Schalmei

Ganze Dorfmusiken sind heute in Vereinen und Verbänden organisiert und nehmen an nationalen und internationalen Wettkämpfen teil. Die Musikschau der Nationen mit Blasmusiken der Welt bringt an einem Festival und im internationalen Vergleich die Reichhaltigkeit von Formen, Farben, Besetzungen und Marsch-Choreografien zum Ausdruck.

7.2 Musikalische Globalisierung – Migration und Integration

Modernität und Modernisierung sind die treibenden Kräfte im Zeitalter der Globalisierung. Nicht nur die technischen Entwicklungen der Massenmedien, von Musikinstrumenten, Compact Disk, MTV, Internet und die Öffnung der Musikmärkte, sondern auch die zunehmenden Migrationen von Personen, Tonprodukten, Künstlern, Musikgruppen und Ideen des Showgeschäfts sowie der Festivalorganisationen beeinflussen das lokale Geschehen durch weltweite Prozesse der gegenseitigen Vernetzungen auf globaler Ebene. Lokale kulturelle Prozesse sind nur noch im Rückgriff auf globale Kulturlandschaften und globale Kulturindustrien zu verstehen. Migration und Tourismus haben diese Erfahrung des Raumes erheblich erweitert, die Welt ist kleiner, aber auch durchmischter geworden.

Bayerischer Trachtler beim Tanzen des „Zwiefachen“ mit einer Tänzerin einer anderen Kultur.

Wie vernetzt die Welt im Einzelnen ist, wie unabhängig voneinander existierende Musikstile plötzlich miteinander eine ungewohnte Verbindung von Orten und Intentionen eingehen können, zeigt ein **musikalisches Fallbeispiel** der Gruppe DEEP FOREST mit dem Verkaufshit „Sweet Lullaby“ (1992):
Ein traditionelles Wiegenlied „Sweet Lullaby“ der malaitischen Mutter AFUNAKWA wurde 1969 auf den Salomonen von dem in Frankreich lebenden Schweizer Ethnomusikologen HUGO ZEMP während einer Feldforschung dokumentiert. Die Klangaufzeichnung wurde 1973 in Berlin gepresst, in den Niederlanden als ethnografische Schallplatte herausgegeben und in den 1990er-Jahren in Frankreich als CD re-ediert. Die Gruppe DEEP FOREST sampelte und entdeckte das Wiegenlied und mischte es auf ihrer CD aus dem Jahr 1992 zusammen mit einem originalen Pygmäen-Jodel in einem „Round the World Mix“ zusammen. Das Traditionelle wurde in der lokalen Grundsubstanz bewahrt, zugleich aber elektronisch mit Synthesizer in einen „globalen“ (westlichen) Kontext eingewoben.

Mit der CD wurde zugleich für Spenden zum Erhalt des Regenwaldes und zugunsten einer Pygmäen-Stiftung aufgerufen, welche ihren Sitz wiederum in Malibu/Kalifornien hat. Auf die Solidarität mit dem Regenwald am UNESCO-„Tag der Erde“ reagierte man unterschiedlich positiv, negativ oder auch mit gemischten Gefühlen – je nach Perspektive. Die Folge war eine weltweite Popularisierung mittels der neuen Sampling-Technik.

Gleichzeitig wurden ethnische, ethische, juristische und Copyright-Fragen bezüglich des Kompositions- und Urheberrechts aufgeworfen, nicht zuletzt deswegen, weil die Musik in Amerika, Frankreich und Deutschland auch für Werbefilme zum Einsatz kam. Fragen der „kulturellen“ Ausbeutung im Kontext von Werbefilmen und der „Dritten Welt“, von Profit- und Non-Profit wurden laut.
Das „Ursprüngliche“ wurde innerhalb kürzester Zeit aus dem ursprünglichen Ort herausgerissen und in neue Sinnzusammenhänge gesetzt. Alle Welt hörte sich das Lied an, doch keiner hörte genau hin, genauso wie es im Wiegenlied heißt: „Niemand auf der Welt wird dich weinen hören.“

7.2.1 Das Eigene und das Fremde

Kulturelle Bilder des Eigenen, Vertrauten, der alltägliche Lebensgewohnheiten und Vorstellungen sind dem Modernisierungsdruck in der Auseinandersetzung mit dem „Anderen", dem „Fremden", dem „Exotischen" und Ungewohnten ausgesetzt. Für die einen bedeutet das Fremde ein Ärgernis, das abgelehnt wird, es wird als eine Verunsicherung der eigenen kulturell selbstbezogenen Identität verstanden, andere sind davon fasziniert und sehen darin die Möglichkeit einer neuen Selbstfindung und interkulturellen Erfahrung. Die einen sehen die als „authentisch" oder „echt" verstandenen lokalen Musiktraditionen gefährdet oder gar dem Untergang geweiht, die anderen erblicken in der Hybridisierung, d.h. der Verschmelzung von unterschiedlichen kulturellen Ausdruckformen eine neue Kreativität oder aber die Gefahr einer Homogenisierung amerikanisch-westlicher Prägung.
Diese Auseinandersetzungen zwischen dem, was als das Eigene verstanden wird, und dem, was das Andere ausmacht, schafft einerseits eine Rückbesinnung, eine Re-Lokalisierung dessen, was als wichtig betrachtet wird. Andererseits erweitert es auch die Horizonte im Hinblick auf ein überregionales, transnationales und schließlich auch transkulturelles Bewusstsein angesichts der Unterschiede in den vielen „Musiken der Welt".

Gründe für einen transkulturellen Bewusstseinswandel

Im 20. Jh. beschleunigte sich der Informationsfluss, bedingt durch die neuen Kommunikationswege. Die grenzüberschreitenden Entdeckungen der musikalischen Vielfalt waren u.a. durch folgende Faktoren gekennzeichnet:
- die ethnologische Dokumentation traditioneller Musikkulturen seit der Gründung von Phonogrammarchiven um 1900 in allen Ländern und größeren Städten der Welt;
- die Gründung der UNESCO und des Internationalen Musikrats für traditionelle Musik (1947) und der *Society for Ethnomusicology* (seit 1953);
- die Herausgabe verschiedener Schallplattenserien mit traditionellen und populären Musiken der Kulturen der Welt (UNESCO, Ocora, Lyrichord, Smithsonian Institution);
- die Migration der „Gastarbeiter" und ihrer Musik, allgemeine Mobilität und weltweiter Tourismus seit den 1960er-Jahren;
- die Folk-Revival-Bewegungen seit dem *Newport Folk Festival* 1959 und der *Women's Music Festivals* seit 1980;
- die anglo-amerikanische, irische, europäische und lateinamerikanische Folkbewegung (die Ersteren seit den 1960er-Jahren, die Letztere seit ALLENDES Sturz in Chile im Jahr 1973);
- die Organisation von Folk-, Meta- und Weltmusikfestivals in allen großen Städten der Welt (u.a. WOMAD: das *World of Music and Dance Festival* seit 1982);
- die Wahrnehmung „exotischer" Musikinstrumente im Kontext von Jazz-Festivals;
- World-Music-Projekte von bekannten Musikern wie YEHUDI MENUHIN, RAVI SHANKAR, PAUL SIMON, PETER GABRIEL, MICKEY HART, DAVID BYRNE, RY COODER, LED ZEPPELIN, SANTANA und anderen;

Weltweit bekannt wurde der Sitarspieler und Komponist RAVI SHANKAR (geb. 1920), der mit seinem Instrument beim Woodstockfestival 1969 auftrat und auch an Schallplattenaufnahmen der BEATLES mitwirkte.

- die Kritik an der „Mentalität des Kulturkolonialismus" und der weltweiten Missionierung als geistiges Erbe des 19. Jh.s (gegen Etablierung von Musikkonservatorien europäischen Zuschnitts in der sogenannten „Dritten Welt" bei gleichzeitigem Verbot indigener Musiktraditionen);
- die Diskussionen um den Multikulturalismus seit den 1980er-Jahren;
- die UNESCO-Mexico-Konferenz von 1982 mit dem Bekenntnis zur kulturellen Vielfalt und Diversität;
- die Air-Port-Kultur mit dem Export typischer Musikinstrumente des jeweiligen Landes;
- die neuen Medien (Musikkassette, Langspielpaltte, CD, DAT-Recorder und PC, Rundfunk, Fernsehen, Internet, MP3 und Internet-Musiktauschbörsen wie Napster);
- die weltweiten Markt-Deregulationen seit dem Fall der Berliner Mauer (1989);
- neuere CD-Editionen mit *„cross-cultural"* und *„musical hybrids"* in *„collaboration across races and places"* (Projekte seit 1995, welche über die traditionell-ethnografischen und ebenso über die einseitig westlich orientierten Konzepte der *World Fusion Music* und des *World Beat* weit hinausgehen);
- die Menschenrechtspostulate der UN und das UNESCO-Projekt *„Our Creative Diversity",* welche die Idee des friedlichen Zusammenlebens auf Basis unterschiedlicher kultureller Ausdrucksformen und der „Vielfalt der Musiken der Welt" als gemeinsames Erbe der ganzen Menschheit, unbesehen von Ethnie, Rasse, Religion und Kultur vermitteln.

Napster wurde Ende 1999 von SHAWN FANNING (geb. 1976), einem Studenten in Boston, als Musiktauschbörse aus der Taufe gehoben.
Mithilfe der Napster-Software und im MP3-Format tauschten in Spitzenzeiten weltweit mehrere Millionen registrierte Nutzer Musiktitel kostenlos untereinander aus.
Napster wurde von Beginn an stark von der Musikindustrie attackiert.

Auffächerung des Kulturbegriffs

Die zunehmend global sich auswirkenden Einflüsse der Informationsgesellschaft produzierten entsprechend neue Kenntnisse über fremde kulturelle Ausdrucksformen, Musiken und Musikinstrumente unterschiedlicher Länder, über Traditionen, Tänze, Stile und Stilmischungen.
Die erstarrten Fronten zwischen der „eigenen" Musik (Klassik, Jazz, Pop und Rock) begannen sich im Kontext von *World Beat, Global Pop, Ethno-Pop, World Music, Fusion* oder *Transculture* zu verwischen.
Insgesamt war ein Bewusstseinswandel festzustellen, der sich besonders in der Auffächerung des Kulturbegriffes abzeichnet:

1. Der **traditionelle Kulturbegriff** des ethnisch zentrierten Handelns auf der Grundlage des Lokalen als Heimat zentraler Werte kann als der romantische Kulturbegriff aus der Überlieferung des 19. Jh.s bezeichnet werden. Es ist die Konzeption des isoliert betrachteten *traditional village* („die Musik im Dorf unter der Linde").
2. Der **erweiterte Kulturbegriff** verortet im Lokalen das interkulturelle Miteinander von Ansässigen und Immigranten. Die zusammenprallenden Kulturkonzepte werden als Vielfalt gegenseitig toleriert, akzeptiert und geachtet (Musiken im *„global village", face-to-face).*
3. Der **transkulturelle Kulturbegriff** des interethnischen Handelns wird schließlich zusehends durch den transnationalen Bewusstseinshorizont mitbestimmt. Es werden Anleihen in fernen kulturellen Ausdrucksformen genommen, ohne vor Ort je mit den Erfahrungen direkt konfrontiert zu sein (Musik als „glokales" Handeln in *global cities).*

Alle drei Begriffe haben ihre Berechtigung.

Anachronistische Begrifflichkeiten, wie die in Deutschland weiterhin noch vorgenommene Unterteilung in **E-Musik** (für ernste Musik, d. h. Klassik) und **U-Musik** (für unterhaltende Musik), spiegeln weniger den Sachverhalt als vielmehr die Trägheit institutioneller Einteilungskriterien wider.

7.2.2 Musical Communities und Fanklubs im „Global Village"

Durch das enge Verbundensein des Lokalen, Regionalen und Nationalen mit den Globalisierungsprozessen der Welt als Ganzes zeichnet sich eine Art

„Glo**k**alisierung" ab. Das Lokale und das Globale haben sich verschwistert zum „Glo**k**alen" der vernetzten Wechselbeziehungen.
Auch die musikalisch-kulturelle Identität ist längst nicht mehr allein eindimensional aufs Lokale des Eigenen bezogen. Lokale Musikgruppen und Musikproduktionen setzen sich aus Musikern unterschiedlicher ethnischer Herkunft zusammen.

MICHAEL JACKSONS Videoclip „Black and White" (1991) brachte die Idee der World Community visuell mit der Technik des Morphing zum Ausdruck: Die Gesichter von Menschen aller Hautfarben gehen stufenlos ineinander über, die eine Person verwandelt sich während des Songs in eine andere, diese wiederum in eine weitere, und auch in der optischen Vermittlung von Musikstilen verschiedener Kulturen wird symbolisch veranschaulicht, wie alle Musiken Platz in der einen großen Welt haben.

Auch die Fanklubs sind nicht mehr nur national ausgerichtet, sondern finden ihre Musical Community „ortslos" im Internet und im *chat room.* Die Musikstars reisen von Ort zu Ort, von Kontinent zu Kontinent. Durchorganisierte Festivals verschreiben sich verschiedenster Ideen und Konzepte. Internationale **Veranstaltungen des European Forum of World Wide Music Festivals,** zu denen auch das in Deutschland wohl größte **Tanz & Folk Fest Rudolstadt** zählt, tragen bei zur interkulturellen Verständigung über alle nationalen Grenzen und sozialen Schranken hinweg.

Kultur wird nach IMMANUEL WALLERSTEIN zum „ideologischen Schlachtfeld des modernen Weltsystems". Charakteristisch hierbei sei die Tatsache, dass „die Weltkultur sowohl durch die zunehmende Vernetzung unterschiedlicher Lokalkulturen geschaffen wird als auch durch die Weiterentwicklung von Kulturen, die überhaupt nicht mehr in einer bestimmten Region ihre Verankerung kennen". Hierbei sind es nach dem Anthropologen ARJUN APPADURAI besonders **fünf Dimensionen, die den**

Einige **Musical Communities und Fanklubs:** regionale Kirchweihfeste, Musik-Fan-Clubs, Liebhaber von Reggae, türkischem Hip-Hop, River Dance, Heavy Metal oder „Musikantenstadl", das Bardentreffen in Nürnberg, Love Parade und Karneval der Kulturen, *Reggae World Music Festival, California World Music Festival, Winnipeg's Festival of World Music, Drums around the World, World Peace Festival, Himalaya Festival, Pacific Festivals, Hindu Festivals, Voices of the World, ...*

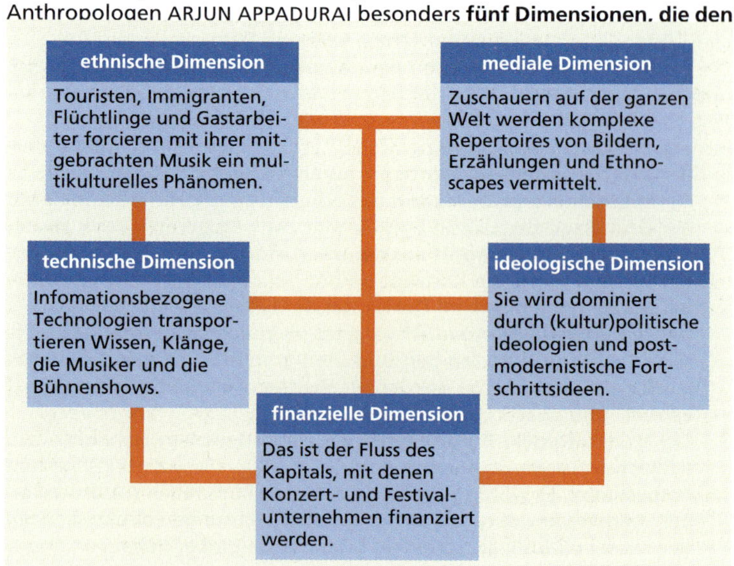

7.2.3 Musikverstehen im Dialog der Zeiten und Kulturen

Die **drei Zeitperspektiven** des Beobachtens, Verstehens und Erklärens von Musik schließen unterschiedliche zeitliche Räume ein: das historische Bewusstsein, das Gegenwartsbewusstsein und das zukunftsorientierte Bewusstsein.

Die drei Perspektiven, die Musikverstehen ermöglichen, bewegen sich innerhalb eines spezifischen kulturellen Raum- und Zeitzusammenhangs und sind nie ganz voneinander zu trennen. Darauf verwiesen schon die „drei Gesichter der Zeit", die sich auch in einem Urklang manifestieren.

Mantra (sanskrit: man = denken, tra = beschützen, befreien) bezeichnet in der Meditation das wiederholende Rezitieren einer kurzen Wortfolge. Dies kann flüsternd, singend oder in Gedanken geschehen.

Die hinduistische Dreigestalt des Mahâdeva, des „großen Gottes" und „Ahnherrn aller Welten" symbolisiert die **drei Gesichter der Zeit:** das Erschaffen (Vergangenheit), das Bewahren (Gegenwart) und das Zerstören bzw. das Erneuern (Zukunft). Mit Bezug auf das Ganze, den Urklang OM als Wurzelmantra (mula mantra), sind seine Teile aus den drei Keimsilben A-U-M zusammengesetzt. Die drei Klangvibrationen repräsentieren die drei Welten und die drei Kräfte der Schöpfung, des Erhaltens, Bewahrens, Erneuerns bzw. Zerstörens als Quintessenz des gesamten Kosmos aller Räume und Zeiten.

Im Zuge der Globalisierung ist es mehr denn je notwendig geworden, den Bestand der traditionellen Vielfalt aller Zeiten und Kulturräume zu dokumentieren und zu erhalten. Allein das technologische Gefälle der Medienindustrie birgt ansonsten die Gefahr einer postkolonialen Kulturausdehnung.

Die UNESCO hat 2003 eine **Konvention zum Schutz des immateriellen Kulturerbes** verabschiedet. Mit Blick auf die Zukunft sollen nicht nur materielle Kulturdenkmäler, wie Kirchen, Tempel und Prachtbauten, sondern auch klingende Denkmäler, gesprochene und gesungene Literaturformen, Mythen, Epen und Erzählungen, Musik, Tanz und Spiele aus der mündlichen Überlieferung aller Kulturen erschlossen, brachliegende Quellen gesichtet, gegenwärtige Traditionen dokumentiert, untersucht und in ihrem geschichtlichen Zusammenhang als Erbe für die gesamte Menschheit interpretiert werden. Mit diesen „historischen" Bausteinen einer auf die Zukunft ausgerichteten Musikgeschichtsschreibung ergibt sich ein neues Herangehen: das „nur diachron" (entwicklungsgeschichtlich) oder „nur synchron" (bestimmter Zeitraum) geprägte Erkenntnisinteresse muss zusammengeführt, durch eine „polychron" orientierte transnationale Entwicklungsgeschichte der Musik ersetzt werden. Das schließt ein, ethnische, soziale und ästhetische Vorurteile abzubauen, den Dialog zwischen den Kulturen zu fördern und die Musikarchive des Wissens als ein Kulturerbe der ganzen Menschheit zu begreifen.

Der Begriff **„immaterielles Erbe"** umfasst laut UNESCO-Definition Praktiken, Darbietungen, Ausdrucksformen, Kenntnisse und das Wissen sowie die damit verbundenen Instrumente, Objekte, Artefakte und Kulturräume, die Gemeinschaften, Gruppen und Individuen als Bestandteil ihres Kulturerbes ansehen. Dieses Kulturerbe wird von den Gemeinschaften und Gruppen ständig neu geschaffen und vermittelt ihnen ein Gefühl von Identität und Kontinuität. Es trägt auf diese Weise zur Förderung des Respekts vor der kulturellen Vielfalt und der Kreativität des Menschen bei.

7.3 World Music und regionale Stile

Vergleichbare, auch ältere Bezeichnungen für „World Music" sind etwa **„Ethno-Pop", „World Beat", „Global Pop"** oder **„Fusion Music"** mit je etwas anderer Akzentuierung der Sachverhalte.

World Music ist Crossover oder Fusion und bezieht sich inhaltlich auf das Verschmelzen (1.) von westlicher Musik, insbesondere von Rock, Pop und Soul mit (2.) traditionellen, ethnischen, lokalen und urbanen Musikstilen von Immigranten und Musikern anderer Kulturen, insbesondere der sogenannten „Dritten Welt". Dies geschieht (3.) unter Einschluss von neuen Sound- und Produktionstechniken und (4.) der Kreation von Mega-Sellers mithilfe von Marketingstrategien, Preisverleihungen (Awards), Verkaufs-Charts und Zuhörerquoten.

1987 wurde die Kategorie „World Music" durch eine gezielte Vermarktungsstrategie massenmedial eingeführt. Sie fasst inzwischen als Oberbegriff eine Vielfalt unterschiedlicher Ausdrucksformen zusammen, die mehrheitlich in der Synthese von „eigenen" und „fremden" Musiktraditionen *(other people's music)* gesehen werden.

7.3.1 World Music zwischen den Kulturen

World Music ist inter- und transkulturell, „zwischen den Kulturen" angesiedelt.

Ob es sich um den Zitherspieler ROBERT ZOLLITSCH (geb. 1966) handelt, der traditionellen bayerischen Jodel mit tibetanisch-mongolischem Obertongesang vermischt und zusammen mit der mongolischen Sängerin URNA CHAHAR-TUGCHI (geb. 1958) auftritt, oder um den indonesischen Star RHOMA IRAMA (geb. 1946), der im Dangdut-Stil westliche Rockgitarre mit Elementen der indischen Filmmusik und populärer Musik des Mittleren Ostens vermengt, in beiden Fällen ist das Lokale und das Eigene je durch ganz andere Perspektiven und Kontexte gegeben.

Populäre Musik wirkt über die globalen Mediennetzwerke auf lokale und traditionelle Musikstile ein, wie umgekehrt diese lokalen Musiken auch die populäre Musik weltweit revitalisieren. Ihre Vertreter nutzen unterschiedliche Konzepte von World Music, die vielfach Begriffe wie **World Beat, Roots, Folk, Ethnic, Traditional, Local** und **Diaspora Music** aller Arten einschließen. Die suggerierte Einfachheit des Begriffes „World Music" lebt gerade von der individuellen Freiheit der Künstler, wie diese sich einzelne Elemente des Mainstream-Pop zu Eigen machen und sie mit lokalen, ethnischen Traditionen „vor Ort" kreativ, kritisch und reflektiert derart verschmelzen, dass daraus neue ästhetische Ausdruckformen entstehen, welche ihrerseits wieder einem überregionalen oder weltweiten Markt zugeführt werden.

Der englische Begriff „World Music" wurde 1987 als Marketing-Kategorie in einem Londoner Pub geprägt und von einer Gruppe von ungefähr 25 Vertretern unabhängiger Schallplattenlabels, Journalisten und DJs lanciert.

Weil man in den Plattengeschäften unsicher war, wie „Ethnic", „Tribal", „Folk", „Traditional", „Tropical", „Ambient", „Trance" oder „New Age Music", „Ethno-Pop, Afro-Pop, Afro-Beat" beschrieben und in den Regalen eingeordnet werden konnte, hatte man sich entschlossen, den Begriff als kommerzielles Konstrukt in die britische Presse zu bringen, nachdem er zuvor bereits schon in Radioprogrammen benutzt worden war.
Rasch wurde die Kategorie auch in Frankreich übernommen, wo sie den drei Jahre früher geprägten Begriff von „Sono mondiale" verdrängte.
Innerhalb von weniger als drei Jahren setzte sich „World Music" sowohl in Europa als auch in Amerika und bald der ganzen Welt durch. Als übergeordneter Schirm bezieht sich der Begriff sowohl auf kulturelle Phänomene als auch auf die Produktions- und Vertriebskanäle der weltweit bezogenen Musikindustrie. Bereits um 1990 verkündete das *Billboard Magazine* eine „World Music Chart", und schon ein Jahr später wartete die *National Academy of Recording Arts and Sciences* (NARAS) mit einer neuen Grammy-Award-Kategorie für „World Music" auf.

Der Begriff **„World Music"** war innerhalb der Ethnomusikologie schon in den frühen 1960er-Jahren gängig, als ROBERT E. BROWN an der Wesleyan University von Connecticut das „World Music Program" in Forschung und Lehre einführte, was im Gefolge zu ähnlichen Programmen an anderen Universitäten führte und 1970 zur Gründung des „Center for World Music" in San Francisco. Geprägt wurde der Begriff jedoch schon Anfang der 1950er-Jahre durch die US-Plattenfirma Capitol Records, die unter diesem Label damals Musik aus der Karibik (u. a. Calypso) vertrieb.

7.3.2 Zur Entwicklung von Regionalstilen

World-Musiker in der globalen Kulturlandschaft

Anstelle der Ortsgebundenheit der Kulturen, die sich als Ganzes voneinander unterscheiden und abgrenzen, hat die Vorstellung der globalen Kulturlandschaft eine Art Allgegenwart der Weltunterschiede und Weltprobleme hervorgebracht. Dies setzte vor allem nach dem Fall der Berliner Mauer (1989) und der zunehmenden Deregulierung der Märkte ein. Regionale Traditionen stehen inzwischen vermehrt im Konflikt mit den Problemen der Globalisierung und sehen sich gezwungen, sich mit den Fragen von kultureller Hegemonie und Eigenständigkeit, von Anpassung und Widerstand, von Integration oder Selbstbehauptung kreativ auseinanderzusetzen. Lokale Musikgruppen können sich mit ihren Regionalstilen angesichts von globalen Kulturinhalten

- im Widerstand reaktiv artikulieren **(Re-Kulturation,** Revitalisierung und Wiederbelebung der alten Traditionen),
- sich zu einem beziehungslosen Nebeneinander unterschiedlicher Musikstile entscheiden **(Segregation),**
- sich vereinnahmen lassen und das eigenständige Musikleben zugunsten einer importierten Musik aufgeben **(passive Integration),**
- ihren Musikstil mit einem oder mehreren regionalen Musikstilen vermischen **(Synkretisierung** oder **Hybridisierung)** oder
- sich potenziell neue Musikstile ganz selektiv und authentisch aneignen **(neue Authentizität).**

World Music und die Wahl der Sprache im globalen Pop

Als Antwort auf Globalisierung und Verunsicherungen haben sich viele musikalische Regionalstile in der Auseinandersetzung mit den globalen Trends arrangiert, nehmen Letztere auf und formen sie nach eigenem Geschmack und eigener Ästhetik um. Daraus können sich eigenwillige lokale Musikstile ergeben, die regionaltypische Züge tragen und diese zum Teil prononciert, im Sinne einer anti-hegemonialen Ausdrucksform, artikulieren. Dazu gehört auch die Frage nach der Sprache, in der World Music vorgetragen wird.

Fragen der Sängerinnen und Sänger könnten sein:
- In welcher Sprache oder mit welchem Dialekt drücke ich am besten meine Ideen aus?
- In welcher Marktnische produziere ich?
- Wie erhalte ich einen größeren Zuhörerkreis?
- Wie komme ich zu einem erfolgreicheren Vertrag mit einem Platten-Label oder wie werde ich zu internationalen Festivals eingeladen?
- Was heißt, in Englisch zu singen, in einer Sprache, die den Weltmarkt beherrscht?
- Wie wird mit einer einheimischen Sprache Widerstand artikuliert?
- Was bedeutet es, wenn Hip-Hop in Afrika, Asien, Australien und Lateinamerika indigenisiert, d.h. mit regionalen Sprachen und lokalen Musikelementen verändert und differenziert wird?

Dritte Welt – Divergenz und Kooperation über die Grenzen

Kategorien wie „World Music", Genres wie „Ethno-Pop" oder Labels wie „World Records Series" basierten auch auf dem Hintergrund von Diskussionen über Authentizität und Divergenz von älteren, modernen und populären Stilen, nicht zuletzt auch in der bewussten Abgrenzung zu amerikanischer und europäischer Rock- und Popmusik. World Music wurde damit eine Art Alternative zum Westen, um auch die Musik der anderen Länder, insbesondere der „Dritten Welt", ins Bewusstsein zu bringen.
Andere Musikkonzepte waren demgegenüber längere Zeit geprägt durch eine ethnische Selbstbewusstseinfindung, wie etwa die Musik der Schwarzen, die **Black Music,** die sich in der sozialen Auseinandersetzung mit den Weißen äußerte. Auch wenn die Schwarzen offensichtlich Rock- oder Popmusik machten, lief dies dennoch eher unter dem afroamerikanischen „World Beat", wenn es nicht gerade amerikanische oder britische Gruppen waren.
PETER GABRIEL (geb. 1950) wie auch PAUL SIMON (geb. 1941) standen am Anfang unter Kritik, in der Zusammenarbeit die Musik und Musiker anderer Länder auszubeuten. Sie hatten aber vermutlich für diese mehr getan als je die meisten westlichen Musiker zusammen, wenn es darum ging, andere Kulturen ins Bewusstsein von Rockfans zu bringen.
Im klassischen Sektor förderte vergleichbar das KRONOS STREICHQUARTETT mit „Pieces of Africa" (1992) zeitgenössische Musik in Kooperation und in Allianz mit Komponisten aus mehreren afrikanischen Ländern.

Im Album „Rhythm of the Saints" (1990) vermengt PAUL SIMON brasilianische Afro-Latino-Musik mit Pop-Elementen. Es entstehen insbesondere trickreich verwobene, extrem dichte Perkussionsteppiche.

Solidarität in der Welt der Musik

Die Attraktivität für afrikanische, asiatische oder indonesische Klänge verweist historisch gesehen auf sozialpolitische und paradoxe Prozesse: Einerseits ist da die Begeisterung des Westens für das „Exotische". Andererseits dominiert die europäische und nordamerikanische Musikindustrie mit post-kolonialen Attitüden ihre Vertriebskanäle – trotz der möglichen Kooperation mit Musikern anderer Kulturen.

Die südafrikanische Sängerin MIRIAM MAKEBA (geb. 1932) setzte sich sehr früh gegen das Apartheid-System ein und musste ihr Land, als ihr die Staatsbürgerschaft genommen wurde, verlassen. Berühmt ist ihr Lied „Miriam's Farewell to Africa" geworden.
Als sie einen Anführer der Black-Panther-Bewegung in Amerika heiratete, geriet sie allerdings auch dort unter politischen Druck und ging erneut ins Exil, diesmal nach Guinea. Erst 1990 konnte sie wieder nach Südafrika in ihre Heimat zurückkehren.

MIRIAM MAKEBA

Gerade Sängerinnen aus Afrika artikulierten über ihre Lieder immer auch Fragen der Machtstrukturen von außen und von innen und prangerten Ausbeutung und Patriarchat an, wie zum Beispiel DJUR DJURA (geb. 1948), eine Berber-Frau aus Algerien, die schon um 1970 nach Paris floh.
Das Thema „Frauen und Musik" („Music and Gender") wurde im globalen Diskurs in den 1980er-Jahren innerhalb von ethnomusikologischen Studiengruppen aufgegriffen. Durch die homogenisierende Kraft des Begriffs „World Music" ist wiederum eine differenzierte Wahrnehmung notwendig, sodass es nicht erstaunt, im Jahre 2004 einen CD-Sampler unter dem Titel „Global Women: Ethnic Songs from 14 Countries" vorzufinden. Regionale Ausdrucksformen, die bis dahin isoliert waren, werden plötzlich übernational in einer neuen Solidarität in ihrer Gemeinsamkeit als World Music erfahrbar gemacht.

Weltmusik und die differenzierte Wahrnehmung der Musiken der Welt

CD-Kompilationen und Musikfestivals schafften sehr schnell eine neue veränderte Wahrnehmung unter dem Gesichtspunkt von Ländern:

- „Sound of South Africa" (2001)
- „Celtic Legacy: A Global Celtic Journey" (1995)
- „Global Meditation" (1992)
- „Global Celebrations" (1993)
- „Voices of Forgotten Worlds" (1993)
- „The World of Traditional Music" (1994)
- „The Anthology of World Music" (1998 ff.) usw.

Es ist deshalb nicht verwunderlich, dass der homogen gedachte Begriff der „World Music" inzwischen wiederum nach pluraler Differenzierung in „Musics of the World" drängte.

Die 2002 zum ersten Mal verliehenen Preise des BBC Radio Awards for World Music unterteilen diese wieder nach dem Regionalprinzip in „Europa, Asien/Pazifik, Amerikas" und in die zusätzlichen Kategorien „grenzüberschreitend", „Innovatoren" und „Newcomers".

WOMAD: **W**orld **o**f **M**usic **a**nd **D**ance Festival (seit 1982)

WOMEX: **Wo**rld **M**usic **Ex**po (weltweit größte Fachmesse für World Music)

World-Music-Festivals als Stätte der interkulturellen Begegnung

Zahlreiche World-Music-Festivals, organisiert durch WOMAD oder WOMEX und andere, ermöglichen die Wahrnehmung unterschiedlicher Traditionen im direkten Nebeneinander. Sie vermögen sowohl Musiker als auch Zuschauer für eine differenziertere Wahrnehmung zu sensibilisieren.

Über Netzwerk-Gruppen zu Themen wie Afrika-Festival, die Musik der Sinti und Roma, Festivals der Borduninstrumente, Folklore Tanzfestivals, *Musica Sacra International,* Karneval der Weltkulturen, *Spiritual Festivals, Techno Love Parade, Urban and Underground Music* usw. manifestieren sich kleinere und größere Veranstaltungen, sei es in der Bürgerrechtsbewegung, als historisierendes Revival, als multikulturelles Ereignis, sei es im sozialpolitischen Engagement oder einfach als unterhaltendes und kommerzielles Großereignis.
Letztlich sollen Vergleich und Differenzierung zum Abbau bestehender Vorurteile führen, seien diese als mentale Konstrukte primär nun ethnisch, religiös, politisch, sozial, ökonomisch, ästhetisch oder auch wissenschaftlich konzipiert.

Das alljährliche **Tanz & Folk Fest Rudolstadt** ist ein wichtiges Musikfestivals im Kontext der interkulturellen Begegnung.

Regionale Ängste vor der Globalisierung?

Im Zeitalter der Umgestaltung der Welt werden immer auch Ängste vor der kulturellen Globalisierung diskutiert, Ängste, die auf der **Zweckrationalisierung der kulturellen Werte** (MAX WEBER) basieren oder auf der Theorie eines **Kulturimperialismus** (JOHN TOMLINSON, 1991), wonach wenige große Konzerne den Musikmarkt diktieren und beherrschen.
Ängste formulieren sich auch vor der Gefahr einer **Homogenisierung durch Massenprodukte** des globalen Pop, wonach Kulturgüter als standardisierte Ware viel eher den Gesetzen des Marktes anstelle denen einer kulturimmanenten musikalischen Ästhetik unterworfen würden (THEODOR W. ADORNO).
Oder die Ängste basieren auf der These der **„McDonaldisierung"** (GEORGE RITZER, 1993), d. h. der Geschmacksanpassung aufgrund von Marketing-Strategien, Verkaufs-Charts und Zuhörer-Quoten *(Top of the Pops).*

Die Musiken der Welt basieren heute allerdings mehr denn je auf dem Grundprinzip des individuellen und differenzierenden Aushandelns von Werten, Bewertungen und Verträgen zwischen lokalen und globalen Musikakteuren.

Ausgehandelt werden nicht nur überlieferte Werte, sondern auch Fragen der Hegemonie, der Ästhetik, der Spiritualität und natürlich auch die der Kommerzialisierung und des Copyright. Ausgehandelt werden traditionelle und neue Stilelemente zwischen den Musikerinnen und Musikern der Einzelgruppe auf der einen Seite, den Produzenten und den Zuhörern auf der anderen Seite.
Dieses Verhandeln von Tradition und Moderne, zwischen Anpassung (Homogenisierung) und Differenzierung, zwischen Authentizität und Synkretismus, Widerstand, Transformation und Ökonomisierung der Musikstile, verlangt von jedem Musiker, von jeder Musikgruppe spezielle Entscheidungsgrundlagen für jedes einzelne Musikstück in je einem besonderen Kontext: „Wie und für welchen Zuhörerkreis soll ein Musikstück gestaltet werden, damit es eine Chance hat, in den globalen Markt der World Music zu gelangen?"

Fallbeispiele zur Vermischung regionaler Musikinstrumente und Stile

Anhand einiger ausgewählter Fallbeispiele sollen einzelne Stationen der Musikverflechtungen auf dem Weg zur Globalisierung verdeutlicht werden. Einzelne markante Entscheidungen werden von Musikern laufend im Hinblick auf die Frage getroffen, ob sie ihre traditionellen Stile vermengen sollen und, wenn ja, auf welche Weise.

- **Kompartmentalisation** – Begegnung von zwei Musikstilen, ohne sich direkt zu vermischen („Kennst du net des Fritzengerchle" der Nürnberger Gruppe ALABÄTSCH):
  Bei der einfachsten Form der Vermischung von zwei Stilen wird ein Musikstück, wie zum Beispiel ein fränkischer Schottisch, das erste Mal in der traditionellen Art der Volksmusik gespielt und beim zweiten Durchgang in einer Jazz-Version.
  Diese Art der Kompartmentalisation basiert auf einem bikulturellen Konzept, das beide Stile quasi unvermischt in zwei Sprachen nebeneinander bzw. hintereinander gelten lässt.
  Zwei Klarinetten, Violine, C- und F-Blockflöte, Mandoline und Gesang in fränkischem Dialekt, Banjo, zwei Gitarren, E-Bass und Löffel bilden das Ensemble, das allerdings von Volksmusikpuristen kritisiert wurde, E-Bass und amerikanisches Banjo würden nicht in die bayerische Volksmusik gehören und ebenso wenig hätte eine verjazzte Musik hier etwas zu suchen.

Banjo

- **Fusion** – Ethno trifft Klassik (CD „Mozart in Egypt"):
  In der Fusion von Ethno und Klassik werden die klassisch-harmonischen Kompositionsprinzipien des Doppelquartett in F-Dur (KV 496) von W. A. MOZART (1756–1791) mit dem eher linear-orientalischen Prinzip der ägyptischen Arghul (Doppelklarinette) vermischt. Hinzu treten Rabab (Spießgeige), Kaval (Flöte) und Trommelinstrumente wie Tabla, Darabuka, Deff sowie Klarinette und Querflöte.
  Ausführende der klassischen Musik sind Mitglieder des BULGARISCHEN SYMPHONIE-ORCHESTERS.
  Traditionelle ägyptische Musikinstrumente werden hier im Kontext europäischer Klassik ästhetisiert.

Links zu den Beispielen dieser Seite:
www.kerberbrothers.de
www.vollenweider.com

7

- **Kontrastprinzip** – Zusammenprall der Stile (KERBERBROTHERS ALPENFUSION: „Sepp, bleib no do" von der CD „Deutscher Folk Förderpreis, 1998, Nr. 2"):
Die bayerischen KERBERBROTHERS machen traditionelle deutsche Volksmusik, experimentieren jedoch auch mit transglobalem Ethno-Pop, Free Jazz, Rockmusik und Rap. Sie bezeichnen ihre Art der freien Volksmusik als „Alpenfusion". Mit Hackbrett, Horn, Alphorn, Trompete und Posaune, Zither, Bass, Perkussionsinstrumenten und Gesang wurzeln sie in der traditionellen (lokalen) Volksmusik Bayerns, folgen derer Grundstruktur und schaffen zugleich eine Brücke zu neuen, individuellen Improvisationen und Kompositionen. Mit dem neckischen Volkslied „Sepp, bleib no do" prallen unterschiedliche Stile hart aufeinander und werfen damit konkret auch die Frage auf, wie unterschiedliche Stile miteinander trotz ihrer strengen Kontraste „integriert" werden können: „Unsere Absicht ist es, auf neue Art (statt der üblichen Synthese alter und neuer Musik) mit dem Konzept der Gegenüberstellung – mehr auf gefühlsmäßiger Ebene als auf der intellektuellen – an die alte volksmusikalische Empfindung anzuknüpfen, um sie mit dem Zeitgeist zu verbinden."

- **Minimal Music** auf Instrumenten bolivianischer Indios („Imaraycu" = „Warum?" von der CD „Arawi". The Doctrine of Cycles. The Contemporary Orchestra of Native Instruments, 1990, No. 5"):
eitgenössische Orchestermusiker eigneten sich die Spielweise indianischer Musikinstrumente an, die über die Jahrhunderte während des Kolonialismus von der Elite als „primitiv" und verachtet ausgeklammert blieben. Diese neue Akzeptanz des Traditionellen vermischt den Typus der modernen Minimal Music mit dem Klangfarbenreichtum der Tarka (Kernspaltflöte), die traditionellerweise von bolivianischen Bauern nur während der Regenzeit gespielt wird.

- **Ethnische Musikinstrumente verschiedener Länder** in einer Komposition: ANDREAS VOLLENWEIDER (geb. 1956) verwendet in seinen sechzehn komponierten Episoden zu seiner CD „Book of Roses" (1992) über 16 Musikinstrumente aus aller Welt. Er integriert diese zu dem südafrikanischen a-capella-Chor der LADYSMITH BLACK MAMBAZO, einem bulgarischen Männerchor und dem rätoromanischen Chor CURIN CURSCHELLAS. In seiner westlich orientierten und romantisch-symphonisch mit Jazz- und New-Age-Elementen konzipierten Orchestermusik verschmilzt VOLLENWEIDER alles zu einer suitenähnlichen Komposition. Die Instrumente sind Bambusflöte, Erhu (Fiedel) und Pipa aus China, Hackbrett und griechische Flöten aus Griechenland, Bambusflöte und Sitar aus Indien, südamerikanischer Charango, spanische Gitarre, je eine zwölfsaitige, eine akustische und eine E-Gitarre, afrikanische Kora (Stegharfe), E-Harfe, australische Tonflöten, slowakische Fujara (Hirtenflöte), Akkordeon, akustischer Bass und E-Bass, Piano, Keyboard, Hooter, Toms, Englisch-Horn, Posaune, Fagott, Cello, Harmonika, Perkussionsinstrumente aus Stein, Trommeln, Fußstampfen, Klatschen und Orchester usw. Imaginiert wird die Welt der Musikinstrumente mit den kompositorischen Mitteln einer „Soundscape".

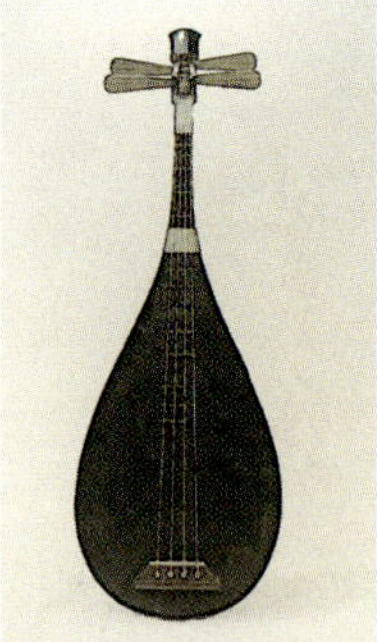

Pipa (Kurzhalslaute)

- Ein **Musikinstrumententyp** im Dialog der Kulturen:
  Während des jährlich stattfindenden **Tanz & Folk Fest Rudolstadt** wird jeweils auch ein Musikinstrument zu einem Themenschwerpunkt erhoben, wie zum Beispiel die „Zithern der Welt" (1996, 2004), „Magic Marimbas" (2003) oder „Knie-Fiedel-Magie" (2002), „elektrische Gitarre" (2005).
  In Workshops erarbeiten sich die Zither- oder Marimbaspieler bzw. die Fiedler aus den verschiedensten Ländern in einer Art einstudierter Jam-Session eine „musikalische Suite", die derart konzipiert ist, dass jedes Länderinstrument mit seiner musikalischen Sprache im Wechsel mit den anderen hervortritt und jeder einzelne Spieler auch flexibel auf die musikalische Sprache des anderen gleich gearteten Instruments eingehen kann.
  Der Idee nach entwickelt sich hier ein dialogisches Musizieren, das die Wege einer Transkultur vorbereitet, wo wie beim Zither-Workshop ungarisches Cimbalon, Klezmer-Tsimbal, Bowhammer Dulcimer aus den USA, iranische Santur, Salzburger und Appenzeller Hackbrett, chinesische Yangqin (ist ebenfalls eine Zither) und Kontrabass zusammenfinden.

Das **Tanz & Folk Fest von Rudolstadt** ist das größte Weltmusik-Festival Deutschlands, findet jährlich am ersten (vollständigen) Wochenende im Juli statt und dauert drei Tage.
2005 geht es zum 15. Mal über die mehr als 20 Bühnen.

- Eine **multikulturelle Gruppe** im grenzüberschreitenden Musizieren:
  BUSTAN ABRAHAM ist eine jüdisch-arabisch-amerikanische Musikgruppe in multi-ethnischer Besetzung. Das Instrumentalensemble umfasst eine persische Zither (Kanun), eine Laute (Ud) aus dem mittleren Osten, spanische Gitarre, amerikanisches Banjo, europäische Geige, arabische Bechertrommel (Darabuka) und aus Afrika eine Rahmen-Trommel (Deff) sowie einen zusätzlichen Kontrabass. Es ergibt sich ein *„melting pot"* verschiedener Musikinstrumente im simultanen Ausdruck differenter Kulturen und Aufführungsstile.
  Stilistisch handelt es sich um ein integratives Konzept. Geigenmusik der Roma erklingt in Kombination mit Mustern des spanischen Flamenco über einem langsamen Rhythmus des Mittleren Ostens. Die Musik beinhaltet eine multikulturelle „Performance", übermittelt von Musikern mit jeweils unterschiedlicher ethnischer Herkunft.

Links zu den Beispielen dieser Seite:
www.tff-rudolstadt.de
www.israel-music.com

- **Transkultur** – Samplingverfahren und die Erkundung neuer Klänge jenseits der Zeit- und Raumbezogenheit:
  In LÁSZLÓ HORTOBÁGYIS (geb. 1950) elektroakustischen Landschaften erklingen Konstrukte einer fortgeschrittenen Medientechnologie. Sampling, traditionelle Gongs und tibetische Rezitation, Glocken, Bordune, zeitlose Raumklänge, Imaginationen neuer Klangvisionen und Klangkombinationen erscheinen, wie in anderen Kombinationen, auch als *râgamelan* (zusammengesetzt aus *râga* und *gamelan)* Barock-Raga, *kriti-Barock,* Trance Macabre usw.

Der beschleunigte Modernisierungsprozess im Verbund mit den medientechnisch globalen Entwicklungen ist unumkehrbar geworden. Ein Konsens über kulturelle und im Besonderen über musikalisch-ästhetische Inhalte scheint weder im lokalen noch globalen Bereich möglich noch angestrebt zu sein. Zu durchlässig sind die unterschiedlichen Kulturen, Stile und Gattungen, Interessen und Geschmacksvorstellungen.

7

7.4 Migrationsmusiken

Mit **Ethnie** wird eine Wir-Gruppe bezeichnet, die tatsächliche oder fiktive Gemeinsamkeiten haben. Häufig behauptete Gemeinsamkeiten sind: Abstammung (Rasse), Sprache, Kultur, Geschichte, Sitten. Innerhalb der Wir-Gruppe wird Homogenität unterstellt und Konformität erwartet. **Ethnische Gruppen** sind Familien übergreifende und Familien erfassende Gruppen, die sich selbst eine kollektive Identität zusprechen.

Die wachsende De-Territorialisierung von Kultur und Musik ist bedingt durch die zunehmende Mobilität einzelner Bevölkerungsgruppen. Es sind ethnische Gruppen, „Gastarbeiter", Arbeitsmigranten und Auswanderer wie zum Beispiel Griechen und Türken, die in fremde Länder gezogen sind, um eine Arbeit zu finden; es sind Asylanten und Flüchtlinge wie Juden, Sinti und Roma, von denen viele im Laufe der Geschichte immer wieder verfolgt und umgebracht wurden.
In Liedern werden Schicksale des Vertriebensein, des Leidens, aber auch der Hoffnung zum Ausdruck gegeben.

Von solchen Schicksalen künden beispielhaft
- das „Lied der Moorsoldaten", entstanden im Konzentrationslager Börgermoor im Sommer 1933,
- das „Amerika-Auswandererlied" deutscher Emigranten,
- ein südamerikanisches Protestlied von PABLO NERUDA (1904–1973) aus dem Exil gegen politische Unterdrückung,
- ein Reggae-Text gegen das Schicksal der Sklaverei oder
- ein Trauerlied einer Sahrauis-Nomadenfrau aus dem Flüchtlingslager in der Westsahara.

Erzwungene Migrationen oder das Leben in Gettos und Armenvierteln sind verursacht durch wirtschaftliche Not, rassistische oder politische Verfolgungen, Kriege, Hungersnöte und Arbeitslosigkeit.

Migrantenmusik ist eine Musik ethnischer Minderheiten im Umfeld einer Mehrheitsbevölkerung oder einer kulturpolitisch dominanten Gruppe.
In der modernen Welt von heute finden zunehmend Stile, die sich einst aus einem lokalen Zentrum heraus entwickelt haben, eine weltweite Verbreitung nicht nur unter Auswanderern, sondern auch unter Liebhabern und professionellen Musikern. Zu diesen „globalisierten" alten und neueren Musikarten, die in allen größeren Städten der Welt auch heimisch geworden sind, gehören neben der allgemeinen populären Musik vor allem Tango (Argentinien), Flamenco (Spanien), Reggae (Jamaica), Salsa (Kuba/New York) und Hip-Hop (New York), Karaoke (Japan), Samba (Brasilien), „Celtic Music" (Irland/Schottland), Klezmermusik (Osteuropa) und die „Zigeunermusik" (Ungarn).

Der Sammelbegriff **„Roma"** ersetzt die ältere, unpräzise und diskriminierende Bezeichnung „Zigeuner". Roma bezeichnet die drei großen ethnischen Gruppen (die osteuropäischen **Roma;** die seit dem 15. Jh. in Mitteleuropa eingewanderten **Sinti** bzw. französischen **Manouches;** die südwesteuropäischen **Gitanos** oder **Calé.**
Die Einzahl von Roma ist „Rom" und bedeutet wörtlich „Mensch".

7.4.1 Sinti und Roma – Musik „zum Zuhören" und „zum Tanzen"

Seit über 600 Jahren in Europa ansässig, bilden die über acht Millionen „Zigeuner" bzw. Roma eine der größten Minderheiten Europas. Sie gingen „den Weg ohne Grenzen" und haben „viele Leute getroffen, arme und reiche", aber „haben kein Land", zu dem sie gehören; so heißt es in ihrem Lied „Gelem, gelem...", das zu einer Art internationalen Hymne der Sinti und Roma in aller Welt geworden ist.

Vertrieben durch Kriege und Feldzüge, lassen sich auf dem historischen Weg aus dem indischen Sindhgebiet am Indusdelta bis in den weiten Westen drei Hauptwege ausmachen. Bei den ersten Mongoleneinfällen (13. Jh.) zogen sie aus den persischen Gebieten weiter westwärts:
- in Richtung Armenien, dem Kaukasus entlang nach Russland,
- über Anatolien weiter nach Griechenland, auf den Balkan und nach Westeuropa,
- über Syrien und Palästina nach Ägypten, der nordafrikanischen Küste entlang, vermutlich bis nach Spanien.

Männer tragen blumengeschmückte Fahnen mit Abbildungen von Wohnwagen. Sinti und Roma aus ganz Europa treffen sich jedes Jahr in Saintes-Maries-de-la-Mer (französische Provinz Camargue), um eine Prozession zu Ehren der Heiligen Sarah, der Schutzpatronin der „Gitanos", abzuhalten.

Zur Geschichte der Musik der Roma

Auf ihren langen historischen Wanderungen haben die verfolgten und vertriebenen Sinti und Roma auch ihre eigenen musikalischen Grenzen überschritten und die Volksweisen, Lieder, Texte, Tänze und Musikinstrumente ihrer Gastländer übernommen und jeweils mit ihrer unerschöpflichen Musikalität bereichert. Man nimmt an, dass ihre ursprüngliche Meisterschaft vorwiegend durch die hohe improvisatorische Technik des solistischen und gruppenbezogenen Singens gekennzeichnet war.

Dem Musizieren liegen zwei kontrastierende Vortragsstile zugrunde, die sich beide gegenseitig ergänzen: Es sind die **langsame Spielweise** und die **schnelle Tanzweise.** Die beiden Konzepte ergänzen sich gegenseitig: Einerseits jene schwermütige Weise, die als langsames Klagelied im freien Rhythmus und auf expressive Art Schmerz und Trauer zum Ausdruck bringt, und andererseits jenes strophisch-straffe Tanzlied, das mit präzisen, feurigen Rhythmen von Freude und tänzerischer Lust kündet. Die jeweilige Meisterschaft liegt in der Verbindung der beiden Grundideen und in der kreativen Aneignung mündlich überlieferter Volksweisen. Virtuos wird alles in eine improvisatorisch anmutende Praxis integriert.

Die langsame Weise zum Zuhören

Die „lange Melodie" *(uzun hava)* der türkischen Roma mit dem „langen Atem" wird nicht zum Tanzen, sondern „zum Zuhören" gesungen. Ihr entspricht der *taksim* als Instrumental-Improvisation mit einem weiten orientalischen Bogen. Er wird auf der Oboe zu einem leisen Trommelwirbel ausgeführt. Oboe und Trommel *(davul-zurna)* begleiten das typisch dörfliche Musizieren türkischer Roma. Es sind in der Regel Berufsmusiker. Wie in ganz Asien, auf dem Balkan und in Nord- und Westafrika sind es inzwischen längst sesshaft gewordene Musiker, die bei Hochzeiten, Familienfesten, Tanzanlässen und Wettkämpfen ihre musikalische Untermalung gegen Bezahlung ausrichten. Die Oboe wird heute mehr und mehr durch die moderne Klarinette oder durchs Saxophon ersetzt.
Bei den ungarischen Roma entspricht der langsamen Weise der *lassú,* bzw. die rubatohaften Lieder *(loki gila)* eines langsamen Gesanges. Es sind lyrische Gesänge, Lieder „zum Zuhören" *(hallgató).* Ihre „schluchzenden" Instrumentalweisen spannen den weiten Bogen des Primas-Geigers zu den bordunierenden Címbalom-Klängen und dem Kontrabass.

Ein ähnlich schwermütiger oder sehnsüchtig-trauriger Gestus findet sich wiederum in der rumänischen *hora-lungâ* bzw. *doina* oder auch in den *sevdalinka*-Liedern der bosnisch-muselmanischen Romagruppen.
Auch die langsamen Gesänge im Wechsel von Chor und Solo und begleitet von Gitarre oder Akkordeon der in den Pariser Vorstädten lebenden und meist aus Russland stammenden Gruppen haben viele Gemeinsamkeiten mit den langsamen Liedern der ungarischen Walachen.
In Spanien kündet der *cante jondo,* der fast immer auch ein *cante gitano* ist, als „ernster oder tiefer Gesang" von Leid, Schmerz und Trauer. Seine reich nuancierte Melodik ist durch arabisch-orientalische Einflüsse geprägt. Lang ausgehaltene *ay-ay*-Silben ornamentieren den dramatisch-improvisatorischen Vortrag auf überwiegend traurig gestimmte Liedtexte.

Die schnelle Weise zum Tanzen

Neben diesen getragenen und *rubato*-bezogenen Melodien bilden inhaltlich die straffen Tanzlieder und Tanzmelodien eine zweite wichtige Charakteristik der Musik der Roma. Es handelt sich dabei in erster Linie um geradtaktige und strophisch durchgeformte Gesangs- oder Instrumentalweisen. Nach den ältesten Belegen sollen sich die Roma-Musiker mit ihrem Gesang zu gezupften Lauten, zu Geigeninstrumenten oder Hackbrett (Santur, Kanun, Címbalom) begleitet haben.
Im südlichen Rumänien galten die Roma auch als hervorragende Epensänger, die sich auf der Spießgeige (Rabab) begleitet haben. In der transkarpatischen Region setzte sich ein Ensemble oft aus einer Laute *(cobza),* einer Violine und der Panflöte *(nai)* als Melodie-Instrument zusammen.

Traditionellerweise begleiteten die ungarischen Roma sich beim Tanz nur mit Vokalmusik, allenfalls imitierten sie solistisch ein Musikinstrument mit dem Mund, so zum Beispiel mit der sogenannten textlosen Wirbeltechnik *(pergetés),* wie sie bei den Walachen in Westeuropa bekannt geworden ist. Die übrigen Sänger begleiten das Tanzlied mit dem trompetenhaften „Mundbass", klatschen und schnalzen mit den Fingern zu den synkopierten Tönen der Melodie.
Bei den zahlreichen religiösen und privaten Festen, bei denen zum Tanz aufgespielt wird, übernehmen die getanzten Lieder eine zentrale Rolle.

So werden die *kirik hava* („gebrochene Melodie") und der *çifte telli*-Tanz der Türken bei Hochzeits- und Beschneidungsfesten, die ungarischen Tanzlieder und Tafelgesänge *(khelimaske* und *mesaljake gila)* bei alljährlichen religiösen und weltlichen Festanlässen gespielt; die instrumental ausgeführten *verbunkos* (Anwerbungslieder) seit dem Ende des 18. Jh.s sowie die populären Csárdás-Melodien des kaiserlich-königlichen Österreichs erweitern wesentlich den Bereich der Unterhaltungsmusik.
In Spanien sind es der *cante festero* (heiterer Gesang) und der *tango gitano,* die mit mitreißenden Rhythmen und witzig-spontanen Strophen die Tänzerinnen und Tänzer begeistern. *Cante* (Gesang), *baile* (Tanz) und *toque* (Gitarrenbegleitung) bilden die innere Einheit des *cante flamenco,* mit stampfenden Kreuzrhythmen *(taconeo),* Klatschen *(palmas)* und Fingerschnalzen.

Langsame und schnelle Weise kommen zusammen: *„Mer war ketni …"*

Die aus dem urbanen Bereich hervorgegangene „Zigeunerkapelle" entwickelte sich im 18. Jh. Ursprünglich bestand sie aus drei bis acht Musikern. Ihre Grundlage bildete das Streichensemble in einfachster Form mit zwei Geigen und einem Kontrabass, in höchster Form als Streichquintett oder -sextett, ergänzt mit einem Hackbrett, und vom 19. Jh. an erweitert durch die Klarinette, nicht selten auch durch Blechblasinstrumente.

Der *style hongrois* setzte sich als Mode in den europäischen Salons durch. Der Name der Zigeunertonleiter (frz. *mode hongrois;* engl. *gipsy scale)* wird in der klassischen Musik vor allem mit FRANZ LISZT (mit der Skala c-d-es-fis-g-as-h-c) in Verbindung gebracht. LISZT (1811–1886) war auch einer der ersten Komponisten, die sich inhaltlich mit der Geschichte und Musik der Zigeuner und den Zigeunertonarten auseinandersetzten. 1859 erschien unter seinem Namen das Buch „Die Zigeuner und ihre Musik in Ungarn", mit dessen Thesen sich BÉLA BARTÓK (1881–1945) in den 1930er-Jahren noch einmal kritisch befasste.

Durch die wachsende Popularität größerer und kleinerer „Zigeunerkapellen" fanden über die Fürstenhäuser schließlich auch Operettenmelodien Eingang ins Repertoire der städtischen Roma-Musiker (wie etwa Melodien aus dem „Zigeunerbaron" von J. STRAUSS JR., 1885). Dies betraf vor allem komponierte Salonstücke, Rhapsodien und „Zigeunerfantasien", später auch internationale Tänze, wie Polka, Mazurka, Ländler, Walzer, Foxtrott und Schlagermelodien. Zu dem immer weiter greifenden Spektrum von Stilen, Melodien und Instrumentaltechniken kamen im 20. Jh. neueste internationale Evergreens, Blues, Jazz (Swing, Bebop) und alle Arten von Pop-Bearbeitungen hinzu. Die moderne Tanzmusik leitete eine eigentliche Reform der Musik der Roma und Sinti ein, indem diese vermehrt zeitgenössische westeuropäische Musikelemente integrierten.
Dennoch, die traditionell-figurativen Elemente, die charakteristischen Kadenzen, Tonleitern und Harmonisierungen werden weiterhin beibehalten. Jedes Roma- oder Sinti-Ensemble kann eine „beliebige" Melodie in ihre eigene „Zigeunermusik" verwandeln. Die unterschiedlichsten neuen Stilelemente verbinden sich harmonisch mit dem bewährten ungarisch-balkanischen Substrat, mit russisch-rumänischer Eintönung oder auch mit dem spanisch-französischen Stilkolorit.
Überall spielen die Sinti und Roma die heimische Musik ihrer Umgebung, und in Ländern mit gemischten Musikstilen und Bevölkerungsgruppen spielen dieselben Ensembles entsprechend den Wünschen des Publikums deren unterschiedliche Musik.

▶ Der berühmte ungarische Primas JÁNOS BIHARI (1764–1827) stand am Wiener Hof um 1814 schon in so hohem Ansehen, dass er sogar vor dem Wiener Kongress spielte. Ein Jahr später wird bekannt, dass mehrere Roma-Ensembles mit westlich komponierter Musik auch in Bukarest und in anderen rumänischen Städten aufspielten. Im Jahre 1830 soll ein hundert Musiker umfassendes großes Orchester Werke von europäischen Komponisten mit großem Erfolg aufgeführt haben.

Die Musik der Sinti und Roma ist einen weiten Weg gegangen. In den Liedern und Weisen sind viele Erinnerungen auf interkulturelle Weise musikalisch zur Anschauung gebracht. Mit der Musik haben Roma und Sinti zwischen Nationen und sozialen Gruppen nachhaltig vermittelt. Die Musik der Sinti und Roma ist längst ein Teil deutscher, rumänischer, russischer, spanischer und ungarischer Kultur.

7.4.2 Klezmermusik – der Mensch, ein beseeltes Musikinstrument

Das jiddische Wort hebräischen Ursprungs *„kle(j)s(e) mer"* bezeichnet den beseelten Körper. Der Körper ist Gefäß und Instrument zugleich (hebr.: *kli)* und die belebte Seele ist der Gesang (hebr.: *s[e] mer)*. Die so zum Ausdruck gebrachte universale Idee ist die des Menschen als beseeltes Musikinstrument.

Klezmermusik hatte sich seit dem 16. Jh. aus der Musik des Schtetl (Städtchen) osteuropäischer Juden entwickelt. Zu Hochzeiten und Festen wurde in der Besetzung Klarinette, Cimbalom (Hackbrett), Geige (auch mehrfach), Bratsche, Violincello, Kontrabass, Blechblasinstrumente und kleine Trommel gespielt.
Die Klezmermusik kam mit den jüdischen Auswanderern zwischen 1881 und 1924 nach New York (Lower East Side). Heute ist die Klezmermusik im globalen Netzwerk mit unterschiedlichen Musikstilen verschränkt und vermischt.

Traditionelle Tonskalen wie *Frejgisch* oder *Mischeberach,* die Fluktuationen zwischen Dur und Moll, die „Blues Notes", das Flair übermäßiger Sekunden sowie das Aufbrechen von Tonsystemen bis hin zur freien Atonalität zeigen die weite Spannbreite dessen auf, was heute alles unter Klezmermusik verstanden werden kann.

Der durch die Filmmusik zu „Schindlers Liste" bekannt gewordene amerikanische Klarinettist GIORA FEIDMAN (geb. 1936) spielt auf der Abschlusskundgebung des 28. Evangelischen Kirchentags in Stuttgart am 20. 6. 1999.

Es ist eine Musik, die von der Geschichte getragen wird: Einerseits wird thematisch immer wieder zurückgeblickt auf die Vertreibung der Juden, andererseits ist es auch der Aufbruch in die neue Welt der Moderne im Zwiespalt zwischen Traditionalisten und Erneuerern. Zwischen Leid und Trauer im thematischen Erinnern des Vertriebenseins, zwischen Shoa, Tod oder Emigration, zwischen Fröhlichkeit, Hoffnung und Sehnsüchten bewegt sich das kulturelle Gedächtnis in der Klezmermusik und der **Klezmorim** (d. h. Klezmermusiker).
Wie jede Roots-Bewegung entstammte die Klezmermusik aus dem Getto von Minderheiten und schwang sich auf zum Markenzeichen einer Folklore, die Geschichtliches und Brauchtumbezogenes in die Gegenwart transportierte.
„Klezmermusik" ist eine stereotypisierte Abkürzung für eine Vielfalt von Ausdrucksformen. Diese umschließen im Kernrepertoire jüdische Tänze, jiddische oder Latino-Lieder, chassidische Gesänge *(nigunim)* gleicherweise wie paraliturgische Musik zu jüdischen Festen und deren Hochzeitsweisen *(dobriden, dobranotsch, kale basetzn, masltow)*. Sie umfasst regionaltypische Volkstänze *(frejlechs, scher, chosidl)* und instrumentale Versionen von Volksliedern und Balladen ebenso wie das akkulturierte Übernahmerepertoire von Tänzen aus Rumänien, Moldawien, Bukowina, Bessarabien und anderen Ländern mehr *(bulgar, doina, hora, sirba, terkischer)*. Die Klezmermusik umschließt auch Elemente der Musik der Sinti und Roma, des Weiteren die modernen westlichen Gesellschaftstänze wie Walzer, Polka, Marsch, Quadrille und Foxtrott. Daneben finden sich zahlreiche Stücke aus der „leichten Klassik", der amerikanischen Unterhaltungsmusik und des Swing und Jazz, die allesamt ins Gesamtrepertoire eingeflossen sind. Fast jede Folklore wirbt noch mit der Imagologie von Kleidung, traditionellen Musikinstrumenten und rhythmischen und melodischen Ausdrucksformen, sei es – wie in der Klezmermusik – der *bulgar*-Rhythmus, die Tonskalen *(gustn)* mit übermäßigen Sekunden oder die Ornamentierungen im Schluchzen *(krechts)*, Lachen *(tschok)* oder Seufzen *(knejtsch)* der Geigen- oder Klarinettenspielpraxis.

Klezmermusik ist mit Gruppen wie BRAVE OLD WORLD und THE KLEZMATICS auch auf den Popmusikmarkt vorgedrungen.

7.4.3 Rembétika in der griechischen Diaspora

Rembétika (auch **Rebétika)** entstand in griechischen Immigranten- und Armenvierteln, als mit der Gründung der Türkei nach dem Friedenvertrag von 1923 Griechenland 1,3 Millionen christliche Griechen aus Istanbul und Smyrna (Izmir) ins Heimatland zurückholen musste und im Gegenzug die Türken 30000 auf dem griechischen Boden lebende Moslems aufnahmen. Aus dem städtischen und armen Milieu der neu angesiedelten griechischen Flüchtlinge entstand im Zusammentreffen von nostalgisch-orientalischer Musik der ottomanisch geprägten Tradition der Einwanderer und der lokalen griechischen Unterhaltungsmusik eine europäisch geprägte Subkultur der Städte. Der mehr mit orientalischen *dromoi*-Tonskalen geprägte „Smyrna-Stil" traf somit auf den eher modalen „Piräus-Stil", aus denen eine erste Blüte des „blues-artigen" Genres **Rembétiko** hervorging.
Rembétiko entwickelte sich aus dem musikalischen Schmelztiegel der Musik in Basaren, Kneipen und Kaschemmen in den Hafenstädten von Piräus und Thessaloniki und in der Hauptstadt von Athen. Ungewiss ist die Bedeutung des Wortes. Nahe liegt das türkische *„rembet"* für die Herkunftsbezeichnung: Musik „aus der Gosse".
Aus einfachen teil improvisierten Liedern zur türkischen Baglama (Halslaute) im Stil des *taxími* (türk. *taksim*) und der *makââm*-Tradition entwickelte sich im Zusammengehen mit dem griechisch gesungenen Lied das Genre **Rembétiko.**

Wechselhaft ist die Geschichte dieses neuen Stils als Musik der Armen und Besitzlosen mit Themen über Gefängnis, Liebe und Tod, über Tabak, Haschisch und Junkies. Aber auch mit Aufbegehren, Widerstand und Protest gegen Unterdrückung und Zensur ist Rembétiko verbunden, insbesondere während des Zweiten Weltkriegs und des anschließenden Bürgerkriegs.
Rembétiko erlebte einen Aufschwung in den 1950er-Jahren als VASSILIS TSITSANIS um 1955 die alten Drogentexte durch Liebesthemen, die orientalischen dromoi (d.h. *makamat*-Skalen) durch Dur- und Moll ersetze, zur griechischen Bouzouki sang und in der sonst durch Männer besetzen Domäne auch mit ausdruckvollen Sängerinnen zusammenzuarbeiten begann. Nach Amerika ausgewanderte und reich gewordene Musiker reimportierten Schallplattenaufnahmen. Daraus wurde schließlich das populäre **Bouzouki-Ensemble** mit Baglamas, Bouzouki, Klavier und Schlagzeug. In den letzten zwei Jahrzehnten kam es wiederum zu einem Revival von Rembétiko.
Alte Stile werden seit den 1990er-Jahren wiederentdeckt, rekonstruiert und neu interpretiert, wie der Smyrna-Stil oder die orientalische Musik der *Café Aman* von Athen und Piräus. Rembétiko ist inzwischen ein Musikstil geworden, der ähnlich wie Tango, Salsa oder Reggae in vielen Städten der Welt nicht nur von griechischen Auswanderern der zweiten und dritten Generation, sondern auch von zahlreichen begeisterten Anhängern in einzelnen Musikgruppen, sei es in Melbourne, Berlin, Stockholm, London oder New York, gepflegt wird. Zur weltweiten Verbreitung und Popularisierung im Sinne der „World Music" haben nicht zuletzt Filme wie „Alexis Sorbas" mit Musik von MIKIS THEODORAKIS und „Rembétiko" von COSTAS FERRIS (geb. 1935) beigetragen.

Die **Bouzouki** ist ein der Mandoline verwandtes Zupfinstrument. Dieses griechische Nationalinstrument besitzt ein bauchiges, birnenförmiges Korpus mit in der oberen Deckenhälfte angebrachtem ovalem Schallloch, einen langen Hals, ein Griffbrett mit ca. 26 Bünden, drei bis vier metallene Doppelsaiten (Saitenpaar 1 und 2 jeweils unisono, Saitenpaar 3 und 4 im Oktavabstand gestimmt). Die Bouzouki-Saiten werden mit Plektrum angerissen – heute auch elektrisch verstärkt. Ähnlich wie die Balalaika wird die Bouzouki meist im Ensemble gespielt.

MIKIS THEODORAKIS (geb. 29.7. 1925)

7.4.4 Salsa – eine pan-lateinamerikanische Tanzbewegung

Die Salsa-Königin CECILIA CRUZ (geb. 1924), die ihre Karriere als Sängerin um 1940 in Kuba begann und nach der Revolution von 1959 das Land verließ, definiert die Musik wie folgt: „Salsa ist eine andere Bezeichnung für kubanische Musik. Es ist Mambo, Cha-Cha-Cha, Rumba, Son – alle kubanischen Rhythmen in einem."

Salsa ist für die Latinos, d. h. die Lateinamerikaner in New York und Puerto Rico, das geworden, was für die Schwarzen der Soul bedeutet.

Der Begriff **„Salsa"** wird heute für jede Art von Tanzmusik verwendet, die früher allgemein unter dem Namen „Latin Music" bekannt war und in afro-kubanischen Rhythmen wie Mambo, Cha-Cha-Cha, Rumba und Son seine Wurzeln hat.
Die „Latin Music" der Exilkubaner vermischte sich in New York mit der Folkloremusik der „New Yoricaner" (Puertoricaner, Kubaner und Dominicaner) und mit amerikanischem Latin-Jazz.

Das Wort *„salsa"* bedeutet „Soße" und spielt auf eine scharfe, würzige Chili-Soße in der Mischung von „heißen" Rhythmen, Tänzen und Klangfarben an. New York war der besondere Nährboden und Schmelztiegel dieser pan-lateinamerikanischen Musik. Sie gab den Latinos und den spanisch sprechenden „Hispanics", die mit über drei Millionen in New York die größte ethnische Gruppe darstellen, ein neues Gefühl der Zusammengehörigkeit.
Salsa wird oft von „Latin Music" abgegrenzt durch den New Yorker Sound, der sich in den späten 1960er-Jahren durch die neuen Techniken der Tonaufnahmestudios hervortat, wie etwa der Fania Records, gegründet 1964 in Manhattan. In den 1960er- und Anfang der 1970er-Jahre gab es einen ersten Boom in den Medien: Die *New Salsa Music* eroberte das Fernsehen mit den besten Latin-Stars in einer TV Show. Im Hinblick auf die eher anspruchslosen Texte, die von Liebe, Tanz, Freude, Heimat und dergleichen handeln, wurde oft beklagt, dass die Musik die Latinos damit eher einlulle, anstatt sie auf ihre soziale Wirklichkeit in den Armenvierteln aufmerksam zu machen.

Guiro aus getrockneter Frucht

Das **Salsa-Orchester** ist eine Weiterentwicklung des kubanischen *son-conjunto,* einem Ensemble, das sich noch vor dem Zweiten Weltkrieg entwickelte und aus zwei bis drei Trompeten, Bongos, einer einzelnen Conga-Trommel, Bass, Piano und einem Gitarreninstrument und einem Sänger bestand. Im Allgemeinen ist aus einem modernen Salsa-Orchester eine bis zu zwanzig Musiker umfassende Big Band geworden. Es weist ein bis zwei führende Vokalstimmen *(soneros)* auf, zwei bis fünf Blechblasinstrumente, Piano, Kontrabass, ein Paar Conga-Trommeln, ein weiteres Trommel-Set (Timbales), Bongos, eine Kuhglocke und verschiedene kleinere in der Hand gehaltene Perkussionsinstrumente wie Schraper (Guiro) oder Gefäßrasseln (Maracas) und die obligaten Holzschlagstöcke **(Claves).**
Im Wechsel von Ruf und Antwort wechseln sich Vorsänger und Chor ab. Der Chor wird von Mitgliedern der Band ausgeführt. Der Vorsänger markiert in der Regel auf den beiden Holzstöcken das Rhythmus-Muster im $^4/_4$-, seltener im $^6/_8$-Takt. Die einzelne rhythmische Formel wird ***clave*** genannt. Der Rhythmusformel des $^4/_4$-Taktes heißt ***son clave.*** Sie wird präzise durch das ganze Stück durchgehalten und gilt als Referenzpunkt für alle Musiker. Man unterscheidet unter den bekanntesten Rhythmusmustern den *son clave* mit 3 + 2 Schlägen vom son clave mit 2 + 3 Schlägen.

Maracas

7.4.5 Chicha aus den Stadtvierteln von Lima

Chicha-Musik oder auch *cumbia andina* ist eine urbane Fusion der kolumbanischen *cumbia* der Küste mit Melodien und Liedern aus dem Andenhochland. Chicha-Musik entstand in den 80er-Jahren in den Stadtvierteln und Slums von Lima. Ein Sänger wird von elektrischen Gitarren, Bass, Keyboard oder Synthesizer begleitet und von karibischen Perkussionsinstrumenten wie Bongos und Timbales und mit Kuhglocke rhythmisch unterstützt. Der rurale Stil der pentatonischen Melodien sowie die Struktur der Lieder basieren auf dem indianischen *wayño* des Hochlandes, der städtische Rhythmus auf der *cumbia* der tief gelegenen Küstenregion.

Bongos

Der Name *„chicha"* leitet sich von dem traditionellen Maisbier her, das seit der Inkazeit das typische Getränk der Andenhochländer ist. Im Zusammenhang mit den Festen, die in dem traditionellen Restaurant, der *chichería,* gefeiert wurden, entwickelten sich im städtischen und sozial angespannten Umfeld unter den vom Land herbeigezogenen Arbeitsmigranten zahllose Tanzlokale, die *bailódromos* und später dann die *chichodrómos,* in denen getanzt und gefeiert wurde, um die Probleme des Alltags zu bewältigen und zu vergessen.

Hochlandes war zu regional-spezifisch, als dass sie ein solidarischer Ausdruck der zusammengewürfelten neuen Migranten sein konnte. Aus diesem Grund musste ein musikalisches Genre geschaffen werden, das eine Art pan-andines Musikgefühl hervorbrachte und die Erinnerung an die Melodien des Hochlandes in Verbindung mit dem neuen Lebensrhythmus der *música tropical* verband. Zugleich konnte diese neue Musik die Massen begeistern und die Ideen von Politikern, Werbeleuten und Fans bewegen. Lieder und Texte der Chicha-Musik sind nicht so abstrakt wie die der früheren linken Folkloregruppen, sondern erzählen konkret über die Schwierigkeiten und Probleme der abgewanderten Bauern *(campesinos),* die in den Slums von Lima und anderen größeren Städten Perus mit Arbeitslosigkeit, Hunger und Elend konfrontiert waren.
Mitte der 1980er-Jahre wurde Chicha so bekannt und kommerziell so attraktiv, dass sich ein Starkult entwickelte und einzelne Gruppen wie LOS SHAPIS oder die GRUPO ALEGRÍA als professionelle Musiker ihr Leben fristen konnten. Die Musik und ihre Liedtexte selber wurden gelegentlich interpretiert als eine Art Résistance und als Medium, mit dem das andine kulturelle Erbe in Großstädten wie Lima auch bei den Arbeitsmigranten der zweiten Generation eine Überlebenschance hatte.
Mitte der 1990er-Jahre kam es zu einer weiteren überregionalen Entwicklung. Als Chicha der Migranten erlebte sie um 1999 und 2000 in der **Techno-Cumbia** *(tecnocumbia)* einen zweiten Boom, der vor allem über die Rundfunksender getragen wurde und sich so als eine Länder übergreifende Musik noch stärker an eine internationale *música tropical* anlehnte und gleichzeitig weitere Elemente von Rock, Reggae, Salsa und Techno zusammenführte und sich damit teilweise loslöste von dem einseitigen Image der sozialen Unterschicht.

7.4.6 Indisch-britischer Bhangra – Punjabi-Pop

Traditionellerweise ist **Bhangra** ein stürmischer und lebensfroher Unterhaltungs- und Volksmusiktanz nordindischer Männer. Bhangra ist ursprünglich im Punjab beheimatet. Der Volkstanz wird mit dem Gesang von lyrischen Texten untermalt und im Kreis, während Neujahr und zur Erntezeit, sowie zur Begleitung der Trommeln Dhol und Dholak ausgeführt.

In den späten 1970er-Jahren entwickelte sich in den großen britisch-indischen Communities von Southhall in West-London, in The Midlands und teilweise in Bradford ein neuer Pop-Bhangra heraus. Aus der Vermischung von traditionellem Tanz der indischen Immigranten mit dem Mainstream der anglo-amerikanischen populären Musik entstand dieser **Punjabi-Pop.** Innerhalb der indischen Immigranten-Diaspora wuchs das neue Lebensgefühl, sich mit Bhangra-Musik als „Punjabis im Westen" zu fühlen. Amateurgruppen und halbprofessionelle Musiker, die indische und asiatische Einwanderer bei Hochzeits- und Familienfesten musikalisch zu unterhalten pflegten, begannen den Stil der traditionellen Bhangra-Tänze mit Ideen der indischen Filmmusik und der westlichen Popszene musikalisch zu erweitern und zu vermischen.

Seit dem Album „Teri Chuni de Sitare" (1984) der Gruppe ALAAP ist die Bhangra-Szene ein fester Bestandteil des britischen Popmusikgeschehens. Das Londoner Multitone-Label hat sowohl den Erfolg von ALAAP als auch den von XLNC, den SAFRI BOYZ, den SAHOTAS, ACHANAK sowie AMAR (geb. 1959), BINDU (geb. 1961) und SASHA (geb. 1956) begründet.

Zu den traditionellen indischen Instrumenten kamen vor allem Synthesizer und *Drum Machines* hinzu. 1984 war die Geburtsstunde von **British-Bhangra** mit der Gruppe ALAAP. Bald verbreitete sich die Art über London hinaus auch nach Birmingham und in andere Städte und bekam über die engere Gruppe der Punjabi Sikhs hinaus ein identitätsstiftendes Merkmal für alle indischen Landsleute, die in der Diaspora weilten. Der neue Bhangra-Sound verbreitete sich mit Songs in Englisch, Hindi oder Punjabi alsbald auch unter weiteren südasiatischen Einwanderern auf der ganzen Welt, besonders in Kanada, und fand zudem einen neuen Markt im indischen Heimatland innerhalb der indischen Pop-Szene und der dort ansässigen Bollywood-Filmindustrie, eine der wichtigsten Vertriebsschienen für Musik in Indien und unter indischen Auswanderern insgesamt.

7.4.7 Afro Beat trifft Celtic Music – Das Afro Celt Sound System

Ab 1996, am Ende der Neuerungen von „Rock trifft auf traditionelle irische Musik" und zeitgleich auf dem Höhepunkt der weltweit vermarkteten irischen Tanztruppe RIVERDANCE, begann das neue Unternehmen des AFRO CELT SOUND SYSTEMS, einer experimentellen Gruppe, welche keltische Musik (Celtic Music) traditioneller Herkunft mit afrikanischen Rhythmen und Techno-Beat zusammenbrachte.

Dudelsackspieler in Schottland

Celtic Music ist innerhalb der World Music eine Sammelbezeichnung für irische und schottische Musik. Die Bezeichnung bezieht sich historisch auf ein keltisches Erbe und auf keltische Sprachen. In einem neu erwachten Bewusstsein gilt das inselkeltische Kulturerbe als Symbol der Einheit

zwischen den gälisch sprechenden Iren und Schotten, den walisisch bzw. bretonisch Sprechenden im englischen Wales bzw. in der französischen Bretagne.
Fiedel, Flöte, Tin oder Penny Whistle, irischer und bretonischer Dudelsack *(bombarde und uillean pipe)*, bretonische Oboe *(biniou)*, Concertina, Akkordeon, Mandoline, amerikanisches Banjo, walisische Harfe *(crwth)*, griechische Bouzouki (↗S. 365) und irische Rahmentrommel (Bodhrán) prägen die keltische Volksmusik *(Folkmusic)*, Tanz und Gesang sowohl in ihren traditionellen als auch modernisierten Stilen.
Um 1990 setzte die Crossover-Gruppe CLANNAD Synthesizer und Trommel-Programme ein, indem sie eine Art mystische Stimmung herbeiführten, welche die „Celtic Music" in die Nähe von New Age brachte. Die Mega-Shows „Riverdance" und „Lord of the Dance" transformierten schließlich traditionell irische Elemente in moderne synkretistische Formen.

Das **AFRO CELT SOUND SYSTEM** ist eine Fusion von keltischen und afrikanischen Elementen mit moderner Elektronik. Zusammengeführt werden irisch-gälische Musik mit afrikanischen Rhythmen und Instrumenten und mit moderner Tanzklubmusik zu Keyboard, Dancefloor Samples und Dubbing. Zum irisch klingenden Teil der Gruppe gehören der meist in Gälisch singende Sänger IARLA O'LIONARD und der Bodhrán- und Whistle-Spieler JAMES MCNALLY sowie die Piperin EMER MAYOCK. Die Afro-Klänge steuern die Gastmusiker MOUSSA SISSOKO aus Guinea *(talking drums, djembe)* und N'FALY KOYATE aus Nigeria *(kora)* bei. SIMON EMMERSON ist der Erfinder und Produzent der Gruppe und spielt zudem Gitarre und Keyboard. JOHNNY KHALSI scheint mit seinem Turban und Vollbart ein Pandschabi zu sein, ist aber in Kenia aufgewachsen, lebt inzwischen in London und spielt die indischen Dhol-Drums (↗S. 368). Im Unterschied zu der französischen Ethnopop-Gruppe DEEP FOREST verwenden die Afro-Kelten beim Disco-Sound keine Samples, die sie vorher nicht selber eingespielt haben. Schlagzeug, Bass und Keyboard werden nicht live vorgetragen, sondern kommen wie die meisten Klänge aus dem DAT-Recorder. Afro-irische Ethno-Elemente, Live-Instrumentalspiel, Musik-Samples und Surround Mixes synthetisieren sich zu einer exquisiten und zugleich kommerziellen Mischung aus New Age, Post Rock und Global Dancefloor.

Die Projekte der Afro-Kelten sind europäisch mit irischen Musikern, von einem britischen Produzenten organisiert, in London beim Virgin Real World Label für einen Weltmarkt herausgegeben und mit afrikanischen Künstlern als überseeische „Gäste" inhaltlich bereichert worden. Künstler gehören in der „World Music" und insbesondere auf ihren Welttourneen zu den modernen **Transmigranten** des Jetsets. Sie sind hier und dort, Botschafter von Marketing-Projekten einerseits und das Ergebnis von Kulturdialogen andererseits. Die universale Botschaft der Afro-Kelten lautet: Ob Ire oder Afrikaner, als Menschen sind wir alle gleich, als Künstler und Kulturschaffende jedoch sind wir verschieden in unserer regionalen Verortung. Im Kulturdialog der Transmigranten ließe sich für die Zukunft etwa erahnen, dass weder der Universalismus („wir sind alle gleich") noch der Relativismus („wir sind alle anders") eine schlüssige Antwort sein kann, sondern vielmehr das dialogische Dazwischen, im hörbaren Erkunden des Gemeinsamen, in der Differenz von Individualität und Solidarität.

▶ Die Wiederbelebung der **irischen traditionellen Folkmusic** erfolgte in den 1970er-Jahren durch Gruppen wie PLANXTY, den BOYS OF THE LOUGH und der BOTHY BAND. Das jährliche interkeltische Festival in Lorient in der Bretagne feiert diese neue kulturpolitische Solidarität inzwischen seit über 15 Jahren. Neben anderen „keltisch" orientierten Festivals in Irland, Schottland und Wales, Galizien und Asturien bietet sich bei solchen Ereignissen die Möglichkeit an, sich gegenüber den dominanten Kultureinflüssen Englands, Frankreichs und Spaniens mit den Mitteln einer marginalisierten Kultur symbolisch zu artikulieren.

Weltmusik – Musiken der Welt

- Die Musiken der ganzen Welt gehören zum Erbe der Menschheit. Sie sind Ausdruck des musikalischen Wissens, des Singens und Musizierens in verschiedenen Sprachen, von Tonsystemen und Rhythmen, des unterschiedlichen Instrumentenbaus und verschiedenster religiöser, ritueller, künstlerischer und ästhetischer Wertvorstellungen.
- Das Feld der Musiken der Welt umreißt **drei große Bereiche** gemäß ihrer mündlichen, schriftbezogenen und technologisch-medialen Überlieferungsweisen:

Traditionelle Musiken Kunstmusiken	World Music – Weltmusik	Musiken der Weltkultur
Traditionelle Musiken sind Musizierformen und musikalische Praktiken unterschiedlicher ethnischer und sozialer Gruppen, welche von **Generation zu Generation** überliefert werden. Die Überlieferung ist vor allem durch den jeweils kulturspezifischen Kontext von **Arbeit, Ritual, Brauch, Jahres-, Fest- und Familienzyklen** bestimmt. Schamanen, Priester, aber auch semiprofessionelle Musiker und Berufmusiker oder Musikerdynastien können dabei eine herausragende Stellung einnehmen. In der modernen Zeit übernehmen die audiovisuellen Medien zunehmend auch die Rolle der nicht schriftbezogenen **oralen Weitergabe** von Musikformen und -praktiken, insbesondere auch in den Bereichen von „Roots Music" Volkslied, -musik und -tanz.	In Kulturen, in denen Gesänge und Rezitationen auf der Grundlage von **heiligen Schriften** (Hymnen, Veden, Sutren, Mantras, Psalmen, Suren) überliefert sind und die sich an religiösen und höfischen Zentren der alten Hochkulturen im Laufe der Geschichte herausgebildet haben, entwickelten sich auch Formen der **Hof- und Kunstmusiken.** Mit der Herausbildung eines institutionalisierten Lernens im Umfeld von Heiligtümern, Schreinen, Tempeln, Kirchen, Moscheen oder Herrschaftshöfen verknüpften sich die **schriftbezogenen Überlieferungstechniken** der Einzelsänger, Berufsmusiker oder Orchester vielfach mit musiktheoretischen Anschauungen und mit besonderen Techniken der Musiknotationen.	Seit Ende der 1980er-Jahre wird im Zeichen der Globalisierung unter **World Music (Weltmusik)** zumeist das Verschmelzen von westlicher Musik – insbesondere von Rock, Pop und Soul – mit traditionellen, ethnischen, lokalen und urbanen Musikstilen von Immigranten und Musikern anderer Kulturen verstanden. Technologische Soundproduktionen sowie Marktstrategien sind dabei bedeutsam. Als **Weltmusik** werden aus westlicher Sicht aber auch die Musiken anderer Länder und Kulturen bezeichnet. Entsprechend ihrer Rolle zur Erhaltung des Weltkulturerbes stellt die UNESCO jährlich sowohl traditionelle als auch besondere Musikstile, Aufführungspraktiken und kulturelle Räume zu musikalischen Meisterwerken der Weltkultur unter Schutz.

- Der Pluralismus des modernen Zeitalters ermöglicht heute in vielen Gesellschaften ein Nebeneinander „ungleichzeitiger" Musikarten und -stile.
- Der Hörer nähert sich der Vielfalt der musikalischen Ausdrucksformen aus den unterschiedlichen Kulturregionen und Traditionen der Welt mit seinem **eigenkulturellen Selbstverständnis.** Im **Dialog mit dem Anderen** wird es ausdifferenziert und man öffnet sich den Kategorien, Hörgewohnheiten und Musikkonzeptionen anderer Musiktraditionen. Musikalische Vorurteile werden so abgebaut und **das Gemeinsame** wird **erfahrbar.**

Wissenstest 7 auf **http://wissenstests.schuelerlexikon.de** und auf der DVD

Anhang A

Register

A

Acid House 314
ADSR-Modell 54
A/D-Wandlung 52 f.
Aerophone 332
Afro Celt Sound System 368 f.
Agent 137
ag.ma 113
Akkord 81, 88
Akkordeon 66
Akustik 16, 106
– Psychoakustik 50
– Raumakustik 48
Akzentstufentakt 181
Aleatorik 225, 236, 238 f.
AL-FÂRÂBÎ 321
AL JARVIS 136
Allintervallreihe 39
Alt 67
Alteration 75
Ambient 316
Analyse des Notentextes 24
Analysen, musikalische 27 ff.
angewandte Musik 268, 276, 278
Arbeitsgesänge 325
ARCADELT, JAKOB 180, 244
Archaismus 207
ARD 112
AREZZO, GUIDO VON 82, 167
Arrangement 97, 297
– Computerarrangement 97
Arrangieren 22
Ars nova 168, 172
Artefakte 44
Atonalität 213, 236
AUBER, DANIEL-FRANÇOIS-ESPRIT 197
Auflösungszeichen 75
Aufnahmestudio 134
Auftakt 78
Avantgardekomponisten, russische 211
Avantgarde-Tradition 231
– Erweiterung 231
– Komponisten 232

B

BACH, CARL PHILIPP EMANUEL 98, 190, 255, 257
BACH, JOHANN SEBASTIAN 27, 83, 115, 128, 131, 184 f., 250, 252, 255
Backspin 311
BAEZ, JOAN 117
Balalaika 334
Balalaika-Ensemble 346
BALBULUS, NOTKER 158, 165 f.
Ballade 171
Ballad opera 187
Ballata 173
Band-Rock'n'Roll 296
Banjo 357
Bänkelsänger 126
Barock 181
BARTHOLDY, MENDELSSOHN 197
BARTÓK, BÉLA 79, 212, 259, 363
Bass 67
Basso continuo 65, 181 ff.
Basso-continuo-Gruppe 57
Basso seguente 181
Beat 281, 313
BEATLES 37, 284, 299 f.
Beatmusik 298 f.
Bebop 291
BEETHOVEN, LUDWIG VAN 101 f., 105, 129, 191, 193, 24 f., 257, 260 f., 270
BERG, ALBAN 214, 259, 261
BERLINER, EMILE 145
Berliner Singakademie 110
BERLIOZ, HECTOR 72, 196 ff., 202, 261
BERNSTEIN, LEONARD 122
BERRY, CHUCK 295 f.
Berufe, Musik vermittelnde 137
Berufsmusiker 361
Berufsmusikertum 123
Berufsunterhalter 133
Besetzungstypen 238
Betrachtungsweisen von Musik 16
Bewertung von Musik 25
Bhangra 368
Bibliotheksrecherche 26
Biedermeier 199 f.
Big Band 62 f., 290
– Sitzordnung 63
BINGEN, HILDEGARD VON 123, 322
BIZET, GEORGES 206
Black Bottom 272
Black Music 354
Bläserquintett 65, 256
Blasinstrumente 56
Blasmusikkapellen 346
Blasorchester 62 f.
Blechblasinstrumente 60
Blending 311
Blockflöte 66
Bluegrass Music 295
Blue Notes 89, 283
Blues 89, 93, 293 f.
– City Blues 294
– Country Blues 294
– Folk Blues 294
– Grundform 293
– Instrumente 294
– klassischer Blues 294
– Mississippi Blues 294
– Vaudeville Blues 294
Bluesformel 293
Bluesschema 293
Bluesterz 283
BOETHIUS 123, 164
Böhm-Flöte 56
Bongos 367
Boogie-Woogie 272
Bordun 327
BORODIN, ALEXANDER 206
Bossa nova 273
BOULEZ, PIERRE 224 ff., 259
Bouzouki-Ensemble 365
BRAHMS, JOHANNES 30, 94, 202, 204, 206, 242
Branchenzeitschriften 152
Bratsche 61
Breakbeat 313
Breakdance 308
British-Bhangra 368
BROWN, JAMES 304
BRUCKNER, ANTON 206

A

C

CACCINI, GIULIO 252
CAGE, JOHN 225ff.
Cajun Music 295
Call and Response 282, 325
CALLAS, MARIA 122
Calypso 273
Candomblé 324, 344
Cantus-firmus-Messe 179f.
Carmina Burana 172
CARRERAS, JOSÉ 122
CARUSO, ENRICO 132
CASH, JONNY 296
Cello 61
Celtic Music 368
Cembalo 57
Cha-Cha-Cha 273
Chaconne 30
Chanson 177, 242f.
– Pariser 242
CHARLES, RAY 303
Charts 153
Chasse 173
Chicago-Blues 296
Chicha-Musik 367
Chirp 311
CHOPIN, FRYDERYK 199, 201
Chor 67
Choral 109, 177f.
– gregorianischer 165
Choraldialekte 165
Chordophone 332
Chorstimme 67
Chorus 93, 104
Chromatik 34
chromatische Dauernreihe 79
CICONIA, JOHANNES 173f.
CISAC 150
Clavichord 57
COHAN, GEORGE M. 266
COLEMAN, ORNETTE 33, 35, 291
Collage 215
Collageverfahren 236
Collegium musicum 110
COLTRANE, JOHN 291
Combo 64
Computer 232, 234, 236
Computerkomposition 234
Concertino 258
Concerto 258f.
Concerto grosso 178, 183, 259
Conga 65
con sordino 75
CORELLI, ANTONIO 255
CORELLI, ARCANGELO 183
Country Music 295f.
cresc. (crescendo) 75
CRISTOFORI, BARTOLOMEO 57
CROSBY, BING 135
Crossfader 307
Cueing 307
Cut 314
Cutting 308

D

DA BOLOGNA, JACOPO 244
DA CASCIA, GIOVANNI 244
Dadaismus 219, 236
Dancefloor 312
DARGOMYSCHKIJ, ALEXANDER SERGEJEWITSCH 205
Dauernreihe, chromatische 79
DAVIS, MILES 291
DEBUSSY, CLAUDE 115, 210f., 223, 261
DE LA HALLE, ADAM 171
DE MACHAUT, GUILLAUME 248
DESPREZ, JOSQUIN 174, 176f., 242
DETER, INA 132
Detroit Techno 314
deutsches Volksliedarchiv
– Ordnungssystem 330
Dezibel 47
Dhol-Drums 368f.
Diaspora Music 352
Diatonik 340
diatonische Materialskala 82
Dichter-Sänger 124
Dichtung 260
Diddle 326
Didgeridoo 330, 334
DIE ÄRZTE 301
Dienstleistungsgewerbe, musikalisches 133
Digitalisierung 53
Digital-Rights-Management-System 155
DI LASSO, ORLANDO 174f., 179f., 245, 247
dim. 75
Diminution 101
Dirigent 131
Dirty Tones 283
Discantus 246
Disco Music 312, 313
Disco Sound 289
Diskjockey 136
Diskothek 312
Dissonanz 80, 96
DITTERSDORF, KARL DITTERS VON 192
DJ 305, 315f.
– Musik 310
– Produzent 305, 314
– Techniken 311
Dominante 90
DOMINGO, PLÁCIDO 122
DONOVAN, KEVIN 302, 304
Doppeldominante 91
Dreiklang 81, 88
– leitereigener 88
– Nebendreiklang 91
Dreiklangstypen 81
Drill 311
DR. MOTTE 314
DRM-Systeme 155
Drum'n'Bass 315
Drumset 62
DUFAY, GUILLAUME 174f., 248
DUNSTABLE, JOHN 173
Duole 78
Dur 81, 88
Dur-Dreiklang 81
DVORÁK, ANTONÍN 206
DX7 68
DYLAN, BOB 300, 343
Dynamikbezeichnungen 75

E

EBM 313
E-Commerce 155, 287
EDISON, THOMAS A. 145
Eingangswendung 324f.
Ein-Mann-Orchester 343
EISLER, HANNS 222f., 242, 268, 274

elektronische Musik 223 f., 236
– Anfänge 224
– Entwicklung 224
ELLINGTON, EDWARD KENNEDY 63, 288, 290
Empfindsamkeit 188
E-Musik 349
energico 75
engagierte Musik 228
Enharmonik 184
Ensemble
– Barockensemble 65
– höfisches 336
– Hofmusikensemble 109
– Kammermusikensemble 65
– Perkussionsensemble 65
– Spezialensemble für Neue Musik 66
– Volksmusik- und Amateurensemble 66
entharmonische Verwechslung 83
Equalizing 54
Erxian 332
ESCHENBACH, WOLFRAM VON 171
Ethnic 352
Ethnie 360
ethnische Musikinstrumente 358
Ethno-Pop 352, 354
Exotismus 207

F

Fagott 60
FALLA, MANUEL DE 206
Fan 122, 279
Fanfaren 118
Fanfaren-Orchester 345
Fanklub 350
Fantasie 255
Fauxbourdontechnik 173
FEIDMAN, GIORA 364
Fernsehen 112, 114
– Musikfernsehen 114
FESTA, COSTANZO 244
Festivals, religiöse 323
FÉTIS, FRANCOIS JOSEPH 72
ff (fortissimo) 75
f (forte) 75
Fiedel 332
Field Hollers 293
Fills 311
Filmmusical 274
Filmmusik 274, 278
Filmoperette 274
Flare 311
Florentiner Camerata 182
Flötenorchester 343
FLOTOW, FRIEDRICH VON 199
Flügel 57
Fluxus 227, 267
Folk 352
Folkbewegung 348
Folklore 240
Formant 49
Formbildung 105
Formenlehre 99, 101, 106
Formmodell 103
Formprinzip 103
Fortspinnung 101
Forward Scratch 311
Foxtrott 272
FRANCK, CÉSAR 206
FRANKLIN, ARETHA 304
Frauenbands 301
FREED, ALAN 136
Free Jazz 291
Frottola 176
frühe Hochkulturen 159 f.
– Kultmusik 160
– Kunstmusik 160
– Militärmusik 160
– Volksmusik 160
Fuge 28, 178, 254
– Modellanalyse 27 ff.
Funk 304
– Electro Funk 304
– P-Funk 304
funktionelle Musik 278
Funktionen der Musik
– ästhetische 115
– kulturelle 116
– politische 116
– praktische 117
– therapeutische 118
Funktionstheorie 90, 92, 101
Fusion Music 352
Futurismus 217, 219, 236, 311, 318
– italienischer 226
– russischer 217
FUX, JOHANN JOSEPH 73

G

Gabba 315 f.
GABRIELI, ANDREA 174, 245, 258
GABRIELI, GIOVANNI 174, 183, 248, 255, 258
Gagaku 335 ff.
Gamelan 340 f.
Gamelan-Orchester 335, 340 f.
Ganga-Lieder 328
Ganzschluss 92
Gattung 276
– Merkmale 238, 276
– musikalische 238
Gattungsspektrum 238
GAY, JOHN 187
Geige 56, 61
geistliche Spiele 169
GEMA 149
Generalbass 181, 236
– Satz 243
– Schreibweise 90
– Spiel 65
– Zeitalter 90
Genre 276
Geräusch 46
Geräusch-Töner 217
Gesamtkunstwerk 233
Gesänge 328, 362
– der Welt 329
– religiöse 323 f.
– traditionelle 330
GESUALDO, CARLO 174, 180, 245
G-Funk 309
GILLESPIE, DIZZY 291
Gitarre 66
GLAREANUS, HEINRICH 176
GLINKA, MICHAIL IWANOWITSCH 205
Global Pop 352
Glokalisierung 350
GLUCK, CHRISTOPH WILLIBALD RITTER VON 188, 192
Gong 339

Gongspiele 332
GOODMAN, BENNY 97, 282, 290
Gospel 109, 282
GOUNOD, CHARLES FRANÇOIS 206
grafische Partitur 76
Grand Opéra 198, 208, 264
gregorianischer Choral 165, 235
GRIEG, EDVARD 206
Groove 79, 304
guideline 96

H

Halbschluss 92
HALEY, BILL 97, 135, 296
Hall 48
Haltebogen 78
Hammerflügel 57
HAMMOND, JOHN 110
Hammond-Orgel 54
HÄNDEL, GEORG FRIEDRICH 187, 251, 252, 269
HANDY, WILLIAM CHRISTOPHER 294
HANSLICK, EDUARD 99
Happening 227, 267
Hardcore 313
Harfe 61
Harmonie 81
Harmoniechiffrierung 90
Harmonielehre 106
Harmonik 31, 87, 106, 202
– Jazz 89
harmonische Obertöne 49
harmonisch Moll 83
HARRISON, GEORGE 342
HASSE, JOHANN ADOLF 186
HASSLER, LEO 183, 245
HAYDN, JOSEPH 65, 110, 129, 191 f., 248 f., 252, 255, 257
HELMHOLTZ, HERMANN VON 46
HENDERSON, FLETCHER 290
HENZE, HANS WERNER 228 f., 232, 249
Heptatonik 340
Heterophonie 327
HiFi 52
HINDEMITH, PAUL 81, 220, 259
Hindustani-Musik 342
Hi-NRG 313
Hip-Hop 302, 307, 313, 318
– als globale Jugendkultur 302, 309
– als Musikform 302
– Entstehung 302
– Formen 318
– Gruppen 309
– Hauptformen 307
– Musiker 302
– Musiziertechniken 307
– Straßenkultur 302
– Titel 308
– Ursprung 318
– Wurzeln 303
Historismus 32, 207
Hofmusik 109, 337
Hofoper, italienische 196
Holzblasinstrumente 60
Homophonie 94
Hootenannies 121
Hoquetus 326
Horn 56, 60 f.
Hörpartitur 35
Hörprotokoll 20
Hörschwelle 47
Hot Intonation 283
Hot Tones 283
House Music 313 f.
HUBER, KLAUS 231 f.
Hymne 163 f.

I

Idiophone 332
Imitation 94, 101
Impresario 137
Impressionismus 210, 236
– Hauptvertreter 210
Improvisation 33, 106, 234, 254, 282
– Gruppenimprovisation 33
– Merkmale 98
– spontane 282
Improvised Music 291
Improvisieren 21
Indies 146
Infraschall 47
Institutionen der Musik 108
– Fürstenhöfe 109
– Kirche 108
instrumentales Theater 227
Instrumentalgattung 254
Instrumentalmusik 238, 253 f., 276
– kleinformatige 253
– Typen 183
Instrumentenfamilien 55
Instrumentenkunde 106
Internet 153 f., 234, 236, 287
– als Medium des Komponierens 234
– als Werbe- und Verkaufsmedium 287
Internet-Oper 264
Internet-Radio 114
Internetrecherche 26
Interpretation 22
Intervalle 80, 106
– dissonante 80
– konsonante 80
Intonarumori 54, 217
Introitus 82
ISAAC, HEINRICH 174, 176
IVES, CHARLES E. 216, 261

J

JACKSON, MICHAEL 350
JANÁCEK, LEOŠ 206, 212, 248 f., 261
JANEQUIN, CLEMENT 242
Jauchzer 325
Jazz 89, 97, 282, 288 ff., 318
– als Sonderform 289
– archaic 291
– Formen 318
– Hauptformen 291
– Modellanalyse 33 ff.
– modern 291
– traditional 291
– Ursprung 290, 318
Jazzcombo 64
Jazz-Festival 348
Jazzharmonik 96
Jazzkadenz 93
Jazz-Voicing 96
Jingles 118
Jitterbug 272
Jive 272
Jodeln 326
Journalist 137
Jugendkultur 285

Juggling 308
Jungle 315 f.

K

Kadenz 91
Kadenzerweiterung 91
KAGEL, MAURICIO 227
KÁLMÁN, EMMERICH 266
Kammerkonzert 259
Kammermusik 253, 255
Kammermusikensemble 65
Kammermusiklied 242
Kammersinfonie 261
Kantate 109, 185, 252
– als Kammermusik 252
– Kirchenkantate 252
– Konzertkantate 252
Kantilene 31
Kantor 128
KARAJAN, HERBERT VON 122
Karaoke 121
Kathedralkunst 167
Kehlkopfsingen 326
KEMPFF, WILHELM 134
Keyboard 68
Kinder- und Schuloper 264
Kirche 163, 175
Kirchenlied 109
Kirchenmusik 185
– katholische 178
– regulierte 184
Kirchentonarten 82
Kirchentöne 165, 176
Klang 46, 49, 322
– Eigenschaften 47
Klangaufzeichnung 286
– elektrische 283
Klangbearbeitung 54, 70
– am Computerbildschirm 314
Klangfarbe 47, 49
Klanginstallation 120, 233
Klangkomposition 226, 230, 236
Klangkunst 9, 233
– Hauptformen 233
Klarinette 60
klassische Periode 103
Klassizismus 197 ff.
– romantischer 197
Klaviatur 75
Klavier 57
Klavierauszug 76
Klavierlied 194, 236
– Grundformen 194
Klaviersonate 257
Klavierstück, lyrisches 199, 257
Klaviertrio 65
Klezmermusik 364
Klezmorim 364
Knall 46
Kompartmentalisation 357
Komponieren 21
Komponist 129
Komponisten
– der Französischen Revolution 195
– frankoflämische 174
Komponistinnen 123, 229
Komposition 98, 106, 225
Kompositionsanweisungen 21
Kompositionslehre 106
Konsonanz 80, 96
Kontrabass 61
Kontrast 100
Konzert 110 f., 183, 190, 258, 260
– für Orchester 259
– Hauptquellen 258
– Hofkonzert 110
– Kammerkonzert 259
– Orchesterkonzert 111
– sinfonisches 259
– Solokonzert 259
Konzertflügel 57
Konzertouvertüre 261
Konzertstück 259
Konzertwesen 236
KRAFTWERK 313
KRENEK, ERNST 221, 224
Kritiker 137
Kultmusik 160
Kulturbegriff 349
Kulturerbe, immaterielles 351
Kulturvergleich 44
Kunstlied 239, 241
– Hauptformen 241
– mehrstimmig 241
Kurrende 185

L

Labial 58
Lai 170
– Formbau 170
LANDINI, FRANCESCO 244
largo 75
Latin Music 366
Latin percussion 62
Latin-Standardtänze 273
Lauda 173, 179
Launeddas 334
Lautsprechermusik 292
Lautstärke 47
Leadsheet 64, 76
legato 75
LÉHAR, FRANZ 266
Lehrstück 222
Leitmotiv 203
LENNON, JOHN 37, 299
LEONINUS 167, 168
LEVAN, LARRY 136
Lied 239
– durchkomponiertes 242
– Grundbestimmungen 239
– musikalische Merkmale 239
– politisches 200 f.
– Strophenlied 243
– Tschechlied 201
– volkstümliches 195
Lieder 328 f., 360, 362, 365
– der Welt 328 f.
– Einteilung 330
– politische 236
Liederschule 190
Liedformen 104
Liedgut, Klassifikation 330
Liedkunst, ritterliche 170
Liedtypen 239, 278
LIGETI, GYÖRGY 226 f.
LINCKE, PAUL 266
Lingual 58
LISZT, FRANZ 130, 201 f., 257, 259, 261, 363
Lithografie 144
Liturgien 323
LOEWE, CARL 194, 199
Londoner Schule 190
Longitudinalwelle 46
Loop 310
Looping 308

LORTZING, ALBERT 199, 201
Loveparade 314
LULLY, JEAN-BAPTISTE 269
LUTOSŁAWSKI, WITOLD 225, 259

M

MACHAUT, GUILLAUME DE 246
Madrigal 173, 177, 180, 244 f.
– englisches 180, 245
– Entwicklungsphasen 244
– italienisches 244
– konzertierendes 245
– Madrigali pastorali 245
– monodisches 245
– polyphones 245
MAHLER, GUSTAV 84, 209
Mailänder Schule 190
Mainstream 285
Majors 146
– EMI 147
– SME 146
– UMG 146
– WMG 147
MAKEBA, MIRIAM 355
Mambo 273
Manager 137
Mannheimer Schule 188 f., 236
Manual 58
maqâm 337 f.
Maqâmkultur 159
Maracas 65, 336
marcato 75
Mariachi-Orchester 344
Marimba-Orchester 345
Marketing-Mix 151
MARLEY, BOB 305
Marseillaise 195, 200
MARTINU, BOHESLAV 248 F.
Maschinenmusik 312
Massenhymne 236
Massenmedien 111
MATTHESON, JOHANN 103
Mazurka 199
MCCARTNEY, PAUL 37, 299
Medien
– neue 349
– technische 286
Medientechnologie 359
Medienwissenschaft 16, 18
Mehrchörigkeit 183, 236, 258
Mehrstimmigkeit 166 ff., 235, 239
– europäische 167
– komponierte 167
– mittelalterliche 167
Meistergesang 172
Melodie 87
Melodiebildung 87
Melodik 106
melodisch Moll 83
Membranophone 332
MENDELSSOHN BARTHOLDY, FELIX 132, 197, 261
menschliche Stimme 331
– Modulationsfähigkeit 325
Mensuralnotation 74, 246
Menuett 270
Menuett und Trio 270
Mersey Beat 299
Messe 109, 163, 172, 175, 177, 247, 249
– Orchestermessen 248
MESSIAEN, OLIVIER 86, 223
Mestizen-Ensembles 344
Metallgong 332
METASTASIO, PIETRO 186
Metrik 77
Metronom 77
Metrum 77
MEYERBEER, GIACOMO 198
mf (mezzoforte) 75
MIDI 69
MIDI-Schnittstelle 69
Migrationsmusiken 360
Mikrophonie 132
Mikropolyphonie 226
Mikrotonalität 217, 230
Militärmusik 160, 162
Minimal Music 230
Minnesang 109, 126
Minnesänger 126, 171
Minstrel Show 267
Mix & Dance 314
MM 77
Moans 293
Modalnotation 168
Modellanalyse
– Fuge 27 ff.
– Jazz 33 ff.
– Neue Musik 39 ff.
– Popmusik 37 f.
– Sinfonie 30 ff.
Modi 336, 341
Modulation 84
Modus 33
– äolischer 83
– dorischer 82
Moll 81, 83, 88
MONK, MEREDITH 123
MONK, THELONIOUS 291
Mono 52
Monodie 182, 236
Montage 215 f.
Montageverfahren 236
MONTEVERDI, CLAUDIO 180, 182, 245, 263
Moog-Synthesizer 54, 68
Motette 94, 168, 172, 175, 246
– Chormotette 247
– Hauptmerkmale 246
– isorhythmische 246
– Liedmotette 247
– Psalmenmotette 247
– Spruchmotette 247
Motiv 101
Motivverarbeitungstechnik 101
Motown Sound 289
Motto-Formel 204
Motto-Motiv 177
mousiké 9, 162
MOZART, LEOPOLD 129, 189
MOZART, WOLFGANG AMADEUS 87, 102, 129, 189 ff., 248 f., 257, 260, 262
mp (mezzopiano) 75
Multimedia 233
Music
– Local 352
– Traditional 352
Musica enchiriadis 166
Musical 266
– Comedy 266
– Communities 350
– Komponisten 266
Musica reservata 180, 245
MusicNet 155
Musik 8 ff., 14, 235 f., 278
– afrikanische 320

– afroamerikanische 278, 283
– als Beruf 123, 156
– als Bildungs- und Erziehungsinstanz 12
– als Form der Kommunikation 11
– als Kultur 11
– als Produktion 11
– als Prozess 11
– als Tonkunst 11
– als Urlaut 322
– als Wissenschaft 13
– angewandte 268
– Arbeitstechniken 19
– asiatische und südostasiatische 338
– ästhetische Funktion 115
– außereuropäische 229
– Betrachtungsweisen 16
– byzantinisch-oströmische 164
– chinesische 335
– der Französischen Revolution 195
– der Roma 361
– der Sinti und Roma 363 f.
– des Mittelalters 169
– Eigenschaften von 13
– elektroakustische 226
– „entartete" 222
– Entwicklung 156
– euro-amerikanische 295
– Fachzeitschrift 202
– frankoflämische 173
– funktionelle 119, 278
– galante 186
– Gattungsentwicklung im 20./21. Jh. 275
– Gesamtkunstwerk 235
– gesellschaftliche Funktionn 115, 118, 156
– Globalisierung 288
– Grundlagen 235
– im Internet 154
– in den Kulturen der Welt 42, 320
– indische 342
– sich informieren 25
– Institutionen 108
– karnatische 342
– kulturelle Funktion 119
– Musik erfinden 21
– Nachdenken über 24
– politische 117, 228
– politische Funktion 119
– populäre 267
– praktische Funktion 117 ff.
– Produktion 232
– produzierte 139
– religiöse 323
– Reproduktion 232
– Sachüberreste 158
– serielle 236
– sichtbare 227
– spektrale 230
– spielmännische 169
– therapeutische Funktion 118
– Umgangsweisen 19
– und andere Künste 12
– und Werbung 118
– Verwertung 147
– Vielgestaltigkeit von 8
– volkstümliche 236
– weltliche 235
– Werturteile 25
– Zweckbestimmungen 238
musikalische Avantgarde 219
musikalische Dramatik 214
musikalische Formen 329
musikalische Gattungen 238
musikalische Globalisierung 347
musikalische Moderne 209
musikalisches Theater 262, 276
musikalische Zeremonie 10
Musikant 133
Musikantenverbindungen 127
Musikanthropologie 14
Musikarchiv 351
Musikarten 360
Musikästhetik 14, 16, 18, 99
Musikauffassung, abendländische 9
Musikaufnahme 52
Musikbegriff 9
– griechischer 321
Musikbetrachtung, interkulturelle 43
Musik der Arbeiterbewegung 222
– Massenlied 222
– politischer Agitationssong 222
Musik der Welt
– Funktionsprinzipien 320
Musikdrama 203, 236, 264
Musikdramaturg 138
Musiken 320
– der Welt 321
– lokale 352
Musikentstehung 158
– Quellen 158
Musikepochen 235
Musiker
– des Mittelalters 125
– Fahrende 125
– „freistehende" 133
– im klassischen Altertum 124
– in der Antike 125
– Militärmusiker 125
– Musikerzunft 128
– Nebenerwerbs- 134
Musikerinnen 123
Musikethnologie 16, 18
Musikfestival 355
Musikfilm 274
Musikformen des Mittelalters 171
Musikgeschichte 14, 16 f., 195, 235
– Epochen 235
Musikgeschichtsschreibung 14
Musikgruppen, lokale 353
Musikhören 50
– Arbeitstechniken 20
– Formen 19
– Grundlagen 46
Musikindustrie 142, 145 f., 279, 353
– Geldflüsse 149
– Geschichte 143
– internationale 146
– Welttonträgermarkt 142
Musikinstrumente 55, 162
– chinesisches System 333

– der Welt 331, 358 f.
– Entwicklung 55
– ethnische 358
– frühe 331
– Klassifikation 332
– nationale 334
– Teil des Weltkulturerbes 333
– Vielzahl der Formen 332
– xylophonähnliche 332
Musikinstrumententyp 359
Musikkonzepte 354
Musikkultur 159 f., 235
– abendländische 235
– Gongkultur 160
– Hauptregionen 159
– Râgakultur 160
– römische 162
Musikmarketing 156
Musikpädagogik 13, 15
Musikproduktion 38, 139
Musikproduzent 113, 141
Musikpsychologie 16, 50
Musiksoziologie 16, 17
Musikspeicherung 53
Musikstile, lokale 353
Musiktauschbörse 155
Musiktheater 111, 196, 221, 236, 26 f.
– Gattungen 162
– in Deutschland 111
– populäres 266
– Typen 263 f.
– unterhaltendes 265
Musiktheoretiker 72
Musiktheorie 16 f., 71, 73, 106, 176
– Wirkungsbereiche 106
Musiktherapie 118
Musik und Werbung 118
Musikunterricht 12, 15, 19
– Betrachtungsweisen und Arbeitstechniken 15
– Methoden der Transformation 23
Musikverlagswesen 144
Musikverständnis 9
Musikverstehen
– Weltkulturen 351
Musikverwertung 147, 156
Musikvirtuose 130 ff.
Musikwahrnehmung 50
Musikwirtschaft 142 f., 151, 156
– Geldflüsse in der 149
– in Deutschland 143
Musikwissenschaft 13
– Teilgebiete der 14
Musizieren
– als Theater 267
– Arbeitstechniken 22
– grenzüberschreitendes 359
– Grundformen 156
– signalbasiertes 283
– Stil 238
Musizierformen 120 f.
MUSSORGSKI, MODEST 97, 206 f.
Muzak 119, 278
Muzak Holding LLC 119
mystischer Akkord 211

N

Nachahmung 101
Napster 155, 349
Nationale Schulen 205 f., 236
Nationaloper, romantische 196
Naturalismus 209
natürlich Moll 83
Naturtonreihe 80
Needle Dropping 306
Neobarock 221
Neoexpressionismus 230 f.
Neoklassizismus 219, 220, 236
Neoromantik 231
Neudeutsche Schule 202, 204
Neue Musik 39, 215, 217, 225, 230, 276
– Modellanalyse 39 ff.
Neue Sachlichkeit 219, 221, 236
Neumen 74, 165, 235
– byzantinische 164
– Neumentypen 165
NICOLAI, OTTO 199
NONO, LUIGI 41, 224, 228
Norddeutsche Schule 189
Notation 76
– für Ensembles 76
– grafische 20
– rhythmische 168, 235
– Spezialnotation 76
Notationskunde 106
Noten 74
Notendruck 143 f., 176, 235, 286
Noten lesen 22
Notenschlüssel 74
Notenschnelldruckpresse 144
Notenschrift 74
– Geschichte 74
Notensystem 74
Nueva Canción 121

O

Obertongesang 327
Oboe 56
OBRECHT, JAKOB 247
OCKEGHEM, JOHANNES 40, 174, 247, 249
OFFENBACH, JACQUES 208, 265
Offizien 163
Off-Pitchness 283
Ohr, menschliches 47
Oktavbereich 75
Oktavgattungen 161
Oktoechos 164
Ondes Martenot 54
Onestep 272
Ongo-Orchester 345
Online-Marketing 153
Oper 111, 182, 186, 236, 260, 262
– deutsche 196, 208, 236
– durchkomponierte 262
– europäische 182, 263
– französische 208
– Grundtypen 262
– italienische 196, 208, 236, 251
– Jugendoper 264
– komische 199, 264
– Literaturoper 264
– mediale 274
– Radiooper 264
– Video-Oper 264
– Vorformen 263
Opera buffa 187, 236
Opera seria 186, 236, 263
Operette 208, 265

– Berliner Operette 266
– französische 265
– Merkmale 265
– Revue-Operette 266
– Tanzoperette 266
– ungarische 266
– Wiener 265
Operettentypen 265
Opernsinfonia 260
Optionston 89, 93
Oratorium 179, 251
– Haupttypen 251
– volkssprachliches 252
Orchester 59, 258
– höfisches 336
– Partitur 59
– sakrales 336
– Sinfonieorchester 258
– Sitzplan 59
Orchesterformen 346
Orchesterkonzert 259
Orchesterlied 242
Orchestermesse 248
Orchestermusik 254, 258
Orchestermusiker 130
Orchesterstück 261
Orchesterwerk 197
Ordinarium missae 248
ORFF, CARL 172, 173
Organum 167, 170, 246
Orgel 58, 164
Orgelpunkt 92, 101
Osterspiel 169
Ouvertüre, französische 260
Overdubbing 302

P

PAGANINI, NICCOLÓ 130, 201
PALESTRINA, GIOVANNI PIERLUIGI 73, 174, 179
Palestrina-Kontrapunkt 179
Panflöte 160, 334
Parallelismus 328
Pariser Schule 190
Parodie-Messe 179
Particell 76
Partitur 59, 76
– grafische 76
Passion 109, 178, 250
– durchkomponierte 250
– Grundformen 250
– motettische 250
– oratorische 250
– responsoriale 250
Passionsgeschichte 250
Passionsspiel 169, 250
Pattern 70, 78, 93
Pause 74
PAVAROTTI, LUCIANO 122
pelog 341
Pelog-Skala 340
PENDERECKI, KRZYSZTOF 66, 226
Pentatonik 87, 336, 338, 340
– halbtonlose 335 ff., 339
– südostasiatische 340
PEPUSCH, JOHANN CHRISTOPH 187
Performance 267
Performance Art 233
PERGOLESI, GIOVANNI BATTISTA 187
PERI, JACOPO 252, 263
Perkussionsensemble 65
Perkussionsinstrumente 366
PEROTINUS 167 f.
Philly Sound 289
Phon 47
Phonogrammarchive 348
Physik und Musik 49
Piano-Blues 296
Pipa 358
Pitching 311
pizzicato 75
Plattenspieler, Manipulationstechniken 306
Polaritätsprofil 20
Polyphonie 94, 182, 327
Polytonalität 202 f.
Pop, globaler 353
Pop-Artist 135
Popmusik 89, 288
– Song-Architektur 284
– Modellanalyse 37 ff.
Popsong 243
– Standardform 284
populäre Musik 278 ff., 285, 287, 318, 352, 360
– als kommerzielle Dienstleistung 280, 318
– Beispiele 279
– Entwicklung 318
– formbildende Grundelemente 281 ff.
– Gruppenkultur 285
– Hauptformen 288
– Kennzeichen 280
– Kommerz 287
– Merkmale 281, 318
– musikalische Grundlagen 318
– Protestbewegung 285, 287, 293, 295 f.
– sozialer Gebrauch 285
– und Medien 286
– Voraussetzungen 279
Popularität 280
– von Musik 153
Posaune 56, 60 f.
Posaunenchor 62 f.
Postmoderne 230
p (piano) 75
pp (pianissimo) 75
Präludium 27, 178
PRÄTORIUS, MICHAEL 55
PRESLEY, ELVIS 135, 296 f.
Produzent 297, 305
Programmchanson 177, 242
Programmouvertüre 260
PROKOFJEW, SERGEJ 257
Prometheus-Akkord 211
Proprium missae 248
Psalm 163
Psychedelic Rock 298, 300
– Vertreter 300
PUCCINI, GIACOMO 210
Puls 77
Punch Phasing 308
Punjabi-Pop 368
Punk Rock 298, 301
Punktierung 78
PURCELL, HENRY 269
PYTHAGORAS VON SAMOS 71

Q

Quartorganum 167, 235
Quenas 344
Querflöte 60
Quintenreihe 84
Quintenzirkel 84 f., 236
Quintfallsequenz 91
Quintorganum 166, 235
Quintverwandtschaft 84

R

Rabab 332
Radio 136
Radioformate 114
Radiooper 221
Râga 342
Râgarock 342
Râga-Tâla-Prinzip 341
RAMEAU, JEAN-PHILIPPE 269
Rap 307 f.
- Eastcoast Rap 309
- Freestyle Rap 309
- Gangsta Rap 309
- Metal Rap 309
- New School Rap 308
- Old School 308
- Westcoast Rap 309

Raumakustik 48
RAVEL, MAURICE 97, 210
Raver 310
Realismus 209
Redakteur 138
Reflexion 48
Reformation 177
REGER, MAX 261
Reggae 305 f.
- Dancehall Reggae 306
- Message Reggae 306

Regionalstile 353
- Fusion 357
- kompartmentalische 357
- Kontrastprinzip 358
- Minimal Music 358

Register 58
REICH, STEVE 229
Reihung 100
Rembétika 365
Renaissance 172, 174, 176, 180, 247
- Komponisten 173
- musikalische 172
- Renaissance-Kultur 175
- Renaissance-Musik 235, 248

Reprise 100
Requiem 249
Response 67, 293
Revival 241
Revolutionshymne 195
Revolutionsmusik 196
Rewinding 306
Rezitationen 324
Rhythm & Blues 294 ff.
Rhythmus 77
Ricercar 254
RIEMANN, HUGO 73, 90
RIHM, WOLFGANG 231
Rippling 311
rit. (ritardando) 75
Rockabilly 296
Rockband 64
- Instrumente 64

Rockmusik 282, 285, 288, 292, 298, 300, 318
- Formen 318
- Hauptformen 298
- Kennzeichen 292
- Punk Rock 301
- Stile und Spielweisen 298 ff.
- Ursprung 318
- Wurzeln 292

Rock'n'Roll 272, 296 f., 299
Rogowaja musyka 346
Rokoko 186
ROLLING STONES 300
Roma 361 f.
Romantik, französische 198, 203
Rondo 104
Roots 352
ROSSINI, GIOACHINO 196
Ruf 325
Rumba 273
Rundfunk 112 f.
- privater 113
- Radioformate 114

RUSSOLO, LUIGI 54, 217, 311

S

Saiteninstrumente 332
SALIERI, ANTONIO 192
Salsa 366
Salsa-Orchester 366
Samba 273
Sample 52
Sampling 69
- Technik 312
- Verfahren 359

Sänger 132
Saron 341
SATIE, ERIK 220
Satz 94
- Akkordsatz 94
- homophoner 94
- polyphoner 94
- realstimmiger 94
- Satzstruktur 106
- Satztechnik 95

SAX, ADOLPHE 62
Saxophon 62
SCARLATTI, ALESSANDRO 186, 248
SCARLATTI, DOMENICO 186, 257
Scat 67
Schallausbreitung 46
Schallerzeugung 46
Schallwelle 46
- Digitalisierung 53

Schalmei 346
Schamane 124
SCHEIN, JOHANN HERMANN 245
Schlager 243, 284
Schlaginstrumente 56
Schlagzeug 62
Schlussformel 92
SCHNEBEL, DIETER 227, 248 F.
SCHÖNBERG, ARNOLD 79, 86, 204, 213, 242, 259, 261
SCHOSTAKOWITSCH, DMITRIJ 219
Schrammelmusik 346
Schrei 325
SCHUBERT, FRANZ 84, 192, 194, 241, 248 f., 257
SCHUMANN, CLARA 123, 200
SCHUMANN, ROBERT 200, 202, 241, 259
SCHÜTZ, HEINRICH 183, 245, 249 f.
Schwebungsdiaphonie 328
Scratching 307 f.
Scribbling 308
Septakkord 88, 91
Sequenz 91, 166
Sequenzer-Programm 69
Sequenzierung 101
Serenade 255
Serialismus 223
- Hauptvertreter 224

serielle Technik 223

A

Session 304
SEX PISTOLS 301
SHANKAR, RAVI 342, 348
Shimmy 272
Shouts 293
Show 267
SIBELIUS, JEAN 206
Signalverarbeitung 283
– Technologie 283
SILBERMANN, GOTTFRIED 57
SILCHER, FRIEDRICH 199
SINATRA, FRANK 135
Sinfonie 206, 236, 255, 260
– Modelanalyse 30 ff.
Sinfoniekantate 261
Sinfonieorchester 59, 258
Sinfonik 209
sinfonische Dichtung 202, 206, 209, 236, 261
Singebewegung 121
Singspiel 192, 264
Singspieltypus 262
Sitar 342
Skill 307
SKRJABIN, ALEXANDER 211, 217, 261
Skrjabinisten 211
slendro 341
Slendro-Skala 340
Slurring 311
SMETANA, BEDRICH 206
SMITH, BESSIE 283, 294
SMITH, MAMIE 294
Solmisationssilben 177
Solokonzert 183, 259
Sonata da camera 255
Sonata da chiesa 255
Sonate 255
– Formschema 256
– Grundformen 255
Sonatenhauptsatzform 30
son clave 366
Song 37
– Produktion 38
Song-Architektur 297
Sopran 67
Soul 303 f.
Soulmusik
– Merkmale 303
Sound 68, 288 f., 318
Soundformen 288 f., 318
spektrale Musik 230
Spielleute 125 f., 169
Spielmann 126
Spielmannskunst 169
Spielmannsmusik 253
Spielweisen 75
Spiritual 109
SPONTINI, GASPARO 196
Sprachkomposition 227
Stab 311
staccato 75
Stadtpfeifer 127
STAMITZ, ANTON 189
Stammton 75
Standardtänze 272
Star 122 ff.
Statement 293
Steelband 345
Stereo 52
Stimme 76
Stimmen der Welt 325
Stimmgabel 46, 185
Stimmlagen 67
Stimmung, wohltemperierte 83
Stimmungssystem 106
STOCKHAUSEN, KARL-HEINZ 218, 224, 226
Stopping 306
STRAUSS, JOHANN 198, 265
STRAUSS JR., JOHANN 363
STRAUSS, RICHARD 209
STRAWINSKY, IGOR 79, 213, 215, 220, 248 f.
Street Poetry 306
Streichinstrumente 55, 61
Streichmusik 346
Streichorchester 62
Streichquartett 65, 192
Strophenlied 243
Studio 135
Studiomusiker 134
Stufentheorie 90, 92
Sturm und Drang 188
Subdominante 90
Subwoofer 52
Suite 268 f.
– französische 269
– Orchestersuite 269
– Variationen 269
Suling 341
SUPPÈ, FRANZ VON 265
Surround 52
Swing 282, 290
Symbolismus 210 f., 236
Synkope 78
Synthesizer 54, 68, 310
– digitaler 54

T

Tabulatur 74
Tabulaturschrift 253
Tafelmusik 109
Takt 77
– Taktart 77
– Taktnenner 77
– Taktstock 131
– Taktzähler 77
Tâla 342
Tango 271
Tangoensemble 271
Tantiemen 148
Tanz 268
Tanz & Folk Fest in Rudolstadt 350, 356, 359
Tanzlieder 362
Tanzmusik 109, 268, 294, 366
Tape-Loop 37
Tasteninstrumente 57
Tears 311
Techno 310, 314, 316, 318
– DJ-Techniken 311
– Formen 315, 318
– Ursprung 318
– Wurzeln 311, 312
Techno-Cumbia 367
TELEMANN, GEORG PHILIPP 186
Tempo 77
Tenor 67, 167
Terz 30
– Terzkette 32
Tetrachord 161
Theater, instrumentales 267
Thema 102
Themenplakat 26
THEODORAKIS, MIKIS 365
Tibia 162
Tin Pan Alley 144
Toasten 305
Toccata 254
Ton 49

- Tonarten 85, 236
- Tonerzeugung 283
- Tonfilm 274
- Tongeschlecht 83, 161
- Tonhöhe 47
- Tonkunst 11, 116
- Tonleiter 75, 85
- Tonmalerei 115
- Tonsatz 182, 236
- Tonsatzlehre 94
- Tonsymbolik 115

Tonar 165
Tonescratches 311
Tonika 90
Toningenieur 141
Tonsystem
- griechisches 161, 235
- temperiertes 184
- zwölfstufiges 236

Tonträger 53
- Tonträgerindustrie 145
- Tonträgermarkt 142

Tracker-Software 310
Trägermedien 286
Trance 316
Transformer 311
Transkultur 359
Transposition 59, 83 f., 101
Transversalwelle 46
Trautonium 54
Trecento-Musik 173
Triole 78
Tristan-Akkord 203
Trommel-Esembles 345
Trompete 60, 61
Trompeten-Ensembles 345
Tropus 166
Troubadours 126, 171
Trouvères 171
Trugschluss 92
Trutâ-Orchester 345
TSCHAIKOWSKI, PJOTR 206
Tuba 60, 61
Turntablism 310
Turntablisten 136

U

Umkehrung 81
Unterhaltungsmusik 278, 349
Urheberrecht, musikalisches 148

V

VARÈSE, EDGAR 226
Variante 100 f.
Variation 104, 254
Variationsmöglichkeiten 21
VÄTH, SVEN 314
VERDELOT, PHILIPPE 180, 244
VERDI, GIUSEPPE 198, 208
Verfremdung 215
Verismus 209 f., 236
Versetzungszeichen 75
VIADANA, LODOVICO 182, 258
Virelai 171
virtuelle Instrumente 68
Virtuosen 201
Virtuosität 236
VIVALDI, ANTONIO 183, 259
VOGELWEIDE, WALTHER VON DER 171
Voicing 96
Vokalmusik 238, 276
Vokalpolyphonie, niederländische 176
Volkskonzert 205
Volkslied 239 ff.
Volksmusik 278
Volkstanz 368
VOLLENWEIDER, ANDREAS 358
Vorhalt 92
Vorklassik 188
Vormärz 199
Vortragsbezeichnungen 75
Vortragslied 284
Vorzeichen 75 f.
VOSTELL, WOLF 227

W

Wackeltänze 272
WAGNER, RICHARD 132, 198, 202 f., 206, 208
Walzer 270 f.
WEBER, CARL MARIA VON 196, 271
WEBERN, ANTON 214, 259, 261
WEILL, KURT 187, 221
Weltkulturerbe 351
Weltmusik
- Konzept 229
- Stilrichtungen 321

Weltreligionen 322 f.
Welttonträgermarkt 142
WERCKMEISTER, ANDREAS 184
WESTBAM 314
Wiederholung 100
Wiener Klassik 191 f., 236
Wiener Schule 189
WILLAERT, ADRIAN 174, 245
WIPO 150
wohltemperiertes Klavier 27, 83, 184, 185
wohltemperierte Stimmung 83
Wölbbrettzither 334
WOLKENSTEIN, OSWALD VON 171 f., 239
WOMAD 348, 355
WOMEX 355
WONDER, STEVIE 304
Worksongs 293
World Beat 352, 354
World Music 288, 321, 352 f., 354 f., 368 f.
World-Music-Festival 355
Writing 302
WYSCHNEGRADSKY, IWAN ALEXANDROWITSCH 217

X

Xylophone 332
Xylophon-Ensembles 345

Y

YUN, ISANG 218, 230
Yunluo 339

Z

ZAIYU, ZHU 336
Zeitoper 221
Zielgruppen-Design 286
Zigeunerkapelle 346
Zigeunermusik 363
Zigeunertonarten 363
ZIMMERMANN, BERND ALOIS 224, 229
Zitat 216
Zweimann-Ensemble 343
Zweite Wiener Schule 213, 236
Zwischendominante 91
Zwölftonreihe 86
Zwölftontechnik 86, 213 f., 236

A

Bildquellenverzeichnis

2001 The Yorck Project: 157/1; akg-images: 158/3, 162/2, 187/2, 238/2, 261/2; akg-images, Berlin: 185/1; akg-images/Erich Lessing: 159/2; akg-images/VG Bild-Kunst: 23/1; Album/AKG: 288/1; Apple Bea (EMI Austria): 140/1; Archiv der Archenhold-Sternwarte Berlin: 46/1; Max Peter Baumann, Bamberg: 344/2, 356/1, 356/2, 356/3, 356/4; Bibliographisches Institut GmbH, Mannheim: 39/1, 74/2, 52/1, 59/1, 90/1, 116/1, 123/2, 129/1, 130/1, 158/2, 159/1, 164/1, 165/1, 166/1, 168/1, 175/1, 177/1, 178/1, 181/1, 188/1, 194/1, 195/1, 200/1, 201/2, 203/1, 204/1, 213/2, 215/1, 218/1, 221/2, 226/1, 228/1, 231/1, 239/1, 244/1, 246/1, 247/1, 253/2, 261/1, 269/1, 270/1, 271/1, 323/1; Biblioteka Jagiellonska, Krakau. 56/3; Bild Radio Bremen 138/1; BMG Ariola Musik, München und Hamburg: 297/1; A. Burkatovski, Rheinböllen: 132/1, 207/1, 264/1, 181/2, 254/1; Castle Music Pictures, Chessington, Großbritannien: 301/1; Corbis-Royalty Free, London und Düsseldorf: 335/1; Corel Photos Inc.: 9/2, 18/1; Cornelsen Experimenta: 46/2; DAIMLERCHRYSLER KONZERNARCH, STUTTGART/IF: 280/1; Deutsche Grammophon, Hamburg: 224/1, 268/1; Deutscher Sängerbund, Köln: 240/1; Duden Paetec GmbH: 153/1; EMI Music Germany GmbH & Co. KG: 147/1; L. Engelmann, Berlin: 344/1; Farb- und Schwarzweiß-Fotografie E. Böhm, Mainz: 322/2; Christopher Felver/CORBIS: 123/3; Festival Strings, Luzern/S. Steinemann, Luzern: 258/1; Fotolia/Darko Novakovic: 280/2; Fotolia/Gabi Günther: 160/1; Prof. W. Fritz, Köln: 268/2, 336/1, 345/1, 369/2; M. Hannemann, Georg-Weerth-Oberschule: 26/1; Helsinki City Tourist Office, Helsinki: 15/2; Hemera: 56/4, 60/1, 60/2, 60/3, 60/4, 64/1; Hemera Photo Objects: 135/1, 286/1; Christoph Hempel, Hannover: 63/1, 63/2, 65/3, 68/1, 68/2, 69/1, 69/2, 69/3, 70/1, 70/2, 70/3; iStockphoto: 107/1; iStockphoto/craftvision: 139/1; iStockphoto/Jacob Wackerhausen: 20/1; iStockphoto/Jim Parsons: 366/2; iStockphoto/R. Kohlhuber: 312/1; Dr. V. Janicke, München: 344/3; Dr. G. Joppig/W. Pulfer, München: 56/1, 56/2, 61/2, 65/1, 65/2, 66/2, 334/1, 342/1, 346/2, 357/1, 366/1; Kinemathek Hamburg-Royalty Free: 135/4; Gerlinde Keller, München: 71/1, 171/3, 192/1, 193/1, 196/1, 197/1, 198/1, 199/1, 208/1, 209/1, 211/1, 211/2, 218/3, 219/1, 220/1, 245/1, 245/3; Christian Klotz, HS Golling: 121/1; Dr. R. König, Kiel: 294/1; Marlis Konrad, Falkenrehde: 74/1; C. Kubisch, Berlin: 76/1; Kulturreferat München: 347/1; Library of Congress, Washington D. C.: 164/2; Heinz Mahler, Berlin: 24/2; Messe Berlin GmbH: 9/1; MEV Verlag, Augsburg: 15/1, 16/1, 367/1; Meyer, L., Potsdam: 317/1; Mollenhauer Flötenbau, Fulda: 55/2; panthermedia/Ingram Vitantonio Cicorella: 319/1; Patchwork: 120/1; Photo Digital, München: 110/2; Photo Disc Inc.: 7/1, 13/2, 45/1, 115/1, 142/1; PHOTO DISC ROYALTY FREE: 25/1, 148/1; picture-alliance/akg-images: 14/1, 24/1, 54/1, 55/1, 72/1, 72/2, 108/1, 111/1, 122/2, 123/1, 126/1, 127/1, 145/1, 169/1, 170/1, 171/2, 172/1, 174/1, 176/1, 180/1, 186/1, 187/1, 190/1, 191/1, 193/2, 213/1, 214/1, 221/1, 222/1, 222/2, 241/1, 251/1, 255/1, 257/1, 263/1, 265/1; picture-alliance/akg-images/Cameraphoto: 182/1; picture-alliance/akg-images/Erich Lessing: 13/1, 110/1, 125/1, 162/1, 184/1, 259/2, 351/1; picture-alliance/akg-images/VISIOARS: 171/1; picture-alliance/akg-images/Werner Forman: 124/1, 338/1; picture-alliance/Berliner_Zeitung: 302/1, 305/2; picture-alliance/Bildagentur-online: 333/1; picture-alliance/dpa: 44/1, 63/3, 108/3, 113/1, 117/1, 119/1, 119/2, 122/1, 122/3, 132/3, 134/1, 135/2, 135/3, 136/1, 212/1, 225/1, 233/1, 238/3, 243/2, 248/1, 259/1, 262/1, 266/1, 271/2, 274/1, 282/1, 283/1, 292/1, 295/1, 299/1, 300/1, 300/2, 303/1, 305/1, 308/1, 309/1, 310/1, 315/1, 321/1, 329/1, 334/2, 337/1, 340/1, 345/2, 355/1, 361/1, 364/1, 368/1; picture-alliance/dpa/dpaweb: 314/1, 348/1; picture-alliance/dpa, Frankfurt am Main: 287/1; picture-alliance/IMAGNO/Austrian Archives: 268/3; picture-alliance/KPA: 284/1, 296/1; picture-alliance/KPA/TopFoto: 216/1, 243/1; picture-alliance/ Jazz Archiv Hamburg: 301/2; picture-alliance/Mary Evans Picture Library: 210/1; picture-alliance/Mary Evans Picture Library/WEIMA: 183/2; picture-alliance/maxppp: 217/1, 238/1, 272/1, 334/3; picture-alliance/ZB: 108/2, 151/1, 273/2, 288/2, 365/1; W. Pulfer, München: 57/1, 62/1, 77/1, 229/1, 334/4; Research Institute of Music, China Academy of Arts, Peking: 332/2, 339/2; Matthias Reuß: 343/1; Rheingau Taunus, Kultur- und Tourismus GmbH: 12/1; Robert-Schumann-Haus, Zwickau: 202/1; Karsten W. Rohrbach, webmonster.de: 234/1; D. Ruhmke, Berlin: 17/1; Sammel BI: 281/1; Schweizerische Landesbibliothek: 322/1; Sonor, Bad Berleburg: 273/1; Michael Sondermann: 131/1; Sonor, Percussion, J. Link, MusikinstrumentenfabrikBad Berleburg-Aue: 61/1, 62/2; SONY Deutschland, Köln: 18/2; Stadtspieltruppe Potsdam: 237/1; Stage Holding, Hamburg/Brinkhoff/Mögenburg: 267/1; Hans J. Strauß/Franziskushaus: 118/1; Techniker Krankenkasse, Hamburg: 19/1; Dr. Unger, Michael, Königs Wusterhausen: 142/2; Universal Music Entertainment GmbH: 146/1; Universitätsbibliothek Regensburg: 25/2; Dr. R. Vogels, Kerpen: 346/1; Silvia Wenning, Essen: 371/1; Peter Wicke, Berlin: 315/2

A

Basiswissen Schule – schnell auf dem Handy

Auch wenn du gerade unterwegs bist – dein **mobiles Basiswissen** (m.schuelerlexikon.de) unterstützt dich jederzeit bei den Hausaufgaben, bei Vorträgen und vielem mehr.

Musik

Themen und Inhalte aus dem Musikunterricht von Klasse 7 bis zum Abitur. Die Themen und Inhalte berühren dabei die Bereiche Musik als Kunst, Musik in Theorie und Praxis, Musik in der Gesellschaft, Musikgeschichte, Gattungen der Musik, Populäre Musik, Weltmusik und vieles mehr.

Physik

Themen und Inhalte aus dem Physikunterricht bis Klasse 10. Physikalische Begriffe, Gesetze, Modelle und Experimente für die Erklärung von Naturphänomenen und Anwendung in Technik und Alltag.

Auf ein Fach kannst du im Internet (m.schuelerlexikon.de/englisch) auch direkt zugreifen und das gesuchte Thema anklicken.
Für die Nutzung über einen mobilen Internetzugang können zusätzliche Transaktionskosten anfallen. Erkundige dich deshalb vor der Nutzung über den gültigen Tarif für deinen Zugang.

Musik

Themen und Inhalte aus dem Musikunterricht von Klasse 7 bis zum Abitur. Die Themen und Inhalte berühren dabei die Bereiche Musik als Kunst, Musik in Theorie und Praxis, Musik in der Gesellschaft, Musikgeschichte, Gattungen der Musik, Populäre Musik, Weltmusik und vieles mehr.

Inhaltsverzeichnis

A B C D E F G H I J K L M N O P Q R S T U V W Z

"Popularität" als Konzept der Aufklärung

A

Absolutismus und Barock

Zu jedem Thema erhältst du eine Abbildung mit verständlichen Kurztexten in übersichtlicher Anordnung und zum Display passend. Klickst du auf ein Bild oder eine Formel, erhältst du eine größere Darstellung.

Musik

Inhaltsverzeichnis

Kammermusiklied << Kantate, Entwicklungsüberblick >> Kantaten, Bach

Entwicklung der Kantate im Überblick

Entstehung

Die Kantate ist eine weit gefächerte Gattung mit einem historischen Spektrum zwischen